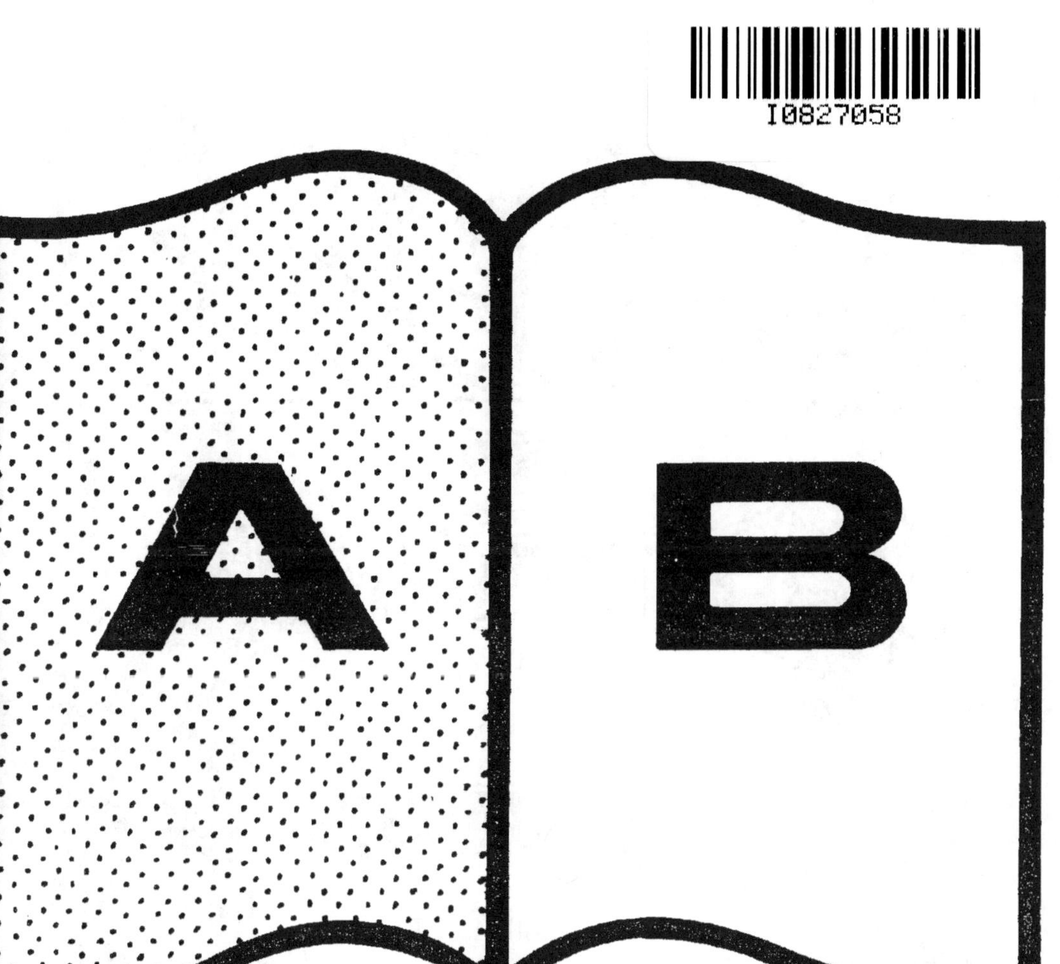
A
B

Le
Saint Graal
publié
par
E. Hucher
Tome II
Le Mans
E. Monnoyer
Imprimeur-Libraire
MDCCCLXXIIII

Le Saint-Graal

NOMENCLATURE

DES

MATIÈRES CONTENUES DANS CE VOLUME

1° Avant-propos;
2° Analyse sommaire du *Saint-Graal* dit *Grand Saint-Graal*,
en ce qui concerne la première partie contenue dans ce volume;
3° Texte du *Saint-Graal* dit *Grand Saint-Graal*,
d'après le Ms. de la Bibliothèque du Mans avec toutes
les variantes du Ms. 2455 et d'un certain nombre d'autres provenan
de Mss. différents.

Le Saint-Graal

ou

Le Joseph d'Arimathie

PREMIÈRE BRANCHE

Des Romans de la Table ronde

PUBLIÉ

D'après des textes et des documents inédits

PAR

EUGÈNE HUCHER

Membre non résidant du Comité d'histoire et d'archéologie près le Ministère de l'Instruction publique, chevalier de la Légion d'honneur, etc.

TOME II

AU MANS

ED. MONNOYER, IMPRIMEUR-LIBRAIRE

ÉDITEUR, PLACE DES JACOBINS

A PARIS

CHEZ TOUS LES LIBRAIRES

MDCCCLXXVII

LE
SAINT GRAAL
publié
par
E HUCHER
TOME II
LE MANS
E MONNOYER
Imprimeur-Libraire
MDCCCLXXIIII

AVANT-PROPOS

Nous commençons, dans ce second volume, à donner le texte du *Grand Saint Graal*, d'après le manuscrit de la bibliothèque du Mans, qui offre l'une des plus anciennes versions qu'on connaisse. Nous y avons ajouté de nombreuses variantes, notamment toutes celles du Ms. 2455, qui diffère très-souvent des autres textes; ce dernier Ms. innove en beaucoup de passages, et s'il est clair au point de vue de l'enchaînement du discours, il n'est pas toujours correct en ce qui touche la logique des faits qu'il dénature quelquefois, sans profit.

Le texte du Mans est entaché d'un peu de rusticité: d'abord le dialecte en est picard, de plus il supprime souvent des articles et des prépositions que rétablit soigneusement le Ms. 2455; mais en l'étudiant avec attention, on le trouve plus logique et plus voisin de l'original. Malheureusement, comme nous l'avons dit, le scribe a eu des distractions et il existe sept ou huit passages, fort courts du reste, passés sous silence ; nous les avons facilement rétablis à l'aide du Ms. 2455, qui offre aussi des lacunes de ce genre, dans quelques autres endroits de son texte.

Nous nous sommes fait une loi de ne rien changer à l'orthographe du temps ; le scribe, dans la même page, écrit le même mot de trois façons différentes, nous avons tenu à respecter ce parti pris ; quelquefois même, lorsqu'il s'agit de noms propres, la structure du mot s'altère en avançant dans le récit, et il est devenu, à la fin, très-différent de ce qu'il était au début. Tout cela est le produit d'un défaut de fixité dans la langue. De nos jours, les gens rustiques sont encore sujets à ces déformations du langage. Du reste certaines règles d'orthographe des participes sont assez exactement observées ; ainsi le participe porte presque toujours la marque du féminin quand il est suivi d'un régime féminin comme dans ce cas : *quand jou oi longuement esgardées les merveilles.* Le participe passé se termine presque toujours en *et*, dans les mots où aujourd'hui ce *t* final est tombé. Le scribe écrit encore *sunt*, bien qu'il ne soit pas normand ; la seconde personne du singulier des verbes prend toujours un *s*, la première de l'imparfait de l'indicatif et du conditionnel se termine toujours par un *e* muet. L'*s* final dans les adjectifs n'est pas, le plus souvent, la marque du pluriel ; on rencontre presque toujours : *Je fu moult liés* et non *lié* ; à l'égard des participes passés *éu*, *léu*, *véu*, *péu*, etc., nous avons toujours mis un accent aigu sur la première syllabe, en supposant que ces mots en avaient deux pour les gens du XIIIe siècle, ce qui est accentué par la poésie.

La ponctuation a été aussi soignée que possible, mais c'était là une chose un peu arbitraire et quelques-uns de nos lecteurs pourront critiquer cette partie de notre travail. La division des mots nous a d'abord présenté des difficultés ; mais nous pensons être resté fidèle aux règles de la logique et du bon sens.

Notre attention s'est portée sur tout ce qui pouvait éclairer cette langue encore rude, dans un sujet souvent obscur. Le Ms. 2445 nous a été parfois très-utile et permettra au lecteur d'interpréter plus facilement le texte du Mans, que si ce dernier avait été présenté seul et sans variantes.

Le *Saint Graal* étant d'une part un roman religieux où domine un vif désir de développer, sous les yeux du lecteur, l'enseignement chrétien, et d'autre part un roman d'aventures multiples où le merveilleux domine, nous avons dû, pour préparer le lecteur à mieux saisir le texte parfois un peu obscur et un peu touffu, donner, en tête de chaque volume, une analyse sommaire des récits contenus dans ces volumes, en suivant pas à pas l'auteur et en indiquant, page par page, les progrès de l'action. C'est là une sorte de fil d'Ariane qui doit guider le lecteur en quête de tel ou tel épisode et lui faire mettre plus facilement le doigt sur le point précis de ses recherches, qui seront encore simplifiées par une table générale placée à la fin du troisième volume.

Le *Saint Graal* eut moins de succès au Moyen Age et à la Renaissance que les romans de *Tristan* et de *Lancelot*, d'un tour plus léger et plus attrayant; mais, de nos jours, il intéressera au moins autant les bibliophiles et les esprits sérieux qui recherchent, avant tout, des textes corrects et anciens et des situations dramatiques pleines d'originalité et quelquefois de grandeur, comme tout ce qui touche au moyen âge chrétien.

ANALYSE SOMMAIRE DU SAINT GRAAL

AVEC LES Nos DE RENVOI AUX PAGES DU ROMAN

L'auteur, après avoir salué son lecteur, déclare qu'il ne fera pas connaître son nom pour trois motifs (page 4); mais il dira comment l'histoire du saint Graal lui fut commandée et baillée, et à quelle époque. Sept cent dix-sept ans après la Passion de Jésus-Christ, l'auteur, qui reposait dans une chaumière, au milieu du pays le plus sauvage de la blanche Bretagne (6), la nuit du jeudi au vendredi saint, s'entendit appeler par son nom, et vit devant lui un homme d'une beauté surprenante qui lui promit de dissiper tous les doutes qu'il avait conçus touchant le dogme de la sainte Trinité, et lui remit un livre précieux entre tous, qui devait lui procurer toutes les joies et tous les avantages désirables (11) ; à peine avait-il fini de parler qu'une voix éclatante retentit et qu'une vive clarté illumina les alentours.

L'auteur tomba à terre comme pâmé, et n'était le livre qu'il tenait à la main, il se serait cru sous l'empire d'un songe. Dès qu'il fut revenu à lui, il ouvrit le livre qui l'intéressa au plus haut point ; il le lut longuement ; il y voyait la vie de ses ancêtres, leurs belles actions ; enfin il arriva à un titre qui portait : *Ici commence le livre du saint Graal* (13). Il abordait le chapitre intitulé : *Ici commencent les Mer-*

veilles, lorsqu'un rayon de feu ardent darda du ciel et l'éblouit au point qu'il tomba à terre tout pâmé (14). Lorsqu'il revint à lui, il faisait une nuit obscure qui se dissipa petit à petit, puis une odeur balsamique se répandit partout et l'on entendit un chant merveilleux accompagné d'instruments variés (15). « Tout cela semblait être si près de moi que je croyais, dit-il, pouvoir toucher les êtres de qui ces chants émanaient ; puis c'était un bruit qui ressemblait à des sonnettes. »

« Sept fois le même chant et le même bruit retentirent ; à la huitième fois (16), ils cessèrent comme si tout était tombé en abîme. »

« Je me mis alors à réfléchir à ces merveilles, lorsqu'une voix d'en haut me dit : « Lève-toi et va rendre à Dieu ce que tu lui dois (17). » Après m'être levé, je serrai en lieu sûr le précieux petit livre, puis je dis mes heures et je commençai le service si doux et si émouvant de la mort de Notre-Seigneur. J'en étais au moment où le prêtre fait trois parties de l'hostie (18), et je me disposais à recevoir mon Sauveur, quand un ange descendit vers moi et me dit : « Il t'est défendu de « recevoir ces trois parties avant que je t'aie démon- « tré pourquoi tu les as faites d'une seule hostie. »

« Après quoi, il m'enleva, non en corps, mais en esprit, et me porta au plus merveilleux endroit qu'on ait jamais vu.

« Si je disais que je fus ravi au troisième ciel, là où saint Paul fut porté par le Saint-Esprit (19), peut-être dirais-je vrai ; mais on me taxerait de mensonge.

« Après avoir longtemps regardé les merveilles qui paraissaient à mes yeux, je fus porté par l'ange à un étage du ciel cent fois plus brillant que le verre, et si vivement illuminé que la couleur n'en saurait être dite.

« Là, l'ange me montra la Trinité divine dans son essence la plus intime; car je vis séparément le Père, le Fils et le Saint-Esprit, et, de plus, je saisis bien comment, ces trois personnes ne formaient qu'une substance, une divinité et une puissance (20). Pendant que j'étais occupé à regarder ces grandes merveilles, un coup de tonnerre retentit (21), et des milliers de célestes créatures parurent, qui se laissèrent choir aux pieds de la divine majesté (21). A cette vue, je fus rempli de terreur; l'ange me prit et me ramena à l'autel d'où j'étais parti, puis il me dit : « As-tu vu ces grandes merveilles ? doutes-tu encore de ce dont tu as tant douté ? » voulant parler du mystère de la sainte Trinité. Je lui dis que tous mes doutes étaient tombés. « Alors, répliqua-t-il, je vais te remettre au point où tu étais quand je t'ai pris, et tu recevras ton Sauveur avec plus de certitude » (22). Après le service, je plaçai le petit livre du *Saint Graal* dans le tabernacle où j'enfermais les hosties, et j'en tirai la clef. Le surlendemain, qui était le jour de la Résurrection de Notre-Seigneur (23), après avoir dit ma messe, je courus reprendre mon livre du *Saint Graal*, mais à l'ouverture du tabernacle je ne le trouvai point. J'en fus extrêmement chagrin (23), et comme je pensais à cet événement, j'entendis une voix qui me dit : « Pourquoi t'étonner ? Jésus-Christ n'est-il pas sorti du sépulcre sans remuer la pierre ? » Cette parole me rassura (24), et je priai Dieu de me mettre sur la voie de la quête de mon petit livre. Une voix alors se fit entendre qui m'enseigna par où je devais passer pour le retrouver (25). Je me mis en route et je vis bientôt un animal bizarre, qui, d'après la voix, devait me servir de guide dans ma recherche (25); Cette bête singulière me précédait et me conduisit jusqu'à un ermitage où se tenait un homme en habit religieux (26), qui se jeta à mes pieds dès qu'il me vit et me demanda ma bénédiction. Je soupai avec lui et, pendant toute la nuit, il me traita du mieux qu'il put. Le matin, il me pria de chanter; et, dès que je fus sorti de chez lui, je vis la bête qui me conduisait. Après mille bonnes choses dites de part et d'autre, nous nous séparâmes (28); nous entrâmes ensuite avec la bête dans une belle lande où il y avait un pin appelé le *pin des aventures*. Là, nous vîmes une fontaine singulière; le sable en était rouge comme du sang et chaud comme le feu; l'eau, au contraire, avait la froideur de la glace; trois fois le jour, elle avait la couleur de l'émeraude et l'amertume de la mer. Je voulus imiter la bête, qui se coucha sous le pin; mais à peine je m'approchais que je vis un jeune homme, à cheval, qui venait à moi à grande allure; arrivé à la fontaine (29), il descendit de cheval et me dit qu'il m'apportait des vivres de la part de la dame que le chevalier au cercle d'or avait secourue et sauvée (29). Je mangeai avidement, car j'étais mort de faim et dis au jeune homme de remercier pour moi sa bonne dame.

« Nous nous remîmes en route, la bête et moi, et marchâmes jusqu'à un carrefour hors du bois; alors la bête s'arrêta et je vis un chevalier qui venait sur un palefroi avec toute sa suite. Le chevalier me fit grand accueil (30); il m'avait autrefois connu et me dit en quel lieu ; mais son enquête ne me plut pas. Le matin, je le quittai, et quand je sortis de chez lui, je retrouvai la bête ; je marchai dans la forêt jusqu'à l'heure de tierce, et alors je me trouvai en face d'une belle église, avec un riche bâtiment et une grande prairie sur un lac appelé le *Lac de la Reine* (31). En entrant à l'église, je vis que j'étais dans un couvent de femmes qui chantaient le service de tierce. Elles me prièrent de chanter, ce que je fis, et je m'échappai, malgré leurs instances pour me retenir ; nous rentrâmes dans la forêt, la bête et moi. Le jour commençait à tomber quand je vis à côté du chemin, sur une pierre, une lettre pliée qui me disait que j'achèverais aujourd'hui ma quête. Je cherchai la bête ; elle avait disparu. Mais la lettre m'enseignait pleinement tout ce qne j'avais à faire. Je ne tardai pas, en effet, à voir une jolie petite chapelle (32), et comme j'en approchais, j'entendis un cri affreux dont je ne m'épouvantai pas, car la lettre m'en avait prévenu. Je trouvai à l'entrée de la chapelle un homme gisant à terre tout pâmé ; il était en proie au démon que je m'empressai de conjurer inutilement. J'entrai alors dans la chapelle et je trouvai sur l'autel le livre du *Saint Graal* que je cherchais.

« Je m'agenouillai (33) ensuite près du pauvre démoniaque et je parvins à faire sortir l'ennemi qui l'obsédait. Avec lui se précipita une grande quantité de diables, qui, à la vue du livre, s'éloignèrent en un hideux tourbillon (34). Je pris le pauvre homme dans mes bras et le portai devant l'autel ; il revint à lui et me dit que depuis trente-quatre ans et demi il était ermite, et n'avait pris pour toute nourriture que de l'herbe et des racines.

« Puis je dis mes heures et célébrai la messe (35). Le bon homme était assoupi ; moi-même je tombais de sommeil ; je m'assis sur un eschameau et commençai à sommeiller (35).

« Alors, il me vint une vision et je vis un vieil homme qui versait dans mon giron des pommes et des poires qu'il avait dans le sien.

« A mon réveil, je vis ce même homme avec ses fruits; j'en donnai à l'ermite. Tous les jours, nous trouvâmes ainsi à la fontaine notre nourriture apprêtée par la grâce du Saint-Esprit ; le neuvième jour, un jeudi (36), je pris congé du bon homme, qui me raconta pourquoi le diable l'avait si malmené ; puis nous nous quittâmes en fondant en larmes. Nous revîmes alors la bête, qui m'avait accompagné (37), je me remis en marche et m'en retournai muni du précieux petit livre. La nuit suivante, j'eus une vision : je vis Notre-Seigneur, qui me prescrivit de me mettre à copier le livre du *Saint Graal*, de manière à le terminer pour l'Ascension (38) ; ce jour même, dit-il, le livre remontera au ciel.

« Le lundi suivant, je pris le livre et du parchemin (39), et je me mis à écrire ce qui suit. L'action commence à la Passion de Notre-Seigneur. »

Avant l'arrivée de Jésus sur la terre, tous les hommes, même les prophètes, allaient en enfer ; il plut à Notre-Seigneur de faire cesser cet état de choses; il descendit dans le sein de la vierge Marie et naquit d'elle sans péché dans le village de Bethléem.

Il fut baptisé par saint Jean-Baptiste (43), et dit que tous ceux qui recevraient le même baptême au nom du Père, du Fils et du Saint-Esprit, seraient sauvés des griffes du démon ; tel est le pouvoir qu'il donna à la Sainte Église ; mais il fit plus, il institua une autre espèce de baptême que saint Pierre fut chargé d'administrer : c'est le sacrement de Pénitence.

A cette époque (45), la Judée était tributaire des Romains et Pilate était leur prévôt. Ce dernier avait à son service un fidèle chevalier nommé Joseph d'Arimathie (47), qui était doux et sympathique aux idées chrétiennes. Mais il n'osait montrer ses préférences dans la crainte que les Juifs ne le missent à mort; ce chevalier avait un fils nommé Josephe, dont il sera souvent parlé par la suite.

Joseph vit Notre-Seigneur en maintes circonstances et l'aima. Jésus avait parmi ses disciples Judas (53), qui remplissait l'office de sénéchal et comme tel avait la dîme de tout ce qui advenait à son seigneur. La Madeleine ayant répandu sur les pieds de Jésus un parfum précieux, Judas supputa qu'il perdait là environ trente deniers et voulut les récupérer.

Il se rendit à une assemblée des Juifs qui complotaient la mort de Jésus (54), et promit de le leur livrer pour trente deniers.

Joseph d'Arimathie assistait à ce conciliabule et en fut fort chagrin. Le jeudi soir, Jésus étant chez Simon le Lépreux avec ses disciples, dit que l'un d'eux le trahirait; puis il lava les pieds de tous les apôtres dans la même eau et en prit exemple pour parler de la confession (56). Quelques heures après, les Juifs arrivèrent, guidés par Judas qui baisa Jésus pour le désigner à ses bourreaux; ceux-ci l'emmenèrent. Le vase dans lequel (59) Jésus sacrifiait était chez Simon; un Juif le trouva et l'emporta. Jésus ayant été amené devant Pilate, ce dernier ne le jugea pas coupable et se lava les mains, voulant ainsi exprimer son sentiment. Le Juif qui avait le vase l'apporta à Pilate. Joseph ayant appris la mort de Jésus vint demander à Pilate le corps du prophète, qui lui fut accordé (61); comme les gardes refusaient de le lui livrer, Pilate ordonna à Nicodème d'aider Joseph à s'emparer du corps de Jésus. Tous deux le descendirent de la croix, Joseph l'enveloppa dans un riche suaire et le plaça dans un sarcophage de pierre qu'il avait acheté pour lui-même (66). Jésus descendit aux enfers, en tira Adam et Eve et tous les autres justes, puis il revint sur terre, apparut à la Madeleine et à ses disciples.

Les Juifs l'ayant appris en voulurent à Joseph et à Nicodème, et résolurent de les prendre par force; Nicodème s'échappa, mais Joseph fut saisi dans son lit et amené à sept lieues de Jérusalem dans une maison forte appartenant à Caïphe, où ils l'enfermèrent avec un morceau de pain et un vase d'eau, en recommandant de le laisser mourir de faim.

Mais Jésus lui apparut et le réconforta; bien plus, il lui promit de le faire sortir de la prison sain et sauf (71). Cependant Joseph resta quarante-deux ans enfermé dans ce lieu; Jésus-Christ avait été crucifié sous Tibère, ce fut Vespasien qui jeta Joseph hors de prison; voici comment cet événement arriva (78).

Un pèlerin qui avait été à Jérusalem vint à Rome; chez son hôte on parla de la cruelle maladie (la lèpre) dont souffrait Vespasien, le fils de l'empereur;

le pèlerin, interrogé sur les moyens possibles d'y remédier, dit qu'il y avait en Judée un bon prophète qui guérissait toutes les maladies (87). C'était, dit-il, Jésus de Nazareth, fils de Marie, que les Juifs mirent à mort sous Pilate, par jalousie; nul doute que, s'il fût encore vivant, il ne guérît le fils de l'empereur. L'hôte se rendit de suite au palais et raconta ce que le pèlerin lui avait dit; l'empereur fit venir ce dernier qui confirma tous ses dires et donna sa tête en gage de la véracité de son récit.

L'empereur alors résolut d'envoyer des messagers en Judée (91) et prescrivit, si Jésus était mort, qu'on lui apportât quelque chose qui eût touché à sa personne.

Pilate se rendit au-devant des messagers (92), les fit entrer secrètement dans une chambre et leur raconta toute la vie de Jésus, pourquoi les Juifs le haïssaient, comment il fut trahi et livré à la mort; il leur dit qu'il remit son corps à Joseph d'Arimathie, qui l'enferma dans un cercueil de pierre, et qui bientôt après disparut (95).

Pilate offrit alors aux messagers d'assembler les Juifs dans le délai d'un mois et de leur faire avouer leurs méfaits.

Les messagers l'approuvèrent. Les Juifs se réunirent à Arimathie; Pilate leur dit ce dont il s'agissait; les Juifs s'écrient alors qu'il est vrai qu'ils mirent Jésus à mort (97) parce qu'il se disait Roi des Juifs.

Les messagers insistent pour connaître la vie de Jésus et demandent s'ils ne possèdent rien qui lui ait appartenu (99). Les Juifs répondent que quand on le prit, tout fut jeté hors de la maison.

Enfin on apprit qu'une femme, nommée Véroine (100),

possédait un portrait de Jésus; les messagers promettent de l'emmener à Rome si elle veut leur montrer ce portrait; Véroine raconte comment, en essuyant le visage de Jésus, ses traits restèrent empreints sur le linge, et comment elle s'en aperçut en rentrant chez elle (103).

Les messagers, tout joyeux, s'en revinrent à Rome. L'empereur fit grand accueil à Véroine, s'inclina trois fois devant le portrait et s'empressa de le porter dans la chambre où son fils était enfermé. Aussitôt que ce dernier le vit, il se sentit guéri et sortit de son réduit; puis il pria son père de le laisser aller en Judée pour venger la mort de Jésus (106). L'empereur y consentit et tous deux partirent pour la Judée; par une inversion assez singulière, le père se nomme Titus et le fils Vespasien. On réunit les Juifs qui chargent Pilate; Vespasien les encourage dans cette voie (108); tous se vantent à l'envi des tourments qu'ils firent subir à Jésus. Vespasien les fait saisir (109) et écarteler; puis il réclame le corps de Jésus ou celui de Joseph. Caïphe alors promet de faire savoir où Joseph a été enfermé (112). Vespasien se fait descendre dans la prison et appelle Joseph. Ce dernier demande qui l'appelle: « Je suis Vespasien, le fils de l'empereur, » répond son libérateur, qui se fait remonter à terre. Alors une voix divine se fait entendre à Joseph et le réconforte. Vespasien fait extraire Joseph de la prison; mais ce dernier ne reconnaît personne, ni sa femme, ni son fils; il ne croyait être resté dans la prison que du vendredi au dimanche suivant. Vespasien lui confirme qu'il y a séjourné quarante-deux ans et que quatre empereurs ont régné depuis qu'il y fut enfermé (116). Joseph rentra à Jérusalem, mais il y eut peu des siens qu'il put reconnaître. Puis l'on s'occupa de Caïphe; il fut décidé qu'on le lancerait à la mer dans un navire et qu'il lui arriverait ce qui plairait à Dieu (119).

Joseph, la nuit qui précéda le départ de Vespasien, eut une vision. Jésus lui apparut et lui ordonna d'aller prêcher sa doctrine dans les pays éloignés, sans emporter ni or ni argent, lui promettant de peupler les contrées lointaines de ses descendants. Il emmènera tous ceux qui voudront le suivre, mais à condition qu'ils n'emporteront rien avec eux.

Joseph est baptisé par saint Philippe (121), et décide Vespasien à recevoir ce sacrement, mais le fait ne fut connu que plus tard (122).

Joseph envoie chercher tous ses parents et amis et en convertit soixante-quinze, qu'il emmène avec lui. Près de Béthanie, sur le soir, ses compagnons veulent s'arrêter; Joseph les entraîne en leur promettant de les rassasier par la grâce de Dieu. Ils étaient arrivés à un bois, lorsque la voix divine se fait entendre et ordonne à Joseph de placer l'écuelle où il a reçu le sang de Jésus dans une petite arche devant laquelle ils diront leurs oraisons; toutes les fois que Joseph voudra parler à Dieu il n'aura qu'à ouvrir l'arche.

Les compagnons de Joseph campèrent sous la feuillée et trouvèrent, au retour de la prière, amplement de quoi manger (128).

Puis, après le service du matin, on se remit en marche et on arriva à la cité de Sarras (128), d'où viennent les Sarrasins; on y adorait le soleil, la lune et les planètes.

Joseph, réconforté par la voix céleste, entre dans la cité et se rend au temple du soleil où était le seigneur de la cité Evalach le Méconnu (131). En ce moment, les Egyptiens lui faisaient la guerre et lui avaient enlevé une partie de sa terre ; il venait de perdre une bataille et avait réuni tous les sages de son royaume pour recevoir leurs conseils.

Joseph jugea le moment favorable, car Evalach avait grand besoin de secours ; il se présenta à lui et lui promit la victoire sur ses ennemis (132), s'il voulait croire ses paroles. Evalach ayant promis de l'écouter, Joseph lui conseille de détruire ses idoles et de croire au vrai Dieu (134) ; objections d'Evalach ; Joseph lui raconte la salutation angélique, la naissance de Jésus, l'arrivée des rois mages (137), la fuite en Egypte, les miracles de Jésus, la trahison de Judas (139), la mort et la résurrection de Jésus. Nouvelles objections d'Evalach concernant la conception et la naissance de Jésus. Joseph y répond victorieusement (142), et développe les principaux mystères de la religion chrétienne ; il dit quel est le rôle du Saint-Esprit, sa puissance et son essence ; il expose ensuite la théorie de la sainte Trinité (146), puis la création de l'homme destiné à restaurer la dixième légion des anges tombés du ciel par leur orgueil, la chute d'Adam, les paroles de Dieu à Adam et à Eve (147) ; le rachat de l'homme par le divin Fils de Dieu né d'une vierge immaculée ; la malédiction première abolie, Jésus mourant pour nous, allant en enfer et en tirant les âmes des justes.

Evalach s'attache à Joseph et le fait richement loger ; il demande à voir les soixante-quinze disciples qui le suivent; Josephe, fils de Joseph, parle à Evalach, qui est charmé de son éloquence (154).

Cependant, Evalach, rentré dans ses appartements, ne peut dormir; il pense aux Egyptiens qui ravagent sa terre, et à Joseph qui lui avait promis la victoire s'il voulait le croire. Vision d'Evalach: il voit le tronc d'un grand arbre d'où partent trois rejetons dont le second était couvert d'une laide écorce; des gens se lavent avec le sang qui coulait des trous qu'on faisait dans ce rejeton à l'aide de tarières. Evalach, dont la vision persistait, se lève et va chercher un de ses chambellans, qui couchait près de lui, et il lit avec lui des inscriptions qui sont tracées en or et en azur (158), sur les tiges des arbres (159). Pendant qu'il regarde ces merveilles, il voit un petit enfant qui venait d'entrer dans une chambre hermétiquement close et qui en ressort ensuite avec la même facilité (160). Pendant qu'il pensait à ces choses merveilleuses, une voix divine se fait entendre qui lui explique l'action de l'enfant; étonnement d'Evalach et de son chambellan (162).

Joseph, de son côté, anxieux au sujet d'Evalach, qu'il voudrait amener à la sainte croyance, se lève, se prosterne à genoux et implore le secours de Dieu. Une voix se fait entendre (166), qui lui annonce que le lendemain Dieu sacrera Josephe, son fils, et lui donnera son sang en garde.

Naissance annoncée de Galaad (168). Le palais spirituel (168). Descente du Saint-Esprit (169); une voix se fait entendre (170), qui promet d'aider et de protéger la nouvelle société des chrétiens, et, s'adressant à Josephe (173), lui annonce que Dieu va lui conférer le plus grand des honneurs, avec le pouvoir d'en faire jouir autrui. « Ouvre l'arche ! » lui dit la voix (174). Josephe obéit et voit Jésus entouré de cinq anges portant les instruments de la passion. Josephe s'incline à terre (175). Bientôt la voix l'appelle et il aperçoit comme une répétition du drame divin de la Passion (176); tentative de Josephe pour soutenir Jésus; son père s'étonne de le voir rester si longtemps à l'entrée de l'arche (177), il retient son père. Les anges alors, précédant Jésus-Christ, jettent l'eau bénite sur les assistants sans être vus, si ce n'est de Joseph et de son fils. Toute la compagnie passe devant eux (180), en saluant Jésus-Christ; Dieu apprend alors à Josephe ce que signifie l'aspersion de l'eau.

Dieu continue à instruire Josephe et lui promet qu'il sera comme un nouveau Moïse pour ce peuple. On lui apporte alors les ornements de sa nouvelle dignité et on l'assied sur un trône. Description du siége. Onction de Josephe (184). Dieu lui donne la crosse, la mitre et l'anneau, et les autres insignes de sa dignité. Explication du symbolisme de la chaussure, du vêtement placé sur la cotte, qui signifie chasteté; l'autre vêtement, blanc aussi, veut dire virginité (186); le couvre-chef ou capuchon signifie humilité; le vêtement vert est l'emblème de la souffrance (187); l'autre vêtement, qui est blanc, signifie droiture; le lien qui pend au bras gauche veut dire abstinence; celui d'autour du col signifie obéissance (188). Le dernier vêtement, qui se place sur tous les autres, et qui est rouge, signifie charité. La crosse veut dire vengeance et miséricorde; la mitre à deux cornes signifie confession; les deux cornes : repentir et satisfaction.

« Ainsi, lui dit la voix, t'ai-je oint et sacré évêque

de ce peuple, et au grand jour du jugement, je te demanderai compte de ce que tu auras fait pour lui (191). Viens donc accomplir devant ce peuple le premier sacrement de ma chair et de mon sang. » Et Josephe le fit comme il lui était prescrit; mais au moment de partager l'hostie, il sent qu'il divise les membres d'un enfant (193). Les anges, à ce moment, se précipitent à genoux; Josephe continue le service, les anges l'aident à accomplir les cérémonies de la messe (194).

La voix divine se fait encore entendre et s'adresse à la foule; Joseph communie et les autres à la suite. Dieu prescrit à Josephe de continuer chaque jour à célébrer le service divin et d'établir un évêque dans toutes les cités où il ira, et il lui promet toutes sortes de grâces et de faveurs. Lucan, son cousin germain, est établi gardien de l'arche (197).

Cependant des messagers du roi Evalach viennent trouver Joseph et son fils qui se rendent au palais où le roi les attendait. Un clerc, qui était tenu pour le plus sage du royaume, veut contester ce que Josephe avait dit touchant la sainte Trinité; Josephe lui réplique et menace Evalach de la colère de Dieu (200). Le clerc veut parler, mais il ne peut que mugir; il est frappé de cécité. Les autres effrayés s'élancent sur Josephe; mais Evalach s'y oppose et demande à Josephe qui il est, en le félicitant de son éloquence et comment il a ôté la vue et la voix à celui qui avait parlé contre lui (203). Josephe lui parle de la puissance de Dieu; Evalach demande s'il recouvrera jamais la vue et la parole; Josephe conseille alors de le présenter à l'autel d'Apollon; la statue du dieu Mars explique pourquoi Apollon est impuissant (205). Le diable, conjuré par Josephe, détruit les statues du temple, un aigle d'or à la main (206). Questionné par Evalach sur l'issue de la lutte avec les Egyptiens, le diable répond qu'il ne sait rien à ce sujet.

A ce moment (208), un messager arrive à grande allure, apportant de mauvaises nouvelles du théâtre de la guerre. Le roi, épouvanté, convoque tous ses vassaux à Tarrabiel, château situé à neuf lieues de Sarras (209).

Josephe, le lendemain, parle au roi et lui dit qu'il est né à Meaux, en France, d'un pauvre savetier ; il lui rappelle son enfance, comment il fut donné à Félix, comte de Syrie ; comment il s'enfuit, après avoir tué son fils, chez Tholomée Seraste, roi de Babylone (212) ; il lui rappelle son élévation à la cour de ce dernier ; ensuite il lui parle de Jésus et de Marie.

Evalach lui demande conseil et promet d'embrasser la sainte croyance du Christ. Josephe alors fait apporter le bouclier du roi, y trace une croix rouge et lui promet que s'il invoque ce signe en cas de péril extrême, il remportera la victoire (215).

Le roi prescrivit d'entourer les chrétiens de soins et partit au plus tôt pour Tarrabiel ; il y réunit son armée et se rendit à Evalachin que Tholomée assiégeait. — Description du château (217). Evalach instruit par un espion marche sur l'armée de Tholomée; on y attendait Evalach qui ne surprit pas ses ennemis; le conflit fut cruel : Evalach y perdit une partie de ses gens et s'enfuit vers un château appelé La Choine (220). Tholomée et ses gens les poursuivirent, mais ils ignoraient les routes, tandis que les fuyards connaissaient le pays.

Tholomée, en revenant devant le château, trouva son pavillon tout lacéré et abattu ; il était furieux de ce que la garnison d'Evalachin venait de faire dans une sortie, lorsqu'un espion vint trouver Tholomée et lui apprendre qu'Evalach était entré à la Choine avec peu de monde et qu'il pouvait facilement s'en emparer (221).

Tholomée alors laisse son sénéchal Naburs devant Evalachin et se dirige sur la Choine.

Evalach instruit du butin qu'avaient fait les gens d'Evalachin dans leur sortie, jura de retourner à ce château et d'en faire lever le siége ; à peine lui et ses gens avaient-ils fait cinq lieues qu'ils rencontrèrent des messagers de la reine qui lui annonçait que Tholomée allait venir l'assiéger à la Choine. Evalach surpris que la reine sût qu'il était à la Choine, demanda comment elle en était instruite : « Par celui que l'on nomme le Maître des chrétiens », réplique le messager. Il s'agit de Josephe. Mais aussitôt un sergent arrive à grande allure et apprend au roi que Tholomée est venu assiéger la Choine (224) et qu'il n'a amené que la moitié de ses gens. Evalach proclame alors la véracité de Josephe et se dirige vers Sarras ; bientôt il rencontre une grande troupe que lui amène son beau-frère Séraphe, à qui il fait de vifs remerciements ; et de plus Evalach lui promet amende honorable pour méfaits anciens (226). Séraphe lui conseille alors d'aller à Orcaus plutôt qu'à Sarras, car ils auront plus tôt des nouvelles de Tholomée.

Cependant au point du jour, les gens crient : « Trahi ! trahi ! aux armes ! « car ils voient (227) toute l'armée de Tholomée qui s'avançait. Le Roi fait armer tout son monde (227) et fermer les portes de la cité, puis ils s'élancent sur l'ennemi. Les gens de Tholomée, qui avaient été sur pied toute la nuit, perdirent beaucoup de monde à ce premier choc, Séraphe faisait des prodiges de valeur; Evalach poursuivit ses ennemis jusqu'au passage d'un défilé qui était le plus dangereux de la région. Il y eut là un grand carnage (229). Tholomée, qui était à l'arrière-garde, ordonna à ses chevaliers de s'arrêter jusqu'à ce qu'il se remît lui-même en marche. Evalach prescrivit de son côté la prudence, car il voyait bien que Tholomée n'était pas loin. Evalach disposa alors ses batailles (231) et fit garder le défilé par Jécoines des déserts (232). Il harangua ses chevaliers et leur recommanda de se modérer au commencement (234). Il parla ensuite à Séraphe en s'accusant d'ingratitude vis-à-vis d'un tel ami et en priant Dieu de le prendre sous sa garde (236). Séraphe, en effet, échappe à tous les dangers, la hache à la main il abat tout ce qu'il atteint (237) et remplit Evalach d'admiration.

Cependant les gens d'Evalach commençant à lâcher pied, Séraphe les rappelle et rétablit la bataille. Prouesses du sénéchal (241). Il renverse à terre le roi Tholomée, mais il est lui-même abattu sur ce dernier.

On emmène le sénéchal prisonnier (242). Tholomée s'apprête à lui couper la tête. Evalach court à son secours; les deux rois combattent; grande mêlée (244). On revient à Séraphe dont les hauts faits sont de plus en plus merveilleux (245). Seul il soutient tous les siens; toute la journée, il montre la même vigueur; lui-même s'en étonne, car il est none passée.

Un messager vient en prévenir Tholomée (246), qui

lance contre Séraphe son frère Manatur ; les affaires changent de face et les gens de Séraphe se débandent (247). Séraphe furieux se précipite avec onze de ses chevaliers seulement et pourfend Manatur qu'il rencontré sur son chemin; les chevaliers de ce dernier poussent des cris de désespoir qui sont entendus d'Evalach; mais Séraphe ne savait pas qui il avait tué, il se précipite sur eux qui, le voyant si peu accompagné, reprennent courage et lui tuent tous ses compagnons; Séraphe se venge sur un chevalier à qui il coupe le bras (249) et tranche les côtes si rapidement que les autres en sont épouvantés.

Cependant Séraphe, accablé par le nombre, finit par être abattu à terre (250) ; avant qu'il pût se relever, plus de deux cents chevaux lui passèrent sur le corps.

Séraphe, qui s'était pâmé (251), se relève, court à un chevalier, lui coupe la cuisse droite et monte à cheval à sa place ; tout le monde s'étonne de tant de vigueur; mais une flèche lui entre dans l'épaule gauche, d'autres l'atteignent ailleurs. Toutefois il cherche à rallier Evalach (252) qui avait disparu et le trouve enfin (253) à terre l'épée à la main, ayant perdu son cheval et se défendant avec onze chevaliers seulement contre plus de cinq cents.

Séraphe le rétablit à cheval; mais il l'avait à peine quitté pour combattre, que déjà deux mille hommes les séparaient. Il fait des efforts surhumains pour le joindre; mais la mêlée est trop ardente.

Pendant ce temps, Evalach percé de trois lances, avait été pris par Tholomée qui l'emmenait prisonnier avec quinze de ses chevaliers (254) et le conduisait dans un bois voisin pour le désarmer. Evalach se jugeant perdu arracha la toile qui recouvrait le signe de la croix placé sur son bouclier et vit à sa place un homme crucifié.

Il s'émeut à cette vue, verse des larmes de pitié et prie Dieu de lui venir en aide (255).

Aussitôt qu'il eut fait cette prière, il vit sortir de la forêt un chevalier monté sur un cheval blanc qui portait à son col un *écu blanc à la croix vermeille.*

Ce chevalier prend le cheval de Tholomée par la bride et le conduit vers la cité ; Tholomée entendait toujours le bruit de la bataille ; Séraphe continuait ses merveilles et Evalach lui-même l'entendit crier : « L'enseigne d'Evalach ! » Le blanc chevalier tenait toujours le cheval de Tholomée par le frein (256).

Arrivé au défilé le blanc chevalier s'écrie : « Frappez ! frappez ! » Tholomée surpris est abattu à terre ; ce que voyant Evalach tire son épée et se précipite sur lui ; ceux qui gardaient le défilé aident leur seigneur et portent à terre les douze chevaliers égyptiens (257). Tholomée rendit son épée à Evalach ; ce dernier le fit emmener dans la cité par Jécoines des déserts, qui gardait le pas.

Evalach regagna ensuite la mêlée où le blanc chevalier s'était jeté ; ce dernier trouve Séraphe aux prises avec sept chevaliers qui le tenaient par le frein et le heaume et le frappaient à coups de massue (258). Il le dégage ; mais Séraphe était à moitié mort. Désespoir d'Evalach (259). Il se précipite dans le tourbillon et procure un cheval à Séraphe. Le chevalier blanc de son côté lui apporte une hache d'une légèreté étonnante. La bataille se rétablit (260). Evalach qui montait le cheval de Tholomée, crie aux

Egyptiens qu'ils ont perdu leur maître. Ils sont saisis d'effroi; Séraphe alors les presse; la perte de leur seigneur les trouble (261) et ils finissent aussi mal qu'ils avaient bien commencé.

Séraphe, Evalach et le blanc chevalier faisaient des merveilles; les gens de Tholomée s'enfuirent vers le défilé qu'ils ne croyaient pas gardé (262). Mais les cent hommes de garde les arrêtèrênt par leurs cris, car ils les croyaient plus de mille; ils se rejetèrent en arrière et furent tués par les poursuivants; là, Naburs, sénéchal de Tholomée, fut abattu (263) et rendit son épée à Evalach. Evalach, au souvenir de son sénéchal, voulait lui couper la tête, mais Séraphe l'apaise et sauve la vie au sénéchal.

La nuit survint qui arrêta le massacre, et néanmoins il ne resta pas deux mille Egyptiens, tant blessés que sains, de soixante mille qu'ils étaient au commencement de la bataille (263).

Evalach retourna à Orcaus avec un immense butin; il fit tendre les pavillons dans la prairie qui entourait la ville.

Le conte parle ensuite de la femme d'Evalach, nommée Sarracinte (264). Cette bonne et honorable dame, inquiète du départ d'Evalach, fit mander Josephe qui vint avec son père et adressa à la reine quelques paroles sévères sur le sort des rois qui désertent la cause de Dieu.

Sarracinte supplie Josephe de demander à Dieu la victoire pour Evalach. Josephe, qui ne sait pas que Sarracinte est chrétienne, commence à lui développer les principaux points de la doctrine; elle le désabuse et lui prouve qu'elle n'ignore rien de ce qui touche à la croyance des chrétiens ; sa mère était chrétienne. Le pieux Saluste lui rendit la santé en la guérissant au nom de Jésus-Christ, d'une infirmité cruelle dont elle souffrait (267) et elle embrassa la foi chrétienne ; en même temps qu'elle était baptisée, dit Sarracinte, je le fus aussi (269). Conversation avec l'ermite. Vision de Sarracinte (271). Sarracinte quitte l'ermite, dont elle a reçu les bons enseignements, et retourne à Orbérique ; description d'une bête cruelle qui ravage le pays (273) ; le frère de Sarracinte la poursuit dans la forêt et disparaît sans que sa mère ni elle-même l'aient jamais plus revu, ce qui leur avait été annoncé par l'ermite.

Avant de mourir, continue Sarracinte, ma mère me demanda une boîte qui renfermait une hostie qu'elle reçut à grande effusion de larmes et de soupirs, puis elle me recommanda de rester fidèle à la foi chrétienne (275) et d'avoir toujours mon sauveur avec moi comme elle l'avait fait elle-même, voulant parler de l'hostie consacrée. Ces dernières instructions sont fort touchantes (277). Vision de Notre-Seigneur à Sarracinte et à sa mère mourante.

« J'allai, continue la reine, dès qu'elle eut rendu le dernier soupir, trouver le bon ermite qui me remit le glorieux corps de Notre Sauveur. Je le quittai le laissant exténué et je rencontrai en sortant un religieux (279) qui me dit que le bon ermite venait de mourir et que les anges emportaient son âme (280).

« Nous retournâmes à l'ermitage, où nous trouvâmes le saint ermite trépassé. Nous l'enterrâmes devant l'autel. Baptême de deux sergents et de la cousine de Sarracinte (282).

Le religieux resta dans l'ermitage; on l'appelait Jermone l'ermite et je persévérai dans la foi chrétienne. »

Josephe ayant entendu ce récit, demanda à la reine (283) comment elle n'avait pas converti le roi Evalach à la nouvelle croyance : « J'attendais, dit la reine, que Dieu, par sa pitié, amenât naturellement le roi à se jeter dans le sein de notre divine religion et il y est arrivé. » Puis elle questionna Josephe sur les événements qui s'accomplissaient et Josephe lui répondit (284).

Pendant ce temps Evalach s'enquérait partout du blanc chevalier, mais personne ne pouvait le renseigner (285) ; toute la nuit Séraphe et lui en parlèrent. Le matin le roi alla voir Tholomée ; celui-ci se jeta à ses pieds, mais Evalach ne voulut entendre aucune proposition de paix avant d'être arrivé à Sarras ; il y emmena Séraphe (286). Grande fut la joie publique quand Evalach rentra à Sarras escorté de Séraphe, car on croyait qu'on ne les reverrait jamais ensemble; on fêta Josephe qui n'avait dit que des nouvelles vraies et avait contribué avec Séraphe à sauver le roi ; Josephe se défendit et rejeta tout le mérite sur celui dont Evalach portait le signe.

Séraphe demanda à Josephe quel était ce seigneur qui avait si grand pouvoir. Josephe (288) répondit et invoqua les paroles que prononça Evalach lorsque Séraphe se jeta dans la mêlée (288).

Séraphe s'étonna que Josephe les connût ; Evalach montra alors à Josephe son bouclier sur lequel ils virent la représentation d'un corps récemment crucifié. En même temps un homme entra qui avait le poing coupé, Josephe le fait toucher à l'écu et aussitôt il recouvre l'usage de son bras qui fut aussi sain que l'autre.

Séraphe alors se décide et, se jetant aux pieds de Josephe, demande à devenir chrétien (291). Baptême de Séraphe, qui se nommera à l'avenir Nascien. Il est guéri instantanément de ses plaies (292) et a le don d'interpréter les saintes Écritures. Il presse alors le roi de se faire baptiser. Baptême d'Evalach (293), qui se nommera Mordrains (qui veut dire *tardif en croyance*). Le roi invita ensuite la reine à se faire baptiser; mais elle lui avoua qu'elle était chrétienne depuis vingt-sept ans. Josephe en baptisa ensuite en ce jour, au moins cinq mille trois cent cinquante-neuf.

Nascien quitta alors le roi et emmena Joseph pour baptiser son peuple (294). Quant à Josephe, il resta à Sarras et fit renverser les idoles et purifier les temples. Puis il dépécha ses compagnons dans les diverses régions avoisinantes qu'ils convertirent à la foi chrétienne (295). Josephe étant venu à Orcaus se mit à conjurer l'idole du maître-autel et à la traîner hors du temple avec sa ceinture passée autour du col, puis il demanda à l'idole pourquoi elle avait fait tomber Tholomée des fenêtres de la tour (fait dont on n'a pas encore parlé). L'idole lui répondit qu'elle avait trompé Tholomée et que, prenant la forme d'un griffon, elle lui avait persuadé de monter sur son dos pour s'échapper de sa prison; mais qu'après l'avoir monté fort haut dans l'air elle l'avait fait tomber (297), de sorte qu'il se cassa le col et un de ses bras. Le diable dit à Josephe qu'il se nommait Sélaphas. Les gens entendant cela coururent se faire baptiser ; ceux qui refusèrent purent quitter la ville sans difficulté.

Mais aussitôt que ces derniers avaient passé la dernière porte de la ville, ils tombaient morts (298) ou perdaient la raison ou étaient frappés de plaies. Josephe effrayé à la nouvelle de ce désastre, se rendit à la porte (299) et vit le diable qu'il avait laissé aller, portant une épée sanglante à la main et se vantant de faire tout cela par l'ordre de Jésus-Christ. Josephe l'apostrophe et veut le lier; mais un ange lui plonge une lance dans la cuisse (300) et lui reproche de s'être laissé aller à secourir des gens qui n'en étaient pas dignes (300). Josephe essaya de retirer la lance de la plaie ; mais le fer y resta et depuis il fut boiteux (301). Josephe emporta la lance au palais.

Il banda sa plaie qui continua néanmoins à saigner ; les gens qui n'avaient pas encore reçu le baptême coururent le recevoir ; Josephe resta à Orcaus trois jours et finit de baptiser tout le peuple; puis il convertit le pays tout entier, il ordonna prêtres ses compagnons, élut trente-trois évêques et les répartit dans les États de Nascien et de Mordrains (302).

Il alla ensuite, par le conseil de la bonne reine Sarracinte, chercher les corps de deux saints ermites, l'un d'eux était Saluste, que nous connaissons, et l'autre Jermone ou Hermoine qui lui succéda (304).

Le corps de Saluste resta à Sarras, celui d'Hermoine fut transporté à Orbérique, et deux églises, pourvues de douze chapelains, furent fondées en leur honneur. L'évêque de Sarras se nommait Anathiste, celui d'Orbérique Juvénal.

Josephe montra ensuite à Nascien (305) l'arche devant

laquelle ils célébraient le service divin, les vêtements de son sacre, son trône, et la sainte écuelle. Le saint Graal surtout lui plut plus que tout le reste, et à cette occasion il se rappela une vision qui lui apparut jadis et qui lui annonçait que les merveilles du Graal lui seraient découvertes (306). Plein du désir de voir ces merveilles, il s'approche du vase et soulève la platine qui le recouvrait ; aussitôt il est saisi par la fièvre (307) et il perd la vue. Le roi lui demande ce qu'il a vu, puis interroge Josephe, Nascien leur dit de n'y point regarder parce qu'il ne guérirait jamais de sa plaie (308). Le roi insistant, Nascien répond vaguement.

Josephe resta pensif longtemps devant l'arche (309), mais bientôt apparut un ange qui promit de guérir les deux malades; il prit la lance qui avait frappé Josephe (310) et l'ayant remise dans le tuyau du fer en tira celui-ci qui était resté dans la plaie, recueillit le sang qui coulait et lava les yeux de Nascien avec ce sang. L'un et l'autre furent instantanément guéris. « Cette lance, dit l'ange, sera le commencement des grandes merveilles qui adviendront en la terre de Bretagne où Dieu te mènera, et ces merveilles arriveront quand la lance commencera à saigner. Le saint Graal et cette lance bénite seront la cause et l'occasion de ces merveilles ; mais un seul homme aura le privilége de voir les merveilles de l'intérieur du Graal (312) ; ce mortel sera doué de toutes les qualités, de plus un seul homme sera frappé de cette lance à travers les deux cuisses et ne guérira que quand les merveilles du Graal seront découvertes à ce vertueux mortel dont j'ai parlé et qui sera le dernier du lignage de Nascien. Enfin (313), les merveilleuses aventures de Bretagne dureront autant d'années que tu as porté de jours le fer de la lance dans ta plaie. » Puis l'ange disparut (313). Josephe supputa qu'il avait conservé vingt-deux jours le fer de la lance dans sa plaie.

Josephe explique ensuite, à la demande du roi, la vision de l'arbre aux trois rejetons qu'Evalach avait eue. Ceux-ci sont l'emblème de la sainte Trinité. La fosse est l'enfer où le premier homme et la première femme ont été jetés, puis tout le reste des humains à leur suite. Ceux qui brisaient l'arbre étaient les Juifs qui percèrent les mains et les pieds du Fils de Dieu (315).

Puis Josephe explique le symbolisme de l'enfant qui entre et sort de la chambre sans rien ouvrir ni briser. « Cet enfant, dit-il (317), est le Saint-Esprit qui vous ordonne par ma bouche de faire sortir de cette même chambre ce simulacre de femme que vous gardez contre toute raison (318). » Cette statue était en bois et représentait une femme d'une grande beauté.

Le roi couchait avec cette statue depuis quinze ans, car il l'aimait passionnément ; mais appelant Nascien et la reine, il la jeta au feu en leur présence, remerciant Dieu de lui avoir donné ce courage (320). Après cet événement, Josephe part de Sarras, non sans grand chagrin, et le conte revient au roi Mordrain. Celui-ci pleure et se lamente dans son lit et ne s'endort que de lassitude. Il fait un songe dans lequel il se sentait emporter dans un lieu lointain ; un lion lui apportait de bonne nourriture et toutes les richesses du monde, tandis qu'un loup lui enlevait tout ce qu'il pouvait (322). Il parvint à chasser ce dernier et retrouva sa couronne qu'il avait perdue ; puis il vit un de ses neveux, fils de Nascien, qu'un aigle emporta dans une région étrangère ; un grand lac lui sortait du ventre, et il en naissait neuf fleuves, puis un homme descendait du ciel portant le signe du crucifix, qui se lavait dans les neuf fleuves.

Le roi s'éveilla alors épouvanté de ce qu'il venait de voir en songe (324). La reine, effrayée, se rendit chez son frère Nascien (325) et lui raconta les soupirs et les larmes de son seigneur et le pria de questionner ce dernier à ce sujet. Le roi lui raconte alors qu'il s'accuse de déloyauté à son égard, qu'il lui a promis de lui faire amende honorable (327) devant tous les sujets de Nascien et les siens, et que c'est l'angoisse de ce remords qui lui a suscité ce songe. Nascien le réconforte et lui persuade d'en parler aux ministres de la sainte Eglise, qui lui en expliqueront la signification ; mais aucun des prêtres auxquels il s'adressa ne put expliquer ce songe (328).

A leur arrivée au palais, les éclairs jaillirent et le tonnerre retentit avec un grand fracas, puis une grande obscurité se répandit partout ; bientôt une trompette retentit et une voix (330) s'écria : « C'est ici que commencent les peurs. » Et aussitôt l'esprit du Seigneur emporta le roi loin de son royaume, l'espace de dix-sept journées de marche.

Le conte se tait ici à son sujet et revient à Nascien et à la reine. Cette dernière venait de visiter une église qu'elle faisait construire, quand, en rentrant, elle trouva tout le monde épouvanté et Nascien pleurant sur le lit d'où le roi avait été enlevé (332) ; la reine court à lui, l'embrasse et lui demande ce qu'il a.

Il lui avoue alors que le roi a disparu et qu'il ne sait où il est (333). La nouvelle se répandit de la disparition du roi; les barons se réunirent; l'un d'eux (334) nommé Calafre, traître et déloyal, accusa Nascien qui seul était avec le roi; on le saisit, et on le met en prison. Calafre ne s'en tient pas là, et fait saisir la terre de Nascien. Désespoir de sa sœur (337); mais Nascien reste calme et résigné.

Le conte retourne alors au roi Mordrain (338). Celui-ci, en arrivant à terre, s'étonne et ne sait que penser de son enlèvement, d'autant qu'il ne voyait que les nues et la mer. Cette roche où il était tombé était située dans l'Océan, sur la ligne qui, partant de Babylone, aboutit à l'Ecosse et à l'Irlande. Jadis, un célèbre pirate nommé Foucaire y avait sa demeure. Mais Pompée résolut d'en purger la mer; il équipa une riche nef et entra en lutte avec les pirates. Combat acharné. Pompée perd onze de ses chevaliers (343). Un des siens lui donne un bon conseil et l'assaut est remis au lendemain. Pompée pense alors à les combattre à l'aide du feu. Les pirates se réfugient dans la cave. Le combat continue plus acharné et Pompée les pousse jusque dans la cave, où ils ne peuvent entrer facilement; Foucaire alors saisit Pompée et le fait tomber avec lui dans le feu qui était au pied de la roche. Foucaire eut le bras droit cassé, on le lia solidement. Cependant Pompée reprit ses sens; (349) à son grand étonnement il se vit dans un lit; il demanda sa hache, monta à la roche (350) et vint à l'entrée de la cave; il écouta longtemps, et, n'entendant rien, il se précipita dans la cave et frappa un des pirates; personne ne répondit à cette attaque: ils étaient tous morts (351). Tous les corps des pirates furent jetés à la mer; quant à Foucaire, il eut le même sort ; mais, auparavant, Pompée lui fit briser l'autre bras et les deux cuisses.

Pompée ne tira pas grand honneur de cette prouesse ; il y parut quant il vint à Jérusalem ; il eut l'insolence de remiser ses chevaux dans le temple ; ce fait lui fut courageusement reproché, en des termes remarquables, par un bon vieillard, le père de Siméon qui prit Jésus dans ses bras le jour de la Purification de la sainte Vierge ; et, depuis, Pompée qui avait été si heureux dans toutes ses entreprises, échoua partout.

Le conte revient au roi Mordrains (353), qui prend connaissance de la roche où il est, et se désole de se voir ainsi abandonné. Au même moment, il voit venir sur la mer une nef dans laquelle était un homme de grande beauté. La voile portait le signe de la croix, ce qui rassura le roi.

Conversation du roi et de ce personnage, qui se dit ménestrel et assez habile pour faire d'un homme laid un bel homme, d'un fou un sage, d'un pauvre un riche. Le roi dit qu'il a là un beau métier et que par le signe qu'il porte il le croit chrétien.

L'homme de la nef en convient, lui promet le secours de Dieu, et l'engage à ne pas désespérer ; il lui rappelle les paroles de Salomon à son fils ; les heures s'écoulèrent en conversation plaisante, mais l'homme et la nef disparurent subitement (359). Toutefois, le roi pensait bien qu'il avait vu là un envoyé de Dieu.

Longtemps après, en regardant à gauche, vers galerne, il vit venir à la roche une nef richement ornée. Il en sortit une des plus belles femmes qu'on puisse voir ; il lui dit qu'elle était la bienvenue (360). La femme lui exprime le plaisir qu'elle a de le voir et lui offre de l'emmener dans un lieu de délices. Le roi Evalach répond à la dame qu'il félicite de sa puissance, toutefois il donne encore la préférence sur ce point à l'homme de la nef (361).

La dame jette ensuite le trouble dans le cœur d'Evalach, en lui apprenant faussement la maladie de Nascien, et la mort qui l'attend lui-même, s'il reste sur ce rocher (363). A ces paroles, Evalach cherche à savoir de la dame où il est : « A la roche de Port-péril, lui dit-elle, et à dix-sept journées de ton royaume. » Puis elle le presse de s'en venir avec elle. Evalach gardant le silence, la dame, après un mot caractéristique (365), s'en va accompagnée d'une grande tempête. Evalach reste sur la roche, tout chagrin de ne lui avoir pas demandé qui elle était. Le désespoir commence à l'étreindre ; la nuit venue, il veut entrer dans la grotte, mais il se sent saisir par deux mains et tombe à terre, tout pâmé, au milieu de ténèbres épaisses qui durent toute la nuit (368). Au point du jour, le soleil le ranime, il fait le signe de la croix et commence sa prière : lorsqu'il l'a terminée, il regarde la mer et voit venir d'Orient la belle nef d'argent et le majestueux personnage qui la montait.

Arrivé à terre, celui-ci lui demande de ses nouvelles, et le réconforte par de bonnes et salutaires paroles (371). Il lui parle de l'amour de Dieu pour ses fidèles, de la fragilité du cœur de l'homme (372), du secours divin, et des richesses spirituelles qui sont les membres de l'âme (373).

Le roi Mordrains l'interroge alors au sujet de la dame et en reçoit des éclaircissements qui le satisfont ; puis le sire de la nef le conduit dans son vaisseau et lui en fait voir la richesse ; il lui parle ensuite de Nascien et lui rappelle un trait de sa vision des neuf fleuves (377) ; alors Mordrains le prie de la lui expliquer ; mais il est renvoyé à plus tard, et admonesté de se tenir en garde contre les embûches du démon (378); Mordrains lui demande combien de temps il restera sur ce rocher : « Jusqu'à ce que, répond le bel homme, le diable t'en jette de la main gauche. » Cette réponse trouble Mordrains (379) qui laisse le bel homme partir sans s'en apercevoir. A son tour, la nef de la dame se montre de nouveau (380), mais Mordrains s'arme, par la prière, contre la tentation, et refuse de lui donner la bienvenue. Alors la dame lui apprend de fausses nouvelles au sujet de Nascien et de Sarracinte (382) ; mais rien ne peut le détourner du droit chemin ; puis elle le tente en lui montrant les richesses de sa nef, et les lui promet s'il veut la suivre, mais il tient ferme ; alors elle disparaît (384) au milieu d'une tempête effroyable. Puis la foudre éclate, fend le rocher, et un pain tout noir paraît s'offrir à lui à terre. Comme il avait grand'faim, il veut y mettre les dents ; mais un oiseau merveilleux, moitié serpent, moitié lion, se jette sur lui ; c'est l'oiseau dont le Sauveur du monde se sert pour répandre la terreur dans les âmes des pécheurs ; le *Saint Graal* décrit longuement la naissance merveilleuse de ce genre d'oiseau, son premier âge, les combats de sa jeunesse ; il appelle la femelle Serpilion, et la pierre qui la réchauffe Pirastite (390).

Cet oiseau frappe si violemment le pain que tenait le roi qu'il le fait tomber dans la mer, puis le malmène au point de lui trancher les cheveux du col et la partie du vêtement qui le couvre.

Le roi resta longtemps pâmé et ne se releva qu'à la nuit, mort de faim. Le matin (391), il se mit à soupirer et à verser des larmes en appelant le secours divin. Pendant huit jours qu'il resta sur la roche, le bel homme de la nef venait régulièrement le réconforter et l'exciter à persévérer dans le bien ; tandis que la femme le poussait au mal, par tous les moyens possibles. Le neuvième jour (392), le bel homme lui annonce que le terme de ses épreuves approche. En effet, il était none passée, quand il voit venir une belle nef poussée vers l'île par un vent irrésistible (393). Le tonnerre grondait et la foudre tombait tout autour de lui ; mais rien ne put lui faire quitter la roche. Le temps alors changea, le soleil se montra et brilla d'un tel éclat que la chaleur devint insupportable (395); il pouvait entrer dans la nef ; il résista à la tentation et bientôt tomba sur les dents consumé de chaleur. Il resta ainsi longtemps ; mais entre none et vêpres, il se leva, étonné de ne pas être plus souffrant. Il vit alors venir une nef magnifique à laquelle pendaient deux écus, le sien et celui de Nascien (396), puis il entendit le hennissement de son cheval, celui qu'il avait conquis sur Tholomée. Emerveillé, il se rend près de la nef (397) et reconnaît dedans le frère de son sénéchal qui le regarde tristement. Ce dernier lui apprend que son beau-frère Nascien est mort (697) et qu'il gît dans la nef. Le roi est désespéré, il entre dans la nef et voit Nascien étendu : il se pâme alors et veut sortir ; mais la nef était déjà loin dans la mer. Nouveau désespoir, il fait alors le signe de la croix et voit aussitôt le bel homme qui l'avait tant réconforté précédemment. Ce dernier le console, lui explique ce que signifie le loup de son songe ; une autre fois il lui en dira davantage ; quant au diable qui devait le jeter hors de la roche, c'est la femme qui venait chaque jour le visiter (400); le bel homme alors s'évanouit, et il resta seul dans la nef ; bientôt il vit venir à lui un homme qui marchait sur les eaux ayant deux oiseaux sous les pieds, c'était Salustes (401) qui se nomme, et lui découvre le sens de sa vision des neuf fleuves qui sortaient du lac (402), huit de ces fleuves représentent huit de ses descendants, le neuvième surpassera tous les autres en mérite, et c'est celui qui sera digne de connaître les merveilles du Graal (403). Quant à la nef, c'était celle du diable ; mais elle a été purifiée par le signe de la croix et l'aspersion de l'eau (404).

On abandonne le roi Mordrains dans la nef et l'on retourne à Nascien (405) qui est en prison et gardé par le traître Galafre. Son jeune fils était avec lui, il se nommait Célidoine. Un événement mémorable eut lieu à sa naissance (406). Le soleil, la lune et les étoiles parurent en même temps. Il y avait dix-sept jours que Nascien était dans la prison (407) quand la nuit du dix-septième jour il se sentit prendre par les cheveux (407). Ses chaînes tombèrent et il vit une main blanche qui le tenait et qui sortait d'une manche couleur de feu ; le corps restant invisible. Nascien se sentit enlevé de terre (408).

La porte de fer qui fermait la voûte de la prison

s'ouvrit, il passa, conduit par cette main merveilleuse, devant le lit de Galafre (409) et arriva ainsi jusqu'aux portes extérieures qui s'ouvrirent aussi toutes seules.

Dès qu'on s'aperçut de la disparition de Nascien, il s'éleva une grande rumeur; Galafre sauta de son lit et courut à la porte de fer qu'il vit ouverte ; il fit descendre un sergent dans la prison, et faillit perdre la raison, quand il apprit l'événement. Il monta immédiatement à cheval et courut après Nascien ; mais celui-ci était toujours protégé par la nuée et Galafre fut si effrayé de cette formidable défense tout enflambée, qu'il vida les arçons et tomba pâmé sur le chemin. Son cheval prit la fuite et ses gens effrayés remirent au lendemain à le chercher : la quête fut longue, enfin on le trouva. Il avait sur la joue droite l'empreinte d'une main et celle d'un pied sur la gauche.

On l'emporta à sa demeure, on le coucha, et à l'heure de none il poussa un grand cri et demanda avec instance de l'eau parce qu'il brûlait intérieurement (412). Le côté droit de son visage était tout dénudé et l'on voyait ses os ; la joue gauche était pleine de vers ; sa mort semblait prochaine ; cependant il gémissait de périr dans un pareil moment ; et demandait des nouvelles de Nascien. En même temps, il ordonna de faire venir son fils Célidoine et dit qu'il se vengerait sur lui de la disparition de son père. Il voulut le voir mourir sous ses yeux ; c'est pourquoi il se fit porter aux créneaux de la tour (414) et prescrivit qu'on y amenât Célidoine, et qu'on le précipitât du haut en bas ; mais son espoir fut déçu ; à peine Célidoine était-il tombé à moitié de la hauteur, que l'on vit neuf mains plus blanches que la neige qui le soutinrent dans l'air et l'emmenèrent au loin.

Galafre, pris de rage, se pâma et, au milieu d'une obscurité profonde (415), une voix retentit qui dit si haut que tout le monde l'entendit : « Que tous les amis du Christ se sauvent, car il va se venger de ses ennemis. »

Les gens de Galafre se sauvèrent et lui-même resta pâmé sur la tour qui fut frappée du feu du ciel et s'écroula du côté où était Galafre. Ce dernier fut mis en pièces et tout le reste des gens fut sauvé (416).

Quand la reine Sarracinte apprit ces événements, elle en fut joyeuse et toute réconfortée. Les barons, de leur côté, vinrent la trouver (417) et firent leur entière soumission ; la reine les reçut à merveille, leur donna de l'argent et des chevaux et les encouragea à rechercher Nascien en leur remettant des lettres de créance.

Le conte retourne maintenant à Nascien et parle de la recherche à laquelle se livre sa femme Flégetine, fille du roi des Médiens, douée de la plus grande beauté (418).

On sait que la terre de Nascien fut saisie par l'ordre de Galafre ; Flégetine s'y résigna facilement et se rendit chez un vavasseur d'un âge mûr, qui avait instruit son fils, et qu'elle aimait d'amitié sincère.

Le vavasseur l'accueillit parfaitement, mais lorsqu'on vint chercher Célidoine, le désèspoir s'empara de Flégetine (420) et rien ne put la calmer.

La reine Sarracinte se rendit près d'elle pour essayer de la consoler (421) ; elle voulut même l'emmener, mais elle ne put y parvenir; Flégetine désira rester avec le vavasseur, et quand elle apprit la fuite de Nascien et de Célidoine, sa douleur s'apaisa un peu (422). Elle eut un jour une vision ; elle vit Nascien qui lui disait qu'il allait en la douce terre d'Occident qu'il devait peupler de ses descendants (423).

Elle en fit part au vavasseur (423) qui la rassura et lui offrit de la suivre partout où elle irait, accompagné de son fils. Flégetine accepta ; on réunit tout l'or et tout l'argent disponible, et le lendemain (425), après la messe, la duchesse prit congé de la femme du vavasseur, et tous trois se mirent en route avec trois chevaux et un sommier porteur.

Flégetine, se rappelant sa vision, dit au vavasseur qu'elle désirait se diriger vers l'Occident où son cœur la portait de préférence (426) ; on coucha dans un château situé à l'extrémité des possessions de Nascien appelé Hémelians. Le lendemain on entra dans les *vaux de la Calamine*, puis l'on atteignit la ville de *Nuisance*, capitale du royaume de *Méothide* (427).

Le conte laisse là Flégetine et revient aux messagers que la reine Sarracinte a envoyés à la recherche de Nascien, en s'occupant d'abord de dire ce que devint ce dernier après que les mains et la nuée vermeille l'eurent enlevé. Il fut porté, comme nous l'avons vu, dans une île appelée *Tournoyante* (428), pour des motifs que le conte va rapporter.

Lorsque Dieu créa le monde, il mit le ciel qui représente le feu, au-dessus des trois autres éléments; l'air, la terre et l'eau ; de plus, le ciel était de sa nature chaud et léger, tandis que la terre était froide et lourde, comme l'eau ; d'où l'incohérence de ces deux derniers éléments avec le ciel (429); de cette lutte il s'ensuivit un amoncellement de matière ferreuse et rouillée dont Dieu purgea le ciel qu'il rendit net et brillant.

Cette masse, en lutte perpétuelle par suite de l'état hostile des éléments qui la composaient, erra sur l'eau jusqu'à ce qu'elle parvint entre l'île *Oragrine* et le port *aux Tigres*. Là existe une grande pierre d'aimant qui attira la masse flottante où le fer se trouvait en quantité notable. Elle forma ainsi une île dans la mer, et à cause de son origine céleste, elle tourna en même temps que le firmament (427), c'est pour cela qu'on l'appelle *tournoyante*.

Nascien fut déposé en ce lieu par la nue vermeille; mais il avait perdu connaissance, et lorsqu'il reprit ses sens, semblable à Job (434), il souffrit patiemment son malheureux sort. Il se coucha à terre, les membres brisés par la fatigue, car on était au neuvième jour des calendes de juillet. Puis, levant la main droite, il fit sur lui le signe de la croix et s'endormit d'un sommeil profond. Il eut une vision (435). Il se voyait des ailes aux épaules et un grand oiseau lui apprenait à voler, et emportait ensuite son cœur qu'il lui donnait pour le rassasier. Nascien s'éveilla en entendant un grand bruit qui venait du fond de la mer (437).

Il y avait lutte entre l'aimant qui voulait retenir l'île et le firmament qui tendait à la faire tourner avec lui.

Nascien, épouvanté (438), sentait l'île trembler sous lui, et pourtant elle n'était pas petite, car elle avait 1,280 stades de long et 812 de large (439). A cet égard, le conte ne garantit qu'une chose, c'est que l'île n'avait pas moins d'étendue qu'on le dit, elle en pouvait avoir plus, car dans cette véridique histoire, apportée sur la terre par Jésus-Christ lui-même, il n'y a que vérité, aussi doit-on la tenir en grand honneur, car N.-S. n'a écrit en dehors du *Saint Graal* que deux choses : la première, c'est l'Oraison dominicale ou le *Pater noster ;* la seconde est cette phrase qu'il traça sur le sable à l'occasion de la femme adultère : « Que celui d'entre vous qui est sans péché lui jette la première pierre ; » personne ne pourrait prouver que depuis sa résurrection, N.-S. eût écrit autre chose que le *Saint Graal* (441).

Mais revenons à Nascien. A son réveil, le lendemain matin, il se jeta à genoux et se recommanda à Dieu ; puis, s'étant levé, il se dirigea vers la mer où il découvrit une nef belle et riche qui s'approchait ; il n'y voyait ni homme ni femme (444), mais il aperçut en haut du bord une inscription chaldéenne qui contenait un avertissement. S'adressant à Dieu, et enhardi par sa croyance, il entre dans la nef (445), soulève un drap placé sur un lit et voit en tête une couronne d'or, et aux pieds une épée merveilleuse par la pierre qui décorait la poignée ; une inscription énigmatique était tracée sur le drap rouge qui la couvrait (448). La lame elle-même en portait une autre plus curieuse encore; le fourreau n'était pas moins étonnant; seules les *renges* ou bandes d'étoffes qui tenaient le fourreau, étaient de vile matière. Une inscription expliquait encore cette bizarrerie ; ces *renges* devaient rester telles jusqu'à ce qu'une fille de roi les changeât en une riche étoffe provenant de sa propre toilette (449).

Nascien retournant l'épée vit encore une inscription également prophétique ; mais il n'est ni temps ni lieu d'en dire plus long au sujet de cette épée merveilleuse (451) dont on verra plus loin l'histoire.

Puis Nascien vit autour du lit trois fuseaux dont l'un était blanc, l'autre rouge et le troisième vert : ce dernier était placé horizontalement sur les deux autres qui étaient verticaux. Ces couleurs étaient naturelles et n'avaient pas été peintes (453). Pour qu'on n'en doute pas, le conte interrompt son récit pour parler des trois fuseaux (fuseau est un diminutif de *fust*, bois; ainsi par fuseau il faut entendre tringle légère de bois).

Quand, au commencement du monde, Ève eut, à la sujétion du perfide ennemi de l'homme, cueilli le fruit défendu, la tradition veut qu'elle ait arraché en même temps un rameau de l'arbre ; Ève porta le fruit à Adam qui le sépara du rameau, celui-ci resta dans la main d'Ève. Dès qu'Adam eut mangé le fruit, un changement notable se fit en eux, ils perdirent leur essence spiritualiste et devinrent charnels et par suite furent honteux de se voir nus. Dieu qui le sut tout de suite appela Adam et lui dit : « Tu mangeras ton pain à la sueur de ton front » (453) ; puis il les jeta hors du paradis. Ève tenait toujours le rameau et elle résolut de le garder en souvenir de sa triste mésaventure. Ne sachant qu'en faire, elle le ficha en terre. Ce rameau était un symbole vivant de ce qui allait leur advenir, et c'était la femme qui devait le porter hors du paradis et non l'homme, car il signifiait que si, par la femme, l'homme avait perdu la vie éternelle (457), par la femme devait-il la recouvrer un jour ; c'est-à-dire par la bienheureuse vierge Marie.

L'arbrisseau devint grand arbre; seulement il était blanc comme la neige en dedans et en dehors, en signe de l'état de virginité d'Adam et d'Ève.

Un jour qu'ils reposaient tous deux sous cet arbre (458), Adam regardait tendrement Ève et tous deux plaignant leur sort se mirent à pleurer. Une voix se fit entendre qui leur dit : « Ne désespérez pas, mais confortez-vous l'un l'autre, car vous êtes plus près de la vie que de la mort » (459).

Cette parole rassura les infortunés qui appelèrent dès lors cet arbre *l'arbre de vie*, et qui en plantèrent de nombreux rameaux. Ils allaient souvent s'asseoir à son ombre ; or, un vendredi, ils entendirent une voix qui leur prescrivit de s'assembler charnellement. Tout confus d'un tel ordre, ils se regardèrent honteusement ; Dieu qui vit leur trouble vint à leur aide ; il voulait fermement créer le genre humain pour restaurer la dixième légion d'anges chassés du ciel par leur orgueil ; il les enveloppa d'une obscurité profonde, et c'est à sa faveur qu'Adam engendra et qu'Ève conçut Abel le Juste (469). Dès ce moment, l'arbre devint aussi verdoyant qu'il avait été blanc; toutefois, ceux qui en étaient provenus restèrent blancs comme il l'était à l'origine ; sa couleur verte et les fruits qu'il produisit signifièrent la perte de la virginité de celle qui l'avait planté (461).

L'arbre resta ainsi tant qu'Abel vécut ; mais Caïn avait résolu la mort de son jeune frère. Un jour, qu'Abel lassé par la chaleur s'était endormi sous cet arbre (463), Caïn s'approcha de lui et l'ayant salué, lui enfonça traîtreusement un couteau recourbé sous la mamelle (463). De même qu'Abel avait été conçu un vendredi, ce fut aussi un vendredi qu'il reçut la mort.

Abel fut donc la figure de Notre-Seigneur, salué de même par Judas, et livré par ce dernier à ses ennemis, ce même jour de vendredi (466). Dieu dit à Caïn : « Où est ton frère ? » Sire, je ne sais, répondit-il, suis-je le gardien de mon frère? « Dieu le maudit alors, et avec lui la terre qui avait recueilli le sang du juste Abel.

Le *Saint Graal* ajoute que si Dieu maudit la terre, il ne maudit pas les arbres et notamment celui sous lequel Abel reçut la mort ; et même, de vert qu'il était, ce dernier devint rouge en souvenir du saint sang répandu près de lui ; mais il ne produisit plus ni fleurs ni fruits (466), tandis que ses rejetons en avaient. Cet arbre fut tenu en grand honneur par tous les descendants d'Adam et d'Ève et devint, pour eux, le symbole de la rédemption future, aussi l'appelait-on *l'arbre de vie et de confort*.

Cet arbre et tous ceux qui en provinrent durèrent pleins de séve jusqu'au déluge qui ne nuisit en rien à leur qualité et à leur beauté (468). Ils continuèrent à prospérer jusqu'à l'époque de Salomon, successeur du roi David.

Dieu doua Salomon de tous les dons de l'esprit et de l'entendement, mais il ne le mit pas à l'abri des embûches de la beauté. Sa femme se plaisait à le tromper et il avait peine à se défendre d'elle (469). « J'ai, disait-il, fait le tour du monde et je n'ai pu trouver une bonne femme. » Une nuit qu'il se lamentait dans son lit, une voix se fit entendre qui lui dit : « Ne te plains pas tant de la femme, car si par elle l'homme fut perdu, une autre viendra qui le sauvera. » Sa science profonde lui fit deviner que cette femme promise serait la vierge Marie (471), et alors il pensa que peut-être elle serait la dernière descendante de sa race. Mais une voix divine l'avertit qu'il n'en serait pas ainsi, et que son dernier descendant serait un chevalier qui surpasserait tous les autres en prouesse et en valeur chevaleresque.

Salomon s'ingénia alors à trouver le moyen de faire savoir à ce dernier rejeton de sa race qu'il avait su sa venue si longtemps avant sa naissance ; et longuement il y songea. Sa femme, qui le voyait absorbé dans cette pensée (473), le conjura, une nuit qu'elle le trouva plus abordable, de lui dire à quoi il pensait depuis si longtemps.

Salomon, qui savait sa femme si rusée et si habile, lui fit connaître l'objet de ses préoccupations ; elle lui conseilla alors de faire construire une nef de bois incorruptible qui pût voguer sur l'eau, pendant quatre mille ans, et d'y déposer une épée précieuse entre toutes, que le chevalier annoncé porterait en souvenir de lui, l'épée du roi David son père, la plus riche et la plus merveilleuse qui fut jamais (475) ; elle lui dit ensuite d'y faire mettre une poignée en pierres précieuses, se réservant d'adapter au fourreau des lanières ou renges de vile matière, jusqu'à ce que la fille d'un roi les change pour de plus riches empruntées à sa propre toilette (478).

Quand la nef fut construite, Salomon plaça l'épée au pied du lit et sa couronne au chevet ; puis la femme de Salomon prescrivit aux charpentiers de prendre trois fuseaux ou tringles de bois empruntées d'abord à l'arbre de vie sous lequel Abel était mort, et qui était rouge, puis deux autres de couleur blanche et verte qui en étaient provenus, et de placer ces fuseaux au-dessus et à côté du lit. Ces trois fuseaux seraient des emblèmes parlants de la mort d'Abel (479).

Salomon composa ensuite une inscription à l'adresse du chevalier qui devait être le dernier de sa race, d'abord pour le mettre en garde contre les artifices féminins, et ensuite pour lui raconter l'histoire de la nef, celle de sa construction, puis il mit le parchemin sous la couronne (481).

Quand tout fut disposé, on tendit des pavillons sur le rivage et on se coucha. Vers minuit, il vint une vision à Salomon ; il voyait des anges arroser la nef au son des instruments, et l'un d'eux disait : « Cette nef est le symbole de ma nouvelle maison » (482.)

En se réveillant, il voulut parler, car la vision persistait, mais une voix se fit entendre qui lui promit que le chevalier, dernier de sa race, entrerait dans la nef, prendrait l'épée qui y est déposée, et saurait que c'est lui, Salomon, qui a tout disposé pour cette fin.

Salomon ayant appris par l'inscription du bord de la nef qu'il n'y devait pas entrer, la laissa aller au large et bientôt la perdit de vue.

Le conte retourne maintenant à Nascien qui, étant entré dans la nef, regarde curieusement les fuseaux, et se prend à dire qu'il soupçonne dans cet arrangement quelques traces de fausseté. A peine avait-il dit ces paroles, que la nef s'entr'ouvre et qu'il est précipité dans la mer. Aussitôt il se met à la nage et arrive facilement à la rive (485) ; il se dresse et regarde la nef dont une des inscriptions disait qu'elle était tout entière un emblème de foi chrétienne. Il reconnut alors sa faute et se reprocha ses doutes ; la nuit venue, il fit ses dévotions et se coucha (486).

Au matin, Nascien se recommanda à Dieu et, pendant qu'il disait ses prières (487), il vit venir d'Orient une petite nacelle qui portait un homme âgé ; elle s'approcha du rivage sans le toucher ; la nacelle était la plus riche qu'on pût voir, toute bordée de pierres précieuses, mais, de plus, de chaque côté, on voyait douze flèches d'argent dont les pointes étaient d'or fin.

Nascien salua le vieillard, lui souhaita la bienvenue, et lui dit qu'il était arrivé dans cette île sans savoir comment ; mais qu'il aime toujours mieux y être que dans la prison de Galafre. A ces mots, le vieillard lui apprend le trépas funeste de ce dernier qu'il a vu, aujourd'hui même, mort, et lui rappelle le mot de doute qu'il a laissé échapper dans la nef.

Nascien reste confondu et demande à ce vieillard qui paraît tout savoir, s'il reverra jamais la belle nef qui s'est si subitement dérobée à ses yeux. « Tu la verras encore, lui dit-il (490), car c'est un symbole plutôt qu'une nef ; elle représente la sainte Église, et ses inscriptions, la sainte Écriture. »

« Le lit placé dans la nef (492) signifie la sainte Table où chaque jour le pain et le vin sont changés en la chair et en le sang de N.-S. Le lit représente encore la sainte Croix où le Fils de Dieu se laissa attacher pour sauver le genre humain (493) ; des trois fuseaux, le blanc figure la virginité de la bienheureuse vierge Marie, le rouge représente la charité si grande que montra le Fils de Dieu quand il se dévoua pour nous aux souffrances et à la mort ; enfin, le fuseau vert figure la patience qui finit par amener le chrétien à la victoire.

Nascien se plaisait tant à écouter le prud'homme, qu'il s'endormit comme pénétré de la douceur de ses paroles (495). Dans son sommeil, il crut voir un serpent qui l'attaquait, et il allait être vaincu, quand un petit ver vint à son secours, et mit le serpent en fuite.

A son réveil, il se reprocha son sommeil, en se ressouvenant de tout ce qu'avait dit le vieillard. Le conte le laisse dans ces conjonctures pour s'occuper de Célidoine.

Ce dernier, encore jeune enfant, se voyant dans un pays étranger, au milieu d'une forêt épaisse et de rochers énormes, se mit à se lamenter, d'autant qu'un orage affreux éclata sur sa tête et qu'il craignit d'être enseveli sous les ondes.

Cependant, deux nefs chassées par le vent arrivèrent au rivage, là où était Célidoine (497) ; ce dernier sortit d'une caverne où il s'était réfugié croyant que les nouveaux arrivés étaient chrétiens (498). Mais il n'en était pas ainsi ; les arrivants étaient païens et venaient du royaume de Perse. Parmi eux se trouvait Labiel, le roi de ce pays, qui fit tendre ses pavillons sur le rivage.

Célidoine qui allait leur souhaiter la bienvenue fut pris par eux et amené au roi Labiel (499). Ce dernier le voyant si bel enfant, richement vêtu, lui demanda qui il était. Célidoine le lui apprit et lui dit de plus que ses parents et lui-même venaient d'embrasser la religion chrétienne et d'être baptisés par Josèphe, le grand évêque chrétien.

Labiel en fut très-chagrin, car il connaissait le roi Evalach qui l'avait même armé chevalier de sa main; il demanda à Célidoine par quelle aventure il était venu sur ce rocher. Célidoine lui raconta comment, prisonnier de Galafre, et sur le point de mourir par sa chute du haut des créneaux de sa tour, il fut sauvé par N.-S. qui l'emporta jusqu'à ce rocher.

Labiel sourit sournoisement et dit à ceux qui étaient là : « Comme cet enfant sait déjà mentir ! » « Sire, fait un chevalier, c'est la coutume des chrétiens. » « Eh bien, dit le roi, nous le ferons revenir de sa folie. » Du reste, Labiel fit traiter Célidoine aussi bien que possible, et, quand il fut couché, il assembla ses gens, leur demanda ce qu'il devait faire de l'enfant et dit que s'il peut le faire revenir à l'ancienne loi, il lui donnera sa fille pour femme et lui laissera sa terre (502).

Lorsque le roi fut endormi, il eut une vision ; il voyait, dans un pré verdoyant, un vase d'argile tout rempli de mottes de terre ; alentour croissaient naturellement une foule de fleurs; un serpent, jetant feu et flammes, se précipitait sur le vase, gâtait les fleurs qui l'environnaient et bientôt tout disparaissait.

A son réveil, Labiel fit venir Célidoine et les hommes les plus sages de sa cour, puis il leur exposa sa vision et leur demanda ce qu'elle signifiait ; aucun de ces derniers ne put en fournir d'explication.

Quant à Célidoine, il se dressa sur ses pieds et lui expliqua que le pré verdoyant était le monde si plein d'attraits pour les pécheurs ; quant au vase de terre, frêle substance pétrie de boue, il représente l'homme issu de si pauvre essence « et surtout toi-même, roi Labiel ; les fleurs qui environnent le pot, sont : beauté, prouesse et courtoisie, toutes qualités dont tu es garni autant qu'homme mortel (506). La terre amoncelée dans le pot représente les péchés mortels dont tu n'as cessé d'accroître la masse depuis que tu vis le jour. Le serpent signifie la mort, cette cruelle compagne de l'âme, qui la précipite en enfer si elle ne la trouve munie des vertus qui mènent à la joie éternelle (507).

« Je te dirai même, ajoute Célidoine, que ce serpent t'annonce ta fin prochaine. » « Et quoi ! dit Labiel, mourrai-je donc sitôt ? » « Oui, dit Célidoine, et avant quatre jours révolus. »

Alors il le prit à part et lui révéla un fait que Labiel croyait bien caché ; c'est qu'il avait, le premier jour de mai, tué sa sœur qui refusait de se livrer à lui.

Atterré par ces paroles, Labiel fit faire son lit et se coucha en recommandant à ses barons d'avoir grand soin de l'enfant ; puis, après avoir prescrit qu'on le laissât seul, il se mit à se lamenter et à se plaindre longuement (510) ; enfin il s'endormit et il eut encore une vision. Il se voyait dans un grand chemin, escorté d'un homme de grande beauté qui lui promettait son secours ; et c'était à propos, car le chemin était entouré de voleurs et de brigands qui cherchaient à prendre aux voyageurs tout ce qu'ils possédaient. Puis ils entrèrent dans un charmant sentier rempli d'arbrisseaux portant des fruits, et une voix leur disait : « Venez manger, gens de toutes tois, en la haute cité, car les tables sont mises et les mets apprêtés. »

Le roi (512) résolut de s'y rendre, il fallait aller avant se laver à une fontaine placée sur une haute montagne; mais le roi n'y allait point et arrivé à la porte de la haute cité, on lui en refusait l'entrée parce qu'il ne s'était pas lavé à la fontaine ; en regardant par la porte il voyait sa sœur qu'il avait tuée, assïse au festin céleste ; elle était si belle et si avenante, qu'il la trouvait cent fois plus charmante qu'autrefois; et quand elle s'aperçut qu'il la regardait, elle lui dit : Vase de terre, plein de mottes, va te nettoyer et le laver et tu viendras après t'asseoir à ce festin (513). Bientôt il se sentit saisir par des gens hideux qui le regardaient déjà comme leur proie ; aussi le tiraient-ils par les cheveux vers une maison noire et affreuse. Il eut si grand'peur, qu'il s'écria : « Je suis mort » ; ses barons l'entendirent et entrèrent précipitamment dans son pavillon. « Sire, qu'avez-vous ? » lui dirent-ils. « Je viens de voir, dit-il, la plus grande merveille du monde, et aussitôt il demanda Célidoine pour qu'il lui expliquât son nouveau songe comme il avait fait du premier. Célidoine lui dit que par la grâce de N.-S. il connaît son songe, et ajoute que Dieu lui mande par sa bouche que, s'il veut entrer dans la cité céleste, il doit faire ce qu'il va lui dire (516). Le roi se jette à ses genoux et lui dit qu'il est tout prêt à faire tout ce qu'il lui commandera. Célidoine alors lui explique que le grand chemin qu'il a vu était la vieille loi ; les voleurs et les larrons sont les démons qui jadis furent précipités des cieux et cherchent sans cesse à surprendre les hommes ;

le bel homme est Jésus-Christ qui s'est rappelé que le roi eut pitié de lui autrefois et qui l'a pris depuis sous sa protection. Le sentier verdoyant est la nouvelle loi qui croît et prospère de jour en jour ; les arbres qui sont plantés à ses côtés, sont les apôtres et les prélats de la sainte Église (520). La voix qui appelait les gens de toutes lois, figure la grande miséricorde de N.-S. La fontaine est la sainte onde du baptême, ou Jésus-Christ lui-même ; enfin la haute cité est le paradis plein de fête et de joie (521), « où tu n'entreras, comme on te l'a dit, que si tu te laves dans la sainte eau du baptême. » Célidoine lui parle ensuite d'un autre songe où il voyait un grand serpent voler vers la mer Rouge, s'arroser de l'eau de la mer et disparaître sous la forme d'un blanc pigeon. « Eh bien ! ce serpent, c'est toi-même, car tu es un vrai serpent et un franc ennemi. Mais tu entreras comme lui dans la sainte onde et comme lui tu seras changé par le baptême (523). » « Ha ! dit le roi, on ne peut donc entrer dans la haute cité sans avoir reçu le baptême. » « Non, dit Célidoine, ta sœur elle-même mourut chrétienne, et reçut le baptême de la main de Séraphe. » Labiel alors ne résiste plus et conseille à ses gens de se faire baptiser avec lui ; mais ceux-ci refusent. Labiel les blâme et dit que l'agneau se séparera donc des loups (526). Célidoine fait alors vêtir Labiel d'une robe de pauvre apparence, et ils se rendent dans la forêt auprès de l'ermite. Toute la nuit, ce dernier instruisit Labiel dans les principes de la religion chrétienne. Labiel en profita pour demander l'explication d'une vision qu'il eut jadis. « Un homme m'assigna à comparaître devant un riche personnage ; je convoquai alors tous mes amis pour qu'ils vinssent m'aider, mais tous me firent défaut, sauf trois dont l'un montra une charte qui m'acquittait de tout ce que me demandait le riche personnage. »

Ces trois fidèles amis représentaient la mort d'une part et de l'autre les bonnes œuvres qui plaident pour le défunt devant le grand juge.

Labiel admira l'explication (530), et on continua la conversation pieuse pendant toute la nuit. Le lendemain, l'ermite fit préparer une pierre creuse, dépouiller le roi et le fit entrer dedans ; puis il le baptisa et le revêtit ensuite d'une robe blanche.

Labiel, tout joyeux, dit à Célidoine qu'il lui importe peu maintenant de savoir quand il mourra, car il lui semble déjà être dans cette haute cité pleine de fête et de joie, dont on lui avait refusé l'entrée ; puis ses compagnons n'ayant pas voulu se faire chrétiens, il les renvoie et les bannit de sa présence.

L'un d'eux conseilla de se venger sur Célidoine, et ils l'emmenèrent de force. Célidoine se laissa faire, confiant dans le secours céleste. Le roi Labiel mourut le lendemain dans l'ermitage où il était resté (533).

Les hommes du roi Labiel emmenèrent Célidoine dans leurs pavillons et se concertèrent pour savoir ce qu'ils en feraient ; l'un d'eux, qui était parent du roi, conseilla de le placer dans une nacelle avec un lion qu'ils avaient pris deux jours auparavant. « A ce moyen, nous en serons vengés, car le lion le dévorera tout de suite. »

Célidoine, à l'aspect de cette bête farouche, fit le signe de la croix, et s'adressant à ses bourreaux, leur prédit qu'ils ne retourneraient jamais au royaume de Perse (535). Le vent enfla la voile, et pendant trois jours l'enfant vogua en compagnie du lion. Le quatrième jour, la nacelle rencontra la belle nef où était l'épée merveilleuse, et l'enfant, qui était lettré, lut les inscriptions et entra dans la nef où il trouva le lit magnifique qu'il admira longuement.

Lorsque la nuit fut venue (537), il voulut regagner sa nacelle, mais il ne la revit plus, et revint au milieu de la nef où il se coucha sur une planche, n'osant entrer dans le lit merveilleux.

Le lendemain, en s'éveillant, il vit du bord de la nef, qu'il était arrivé à une île dans laquelle il aperçut un homme endormi ; en s'approchant, il reconnut son père Nascien et l'éveilla doucement.

A la vue de son fils, Nascien ne se possède pas de joie, lui jette ses bras autour du cou et pleure de joie et de tendresse ; les caresses étaient réciproques. Nascien demanda comment il s'était échappé des mains de Galafre (538) ; l'enfant le lui raconte et lui apprend l'aventure du roi Labiel, comment il expliqua son songe et comment le roi devint chrétien. Nascien rend grâce à Dieu, et ils rentrent dans la nef ; mais bientôt s'éleva une furieuse tempête qui chassa la nef loin de l'île. Nascien, à l'aspect de cette mer émue, tourne sa pensée vers Dieu qu'il adore et remercie de tous ses bienfaits (539).

FIN DE L'ANALYSE SOMMAIRE DU TOME II DU SAINT GRAAL.

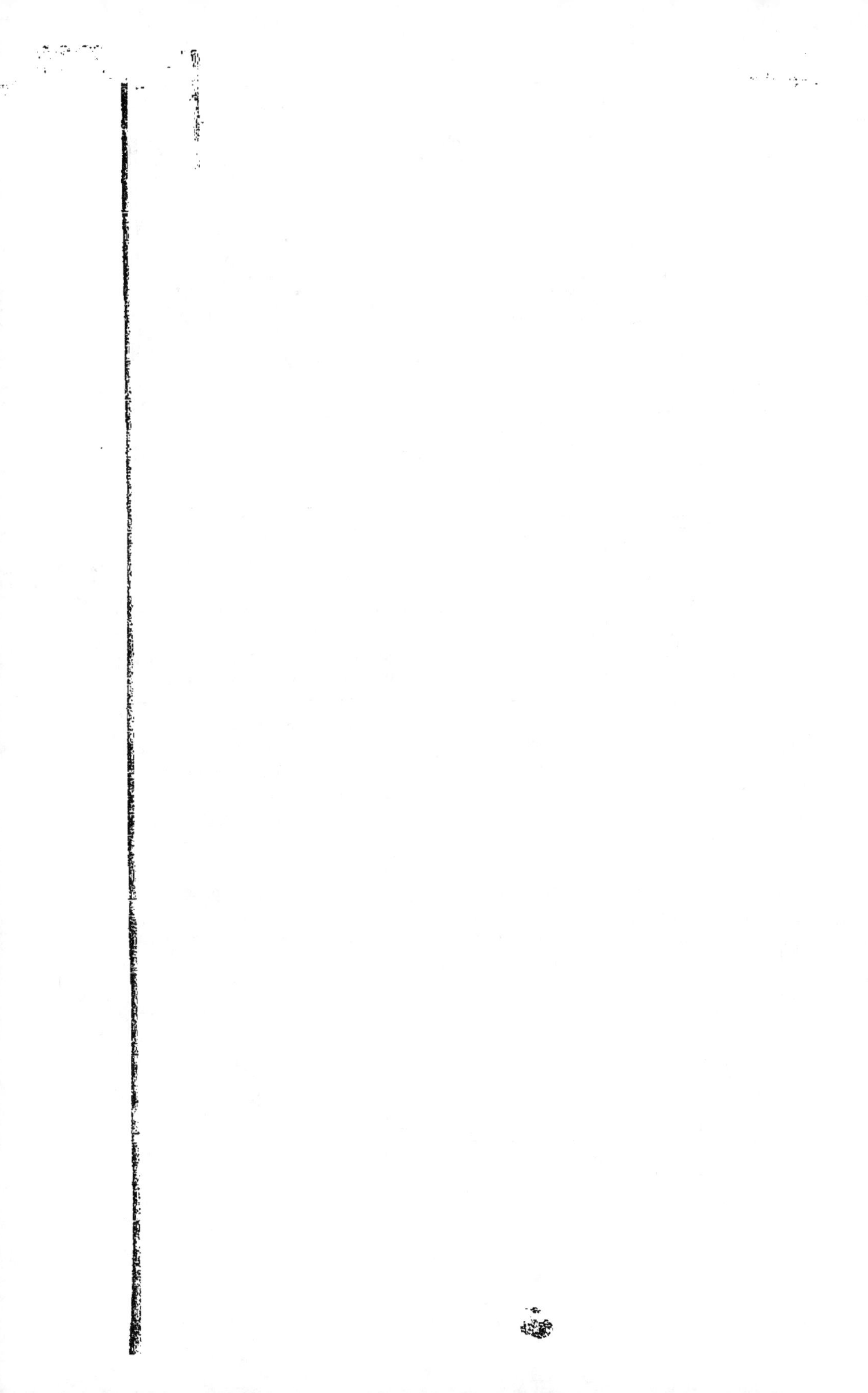

Chil ki la hautece & la segnorie de si haute estoire com est lestoire del graal ont en escrit par le coumandement del Graal maistre mandent premierement salus a tous chiaus & a toutes celes ki ont lor creance en la sainte glorieuse trinite. Chou est el pere & el fil & el saint esperit. El pere par qui toutes coses sunt establies & criees & recoment comenchement de vie. El fil par qui tout chil & toutes celes qui en lui ont creanche sunt delivre des pardurables dolours & ramenent a la utre ioie q durra sans fin. El saint espir par qui les homes coses sunt toutes mondees & saintefiees. Li nons de celui ki ceste estoire met en escrit nest pas nommes ne esclairies el commencement mais par les paroles q chi apres seront dites pores bien grant maite connoistre & apercevoir le vie de lui & son ancheisre. mais en cest commencement ne le vaut pas descouvrir & si a .iij. raisons pour coi. Premierement pour cou que sil se nommast & il desist q diex eust par lui descouverte si haute cose & si haute estoire com est cele del Graal ki li fondemens de toutes les estoires li felon & li envieus li atornaissent a uaitage. Lautre raisons est pour chou que tiex peust oir son non ki le gueust si em prisast mains lestoire pour

F. et F. Hucher del. et lith.

LE SAINT-GRAAL

Ms. de la Bibliothèque de la ville du Mans. XIIIe siècle (première page).

LE SAINT GRAAL

OU

JOSEPH D'ARIMATHIE

(PREMIÈRE BRANCHE DES ROMANS DE LA TABLE RONDE)

ATTRIBUÉ A

GAUTIER MAP

Chapelain d'HENRI II, roi d'Angleterre, archidiacre d'Oxford,

Publié d'après un manuscrit du milieu du XIIIe siècle, appartenant à la Bibliothèque de la ville du Mans, avec toutes les variantes du manuscrit n° 2455 de la Bibliothèque nationale et quelques-unes de divers autres manuscrits du même dépôt, de la Bibliothèque de l'Arsenal de Paris, du British Muséum de Londres, de la Bodléienne d'Oxford, etc., etc.

CIIL ki la hautece et la segnorie de si haute estoire com est l'estoire del Graal ont[1] en escrit par le conmandement del graal maistre, mandent[2] premièrement salus à tous chiaus et

[1] « Cil que la hatesse et la signorie de si halte estoire com est celle del Greal *met* en escrit. »

[2] « Mandet tot. »

Le scribe du curieux Ms. que nous éditons a pris soin de nous révéler son nom à la fin du volume où l'on trouve cette

NOTA. — Partout où nous n'avons pas indiqué le manuscrit, il s'agit du numéro 2455 ; — nous l'appelons le plus souvent : Ms. F.

à toutes celes ki ont lor créance en la sainte glorieuse trinité, chou est : el père et el fils et el saint esperit ; el père, par qui toutes coses sunt establies et criées

phrase : *Walterus de Kayo scripsit istum librum ;* cet indice d'un amour-propre assez singulièrement placé, dénote déjà un esprit d'une portée médiocre ; un grand nombre de passages achèvent de nous édifier sur le peu de sentiment littéraire de notre écrivain, et c'est une bonne fortune pour nous, car nous sommes à peu près certain qu'il n'a été que copiste servile, au rebours du scribe érudit et humaniste du Ms. 2455, si clair et si logique, mais quelquefois tout à fait inexact et visiblement novateur. Nous avons arrêté le lecteur dès le début du roman, parce que, dès ces premières lignes, le scribe y donne la mesure de son intelligence en prenant un singulier pour un pluriel ; *chil* est ici un singulier et les mots *ont* et *mandent* qui devaient, dans sa pensée, compléter la notion du pluriel sont le résultat d'erreurs ; le mot *ont* est mis pour le mot *met* et on le comprendra facilement, si nous disons que le scribe se sert encore de l'*m* oncial dont la lettre *o* forme les deux premiers jambages et que son modèle, naturellement plus ancien encore, a dû employer aussi cette forme de lettre ; quant au mot *mandent*, il n'a qu'un *n* de de trop, puisque le Ms. 2455, qui ne s'y est pas trompé, a mis *mandet* au singulier comme il avait écrit auparavant *met*.

Les mots *graal maistre* sont encore le résultat d'une erreur assez bizarre, puisqu'ils donneraient à penser que le scribe ne connaissait pas la valeur du mot Graal, dont il fait ici un adjectif synonyme de grand.

Il est très-remarquable que les mêmes erreurs se trouvent dans le Ms. nº 770, Bibl. nat. (7185^{33}) ; en voici le début : « Chil ki la hauteche et la signorie de si haute estoire com est cele del graal *ont* en escrit par le commandement del *graal* maistre mandemet salus à tous ciaus... » Ce manuscrit est le seul connu, — nous l'avons dit dans la préface, — qui ait

et reçoivent commenchement de vie ; el fil par qui tout chil et toutes celes qui en lui ont créanche, sunt

adopté la leçon de celui du Mans pour l'histoire de la Passion et de la légende de Vespasien ; on peut donc croire ces deux manuscrits sortis de la même école, sinon de la même main, car d'un autre côté les miniatures sont identiques de style.

Ce début n'est pas le même dans tous les Mss. du *Saint Graal.* Un certain nombre commencent ainsi : « Chil qui se tient et juge au plus petit, au plus péchéor de tous, mande salus... » (Ms. 117 nouv. 6788 anc.) (749 nouv. 7171 anc.). Galliot du Pré (27 janvier 1514, date du privilége) a suivi cette leçon : « Celluy qui se tient et juge estre en son cœur le moindre et le plus petit et le plus grand pécheur de tous, mande salut au commencement de ceste haulte hystoire à tous ceulx qui ont mis leur créance à la sainte Trinité... L'édition de Philippe le Noir, copiée sur le Ms. 223 de l'Arsenal, commence au contraire par le début ordinaire du roman : « Cil qui la haultesse et la seignourie de si haulte histoire comme est celle du Gréal.... »

Le Ms. add. 10292 du British Muséum commence aussi par ces mots : « Chil ki se tient et juge au plus petit et au plus pécéor du monde. » C'est à peu près le texte du Galliot du Pré de 1514.

Le Ms. Reg. 19, C. XII du même British Muséum commence aussi par ces mots : « Cil qui se tient et juge au plus petit et au plus péchéor de tous mande salus. » Mais le Ms. reg. XIV, E. III que nous appelons Ms. A ou anglais, débute comme d'ordinaire : « Chil ki la hauteche et la signourie de si haute estoire comme est chele du Graal. »

Le Ms. Douce 178 de la Bodléienne d'Oxford commence ainsi : « Cil qui la hautece et la seingnourie de si haute estoire comme est cele del Graal. »

Le Ms. Douce 303 du même dépôt offre en tête le début déjà signalé souvent : « Chil qui se tient et juge au plus petit et au plus pécheur. »

delivré des pardurables dolours et ramenent à l'autre [1] joie qui duerra sans fin ; el saint espir par qui toutes les boines coses sunt toutes mondées et saintefiées.

Li nons de celui ki ceste estoire met en escrit n'est pas noumées ne esclairiés el conmencement; mais par les paroles qui, chi après, seront dites, porés bien, grant masse, connoistre et apercevoir le vie de lui [2] et son anchestre; mais, en cest conmencement, ne le vaut pas descouvrir, et si a .III. raisons pour coi : premièrement, pour çou que s'il se noumast et il désist, que Diex éust par lui [3] descouverte si haute cose et si haute estoire com est cele del Graal, ki est li fondemens de toutes les estoires [4], li felon et li envieus li atornaiscent à vantaige. L'autre raisons est pour chou que tiex péust oïr son non ki le connéust, si em prisast mains l'estoire, pour chou que, par si pouvre persoune, éust esté mise en escrist ; kar il se tient pour la plus poure personne et pour la plus despité qui onques fust fourmée. La tierce raisons est que s'il éust en l'estoire auqune cose désavenant u par effacement u par [5] le

[1] « La haute joie. » Le Ms. angl. reg. XIV, E. III, porte aussi : « La haute joie. » Le Ms. angl. 10292 met : « A la joie qui dure sans fin. »

[2] « Le nom de lui de sa vie. » (Ms. F.)

[3] « Ouvreit et » (Ms. F.)

[4] « Del Gréal, qui est l'ystoyre de toutes les ystoires, li fellon..... » (Ms. F.)

[5] « La niceté des escrivains qui après la translatèxent de liu en altre. » (Ms. F.) Le Ms. reg. XIV, E. III, porte : « Ou par

niceté des écriviens, ki, après le tans, la taistent d'un lieu en autre, tous li blasmes en fust sour son non. Car il est ore à no tans, plus de bouces [1] ki mal dist; et plus [2] est blasmés de faire .I. seul mal que il n'est loés de faire .C. biens. Pour ces .III. coses, ne velt que ses nons soit de tot en tout descouvers; car jà soit çou que il le voeille moult bien couvrir et celer, si le [3] sera-il plus que il ne vauroit. Mais il descouverra et dira tout en apert comment la haute estoire del saint Graal li fut coumandée et baillié et en quel termine, et ki li bailla.

Il avint [4] après la passion Jhésu-Crist .VII. C. et XVII ans [5] que jou, li plus pécières de tous les autres pécéours, me gysoie en .I. petit abitacle, en droit icele

le vice des escriveins qui... » Le Ms. 10292 : « Par visse de malvais escrivain. »

[1] « Plus de boches qui dient mal que de celles qui dient bien. » (Ms. F.) Cette correction est importante.

[2] Le Ms. reg. XIV, E. III porte : « Plus de bouches qui dient mal ke de cheles... » Le même Ms. : « Et plus est uns homs blasmés de faire un seul mal. »

[3] Le Ms. n° 95 (6769 ancien) donne cette variante : « Si sera-il plus apiercus qu'il ne voldrait. » Et en effet le mot *descouvers* que l'article « le » remplace est un peu loin. Même version dans le Ms. angl. reg. XIV, E. III.

[4] « Il avint. » (Ms. F.) Le Ms. angl. met aussi : « il avint. »

[5] Au lieu de « VII c et XVII ans » « VII ans que en septisme an. » Ici le Ms. 2455 est évidemment inférieur à celui du Mans, car il est incompréhensible, le Ms. angl. met aussi VII cens et XVII ans. En général le Ms. 2455 change tous les noms de nombre le plus souvent sans motif, et dans le seul but d'être nouveau.

eure ki est apelée[1] vigille de la nuit. Ichil liex u jou me gysoie en tel manière, comme Dix set, ki tous les pensers connoist, estoit lointains et destournés[2] de toutes gens. Et tant en puis-je bien dire qu'il estoit en .I. plus sauvage lieu qu'il fust en toute la bloie Bretagne[3]. Mais nepourkant moult[4] estoit délitables et plaisans, kar kant nostres sires velt ouvrer en son crestien, il l'a tost mis en tel corage, que toutes ces coses que li siècles desprise[5] li plaisent et celes que li siècles prise li anuient. Cele nuit que je me gisoie ensi comme vous avez oï, si fu la nuit ki est entre le joeldi absolu et le vendredi beneoit; et se à nostre segnour plot, que il rechéut en gré, jou avoie fait le service des matines que on apiele ténièbres. Et lors si me prist moult grant volentés de dormir : si coumenchai à soumeillier en mon lit u je estoie acoutés[6]. Issi com jou oi commenchiet à soumeillier, ne demoura puis gaires que jou oï une vois qui m'apiela .III. fois par mon non et si me dist : « Esveille toi[7] et si escoute des .III. choses :

[1] La tierce vigile de la nuit. » (Ms. F.) Même variante dans le Ms. angl.

[2] Au lieu de « destournés. » Le Ms. F. met : « desbornées. » Le Ms. angl. met aussi : « destornés. »

[3] « La bloe Bretagne » « la bloie Bretagne. » (Ms. F. et A.)

[4] « Moult m'estoit délectable. » (Ms. F.)

[5] « Toutes les choses ki li siècles prise li annuient. » (Ms. A.)

[6] « Où je m'estoie acouteiz. » (Ms. F.)

[7] « Esvelle-toi et si escoulte de .III. choses une, et d'une chose .III.; et atreci puet li une com les .III. ne les .III. naturellement ne sont altre chose qu'une. (Ms. F.) » Le Ms. angl. donne la même version.

et autretant puet l'une comme les .III.; ne eles naturellement ne sunt autre chose que une. » A cest mot, m'esveillai et si esgardai entour moi; et si grant clarté vic que nul si grande ne peut issir de nule terrienne lumière. Après vi .I. home ester devant moi si bel et si délitable que sa biautés ne poroit estre racontée ne escrite par langhe de nul mortel home; et kant jou le vi, si fui si esbahis que jou ne soi [1], sous ciel, ke dire ne ke faire. Et il me regarda, si me dist: « As-tu entendu ne tant ne kant la parole ke jou t'ai dite? » Et jou li respondi en tremblant: « Sire, jou ne [2] sui mie encore bien certains; » et il me redist: « Çou est la counissance que jou ai aporté » que jou avoie été en doutance [3], comment ce poit estre que trinités avoit .III. personnes et si n'avoit que une seule déyté et que une seule poissance; ne onques n'avoie, en ule riens cose, douté de ma créance ke seulement en cestui point. Après, me dist: « Pues-tu encore connoistre ne apercevoir ki jou sui? » et je li dis: « Sire, li oel sunt mortel; si n'ont pooir del regarder entérinement la clarté de ltoutes les clartés, ne la bouce ne puet avoir encore a force del dire çou dont toutes les pécéresses langhes seroient encombrées. » Et il s'abaissa viers moi, si me souffla enmi le vis, et lors me fust avis

[1] Le Ms. 2455 supprime « sous ciel. » Le Ms. angl. met: « Que je ne seuch sous siel... »

[2] « Sire, je n'en suis pais encor bien certains. » (Ms. F.) Même version dans le Ms. angl.

[3] « Ceu est la cognissonce de la triniteit que je t'ai aportée et ceu dist-il, porce que je avoie esteit en doutance. » (Ms. F.) (Même éclaircissement dans le Ms. angl.)

que jou oi les ex à .C. doubles plus clers que oncques mais n'avoie eus. Et jou sentoie, dedens ma bouce, une grand merveille de langhes; et il me dist : « Pues-tu encore connoistre ki jou sui ? » Et kant jou ouvri la bouce pour respondre, si vi que uns brandons[1] de fu me sailli fors del cors, autex comme fus ardant. Ensi oi[2] si grant paour, qant jou le vi, que onques n'oi pooir de dire mot. Et qant il me vit espoentet, si me dist : « N'aies mie de paour; kar la fontaine de toutes seurtés est chi devant toi, et bien saches que je sui chi venus, pour toi aprendre et ensegnier[3] de toutes ces doutances vrais enseignemens. Jou sui chil par qui toutes les bones siences sunt aprises, quar je suis li grans maistres (je sui li grans maistres) par qui tout li terrien maistre sevent tant de bien com il ont apris; ne maistre ne sunt-il mie, car nus ne puet estre maistre se chil non ki set toutes les siences. Jou sui li[4] maistre à qui Nicodemus dist : « Maistres nous savons que vous[5] iestes venus de Dieu. » Jou sui chil de qui li Escripture dist : « Toute sapience vient de Dieu nostre segnor » et si est avoec lui et tosjours y a esté devant tous les eages.

[1] « De fu » supprimé en F. Le Ms. angl. le supprime aussi.

[2] « Si en euch si grant. » (Ms. angl.)

[3] « Car je suis de totes doutances vrais ansignans. » (Ms. F.) remplace « de toutes ces doutances. » De plus, le Ms. précité supprime « Jou sui chil par qui toutes les bones sciences sunt aprises, quar je sui li grans maistres. » Le Ms. angl., conforme pour le surplus met, « Car je sui de toutes doutanches vrais ensengières... »

[4] « Je sui chil maistres à qui Nichomèdes (*sic*) dist. » (Ms. A.)

[5] « Que vous estes venus de Dieu. » (Mss. F. et A.)

Et pour chou que jou sui li parfais maistres, comme cil qui sui fontaine de toute sapience, pour chou, sui-jou venus à toi, que [1] jou voel que tu recoives ensegnement de toutes iceles choses dont tu seras en doutance; et si te ferai chiertain et sage d'une cose dont onques nus hom mortex ne fu certains, et pour [2] toi sera-ele ouverte et esclairié à tous chiax ki [3] jamais l'oront conter [4]. »

Ichest [5] mot, me prist par la main destre et si me mist dedens .I. petit livret ki n'estoit pas, en nule manière, plus lons ne plus les [6] com est la paume [7] d'un home. Et kant je tinc le livret, si me dist : « Vex-tu savoir que jou t'ai bailliet? » et jou li dis que jou le sauroie moult volentiers. Et il me dist : « Chou est li livres [8] u tu troveras dedens si grans merveilles, que nus cuers mortex ne poroit penser. Ne jà de nule riens ne seras en doutanche, dont tu ne soies avoiés par chest livret, et si i sunt mi secre [9] que jou meismes i mis de ma main, que nus hom ne doit véoir, s'il n'est avant espurgiés par confession, et par jeune de .III. jours, en pain et en ewe [10] et après chou [11], doit, en tel manière, dire, k'il le die de langhe de cuer, si que jà [12] icèle de la bouce ne paraut. Kar [13] il ne puent estre nomet par nule langhe mortel que

[1] « Car je veul que tu ressoive par moi ansignement. » (Ms. F.) — [2] « Par toi. » — [3] « Ceulz qui. » — [4] « Conteir et devisier. » — [5] « A cest mots. » — [6] « Leiz. » — [7] « La pame. » — [8] « Ce est li livres del sacrement et saches que tu troveras. » — [9] « Mi sacrei. » — [10] « Yawe. » — [11] « Les doit-il en tel manière dire ki les die... » (Ms. angl.) — [12] Si que jai celle de la bouche ne paroust. » — [13] Car li mos et li nom qu dedens sont ne puent ne ne doivent estre. »

tous li .IIII. éliment n'en soient convent [1]. Car li sans [2] en plouvera et sera autres merveilles; li airs troublera, la tiere crollera apertement et li cwe canjera sa coulour. Tout chou avenra par la forche [3] des paroles qui, en chest livret, sunt escrites ; et si a autres choses : que jà nus hom n'esgardera souvent en cest livret, issi com on i doit esgarder, qu'il ne conkière les .II. gregnors joies ki soient; chou est la joie de l'ame et la joie del cors. Kar il n'est nus home morteus, tant durement courouchiés, s'il puet dedens entrer entérinement [4], issi com véoir i devra, qui maintenant ne soit ses cuers délivrés de toutes ires et plains de toutes joies que cuers mortex puet avoir, tant soit plaisans et délitables les paroles qui i sunt [5] : chou est la joie del cors. Et d'autre part, il esprendra si [6], petit et petit, de l'espéritel amour, que [7] s'il est baans as terriennes coses, si sera por çou metre en l'uevre et

[1] « Ne soient commeut. » Le texte anglais met aussi « n'en soient commeu. »

[2] « Car li siècles en plorroit et feroit altrez signes. » (Cette correction ne semble pas heureuse.) Le Ms. angl. met : « Car li chieus en plouvera. »

[3] Au lieu de « par la forche des paroles, » « par les paroles. » Le Ms. anglais met aussi : « Par la forche des paroles... »

[4] « Au lieu de « S'il puet dedens entrer enterinement, » « s'il puet véoir antantivement. » Le Ms. angl. met : « S'il peut véoir ententieument... »

[5] « Com i prent la joie de l'âme, la joie del cors, la santeit de l'un et de l'atre et la vie pardurable. »

[6] « Il esprendera si durement petit et petit. (Ms. angl.)

[7] « Et sachez que se il ne beet az terriennes choses qui totes viennent à néant, il ferait bien sa besogne pour venir à son

en la besongne à son créatour, ne jà pour péchiet qu'il ait fait, en cest siècle, ne morra cil de mort sobite, qui cest livret aura tenu et véu une fois [1]. » Et qant il ot çou dit, si cria une vois autressi comme [2] buisine; et qant elle ot crié, si vint uns si grans escrois d'en haut que il me fut avis que tous li firmamens fust kaus [3], et que la terre fust fondue jusk'en abysme; et se la clartés ot esté grans devant, lors fu graindres à .C. doubles, car jou en fui si esperdus que jou en quidai avoir perdue la véue. Et si cai à tiere ensi comme pasmés. Et kant ce vint [4] au cief de grant pièce, que la vanités del cief ne fut tresalée, si ouvri les ex, mais je ne vic onques [5] entour moi, nule riens vivant, ne onques ne me sot [6] tenir de qanques jou avoie véu; ançois tenoie tout à songe, qant jou trouvai en ma main le livret, issi comme li grans maistres le m'i avoit mis.

A tant me levai moult liés et moult joians, et tinc

créator. (Le passage n'est pas compris par le Ms. 2455. La version du Mans est la bonne : c'est aussi celle du Ms. angl. La négation est de trop.) Ne jai par pèchiet qu'il ait fait en cest siècle, ne morroit de mort subite, qui, cest livret aurait une fois tenut ou véut, encor com il doit et com je l'ai d'avant dit. »

[1] Le Ms. angl. ajoute : « Ch'est la joie de l'âme. »

[2] « Une voix de buisine. » Le Ms. A. met : « comme une buisine. »

[3] « Fut chéus. » Le Ms. angl. met : « Féust kéus. »

[4] « Et qant vint à chief de grant pièce que la vennitées dou chief me fuit trespassée », « trésalée » d'après le Ms. angl.

[5] « Au lieu de entour de moi » « as iex. » (Ms. angl.)

[6] « Ne me sot à qoi tenir. »

toutes voies le livret entre mes .II. mains et si fui en orisons et em proières, tant que Dix amena le jour qui moult durement me tarjoit[1]. Et quant li jors fu si clers que je poi[2] connoistre la letre, si commenchai à lire la letre, et trouvai el commenchement une tytle qui disoit : « Chou est li commenchemens de ton lignage », et qant jou vis chou, si fui moult liés, car il n'estoit nule riens terriene que jou desirasse tant à oïr com la connissance de mon lignage. Et qant jou oi esgardé tant, que jà estoit prime passée[3], si me fu avis que jou n'avoie riens léu, tant i avoit encore à lire; quar jou y vic tant letre, que je en fui tous esbahis comment si grans plentés de paroles pooient estre amoncelées en si petit livret; car il n'estoit pas au mien avis, ne plus lons, ne plus les, en nule guise, com est li paume d'un home. Si m'esmerveillai tant que jou[4] mescréisse moi-meismes qui le voie, se chil ne le m'éust baillé, qui grans plentés de paroles puet metre en petit de liu, et qui grant lieu puet emplir de poi de chose. Issi esgardai[5] el livre juskes viers tierce, tant que jou oi connéu grant partie de mon lignage.

[1] « Qui moult durement me tardoit. »

[2] « Que je peuch » comme dans le Ms. angl.

[3] « Prime sounée, rien léut, igal ceu qu'il i avoit ancor à lire. »

[4] « Tant que je meysmes en estoie, en mon cuer, toz mescréanz qar le véoie, et en fuisse estés tout en errour, se cel ne me l'éust bailliet qui... »

Le Ms. angl. a adopté la version du Mans, sauf « mescrisse » inférieur à « mescréisse. »

[5] Le Ms. angl. met : « Ensi gardai » moins bon que « esgardai. »

Si vic les nons et la vie de tant preudoume, qu'à paines osaisse dire, ne connoistre que je fusse d'yaus descendus. Car kant jou véoie leur bone vie et lor grans travaux [1] qu'il avoient sousfert en tière, pour leur créatour, si ne pooie pas penser comment jou péusse tant amender ma vie k'ele fust digne d'estre à maintenir [2] entre les lor. Ne il n'estoit pas avis que jou fuisse hom [3] enviers iaus mais faiture d'ome et reproece. En chest penser demourai moult longement; mais toutes voies recourui [4] au livre, tant [5] que jou oi léu [6] en la fin de mon lingnage. Et lors trouvai une tytle qui disoit : « Chi coumence li livres del saint Graal. » Et kant jou oi léus tant que midis fut passés, et qu'il pooit bien estre noune, si trouvai un autre qui disoit : « Çou est li commencemens des paours [7]. » Et

[1] « Et les grans griés, k'il avoient souffiert. » (Ms. angl.)

[2] « Amenteue avueuc les leur. » (Ms. angl.)

[3] « Ne il ne m'était pas avis que je fuisse hom envers elz, mais hom meffais, plains de reproches. » (Ce passage est une nouvelle preuve que le Ms. du Mans est plus ancien que le Ms. 2455, car les expressions « hom meffais pleins de reproches, » sont plus modernes que « faiture d'ome et reproece. » Le Ms. angl. met aussi : « Fainture d'omme et reprochés. »

[4] « Recognui-je » au lieu de « recourui. » Mauvaise version. Le Ms. angl. met : « retourna au livre... »

[5] « Juske en la fin. »

[6] « Et commensai à lire et tant m'i conjoï que je fui à la fin de mon lignaige. »

[7] « Cest livres est li commancemens des pooirs. » Cette variante n'est pas admissible. En effet, l'auteur va parler, deux lignes plus bas, des choses « qui moult estoient peureuses et espoentables à véoir. » M. Leroux de Lincy, qui a relevé ce passage dans son analyse du roman du *Saint Graal*,

kant jou oi cesti [1] trespassée, si commenchai à lire, et vic tex coses qui moult estoient peureuses et espoentables à véoir, et sace Diex que [2] à moult grant doutance les véoie, ne jà [3] envaïr nel osaisse, se chil n'el m'éust commandé par qui commendement toutes coses vivant sunt méues. Et kant jou oi assés véues coses merveilleuses, si trouvai le quarte tytle qui disoit : « Chi commencent les merveilles. » Et lors commenchai moult durement à penser. Issi com je pensoie à ceste cose, et uns rais autretiex comme de feu ardent descendi de viers le chiel et vint pardevant mes ex autressi bruiant comme esfoudres, et moult durement sambloit espars de tounoile, fors tant ke la clartés en dura plus et fu plus graindre et plus espoentable; et descendi par devant moi, si soudainement que tuit li oel m'estincelèrent en la teste et me fu avis que je éusse la cervele espandue; si que je cai à terre tous pasmés. Mais ne me dura gaires li estourdissemens; issi me tresalai ensi com à nostre segnor plot; et lors redreçai la teste, si ouvri les ex et vic ke tous li

(*Essai historique et littéraire sur l'abbaye de Fécamp*, p. 106), ne s'est pas aperçu de l'erreur manifeste du transcripteur, il a traduit : « *Ce livre est le commencement des pouvoirs.* » M. Paulin Paris, quoique adoptant presque partout la leçon du Ms. nº 2455, a traduit correctement ce titre par les mots : « C'est le commencement des peurs. » (*Les romans de la Table Ronde, mis en nouveau langage*, 1er vol., page 159.) Le Ms. angl. met bien : « Chi est li commenchemens des paours. »

[1] « Oi che title passé. »

[2] « A si grant » (Ms. angl.)

[3] En place de « ne jà envaïr n'el osaisse, » « ne jai véu ne léu ne les éusse, se cil commandeit ne le m'éust, par cui... »

firmamens vercissoit [1] et que li solaus perdoit del tout en tout sa clartet, si qu'il faisoit autresi grant ténièbres comme il sieut [2] faire ès espesses nuis d'yver. Et qant ces ténièbres orent duret tant que on péust bien avoir alet .C. pas, si plot à Diu que eles trespassèrent. Et lors recommencha à esclarchir, petit et petit, si que li solaus revint [3] en se première clarté. Et maintenant descendi el lieu u jou estoie, une odours si douce et si soés [4], que se toutes les espysses qui sunt el monde' fuissent encontre eles, eles ne rendissent [5] pas le milisme de douchour ne de souatume, si com jou quit. Après oï entour moi .I. si douc cant et une si grant loenge que tout li estrument et toutes les mélodies que on poroit oïr en terre [6], ne fust noiens à escouter envers celui cant ke je oï. Kar tant i avoit vois ke nule

[1] « Que toz li firmamens nersissoit. » La lecture « vercissoit » du Ms. du Mans est irrécusable ; elle est ainsi motivée : « v[s]cissoit; » il semble encore qu'ici notre version est préférable; le Ms. angl. ne l'adopte pas et met « noircissoit. »

[2] « Com il suelt faire espes en nuis d'yver. » « *Seut* » dans le Ms. angl.

[3] « Revint tous en sa propre clarté. » (Ms. angl.)

[4] « Si douce et si sueif oilans » ; « si douche et si soués. » (Ms. angl.)

[5] « Elles ne rendissent pais la nuevisme partie de doussor ne de suatime, si com je cuit. » « Le milisme » du texte du Mans vaut évidemment mieux que « le nuevisme » du n° 2455. En effet, pourquoi s'arrêter au chiffre neuf lorsque l'enthousiasme abuse ailleurs des formes « à cent doubles » à « cent mile tans, » etc..? Le Ms. angl. met aussi « la milisme pars de douchour.. »

[6] « Serroient fins niens à escouter » (Ms. angl.)

riens mortex, au mien quidier, n'en poroit le nombre dire. Et si estoit, au mien avis, si près de moi, ke se ce fuissent coses[1] véables, jou les péusse atouchier à ma main; mais onques tant esgarder ni soi, ke onques .I. de tous chiaus ki cantoient péusse véoir. Et tant entendi-jou bien qu'il looient, en lor chant, nostre segnor et si disoient tousjours en la fin de lor cançon : « Hounours et gloire et poestés et empires soit perdurablement au destruiéor de la mort et au destruiéour[2] de la vie perdurable. » Iceste loenge entendoie-je bien, mais de tout l'autre chant ne pooie-jou pas entendre ke il voloit dire. Mais sour toutes riens, estoit dos et plaisans à oïr. Et quant il avoient ainsi chanté, si souuoient, en haut, unes grans merveilles ne sai de kix[3] estrumens qui resambloient eskaletes[4] au souner, et kant eles laissoient à souner si recommenchoient[5] les vois.

En ceste manière, chantoient bien jusc'à .VII. fois et kant che vint à l'uitisme fois[6], si rompirent leur chant si soudainement, ke il fu avis qu'il

[1] « Visibles » traduction évidemment moderne du terme « véables, » du Ms. du Mans et du Ms. angl.

[2] « Et à restor de la vie perdurable. » Ici, il y a certainement une erreur dans la transcription du mot « Destruiéour de la vie perdurable » du Ms. du Mans ; c'est « restoréour » qu'il fallait, et ce mot eût mieux valu que « restor. » Le Ms. angl. met aussi : « au restoréour de la vie pardurable. »

[3] « De ques estrumens. » (Texte angl.)

[4] « Que ressembloient escheletes à sonneir » « au souner. » (Ms. angl.) — [5] « A canter les vois. » (Ms. angl.)

[6] « Quant vint à la septime fois. » Il est assez remarquable

fuissent kéu en abysme. Et lors me sambloit que toutes les eles des oïsiax ki sunt en l'air s'envolassent par devant moi. Et maintenant que les vois laissièrent à canter, si remest la grans odours ke jou avoie longement sentie, qui si durement m'avoit plait, que jamais, à nul jour, ne kéisse [1] estre en autre manière que jou estoie, mais ke, au plaisir de nostre segnour, fust. Issi remest [2]. Si commenchai moult durement à penser à cest merveille que jou avoie longement oïe, et lors vint une vois d'en haut, qui me dist : « Laisse à penser, si liève sus, et si va rendre à Diu chou ke tu li dois ; kar bien est tans et eure. » A cest mot, me levai, si regardai entor moi et vic que jà estoit noune passée et kant je vi chou, si m'esmerveillai moult del jour ki si tost estoit alés ; kar jou quidoie k'il fust encore matins, tant durement m'avoit [3] pléu li lires del brievet ; et kant jou fui levés, si le mis en tel liu u il fu tosjours devant mes ex. Après cantai mes cures, issi comme eles sunt à dire à celui jour. Et kant jou les oi dites, si

que le Ms. n° 2455 change volontiers les noms de nombre. Ici « l'uitisme fois » devient « la septime » on ne sait trop pourquoi. Du reste le Ms. A. met « la sietisme fois, » mais le n° 10292 Angl. rétablit « witisme. »

[1] « Ne quesisse. » (Ms. angl.)

[2] « Ensi remest tout ceu que je avoie davant oit. » La tournure elliptique et plus archaïque du Ms. du Mans a été modifiée sans grande utilité. L'Anglais dit aussi : « Ensi remes. »

[3] « Tant durement m'avait pléut li sires del livret. » On ne comprend pas la substitution de « sires » à « lires. » Évidemment la version du Mans vaut mieux. Le Ms. angl. donne aussi la version « li lires du livret. »

commenchai le service si dous et si pitex comme de la mort Jhésu-Crist; car à cel jour, fu-il vraiement mors et pour chou ne sacréfi-on pas son cors à celui jour. Car là u la vérités vient avant, la figure doit arière estre mise; mais à tous les autres jours, le sacréfi-on en sénéfiance qu'il fu sacréfiés pour nous, et à celui jour k'il fu vraiement crucéfiés, comme est li venresdis beneois[1], ce jour, ne le sacréfi-on pas, que[2] il n'a mais point de sénéfiance, puis ke li jours est venus que il fu vraiement[3] crucéfiés. Et kant jou oi[4] fait le service à l'aide de Diu, jusques là u li prestres fait les .III. parties del sacrement, et je vaut[5] recevoir mon sauvéour, si vint uns angles devant moi, ki me prist par aus .II. les mains, et me dist : « Ces .III. parties te sunt vées[6] à recevoir, devant ke jou t'aie moustré apertement por coi tu les as faites d'une seule cose et que je t'aurai de toutes ces coses[7] certefié. » A cest mot, me leva en haut ne mie en cors, mais en esperit[8], et si me porta ès plus délitables liex que onques nus hom véist à mon essiant. Kar nus cueurs ne poroit tant penser de joie, ne langhe ne poroit tant dire, ne oreille ne poroit tant escouter,

[1] Après les mots « li venresdis beneois, » le Ms. du Mans met à la ligne sans motif apparent.

[2] « Que » pour « car. »

[3] « Puis que le jour est venus qu'il fuit vraiment sacrifieiz. »

[4] « Et quant je oich. » (Ms. angl.)

[5] « Et je vauch. » (Ms. angl.)

[6] « Te sont devées. » (Ms. angl.)

[7] « Et que je t'aurai de toutes tes doutances certifieit. »

[8] « Mais en âme » au lieu de « mais en esperit » (version du Ms. du Mans et du Ms. angl.) qui semble préférable.

que on n'éust encore plus à .C. mile tans[1]; et se je disoie que ce fust el tier ciel, là u sains Pols fu porté par le saint esperit, espoir jou diroie voir. Mais tost seroit tenu à vantance et à menchongne et neporkant tant en dirai-jou que là me furent moustré chou[2] que sains Pols dit que nule langhe d'oume mortel ne doit descouvrir. Et qant jou oi longement esgardées[3] les merveilles et véues, et jou respondi que jou ne pensoie mie que nule si grans ne puent estre, et il me dist ke il me mousterroit encore greignours. Lors me prist et si m'enmena en un autre estage, qui estoit à cent doubles plus clers ke voires[4] et si précieusement estoit couloures ke nus hom certainement ne devisast la coulour tant par estoit soutiex et esbahissans. Illuec me moustra-il la force de la trinité kar

[1] « Que là n'en éust ancor. C. milles tans; » « Que là n'en éust encore cent mil tans. » (Ms. angl.)

[2] « Me furent moustréi et descoviert li sacreiz dont saint Pols dit : » « Li secre dont sains Paus dist... » (Ms. angl.)

[3] « Et quant je o longuement esgardei les merveilles dont je véoie tant que nulle boche nel poroit conteir, si m'apellait li aingles et me dist : « ais-tu véues grans merveilles ? et je li repondi. » Le Ms. angl. donne aussi les paroles de l'ange; il y a une ellipse fâcheuse dans le Ms. du Mans.

[4] « Plus cleirs que yvoires » Ici évidemment, le scribe du Ms. 2455 semble substituer la blancheur de l'ivoire à la transparence du verre, sans motif plausible; il est évident que, s'agissant d'une région aérienne, la version du Mans est la bonne. « Le Ms. angl. met aussi « plus clers que voirres. » Cependant, il n'est pas sûr que « yvoires » ne soit pas synonyme de « voires. » Les glossaires Roquefort et Hippeau n'en font pas mention. C'est à chercher. M. de Laborde ne l'a pas relevé.

jou vic le [1] devisement le Père et le Fils et le Saint-Esperit si que jou poi connoistre l'une personne de l'autre ; et si vic apertement comment ces .III. personnes repairoient à une sustance et à une deyté, et à une poissance. Et nepourkant se jou ai dit ke jou aies véues les .III. personnes et devisées l'une de l'autre, jà pour chou, ne m'encourent sus li envieus ne li felon qui ne servent fors des autres remordre et reprendre ; ne, pour chou, ne dient-il mie, ke jou aie parlet contre l'auctorité saint Jehan le haut évangelistre, car il dist ke nul hom ne vit onques le père, ne véoir ne le puet, et jou m'acort à lui ; ne tout cil [2] qui l'ont oï, ne sevent pas chou k'il en dist, kar il vaut dire : des homes mortex [3] ; ne il ne muert que la cars, mais puis que li hom est desviestus del cors, puis est-il esperitueus, et dès ke il est esperituex, bien

[1] « Je i vi visiblement et devisement le peire, le fil et le saint esperit, si que je ne po cognostre l'un de l'atre persone. » Le Ms. du Mans dit précisément le contraire, et il a raison. Le Ms. angl. dit de même « si que je peuch counoistre l'une persone et l'autre. »

[2] « Ne tut cil qui l'ont oït ne sceivent pais porquoi il lou dit, ne qu'il y antandit. »

[3] « Des hommes morteilz : Car tant com li hom est en cors, tant est-il morteilz, ne il ne meurt... » Le Ms. angl. met aussi « car tant com il âme est el cors, tant est-il morteus. » Le Ms. du Mans supprime volontiers les passages qui finissent par le même mot que celui de la phrase précédente. « Morteus » finissant deux phrases qui se suivent, la seconde est systématiquement supprimée, ce serait absurde, si c'était le résultat d'un parti pris. Il en est ainsi dans plusieurs passages malheureusement.

puet esperitueus coses véoir, et pour çou poés vous counoistre ke sains Jehans vaut dire des homes mortex que nus ne puet véoir la maïsté del père.

En dementiers que jou estoie ententiex et curieus de mirer ches grans merveilles, si souna autressi comme uns escrois de tounoire et si crolla [1], çou me fu avis, trestous li firmamens ; et maintenant vint iluec tant de celestiax virtus ke li nombres n'en poroit estre séus ne dis. Et quant je me regardai, si se laissièrent tout quéoir [2] souvin environ la maïsté; tout ensi com s'il fuissent kéu en pamisons. Et kant jou vic chou, si fui trop durement esbahis et peureus, et li angles me prist et ramena là u il me prist premièrement; mais anchois qu'il mesist [3] en mon cors mon esperit, me dit : « As-tu vuéus grans merveilles ? » et je dis ke eles estoient si grans que ki auroit congié del dire as gens terrienes, il n'est nus hom si sains ne si bien de Diu, qui pas en fust créus. Enseurketout, nus cuers mortex ne poroit avoir le cuer ne la force del retenir, ne langhe del dire. Et il me dist : « Es-tu encore bien certains de che dont tu as tant douté ? » et jou li dis k'il n'estoit nus hom el siècle, si mescréans, se il me voloit débonairement escouter, que jou ne li féisse entendre les poins de la Trinité, pour çou ke jou en avoie véu, et apris. Et il me dist lors : « Or

[1] « Tremblait, » au lieu de « crolla, » partout dans le Ms. nº 2455, le prétérit est remplacé par l'imparfait. Le mot « crolla » appartient évidemment à une langue plus ancienne que « tremblait. » Le Ms. angl. met « trembla. »

[2] « Chaoir sovir. »

[3] « Mais ansois qu'il remeist en moi mon esperit », « que il remesist en mon cors l'esperit. » (Ms. angl.)

te metrai dont, là u jou te pris et lors si recevras ton sauvéour plus certainement ke tu ne féisses devant; car tu ne dois pas herbergier hoste que tu ne connoisses; et se tu as véues grans merveilles, tu en trouveras el livret de celes que tu ne tenras mie à menours; mais tu n'i garderas mais, devant jà que tu auras célébré la surrection Jhésu-Crist ton sauvéour. A tant remist mon esperit dedens mon cors, et jou m'esperi autresi comme chil ki a dormi, ki s'esveille; si quidé véoir l'angle, mais il s'en estoit alés. Et jou esgardai, si vic mon sauvéour devant moi en tel manière com il estoit, kant li angles m'enporta et jou le pris, si le rechui, et l'usai à bone créanche, et à grant dévoction. Et kant li services fu fais, si pris le livret et l'estoiai [1] en une petite casse u la boiste estoit [2] u corpus domini estoit. Et kant jou l'oy mis dedens, si fremai moult bien la casse à une clef, que jou ne voloie de lui prendre garde [3]; ne jou nel savoie u metre plus honestement, ke [4] moult y avoit biau lieu et net. Et kant jou issi de la capele si vic que il estoit jà si basse

[1] Au lieu de « Et l'estoiai en une petite casse u la boite » « et l'enfermai en une petite fenestre où la boiste »... « Estoier » est plus ancien évidemment et aussi énergique « qu'enfermer », mais le mot « fenestre » substitué à « cassè » n'est pas heureux. Le Ms. angl. met aussi : « si l'ostoiai en une petite casse. »

[2] « En coi corpus domini reposait. » « En lequele corpus domini reposoit. » (Ms. angl.)

[3] Au lieu de « que (pour car), jou ne voloie de lui prendre garde, » expression peu claire, le texte anglais met : « car je me voloie du perdre garder. » Le scribe du n° 2455 met : « qar je me voloie peneir del bien garder. »

[4] « Ke » pour « car. »

eure ke il anuitoit; et lors si entrai en une [1] maisonnete et mangai tel viande com nostres sires m'avoit prestée. Issi passai celui jor et l'endemain, tant ke il vint au jor de la résurection au sauvéor, et qant il li plot ke jou éu fait le service del jour, qui est si haus com de notre [2] sauvement, celui meismes [3] ki le jour saintefia, entrai à garant que jou courui ansçois au livre pour les saintes paroles véoir, kar tant estoient douces et plaisans à oïr, ke eles me faisoient oublier toute la faim del cors. Et kant je vinc à la casse u jou l'avoie mis et jou le deffremai si n'en trouvai point, et kant jou vi chou, si en fui moult dolans, ke jou ne savoie prendre nul conroy de moi; anschois quidoie bien ke jou ne fuisse jamais liés à nul jour. Si commenchai à penser comment il pooit estre jetés d'icel lieu; car jou l'avoie fremé [4] en tel manière que jou l'avoie laissié et en avoie ostée la clacele.

[1] « En ma maisonnette, » au lieu de « en une maisonnette. »

[2] « De notre sauvéour. » (M. angl.) Le mot *sauvement* est un lapsus dans le Ms. du Mans.

[3] « Celui meysme jor qui est si saintifieiz, je entraix Deu à garant que je couru ansois à livret por les saintes parolles véoir que je ne fis à la viande prandre. » Le scribe du nº 2455 a évidemment cherché, en supprimant le laconisme du texte ancien, à éclaircir ce passage, sans y réussir, suivant nous, car le mot « jor » substitué à « Sauvéour » qui régit la phrase dans le texte du Mans, n'est pas heureux; il est en effet une répétition « del jour qui est si haus. » Le Ms. angl. dit aussi comme celui du Mans : « Com de notre Sauvéour, celui meisme qui le jour saintefia. » Du reste le Ms. angl. complète aussi le sens déterminé par le mot : *anchois... saintes paroles véoir que je ne fesisse à la viande prendre.*

[4] « Que je l'avoie trouveit fermeit en teil manière comme je

En dementiers ke jou pensoie à ceste cose, si oï une vois qui me dist : « Pour coi es-tu esbahis et de koi t'esmaies-tu ? Ne [1] esmerveilles si de chou que li livres est getés fors de son liu, sans deffremer ? Tout en tel manière issi Jhésu-Cris del sépulcre sans la piere remuer. Mais or te conforte, si va mengier, kar ansçois, te converra paine soufrir, ke tu le voies. Qant jou vic [2] çou, si me tint à bien paié. Lors alai mengier et kant jou oi mengié, si m'entournai en la capele et proiai nostre segnour, par sa douce pitié, me dounast avoiement de çou ke jou tant desiroie. Et maintenant revint une vois qui me dist : « Chou te mande le grans maistres : kant tu auras le matin célébrée la messe, si te desjeuneras et si t'en iras maintenant en la besogne là u jou te dirai. Et kant tu seras issus de caiens [3], si enterras el grant cemin et puis enterras en .I. kemin à destre, qui maine el quarrefour de .VII. voies, ès

l'avoie laissiet. » Le Ms. angl. met aussi : « Car je l'avoie trové fermé en tel manière, com je l'avoie laissié, » et il supprime, comme le Ms. 2455 : « et en avoie osté la clacele. »

[1] Remarquons la forme interrogative : « ne esmerveilles ? » Le Ms. angl. met : « t'esmervelles-tu de che... »

[2] « Et quant je oï que je ancor le poroie ravoir par poinne soffrir, si me ting à bien paiés. » Le Ms. angl. adopte ce sens explicite.

[3] « Et quant tu serais issus de céans, si enterais ou sentier qui vait ou grant chamin ; icil chamins te moinrait tant que tu venrais à pairon de la prise, et lors lairais lou chamin, si entrerais en .I. sentier à destre que moinent ceulz qui par là vont, en .I. quarrefour de .VII. voies, plains de Walestog et quant tu venrais à la fontenne de Plor iluec où la grant ocision fut jadis. » Le Ms. angl. donne : « ès plains de Walescog. » (Voir ce que dit M. Paulin-Paris de ce passage.)

plains de Val Estoc, et kant tu venras à la fontaine del Plour, illuec u la grans ocisions fut jadis, si trouveras une beste ke onques tele ne véis et si garde ke tu le sives là ou ele te menra. Et kant tu l'auras perdue, si enterras en la terre de Norvagne [1] et iluec aquieveras de la queste [2], et lors sauras pour quel besongne li grans maistres t'i envoie; car devant lors, n'el sauras-tu. » A tant laissa la vois à parler et qant çou vint à l'endemain jou me levai moult matin, et quant jou oi la messe cantée, je me desjunai et qant jou fui issus fors, je fis le signe de le crois sour moi et sour mon abitacle. A tant m'en alai ainsi com la vois m'avoit nommée la voie, et quant jou oi passé le perron, si alai que jou vint en .I. val que on apicloit le val des Mors. Celui val devoie-jou bien savoir; car jou i avoie jadis véue une bataille des .II. meillors chevaliers del monde. Et qant jou fui issus del val, si alai bien outre demie liue galesce [3], tant que jou vinc desour le quarrefour; si esgardai avant moi, si vic une crois desus la rive d'une fontaine et desous cele crois, se gisoit la beste que la vois m'avoit dit. Et maintenant qu'ele me vit, si se leva, si me commencha à regarder, et jou, li; mais com plus le regardoie, mains pooie savoir quex biestes chou estoit, et sachiés qu'ele estoit diverses en toutes coses : que ele avoit tieste et col de brebis et blanc comme nois négie; et si avoit piés de cien et jambes et quisses, et tout çou estoit noir comme carbons; et si avoit le pis et le cors

[1] Le Ms. angl. met : « En la terre de Norweghe. »
[2] Le Ms. angl. omet ces deux lignes jusqu'à : « A tant laissa. »
[3] Il semble bien qu'il s'agit de la lieue gauloise et non galloise.

et la crupe de goupil [1] et keue de lyon. Ainsi estoit la beste de diverses semblances ; et kant jou l'oi moult regardée et ele moi, si levai ma main et li fis signe que ele alast avant ; et ele ala tout droit el quarrefour. Si s'en entra tout droit en la première voie qu'ele coisi à diestre ; et jou alai après sitôt com jou poi ; mais ce fu lentement, kar vieillece et faibleces m'en destournoient. Et kant nous éumes alet jusques à eure de viespres, si sailli la beste fors del cemin et entra en une moult espesse coldroie [2] et tant ala avant et je après, qu'il commencha à anuitier. Et lors issimes fors de la coldroie et entrâmes en une moult parfonde valée, plaine de moult hautes forés espesse. Et qant jou fui el fons de la valée, si vic devant moi une loge et devant l'uis estoit .I. [3] hons de relegyon, viestus de robe de relegyon, et estoit viex et anciens. Et qant jou le vi, si en fui moult liés et rendi grasses à nostre segnour de çou que il m'avoit compagnie dounée, et tantost comme il me vit, si osta son caperon et me cai as piés ; si me requist bénéichon et jou li proiai k'il se levast, kar jou estoie uns hons péchières, si ne povoie mie donner bénéichon.

Que vous diroie-je onques tant ; ne li soi proier que il se vausist lever devant chou que jou li oi bénéiçon dounée, dont moult

[1] « Werpil » au lieu de « goupil. » Le Ms. angl. met « woupil. »

[2] « En une moult pesse ombroie. » Le Ms. angl. met « courroie. »

[3] « Uns viés hom vestus de reube de releigion. » (Ms. angl.)

durement me pesa, kar Dix le set, que jou n'estoie mie dignes d'el douner. Et qant il fut levés, si m'enmena par la main, en sa loge et [1] qant nous éumes soupé si m'enquist li bons hom de mon estre et de ma vie [2]. Et jou li respondi au miex que jou poi et jou soi, tant, Diex le set, que il quida que il éust assés plus bien en mi, k'il n'i avoit. Kar il est acoustumé [3] des bons houmes que il ne sevent quidier ès autres gens que il voient, se bien non.

Moult me fist grant joie et grant compagnie la nuit; ne oncques en ma vie [4] ne vic ome ki gregnor samblant éust d'estre durement preudom [5] sans chou que il n'en monstroit le samblant, se au mains non que il pooit. Au matin, me proia li bons hom que jou chantaisse et quant nous éumes canté, si pris congié; et il me dist qu'il me convoieroit. Et qant nous fumes

[1] « Et quant nous éumes cantées toutes nos eures, si mangames. » (Ms. angl.)

[2] « De ma voie. » (Ms. angl.)

[3] « Car il est costume des boins hommes que il ne sceivent cudier ez altres genz, se bien non, *por ce qu'il lor est avis que chascuns ait sa volanteil et son talent.* » (Le Ms. angl. contient aussi la phrase en italique. C'est là un de ces nombreux « mots délitables » qui recommandaient les romans de la Table ronde à l'estime générale. Ce respect d'autrui avait bien son mérite, convenons-en.)

[4] « Ne onques en ma vie ne vi homme qui greignor semblant éust d'estre preudom, senz ceu que il n'en moustroit nul semblant se à moins non que il pooit. » Cette littérature abonde en situations de ce genre où la modestie et la réserve sont préconisées sans éclat et infusées discrètement dans les esprits.

[5] « Et boins hom. » (Ms. angl.)

fors del postic [1], si vic la beste ki me conduisoit et si ne l'avoie véue dès la nuit devant, quant jou trouvai le bon home. Ensi me convoia li bons hom jusques au cemin et lors départimes. Si me proia moult que il me menbrast de lui en mes orisons et en mes biensfais, que Diex en cest régyon [2] le dounast demourer jusk'en la fin. Icest dont octroiâmes li uns à l'autre. A tant nous entrebaisâmes, si le coumandai à Diu et il, moi. Si errâmes entre lui [3], et la beste toute une matinée très parmi la forest; que onques n'encontrâmes home ne fame tant que il fu bien midis, et lors entrâmes en une moult biele lande. Enmi cele lande avoit un pin qui avoit non : li Pins des Aventures; desous cele pin avoit une fontaine, la plus biele que nus hom péust onques véoir, au mien quidier. Si avoit une coustume que onques nul autre fontaine n'ot, dont jou oïsse parler; car la graviele estoit vermeille comme sans et caude comme feus, et l'aigue estoit autreci froide comme glace, et si estoit, .III. fois le jour, autresi vers com esmeraude et autresi amère comme la mers, tant comme la verdors li duroit. Et qant la beste vint au pin, si se couça desous et fist samblant de reposer. Et qant jou me vaut séoir, si vic venir parmi la lande .I. varlet sour un ceval [4] trotant, et si venoit

[1] « Fors dou postis. » Le Ms. angl. met : « Hors du postis. »

[2] Au mot « régyon » du texte du Mans, le Ms. nº 2455 substitue avec raison le mot « religion, » bien que l'adjectif démonstratif « cette » qui précède ne soit pas justifié. Le texte anglais donne aussi : « En cheste religion. »

[3] « Entre moi et la beste. » (Ms. angl.) *Lui* est un lapsus évident.

[4] « .I. vallet sor un chival tot suant. » Le Ms. angl. ajoute aussi : « Tout suant. »

tout droit à moi. Et qant il fut venus à la fontaine, si descendi del ceval, et traist de son col une touaille, et s'agenoilla devant moi et si me dist : « Sire, ma dame vous salue, cele qui li[1] chevaliers au cercle d'or rescost de sa perte, le jour que la grans merveille fu véue de celui que vous savés et si vous envoie à mengier itele viande, comme ele a. » Lors desvolepa le touaille si en traist oës et .I. [2] gastel moult blanc, tout caut et si traist avant .I. bareil plein de cervoise et .I. petit hanap. Et jou manjai moult volentiers ; car jou estoie tous fameilleus pour la voie qui m'avait grevé ; et quant jou oi mangié et béu, si coilli le ramanant et dis au vallet que il désist à sa dame les merchis et Dix l'en rendist guerredon.

A tant s'en alla li vallés et jou m'en r'alai mon cemin entre moi et la beste, et alâmes toute jour, tant qu'il commencha à avesprir que onques n'issimes for del bos, tant que nous venimes au quarrefour où il avoit une crois de fust. Et lors s'arestut la bieste, et commence à escouter et oï maintenant venir chevax moult grant aléure, tant que jou vi .I. chevalier venir sour .I. palefroi et moult d'autres avoec lui ; et tantost com il me vit, en robe de relegyon, si sailli jus de son ceval et li uns des autres ausi ; et si me dit

[1] « On veut dire : Celle *que* le chevalier au cercle d'or sauva de sa perte ; d'autant que « li chevaliers » est au nominatif. Le Ms. nº 2455 met : « Celle *cui* li chivaliers à sercle d'or rescoust de sa tière perde le jor... » Le Ms. anglais met comme celui du Mans : « Chele qui li chivalers au chercle d'or rescoust de sa terre perdre. » *Qui* est pour *cui*.

[2] « Wastel » au lieu de « gastel. » (Ms. angl.)

que bien fuisse-je venus. Quant jou oi au chevalier rendus ses salus, si me prist par la main et dist qu'il m'enmenroit en sa maison pour herbergier et jou dis que Diex l'en guerredounast. Et il apela maintenant son écuyer, si li commanda qu'il enmenast lour cevax et qu'il féist le plus biel ostel qu'il poroit. Li esquiers s'entourna et li autre [1] remesent avoec moi. Issi nous en alames tous troi; et si ne vic onques gregnor hounour faire à home com il me fist, et sa maisnie ausi, qu'il avoit moult biele. Mais d'une cose me mesquei [2] plus que je ne vausisse : que il me connut à .I. saing ke jou avoie sour moi, et dit qu'il m'avoit autrefois véu et dist en quel liu. Mais comment qu'il m'enquésist, jou ne li connui onques riens, et qant il vit que ne me plaisoit mie chou qu'il enqueroit à moi, si laissa la cose ester. Mais totes les joies et toutes les hounours que on pooit faire à cors d'oume me fist-il la nuit.

Au matin, m'en parti; si les commandai tous à Diu et qant jou vinc fors de la porte, si trouvai la beste; et qant li sires m'ot, une pièce, convoiet, se li proiai

1 « Et li altres remisost avec nous qui estoit fils à signor et chivaliers. » Cette modification au texte du Mans semble motivée par la phrase suivante : « Issi nous en alâmes tous trois. » Le scribe du Ms. 2455 semble préoccupé de l'idée de ne donner à l'ermite que deux compagnons, dont l'un est le chevalier et l'autre son fils ; mais plus loin il parle de sa « mainie. » On pouvait donc laisser l'ancien texte, tel qu'il était. Du reste le texte anglais met aussi : « Et li autres remest avec nous, qui estoit fiex au seigneur et chivalers. »

2 Le Ms. anglais met « d'une chose me meschai plus que je ne vausisse. »

qu'il s'en retournast. A tant me commanda à Diu et je, lui. Si nous en alâmes toute la forest, entre moi et la bieste, tant que il fu près de tierce; et lors si trouvâmes une voie qui venoit fors de la forest, et tant que jou vic .I. moult biel moustier et .I. moult rice herbergage selonc une grant praarie qui estoit sor[1] .I. lac ki a à non : li Lasc la Royne. Qant jou vinc au moustier, si trouvai .I. couvent de nounains, moult boines dames, qui cantoient l'cure de tierce, moult bien, et moult hautement, et qant eles sorent que jou estoie prestres, si me requisent de canter et jou cantai. Quant nos éumes fait le service, si me fisent les dames desjuner et après me proièrent moult que jou remansisse jusc'à l'endemain. Et qant jou dis que chou ne poroit estre, lors prist congiet as dames et si m'en parti. Et si m'en alai, et la bieste avoec moi ; tant que nous rentrâmes en la forest. Et qant nous fumes ens, si errâmes (en la forest, et qant nous fumes ens si errâmes)[2] au lonc du jour, ne onques n'encontrâmes riens terrienne. Quant il commença à avesprir, si regardai fors de la voie, sour une piere; si vic unes letres ploiés[3] ; si trouvai el commencement escrit qant jou les oi prises et desploiés. « Çou te mande li grans maistres que anuit aquieveras de ta queste. » Et jou regardai que la bieste faisoit, si n'en vic n'en juc[4] point, ansçois s'en fu jà alée. Et quant jou vic

[1] « Une rivière. Chil moustiers étoit sour un lac. »

[2] Répétition évitée par le texte anglais.

[3] « Je tournai cele part, si les pris et quant je les oi déploiés. » (Ms. angl.)

[4] « Que la beste faisoit, si n'en vi point. » Le Ms. anglais porte : « Et je regardai ke la bieste faisoit, si n'en vi point ;

çou, si regardai ès letres, si vic que eles m'ensegnoient tout çou que jou avoie à faire. A tant m'entournai toute la voie, et qant jou oi grant pièce alet, si trouvai .I. sentier bien batu qui aloit à destre, parmi la plus[1] biele forest, ke jou onques véisse au mien quidier. Jou tournai cele part, et qant jou oi cele part alet grant pièce par cel sentier, si commencha la forest à esclairier et jou esgardai, si vic en .I. tertre, sour une roce, une moult biele capiele petite, bien encontre demie-liue long, et qant jou commenchai à aprocier, si oï, cele part, .I. cri si hisdeus que pour noient demanderoit-on plus hisdeus ne plus espoentables ; mais jou ne m'en espoentai onques; ciertes les letres[2] m'en avoient bien castoié. Et quant jou vinc devant la capiele, si trouvai l'uis ouvert; à l'entrée de wis, se gisoit uns hom tous armés[3] qui pasmés sembloit, autresi com se il fust mors, et qant jou le vic si courui à la grant fiance de Diu ki m'avoit ensegnié que jou devoie faire. Si trouvai qu'il avoit les ex tornés en la teste, si soi bien tantost qu'il avoit le dyable el cors; si li fis le signe de la croix enmi le vis, et il se drecha en séant.

anchois s'en fu jà alei. » Il semble donc que les mots : *n'en juc* soient un lapsus du scribe du Ms. du Mans.

1 « La plus biele forest. » (Ms. angl.)

2 « Qar les lettres le m'avoient bien acointiet. » « Castoié » est plus ancien et plus énergique. Le Ms. angl. met aussi : « acointié. »

3 « Et à l'entrée de l'iex se gisoit .I. hom toz pasmeiz. » Les mots « tous armés » sont supprimés ; le mot « armés » semble signifier « qui a rendu l'âme, » et il a pu paraître faire double emploi avec la suite. Le texte anglais supprime aussi le mot « armés. »

Si coumencha merveilles à dire et jou conjurai le dyable [1]; de par Jhésu-Crist, il li estoit entrés et par lui s'en istroit, et jou dis qu'il m'envoiait pour lui metre fors. Et il dist qu'il ne véoit mie encore le mésage par coi il s'en isist, et jou soi bien que il disoit voir; si m'en entrai en la capiele, si trouvai sour l'autel le livret que jou queroie.

Lors m'agenoillai, si le pris, et qant jou vinc fors, à tout si n'oïstes onques riens crier comme li anemis crioit; et disoit : « Ne vient plus avant, kar bien voi que issir m'en convient, ne il n'a riens [2] en terre fors cesti qui m'en getast. » Et qant il s'en vaut issir par la bouce, si ne pot pour le signe de la crois que jou avoie fait. Et il recommencha à dire en criant : « Se tu vius que jou m'en isse, si me destoupe la bouce [3] » et jou li demandai comment, et il dist que il n'en istroit mie tant que li livres fust si près, et jou dis qu'il n'en istroit mie par la bouce, ançois convenroit qu'il s'en isist par desous. Et qant il oï çou, si commencha si durement à crier qu'il me fut avis qu'on le dust oïr par tout le païs. Et tantôt vint iluec une si grant compagnie de dyables que je ne quidai mie que en tot le monde, en éust tant. Et qant il virent [4]

[1] « Et jou conjurai le dyable de part Jhésu-Crist, et il me respondit que de part Jhésu-Crist estoit-il entreiz et par lui s'en istroit. » Ici encore le scribe du Mans a recouru à une forme elliptique, motivée par la répétition du mot « Jhésu-Crist. » Le Ms. anglais n'admet pas plus que le Ms. 2455 ces ellipses qui obscurcissent le récit.

[2] « N'a rien en terre » (Ms. angl.)

[3] « La voie » au lieu de « la bouce. » (Ms. angl.)

[4] « Et qant il oïrent et virent les parolles del livret ; » les

les paroles del livret que jou tenoie ouvert, si ne véistes onques nul[1] tourbeillon si tost ne si hydeusement aler comme il s'en alèrent. Et jou me trais près del forsenet, se li mis le livret devant la bouce et tantost s'en issi fors ly dyables par desous. Si s'en ala faisant si grant tempeste, qu'il estoit avis qu'il erracast tout le bois par là u il aloit. Et lors remest li hom tout autresi comme mors et jou le pris entre mes bras, si le portai, o l'aide de Diu, devant l'autel, si l'esgardai[2] tote jour iluec et toute la nuit, jusques au jour; et kant il fut ajourné, si vint devant lui et se lui demandai s'il mengeroit. Et il me demanda qui jou estoie et jou dis que il n'éust paor, que jou estoie venus pour son preu, et il dist que il mangeroit tele viande comme il avoit acoustumet. Et jou le demandai quele viande et il jura[3] sour sa créance que il avoit .XXX.IIII. ans[4] et demi qu'il estoit hermites et si avoit passé .IX. ans et .III. mois et demi qu'il n'avoit mengié se herbe non et fruit et rachines, ne jamais pour tant qu'il éust à vivre, ne mangeroit d'autre viande, se Dix[5] ne li envoioit.

mots « il oïrent » étaient-ils bien nécessaires ? Rien ne dit que ces paroles aient été prononcées. Le Ms. anglais ne met, comme celui du Mans, que : « Qant il virent les paroles du livret. »

1 « Estourbillon. » (Ms. angl.)

2 « Toute nuit illuec jusc'au jour. » (Ms. angl.)

3 « Sacrefiance » du texte anglais, est évidemment un lapsus.

4 « Que il avoit XXXIII ans, que il avoit esté hermites. » Le texte anglais donne une autre variante : « Qu'il avoit XXXIII ans et demi ke. »

5 « Proprement. » (Ms. angl.)

A tant le laissa [1] vivant tout vain [2] comme celui qui n'avoit mangiet de nule viande, puis que li anemis le commença premièrement à traveillier ; et jou dis mes eures et puis me revesti et chantai la messe. Et qant ele fut cantée et jou fui revenus au boin home ; si le trouvai dormant et jou (dis) que [3] toute la nuit n'avoe mangiet ne dormi, se moult poi non, si m'assis de jouste lui sour .I. kamiel [4], si commenchai à soumeillier ; et lors me vint en avysion : que jou estoie au piet d'un tertre desus une fontaine, si passoit par illoc uns viex hom qui portoit en son giron pomes et poires à grant plentet et si les versoit el mien.

A tant me levai, si alai aval le tertre ; si trouvai kankes jou avoie véu en avision, et kant li preudons eut mis le fruit en mon giron, si me dist : « Cascun jour trouveras, ichi, ta viande appareillé de part le grant maistres. » Lors m'en tournai à tant, si trouvai le frère esveslliet ; se li baillai del fruit, et il en menja moult volentiers, comme cil qui avoit geuné tant ke il ne soustenist sour piés, pour tout le mont. Et tant demourai en sa compagne, que il fut tout

[1] « Gisant » du texte angl. vaut mieux que « *vivant.* »

[2] « A tant li laissa tout vain comme celui. » Le Ms. nº 2455 supprime « vivant et gisant. »

[3] « Et je, qui onques de tout la nuit... » (Ms. angl.)

[4] « M'acotai de costé lui sor .I. eschamel, si communsai à somillier. » L'expression « kamiel » est évidemment la même, au dialecte près, que « eschamel. » Nos paysans appellent encore « eschameau » le morceau de bois qui supporte la perche de la charrue et qui ressemble à un petit siége. Le Ms. angl. met aussi : « Sour .I. escamel. »

garis [1]. Et cascun jour, trouvesmes nostre viande appareillé à la fontaine, issi com li sains esperit le nous aministroit. Et kant chou vint au nuevime jour, chou fu le joeldi [2]; si m'en parti. Et qant jou pris congié au bon home, si coumencha à plourer et dist : ke ore estoit-il moult esbahis [3], qant jou m'en aloie. Après me conta comment ce li fu avenu, que li dyables l'avoit issi traveillié [4], et demenet. Et chou avoist esté pour .I. péciet [5], dont cars mortex ne se puet garder; ne ne li estoit avenu, fors tant ke seulement celui, puis que il avoit premièrement rechut l'abit de relegyon. Qant il s'en fu rendus confès, si me proia que jou proiasse à nostre segnor qu'il, par sa pitié, le gardast de faire le pechié comment il conquesist son mautalent. Et [6] jou li dis que jou proieroie volentiers à Jhésu-Crist.

A tant, nous entrebaisâmes, si nos departîmes endoi à grans plors et à grans destreces; et se on puet jugier houme pour véoir, jou ne quit pas que en nul houme péust avoir plus de bontet comme jou vic en lui. Or esgardés com Diex est aspres jugières et larges

[1] « Et respassés. » (Ms. angl.)

[2] « Ce fu lou jeudi après les eutaves, si m'en parti. » « Che fu au joesdi après le witaules. » (Ms. angl.) — « Et qant ce vint as octaves de la paske. » (Ms. 10292, angl.)

[3] « Moult esmaiés, » comme dans le Ms. angl.

[4] « Enci tribulliet » Le Ms. angl. conforme à celui du Ms. 2455, supprime « demenet. »

[5] « Ne ne se recordait pais qu'il eut fait péchiet, dont char morteil se péust gardeir fors celui. »

[6] Le Ms. anglais supprime : « Et jou li dis... » etc. jusqu'à : « A tant nous entrebaisâmes. »

guerredounères. Car qui tousjours l'aura siervi, s'il fenist [1] en .I. meffait, tous ses services seront perdu, et en cel meffait sera jugiés. Et qui tousjours li aura meffait, se il [2] fenist en son service, tout li meffait seront estains et ses services li seront à .C. doubles guerredounés. Issi dut cil avoir perdue l'amour de son segnor pour .I. meffait qui avoit estés fais en son service, le plus de son eage ; et rchil le dut avoi gaagnié pour [3] une seule oevre qu'il avoit tousjours fui. Ciertes moult bon siervir le fist, et mauvais courecier. A tant pris congié, et qant il m'ot convoié jusques [4] au puestic, si véismes la bieste qui m'avait convoié et amenet et il me demanda que chou pooit iestre. Et jou li dis que jou n'avoie autre conduit, et que ele estoit de par Diu. Et il dist que bien faisoit li sires à siervir qui si bien savoit conduire [5] les gens en sa besongne ;

[1] « S'il fenist en nul mal servise, si serait perdus, et se il fenist en bien, si serait sauveiz et ouqueil des .II. qu'il seroit trovcis à la fin, si serait jugeiz. » La version du Mans est beaucoup plus énergique.

[2] « S'il se raërt en son serviche. » (Ms. angl.)

[3] « Pour une seule œvre cui il avoit tozyors foït et eschueit. » « Qui l'avoit tousjours fui et eskièvé. » (Ms. angl.) Cette répétition de la même idée n'ajoute rien à l'expression.

[4] « Jusqu'à son postis. » Le mot « postis » veut dire porte Le Ms. du Mans met « jusques au p. vestic. » On peut croire qu'il s'agit d'un nom de lieu ; en effet, l'ermite *convoie* son hôte jusque-là. L'auteur n'aurait pas employé cette expression, s'il ne l'avait reconduit que jusqu'à la porte de son ermitage. Le Ms. angl. met aussi « peustis, » mais le Ms. angl. coté B, donne « postis. »

[5] « Les sergans. » (Ms. angl.)

ne onques ne poi apercevoir que nus en toute la voie véist la bieste que il seulement. Lors me desparti del [1] preudoume; si m'en revint tout issi que jou estoie alés, tant que jou vinc au samedi au soir à mon herbergage [2]; mais le livret ni laissai-jou mie; ainscois l'en aportai, car trop desiroie la compagnie des saintes paroles ki i estoient. Et qant jou l'avoie estoié là u jou l'avoie mis premièrement, si fis le siervice des viespres et de complie; après manjai çou que nostre segnour plot; et si m'alai coucier, car trop estoie las. Icele nuit m'avint une avisons; que le grans maistres venoit devant moi en tel habit com il avoit fait autrefois et si me disoit : « Au premier jour ouvraule de la semaine qui enterra demain, te convenra commenchier à escrire le livre que jou t'ai bailliet [3] en autre liu, si [4] que tu l'aies escrit ains l'Ascention; car il n'ert jà véus en terre huis que l'eure venra que jou montai el chiel [5], ansçois montra el chiel à cele eure meisme. Et toutes les coses que il convient à escrire, trouveras en l'aumaire qui est [6] derière ton autel, et ne t'esmaie pas de chou que tu ne féisses onques tel mestier, que nul œvre ne puet estre mal faite ki par moi est commenchié.

[1] « Du boin home. » (Ms. angl.)

[2] « Tant que je ving le samedi à soir, à mon ermitage », le Ms. angl. adopte cette leçon.

[3] Le Ms. angl. supprime « en autre liu. »

[4] « Si que tu l'aie escrit à l'Ascension. »

[5] Passage bien obscur. Le Ms. angl. met : « que je montai el chiel, à chiel eure meisme. » Ce n'est pas plus clair. Il y a une idée de plus dans le Ms. du Mans. Le scribe veut dire : bien plus, le livre montera au ciel à cette heure même.

[6] « Qui est el mur derrier ton autel. » (Ms. angl.)

A tant s'en parti; et au matin, quant jou fui levés, si alai à l'aumaire, pour esprouver si m'avisions estoit voire; si trouvai toutes les coses qu'il convenait à escrivain. Et qant li diemences fu passés et j'oi, au lundi, la messe cantée, si pris le livret et le parcemin, si commenchai à escrire, tot droit, au lundi de la quinsaine de Pasques et li commencemens de l'escripture si fu pris del crucefiement Jhésu-Crist comme vos orrés, et[1] commencerai en cel manière :

C'est[2] *chi si comme li prophète préechièrent et anoncièrent l'avènement Jhésu-Crist*[3].

Edoivent savoir tot boin crestien que devant çou ke nosters sires venist en tierre, ke il fist parler les prophètes en son non

[1] Le Ms. angl. supprime : « Et commencerai en cel manière. »

[2] Ceci est une rubrique écrite en vermillon et en caractères légèrement rustiques, un peu moindres que les autres.

[3] Ce début de la passion est exactement celui du *Petit*

et avanchier sa venue en tière. Et en cel tans dont je vous paroïl, aloient tout en infer, neis li prophètes i aloient; et qant dyables les i avoit menés, si quidoit avoir moult bien esploitié, et il si estoient

Saint Graal en prose, de la Bibl. nat. nº 748, anc. 7170³, nº 4 de Cangé, à qui il a appartenu, qui commence ainsi :

« Be (ce) doivent savoir tuit li péchéor que devant que « nostres sires venist en terre, que il faisoit parler les prophètes « en son nom et anoncier sa venue en terre. En icel tans « dont je vos parol, aloient tuit en anfer, nos les prophètes i « aloient et qant deiables les i avoit menez, si quidoit avoir « moult bien esploitié et il i estoit moult angigniez...

Il existe d'autres Mss. analogues au nº 748 notamment le nº 225 de la Bibl. de l'Arsenal; il y manque le premier feuillet et le second est très-mutilé ; nous ne pouvons donc nous en servir. M. Ambroise Firmin Didot possède aussi cette version; enfin il en existe un Ms. entre les mains de M. Henri Huth, négociant à Londres, 30, Prince's Gate, qui a bien voulu mettre une copie de ce manuscrit à notre disposition.

Il est très-remarquable que le Ms. du Mans et celui de la Bibl. nat. nº 770 nouveau, 7185 ³³ ancien, sont les seuls connus qui offrent ce début de la Passion absolument identique à celui du *Petit Saint Graal.* Comme notre Ms. est fort ancien, il paraît incontestable que le *Petit Saint Graal* servait aux époques primitives, c'est-à-dire, dans la première moitié du XIIIe siècle, comme de modèle aux arrangeurs *du Grand Saint-Graal* jaloux de remonter à la source, et c'est ainsi que se justifient ces paroles sans cesse répétées dans ce dernier roman : « *Si com messires de Borron lou tesmoignet par les écritures qu'il fist translater de latin en roman.* »

L'œuvre de Robert de Borron, c'est-à-dire le *Petit Saint Graal*, *Merlin*, *Artus* et la *Queste de Perceval*, etc., était encore la mine précieuse dans laquelle les arrangeurs puisaient

engignié[1]. Et qant chil se confortoient entr'aus pour la venue Jhésu-Crist qui les devoit secourre, si les tourmen toient cil plus aigrement; mais li dous Jhésu-Cris vint qui les délivra. Se li plot à descendre[2] el ventre de la virge Marie et lui à esconser et à manoir tres c'au jour de sa nativitet. Moult fu nostres sires simples et dous qui, pour les

avec confiance, même après les exubérantes fantaisies de Gautier Map, bien plus savant et plus habile que notre bon chevalier Robert de Borron.

Voici le début du Ms. de M. Amb. Didot qui porte sa date et ne remonte qu'à 1301 :

« Ce devent savoir tuit péchéor que devant ce que nostre « sires venist en terre, quo il fesoit paller les prophètes en son « nom et anoncier sa venue en terre. En ce tens, donc je vos « parol, aloient tuit en enfer, neis et prophète i aloient; et quant « déables les avoient menez, si cuidoient moult Dieu (bien) « avoir esploitié et il étoient moult engigniez... »

On voit qu'au début les deux versions ne diffèrent pas sensiblement.

Le premier feuillet du Ms. H. manque, il ne peut donc être invoqué ici.

Si nous comparons le texte du Mans à ceux qui précèdent, nous voyons les mots « boin crestien » substitués à « tuit le péchéor ; » « avanchier » au lieu de « anoncier » et ici, nous serions tenté d'en induire une preuve d'antériorité pour le Ms. du Mans.

[1] La phrase du Ms. du Mans est supérieure comme forme à celle des Mss. C. et D. « Que (ou quar) il se confortoient en la venue de Jhésu-Crist. »

[2] « Et s'aombra en la Virge Marie. » (Ms. C.) En général, le *Petit Saint Graal* abrége tant qu'il peut.

pécéours [1] d'infer oster, li plot que il fésist de sa fille [2] sa mère. Et ainsi le couvenoit estre pour raïembre le pule [3] qui par Evain et Adan estoient perdu. Or entendés en quantes manières il les [4] raïenst, par le père, par le fil, par le saint esperit, toutes ces trois parties sunt unes meismes choses. Et à Diu le père plot ke li fix Diu nasqui de la virge Marie sans péciet et sans ordure et prist [5] humaine fourme en lui. Moult fu plains d'umilitet, cil sires qui il plot à venir en tière [6], pour sauver l'evre de son père, car il [7] fist et Adan et Evain; puis péça Eve par l'engien de l'anemi. Com ele [8] ot pécié, si fist [9] tant que Adan pécha; et qant il eut péchié, si se vit, si ot honte; si senti luxure. Et tantost fu jetés del grans délis, en grans caitivités, entre [10] les tourmens de ceste

1 « Por raambre les péchéours d'anfer. » (Ms. C.)

2 « Que il féist de sa fille, mère. » (Ms. C.) « Que il féist de sa fille, sa mère. » (Ms. D.)

3 « Lou peuple d'Eve et d'Adam. » (Ms. C.) « Le peuple d'Adam et d'Eve. » (Ms. D.)

4 « Il lo raënt, » Ms. C. « Il oroient. » (Ms. D.) [Leçon fautive.]

5 « Et prist humaine char terrestre. » (Ms. C.) « Et prist humaine char terrestre. » (Ms. D.)

6 « Morir pour sauver. » (Ms. C.) Morir là pour sauver. (Ms. D.)

7 « Car li père fist Adan et Adans et Eve péchièrent. » (Ms. C.) « Quar li pères [fist] (*omis*) Adan et Eve. Donc Eve et Adan pécha. » (Ms. D.)

8 « Et quant Adans ot péchié. » (Ms. C.) « Et qant elle out péchié. » (Ms. D.)

9 « Si porchaça qu'Adan péchast et quant Adan ot pichié, si se vist. » (Ms. D.)

10 « Entre les tulmultes » (M. C. et D.)

caitive vie; ensi [1] engerèrent et conçurent; kanques d'iaus issi, et de lor hoirs, vaut avoir anemis. Si les tint tant ke li fiex vint sauver l'evre del père [2] et del fil et del saint esperit. Pour chou vint Jhésu-Crist en tière et nasqui de la virge Marie, en Biauliant [3] ; chi a moult à dire qu'onques la fontaine ne pot estre espucié de biens, pour chou me convient estre aguenchis sour la moie oevre, dont il me prest force et mémoire [4].

Voirs est que nostres sires ala par tière et fu bauptisiés [5]; si le bauptisa sains Jehans Bauptistes, et il commanda que tout chil ki seroient bauptisiet en ewe, el non del père et del fil et del saint esperit, seroient jeté del las [6] à

1 « Ensinc amendèrent et crurent. » (Ms. C.) Eysint engendrèrent et conçurent. » (Ms. D. identique à celui du Mans. Cet accord se rencontre souvent.)

2 Les Mss. C. et D. suppriment : « Et del fils et del saint esporit. »

3 Le Ms. du Mans met : « Biauliant; » le Ms. C. « Belleam; » le Ms. D. « Bethléem. » Cette gradation indique des degrés probables dans l'antiquité des Mss., le Ms. D. étant daté de 1301; ceci est important, parce que le Ms. du roman rimé nº 1987, fonds Saint-Germain, met toujours « Bethléem ; » il date donc de la fin du XIIIᵉ siècle au plus tôt.

4 « Que je la face » ajoute le Ms. C., mais non le Ms. D. toujours plus conforme au Ms. du Mans.

5 Le Ms. C. met aussi « bauptizié; » le Ms. D. « baptizié. » Par conséquent « sains Jehans Bauptistes » du Ms. du Mans devient « sainz Johanz Bauptistes » dans le Ms. C. et « saint Jehan Baptistes » dans le Ms. D.

6 Au lieu « del las, » le Ms. C. met : « de toz les pooirs; » le Ms. D.: « de touz les paours; » ce qui est incorrect.

l'ennemi, se il ne se remetoicnt par lour meffais. Itel pooir douna nostres sires à saint églyse et les coumandemens des menistres douna mesires sains Pières. Ensi lava nostre sires luxure d'oume et de femme [1]; et ainsi perdi li dyables sa virtu que il avoit sour les homes, tant que il repeçaissent. Mais nostres sires qui savoit que li cueurs del homme iert si frailles [2], si coumanda saint Pierre un autre manière de bautesme [3], et li dist que tant de fois que il se vauroit repentir et laissier les péchiés et tenir les coumande-

[1] Les Mss. C. et D. ajoutent « de père et de mère, » et on a beaucoup blâmé cette adjonction qui n'existe pas non plus dans le roman en vers, *par le motif que le mariage ayant été institué avant la chute d'Adam, ne devait rien à Jésus-Christ fait homme.* Mais ici, il semble qu'on parle plutôt de l'Église et de ses commandements, et l'institution du sacrement du mariage ne remonte en effet qu'à saint Pierre. Toujours est-il que l'antique version du Mans ne contient pas cette adjonction au moins inutile, mais dont il faut reconnaître que le sens est renfermé dans le mot « espurée » du roman en vers.

[2] Au lieu de « que li cueurs del homme iert si frailles, » le Ms. C. met moins heureusement « que la fragilitet d'omc estoit si mauveise que péchier lou convenoit. » Le Ms. D. est à peu près pareil. Le roman en vers met aussi :

« Que fragilitez d'omme estoit
Trop mauveise et trop périlleuse,
Et à pechier trop enclineuse,
(Car il convenroit qu'il péchast). »

[3] Le Ms. C. met « baptoisme, » mais le Ms. D. répète « bautesme » du Ms. du Mans.

mens de saint églyze, tant de fies porront-il revenir à la garde[1] de leur père.

En icel tans que nostres sires ala par terre, estoit la tere de Judée tribulaire à Roume; et chil de Roume si i avoient lour prévost, et avoit à non Pylate. Et avoit .I. sien chevalier saudoier dont li contes parlera assés cha avant[2]. Au jour que li sauverres du monde sousfri mort, fu destruite et confondue nostre vie[3] perdurablement. A cet jour

[1] Le mot « garde » de la version du Mans n'est peut-être pas correct. Le Ms. C. met « gloire ; » le Ms. D. « créance; » le roman en vers donne, je crois, le mot propre « grâce. »

[2] « Avoit un suen chevalier qui avoit à non Joseph d'Abarimathie. » (Ms. C.) « Avoit un sien chevaliers et cil sivoit Jhésu-Crist... » (Ms. D.) Sans mettre comme la version du Mans « saudoier, dont li contes parlera assés cha avant, » la version rimée met :

> « Uns soudoiers
> Qui souz lui eut .V. chevaliers
> Jhésu Crist vit et en son cuer
> L'aama mout..... »

Puis *le Grand Saint Graal* du Mans abandonne la version du *Petit Saint Graal* et continue le texte ordinaire : « Au jor que li sauvères du monde sousfri mort. »

[3] Il y a ici une erreur de copiste. Il faut restituer ainsi : « Au jour que li sauverres du monde sousfri mort, par la qui mort nostre mort fut destruite et confondue et nostre vie restaurée perdurablement. » — Telle est au moins la version du Ms. de la Bibliothèque nationale nº 105, ancien 6777, de la fin du XIIIe siècle ; un autre Ms. du même dépôt, plus ancien et dont les miniatures sont identiques à celles du Mans, le nº 344, ancien 6965, donne ceci : « Au jor que li sauveires del monde

estoit encor moult poi de gent qui créissent en lui, ne mais que la glorieuse virge pucele sa douce mère et si dessiple qui, à celui jour, estoient apielé si frère. Et s'il en i avoit des autres qui créissent en lui moult en i avoit petit[1] que l'escripture dist : « Biaus pères, se il puet estre souffert que jou ne soustiégne pas cette passion » que jou n'en cstoic pas si courouchiés pour l'angoisse del cors, comme pour chou que il véoit que sa mors n'avoit encore nului racaté, ne il ne véoit nului ke il eust conquist par sa mort, que seulement le larron qui li cria merchi en la crois. Et par ceste cose dist l'escripture : « jou sui autresi comme chil ki quiut l'esteulle[2], » chou est à dire qu'il n'avoit

soffrit mort, par la cui mort fut destruite et confondue et notre vie restorée : » Une variante également du XIIIe siècle, celle du Ms. du même dépôt n° 749, ancien 7171, donne seulement : « Au jor qne li salveres del monde souffri mort, fu mors destruite et notre vie restorée. » Le beau Ms. du XVe siècle du même dépôt n° 113, ancien 6784, présente ceci : « Au jour que le sauveur du monde souffri mort, par la quelle mort, nostre mort fut destruite et confondue et nostre vie restoré perdurablement. » Enfin dans l'incunable de 1516, Galiot du Pré n'a que légèrement modifié ces textes : « Le jour que le sauveur souffrit mort, par qui nostre mort fut destruite et confondue et nostre vie fust perdurablement restaurée. »

[1] « Poe en y avoient, car li escripture dit que qant il dit : « Biaus peires se il pooit estre soffri que je ne soustigne pais « ceste passion ; » car il n'estoit pais si correciés par l'angoisse del cors comme par ce qu'il véoit que sa mort n'avoit encor nelui racheteit ; » les mots « que jou n'en estoie » du Ms. du Mans sont un nouveau lapsus, corrigé dans le passage ci-dessus du Ms. 2455.

[2] « Qui keust l'astoule en la mouxon ; » « astoule, » variante

racaté, par sa mort, que li larron qui estoit noiens envers l'autre gent, autresi com li esteulle est noiens enviers l'autre grain ; et nepourqant il estoit jà moult de chiax qui avoient jà le commenchement del croire; mais il ne l'osoient faire apertement. Mais sour tous les mescréans [1], parole jà sainte escripture del graal d'un gentil cevalier ki estoit à cel tans, qui avoit à non Joseph d'Arimachie. Arimachie [2] estoit une chités en la tere d'Arramache, outre le flum Jourdain; et si dist la letre ke ele fu el tans [3] le père

qui sent le patois ; les autres Mss. donnent généralement « esteule. » — C'est un des mots que Roquefort a empruntés à un Ms. du *Saint Graal* dont il ne donne pas le numéro, mais qui est sans doute le magnifique nº 95, ancien 6769, qu'il a cité ailleurs.

1 « Mais de sor toz les covers créans, parollet li escripture del saint Greâ, que plus veraie ne plus sainte ne peut estre, d'un gentil home, d'un chivalier. » — On remarquera l'expression « covers créans » substituée à « mescréans » de l'ancien texte ; c'est évidemment une recherche de style.

2 « Arimatie estoit une citeit qui estoit en la tière de Kamache ; » nous ne chercherons pas à mettre les deux auteurs d'accord sur ce point ; d'ailleurs le scribe a peut-être voulu écrire Ramache. On croit que Arimathie est l'ancienne Rama ou Ramath, patrie de Samuel.

3 « Qu'elle fuit *elcanie* le peire Samuel. » L'expression « el tans » du texte du Mans n'était plus comprise par le scribe du Ms. 2455. Le Ms. angl. porte aussi : « que ele fu elchane le père Samuel. » Il faut lire dans le chapitre Ier du Ier Livre des Rois, la curieuse histoire de la naissance de Samuel. Disons brièvement qu'il nous semble que la version du Ms. du Mans est la bonne ; ce passage veut dire tout simplement que la cité de Ramath existait déjà du temps du père de Samuel,

Samuel. De cele cités fu nés Josephs; mais il s'en estoit venus de Jhérusalem, bien VII ans[1] devant çou ke Jhésu-Cris fût mis en la crois. Et moult était piteus et dous et de grant relegyon et si avoit reçue la créance Jhésu-Crist; mais il n'en osoit faire samblant, ki li juis l'océyssent. De toutes les bontés qui en homme mortel puent estre, estoit Joseph garnis car il amoit Diu et doutoit. Il estoit piteus et débonaires viers son proïsmes. Il estoit de grant hounour et de grant révérence vers les plus haus del lui. Il estoit paisibles et concordans viers des parens; il estoit sans damage et sans nuisement as plus bas del lui. Il estoit de grant miséricorde plains, viers les sousfraitous. Toutes iceles bontés estoient en lui et de lui parole li première saume du sautier, qui dist « li hom est bons eureus qui ne s'acorde pas, ne consent as consaus des félons et qui ne velt aler à la voie des pécéours. » Ichil Joseph estoit en Jérusalem et sa feme et uns sien fix qui ot à non Josephes, que[2] li escrip-

qu'il était bien inutile de nommer puisque la Bible répète son nom « Elcana » fréquemment dans le chapitre précité. Plus tard, un scribe pour innover et faire de l'érudition a commis la phrase incorrecte. « Que ele fuit Elcane le peire Samuel; » et les autres l'ont imité.

[1] « Venus en Jhérusalem bien de .II. ans d'avent. » Le texte du Mans dit « de Jhérusalem » sans commettre d'erreur; *de* est employé au XIIIe siècle avec le sens de *ad*. Le n° 2455 change les .VII. ans du Ms. du Mans en .II. ans; pourquoi? ce manuscrit modifie ainsi tous les noms de nombre, peut-être pour être nouveau.

[2] « Et sachiés que ce ne fuit pais cil Joseph que li escripture trait si sovent à tesmoing, ansois fuit uns altres qui ne

ture traist si souvent à tesmoing. Ne fu mie chil, ansçois fu uns autres qui ne fu mie mains letrés de lui.

Ichil Joseph passa le lyngnage son père outremer, jusques en la bloie [1] Bretagne qui ore a non Engletere et si passa sans aviron et sans gouvrenal, ne onques n'i ot voile fors le giron de sa cemise, sans plus, issi comme li estoires le tesmongne çà avant [2]. Mais or

fuit mies moins letrois de celui. » La phrase du Ms. du Mans est en effet trop elliptique et avait peut-être besoin d'être élucidée.

[1] « Jusqu'en la bloe Bretaigne. »

[2] A partir d'ici, le texte du Ms. du Mans diffère complétement de celui du n° 2455 et de tous ceux connus, à l'exception du n° 770, n° 7185 [33] ancien. Nous allons donc reproduire textuellement le passage du n° 2455, le plus clair et le plus complet des Mss. du XIIIe siècle, mais non le plus conforme à la version primitive qui pourrait bien être celle du Ms. du Mans.

« Et kant vint à jor que Jhésu-Crist fuit mis en la croix, Joseph qui toute s'amor avoit en lui mise, en fuit moult dolans et en ot grant duel; si se pensait que toutes icelles choses qui à lui apartenoient saixiroit-il moult volantiers et honorreit; car il ne l'éust pais ameit à la vie, s'il ne l'amoit à la mort, et pour ce dist la lettre que nulle adversiter ne puet départir le vif amor.

« Qant Joseph vit celui en la croix cui il créoit à fil Deu et à savéor del monde, si ne fuit pais esbahis pour ce qu'il le vit morir. Ansois atandeit et créait sa résurrection certennement, por ce qu'il nel pooit aveir vif, si pensoit qu'il averoit tant d'icelles choses à quoi il avoit touchiet corporelment en sa vie. Lors s'en vint [1] en la maison où Jhésus avoit tenue sa sine,

[1] Lors vint à la maison ou Dieux avoit tenue sa chaine (Ms. 95–6769 Bibliothèque nationale). — Où Dieu avoit tenu sa cène (Ms. 96–6770). — Ou

laisserons à parler de lui ichi endroit .I. poi, et diront coument nostres sires fu traitiés à mort. Ichil Joseph, dont je vous ai dit, vit nostre segnor en maint lieu,

lai où il ot maingiet [1] le juedi avec ses diciples, et kant il vint en la maison, si demandait le leu à véoir où il avoit maingiet, et l'en li monstroit .I. leu qui estoit establis pour maingiet, si estoit li plus halz estaiges de la maison [2]. Illuec trovait Joseph l'escuèle où li filz Deu avoit maingiet, lui tresime, d'avant ce qu'il éust douneit à .XII. à useir sa chair et son sanc; et kant il la tint, si en fuit moult liés. Si l'emportoit avec soi en sa maison et si l'estoiait en moult honeste leu et en moult bel; et qant il sot que li saveires del monde estoit mors et qu'il l'avaient troveit mort et li voloient brisier les cuisses atreci com as atres lairons, il ne volt mies tant atandre que li fellon, li désloial qui le mescréoient le despendissent, ne le méissent jus de la croix à lor ordes mains conchiéiés. Ansois

Jhésus avoit tenuz sa sene) (Ms. 98-6772). — Où Jhésus avoit tenu sa cenne (Ms. 113-6784). — Où Dieus avoit tenu sa chaine (Ms. 749-7171). — Où Dieu avoit tenu sa caine (Ms. 117-6788). — Où Jhésus-Crist avoit tenue sa cène (Ms. Ars. 221). — Là où Jhésus avoit mengé lui .XIIIe (Ms. Ars. 223). — En la meson où Jhésu-Crist avoir tenue sa ceinne (Ms. Douce, Oxford, n° 178). — En la maison ou Jhésus avoit tenue la cène (Ms. Bruxelles, 9627-9628). — Où Jhésus avoit tenue sa chaine (Ms. Brit. Museum XIV, E. III).

[1] L'aigniel de Pasques avoec... (Ms. Brit. Museum XIV, E. III.) — L'aingnel menjà le jor de Pasques avoec... (Ms. 95-6769). — L'aignel le jour de Pasques avec (Ms. 96-6770). — L'aignel pascal avec (Ms. 113-6784). — Le Ms. 117-6788 supprime « là où il ot maingiet, etc. » — L'aignel le jour de Pasques avec (Ms. Ars. n° 221). — Le Ms. 223 de l'Ars. « lui .XIIIe. devant ce qu'il donnast sa char à martyre. » en supprimant « l'aignel... » — Là où il menjà l'aignel le jour de Pasques (Ms. Douce, Oxford, n° 178). — Là où il menga l'aignel de Pasques avec (Ms. Bruxelles, 9627-9628).

[2] Le Ms. 95 6769 supprime « lui tresime »; de même les n°s 96-6770, 749-7171, 117-6788. — Le Ms. 98-6772 le met. — Soy treiziesme (Ms. 113-6784). — Soy tresiesme (Ms. Ars. 221). — Soy .XIIIe (Ms Ars. 223, Oxford 178). — Soi trezisme (Ms. Douce). — Soi tresisme (Ms. Brit. Museum XIV, E. III). — Soy treiziesme (Ms. Bruxelles 9627).

si l'en ama moult; mais il n'en osoit faire samblant, pour les autres juis. Jhésu-Cris avoit moult d'anemis

vint à Pylaite cui chevalier terrien il estoit; car il avoit esteit ses sodoiers .VII. ans toz plens. Et kant il vint davant lui, se li priait, en gueredon [1] de toz ses services qu'il li avoit fait, qu'il otroiest .I. don qui de moult petit costement li seroit. Et Pilates qui moult amoit lui et son service li respondit qu'il l'auroit : car il le devoit bien avoir [2]. Et Joseph li demandait le cors Jhésus, et Pilates le dounoit coument qui ne savoit qu'il dounest; car il cudoit douneir le cors d'un pauvre péchéor; et il dounoit le pardon des péchéors et le pain de vie. Il cudait douneir une povre charaigne [3] por don, et il li dounait le le donnéor de toz les dons, et le resuscitement de totes les charoingnes qui, en forme humaines, sont formées. Ce fuit li plus riches dons que nulz hom morteilz dounaist onques; mais pour ce que la conscience Pylate estoit teile que il ne savoit qu'il dounait, pour ce le doit-om muelz despitier [4] que don; car se il créust en la grant hatesse et en la poissance dont cil estoit cui cors il avoit douneit, il n'en prist [5] pais toute la richesse ni tote la segnorie del monde Et Joseph qui la grant richesse del don cognissoit bien, en fuit moult liés; car [6] il li fuit otroiés et si s'en tint pour plus bien apaiez que Pylates ne se tenist à bien paians. Et kant il vint à la croix où il pendoit ancores, si coumansait à ploreir trop durement pour les grans malz et les dolors que il véoit qne il avoit souffertes : et qant il l'ot despendut à grans sospirs et à grans plors, si le couchait en .I. serkeu qu'il avoit fait tranchier en la roche où il meysmes devoit estre mis à sa mort; pues alait

[1] « Guerredon » (Ms. angl.)

[2] « Plus riche qu'il n'avoit dit » (Ms. angl.)

[3] « Poure caronge » (Ms. angl.)

[4] Le Ms. angl. met plus logiquement : « le doit-on mieus apieler despit ke don. »

[5] « Presist » (Ms. angl.)

[6] « Quant » au lieu de « car. » (Ms. angl.)

et [1] poi des dessiples qu'il amoit moult et de chiax que il avoit, en ert li uns à l'autre, ert l'i uns pires [2] que

querre l'ascuèle en sa maison. Et kant il vint à cors, si jaillit [1] le dessoucement del sanc tant com il en pot avoir, et si le mist en l'escuèle; pues reportait l'escuèle en sa maison par la queile Deus monstrait puis maintes vertus et en terre de permission [2] et en maintes altres manières [3]. Et kant il l'ot mis el plus net leu qu'il savoit, si prist de ses plus riches drais [4] et s'en retornait à sépulcre, si ensevelit le cors son signour si richemant et à si grant honneur com il pot plus et kant il l'ot ensevelit, si le couchait el sépulcre. Et si mist à l'entrée une pière moult grant et merveilleuse et pesant; par ce qu'il ne voloit c'ons entraist en leu où si halte chose gisoit com estoit li cors del fil Deu. Mais qant li juif virent que Joseph avoit despendut de la croix celui cui il avoient à mort jugiet et dampneit, si en furent moult corressiet et moult le coillirent [5] en grant orgeil; si pristrent conseil ansamble et distrent que bien estoit drois que Joseph comparaist çou qu'il avoit fait encontre Deu et encontre sa loy; si porparlèrent que il le penroient la nuit del premier some et si l'enmainroient en teil leu que jamais n'oreit-on de lui ansignes. »

Après ces mots, on trouve dans le Ms. 2455 ceux-ci : « A cest conseil se tinrent tout, etc. » La soudure du texte du Mans avec celui du n° 2455 est réalisée seulement au passage « à chel conseil ot Nicodemus amis qui li fisent à savoir. »

[1] « Moult anemis et aversaires encontre lui et avoit deciples poi. » (Ms. C., Ms. D.)

[2] « En i avoit un pejor que mestiers ne li fust » (Ms. C.) — « .I. péors que mestier ne li fust. » (M. D.)

[1] « Si conqueilli le dégout du sanc. » (Ms. angl.) — [2] « De promission » (Ms. angl.) — [3] « Terres » (Ms. angl.) — [4] « Dras » (Ms. angl.) — [5] « Le tinrent » (Ms. angl.)

mestiers ne li fust. En mainte manière, fu pourparlée la mort Jhésu-Crist[1]. Et pour chou[2] que il n'estoit mie si grassieus as dessiples comme il estoient li uns à l'autres, si l'en commencha moult à estrangier par œvre et en commencha moult à messiervir et à être plus crueus que il ne soloit; et nostres sires savoit tout comme sires et Diex. Et Judas enquelli envers lui moult grant haine pour .I. onghement[3] pour tel afaire comme je vous dirai. Il ert, en icel tans, en coustume, que li sénécal avoient le disime[4] de ce que il venoit à lor segnour et madame sainte Marie[5] la Madalaine avoit espandu un onghement sous les piés[6] Jhésu-Crist; (si s'en couroucha Jhésu-Crist) si s'en couroucha Judas et conta, en son corage[7], que li ongemens valoit .CCC. deniers et qu'il ne voloit mie perdre

[1] Le Ms. C. ajoute « et li tourmenz. » Le Ms. D. va plus loin : « et les tormenz que il soffri pour nos pichéors raïmbre des paines d'enfer. »

[2] Tout ce passage est un peu remanié dans le texte du Mans ou du moins rendu plus clair et plus logique. « Ces développements qui font du Ms. du Mans une œuvre à part, sont très-dignes de fixer l'attention des érudits. »

[3] « Par un oignement » (Mss. C. et D.)

[4] « Avoient le chambelain, les dismes. » (M. C.) — « Li chambellans avoient la disime. » (M. D.)

[5] Le Ms. C. supprime « la Madalaine. » Le Ms. D. met : « madame sainte Marie-Magdalaine. »

[6] « Sor lou chief de Jhésu-Crist. » (Mss. C. et D.)

[7] « En son cuer. » (Ms. C.) — « En son corage. » (Ms. D.)

la soie rente; se li fu avis que la soie[1] disme valoit bien .XXX. deniers; si pourquist, au plus tost qu'il pout[2], comment il éust restorés ces .XXX. deniers. .VII. jors[3] devant la pasques avint que li anemi Jhésu-Crist furent ensamble une grant pièce, chiés .I. houme qui avoit non Kayfas; là estoient assamblé, et parloient comment il poroient estre sour Jhésu-Crist. A cest conseil estoit Joseph d'Arimachie et estoit moult dolans de chou ke il ooït. Et lors entra Judas laïens. Et qant il le virent, si s'en tournèrent, car il quidoient que il fust trop bons dessiples. Et qant Judas les vit traire arière et taire, si lor demanda pour koi il estoient là assamblé[4]; et il li demandèrent : « U est vos sires. » Et il leur dist u, et[5] pour coi il estoient là venu. Et qant cil oïrent que il enfragnoit[6] la loi, si en furent moult liés et li[7] demandèrent conseil comment il le prendroient. Et Judas dist : « Je vous le venderai se vous volés, » et il disent : « Oïl volentiers, » et il lor en demanda .XXX. deniers[8] et on li douna; et ainsi

[1] « Que sa disme. » (Ms. C. et D.)

[2] « Porchaça vers les amis Dame-Dieu l'acoison par coi. » (Ms. C.)

[3] « La nuit devant la Pasques. » (Ms. D.)

[4] « Et il li tornent lors paroles en autre san. » (Ms. C.)

[5] « Et lou por quoi il estoit à els venuz iqui. » (Ms. C.)

[6] « Il anfremoit. » (M. C.) — « Il enfreignoit. » (M. D.)

[7] « Et li distrent : Sire, car nos aidiez et conseilliés comment nos lou prandrom. » (Mss. C. et D.)

[8] « Et il li avoit l'un de cels qui les avoit; si les li paia. » (Mss. C. et D.)

restora Judas la disme [1]. Puis lour dit comment il le prendroient ; si i misent .I. jour ; et çou fut au joeldi. Et Judas lour devoit livrer entr'aus, et il fuissent si garni qu'il le puissent prendre, « et [2] si ne prendés pas Jaquemon que il le resamble moult bien. » Et il li demandèrent. « Coument le connistrons-nous ? » et il lour dist : « Celui que jou baiserai, prendés ; » ainsi ont lour afaire acordé.

A chés paroles et à tout chest afaire, fu Joseph d'Arimachie [3], à qui moult en anuia. Mais il n'en osoit el faire. Ensi départirent leur conseil et s'en ala cascuns à son ostel et atendirent tres c'au joeldi. Et, en cel jour [4], au soir, fu nostres sires ciés Symon le

[1] « Des .III c. deniers à .XXX. deniers, de l'oignement qui fu espanduz sus lou chief Jhésu-Crist. » (Ms. C.) Le Ms. D. omet cette réflexion.

[2] « Lor dist..... que il ne préissent Jaque, en leu de lui, qui à mervoiles lou sembloit et il estoit droiz qu'il lou resemblast, car il estoit ses coisins germains en humanité. » (M. C.) La version rimée est conforme :

« Et si se doivent bien garder
De Jako penre tout ensomble
Car merveilles bien le resemble
De ce ne vous merveilliez mie,
Car andui sunt d'une lignie :
Il sunt cousin germein andui. »

[3] Joseph d'Abarimathie (Ms. C.) — d'Arimachie (Ms. D.).

[4] « Lou mescredi à soir, fu nostres sires chiés Symon lou liépreux. » (Ms. C.) « Et entendirent entr'els que à .I. geudi au ser, fust nostres sires chiés Symon Leprous (Ms. D.). »

Remarquons que l'épithète le Lépreux manque dans le texte rimé si explicite d'ordinaire.

lyépreus et parla à ses desiples et leur moustra essamples que jou ne puis, ne ne doi toutes retraire, et sist à la chaine et si dist que o lui manjoit et bovoit chil ki le traïroit. Itel parole dist Jhésu-Crist[1], et qant Judas l'oï, se li demanda : « Dites-le vous pour moi seulement; » lors respondi Jhésu-Cris : « Tu le dis ; » et autres essamples lour moustra-il assés. Et si lava à tous les apostres leur piés et en une aigue. Et lors li demanda privéement mesires sains Jehans li ewangelistres « Sire, plaist vous, que jou sache une chose : oserai le vous demander ; » et Jhésus dit : « Oïl ; » et il li demanda : « Sire, dont me dites pour qoi vous avés à nous tous les piés lavés en une aigue, » et il dist : « Jehan, çou est essample Pieron[2], que ausi comme li aigue fu ordée des premerains piés que jou oi lavés, ne puet mais nus estre sans péchiet et tant com il seront em péchiet, seront-il ort, et nekedent si puent-il les autres péćéours laver ansi com j'ai lavés les autres piés en l'aigue qant ele fu ordée des premiers, et si samble que chil qui en sunt daarainement lavet, soient aussi net comme li premier. Cil essamples est Pieron, et tous les menistres de sainte églyze qui après lui seront, et qu'il i metra. Chil seront ort[3] et en lor ordure laveront les pécéours qui à lour coumandement vauront obéir, chou est al père et au fil et au saint esperit, et à

[1] « Entre ses disciples, si en orent paor tex iot et si en demandèrent noveles. » (Ms. C.)

[2] « Cist essamples est Perron. » (Ms. C.) « Ce est li essemples Perron » (Ms. D.) « Cest essemple en Perrum penrei » dit le roman rimé.

[3] « Cist essample est Perron et as menistres de sainte Église.

Sainte églyze. Issi ne lour[1] porra lour ordure riens grever. Ensi moustra Jhésu-Crist cest essample à saint Jehan éwangelistre. Et ainsi furent ensamble chiés Symon, tant que chil vinrent qui Judas l'ot fait savoir. Et qant chou virent li dessiple, si en orent moult grant paor, et kant la maisons fu plaine

dont il i aura moult des orz et en lor ordure laveront-il les autres péchéors. » (Ms. C.) — Le roman rimé porte :

« Cest essemple à Pierre leirons,
Et as menistres le donnons
De sainte Église voirement,
Pour enseigner à l'autre gent
Par leur péchiez ordoierunt
Et les péchéeurs laverunt..... »

[1] Le Ms. C. met aussi : « que lor ordure (celle des ministres) ne porra rien nuire as autres gens. » Le Ms. D. semble donner le même sens : « que l'ordure ne lor en porra riens grever tant comme il voudront obéir. »

Le roman rimé paroit n'avoir pas compris :

« ..... Si que rien
Ne leur nuist, ainz leur eide bien. »

Le Ms. C. ajoute en appuyant : « Sauf seront autresinc come li pié blanchirent en l'orde eive où je les lavai, et i devindrent net, ne porra rien nuire as péchéors, l'ordure des menistres qui les laveront par confeission. » Le Ms. C. n'ajoute pas autre chose à ce sujet ; mais le Ms. D. rentrant dans la donnée du *Saint Graal* en vers, dit comme lui : « Tout aussi ne pourroit nus savoir lequel de vous je laveroi, se l'en ne li avoit dit, ne nus menistres ne poroit savoir le péchié de l'ome, si il ne li avoit dit. » Le Ms. H. dit aussi : « Tout aussi ne porroit nus de nous savoir qui me thraïra, se on ne li avoit dit fors cil meismes qui l'a em pensé. »

d'yaus et Judas vit que kil en orent la force, si vint à Jhésu et le baisa et lors fu Jhésus saisis de toutes pars. Et Judas lour cria que il le tenissent bien, car [1] il le savoit à moult fort houme de bras. Et il le tinrent fort et il l'enmenèrent. Et tele en fu sa volentés. Moult remesent li dessiple esgaré [2] et plain dolour

Le roman rimé, en effet, ajoute comme le Ms. D. :

« Si c'um connoistre ne pouroit
Le lavé s'on ne li disoit,
Ausi les péchiez ne set mie
De nului devant c'on li die ;
N'il des menistres ne sarunt
Devant ce que il les dirunt. »

Nous avons mis une virgule après « disoit, » c'est évidemment un sens suspendu; nous sommes sûr que M. Francisque Michel nous pardonnera cette petite modification à son texte toujours si pur et si correct.

Il ressort de la comparaison de ces divers passages avec notre Ms. du Mans, dont la date 1250 est à peu près certaine, que le roman rimé est plus moderne ; car le Ms. D. est lui-même daté de 1301 ; or le roman rimé a adopté sa version et non celle du Ms. C. plus ancien, non plus que celle du Ms. du Mans.

1 « Et Judas leur crie : « tenez lou bien, » et ce, lors dist il, porce que il lou savoit moult à fort. » (M. C.) Le Ms. D. supprime ce qui suit « tenez le bien. »

2 Le mot « esgaré » se rencontre dans les quatre textes que nous comparons ; mais trois d'entre eux ajoutent « et plain de dolour grant » (Ms. du Mans) « et plain de grant dolors ou dolor, » (Mss. C. et D.) — Le roman rimé donne seul :

« Et sunt de cuer mout adolé, »

Le roman en vers donne donc encore ici une preuve d'état moderne.

grant, et chil fisent partie de lour volenté de Jhésu. Et là u Jhésus fu pris chiés Symon, si estoit li vaissiaus u Jhésus sacrefioit. Et uns juis i vint, qant on le prist, si le trouva et le garda dèsc'au demain que Jhésus fu amenés devant Pylate. Et qant il i fu venus [1] si le commencent à escopir de qant qu'il porent, mais onques ne porent en lui trouver cause par coi il déust nul mal avoir [2], mais la foibleces de la justice [3] et çou qu'il n'avoit pas la force, se li convint soufrir chou com vaut faire de lui. Et tant dist Pylates comme prévos : « A qui m'en prendroi-je, se mesires m'en demande noient [4]. Car jou ne voi en lui cose par

[1] « Si iot moult paroles et l'ancorpèrent li juif au mielz qu'il porent. » (M. C.) — « Si out moult de paroles dites en l'enconpereurent. » (M. D.)

Le roman rimé dit : « de quan qu'il porent l'encoupèrent. »

[2] Les trois textes C., D. et roman rimé ajoutent : « Mais lor pooirs fust moult petit. » (C. D.)

« Meis petit furent leur povoir. » (Roman rimé.)

[3] La phrase est bien elliptique. Le Ms. D. d'accord avec celui du Mans met : « mes la feblece de la justice, et ce que n'avoit mie la force contre le juif. » Le Ms. C. donne autre chose : « mais la justise li covint à soffrir issi com il le jugièrent et itel juise à recevoir. » Le roman rimé dit :

« Meis trop feule fu la joustice
Dont mout de seigneur sunt en vice
Et force n'i voust mestre mie. »

[4] « Si messires Titus li amperères de Rome me demande rien de la mort Jhésu. » (M. C.) Le M. D. et le roman en vers conformes au Ms. du Mans.

coi il[1] doive mort recevoir; » et il s'escrient : « Sour nous et sour nos enfants soit espandus li sans de lui ; » dont demanda Pylates de l'ewe et lava ses mains ; et dist que ausi netes com ses mains estoient pour chou qu'il les avoit lavées de l'aighe, aussi nés ert ses cors de la mort à cel home. Ichil juis, qui le vaissel ot, vint à Pylate, se li dona et qant Pylates le tint, si le mist en sauf liu, tant que nouveles furent venues qu'il avoient mort Jhésus ; et qant Joseph l'oï, si en fu moult tristres[2] et vint à Pylate et dist : « Sire jou t'ai lonc tans siervi et mi chevalier que onques riens ne me dounas, ne jou n'en voel riens prendre, pour le grant guerredon[3] que tu m'as tous jors promis. Sire, jou te proi que tu me doinses, kar tu en as le pooir. » Pylates li respondi : « Demandés et jou vous donrai qanques jou douner vous deverai, salve le feuté mon segnor[4], » et chil dist : « Grans merchis, sire, et je vous demans le cors d'icel prophète, qu'il ont, là

[1] « Car ge ne vois en lui par quoi il doie recevoir mort. (Ms. C.) Version correcte ; le Ms. D. met : « quar je ne voi en lui par quoi il doi perdre vie. »

[2] « Et moult iriés. » (Ms. C.) Le roman rimé adopte cette version :

« Pleins fu de mautalent et d'ire
Vint à Pilate isnelement. »

[3] Le Ms. du Mans met comme le Ms. C. : « pour le grand guerredon avoir que tu m'as toz jors promis. »

[4] « Ce vous donrai, à devise, quancque ge porrai, tant que vostres grez sera, sauf la féauté à mon seignor. » (M. C.) — « Sauve la féenté mon seygnor. » (M. D.)

« Sauz la foiauté mon seigneur. » (Roman rimé.)

fors, mordrit à tort[1]. » Et Pylates s'en merveilla moult de cou qu'il li avoit si poi demandé, çou li sambloit. Se li dist : « Jou quidoie que vous me déussiés gregnor cose demander; et puisque vous m'avés çou requis, vous l'aurés. » Et chil dist : « V^{c} merchis[2]; » or coumandés dont que jou l'aie. » Et il li dist : « Alés, si le prendés ; » et il respondi : « Sire, i sunt unes grans gens, et bués fors[3] ; si ne le mi lairoient mie prendre. » Et Pylate dist : « Si feront. » Lors s'entourna Joseph et vint droit à la crois[4] et quant il vit Jhesum, si en

[1] « Lou cors à la prophète que il ont murtri à tort. » (Ms. C.) — « Les (cors) del prophète que li juif ont là hors murtri à tort. » Le texte du Mans met « mordrit » mais c'est la même tournure de phrase. Le Ms. H. dit aussi « là fors mordri à tort. » Le roman rimé met seul au contraire :

« ..... le cors de Jhésu
Qu'il ont à tort en crouiz pendu. »

Il est donc évident que ce n'est pas la version primitive, sans quoi l'un ou l'autre de nos quatre Mss. en prose aurait reproduit l'idée de mise en croix.

[2] « Et il li dist : « Sire, cent mile merciz » (M. C.) — « Sire, C merciz. » (M. D.)

[3] L'expression enigmatique « *bués fors* » du Ms. du Mans n'est pas dans le Ms. C. qui met « et unes forz. » — Le Ms. D. dit simplement « une grand genz. » — Le roman rimé :

« Sire, une granz genz et forz sunt. »

« Bués » voudrait-il dire « bœufs » (Forts comme des bœufs) ?

[4] Le Ms. C. ajoute « que il apeloient despit. » Le Ms. D. ne le met pas, non plus que le Ms. H., ni le Ms. du Mans. En général le Ms. C. est verbeux ; cependant le mot « despit » se

ot moult grant pitet, si plora [1] ; car il l'amoit moult de boine amour. Et vint as gardes et dist : « Pylates m'a douné le cors d'icel home, pour oster d' icest despit. » Et il respondent tout ensamble : « Vous ne l'aurés mie, que sil dissiple ont dit qu'il résuscitera. Ne jà par tant de fiés ne résuscitera [2] que nous ne l'ocions. » Et il dist : « Laissiés le moi, car il le m'a douné. » Et cil dient : « Nous vous ocirons [3] ansçois. » Lors s'en parti Joseph et vint à Pylate et li conta coument il avoient respondu; et qant Pylates l'oï, se li anuia moult. Il vit .I. haut houme [4] qui là ert

rencontre plus loin dans la version du Mans si pure d'ordinaire, dans le Ms. D. et dans la version rimée.

« Que je l'oste de cest despit. » (Roman rimé.)

« Pour oster di cest despit. » (Ms. du Mans.) — « Pour ouster de cest despit. » (Ms. D.). Le mot *despit* n'est pas, comme on l'a cru, un terme impropre appliqué à l'infamie du supplice de la croix; on trouve même le verbe « despiter » employé pour « outrager le Christ. » Ducange, au mot *despilare*, rapporte ce passage d'une lettre de rémission de l'an 1407 : « Le suppliant dist que lui Perrinot et autres avoient autrefoiz despité ou sanglanté Dieu et sa mère. » Le despit est donc synonyme d'outrage et a pu caractériser le supplice de la croix.

[1] « Moult tenrement des iauz comme cil qui moult... » (Ms. C.) Le Ms. D. supprime « des iauz comme cil qui » et met « quar il. »

[2] « Et par tantes foiees com il résuscitera, par tantes foiees l'ocirrons nos. » (Ms. C.) — Le Ms. D. ne répète pas « par tantes foiees. »

[3] « Nos vos ocirrsions ençois. » (Ms. C.) — « Nos vos occirons ançois » (Ms. D.) — « Ochirrons anchois. » (Ms. H.)

[4] L'expression « .I. haut houme » du Ms. du Mans n'est

présens; se li envoia avoec Joseph, et li commanda que il li fesist avoir le cors d'icel prophète [1]; et chil ala o lui moult volentiers. Et qant Pylates ot çou commandé, se li souvint del vaissiel que li juis li avoit douné. Si apiela Joseph et [2] li demanda se il amoit moult le prophète; et Joseph li dist que « Oil. » Et Pylates dist qu'il avoit son vaissiel u il sacrefioit et que uns de chiaus [3] li avoit douné, qui fu u il fu pris; « et jou le vous doins, car je ne voel riens retenir del sien [4]. » Lors li doune et chil l'incline qui

reproduite par aucun Ms. — « Lors vit un home devant lui qui avoit non Nychodemus. » (Mss. C. et D.)

> « Ilec vist un homme en présent
> Qui avoit non Nychodemus. » (Roman rimé.)

Du reste le Ms. du Mans le nomme plus tard.

1 La version rimée cite ici les paroles mêmes de Pilate, ce qui ne se rencontre dans aucun Ms. Le Ms. C. est un peu plus explicite que celui du Mans, mais emploie aussi la forme impersonnelle. C'est encore là une preuve de la fantaisie d'un trouvère postérieur à ces divers textes.

2 Ici, les divers Mss. en prose, d'accord avec la version rimée, font parler Pilate : Et li dist « Joseph ! Vous amiez moult cele prophète ? » et Joseph li respond : « Certes, sire, voire moult. » (M. C.) — Respondi : « Voire, sire. » (M. D.)

> Et il dist : « Mout amiez, cet homme. »
> Joseph respont : « Voir dit avez. » (Roman rimé.)

3 « Que uns Juif me dona » (M. C.) — « Que .I. de Juis. » (Ms. D.)

4 « Rien avoir de chose qui soë fust » (Mss. C. et D.) — « Nient detenir de chose qui siue soit. » (Ms. H.) — La version rimée exprime cette idée un peu plus loin.

moult en fu liés [1], et puis s'en vait; et Nicodemus o lui. Et chil Nicodemus vint à .I. fêvre et prist unes teneles et .I. martel et vinrent tout droit cele part u on gaitoit le cors Jhésu-Crist [2]. Et Nicodemus dist à chiaus qui là èrent: « Vous avés fait de cest home çou qu'il vous plaist [3] et jou voi bien qu'il est mors; et Pylates l'a dounet Joseph et m'a coumandé que jou l'oste; » et il s'escrient tout ensemble, que il doit résusciter et qui ne l'auront pas. Et quant Nicodemus l'oï, si se couroucha et dist que il n'el lairoit [4] jà pour

[1] Même expression dans le Ms. C. « et cil l'ancline qui moult en fu liez. » — La version rimée supprime cette phrase qui se trouve aussi dans le Ms. D.

[2] Cette idée de guet n'est pas dans les autres Mss. — « Et vindrent jusqu'à la croix. » (Ms. C.) — « Si vint cele part où Jhésu-Crist estoit en la croix. » (Ms. D.)

« Et vinrent à la croix errant. » (Roman rimé.)

[3] Le Ms. C. est bien plus explicite: « Vous avez fait ce qu'il vos plot de ce que vos demandâtes à Pilates jugement de Jhésu, et vos l'avez, sans lui, jugié et mis el despit et Pilate en a doné son cors à Joseph et m'a comendé que je l'ost dou despit. » (Ms. C.) — Le Ms. D. est plus court, il dit à la fin de la phrase: « et comendé que je l'ost » sans ajouter « du despit. » — Le Ms. H. met aussi plus briévement: « et m'a commandé que je lui baille. » — La version rimée donne aussi simplement:

« Il me dist que de ci l'ostasse
Et que je à Joseph le donnasse. »

[4] « Qu'il n'en feroit rien pour els. » (Ms. C.) — « Qu'il ne lesseroient noient pour els » (Ms. D.) — « Que il ne laura nient pour eus. » Ms. H. (Ces deux dernières versions sont incorrectes.)

« Et dist jà pour eus n'ou leira. » (Roman rimé.)

yaus; et cil s'en vont faire clamour à Pylate. Et Nicodemus monta en haut et Joseph o li et ostèrent Jhesum [1], puis le prist Joseph entre ses bras et le mist à terre et si lava l'étrois [2] moult bielement, et com il le lavoit, si vit les plaies qui sannoient. Se li membra de la pière qui avoit estet fenduc au piet de la crois [3], pour l'autre sans qui fus espandi; se li souvint de son vaissiel, si s'apensa que ces goutes qui en caoient seroient miex en son vaissiel c'aillours [4]. Lors sirest le costet entour la plaie et le sanc qui en dégoutoit mist

[1] Cet accusatif de la version du Mans ne se retrouve plus, à cet endroit, dans aucun autre Ms.

[2] « L'etrois » pour « à l'etros », à l'instant. — Le Ms. C. ne comprend déjà plus cette expression vieillie et met « atorna lou cors. » — « Si acocha le cors. » (M. D.) — « Et le mit à terre, l'emporta à son hostel. » (Ms. H.)

« Le cors atourna bèlement. » (Roman rimé.)

[3] Le Ms. C. dit brièvement contre son habitude : « car il li membra de la pierre qui en ot été fendue au pié de la croiz. » — Le Ms. D. ajoute, comme celui du Mans : « qui ot été fanduc au pié de la croix, pour l'autre sanc. »

La version rimée appuie sur le sens :

« De la pierre adonc li membra
Qui fendi quant li sans raïa
De sen costé où fu féruz. »

Le Ms. H. moins précis, met : « Au pié de la croix, pour la goute de sans qui sur li chaï. »

Voy. Collius, *de Sanguine Christi*, p. 652; Thilo, *Cod. apoc. N. T.* 584. (Evang. Nicod.)

[4] « Que en autre leu » (Ms. C.) — « Que aillor » (Ms. D.) Même sens dans le roman rimé.

en son vaisiel et des mains et des piés[1], et qant li sains fu recéus en cel vaissiel, si le mist lés lui. Et puis prist le cors, si l'envolepa[2] en .I. sidone que il ot acaté moult biel et moult rice, et puis le mist en une pierre que il ot quise[3] à son oës et il le couvri. Et lors repairièrent chil qui orent estet à Pylates, et orent congié de lui gaitier u ques Josephs le mésist, por çou qu'il ne résuscitast. Et Josephs s'en ala, qant il éut fait; et cil remesent. Nostres sires, si comme Diex, entre ces afaires, fu en infer et si le brisa et en jeta Adam et Evain et des autres qu'il vausist, si comme chiaus qu'il avoit racatés de son cors, de livrer à torment de mort.

PANT nostres sires ot fait çou qu'il lui plot, si résuscita sans le seu de chiaus qui le gaitoient; si s'en ala et s'aparut à madame

1 « Si li tert anz la plaie. » (Ms. C.) — « Si le mist desouz es goutes. » (Ms. D.)

« A son veissiel ha bien torchiés
Les plaies......... » (Roman rimé.)

L'expression « Sirest le costet » du Ms. du Mans est peut-être incorrecte et mise pour « si tert le costet. »

2 Le mot « sidone » (sydoine) est remplacé dans le Ms. C. par « riche drap. » — par « .I. drap. » dans le Ms. D.

« En un sydoine qu'acheta. » (Roman rimé.)

3 L'expression archaïque : « en une pierre qu'il ot quise à son oés » du Ms. du Mans, est remplacée dans le Ms. C. par ces mots : « en une pierre qu'il avoit gardée moult longuement pour lui mettre qant il morroit. » Les Mss. D. et H. omettent complétement ce détail qui reparaît dans la version rimée :

« Qu'il, à son wès avoit eslist. »

sainte Marie la Madalaine[1] et à ses autres dessiples, là u il li plot. Et qant il fu résuscités, si l'oïrent dire li juis : si s'asamblèrent et tinrent parlement et disent : « Cil hom nous fera encore mal, se çou est voirs que il soit résuscités. » Et chil qui le gardèrent disent qu'il n'est mie là u Joseph le passa, dont disent entr'aus : « Par Joseph l'avons nous perdut[2] et par Nicodemus. » Lors prisent conseil que il poroient dire se lor maistre lour demandoient; dont disent que il diroient[3] que il l'ont baillé et Joseph. Et s'il dist : « Nous le féismes gaitier, là u il fu mis, demandés loy à chiaus qui garder le durent[4]. » Et uns d'yaus respont : « De chou nous

[1] « S'aparut à la Magdelainne » (Ms. C.) — « A Madame sainte Marie-Magdaleine. » (Ms. D.)

« A Marie la Madaleinne. » (Roman rimé.)

[2] Le Ms. C. est moins elliptique : « par Joseph l'ont-il perdu et se nus maus nos enuient, tot ice nos a-il fait entre lui et Nicodemus. » — Le Ms. D. est à peu près conforme, ainsi que le roman rimé.

[3] Le Ms. C. explique surabondamment, comme toujours, ce passage : « et distrent que si il lor estoit demendez de l'ampereeur Tytus de Rome qui lor sires et lor maistres estoit et en cui subjection il sont, que il porront respondre ; et lor consaus si fu tex; que ils diront que il lou baillièrent à Joseph par lou conmendement à Nichodemus... » — Même sens dans le Ms. D. qui met « de mestre » au lieu de « l'ampereeur... »

Le roman rimé, conforme à la version de 1301, Ms. D., dit :

« Qu'à leur meistres respondront. »

[4] Le Ms. C. ajoute « que dirons-nos ? » ce sont en effet les Juifs qui parlent, mais notre Ms. du Mans est si elliptique qu'on ne le verrait pas facilement. — Le Ms. D. conforme à la version du Mans. — Le roman rimé omet cette réponse.

poons nous moult bien garder, prenés Joseph et Nicodemus anuit, si que nus ne le sace, et si les faisons de male mort morir. Et s'on nos demande de Jhesum [1] nous dirons que nos lour baillerons, se il nous rendent Joseph qui nous le baillâmes et nos renderons Jhesum. » A cest conseil se tinrent tout et disent que moult est chil sages, qui si boin conseil a douné et si disent qu'il le prenderont anuit [2].

Achel conseil ot Nicodemus amis qui li fisent à savoir que il s'en fuist, et qant chil vinrent, si ne le trouvèrent mie, kar il s'en estoit fuis. Et qant ils virent çou, si furent moult iriés et vinrent à le maison Joseph. Si le [3] brisièrent et le prisent tout nut en son lit. Et lors le fisent viestir; et [4] puis l'enmenèrent lonc de Jhérusalem, bien .VII. liues, en

[1] « De Jhesum » : le « de » semble de trop. Aussi bien ne le retrouve-t-on plus dans les Mss. plus récents : de plus cet accusatif « Jhesum » est supprimé dans tous les Mss. suivants. Les Mss. C. et D. donnent : « et en nos demende Jhésu. »

[2] « Les pranderont en medeus la nuit. » (M. C.) — « par nuit. » (M. D.) Circonstance omise dans le roman rimé.

[3] « Le » pour « la. »

[4] La version du Mans d'accord avec les trois Mss. C., D. et H. donne ici des détails précieux et trop identiques pour ne pas appartenir à la version primitive que ne suit pas le roman rimé. Le Ms. du Mans nomme « L'envesque Caïfas » ; — le Ms. C. dit : « l'enmenèrent chiés un des plus riches homes qui fust en la vile ; » — le Ms. D. « chiés .I. de plus riches hons

une fort maison qui estoit l'envesque Caïfas. Icele maison estoit en .I. grand marciet; si iot .II. pilers tous crues, si sambloit estre marchiés; dedens cet piler, avoit la plus hydeuse chartre que onques fust véue; et la plus orde. Ne nus homme ne s'en apiercéust jamais, s'il ne li fust dit devant, tant soutilment estoit ouvrée. Qant il orent Joseph mené fors de Jhérusalem, si l'enmenèrent li doi seulement, qui avoient juret que jamais, par iaus, n'en sauroit-on nouveles. Si l'enmenèrent en la cartre et deffendirent au cartrier que il n'éust à mangier que une pièce de pain et plain hanap d'ewe. Et maintenant s'entournèrent en Jhérusalem, si que il furent ansçois que il ajournast. Et lors oïrent la tumulte et la grant plainte de Joseph qui perdus estoit. Et qant Pylates le sot si en fu moult dolans; il n'en sot que faire, que il pensoit bien que çou avoient fait li juis par le conseil[1]

de la vile et de la terre; » — le Ms. H.: « chiés un des plus haus homes de la terre. »

« Chiés un riche homme l'ont mené. » (Roman rimé.)

Du reste, à partir de la phrase : « à chel conseil ot Nichodemus amis, » le Ms. du Mans abandonne le *Petit Saint Graal* et reprend la version commune.

Voici en effet la version du Ms. 2455 que nous allons reprendre dans nos variantes : « Si l'enmenèrent long de Jhérusalem bien .V. lues en une fort maison que estoit l'évesque Kayphas. Icelle maison estoit en une moult grand mareschière; si y avoit .I. pileir tout cruel et sembloit estre toz massis. » — Le Ms. Angl. 14, E. III. met aussi « .I. piler tout crues qui sembloit estre massis. »

[1] « Le » pour « du ». Nous ne relevons pas ces preuves d'archaïsme du Ms. du Mans, le génitif n'est presque jamais

le maistre de la loy. Si n'en savoit que faire. Et qant çou vint au diemence que Jhésus fut résuscités et les gardes ourent dit as juis comment il l'orent perdu [1], si disent que il vendroient [2] Joseph çou qu'il avoient perdu Jhesum. Si mandèrent Cayphas [3] le cartrier qu'il ne li dounast jamais à mangier; ansçois le laisast morir de faim. Mais li sires pour qui li juis pourcachièrent sa mort n'el vaut pas deguerpir [4] en sa mésestance, ansçois li guerredouna à .C. doubles son siervice. Kar maintenant que ses cors fu issus del sépulcre, vint à lui en la chartre u il estoit, et [5] si li porta compagnie la sainte esquièle qu'il avoit estoié à sa maison, à tout le sanc que il avoit requelli. Et qant Joseph le [6] vit, si en fut moult liés et lors sot-il vraiment que çou estoit Diex. Si ne se repentoit

indiqué. Le Ms. angl., ancien cependant, le met toujours; la phrase est pour nous très-élucidée, mais nous cherchons surtout les textes anciens et celui du Mans se présente jusqu'ici comme tel.

1 Pour « perdu » — Le Ms. angl. met « pierdu. »

2 Le Ms. 2455 ni le Ms. angl. ne mettent : « si disent que il vendroient Joseph, cou qu'il avoient perdu Jhesum. « Vendroient » est pour « perdraient. »

3 Cette phrase est très-elliptique; le Ms. 2455 met : « Si mandait Cayfaz à ses chartriers qu'il ne donaissent Joseph à mangier jamais. » — Le Ms. angl. porte : « si manda Chayphas. »

4 « Guerpir » au lieu de « déguerpir. » (Ms. 2455.) — Le Ms. angl. met « werpir »; c'est le même mot.

5 « Et si portoit par compaignie et par confort la sainte escuèle. » (Ms. 2455,) — « Pour compaignie et pour comfort. » (Ms. angl.)

6 « Le » pour « la. »

mic de son siervice, ansçois avoit tel joie[1] qu'il ne li caloit de la prison; puisqu'il avoit le confort et la vie et la compagnie de son segnour.

Issi, aparut li sauvères du monde ansçois à Joseph que à autrui et si le confreta[2] moult. Et dist que bien fust-il seurs qu'il ne morroit pas en la prisons; ains s'en istroit tous sains et saus, ne jà mal ne dolour n'i auroit, et si sera[3] tousjours en sa compagnie; et qant il en istra, si tournera à merveille à tout le monde qui le verront. Après sera portés ses nons en estranges lix par lui et par ses oirs; mais encore n'estoit pas li termes que il s'en istrit. Ains demourroit tant que tous li siècles quideroit qu'il fust mors, et qant il seroit issus fors, si en seroit ses nons glorifiés et loés. Maintes[4] gens enquerroient en cel liu. Issi remest Joseph en la prison, tant que tous estoit oubliés, si que nus ne tenoit mais parole de lui. Si remest la feme moult esgarée, qui encore estoit jone feme et ses fix Josephes qui n'avoit pas an et demi au jour que ses pères fu mis en prison. Si fu moult la dame, par maintes fois, amounestée de marier, mais ele dist qu'ele n'auroit jamais carnel compagnie d'oume[5], devant

[1] « Qu'il ne li chaloit de la prison. » (Ms. 2455.) (Ms. angl.)

[2] « Conforta. » (Ms. angl.)

[3] « Seroit, istroit, tourneroit, verroit. » (Ms. angl.) — « Issist. » (Ms. angl.)

[4] « Maintes gens en croiroient en lui. » (Ms. 2455.) Ce passage est-il compris par le scribe de ce manuscrit ; « enquerroient » du texte du Mans et « enkerroient » du Ms. angl. veulent-ils dire : « feraient une enquête en ce lieu, en parleraient longtemps » ou bien : « en deviendraient croyans » ?

[5] Le Ms. angl. supprime « d'oume » et ajoute « devant

qu'ele séust certainement de son segnour la véritet; que ele l'amoit sour toute créature. Et qant li enfés vint en aage de marier, si li enortèrent si parent que il se mariast; mais il estoit si espris de l'amour Jhésu-Crist, par l'amounestement de sa mère, qu'il dist qu'il ne feroit jà mariage de lui, fors que la [1] sainte églyze seulement; car il créoient en Diu [2] et avoient recéu bautesme de la main saint Jaques [3] le menour qui fut envesques [4] de Jhérusalem. Grant tans puis la mort Jhésu-Crist, fut Joseph en prison, ensi com vous avez oï, tant qu'il demoura .XLII. ans; et lors l'en geta Vaspasien li empereres de Rome, et si orrés coument. *Il li demoura .XLII. ans que onques n'en issi, ne ne li dona onques que mengier se pain et ewe non et petit entour .III. jours* [5].

Au jour [6] que Jhésu-Crist fut crucéfiés, tenoit

k'ele séust certaine nouvele de son mari. » — Le Ms. 2455 met « davant qu'elle scéust certenneteit de son signor. »

[1] « La » pour « à » selon le texte angl.

[2] Le Ms. angl. met « andoi » au lieu de « en Dieu. »

[3] « Saint Jakeme le menor. » (Ms. angl.)

[4] « Eveskes » au lieu de « envesques. » (Ms. angl.)

[5] Le passage en italique n'est pas dans le Ms. 2455, dont le texte est ci-dessus.

[6] « Après et si orois commant qu'il y demorait .XLII. ans. Après Claudien régnait Noirons, sous cui saint Pierre fut crucifieiz et saint Polz décoleis, et si ne tint l'empire que .XII. ans. Après Noiron régnait Thytus et Vaspasianus ses filz qui fuit musiaulz, et, à tier an que Thytus resut l'empire, fuit Joseph jeteis de prison; enci poieis conteir .XLII. ans dès le crucifiement Jhésu-Crist jusqu'à délivrement Joseph et si orois commant il fuit delivreiz. » Le Ms. 2455, d'où ce passage est extrait, diffère aussi de presque tous les autres sur ce point.

Tyberius César l'empire de Roume; après çou le tint-il .X. ans; après régna Gagius ses niés qui ne vesquit

Le Ms. angl., reg. 14., E. III, déjà souvent cité, se rapproche plus du nôtre, il est plus complet dans ce passage, que le Ms. 2455 :

« Au jour que Jhésus fu crucefiés tenoit Tyberius César l'empire de Rome et après che, le tint-il .X. ans. Après régna Gaius ses niés qui ne vesquit ke .I. an ; et après régna Claudiens qui tint l'empire de Rome .XIIII. ans. Après Claudien régna Noirons sous qui sains Pierre fu crucefiés et sains Paus décoles. Et si ne tint l'empire que .XIIII. ans. Après Noiron régna Tytus et Vespasiens ses fiex qui fut mesiaus. Et au tierch an que Titus rechut l'empire, fut Joseph jetés de prison ; si poés conter .XLII. ans del cruchefiement Jhésu-Crist jusc'au délivrement de Joseph. »

En effet, X + I + XIIII + XIIII + III donnent XLII ans. Les années des règnes de Claude et de Néron sont autrement réparties dans le Ms. du Mans : on a X + I + XIIII + IIII + XIII, total XLII. Nous ne nous chargerons pas, bien entendu, de mettre nos copistes d'accord. En effet, Caius Caligula a régné trois ans neuf mois et non un an ; le copiste oublie Galba, Othon et Vitellius; de plus, Titus prit Jérusalem en l'an 70 et Vespasien monta sur le trône en 69 et mourut en 79. Les romanciers du moyen âge ont des noms, mais non des dates, dans la tête.

Le Ms. 95 nouv., 6769 anc., de la Bibliothèque nationale de France, le plus grand et le plus beau qui existe, est de la fin du XIIIe siècle, il porte :

« Au tans que Jhésu-Cris fut nés, tenoit Tyberius César l'empire de Rome; et après che qu'il le crucifièrent le tint bien .X. ans. Après, régna Gayus ses niés qui ne vesqui que .VII. ans et après, régna Claudius .XIIII. ans. Après Claudius, régna Tytus et Vespasiens ses fieus qui fut mesiaus. Au tierc an que Tytus rechut l'empire, fut Joseph mis hors de

que .I. an. Et après régna Claudiens qui tint l'empire de Roume .XIIII. ans, et après régna Noirons

prison. Ensi poés conter .XLII. ans del crucifiement Jhésu-Crist, dusques au délivrement Joseph. »

Le copiste ne justifie ainsi que de trente-quatre ans.

Le Ms. 96 nouv., 6770 anc. de la Bibliothèque nationale, est du temps de Charles VII ou Louis XI. Il porte ce qui suit :

« En celui tems que Jhésu-Crist fut crucifié, tenoit Tiberius César l'empire de Romme; Après le crucifiement, il le tenit bien dix ans. Après régna Gaius son nepveu qui ne vesqui que huit ans et après régna Claudius quatorze ans; et après cellui Claudian, régna Tictus et Vaspasien son filz qui fu mesiau. Au tiers an que Titus recéut l'empire, Joseph fut mis hors de prison; ainsi povés conter combien il avoit du crucifiement nostre Seigneur jusques au délivrement de Joseph. »

On ne compte encore ici que trente-cinq ans.

Le Ms. 98 nouv., 6772 anc. du XIVe siècle, est en petite cursive; très-grand et très-gros volume. On y lit ce qui suit :

« Au jour que Jhésus fut crucifiez, tenoit Tyberius César l'empire de Rome; d'après ce, le tint-il .X. ans. Après li, regnait Gayus son niep qui ne vesquit que ung an. Après régna Claudius, qui tint l'empire de Rome .XIIII. ans. Après Claudius régna Noiron, qui tint l'empire .XV. ans. Après Noiron régna Tytus et Vaspasiens son fils qui fuit mesiaul; et à tiers an que Titus reçut l'empire, si fuit Joseph gettez de prison et ainsi poveis compteir .XLII. ans. »

Il y a, en effet, quarante-deux ans dans les périodes indiquées.

Le Ms. 113 nouv., 6784 anc. de la Bibliothèque nationale, XVe siècle, est aux armes de Bourbon ou de la Marche; il porte :

« Au jour que Jhésus fu crucefiez tenoit Tyberius César l'empire de Rome; et après ce le tint-il .X. ans. Après régna Gayus son nepveu qui ne vesqui que ung an et après régna Claudius qui (tint) l'empire de Romme .XIIII. ans; après Claudien et tint l'empire .IIII. ans, et après Noiron régna Tytus et Vaspasiens ses pères qui fu mesiaus et au

régna Noiron soubz qui saint Pierre fut crucefiez et saint Pol décolez et si ne tint l'empire que .XIIII. ans. Après Noiron regnèrent Tytus et Vaspasien son filz qui fut mezel ; et en ce an que Titus recéut l'empire, fut Joseph gectez de prison et si povez compter .XLII. ans du crucifiement Jhésu-Crist jusques au délivrement Joseph. »

Il n'y a que trente-neuf années dénombrées.

Le Ms. 344 nouv., 6965 anc., du milieu du XIIIe siècle, identique, pour les miniatures et l'ornementation, à celui du Mans, porte :

« Au jor que Jhésu-Cris fut crucifiez tenoit *Julius* César l'empire de Rome, et après ce, la tint-il .X. ans ; après resgna Gayus, ces niés que ne vesqui que .I. an, et après régna Claudiens que tint l'empire de Rome .XIIII. ans. Après Claudiens régna Noiron sor cui saint Pierre fut crucefiez et saint Polz décoleiz et si ne tint l'empire que .XIIII. ans. Après Noiron, régnait Tytus et Vaspasianus ses fils que fu mesialz ; et au tier an que Tytus recéu l'empire, fut Joseph gecteiz de prison. Enci poeiz conteir .XLII. ans dès le crucifiement Jhesu-Crist jusc'à délivrement. »

Il y a bien, en effet, quarante-deux ans justifiés par les périodes énoncées ; mais que dire de Julius César ?

Le Ms. 747 nouv., 7170 anc., du milieu du XIIIe siecle, offre cette version :

« Au tans que Jhésu fu crucefiez, tenoit Tyberius César l'empire de Rome et après le tint-il bien .X. ans. Après régna Gaius ses niés qui ne vesqui que .VII. ans, et après régna Claudius .XIIII. ans. Après Noiron régna Tytus et Vaspasiens ses fuiz qui fut meseax ; et au tierz an que Tytus reçut l'empire fut Jo. mis hors de prison. Ensinc poëz conter .XLII. ans del crucifiement Jhésu-Crist dusc'au délivrement de Jo. »

On oublie le régne de Néron ordinairement indiqué.

Le Ms. 770 nouv., 7185[33] anc., fonds Cangé 6, est le seul de

tier an que Tytus tint l'empire, rechut-il l'empire, et le tint .XIII. ans; çou sunt bien .XLII. ans del

tous les Mss. connus qui soit identique pour la version avec le Ms. du Mans; les miniatures et l'ornementation sont également du même style et de la même facture, il est donc aussi du milieu du XIIIe siècle. Il porte :

« Au jour que Jhésu-Crist fu crucefies tenoit Tyberius César l'empire de Roume; après chou le tint-il .XII. ans. Apriès, régna Gayus ses niés qui ne vesqui c'un an et apriès régna Claudiens qui tint l'empire de Roume .XIIII. ans, et après régna Noirons et tint l'empire .IIII. ans; apriès Noiron régna Vaspasien et Titus ses fieus qui fu mesiaus et au tiers que Tytus reçut l'empire, si le tint .XIII. ans. Che sont bien .XLII. ans du cruchefiement Jhésu-Crist jusques au délivrement Joseph. »

En maintenant douze ans pour le règne de Tibère, en obtient quarante-quatre ans et non quarante-deux; mais il est probable qu'il fallait .X. comme dans le texte du Mans.

La similitude de l'orthographe des deux textes est parfaite, on remarquera Noirons au nominatif et Noiron à l'accusatif, et surtout on doit constater que ces deux Mss. sont les seuls qui, en cet endroit, fassent Titus fils de Vespasien. La réalité et sans doute l'antiquité de la version percent ici.

Le Ms. 19162, 1245 fonds Saint-Germain de la Bibliothèque nationale, dont les miniatures sont très-semblables à celles du Ms. du Mans, porte :

« Au tans ke Jhésu-Cris fu crucefiés, tenoit Tyberius César l'empire de Rome; et après le crucifiment, le tint-il bien .X. ans; après régna Gaïus ses niés, ki ne vesqui ke .VII. ans et en après régna Glau. .XIIII. ans et après Glaudius regna Titus et Vaspasiens ses fieus ki fu mesiaus. Au tierc an ke Titus rechut l'empire, fu Joseph mis hors de prison. Ensi poés conter .XLII. ans de crucefiement Jhésu-Crist dusques au délivrement de Joseph. »

crucefiement nostre Segnour Jhésu-Crist, jusques au délivrement Joseph, et si orrés coument il fut delivrés.

Le Ms. 117 nouv., 6788 anc., est un manuscrit admirable des XIVe-XVe siècles, aux armes de Berry ; on y lit :

« Au temps que Jhésu-Crist fu crucifié, tenoit Tiberius César l'empire de Romme, et, après le crucifiement Jhésu-Crist, le tint-il bien .X. ans, et après lui régna Gayus son nieps qui vesqui .XIII. ans; après lui régna Claudius .XVI. ans: après lui, régna Titus et Vaspasien son fils qui fut mezel. Au tiers an que Titus son père recéupt l'empire, et adonc fui Joseph mis hors de prison. Ainsi poés compter .XLII. ans du crucifiement Jhésu-Crist jusques à la délivrance de Joseph. »

A ce compte, il y a bien quarante-deux ans.

Le Ms. n° 221 de la Bibliothèque de l'Arsenal, fin du XIIIe, commencement du XIVe siècle, porte :

« Au jour que Jhèsu-Crist fut crucefiez tenoit Tyberius César l'empire de Romme, et après le tint-il .X. ans. Et après régna Cathus son nevou qui ne vesqui qu'un an. Après régna Claudians qui tint l'empire de Romme .XIIII. ans. Après Noiron régna Tytus et Vaspasien ses filz qui fu meseaulz et au tiers an que Titus recéut l'empire, fut Joseph mis hors de prison. Icy povez conter .XLII. ans, car Noiron tint l'empire .XIIII. ans. »

En effet, il y a bien quarante-deux ans.

Le Ms. n° 229 de la Bibliothèque de l'Arsenal, du XIIIe siècle, est ainsi conçu :

« Ce dist le contes que au tens que Jhésu-Crist fut crucefiez tenoit Tyberius César l'empire de Rome ; après le tint-il bien .X. anz. Après régna Gaius *ses mestres* qui ne vesqui que .I. an. Après régna Claudius .XIIII. ans. Après Noiron régna Titus et Vaspasiens ses filz qui fut meseaus et au tems que Titus tint l'empire fu Jo. mis hors de prison. Ainsi poëz conter .XLII. ans del crucifiement Jhesu-Crist, jusqu'à la délivrance Jose. »

Il avint[1] que uns pèlerins qui avoit esté en pèlerinage en la tière de Judée, au tans que nostres sires

Le Ms. nº 223 de la Bibliothèque de l'Arsenal est sur papier, il porte :

« Au jor que Jhésus-Xpst fut crucéfié, Tyberius César tenoit l'empire de Rome ; et apres ce le tint-il .X. ans. Et puis le tint un sien nepveu qui ne régna que « ung » an et après le tint Claudius qui le tint bien .XIIII. ans et après le tint Néron soubz qui saint Pierre fut crucifié et saint Pol décolé et ne tint que .XIIII. ans ; et après régna Titus et Vaspasien son filz qui fut mesiau. Et au tiers jor qu'il fut mesel fut ledict Joseph gecté hors de prison. Ains povés compter .XLII. ans depuis la passion Jhésu-Christ jusqu'au délivrement de Joseph. »

Il y a bien quarante-deux ans, en modifiant « au tiers jor » en « tiers an. »

Le Ms. Douce, nº 178 de la Bodleïenne d'Oxford, de la fin du XIIIe siècle, qui commence par : « Cil qui la hautece et la seingnorie.... » continue ainsi :

« Au jour que Jhésu-Crist fut crucefiez tenoit Tyberius César l'empire de Rome..... Après Noiron regna Tytus et Vaspasiens ses filz qui fu mesiax est au tiers an, etc. »

Le Ms. Douce, nº 303 de la même Bibliothèque, de la fin du XIIIe siècle, porte :

« Au tans que J. C. fu crucifiez tenoit.... Vespasiens ses filz qui fu mesesins.... »

Le Ms. 9246 de la Bibliothèque de Bruxelles porte :

« Au jour que Jhésu-Crist fut Xpuciffiés tenoit Thiberius César l'empire de Rome et après ce le tind-il .X. ans (on a mis le tind LX ans) et après y resgna Gayus son nepveu qui ne vesqui que ung an et après resgna Claudiens qui tind l'empire de Rome .XIIII. ans. Après Néron resgna Titus et Vaspasien qui fut mesel et au tiers an que Thitus receult l'empire.... »

[1] Cette version du Ms. du Mans ne ressemble qu'à celle du

ala par terre, et que il faisoit les miracles et les virtus des avules et des contrais et des autres mésaaisiés,

Ms. 770 nouv., 7185 [33] anc. de la Bibliothèque nationale. Tous les autres Mss., sans exception, offrent le récit suivant du Ms. 2455 :

« Il avint [1] le premier an que Thytus fuit empereires que ses filz Vaspasianus devint musiaulz si très durement que nulz ne le pooit sosfrir ; de ceste chose ot Thytus si grant duel, que il n'en pooit estre conforteis, et fist savoir, par toute sa terre, que qui poroit son fil jetier de la muselerie, il li donroit si riche don com il saveroit dire de boche. Et kant il l'ot fait partout savoir, si ne trovait homme qui l'en séust garir. Tant que il avint chose que uns chevalier devers Carphanaan vint à l'ome qui oït la parolle, et kant il vint davant l'empereor, si dist que il parleroit volantiers à lui pour son preu : et le fist mener à la fenestre d'une chambre où il estoit toz seulz. Et si parloit-om à lui par la fenestre ; car l'en ne pooit atrement seffrir la grant pucur qui de lui issoit. Et kant il ot mis son chief hors de la fenestre, si l'esgardait li chevalier et vit que il estoit plus musiaulz que nulz ne poroit croire ; et cil li demandait se il

[1] VARIANTES DE DIVERS MSS. AU SUJET DU PÈLERIN DE CAPHARNAÜM.

— British Muséum, Ms. R. 14, E. III.

« Si dist qu'il parleroit volentiers à son fil pour son preu. »

« Car on ne peust autrement souffrir la grant puasine. »

« Sire, certes, je vous y avoie, pour che ke je fui jà mésiaus en m'enffanche. »

« Et je croie ke se vous teniés cose à quoi il éust touchié, que vous gaririés maintenant ; » notre copiste du Ms. 2455 a dit plus logiquement : « que si vous tochessiés à chose qu'il eut tenue. »

Au lieu de « si en ot moult grant léesse, » le texte anglais met « grant lieche. »

Après « conter » le texte anglais ajoute « la parole. »

Au lieu de « qu'il vorroit savoir » le texte anglais met « qu'il envoieroit savoir. »

Au lieu de « à tel prophète », « bien au prophète. »

Au lieu de « quant priait Thytus le chevalier, » le texte anglais met plus logiquement : « tant pria Titus li chivalier » ; au lieu de « riche honeis, » « riche harnois. »

iceles miracles vit li preudons, et fu tant en la tière qu'il le vit et oï ocoisouner et qu'il fu pris et séut

savoit nulle chose qu'il i péust avoir mistier. Et li chevalier li dist : « Certes, sire, je vous venoie véoir por ceu que je fui jai musialz en m'enfance. » « Ha ! biaus sires, fait cil, commant en garistes vous donques ? » « Certes sire, fait cil, par une prophète qui estoit en Judée que li Juif occistrent à grant tort. » « Et par quoi vous en guérit-il ? » dist Vaspasianus. « Certes, fait cil, il ne fist quo tochier à mai, si fui toz garis tantost. » « Comant, fait cil, estoit-il de si grant pooir qu'il garissoit de muselerie ? » « Certes, fait li chevalier, ancor faisoit il plus, car il résuscitoit les mors. » Et cil li demandait pourquoi il avoit esteit ocis. « Certes, sire, por ce qu'il préchoit véritet et qu'il reprenoit les juis de lor fellenie, et je croi ne vraiement que si vous tochessiés à chose qu'il éust tenue, que vous guérierez maintenant. »

« Qant cil l'oït, si en ot moult grant léesse, et si fist anvoier querre son peire et li fist conté, car il ne pooit mais gaires parleir. » Et Thytus dist que il vorroit savoir se il poroit riens trover que à lui éust tochiet. « Sire, dit Vaspasianus, prieis à cel chevalier qui est de la terre et se li douneis tant del vostre que il faicet le messaige : car li cuers me dist que

Au lieu de « saïel », « seel » ; de « féissent », « fesissent » ; de « ot leites les leitres », « ot léu les lettres » ; de « chose à quoi Jhésu-Crist tochiet », « à se ke Jhésus éust tenue » ; de « et qui en averoit rien », « et qui en cheleroit riens » ; de « qui riens en retegneust », « qui riens en reconeust » (mauvaise leçon) ; » de « Marie la Vinicienne », Marie la Vénissienne, » ; de « la sainte prophète », « li sains prophètes » ; de « et kant il l'ot essueit », « et quant je l'en oi essué » ; de « comme l'en l'éust pointe en une pavoit », « ke se on l'éust painte en une paroit » ; de « des lai en sai », des là en chà » ; de « comme s'elle i éust maintenant esteit empointe », com s'ele i éust esté lors emprientée, » ; de « que uns lyons venoit devers le ciel », « que uns hom venoit devers le chiel » ; de « l'ome mort qui est résusciteis ». « l'omme mort qui est revescus, » etc.

De « la virenike » ; « la visière » ; de « atorneir son aire », « atourner son oirre, »

bien qu'il l'avoient ochis en la crois, el pooir et en la segnourie Pylate. Ichil preudons cerqua mainte

j'en guerrai, et si je en puis guérir, je promet à cel prophète que je prendrai venjance des juis que ce li firent. »

« Quant priait Thytus le chevalier qu'il li envoiast à faire son messaige, et il li baillait moult riche honeix et se li bailloit son saïel que tut cil qui ses lettres vairont féissent kant que il commanderait. Lors s'en vint li chevalier en Judée : si trovait en Jhérusalem .I. Romain qui avoit non Félis, qui, à celle hore, estoit garde de Judée et de Surie, enci com li Romain metoient lor gardes par les terres qu'il avoient conquises. A celui baillait li chevalier le saïel; et kant cil ot leites les lettres l'empeor, si li dist qu'il commandaist son plaisir et il seroit fais; et li chevalier dist qu'il féist crier par tote sa terre que qui auroit chose à quoi Jhésu-Crist tochiet, aportaist là avant; et qui en averoit riens et il péust estre apercéus qu'il le célest, il ne poroit eschaper qu'il ne moruist.

« Ensi, com il le coumandait, fuit fais et crieis en Jhérusalem tot premièrement; mais onques ne vint avant que riens en retegnéust, fors qu'une feme de moult grant eaige qui avoit

Après « ne onques puis ansangnes n'en avoit oïes », le Ms. anglais met deux phrases incorrectes ou incompréhensibles : « et on li demanda pour quoi il avoit Jhésu despendu de la crois et mis en .I. sien sépulcre. » Il semble que ce soit Joseph qui parle, tandis que c'est sa femme.

— Bibliothèque nationale, Ms. 95 nouveau, 6769 ancien.

En général ce Ms. abrége le texte, tout en en maintenant le sens. Il y est question aussi de l'arrivée du chevalier de Capharnaüm, de Félix, de Marie *l'Egyptienne* cette fois. Le chevalier emporte la *touaille* à Rome « et la nuit devant qu'elle i venist songoit Vaspasiens que uns *hom* venoit devers le ciel... venés voir l'ume mort *résuscitel*, » le reste est, quoique abrégé, conforme aux textes anglais et français précités.

— Bibliothèque nationale, Ms. 96 nouveau, 6770 ancien.

Ce n'est plus un chevalier de Capharnaüm qui vient à Rome, « à tant vint à lui un homme de Capharnaon. »

La femme qui apporte la « touaille » n'est plus « Marie l'Anjuicienne ou l'Egyptienne; fors que une bonne femme qui étoit de moult grant eage qui avoit non Vérone. » .....

terre et maint pays et tant que après çou que çou ot esté fait, vint à Roume. A cel tans que jou vous dis,

nom Marie la Vinicienne. Celle vint à Felix et li aportait une pièce de toile qu'elle avoit gardée moult honorablement puis le crucifiement Jhésu, et si li dist : « Sire, à jor que la sainte prophète fut menié crucifiez, si passaie-je par davant lui : si portoie-je une pièce de toile vendre, et il me priait que je li prestesse celle pièce de toile por essuier son vis que li desgoutoit de sueur. Et kant il l'ot essueit, si la me rendi, et je l'envolepai et si l'emportai en maison, et kant je la devolepai, si trovai la figure Jhésu assi apparant comme l'en l'éust pointe en une pavoit ; des lai en sai, l'ai gardée, si ne fui onques puis si malaide, si je la po véoir, que maintenant ne fuisse toute garie ; » et elle desploiait la toile si semblait que elle fuist toute novellement tissue et la figure i paroit atreci bien comme si elle i éust maintenant esteit empointe.

« Celle toile anportait li chevalier à Rome et la nuit davant ceu qu'il i venist, si sonjoit Vaspasianus que uns lyons venoit devers le ciel, si le prenoit az unglez et si l'escorchoit tout. » Et kant il estoit escorchiés, si gardoit en .I. miréor. Si ne se pooit cognostre et toz li siècles corroit après lui et disoit :

« Vespasien songia que ung homme venoit devers le ciel, » etc.

— Bibliothèque nationale, Ms. 98 nouveau, 6772 ancien.

J'énonce rapidement les variantes : « ung chevalier de Capharnaüm » « riche harnois... » « son scel... » « vint à Félix..... » « qui avoit non Marie la Vénicienne... » « si songeoit Vaspasiens que .I. lyon venoit devers le ciel... » « venez voir l'home mort qui est resuscité et reuveqius. »

— Bibliothèque nationale, Ms. 113 nouveau, 6784 ancien.

« ... un chevalier devers Capharnaüm... » « harnais... » « scel... » « Marie la Vénicienne » « ung hom venoit devers le ciel... » « venez véoir l'ome mort qui est revescuz. »

— Bibliothèque nationale, Ms. 344 nouveau, 6965 ancien.

« Uns chevaliers devers Capharnaüm... » « riche harnais... » « Marie la Vénicienne... » « Felix... etc. »

— Bibliothèque nationale, Ms. 747 nouveau, 7170 ancien.

« ... a tant vint uns hom à lui de Capharnaüm... » « vint à Félix... » « Marie le....tienne » (effacé).

Vaspasien, le fix l'emperaour de Roume, estoit malades d'une lyèpre si puant, quo nus [1] ne le pooit

« Veneis véoir l'ome mort qui est résusciteis. » A matin, kant il fuit leveis, si vint ses peires davant lui, comme cil qui l'amoit sor totes riens, et kant Vaspasianus le vit, si li dist : « Sire, « faites vous liés que je sai de voir que je guerrai ; » et lors li dist son songe :

« A ces parolles vint li chevalier, et kant Vaspasianus le vit qui ancor estoit à la fenestre, si sentit que tuit li membre li alijoient ; si commansait à huchier de si long com il le vit : « Vous soieis li bien venus ; car vous aporteis ma santeit ; » et li chevalier desploiait la toile senz plus dire : et maintenant que Vaspasianus vit l'emprinte de la figure, si fuit plus biaus et plus sains que il n'aveit onques esteit nul jor ; et quant ses peires le vit, et li altre gens, si fuit la joie si grans que nulz ne le croiroit que véut ne l'éust ; et lors prist Vaspasianus la virenike, si l'estoiait à plus honorablement que il pot : et si dist qu'il ne fineroit jamais davant ceu qu'il éust vengiet le signor qui santeit li avoit rendue.

« Maintenant fist Vaspasianus atorneir son aire et muit

— Bibliothèque nationale, Ms. 749 nouveau, 7171 ancien.

« ... à tant vint à lui uns hom de Capharnaon » « son seel... » « fors qu'une feme qui estoit de moult grant cage qui avoit à non Verrone... » « Félix... » « uns hom venoit du ciel... » « venez voir l'omme mort resuscité. »

Ainsi, au milieu du XIIIe siècle, et sans doute avant, si nous pouvions retrouver des versions anciennes, la femme à la « touaille » se nomme Vérone. Le *Saint Graal* du Mans l'avait déjà nommée « Véroine, » preuve de l'antiquité de ces deux versions bien dissemblables cependant.

— Bibliothèque nationale, Ms. 770 nouveau, 7185 [33] ancien, fonds Cangé 6.

« Et cil dist qu'ele a non Vérone. » Ici encore nous retrouvons la version ancienne.

— Bibliothèque nationale, Ms. 1245 Saint-Germain, 19162 nouv.

« ... .I. hom de Kapharnaon... » « son seel... » « qui avoit (non) Marie li Egyptienne... » « cele vint à Félix, etc. »

[1] « Tant l'amast. » (Mss. C. et D.) ; la version rimée supprime ces mots.

soufrir, tant l'amast. Moult en estoit li empereres dolans et tout cil ki l'amoient. Et par force de la

pour aleir en Judée et si menait le chevalier avec lui; et s'el fist signor de toute sa maison. Et quant il fuit venus en Jhérusalem, si fist venir davant soi Marie l'Anjuicienne, et celle li monstrait toz ceulz qui ancor vivoient, qui avoient esteit à conseil et par cui force Jhésu avoit recéut mort. Et Vaspasianus les fist toz prendre et fist faire .I. grant feu et dist qu'il les i arderoit toz. Et kant la femme Joseph oït ces novelles, si vint davant lui entre li et son fil, et se clamait de son signor qu'il li avoient tollut, ne onques puis ansangnes n'en avoit oïes. Et il li demandait pourquoi il avoient ce fait, et la dame dist, pour ce qu'il avoit Jhésu despendut de la creux, et mis en .I. sien sépulcre. Et qant il oït ceu, si jurait qu'il les arderoit toz se il ne li ensignoient où il estoit. Et cil respondirent que pour tant les pooit ardoir, car il n'el pooient rendre, et k'il ne savoient qu'il estoit devenus; et il disoient voir, kar il n'en savoient mies la vériteit; ne des deus qu'il l'enmenèrent en prison, n'i avoit ke .I. juis; car l'atre avoit eu la teste copée dedens la semainne qu'il l'orent mis en prison, et li chartrier chaïrent des fenestres de la tor à terre, l'endemain

— Bibliothèque nationale, Ms. nº 117 nouveau, 6788 ancien.

« A tant vint à lui un homme de Carphanaon... » « son seel... » « et vint à Felix... » « une femme de moult grant aage qui avoit non Marie d'Egypte.... » « que ung homme venoit devers le ciel. »

— Bibliothèque de l'Arsenal, nº 221.

« ... qu'un chevalier devers Capharnaon... » « son seel... » « une femme de moult grant aage qui avoit non Marie la Vénicienne... » « qu'un lyon venoit devers le ciel... etc. »

— Bibliothèque de l'Arsenal, nº 229.

« Vint à lui un hom de Capharnaon », « une fame qui moult estoit de grant aage et qui avoit non Marie l'Agiptienne, » etc.

— Bibliothèque de l'Arsenal, Ms. 223.

« ... ung chevalier devers Capharnaüm.... » « riche harnois.... » « fors une bonne femme qui avoit non Marie de la Venience ou de la Venjence. » (L'édition de Philippe Lenoir donne aussi « Marie de la Venience... » qu'il

puour que nus ne pooit durer,[1] l'enclost en une cambre de pière faite réonde,[2] et si avoit une petite

qu'il li loissèrent à donner à maingier. Ensi n'en remest que li uns vis : ce fuit Cayphas qui estoit evesques des juis, l'an que Jhésu-Cris morut. »

Après ces mots, le Ms 2455 se reprend à la version du Mans et continue ainsi de même que tous les autres : « Et quant il virent ke mourir les couverroit, si dirent que d'aus porroit-il faire sa volenté et son commandement... » — Le Ms. du Mans porte : « Et cant il virent çou que tous les convient morir si disent que d'aus pooit-il faire son commandement. »

On le voit, les variantes sont minimes. Il faut d'abord remarquer que le *Grand Saint Graal* a supprimé ici une longue conversation de Jésus avec Joseph en prison ; Robert de Borron, dans un intérêt religieux, a profité de cette apparition miraculeuse, pour faire donner l'enseignement chrétien par Jésus lui-même à Joseph. Les Mss. C., D., H. et le roman

venoit un lyon devers le ciel... venes véoir l'omme mort qui est reveseu. » (L'édition de Philippe Lenoir porte « qui est revestu. »)

— Le Ms. Douce nº 178 de la Bodléienne d'Oxford.

« Tant que il avint cose que .I. chevaliers devers Carpharnaon... » « moult riche hernois... » « son seel... » « que uns hons venoit devers le ciel... » « venez véoir l'omme mort qui est reveseuz. »

— Le Ms. Douce nº 303 de la Bodléienne d'Oxford.

« A tant vint à lui .I. homs de Carfanaon... » « son seel... » « qui est résuscité. »

— Le nº 9246 de la bibliothèque de Bruxelles porte :

« Tant que il advint que ung chevalier de devers Cafharnaon... » « le

[1] « Pooit sosfrir ne son cuivre, ne son vivre, ne son estre. » M. C.) « cuivre, » d'où « cuivers », abjection. Les autres Mss. ne donnent pas cette phrase.

[2] Le Ms. du Mans et le Ms. C. mettent : « chambre de pierre réonde » — Le Ms. D. met simplement « chambre de pierre. » — Le roman rimé s'éloignant encore plus de ces Mss. dit :

« On l'avoit en une tour mis. »

feniestre, par u on li dounoit à mengier et à une piéle [1]. Chil preudons vint à Roume et se herbierga chiés .I. riche houme et le soir commenchièrent à parler de pluisours choses, et tant que li preudons de la maison dist à son oste que moult ert grans damages del fil l'emperaor qui ainsi estoit pierdus; si proia moult le pèlerin s'il savoit cose que mestier li

rimé se suivent pas à pas dans ce morceau qui renferme des passages touchants et où l'institution du service du Saint Graal est amplement commentée. Nous ne pouvons suivre Robert de Borron dans ce passage que n'a pas admis Gautier Map. Nous nous en sommes occupé lorsque nous avons comparé les quatre Mss. dont la mention précède. (1er vol.)

Notre Ms. du *Grand Saint Graal* du Mans se reprend donc à suivre Robert de Borron, seulement au vers 987 du roman rimé :

« Au tens que je vous ei conté
Que li pèlerins eust esté
En Judée, si vint à Romme... »

Le Ms. C. est conforme : « Tant que il avint que uns pèlerins, qui avoit esté en pèlerinnage en la terre de Judée ; » mais toujours explicite, il ajoute : « *qui Chevaliers estoit*, au tens... » — Le Ms. D. ne donne pas ce détail, qui n'est ni dans la version rimée ni dans le Ms. du Mans.

secl... » « fors une femme de moult grant aage qui avoit non Marie la Venicienne... » « vint à Félix... » « que ung lyon venoit devers le ciel... » « venes voir l'omme mort quy est ressucité. »

On sait que dans le *Petit Saint Graal* de Robert de Borron, la femme se nomme « Véroïne, Vérone et Verrine », et que c'est un *pèlerin*, un jeune homme ayant longtemps *résidé* en Judée, qui apporte à Rome la notion du fait. Il y a bien moins de fantastique dans Robert de Borron, il n'y est pas question du songe de Vespasien. — (Voir 1er vol.)

[1] « A une piéle » comme dans le Ms. C., mais non le Ms. D. Le roman rimé ne relate pas non plus cette circonstance.

éuist, qu'il li aidast. Et li preudons respont : « Nenil[1] ore; mais tant vous puis-jou bien dire, que outre la mer, en la terre de Judée, ot un houme qui estoit moult bons prophètes;[2] maintes fois, fist Dix, pour lui, contrais redrechier qui ne pooient aler, et avules qui goute ne véoient qui ralumoit[3]; et les liépreus mondoit et autres virtus faisoit-il assés que je ne vous puis pas toutes retraire. Mais tant vous puis-je bien dire qu'il ne voloit nului garir qu'il ne garesist;[4] si que li richoume de Judée et li plus poissant le haoient pour cou qu'il ne pooient faire, ne ne dire, ne nului garir,[5] ausi com il faisoit. » Et li oste li demanda : « Que est chil preudons devenus et comment avoit-il non. » Et chil li dist : « Cou vous dirai-jou bien, il le clamoient Jhésu de Nasaret, fil Marie. Et chil qui le haoient fisent tant à Pylate[6] et à chyaus qui le pooir en avoient, qu'il le prisent et batirent et laidengiè-

[1] L'expression « nenil ore, » est aussi dans les Mss. C. et D.; dans le roman rimé il ne reste que « ore. »

[2] « Que l'au appeloit la bocnne prophète » (Ms. C.) — « Qui estoit prophète » (Ms. D.)

« Jadis un grand profète avoit. » (Roman rimé.)

[3] « Ralumoit » est aussi dans le Ms. C., mais non dans le Ms. D. Le roman rimé a conservé ce terme bizarre.

[4] Le Ms. C. ajoute : « jà si granz ne fust, » mais non le Ms. D. Le Ms. rimé est bien faible en cet endroit.

[5] Les Mss. C. et D. suppriment : « ne nului garir. » — Le roman rimé met :

« Qu'il ne povoient
Saner ausi... »

[6] Les Mss. C. et D. ne parlent pas de Pilate. « Donnèrent

rent [1] moult. Et qant il i eurent fait tous les anuis qu'il porent et ocisent en la crois. Et jou vos créant, sour m'ame et sour mon cors, que se il fust vis et on l'amenast au fil l'emperaour et il le vausist garir, que il le garesist bien. » « Et oïstes-vous onques dire pour coi il l'ocisent ? » « Non autre cose [2] fors pour tant que il le haoient. » « Et en quel liu fu çou fait et en quel segnourie ? » Cil respont : « En la segnourie Pylate le baillieu [3] l'emperaor. » « Voire, fait cil, dirés le vous l'emperaour ensi devant tous? » Et chil respont : « Il n'est nus hom devant qui jou n'el déusse conter pour voir. » Qant li preudons ot çou oï, et entendu que li pèlerins li ot conté, si s'en ala el palais l'emperaour. Si le traist à conseil, se li conta tout mot à mot, tout si com ses ostes li ot conté. Et qant li empereres l'ot oï, si s'en merveilla et dist : « Porroit-çou estre voirs çou que tu m'as dit ? » et chil dist : « Jou n'en sais riens, se çou non que mes ostes me raconta. Et jou le ferai parler à vous se vous volés. » Et li empereres respont : « Va le querre. » Et li preudons ala querre son oste [4] et chil vint moult volentiers. Et qant il vint devant l'emperaour, se li conta

tant et promistrent à toz ces qu'il sorent qui lor pooient aidier envers lui. » (Ms. C.)

« A ceux qui le povoir avoient
Et qui les joustices tenoient. » (Roman rimé.)

[1] « Laidoièrent, » (Ms. C.); « laidirent » (Ms. D.); « leidirent » (Roman rimé)

[2] « Que nenil fors que » (M. C.) — « Je non mais « (Ms. D.)

[3] « Pilate lou bailli » (Ms. C.) — « Pilate le baillif » (Ms. D.)

[4] Le Ms. C. est conforme, ou à peu près, au Ms. du Mans, mais le Ms. H. et le Ms. D. délaient un peu ce passage : « et puis li dist :

tout l'errement moult bien, ainsi com il avoit contet son oste. Lors dist li empereres que se chou est voirs, que moult bien sera venus. Qant li empereres a chou oï et entendu, si manda son conseil, et qant il furent venu, si lour dist çou que li hom estranges li avoit contet. Et qant chil oïrent çou, si s'en merveillèrent moult et disoient qu'il quidoient moult Pylate à preudoume et à sage et qu'il ne soufrist pas si grant desraison en son pooir. Li empereres dist[1] qu'il l'a soufert sans faille; « mais mar le soufri qui sans jugement soufri .I. home à tuer en son pooir et en ma segnorie qu'il avoit à garder sor moi. » Qant chil l'oïrent ainsi parler, si furent moult esbahi.

Pylates eut iluec .I. ami qui dist à l'emperaour : « Jou aim moult Pylates, ne je ne querrai que il laissât ocirre si preudoume[2], ne si vaillant, ne si boin

« Biaus hostes venés ent avoec moi à l'empereour et li contés chou que vous m'avés dit. » Et li pèlerins dist : « Volentiers. » Lors s'entornèrent et alèrent devant l'empereour. »

[1] C'est l'empereur qui parle dans le Ms. du Mans; dans le Ms. C. on lit : « Et cil dist à l'ampereur qu'il l'a sosfert sanz faille. » — « Mais mar lou sosfri quant il, en leu où il éust lou pooir, li sosfri mort à recevoir » fait l'ampereres. » — Le Ms. D. est conforme au Ms. du Mans. — Le roman rimé ne relate pas l'expression « mar le souffri. »

[2] Dans le Ms. C., ces adjectifs se rapportent à Pilate. « Je ne cerroie pas que si preuzdom ne si vaillanz com il est, issi boen mire laissast ocirre. » (M. C.) — Le Ms. D. appuie encore davantage : « Et distrent qu'il quidoient Pilate à moult prodome et à moult sage et que il ne soffri mie si grant outrage. » — Le Ms. D. ajoute alors ce que nous avons vu plus haut : « Et l'empereur dist : qu'il a souffert sanz doute, mès mal le souffri. » etc.

mire, se il deffendre le péust. » Lors fu li preudons apiélés chil qui les novieles li ot dites; si dist à lui, li consaus l'emperaour: « Or nous contés ce que vous avés contés l'emperaour. » Et il lour conta les bieles miracles que il avoit fait, tant qu'il fut en tiere; et si dist pour voir qu'il l'avoient ochis en la tere [1] Pylate qu'il avoit à garder, et que çou est voirs, et s'il fust encore vis qu'il garesist bien le fil l'emperaour et plus encore, « qui çou ne vauroit croire que ce fust voirs, je meteroie ma tieste en aventure [2] et en ostages et si vous dis que Pylate n'el celeroit jà et si vous dis que se on trouvoit riens de la soie cose, que li fix l'emperaour en gariroit se il créance y avoit. » Qant chil l'oïrent, si en furent tout esbahi et ne séurent rescourre Pylate, fors tant que il disent: « Se mesires i envoie et chou ne soit voirs, que vis-tu que on face de toi ? » et chil respont : « Sachiés que s'il me livre mes despens tant que li messages revenra, et il n'est voirs que jou n'aie voir dit, que il me face la tieste coper [3]. » Lors dient tot que assés en dist. Lors le fisent prendre et metre dedens une cambre et bien garder. Lors parla li empereres et dist que il veut envoier en Judée pour savoir cele merveille, se çou

[1] « En la terre que Pilate, gardoit. » (Mss. C. et D.)

[2] « Ma teste en espison. » — Le Ms. D. met : « en aventure » comme le Ms. du Mans. — Le roman rimé dit :

« Et si me mettez en prison. »

[3] « Il me face colper la teste » (Ms. C.) — « Que l'en me cope la teste » (Ms. D.)

« Que ma teste me soit coupée. » (Roman rimé.)

est voirs, ne se jà ses fix en porroit garir, kar jamais nule plus grant joie ne li porroit avenir.

Lors dist uns amis à Pylate à l'emperaour : « Vous m'i envoicrés, car je le saurai miex que nus, comment il a estet. » Li empereres respont : « Jou i envoierai vous et autrui. » Lors parla li empereres à son fil, se li conta tot l'afaire, si com vous l'avés oït ; et qu'il avoit mis l'ome estange en prison. Et qant Vaspasiens oï chou si rist, si li esvanui li cuers de la joie qu'il en ot et asouaga [1] moult de sa doulour. Dont proia son père, s'il voit sa garison, qu'il, au plustôt que il porra, i envoist. Et l'empereres prent ses messages au plutôt qu'il puet et leur carga [2] ses letres que il soient créu de quanqu'il diront, et de ce qu'il demanderont de la mort d'icel houme, et que on leur en die la véritet. Ensi envoia li empereres les plus sages homes que il ot, pour tout cest afaire savoir et encerkier, et commanda que s'il estoit mors, que on li aportast auqune cose de lui ; que [3] on le tenoit moult à prodoume, et pour savoir se ses fix en poroit garir ; et

[1] « Et li asoagièrent moult ses dolors. » (Ms. C.) — « Et alega moult sa dolor. » (Ms. D.)

« Sa doleur li assouaga. » (Roman rimé.)

Le Ms. H. met : « Et en aléga de ces dolours. »

[2] « Et fist ses letres escrire. » (M. C.) — « Et lor fait lettres baillier. » (M. D.)

« L'empereur feit ses briés feire. » (Roman rimé.)

[3] Ce qui suit n'est pas dans le Ms. D.

manecha moult Pylate, que se çou estoit voirs qu'il oït dire de lui, que il s'en prendroit à lui.

Ensi se départirent li message l'emperaour, pour venir en Judée et passèrent la mer. Et qant il furent arrivé, li amis Pylate li envoia unes letres, et se li manda ke il s'esmerveilloit moult de sa folie, et del grant messéant [1] que il avoit soufert à faire en son poir, et en sa justice, et de la mort celui qui fut ochis sans jugement. Et sachiés que li messages l'emperaour sunt arrivé, que il a envoiés en la terre et païs, pour savoir la véritet, et viegne encontr'iaus, kar il ne lor puet fuir.

Quant Pylates ot oïes les letres que ses amis li eut envoiés, si eut paour et coumanda ses gens à monter, car il voloit aler encontre les messages à l'emperaor. Li message cevaucent là u il le quident trouver; et Pylate cevauce aussi encontr'aus, et s'entr' encontrèrent en Arimachie [2]. Et qant li message virent Pylate, si ne li osèrent faire joie, car il ne savoient encore se il l'enmenroient à Roume, pour destruire [3]. Se li baillèrent les lettres l'emperaour et

[1] « Messéant » remplacé par « désavenant » dans les Mss. C. et D. et dans le Roman rimé.

[2] « En Barimathie » (Ms. C.) — « A Barimathie » (M. D.)

« Ee Arimathye tout droit. » (Roman rimé.)

[3] L'expression « pour détruire » est encore une idée qui se trouvant répétée dans tous les Mss. C., D. et H., manque dans le roman rimé; ce passage est important, nul doute qu'il ne se trouvât dans la version primitive. Le roman rimé, gêné par les exigences de la rime, l'a supprimé à tort. Si ce roman était l'original, il contiendrait ce passage.

qant Pylates les ot léues, si sot bien que ensi estoit-il de la mort Jhésu et qu'il avoit éus bons messages; et fist moult bièle chière [1] et dist : « Ces letres me dient voir de qanqu'eles dient et jou connois bien que ainsi fu-il; » et qant li message l'oent, si s'en merveillent moult et dient : « Grant folie avés connéue, se vous ne vous en descoupés, [2] morir vous en convenra. » Lors apièle Pylates les messages à conseil, en une cambre, si fist moult bien les wis [3] garder que nus juis n'i sourvenissent. Si lour commence à conter toutes les enfances [4] de Jhésu, celes qu'il sot et qu'il ot oï dire : « Et pour coi li haut houme le haïoient et comment il garissoit tous chiaus que il voloit et coument il l'encusèrent [5] et coument il l'acatèrent [6] à .I. de ses mauvais dessiples et tout le lait que [7] il

[1] « Moult bièle chère » (Mss. C., D., H. et roman rimé.)

[2] « Que grant folie avoit connéue, car il ne s'en set descorpe r. » (Ms. C.)

[3] « Fit les huis moult bien garder por les juis qui n'es escoutassent. » (Mss. C. et D.)

« Que les genz n'i puissent entrer. » (Roman rimé.)

[4] « Toutes les enfances de Jhésu, » phrase qui se trouve dans tous les Mss. C., D. et du Mans et dans la version rimée.

[5] « L'acusèrent. » (Ms. C.)

[6] « L'achetèrent » (Ms. C.) Ce mot et la phrase où il est, manquent dans le Ms. D.

[7] « Le lait. » Ce mot se trouve dans le Ms. C. mais non dans le Ms. D. — La version rimée met ici un mot caractéristique qui devrait se trouver dans les autres Mss. en prose, s'il appartenait à la version originale :

« Ribaut souduiant l'apeloient. »

C'est encore là une innovation du trouvère, que les textes anciens n'ont pas connue.

li fisent, qant ils l'eurent pris. Et coument il l'amenèrent devant moi et coument il l'ocoisounèrent [1] et me requisent que jou le jugasse à mort, mais jou n'i vic pour coi, si ne li vauch jugier; et il furent moult grant gent et rice et gaignart [2] et poisant, si disent toutes voies qu'il l'ociroient; chou pesa moi et dis : « Se mesires m'en demande riens [3], sour coi le metrai-jou ? » et il disent : « sur iaus et sour lour enfans soit espandus li sans de lui. » Ensi le prisent et enmenèrent et en fisent chou que vous avés oï. Jou nel poi rescourre et pour chou que jou voil estre nés del péchié, demandai-jou ewe, si lavai mes mains, et dis : « ausi né soie-jou de la mort de cest home, com mes mains sunt, par cest ewe. » Quant il fu mors, jou avoie .I. mien saudoier ki estoit di ceste vile, ki avoit à non Joseph. Cil me siervi à .V. chevaliers, dès que jou ving en cest tere, c'onques de moi [4] ne vaut prendre; et jou li prometoie la plus haute cose de ma baillie. Et qant li prophetes fu mors, si le me demanda pour

[1] « Acoisonnèrent » (Ms. C.) manque dans le Ms. D. — Le roman rimé a conservé ce mot :

« Et comment il l'achoisonnèrent. »

[2] « Moult grant gent et gaignart et riche et puissant. » (Ms. C.) — Le Ms. D., plus moderne, remplace « gaignart » par « felon. » — Le Ms. du roman en vers supprime l'un et l'autre et n'exprime que l'idée de puissance.

[3] « Et comment m'en garantiroient-il ? » (Ms. C.) — Le Ms. D. et le Ms. H. sont très-elliptiques et presque incompréhensibles. — Le roman rimé est délayé comme toujours.

[4] « Nul don ne vost prendre » (Ms. C.) — « Autre loier ne vout avoir. » (Ms. D.)

« Unques ne voust aveir dou mien. » (Roman rimé.)

toutes ses saudées et jou li dounai ; car jou li quidoie donner plus gregnour don se il m'éut requis. Si l'éust et l'osta del despit [1] et le mist en une pierre ke il éut faite taillier à son oës [2]. Puis qu'il l'ot là mis, jou ne vich ne ne soi que il fust devenus ; mais jou quit bien que il l'ont ochis. Ensi en ai ouvré, or esgardés [3] s'el blames en est miens. »

Qant li message oïrent ke Pylates n'avoit mie si grant tort, que on li mettoit sus, se li dient : « Se chou estoit voirs et nous l'oïenmes dire d'autrui que de vous, nous vous en descouperrièmes [4] bien devant

1 « Et l'osta dou despit. » (Mss. C. et H.)

« Le prophète l'osta dou despit. »

Le mot « despit » mis pour « la croix » est, comme nous l'avons dit, bien justifié.

2 « A son oës » dit le Ms. du Mans. — « A son huës » dit le Ms. C. — « A son oës » dit le Ms. D. — « Pour lui, » interprète le Ms. H.

« Pour lui après sa mort couchier. » (Roman rimé.)

3 « Se ge oi la force vers els toz. » (Ms. C.) — « Or regardez se je ai eu tor. » (Mss. D. et H.) — La version rimée est très-obscure :

« Ne que je vers vous povoir ai,
N'avoit-il vers eux, bien le sai. »

C'est-à-dire que Joseph n'avait pas plus de pouvoir sur les Juifs que lui, Pilate, sur les « message. »

4 Au lieu de ce temps de verbe ancien, le Ms. C. met : « Ensin bien te porras descorper envers l'empereor. » — « Descouper envers l'empereor. » (M. D.)

« ... Bien te porras
Devant no seigneur descouper. » (Ms. rimé.)

C'est la version la plus moderne, nouvelle preuve du peu d'antiquité de la version rimée.

l'emperaour ; » et il respont : « Ainsi com je le vous ai dit, le vous ferai-jou counissant devant iaus et que il meismes le vous counistront tout ainsi com je le vous ai contet, fors la prise de Joseph[1]. » Et ils respondent : « Faites les mander ; et que il soient en cheste vile en .I. mois tout chil qui là furent. » Et Pylates prent ses messages, si les envoie par tout semonre et lors mande ke li message l'emperaour[2] veulent à aus parler. En dementiers que li jours vint del moys, fist Pylate querre partout le païs[3] riens ki eust esté de Jhésu : onques riens n'en porent trouver.

ANSI assamblèrent en Arimacie[4] et Pylates dist au message : « Laissiés-moi avant parler ; si orrés que jou lour dirai et que il diront moi et

[1] Le Ms. C. ajoute : « Dont je ne sais rien qu'il est devenuz. » — Le Ms. D. ne l'ajoute pas. — La version rimée ne relate pas du tout le passage concernant Joseph.

[2] « Viennent » au lieu de « veulent. » (M. C.) — Le Ms. D. met « volent. »

« Volentiers à eus palleroient. » (Vers 1399.)

C'est le même sens.

[3] « S'il porroiens rien trouver qui eust été à Jhésu. » (M. C.) — « Chose à qui Jhésu-Cris éust astouchié. » (M. D.)

« Qui au prophète eust été. » (Vers 1404.)

[4] « A Barimathie. » (Ms. C.) — Le Ms. D. supprime le nom de lieu.

« Tout li Guie en Beremathye. » (Vers 1407.)

Il est évident encore ici que « Beremathie » est la dégénérescence de « Barimathie » qui vient lui-même d' « Arimacie » du texte du Mans. Nouvel indice de l'état moderne de la version rimée.

selonc choù que vous orrés, si sera contet l'emperaour, mon segnour. » Lors parla Pylate et dist : « Segnour, veeschi les messages l'emperaour qui sunt venut savoir quex hom çou estoit, qui, en cest païs, se faisoit plus sires de la loy; kar il a oï dire que il estoit moult bons mires, si mandoit qu'il alast à lui, s'il pooit estre trouvés [1]; et jou ai dit as messages, qu'il est mors et que vous meismes [2] li plus d'oume de ceste tere et li plus riches l'océsistes[3], dont ne fu-çou voirs? » Et il respondent : « Voirs est que nous l'océsismes [4] pour chou que il disoit qu'il estoit rois de nous et sires sour nos segnours; et tu fus mauvais, qant tu n'en vausis prendre venjance, ains t'en pesa par samblant; ne nous ne souferrions mie que nul home se face plus sires de nos segnours [5], que nous l'océrièmes se

[1] Le Ms. C. met : « Sitost com cist message qui ci sont, l'auront trouvé. »

[2] « Li plus preudom de cest terre. » (Ms. D.) — « Que vos et li puissant home de cest terre. » (M. D.) — L'idée de prud'hommie et de puissance est supprimée dans le vers 1427 :

« Que vous deffeire le féistes. »

Vers bien faible.

[3] Les Mss. C. et D. ajoutent : « Porce qu'il disoit qu'il iére Dex et filz Dieu. » — « Qu'il estoit rois de vous. »

La version rimée n'en parle pas.

[4] Au lieu d' « océsismes » du Ms. du Mans, on trouve « l'oceïmes » dans les Mss. C. et D.; mais la version rimée supprime entièrement ce mot qui devait certainement être dans l'original, car le Ms. H., très-concis d'ordinaire, met aussi « et nous l'ochesismes por chou qu'il disoit qu'il estoit miex sires de nous que vous. »

[5] Le Ms. C. modifie cette vieille tournure du Ms. du Mans :

se nous poiemmes. » Lors dist Pylates as messages : « Vous oës bien que il dient et quex gens çou sunt; ne jou ne poi mie avoir [1] bataille contr'aus. » Et li plus sages des messages dist : « Encore n'ai-jou mie la force de la parole [2], mais jou lour demanderai. » Lors dist as juis : « Dont ne nous juga Pylates cest houme à mort qui faisoit plus [3] que empereres. » « Nenil; ains nous couvint prendre sour nous et sour nous enfans, la mort de lui. »

Qant le mésage ont entendu et oï que Pylates n'ot mie si grant tort que on disoit [4], lors li demandent quex estoit chis prophètes, dont si grans parole avoit

« Que nous l'océriemes se nous poïemmes », en disant : « que nos l'ocirriens se nos poïens. » — Le Ms. D. supprime cette phrase ainsi que le roman rimé.

[1] « Ne ge n'oi pas lou pooir de combattre à es. » (M. C.) — « Je n'ai pas la ballie ne le pooeir vers euz. » (M. D.) — Le roman rimé exprime la même idée bien plus faiblement.

[2] « La force de la parole » expression elliptique et caractéristique qui se retrouve dans le Ms. C., dans le Ms. D. et dans le Ms. H. qui dit : « et li plus sage des messages dist : « Nous ne savons pas encore la forche de la parole. » Evidemment c'est là une expression originale; le roman rimé la remplace mal à propos par : « A la force de la besoigne. » Tous les Mss. en prose auraient substitué « besoigne » à « parole » si le premier terme eût été dans la version primitive.

[3] Notre Ms. oublie ici le mot « sires » ; cependant ce mot n'est ni dans le Ms. C. ni dans le Ms. D., mais il se trouve dans le Ms. H. : « Qui se faisoit plus sires que rois ni empereres ; »

« Cet homme qui roi se feisoit. » (Vers 1453.)

ne reproduit certainement pas la version originale, que nous trouvons dans les quatre autres Mss.

[4] Cette phrase se retrouve dans tous les Mss.

esté, et il répondirent : « Il faisoit les plus fortes merveilles del monde, et disoient que chou estoit uns encantères. » Et li message demandèrent à chyaus qui là estoient s'il savoient riens de cose qui fust à cel enchanteour ; que il leur dient, et que il leur ensegnassent. Et il li respondent : « Nous n'en savons riens, car kanques il ot, tout fu getet[1] aval, si ne savons ki le prist. » Ensi[2] fu départis li parlemens ; et Pylates délivrés de la haine as messages qui liét en furent.

Une pièce après, vint uns hom as messages qui moult estoient iriet de çou que il ne pooient cose nule trouver de Jhésu que il péusssent lour segnour porter ; tant que chil hom lor dist que il savoit une feme qui avoit .I. visage[3] que ele aouroit, ne il ne savoit u il[4] l'avoit pris ; mais il savoit bien qu'ele l'avoit. Lors fu apielés Pylates ; se li content çou que chil avoit dit,

[1] « Gité hors. » (M. C.) — « Geté en voie. » (M. D.)

[2] Cette phrase, reproduite par les Mss. C. et D., n'est pas dans la version rimée qui omet là un passage caractéristique et original sans doute.

[3] « Un visage anpraint, que ele soloit aorer. » (Ms. C.)

[4] « Où ele lou prit. » (Ms. C.) — « Véroïne » dit le Ms. du Mans, — « Vérone, » le Ms. C., — « Véroïne » le Ms. D., — « Vérone, » le Ms. H. — L'interprétation « Verrine » du roman rimé est donc encore une innovation inutile et peu heureuse du trouvère. Le nom « Véroïne » des Mss. du Mans et D., rappelle bien mieux le mot *icon* qui entrait primitivement dans le nom de Véronique. Nous avons vu dans la version ordinaire du *Grand Saint-Graal*, version refaite sans doute par Gautier Map, que la femme dont il s'agit est appelée ins-

et Pylates demande coument ele avoit non et en quel rue ele manoit. Et chil dist que ele avait non Véroïne, et que ele maint en la rue de l'Escole[1] et que ele est une povre feme. Et qant Pylates ot bien apris qui ele estoit, et coument ele avoit non, si l'envoia querre, et ele vint, et qant Pylates le vit, si se leva[2] encontre lui, et si l'acola ; et la povre femme s'enmerveilla moult de Pylate qui si grant joie li faisoit. Lors le traist Pylates à conseil, se li dist : « Jou ai oï dire que vous avés une semblance d'oume[3] en vo huce, si vous voel proier et requerre que jou la voie. » Et la femme si fu moult espoentée; si dist : « Sire jou ne sai riens de çou que vous me demandés; » si s'en escondit[4]

distinctement « Marie l'Anjuicienne », « Marie la Venissienne », « Marie l'Egyptienne », « Marie la Vénicienne », deux fois seulement « Vérone », « Marie d'Egypte », « Marie l'Agiptienne », enfin « Marie de la Venience. » Voir les notes précédentes.

[1] La demeure de Véroïne est indiquée dans tous les Mss., seulement le Ms. H. met, on ne sait pour quoi : « Elle manoit en la rue de la maistre école. » Partout ailleurs c'est : « rue de l'escole. »

[2] « Si se dreca encontre li. » (Mss. C. et D.)

« ..... Se leva
Contre li ..... » (Vers 1501.)

[3] « Une semblance d'ome en votre baillie. » (Ms. C.) — « Une semblance d'ome en votre huche. » (Ms. D., semblable en cela au Ms. du Mans.) — « En meison », dit le roman rimé, contraire encore à tous les autres Mss. En effet, le Ms. H. dit aussi : « Que vous avés la semblance d'un houme en vo huge. »

[4] « Si s'escondit. » (Ms. C.) — « Si s'encondist. » (Ms. D.)

« Forment s'escondit..... » (Vers 1515.)

moult durement. A cest mot, vinrent li message l'emperaour et Pylate leur dist : « Véesichi la femme [1]. » Lors l'acolent tot, et font moult grant joie de li, et li disent la besongne [2], et pour qoi il sunt venut en la terre et le message [3] del fil l'emperaour ; et li dient que il gariroit se il avoit cele samblance que ele a ; et se ele le voloit vendre il l'acateroient moult volentiers. Et ele respont, qant ele oï la besongne, si séut bien que descouvrir li convenoit, si lour dist : « Jou ne vos venderoie pas çou que vous me requerés, ne je ne le donroie mie pour quanques vous poriés avoir ; mais se vous me juriés et toute vostre compaignie, que vous m'enmenriés à Roume et que vous ne me tauriés [4] cose que je vous montrasse, je m'en iroie avoc vous. » Et qant cil l'oïrent, si en furent moult liet et disent : « Nous vous enmenrons à moult grant joie, et vous juerrons çou que vous nous avés demandet. » Se li jurèrent tout. Et qant il orent juré, se li disent : « Vous serés encore rice feme. Or nous monstrés, s'il vous plaist, çou que vous oës que nous

[1] « Qui a la visière » ajoute le Ms. D.

[2] « Et dient lou besoig. » (Ms. C.) — « La besoigne. » (Ms. D.)

« Et le besoig li unt contó. » (Vers 1523.)

[3] Le Ms. C. met « malage » (pour » marage », sans doute maladie), au lieu de « message. » — Le Ms. D. met simplement « mal au fiz l'empereor. » Ce passage manque dans le roman rimé, peut-être « message » est-il le mot original.

[4] « Ne toldroiz nule rien. » (Ms. C.) — « Ne me toudrez nule chose. » (Ms. D.)

« Que sanz riens tollir me menrez
Et que vous riens ne me tourrez. » (Vers 1545.)

vous demandons; » et ele respont : « Atendés moi chi, jou vos irai querre chou que vous me demandés; » et il l'attendent et ele sen ala.

Qant ele fu venue en sa maison, si prist le sydoyne[1] sous son mantel, si vint arière, et qant elle i fu venue, si lour dist : « Or vous sées[2]; » et il s'asirent et ele traist maintenant sa semblance : qant cil le virent si furent moult lié et se levèrent tout encontre et ele dist : « Pour qoi estes-vous levet ? » et il disent : « Nous ne nous en péusmes tenir, qant nous (nous) véismes cele samblance (qant cil le virent), que ne levissiens. » « Ha, font il, dites nous u vous le présistes, et coument vous l'éustes. » Et ele respont : « Je vous conterai coument il m'avint : jou avoie .I. sydoine que jou avoie fait faire, si l'emportoie en men brach[3]. Si encontrai cex ki enmenoient le prophète les mains loiés, et li juis le sivoient. Si me requisent,

[1] « Lou suaire. » (Ms. C.) — « La visière. » (Ms. D.) — « La semblance. » (Vers 1569.)

[2] L'expression « or vous sées », du texte du Mans, est assez caractéristique, elle va contribuer à l'effet; aussi est-elle reproduite par tous les autres Mss. ; la version rimée seule croit devoir supprimer ce mot, et elle a tort. Véroïne fait asseoir les messagers, pour rendre plus sensible leur action de se lever, comme malgré eux, à la vue de la Véronique et non, comme le met le roman rimé, à l'arrivée de Véroïne elle-même. C'est un détail original que le trouvère n'a pas saisi. Cependant la suite le disait assez.

[3] Le Ms. C. ajoute : « come pour vendre aval la vile. » — Le Ms. D. ajoute : « au marchié quar je le voloie vendre. » — Le Ms. H. dit : « Un sydone... au marchié que jou le voloie vendre. »

pour le grant Diu, que jou li essuiaisse, et tiergisse [1] son viaire; maintenant pris le chief del sydone, se li essuai, puis si m'en vinc à tout men sydoine et il le menèrent outre-batant. Et quant jou fui en maison, jou regardai mon drap, si i trouvai ceste samblance [2], et ainsi m'avint. Lors se vous quidiés que mestier ait au fil l'emperaour, jou m'en irai avoc vous, si l'emporterai. » Et il dient : « Grans mierchis, car nous quidons bien que ele li ait mestier. » Onques ne trovèrent en la tere qui de lui fust, fors que ceste [3].

Ensi s'en revinrent et passèrent mer. Et Pylates remest en sa baillie. Et qant il revinrent à Roume, si fu li empereres moult liés, et lors demanda [4] nouveles coument il avoient esré, et se li pèlerins avoit voir dit. Et il li disent que tout ainsi que il avoient oï de lui, estoit-il voirs, et plus encore. Ne Pylates n'avoit mie si grant coupes [5] en la mort d'icel houme com il quidoient; se li content tout l'èrement com-

[1] « Que je lui essuiasse et tuersisse lo vis. » (M. C.) — « Que je li essuiasse son vis por la suor... » (M. D.) — « Que je li essuiaisse son vis et tersisse pour la souour. » (Ms. H.)

« Au prophète son vis torchasse. » (Vers 1602.)

L'état moderne de la langue du Ms. rimé apparaît encore ici.

[2] Le Ms. C. ajoute « ampreinte. »

[3] Le Ms. C. remédie à l'ellipse du Ms. du Mans : « Ne onques ne trovèrent el païs, chose qui éust esté soë, niès que ceste. »

[4] Le Ms. C. ajoute « Titus », mais non les autres Mss.

[5] Au lieu de « coupes », le Ms. C. met « tort », comme du reste le Ms. D. — Le Ms. H. donne « coupes », comme celui du Mans. — Naturellement la version rimée met le mot plus moderne « tort ».

ment il avoient my d'une partie et d'autre. Lors demanda li empereres : « Estoit-il si preudom com il disoit ? » et il respondent : « Oïl plus assés. » Et il dist : « Aportés-me-vous riens del sien ? » Et il dirent « Oïl si comme nous vous dirons. » Lors contèrent l'afaire de la femme et comment chou aloit et que ele aportoit. Et qant li empereres l'oÿ, si en fu moult liés et dist : « Chou est moult boine çose que vous avés amenée, ne onques mais d'itel merveille n'oïsmes onques mais parler. » Et il dient : « Nous ne quidons pas qui nous doie séoir qui le voit [1]. » Lours ala l'empereres à la femme ; se li fist moult grant joie, se li dist : que bien fust-ele venue ; car il le feroit moult rice femme, pour çou que ele li avoit aportée. Qant ele l'oï, si en fu moult lié et li dit : « Sire, jou vauroie moult volentiers faire vostre plaisir ; » et il li demanda çou que ele li avoit aportet, et cele li monstra. Et qant il le vit, si le vait [2] incliner .III. fois : si s'esmerveilla moult, et dist que çou ert la plus bièle semblance d'oume que il onques mais éust véue. Lors le prist à ses .II. mains, si l'aporta en la cambre là ù ses fix estoit enclos [4], et met la samblance sus la feniestre. Si l'apièle et puis li a

[1] Phrase bien elliptique et presque incompréhensible, le Ms. C. l'élucide : « cil li disent » : « Nos ne quidons pas que nus hom se déust séoir qui la vist. » Allusion à ce qui était arrivé aux messagers, forcés, comme malgré eux, de se lever à la vue du voile. — Le Ms. D. supprime ce passage déjà vieilli en 1301. — Le roman rimé l'imite encore dans cette suppression.

[2] « Si l'ala ancliner .III. foiz. » (Mss. C. et D.)

[4] « Enmurez » au lieu d' « enclos. » (Ms. C.)

moustrée et, qant il le vit, si fu plus sains que il n'avoit onques estet. Lors dist : « Biax sire Dix, qui est ceste samblance, qui si m'a alégiet de totes mes dolours ! » Lors s'escrie [1] : « Dépécies-moi cest mur. » Et cil si fisent al plustost qu'il porent. Si le trouvèrent tout sain et tout haitié.

Moult fu grans la joie que li empereres fist de son fil qui fu tous sains et tous haitiés. Et il demanda ù çou fu pris, ne à qui li samblance estoit, qui gari l'avoit, ce que nus hom terriens ne pooit faire. Et on li conte çou que la femme lor ot contet, et li autres virtus que li pèlerins vit. Et il demande as messages : « Est-çou dont voirs que il avoient mort si preudoume com cis estoit ? » et il respondent : « Oïl. » Et qant il oï çou, si en fu moult iriés, et dist que mar [2] l'avoient fait, car il n'auroit jamais joie [3] si l'auroient comparé. Lors dist à son père : « Nous n'iestes mie roys ne empereres ne sires de moi ne d'autrui ; mais cil sires est empereres, qui tel force et tel pooir a, que de là ù il est, doune tel force et tel pooir et tel virtu à sa samblance que ele m'a gari, çou que vous ne nus hom ne poroit faire. Cil est sires des houmes et de toutes autres coses. Jou vous proie, com à mon segnour et à mon père, que jou aille vengier [4] sa

[2] « Sire, faites moi dépécier cest mur. » (Ms. D.)
« Errant ce mur me dépéciez. » (Vers 1690.)

[3] Le Ms. C. met « mar », mais le Ms. D. « mal. »

[4] « Joie » se retrouve dans tous les autres Mss., sauf le roman rimé qui seul met assez peu heureusement :
« Jameis n'arei bien ne honneur. » (Vers 1719.)

[4] « Que vos me laissier aler vanchier sa mort. » (Ms. C.) — « Vengier. » (Ms. D.) — « Vengier. » (Vers 1735.)

mort de chiaus qui l'ocisent à tort. » Et l'empereres respont : « Je voil bien que tu faces ta volentet, » et qant cil l'oï, si en fu moult liés. Ensi[1] avint et fu aportés la samblance de Jhésu-Crist à Roume, que on i claine encore Véronique.

TYTUS et Vaspasianus atournèrent lour oirre à venir en la terre de Judée. Et qant il furent passé, si mandèrent Pylate que il venist à aus. Et qant Pylates vit que il amenoient si grant plantet de gent, si ot paour et palla à Vespasien et dist : « Sire, jou sui à vostre[2] commandement, faites-moi à savoir que vous vaurés faire. » Et il respont : » Jou suis venus vengier la mort à le prophète qui me gari. » Qant Pylates l'oï, si ot paour ; car il quida estre viers lui encusés ; si dist : « Sire volés-vous tout prendre[3] et bien savoir qui a tort ne droit ? » « Oïl, » fait-il. « Jou

[1] « Ensinc fu aportée la samblance de Jhésu-Crist à Rome que l'an claimme la Veronnicle. » (Ms. C.) — Le Ms. D. dit au contraire, et sans raison : — « Ensi fust portée la Véronique à Rome que n'en apèle la semblance Jhésu-Crist. » — Le Ms. H. met comme les anciens Mss. : « Ensi fut la semblance portée à Roume que on apièle le Véronique. » — Enfin la version rimée porte aussi :

« Ainsi la semblance aportèrent
On l'apèle la Véronique
C'on tient à Romme à grant relique. »

[2] « Merci » au lieu de « commandement. » (M. C.) — Le Ms. D. semblable au Ms. du Mans.

[3] « Volez vos toz les juis prandre. »

le vauroie bien savoir [1]. » Et il dist : « Faites-moi prendre et metre en prison, et dirés que chou est pour chou que jou ne voil jugier [2]; et faites grant semblant de moi haïr. » Ensi comme Pylate l'out coumandé et Vaspasiens le fist ; et mande les homes de toute la terre, tous [3] ciaus qu'il quidoit et pooit savoir qui éussent estet à la mort Jhésu-Crist pourparler. Et qant il furent assemblet, si lour demanda nouvieles d'icele prophète qui [4] se faisoit roy. Et il lor en disent chou qu'il en vaurent. Et il lour dit : « Vous avés fait com traitour [5] qant vous le soufristes. » Et il dient : « Tout çou nous fist Pylates vos bailliex, qui se tenoit devers lui [6] et voloit que il fust roys sour nous [7]; et disoit, se il le disoit, que pour çou, n'avoit-il pas mort déservie. Et nous désismes que si avoit ; et que nous soufferions jà que il éust autre roys, sor nous, que vous. Et cil le voloit estre et

[1] Le Ms. C. ajoute : « li quel en ont ne tort ne droit. »

[2] « Que me volés destruire. » (Ms. C.)

[3] Les autres Mss. ne donnent pas ce qui suit, ils reprennent : « et quant il fussent assemblet..... »

[4] « Qui plus se faisoit sires que ses pères n'estoit. » (Ms. C.) — Le Ms. D. supprime cette phrase reproduite dans la version rimée.

[5] « Vos feites tuit que traiteur. » (Ms. C.) — « Vos avez fait que traitres. » (Ms. D.)

« Avez-vous fait que traiteur. » (Roman rimé.)

[6] « Pilate vostre baillis qui se tenoit devers lui. » (Ms. C.) — « Ce faisoit Pilate vostre baillif, qui se tenoit deviers lui. » (Ms. D.) — « Che faisoit Pylate vostre baillius qui se tenoit deviers lui. » (Ms. H.)

[7] « Porce qu'il li mostroit ses anchantemenz. » (Ms. C.)

disoit que il estoit roys des roys. » Vaspasiens dist maintenant : « Pour chou ai-jou mis Pylate là ù il est, que jou avoie bien oï dire coument il avoit ouvré ; et que il l'amoit plus que vous. Or voil-jou savoir, par vous meismes, liquel [1] çou fisent, et qu'il pesoit plus de çou qu'il se faisoit segneur, et liquel le fist plus comparer et coument vous ouvrastes viers lui dès le premier jour que vous le véistes, jusques à dont que vous l'océistes, et pourquoi vous l'écoillistes [2] en haine, et liquel estoient à vostre conseil de toute l'euvre si com ele fu alée. » Et quand il l'oïrent que il voloient enquierre vérités, si en furent moult liés et quidièrent que il le désist pour leur preu, et pour le dampnation [3] Pylate. Se li contèrent moult liement

[1] Phrase encore très-elliptique et peu compréhensible. Le Ms. C. élucide ainsi : « Or voil savoir par vos meismes liquel furent-ce de vos cui il plus pesa de ce que il se faisoit sires et liquex... » — Le Ms. D. porte : « Liquel li firent plus de lédure et plus de maux et commant vous ovrâtes vers lui. » — La version rimée reproduit plus longuement les mêmes idées.

[2] « Vos lou cuillites en haine. » (Ms. C.) — « Vous l'accuillistes ein si grant haine. » (M. D.)

« Et pour quoi en si grant haine
Le queillites, n'en teu cuerine. »

« Cuerine, » de *Corina.* Ducange dit que le mot *corine, stomachus,* vulgò *colère, haine,* etc., vient de *coro* ou *cauro qui ventus est occidentalis ;* mais le mot « cuerine » du *Saint Graal* rimé prouve que ce mot vient de cœur, « cuer » en langage du XIIIe siècle, *cor* en latin.

Il est étonnant que ce mot « cuerine » manque dans Roquefort et dans le *Glossaire* de M. Hippeau.

[3] « Lou domage Pilate. » (Ms. C.) — « Le damage de Pilate. » (Ms. D.)

toute l'euvre, ensi com ele a esté menée, et coument il se faisoit roy sour iaus et pour coi il le haöient et coument Judas lour ot vendut[1]. Et li moustrèrent celui qui païa les deniers et chiaus qui le prisent; et se vanta cascuns del lait que el li fist, et contèrent comment il l'amenèrent devant Pylate; mais il ne vaut onques jugier et que maugret[2] lui l'ocisent, « et ansçois que il le nous vaüsist baillier, nous convint-il que nous présissiens la mort de lui sour nous et sour nos enfans; ne autrement n'el nous vaut livrer. Si nous en clamons à toi et que tu nos quites de ces couvenences[3]. »

Qant Vaspasiens oï et entendi lour desloyauté et lour malisse, si les fist tous prendre et metre en une[4] maison. Lors si fist mander Pylate. Qant il fut devant Vaspasien, se[5] li dist : « Sire, or sés-tu bien, se jou ai tort, de la mort au prophète? » et il respont : « Tu

« Que ce fust pour leur avantage
Pilates y eust damage. » (Vers 1833.)

On remarquera, ici encore, que la version rimée est conforme à la version la plus moderne.

[1] Le Ms. C. ajoute : « .XXX. deniers », ce que ne fait pas le Ms. D., mais ce que porte aussi la version rimée.

[2] « Maugré suen l'ocistrent. » (Ms. C.) — « Et sanz congié l'ocistrent. » (Ms. D.)

[3] « Si te mostrons que tu nos quites de cels covenances. » (Ms. C.) — « Que tu nos quites de la couvenance que nos i avons. » (Ms. D.) — Le Ms. H. met « convenanches. » — Le roman rimé dit : « convenances. » Mais le sens est le même.

[4] « Forte maison. » (Ms. D.) — « Grant meison. » (Roman rimé.)

[5] Phrase identique dans le Ms. C., mais supprimée dans les Mss. D. et H. — Le roman rimé l'esquisse en ces termes :

n'i as pas si grand copes comme jou quidoie; mais jou voil tous ciex destruire par [1] qui il fu traitiés à mort. Car jou voil bien que vous sachiés que moult poise de sa mort. Et si m'ont bien dist par coil il doivent morir. » Puis les a fait venir devant lui et grant plenté de cevaus et en fist .IIII. prendre les mix vaillans [2], si les fist maintenant dérompre. Et qant li autre le virent, si s'en esmaièrent moult et demandèrent pour coi il faisoit chou. Et il lour dist : « Pour la mort Jhésu [3]. » Et dist que tous les converroit d'itel mort morir, u il renderoient le cors de Jhésu. Et ils respondent : « Sire, nous le baillâmes Joseph d'Arimachie [4] ; ne nous ne savons que il en fist et coument le renderons-nous. » Et Pylates lour

« A son Seigneur va enquerant
« Se il avoit éu grant tort. » (Vers 1880.)

[1] « Destruire qui sont emprisonné car il m'ont tot requeneu lor errement, si les en covient toz à morir. » (Ms. C.) — « Détruire qui furent à la mort au prophète qui m'a gari d'en m'enfermeté. » (Ms. D.)

[2] « Les mix vaillans » semblent se rapporter à « grant planté de cevaus » ; tandis que « si les fest maintenant dérompre » s'applique évidemment aux Juifs. Les autres Mss. ne reproduisent pas cette épithète. — Le Ms. H. porte : « Atant fist Vaspasiens venir grant plenté de ciaus (sans doute pour chevaux), si les fes prendre quatre et .IIII. » — Le Ms. D. met bien « chevaux » et adopte le même sens.

[3] « Vanchier » ajoute le Ms. C. — « Por ce que il avoient occis Jhesu. » (Ms. D.) — Le trouvère délaye naturellement cette phrase.

[4] « Joseph de Barimathie. » (Ms. C.) — « Joseph d'Arimathie. » (Ms. D.) — « Joseph » met simplement le roman rimé, gêné par la rime.

respondi : « Vous ne vous atendistes mie à lui. Ansçois, le féistes garder à u il le mist, à vos gardes. Et li dessiple dient que il l'ont puis véut ; et dient que il surrexi[1]. » Et lors dist Vaspasiens que tous les convient morir. Si en fist tant ocire qui jou n'en sait le conte[2]. Et lour demande que il rendissent u Jhésu u Josef. Et cil dient que il ne sevent ne l'un ne l'autre. Lors en refist une grant partie ardoir[3]; et qant ils virent çou que tous les convient morir, si disent que d'aus pooit-il faire son commandement; car il estoit voirs que il avoient pris Joseph, mais il avoient baillé à .II. d'iaus pour cose qu'il ne voloient pas que il séussent tout u il estoit mis en prison. De ces .III.[4] fu Cayfas, li uns emprison ; et se chil n'el savoit, dont n'en oroit-il jamais nouvièle par nul home. Dont demanda (Caïphas) Vaspasiens Caïphas à véoir; et qant il fu devant lui venus, si le fist bien garder et tous les autres fist ardoir et qant il furent

[1] « Résuscitez de mort à vie. » (Ms. C.) — « Et qu'il *resurrexi.* « (Ms. D.) — « Et que il est *surrexis.* » (M. H.) — Le roman rimé, qui allonge beaucoup cette phrase, se sert aussi du mot *resurrexiz.*

[2] « Que jou n'en sait le conte; » les cinq Mss. reproduisent cette phrase vulgaire, mais qui avait apparemment sa raison d'être.

[3] La copie du *Petit Saint Graal* de Robert de Borron finit ici, le reste appartient à Gautier Map. Nous ne nous servirons guère, à l'avenir, pour nos variantes, que du Ms. 2455 de la Bibliothèque nationale, que nous appellerons Ms. F., et du Ms. reg. 14, E. III du British Museum que nous appelons Ms. Angl. ou Ms. A.

[4] « De ces .II. estoit Chayphas. » (Ms. A.)

ars, si dist à Caïphas que il feroit de lui la gregnour justice qui onques fust faite d'oume, se il ne li rent[1] Josef. Et chil Caÿphas li dist que dont pooit-il faire justice de lui, tele que li plairoit; que se tout cil del monde l'avoient juré, ne le porroit-il mie rendre vif, se Dix meisme[2] ne le faisoit; mais il li ensegneroit le liu u il avoit esté mis em prison, car de sa vie ne savoit-il riens. Et Vaspasiens li dist que il ne demandoit miex, mais que il le liu li monstrast ù il avoit esté mis. Et Caÿphas dist que si feroit-il; mais que il ne fust ne ochis ne ars. Et Vaspasiens respondi que tous fust seurs, car il le créantoit loyaument qu'il ne le feroit ne ardoir ne ocire. Et lors le mena Caÿphas à la tour ù li pilers estoit et si dist : « Sire, en cest piler fu-il mis, dès que Jhésus fu crucifiés; que jou n'avoie mie .XXXII. ans[3], qui or sui vieus comme vous poés véoir. » Vaspasiens li dist : « Ne t'esmaier-tu mie; car cil pour qüi il i fu mis, est tous poissans de lui garder sain et sauf et[4] tant plus. Car moi a-il gari, qui onques ne le servi, del plus vil mal qui onques fust. Lors coumanda Cayphas qu'il entrast en la cartre, et se ne le trovoit vif, si aportast les os. Et Caïphas dist qu'il n'i enterroit pas, si le devoit tout desmembrer. Et Vaspasiens respondi que il n'avoit pas tort, car si desloiaus pécières[5] et si vix et si ors

1 « Rendoit. » (Ms. A.)

2 « Se dix meismes non. » (Ms. A.)

3 « Que j'en avoie pais .XXXIII. ans. » (Ms. F.) — Même nombre dans le Ms. A.

4 « Et tant et plus. » (Ms. A.)

5 « Car il n'estoit pas raisons que si desloiaus péchières entrast. » (M. A.)

com il estoit, ne devoit pas entrer en liu u si[1] preudons fust, com il estoit; ne raisons ne l'aportoit mie, car il avoit de la crois despendu le sauveour del monde. Lors dist que il meismes i enterroit. Si se fist avaler ens à cex ù il plus se fioit[2] et qant il vint aval, si vit entour lui, si grant clarté, com s'il i éust cent cierges alumés; ne fust-ele pas si grans. Et il se tint à une part tout cois. Si fu tous esbahis de la grant clartet que il véoit et qant il i ot estet grant pièche, si apela Joseph; et Joseph respondit : « Biaus sire Diex qui çou est qui m'apièle ? » « Jou sui, dist-il, Vaspasiens, li fix l'emperaour[3] de Roume qui vous vient jeter fors de prison ; » et Joseph coumencha à penser qui pooit estre chil Vaspasiens qui estoit fiex l'emperaour; car il ne quidoit avoir demouret en la prison que tant seulement com il avoit del venredi jusques au diemence que nostres sires Jhésu-Cris li aparut. Si ne quidoit pas que il fust onques tant passé de terme com il estoit; ne quidoit pas que en si poi de tans i éust emperaour canjiet. Car la clartés que Jhésu-Crist li aporta qant il li aparut, ne li estoit onques plus faillie. Si ne quidoit pas que il fust onques puis anuitié. Lors demanda à Vaspasiens que il voloit faire de lui, et Vaspasiens li respondi que il estoit venus délivrer et vengier son sauveour des grans hontes

[1] « En leu ou si prodom fuist com cil avoit esteit qui de la croix avoit despendut le salveor del monde. » (M. F.) — Le Ms. A. conforme.

[2] « Se creoit. » (Ms. A.)

[3] Ce qui suit n'est pas dans le Ms. A. qui met simplement : « Et Joseph s'esmerveilla car il ne quidoit avoir demouré... »

que[1] il li avoit faites. Et qant Joseph l'oï, si en eut moult grant joie. Lors se fist traire Vaspasiens[2] amont, tout premièrement pour dire là desus les grans merveilles de la grant joie qui ert aval[3] en la cartre uit qant estoit noire et oscure, plaine de vermine.

En dementiers, vint une vois à Joseph qui li dist : « Ne t'esmaier-tu mie, mais soies tout seurs; car li terriens vengières est venus. Cil te vengera de tes anemis corporelement ; mais li esperitueus venjance sera plus griès et qant tu auras véu quel venjance on[4] en aura prise, si te mousterrai com grant paine il t'en convenra soufrir pour mon non porter par les estranges terres. » Et Joseph respondi : « Sire vostres sergans est appareilliés à souffrir toutes les coses que vostre bouce plaira[5] à commander ; mais sire que ferai-jou de vostre saintisme esquiele, que jou vauroie mout volentiers que ele péust estre celée et que jà nus ne la véist. » Et la vois li respondi : « Ne t'esmaier-tu mie de l'esquiele, car qant tu venras en ta maison, tu le trouverras[6]. Or, t'en va seurement que jou te preng en garde et en conduit[7]. »

[1] « Il » est un lapus corrigé par les Mss. A. et F. qui mettent « c'on lui avoit faites. »

[2] « Lors]Vespasiens remest tout premièrement por dire la grant joie qui estoit aval et la merveille. »

[3] Ce qui suit n'existe pas dans le Ms. A.

[4] « On « remplacé par « il » dans le Ms. A.

[5] « Li daignera. » (Ms. A.)

[6] « Ou leu où tu l'avoie mise, qant je la t'aportai séanz. » (Mss. F. et A.)

[7] Le Ms. A. ajoute « vers tous homes. »

A tant se teut la vois, et Vaspasiens ki jà estoit en haut, le fit traire amont. Et qant Cayfas le vit qui iluec estoit, se ne li fu mie avis que il fut enviellis ne tant ne quant. Ansçois dist qui n'el avoit onques véut plus biel que il estoit ore. Et Joseph, qant il le vit, si ne le pot connoistre tant estoit enveillis et débrisiés. Ne sen fil meismes, qant il le vint baisier, n'el connut-il mie; ansçois demanda qu'il estoit, et chil qui entour lui estoit, lui disent que chou estoit ses fiex, et il ne le créoit mie. Après, le corut sa femme acoler et baisier; et il le coumencha à regarder [1]; se li fu avis que ele resambloit del vis sa femme, mais il ne le pooit croire, pour chou que tant estoit cangié. Et ele dist : « Sire, ne me counissiés vous ? jou suis Elyab [2] vostre femme et cix est Josephes votre fix ; » et il dist que il ne l'en querroit jà, s'ele ne l'en disoit vraies [3] ensegnes privées. Et Vaspasiens li dist : « Joseph combien quidiés-vous avoir demouret en ceste prison ? » Et Joseph dist : « Sire, jou i quide avoir demouret dès venredi jusques à hui et jou quit qu'il soit hui diemences. Et venredi despendi-jou le vraie prophète de la crois, pour qui jou fui en prison mis. » Et qant il eut chou dist, si se coumenchièrent à rire tout chil qui estoient environ, car quidièrent que il fust issi estourdis. Mais plus s'esmerveilla Cayphas de chou qu'il avoit

[1] La phrase suivante n'est pas dans le Ms. A., qui dit simplement : « Et il le comencha à regarder pour cho que trop estoit cangié. »

[2] « Je suis Eliap vostre femme. » (Ms. F.)

[3] « Veraies novelles privées. » (Ms. F.) — Le Ms. A. met « ensegnes » comme le Ms. du Mans.

tant vesqui sans boire et sans mengier. Et Vespasiens li dist : « Par foi, il me font entendant que il a .XLII. ans que le prophète mis en la crois, et que vous avés estet .XLII. ans en prison, et qant vous fustes emprisonnés, Tybérius César estoit empereres de Roume et puis en y a-il éut .III. et or est mes pères li quart. » Et qant Joseph oï çou, si s'esmerveilla moult durement. Et Vaspasiens si amena Cayfas devant lui, se li demanda se il le connissoit. Et il ne le counut mie; si demanda qu'il estoit; et Cayfas dist que il l'avoit mis en prison entre lui et un autre [1]. Se li disent teus enseignes que qant il eurent amenet jusques au pié de la tour, si le laissièrent si durement caïr à tierre que il eut une plaie sour le sourchil et ces enseignes reconnut bien Joseph si lour moustra sa plaie. Et [2] qant il vinrent en Jhérusalem, se li vinrent si parent à l'encontre; et tout si ami ausi, et moult d'autres manières de gens ensamble; mais mout en i ot poi, que il péust connoistre ne des siens ne des autres. Et Vaspasiens fist prendre tous cex que Joseph disoit qu'il avoient estet en l'aïe et el confortement Jhésu-Crist crucefier, si les fisent tout maintenant ardoir, sans prendre raënçon. Et qant il éut tout ars chiaus qui estoient vis qui Joseph pot counoistre, si fu tenus li plais de Kaïfas. Et Vaspasiens apiéla Joseph et chiaus de sa maison, si demanda coument il esploiteroit [3] de Kayphas, sauf son créant

[1] « Et il li dist teilz ansangnes. » (M. F.) — « Enseignes. » (Ms. A.)

[2] « Adons s'amurent tuit d'iluec et kant Joseph vint... » (Ms. F.)

[3] « Il exploiteroit sauf son créant. » (Ms. A.) — « Sauf son créant qu'il avoit créanteit. » (Ms. F.)

que il ne fust ochis ne ars. Si eut d'iteus qui jugièrent que il le fesist metre en la prison ù Joseph avoit estet, si morust illoc de faim. Et li autre dient que il le puet bien faire morir sans fausser son créant, car il ne le devoit garandir, fors que d'ardoir et d'ocirre. Et s'il le faisoit noier il ne seroit ni ochis, ni ars. Et Joseph dist : « Sire, la force et la segnorie est en vous d'el faire ; mais pour Diu, n'el faites pas ainsi, kar espoir encore amendera-il sa vie et si querra en celui qui si longement m'a gardé sain et sauf et gietet fors de ses mains, et de mes altres anemis. Et par avanture [1], encore en sera nostres sires si servis que il ne vauroit mie que il fust mors en cest point. »

Et Vaspasiens respondit : « Dès que vous le volés [2], il sera grant masse fait de vostre conseil, et jou ne le ferai pas morir; mais, en aucune manière, convient que jou prenge venjance de la mort au segnor que il fist morir à tort; et se il plaist au segneur que il vive, il vivra; mais qant jou vinc en cest pays, jou créantai au segneur que jou ne retourneroie, devant chou que jou l'auroie vengié à mon pooir, del tort et la honte qui, en cest vile, li fu faite et jou le doi bien vengier [3], car il m'a garit de la gregnour mesclerie que onques cors d'oume soustenist, au mien espoir ; mais qant jou fui venus en ceste vile, si [4] oi çou en couvent que jou le vengeroie à mon pooir ; et chiaus

[1] « Et par aventure encore le fora nostre sires tel que il ne vauroit mie. » (Ms. A.)

[2] « Loés » au lieu de « volés. » (Ms. A.)

[3] « Car il me garit de la grignour maladie. » (Ms. F.)

[4] Ce qui suit n'est pas dans le Ms. A. jusqu'à « car qant... »

qui à lui se tenront, sauverai-jou à mon pooir; et chiaus qui contre lui iront detruirai-jou à mon pooir. Car qant jou fui venus en ceste vile et jou fis ardoir les premerains juis par le conseil Marie l'Égyptiane[1], si vint à moi la clamour des juis qui vous avoient mis en prison et Cayfas me dist que il me mousteroit le liu ù vous aviés esté mis em prison. Et Cayfas me dit[2] par couvent que jou li créantasse loyaument que il ne seroit ni pendus ni ocis; et jou, qui vous désiroie à véoir plus que nul hom, li octroiai, car jou esperoie bien que li sires, par qui vous aviés esté mis en prison, ne vous avoit[3] pas si mauvais guerredon rendut, que il vous éut laissiet morir en l'ordure de ceste cartre; et pour chou que jou li otroiai, si[4] couvient que jou li tiegne son convenent. Ne jou ne le ferai mie morir, mais pour çou que jou en doi le halt segnour en auqune manière vengier, vous dirai-jou que jou ferai; jou le ferai metre en mer en un batiel, et[5] quant jou l'aurai fait eslongier de terre à autre nef, si le laissera-on aler issi com Diex plaira que il voist. Se Dix veult que il vive, il vivera, et s'il plait que il muire, il n'en escapera mie; issi porrai

[1] « Et je fis ardoir les premiers Juifs par le consoil Marie l'Anjuicienne qui m'envoyait la Virenike dont je guéri, si vint à moi la clamor... » (Ms. F.) — « ... Par le conseil Marie la Vénissienne qui m'envoia la visière... » (Ms. A.)

[2] « Par couvent que je le creantexi loialement qu'il ne serait ars ni occis. » (Ms. F.) — « Ars ne ochis. » (Ms. A.)

[3] « Aurait » au lieu de « avoit. » (Ms. A.)

[4] « Convient-il que li tigne covant. » (Ms. F.)

[5] « Et kant je l'averai fait eslongnier des altres neis. » (Ms. F.)

mon couvenant [1] sauver ; et se il plaist à notre segnour que il muire en cest torment ù jou le ferai metre [2], dont en sera-il bien vengiés ; se lui plaist que il en escape [3], si n'en sera pas escapés par moi, mais par sa manaie. »

A tant fenist li consaus et Vaspasiens le fist maintenant metre en .I. batiel, si le fist as marouniers eslongier del rivage ; et tant que il le laissièrent aler la ù avanture le mena. Issi [4] venja Vaspasiens Jhésu-Crist par lui. Et çou fu pour essample moustrer de la desloyauté as juis. Car cil qui il avoit apelés [5], çou furent li païen et il li faisoient plus d'amour ; et cil qui il apieloit ses fix çou furent li juis ; car li juis l'avoient crucifiet, et li païen le venjoient. Après s'en dut Vaspasiens retourner à Roume. Et la nuit devant çou que il s'en r'alast, estoit Joseph en son lit. Se li avint une avisions que Jhésu-Cris venait davant lui : et se li disoit : « Joseph, li termes est

[1] « Mon créant sauver. » (Ms. A.)

[2] « Dont en serai-je bien vengiés. » (Ms. F.)

[3] « Il n'en serait pas eschapiés par moi mais par sa manaie. » (Ms. F.) — « Par sa manage. » (Ms. A.)

[4] « Et enci venjait Vespasianus Jhésu-Crist de ses anemis corporelment et non pais tant solement ansois s'en venjait Jhésu-Cris par lui et ce fuit por example. » (Ms. F.) — Le Ms. A. met comme celui du Mans : « Pour example monstrer de la desloiauté des Juifs. »

[5] Il faut ici ajouter le mot « chien » qui manque dans le texte du Mans. — « Car cil cui il avoit apelleis chien, ce furent li paien que plus li firent d'onour, que cil cui il avoit apelleit fil, ce furent li Juif. » (Ms. A.) — « Car chil qui il avoit apielé kiens, che furent li paiien... » (Ms. A.)

venus que tu t'en iras préechier en mon nom. Et si te couvenra pour moi, quitter la terrienne riquèce[1]; ne jamais, en ceste tere, ne retourneras, ansçois sera ta semence espandue par si lointaines terés que tu ne le porroies penser ne quidier ; kar[2] jou ai à emplir les estranges tières de ta semence, non mie d'icelui que tu as engenrée, mais de celi que tu engenderas ; car de Josephes ton fil n'istra jamais carnel fruis; car il m'a promise pardurable castée[3]. Or gardes que tu te faces demain bauptisier. Et si t'en iras maintenant hors de Jhérusalem en tel manière, que jamais n'i enterras. Et si t'en iras sans or et sans argent et sans monnoie, et sans caucoure[4], ne jà n'enporteras de tous avoirs, ne mais m'esquiele seulement, itant emporteras avoec toi. Et si[5] receveras en maisnie et en compaignie tous cex et toutes celes qui te vauront suire et qui se vauront bauptisier ; mais jou ne voel que nus porte pécune[6] en ta compagnie, car tu et chil qui loyaument me serviront avoèc toi[7], averont toutes

1 « Rikeche. » (Ms. A.) — « Richesses. » (Ms. F.) Le mot « Quitter » manque au Ms.

2 « Car j'ai esleu à emplir. » (Ms. A.) — « Car je ai esleut à aemplir. » (Ms. F.)

3 « Chaasté. » (Ms. A.)

4 Le Ms. A. maintient « caucheure », mais le Ms. F. supprime ce mot.

5 « Et si recheverais en mainie et en compagnie tous chiaus. » (Ms. A.) — « Si recevrais en ma vie et en ma compagnie toz ccalz. » (Ms. F.)

6 « Mais je ne vuel que nulz portet vitaille en la compaignie. » (Ms. F.) — Le Ms. A. porte « pecune » comme le Ms. du Mans.

7 « Auront toutes les choses que lor cuers penseront. »

les riquèces que leur cuers penseront et désierront. Et qant tu t'en vauras aler, si mande tes parents et tes amis et les parens ta femme; et lour anonces ma ceuEcréta . lors, si verras liquel te[1] vauront croire et aler après toi et qant tu isteras de Jhérusalem si t'en iras toute la voie qui va en France[2]; et jou t'ensegnerai lors coument tu vauras faire et coument tu devras aler préechier par le monde, et mon non anonchier.

Au matin, bien main, se leva Joseph. Et lors si reçut[3] crestientet de la main saint Phelippe. Et qant Vaspasiens l'oï dire, si l'envoia querre. Et demanda que çou senefioit que il l'avoit fait. Et Joseph li respondi que çou estoit li salvemens Jhésu-crist, et sans çou ne pooit estre nus hom saus[4]. Et qant Vaspasiens l'oï dire, si dist que ceste créance prenderoit-il; si se fist bauptisier. Et si fist que Joseph fu ses maistres parains; mais il fist jurer à tous chiaus de sa maisnie que jà ses pères n'en sauroit riens, par iaus, car il ne voloit pas que

(Ms. F.) — Le Ms. A. met aussi le mot « coses » au lieu de « riquèces » du Ms. du Mans.

[1] Le Ms. A. supprime « te. » — « Qui va à Effrate. » (Ms. A.)

[2] Le mot France indique seulement ici l'occident (les Francs). Le mot « Effrate » ne peut désigner l'Euphrate, Joseph ne va pas de ce côté.

[3] « De la main de saint Philippe qui estoit lors évesques de Jhérusalem. » (Ms. F.) — « Qui dont estoit évesques de Jhérusalem. » (Ms. A.)

[4] « Sains. » (Ms. A.)

ses pères le séust, devant çou que il éust enquis de soi meismes se lui plairoit sa créance à recevoir u non ; et nonpourqant, il fist toute sa maisnie bauptisier avoec lui, ne onques ne fu descouvers que il fust bauptisiés, devant çou que il vinrent entre lui et son père, destruire Jhérusalem [1] de la grant destrussion qui fu ansçois que crestientés fust en la terre Agrippe le fil Hérode. Car lors fu la grant destrussion qant Tytus et Vaspasiens ses fix eurent Jhérusalem assise, et que il l'asisent dedens l'an que Joseph fu mis fors de prison. Et si avint cose que Vaspasiens asaloit moult durement, kar il estoit plains de moult grant prouèce. Et uns clers qui avoit à lui esté bauptisier, le counut se li coumencha à crier : « Vaspasiens dieuloyaus sarrasins, et puis traitres [2] renoiés ! pourquoi guerroies-tu celui qui t'a gari de la meselerie et [3] en qui non bauptesme tu reçéus. » A cest mot, laissa Vaspasiens à assaillir [4] ; si s'en courouca ses

[1] « De la grant destruction que fut ansois que li cristiein entrexent en la tière d'Egipte le fil Erode Egipe. Car lors fut la grant destruction ; mais à celle destruction que Thitus et Vaspasianus firent, ne fuit-elle pas destruete, si com à l'atre fois, car alors fuit-elle si destruite qu'il n'i remest pière sor autre ; ne li contes n'en parollet en avant... » (Ms. F.) — Le Ms. du Mans comme le Ms. A. respectent mieux l'orthographe des noms propres ; le Ms. A. met « Agrippe et le fil Hérode Agrippe.

[2] Au lieu de « traitres renoiés ». le Ms. A. met « crestiens renoiés. »

[3] « Et qui baptesme tu rechus. »

[4] Le Ms. A. ne donne que ce qui suit : « A che mot laissa Vaspasiens à asalir qu'il lui reprochoit che que li clers avoit dit. »

pères, tant à lui que il li reprouvoit çou que li crestiens li avoit dit. Si le cacha en sus de lui grant pièce ; mais çou ne content pas les estoires des emperaours [1]. Mais de çou ne parole-on plus chi en droit. Or repaires li contes là ù Vaspasiens se part de Jhérusalem et de Joseph, ù il [2] ala créance recevoir.

A tant se taist ichi li contes de Vaspasien que il n'en parole plus. Et si coumence de Joseph qui envoie querre tous ses parens et ses amis. Si lour commence la créance à moustrer issi com nostres sires li avoit coumandet, si lour préecha tant de Jhésu-Crist [3] que il en converti bien .LXV. dont il en i avoit d'itex qui estoient bauptisié, mais il estoient refroidie de la créance.

Et li autre qui n'avoient pas esté bauptisié se firent maintenant bauptisier. Lors s'en issi de la citet, entre lui et le compainie ; si estoit jà nonne passée. Et qant il fu fors de la vile, si tourna la voie qui aloit en Franche, issi com nostres sires li avoit commandet. Et qant il vint à Béthanie, si coumencha à avesprir. Et lors si disent ses gens : « Biaus sire ù herbergerons-nous ? Se nous passons cette vile nous ne trouverons huimais ù herbergier. » Et Joseph lou respondit : « Seignours frères et sereurs, or ne vous esmaiés-vous mie. Kar Diex, li tous poissans, pour qui amours nous soumes issut fors de nostre tière, nous

[1] Les Mss. A. et F. suppriment : « mais de çou ne parole on plus chi en droit. »

[2] « Ou a la créanche rechéue. »

[3] « Qu'il en convertit bien .XL. » (Ms. F.) — « Qu'il en converti .LX. et .XV. » (Ms. A.)

conseillera en tel manière[1] que il ne nous faurra ne osteus ne viande; mais gardés bien que vous ne vous desperés de sa grant misericorde. Car se vous le volés loiaument siervir, ensi com boin crestien doivent faire[2], vostre cuer ne penseroit au matin que il n'aient ains la nuit, ne onques ne mostra tant d'amour à nos parens, ès desers, com il mousterra à nos, se nous le siervons, ensi comme li peres doit estre servis de ses enfants. Mais se nous le siervons comme fillastre, ensi comme nostre pères le servirent ès désers, il ne nous fera mie comme pères, mais comme parastres. Car il ne nous aidera pas, ansçois nous faurra qant nous aurons gregnour besongne d'aide. »

A tant laissa Joseph à parler; si alèrent tant que il vinrent a .I. bois qui estoit à demie liue de Bretagne[3], si avoit non : li bos des agais et si estoit apielés par son non, pour çou que en cel bois, fut

[1] « Que il ne nous fadrait esteil ne viande. »

[2] « Vostre cuers ne penserait rien à matin que, voir, ne l'aïeiz à soir. »

[3] Evidemment le mot Bretagne est un lapsus, il faut « Béthanie » : « A tant laissait Joseph à parleir et s'en alèrent tant qu'il vindrent en .I. petit boix qui estoit à demie lue de Bétanie. » (Ms. F.) — « Si alèrent tant qu'il vinrent en .I. petit boix qui estoit à demie lue Béthanie. » (Ms. 98 nouv., 6772 anc.) — « Si alèrent tant qu'il vindrent à .I. petit bois qui estoit près à demi-lue de Bétanie. » (Ms. 344 nouv., 6965 anc.) — « Et errèrent tant qu'il vindrent à .I. bois à une leewe près de Béthaine. » (Ms. 749 nouv., 7171 anc.) — « Petit bois qui estoit à demie liewe de Béthanie. (Ms. 770 nouv., 7185 [33] anc.)

agaitiés Hérodes des traitres, qant li juis le livrèrent à Rroce [1], le roi de Damas, pour sa fille que il avoit laissiée, qant il prist la fille Phelipre son frère.

1 « Si avoit non li boix des Agais et s'il avoit non pourceque çà fuit Herodes detrais et agaitiés kant li Juif le livrèrent à Resto le roi de Damas pour sa fille qu'il avoit lassiée kant il prit la femme Philippe son freire. » (Ms. F.) — « Si avoit non icelui bois, le bois des Agais; si estoit ensi appelez pour ceu que, en celui boix, fuit agaitiés Herodes de tetrarches, quant li Juifs se livrèrent à Rethe le roi de Damas pour sa fille qu'il avoit laissié, quant il print la femme Philippe son freire. » (Ms. 98 nouv., 6772 anc.)

« Si avoit non li bois des agais et si estoit apelez par ce nom por ceu que en celui bois fut agaitiez Hérodes Tétrarches quant li juis lou livrèrent à Rethe lou roi de Damas por sa fille que il li avoit laissié quant il prist la femme Philippe son freire. » (Ms. 344 nouv., 6965 anc.)

Ce passage est altéré comme le sont tous les faits historiques qui passent sous la plume de nos romanciers du moyen âge.

Hérode Antipas le Tétrarque, après l'injure faite à sa femme, fille d'Arétas, roi des Nabathéens de Pétra, fut battu à platecouture par son beau-père qui est confondu avec l'Arétas qui fut roi de Damas, de même qu'Hérode Antipas est probablement pris par le romancier pour Hérode le Grand ou mieux le *Roi des Juifs*, son père.

Josephe a rapporté cet événement dans ses *Ant. Jud.* (XVIII, 5, 1.) Antipas s'éprit d'Hérodiade, fille d'Aristobule et femme de son frère *Hérode*-Philippe. Ce dernier était fils de la fille du grand prêtre Simon. Hérodiade, de son côté, était sœur d'Agrippa le Grand, roi des Juifs. Antipas se fit aimer d'elle et celle-ci lui promit de l'épouser s'il répudiait la fille d'Arétas. Cette dernière, instruite de cet odieux accord, s'enfuit auprès de son père et lui révéla l'injure que son

Et qant il furent venut à cel bois, si apiela nostres sires Joseph.

Joseph [1], iou sui tes Diex, tes sauverres, tes desfenderres. Cil qui geta tes parens de la main Pharaon, as grans signes et as grans demostrances, jou lour passai la rouge mer à sech et les menai ès desers ù leur cuers avoient qanques il voloient déviser. Iluec me recourouchièrent-il en mainte manière, à l'aive del contredit [2] et au veu que il fisent pour aourer; et jou toutes voies les aidai et les desfendi viers toutes gens, tant que jou mis lour anemis desour lor piés. Ne onques pour çou ne se recordèrent, ne recounu-

mari lui faisait : de là une guerre. La bataille eut lieu dans la contrée voisine de Gamala. L'armée d'Hérode fut taillée en pièces, grâce à la trahison de quelques sujets de la Tétrarchie de Philippe qui s'étaient enrolés dans cette armée. Hérode écrivit aussitôt à Tibère ce qui venait de lui arriver et Tibère ordonna à Vitellius, préfet de Syrie, de déclarer la guerre à Arétas et de le lui livrer mort ou vif. Parmi les Juifs il y en eut qui virent dans cette défaite le châtiment providentiel du meurtre de saint Jean-Baptiste. Pendant que Vitellius se préparait à obéir aux ordres de Tibère, celui-ci mourut et Vitellius débarrassé d'une commission fort épineuse, s'abstint.

Les faits qui précèdent et qu'il n'était pas sans intérêt d'expliquer, nous sont confirmés par M. de Saulcy dont l'érudition spéciale est connue de tous.

[1] Le beau Ms. nº 95 nouv., 6769 anc., abrège et tronque singulièrement ce passage : « Je sui les sers et tes Dieus qui garda tes pères de la main Pharaon ; si lor aida jà soit ce qu'il me nuisoient à lor pooirs... »

[2] « A li awe del contredit et en veel que il firent pour aoreir. » (Ms. F.)

rent que jou lour éusse bien fait ne plus ne m'en siervirent, ansçois m'en rendirent, en la fin, si félon loier que il m'en dampnèrent en fust. Et se lipere m'en ot mal siervi, pour çou, ne harrai-jou pas les fix; car jou voel que il aient pénitance des péchiés. Et si n'ai cure de mort et pour chou que jou voel espandre ma méséricorde sor les fieus as félons péres, pour çou, t'ai-jou esleu à porter mon non et ma créance par les estranges terres. Et si seras gujerres de gregneur pueple que tu ne quides. Et par toi auront-il m'amour et m'aide. Et se il me voelent tenir à père et à segnour, il feront lour preut et lour avancement. Or va à ton pueple et si le fai herbergier en cel bois [1], et il auront toutes les viandes et il auront ke il vauront avoir cascuns à son abitacle. Et ansçois que tu isses de cest boys, feras à m'esquiele que tu as une petite ars [2], et dirés vos orisons por avoir l'amour Diu vostre seignor. Et [3] qant tu vauras à moi parler, si oevre l'arce ù es que liu que tu soies ; si que tous seul voies l'esquiele fors que tu et Josephe tes fiex. Or t'en va, si atourne ton puele et si fai issi comme jou t'ai commandé.

A tant s'empart Josep et vint à sa pueple. Si le fist

[1] « Où lor cuer avoient kant qu'il voloient desirier. »

[2] « Et ansois que isses de cest boix ferais à mon escuele que tu aies une petite arche de fuist, en quoi tu la porterais et chascun jor fereis-vous vos aflictions de cotes (codes) et de genoulz davant celle arche. »

[3] « Et kant tu voldrais à moi parleir, si overrais l'arche en quelque leu que tu soies, si que tu voies l'escuele apertement; mais je ne vuel que nulz touche à l'escuele fors que tu, senz plus, et Josephes tes filz. »

herbreghier par le boys en ramées et en fuelliés. Et qant il eurent fais les osteus, si alèrent à orisons. Et qant il revinrent d'orisons, si trouva cascuns, en sa loge, ce que il desiroit à mengier. Tant mengièrent et burent com iaus plot [1]. Et furent si à aise, la nuit, au mangier, et au gésir sour l'erbe, que il n'avoient onques estet plus à aise. Au matin, fist faire Joseph l'arce, si comme nostre sires l'ot coumandet; et mist dedans l'esquiele au sauveour. Et qant tous li pules éut estet en orisons, devant l'arce, si s'en partirent del bois, et entrèrent en lour cemin, si esrèrent tant par lour journées, que [2] il vinrent à une citet qui avoit non Sarras. Si estoit entre la Babiloine et Salemandre; de cele citet issirent premièrement Sarrasin. Ne ne sont pas à croire cil qui dient que Sarrasin furent apiélet de la femme Abraham; car chou fu controuvaillé; ne raisons ne samble çou pas estre; ne çou n'est pas cose mescounéue que Sarras ne fust juile. Et ses fiex Isaac fu juis. Et juis furent chil qui d'Isaac issirent. Car par le [3] greignour partie prent-on le tot, et puisque il descendirent juis de Sarras, dont ne samble-il pas raison que li Sarrasin présissent lour non de li; mais d'icele citet qui avoit non Sarras furent apielet Sarrazin, pour çou que çou fu la première citet ù ses gens présissent certainitet de savoir que il aourent; et là fu [4] trouvée et establie la

[1] « Et furent à aise la nuit au gésir par l'erbe. »

[2] « Il vinrent à une citeit qui avoit non Sarraz; si estoit entre Babilone et Salavandre. » (Babilone est Le Caire.)

[3] « Car pour la grignor partie pert l'en le tout. »

[4] « Et là fu controuvée et establie. » (Ms. ang.)

secte que Sarrasin maintinrent puis, jusques à [1] la venue Mahoumet, qui fu envoiés pour iaus sauver; mais il dampna soi avant, et iaus après, par sa gloutronie [2]. Car devant çou que la secte fust establie, en Sarras n'avoient celes gens nule créance d'aourer, ansçois aouroient toutes les coses qui lour plaisoient, si que çou que il aouroient un jour, n'aouroient-il pas l'autre. Mais lor establirent-il à aourer le soleil et la lune, et les autres planètes. En cele citet vint Joseph et s'autre compaignie, à l'onsisme jour que il issi de Jhérusalem. Et qant il vint à l'entrée de la vile, si l'apiéla nostres sires; et li dist : « Joseph tu t'en iras en la citet et préeceras mon non; et tous cex qui la créance recevront, si les bauptise el non del père del fil et del saint esperit. » Et lors respondi Joseph : « Sire, comment saurai-jou si bien préecier, jou ne m'entremis onques d'itel cose. » Et nostres sires li dist : « Ne t'esmaier-tu mie de çou que tu ne feras [3], mais el que la bouce ouvrir, et jou te metrai ens grant plentet de paroles; ne jà ne trouveras houme de si grant prouèce, plain de si grant science, qui puissent durer as paroles que jou te geterai de la bouce fors. Et si te ferai parler [4] à mes apostres, par

[1] « Jusqu'à la venue Mahomet qui fuist envoyé por la loy enfraindre. En icel tempz que celle loy fuit establie en Sarras, n'avoient celle gent nule certenneteit d'aoreir... »

[2] « Par sa glouternie. » (Ms. angl.)

[3] Au lieu de « mais el que... » le Ms. F. met : « Car tu ne ferais que la boche ovrir et je metrai dedens... » Le Ms. angl. donne le même sens, mais avec « feras. »

[4] « Parler » est un lapsus, il faut « pareil à mes apostres. » (Ms. angl.)

les miracles et par les virtus que jou ferai par tes mains. Mais gardes bien que tu ne refroides en créance. Car tant comme tu seras vrais créans ne n'oseras-tu riens requerre que tu n'aies à ton besong [1]. Or t'en va et si pense de ma besogne faire, que tu en soés si bien [2] paiés com loyaus siergans, ne jà de manace que tu oïes, ne soies peureus, car jou te garderai et deffenderai en quel liu que tu voises [3].

A tant s'en parti Joseph; si entra en la citet entre lui et la compagnie. Et qant li citouain en virent tant ensamble, que il estoient bien .LXXV., et il les virent aler nus piés, si s'en coumenchièrent moult à esmerveiller qués gens çou pooient estre. Joseph ne fina onques d'aler parmi la vile entre lui et ses dessiples, tant que il vint devant le temple au soleil; e çou estoit tous li plus biaus temples de la citet. Si le tenoient li Sarrasin à gregnour hounour (li Sarrasin) et à gregnour révérence que tous les autres, pour çou que il estoit temples au soleil, qui est li plus haus de tous les planètes. En l'entrée d'icel temple, si avoit une loge moult haute, et moult bièle qui estoit faite et establie, à co que li per de la ville i tenoient lour plais et lour afaires. Icel loges estoient apielées : li siéges des jugemens.

En cel loges entra Joseph et li .LXXV. que je vous ai dit, qui estoient en sa compaignie; et une moult grant partie del pule sarrasinois les suioient, pour

[1] « Ne si bien faire que tu ne soies loeiz comme loialz sergens. »

[2] Le Ms. angl. maintient le texte du Mans, mais place « si bien » avant « faire. »

[3] « Soies » au lieu de « voises » dans le Ms. angl.

çou que à merveilles resambloient estranges gens, ne onques mais si diverses n'avoient véues. Et qant Joseph fu entrés ès loges, si trouva moult grant plentet de sarrasins. Et le segneur de la chité meismes hi estoit, apelés Hevalach [1] li Mesconnéus. Et pour çou estoit-il apielés li mesconnéus, que nul hom ne savoit de quel païs il estoit nés, ne de quel liu il estoit venus. Ne onques par nului ne avoient véue ne oïe nouvielc en la tière ; mais il estoit de si grant prouèce que il avoit, par sa cevalerie, conquise toute la tere jusques à l'entrée d'Égypte. Et encore estoit il moult preus et mout corageus. Mais il estoit si viex [2] de ses éages, ne pooit soustenir ne souffrir le travail de porter armes. Si n'estoit mais tant redoutés ne tant cremus comme il avoit isté en sa jovenèce. Ansçois le guerroient li Egyptien, si li avoit jà grande partie tolue de sa tière, qui marcissoit à aus ; et si l'avoit desconfit en bataille [3] et cachiet de la place, n'avoit mie encore .III. jours passés. Et por ceste cose, avoit-il mandés tous les sages houmes qui estoient en son pooir, car à aus en voloit demander conseil, comment il se poroit vengier de la grant honte que li Égyptiens li avoient faite.

A chés paroles vint Joseph, si entendi bien et oï que par laïens tenoient leur paroles de la desconfiture le roy et de sa mesquéance. Qant il oï la verité de la cose, si en ot moult grant joie. Car il se

[1] « Evalach le Mescounéus » (Ms. angl.)

[2] « Si viex que ses éages... »

[3] « Et chassiet de plaice n'avoit pais ancor .VII. ans trespasseis. »

pensoit que or estoit venue li eure et li tans que sa parole pooit estre oïe, et mise à œvre, par le grant besongne que li roys Evalach avoit de l'aide nostre segnour. Si coumencha à rendre grasses à nostre segnor son créatour, de çou que il l'avoit fait venir laïens, à si boin point ; et qant li roys ot parlé à tous ses barons, se n'i pot trouver conseil, ansçois li estoient tout failli entr'aus, et disoient que as Égyptiens ne se combatroient-il jamais ; car il avoient trop gregnour force que il n'avoient, si ne lor en poroit, se mescaoir non ; et bien i paroient, chou disoient, car jà lour estoit mésavenut une fois, si laidement, que il ne quidoient mie que jamais péust estre amendet. Issi comme vous poës oïr, li falirent tout, et disent que, c'el plaist, comme il pooit, quesist vers les Égyptiens, car de la guerre ne soleroient-il jamais entremetre.

De ceste cose fu li roys moult esbahis et moult espoentés, et tant que il ne séut que dire. Lors vint Joseph devant lui, et qant il le vit si triste et si pâle et si pensif, si li dist : « Evalach, ne soies pas si esbahis ; car si tu vix croire mon conseil, tu auras joie et victoire de tes anemis, et la gloire qui jamais ne te faurra.[1] » A cest mot respondi Joseph et li dist : « Par ma foi, roi

[1] Il manque ici dans le Ms. du Mans et dans le Ms. 2455 quelques mots prononcés par Ewalach qui se trouvent dans le Ms. A. XIV. E. III. les voici :

« Quant Ewalach l'oï ensi parler, si le regarda moult fièrement et si lui dist : qui es-tu, va, qui victoire me porroies douner de mes anemis et la joie qui jamais ne me faurroit ? »

Ewalach ! jou ne te proumis mie que jou te doinse la victoire ne la joie pardurable ; mais tant te di-je bien, que se tu me voloies croire, tu auroies la victoire et[1] la joie sans fin, par le don et par la grasse de celui qui sour toutes coses est poissans. » Et Ewalach respondit : « Jou escouterai moult volontiers quex tes consaus porra estre. Mais se tu ne dis conseil qui ne face à croire, li damages en retournera (en retournera) sour ton cors. » Et Joseph respondi : « Rois ! çou sera teus consaus qui sera à l'ounour del cors et au pourfit de t'ame ; car tu seras hounerés en tout ton vivant, et t'ame sera sauvée après ta mort. »

« Parfoi, dist li roys, ichis consaus ne fait mie à refuser, or pues dont deviser quex il sera ; car se il est teus comme tu me dis, je n'aurai jà home en ma maison, que jou croie avant toi, ansçois seras oëus de toutes les coses que tu me vauras conseillier. » « Roys ! dist Josephes, or entent dont coument tu poras estre conseillés ; il te converra tout premièrement destruire et dépèchier les ymages que tu aoures, car tu dis que çou sunt ti Diu ; et si lour demandes conseil et aide et eles n'ont nul pooir de toi aidier ne de nuire à autrui ; et tant saces-tu bien de voir que ti ancisour en ont esté décéu et engignié tout. Car tout cil qui créoient que ces ymagènes puent aidier, sunt perdut perdurablement, pour que il i soient pris au jour de la mort. Ne nus hom ne doit metre çou sa créance que une pièce de fust u de pière ouvrée par main d'oume les puisse garandir de mort ne de mal ;

[1] « Et si conquerrois avec tot ceu une altre joie que jamais ne prendrai fin. »

mais celui doit-on aourer qui souffri angoisse de mort ne de mal en la crois, de son bon gret et de sa bone volentet, pour sauver le monde et pour délivrer des pardurables dolours d'infer. »

« Coument, fait li roys, viex-me-tu dire que cil est poissant de moi sauver après la mort, et douner hounour terriene, qui souffri angoisse de mort issi comme tu-meismes le tiesmongnes ; il ne me samble mie que cil soit vrais Dix qui angoisse de mort puet justicier, tant que ele le maint jusc'à la mort ; ne il n'est mie avis que il puist estre voirs ne raisons, çou me samble ; ne jou ne puis mie véoir coument il me garandise de mort qui soi-meisme ne pot garandir. Car mauvaisement sauvera autrui qui soi meismes ne puet aidier. » Lors respondi Joseph : « Roys ! il sauveres del monde souffri la mort si devouairement que qant li faus tesmong des juis l'acusoient devant Pylate, et Pylates meismes li demandoit se çou estoit voirs que il disoient,[1] il ne voloit nul mot respondre. »

A cest mots, respondi li roys et dist : « Or me dist : biaus amis, vix-tu dire, à certes, que il soit Dix, pour çou que il souffri la mort en ceste manière ? » Et Josep respondi : « Naie[2], dist-il, pour çou ne le di-jou mie que il fust Dix, ne par çou conquist-il mie sa déité, ansçois estoit Dix devant tous les éages et tousjours sera Dix, ne jà ses regnes ne prendra fin. » Et li roys li dist : « Coument vix-tu prouver pour çou se il morut, que li

[1] « Il ne voloit nul mot respondre encontre ce qu'il disoient si que Pilate s'en mervillait moult durement, de ceu qu'il ne voloit respondre. »

[2] Pour « nennil. »

mondes fust sauvés ? » « Çou te conterai-jou bien, fait Joseph, comme cil qui bien le sai ; ne jà çou saces-tu devoir ne te ferai riens entendant que je ne sace vraiement dire la manière et la créance de sa haute œvre et de si sainte comme de la créance Jhésu-Crist et de la glorieuse virgène pucele sa mère. Car trop feroie que faus, se jou m'entremetoie de cose [1] dont jou venir ne poroie à chief. Mes or escoutes, si orres coument il avint.

« Au tans [2] Augustini Ceram, la boam emperaour

[1] « Que je ne sache vraiement ; mais, or escoulte commant il avint. »

[2] « A tempz Augustus Cesar le boin emperеor de Rome qui

de Roume, qui tint l'empire .XLII. ans, après çou que cil ot esté couronés, avint que Diex envoia son angle en une citet de Gallillé qui estoit apelée Nazaret, à une pucele qui avoit non Marie. Et qant li angle vint devant lui, se[1] li dist : « Diex te saut, Marie. » Et qant li angles li eut dit issi, si dist que « ele estoit plaine de grasse, Diex soit en ta compaignie, tu ies benéoite sour toutes autres femmes. Et li fruis de ton ventre est benéois. » Qant la pucele oï la parole, si en fu moult esbahie, et coumencha à pourpenser de quel manière cil salus pooit estre. Et li angles li dist : « Marie ne soies[2] riens esbahie, car li sires du chiel t'a regardé et dounée sa grasse ; et si saces de voir[3] que tu enfanteras un fil qui sera apielés Jhésus. Chil

tint l'empire .XLII. ans et gardait si sa tière en ferme pais ; à chief de vint et .VII. ans après ce qu'il ot esteit coroneis avint que Deus. » (Ms. F.) — « Au tans Auguste Chesar le boin emperaour de Rome qui tint l'empire .XLII. ans et garda la terre si longement en ferme pais, au chief de .XXVII. ans après che qu'il éut esté coronés, avint que Diex. » (Ms. A.) — « Au temps Auguste Cesarem le bon emperaor de Romme. (Ms. 105 nouv., 6777 ancien). On trouve ici une altération du mot César qui rappelle le mot Ceram si étrange du texte du Mans. — « Au temps Augustus Cesar le bon empereur de Rome. » (Ms. nº 117 nouv., 6788 anc.)

1 « Si li dist : Deus te saut, Marie, plenne de graice ; Deus soit avec toi, tu es benoiste... » — « Si li dist : Diex te saut, Marie, plaine de grasce, Diex soit en ta compaignie, tu es benoite deseure toutes autres femes. » (Ms. A.)

2 « De riens » au lieu de « rieus » (Ms. A.)

3 « Et si saiches de voir que tu encinterais et si enfanterais. » — « Et si saches de voir ke tu enchainteras et si enfanteras. » (Ms. A.)

enfes si sera de mout grant poissance, car il sera fieus Diu. Et la pucele respont : « Biax sire, coument porra chou avenir, jà ne connui-jou onques nul[1] houme carnelment. » Et li angles li dist : « Marie, li sains esperis descendra en toi, et la virtus de Diu le haut s'aomberra dedens ton cors. » Et la pucele respondi à l'angle : « Dix nostres sires face son plaisir de moi comme sa camberière[2]; car jou suis appareilliés à son plaisir et à sa volentet. » Maintenant que ele eut çou dit, descendi li sains esperis dedens lui. Et si fu enchainté, et qant ele éut le fruit portet jusques à son droit termine, si enfanta un vallet qui ot à non : Jhésus, ensi comme li angles li avoit dit. Chil enfes fu de si grant hautèce et de si grant pooir que .III. roy d'Orient le vinrent aourer au trésime jour de sa nativitet ; et se li aporta cascuns le plus riche avoir que il pot trouver en toute sa tière. Ne onques ni orent conduit ne avoiement que une seule estoile qui aparut si tost com il fus nés. Ne onques mais n'avoit esté veue ; et qand Hérodes, qui estoit roys de Judée, seut que uns enfes teus estoit nés, qui seroit roys et sires des Juis, si eut paour que il n'el deshirecast. Si[3] fist ocire tous les enfans de la tierre

[1] « Onques home » au lieu de « nul houme. » (Ms. A.)

[2] « Comme de s'anchiele » au lieu de « comme sa cambrière. » Ces deux mots sont synonimes, mais ce dernier semble plus ancien.

[3] « Si fist occirre toz les enfants de la tière de Bethléem. » — « Si fist ochire tous les enfants de la terre de Bethléem. » (Ms. A.) — L'expression « Biauliant » pour « Bethléem » du Ms. du Mans est donc très-remarquable, car le Ms. A. est généralement d'accord avec le nôtre. »

de Biauliant de .II. ans et demi en aval, autant que il en i ot d'ocis .VII. vins et .IIII. mile [1]. En ceste manière, se quida Hérodes vengier del enfant ; mais li haus sires qui, de tous, est poissans, savoit bien son mauvais penser ; si garda soi-meismes des mains à ses anemis felons, qui n'en porent avoir baillie. Ansçois l'emporta la virgène pucele sa mère, en Egypte. Si demoura jusques après la mort Hérode [2] pour l'amounestement d'un angle. Et qant il fu portés en Egypte, et il fu entrés en la tere, si fist grant démoustrance de sa venue, que il n'eut temple entres toute la tière d'Egypte, dont auqune ymagene [3] ne caïst à tere, et de brisoient toutes [4] de celes i avoit.

« A teus sénéfiances faisoit li vrais Dieu en sa petitece ; et qant il fu raportés d'Egypte et il crut tant

[1] « Tant qu'il en i eut ochis .C. mille et .XL. mille. » (Ms. A.) — Notre Ms. dit : « Sept vingt et quatre mille, » c'est-à-dire 144,000 ; et c'est bien ce nombre qui convient et non 140,000 du Ms. angl., car on sait que par une interprétation évidemment forcée, on assignait ce nombre aux victimes de la fureur d'Hérode, d'après ce passage de l'*Apocalypse* : « Et ecce agnus stabat supra montem Sion et cum eo centum quadragenta quatuor millia, habentes nomen ejus et nomen patris ejus scriptum in frontibus suis. » (*Apoc.*, lib. XIV. — A.) Salmeron, dans ses *Commentaires sur les Évangiles*, réduit ce nombre à 14,000, et dit que les Abyssins en font mention dans le canon de la messe. »

[2] « Par l'amonnestement d'un aigle. » — « Par l'amonestement d'un angele. » (Ms. A.) — Le mot « pour » est donc un lapsus, comme l'on devait s'y attendre.

[3] « Ymage » au lieu d' « Ymagène. » (Ms. A.)

[4] « De teus en i avoit. » (Ms. A.)

qu'il vint en[1] l'éage de .XXX. ans, si rechut bautesme et lors coumencha il faire grans miracles en apiert. Car il rendoit[2] avules la véue. Il garissoit les malades de tous les enfremetés; il faisoit les contrais redrechier et aler tous sains[3]; il faisoit les sours oïr cler; il faisoit les mors revenir en vie. Itex miracles faisoit li vrais Dix en apiert voiant toutes les gens; et qant il eut tot issi ouvré en mains lix[4], par maintes fois, si en orent envie li juis, si parlèrent tant à .I. des dessiples, que il prist[5] .XXX. deniers, si le vendi. Et cil le prisent, si le crucifièrent el fust. Et qant l'ame fu issue de son pressieus[6] cors, si en ala en infer, si en geta chiax qui son service avoient fait en tière, puis le commandement del monde; et qant çou vint au tier jour, après çou que il ot esté el sépulcre mis, ù[7], jou meismes, le despendi de la crois, si ressuscita et s'en issi del sépulcre en cors et en esperit; ne oncques les gardes qui i estoient mises, pour lui garder, ne le porent si bien gaitier que il ne s'en issut. Et si remest li sépulcres autresi fremés comme li juis l'avoient laissiet, qant ils l'eurent fait garder,

1 « En aage de .XXX. ans. » (Ms. A.)

2 « As » omis.

3 Omission. « Il garissoit de si li venfermeté com de meselerie. » (Ms. A.) — « Il faisoit les mors revenir en vie, il guerissoit de si vil infermeteit com est de miselerie. » (Ms. F.)

4 « Lieus » au lieu de « lix. » (Ms. A.)

5 « D'aus. » (Ms. A.)

6 « Glorieux » au lieu de « pressieus. » (Ms. A.)

7 « Car » au lieu de « ù. » (Ms. A.)

car il avoient mis desus [1] une moult grant pierre : si fu trouvée tout en itel manière comme ele i avoit esté mise. Et qant il fu ressuscités, si aparut, par [2] maintes fois, à ses amis, qui mout estoient dolant et esbahi de la mort de lui. Et plus fist-il devant aus plusiours miracles par coi il savoient devoir que il estoit vrais Dix. Et qant il eut estet en tière, après sa résurection, si monta au quinsisme [3] jour ès chix voiant des dessiples. Et qant ce vint à l'onsisme jour après çou qu'il i fu montés, si lour envoia le saint esperit de la diestre à son père, d'alès lui, ù il siet, et sera pardurablement. »

A cest mot, respondi Evalach, et se li dist : « Coument [4] tiesmongne-tu dont, que chil Dieus qui tu tiens à si poissant, que tu l'apieles segneur de toutes coses, ot père [5]. » « Vraiement, çou dist Joseph, disjou bien et tiesmongne pour voir, que il eut et l'un et l'autre. » « Et puis que il eut, dit Ewalach, et père et mère, dont ne nasqui-il mie sans assamblement d'oume et de femme, car de femme ne puet enfes naitre s'il n'est engenrés dedens lui [6] ; par acom-

[1] « Une moulte grant pierre et moult grosse. » (Mss. A. et F.)

[2] « Puis » au lieu de « par. » (Ms. A.)

[3] « Et quant il eut esté .XL. jours en terre après sa résurrection, si monta au quarantisme jour el ciel voiant ses disciples. » (Mss. A. et F.) — Le mot « quinsisme » du texte du Mans est donc un lapsus.

[4] « Coment, diva, tesmoignes tu. » (Ms. A.) — « Comment divai, tesmoignes tu. » (Ms. F.) — Le mot « diva » manque donc à notre texte.

[5] « Et mère. » (Ms. A.) — « Ot peire et meire. » (Ms. F.)

[6] Le Ms. A. supprime « lui. »

paignement d'oume. Et se enfes estoit autrement concéus, sans carnel compagnie[1], çou seroit contre nature et contre acoustumance. » « Roys ! dist Joseph, çou te monsterrai-jou bien apertement et ferai counoistre coument il fu conceus sans[2] carnel compaignie et coument il nasqui[3] de la pucele sans le pucelage maumestre ne empirier. » « Ceste prouvance, dist li roys, escouterai-jou volentiers. »

« Il avint cose, dist Joseph d'Arimachie, que li sauveres del monde vit les maus qui montcplioient en tierre[4]. Et si vit que li mauvais et li bon estoient tout hounit. Car autresi aloit chil en infer, qui tousjors avoit bien fait, comme faisoit chil qui tous les maus avoit fait. Et li dous sires si pensa que çou n'estoit pas raisons qui li mauvais fuissent pareil as bons, ne que li preudoume comperassent la folie as mauvais[5]. Si dist que il raïemberroit houme des dolours d'infers ; si prist son fil, si l'envoia en tière pour acomplir toutes les coses qui apartenoient à nature d'oume, fors que de pécier[6] seulement. Et qant il se fu esviestus de carnel[7] car et de mortel, pour cou ne laissa-il mie à

[1] Le Ms. A. supprime « sans carnel compagnie. »

[2] « Nullo » (Ms. A.)

[3] Le Ms. A., met partout « nascui » au lieu de « nasqui. »

[4] « Et si vit que li bien et li mal estoient tout un de guerredon. » (Ms. A.) — » Si vit que le boin et le mal estoient mis .I. del gueredon. » (Ms. F.)

[5] « Si dist qu'il reaïmbroit tot le monde, par .I. home, des dolors d'enfer. » (M. F.) — Le Ms. A. est pareil à celui du Mans. « Par .I. home » n'existe pas.

[6] « Fors que péchiet seulement. » (Ms. A.

[7] Le Ms. A. met « mortel » au lieu de « carnel. »

estre Diu, si comme il avoit tousjours esté; mais il prist chou qu'il n'avoit onques éut, çou fu mortalitet. Et pour çou que li pères vit que il ne poroit raïembre tout le monde, par houme qui samblans fust as houmes [1], pour ce i envoia-il son fil, qui estoit quites et nés de pechié, dont tout li autre estoient entechié et malmis; car il n'estoit pas raisons ne drois que nus péchières racatast les autres pécéours; et dès que il estoient [2], coument pooient ne devoient li uns garandir l'autre ne délivrer; mais pour chou que li fix Diu estoit nés et mondés de tous pechiés et de toutes vilounies, pour çou eut-il le pooir de racater le perdurable mort de l'houme et [3] de son glorieus corps. »

« Par foi, dist Evalach, jou te tiens pour yvre, car puis que tu m'as une cose recounéue, et puis si le me noies après. Car encor tiesmougnes-tu de ton Diu que il a pière, et si dis que il ne fu pas engenrés de carnel compaignie et çou ne peut avenir. Ne raisons ne vérités ne samble çou mie. »

« Roys! dist Joseph, tu m'as en couvenant que tu m'escouteras à prouver coument puist naistre de cors de femme sans assamblement d'oume [4], et sans mau-

[1] « Autres » au lieu de « hommes. » (Ms. A.)

[2] « Ne, puisqu'il estoient tout entéchié, comment... » (Ms. A.) — Il manque peut-être « entéchié » qui est trop loin pour être sous entendu.

[3] Il y a là une ellipse; cependant la phrase est admissible. Le Ms. A. l'explique : « Pour çou eut-il le pooir de racater le perdurable mort del home *par le mort* de son précieus cors; » mais ce n'est pas heureux.

[4] « A prouver comment il puet naistre de char de feme sans assamblement de char d'ome. » (Ms. A.)

mètre le pucelage de sa mère qui tousjors fu ele pucele après et devant, et coument il pot avoir père sans estre engenrés carnelment. » « Tot çou, fait li roys, doi-jou escouter sans faille; et jou l'escouterai volentiers se tu le me savoies faire entendre, mais tu ne sambles pas hom qui soies [1] fondés de si haute clergie, que tu puisses prouver la choze que de si grant afaire soit à dire; car ele est encontre nature, et encontre acoustumanche, ne onques mais oïs [2] ne fu. »

« Roys ! fait Joseph, or escoute et jou te mousterrai coument chou fu [3], et coument il nasqui de la pucele sans carnel compaignie d'oume. Ichou te mousterrai, mais tu oras coument avant il éut père et qui fiex il fu sans carnel engerreure [4]. Il est voirs que il est un siex [5] Diex, chil qui toutes coses fist de noient, chil fu tousjors Dix, et sera tousjours Dieus, car il n'ot onques coumencement, ne fin ne pot avoir à nul tans, cil est apielés pières. Et issi l'apielent chil qui sunt vrai créant [6], se il le créent de cuer. Car pour chou, se il l'apielent père ne sunt-il pas verai créant, se il ne le croient de cuer issi comme la bouce le dist ; car coument que la bouce paraut, del cuer muet la bonne créance et la mauvaise. Ichil Dieus si est apielés pères, pour çou que cil de qui je te paroil est

[1] « Qui soit si durement fondés de haute clergie. »

[2] « Oïe. » (Ms. A.)

[3] Le Ms. A. supprime « coument chou fu. »

[4] « Engenrure. » (Ms. A.)

[5] « Seus » au lieu de « siex. » (M. A.)

[6] « Et nepourquant se il l'apielent père, pour chou ne sont il vrai créant, se il ne le croient de cuer ensi com la bouche le dist. »

ses fix, car il l'engenra devant le commencement de tous les éages; si ne l'engenra-il mie carnelment mais espérituelment. Ne li pères ne fu onques fais ne criés ne engenrés ne onques ne nasqui [1]; mais il fu engenrés, si comme vous avés oït et que jou ai dit de l'espérituel engenreure. Et si fu puis nés de la virgène, mais cele nativités ne fu mie selont la déitet, mais selont l'umanitet. Issi poés entendre et devés que la nativités de par sa mère fu faite carnelment; mais la nativités que il eut de par son père fu espérituelement : de cele de par sa mère fu morteus, car çou mourut qui fu pris dedens la mère [2], mais cele de par le père fu pardurable, car çou que il eut de père ne souffri onques mort, çou est la déités qui jà ne li faurra, ansçois li duerra sans fin prendre.

« Or, avés oït coument li fieus fu engenrés et nés del père espérituelment, et coument il fu nés carnelment de la mère; après, oras coument li pucelage de la glorieuse virgène pucele qui, sa mère fu, remest autressi entiers [3] sans maumetre et sans entamer et autres après comme devant; mais jou vous dirai avant d'une personne que d'iaus .II. issi et qui paraus et ingaus [4] fu as autres .II. personnes; mais or entent bien et jou le te dirai [5].

[1] Omission. « Ne li fiex meismes ne fu onques fais ne criés mais il fu engenrés... » (Ms. A.)

[2] « Car chele humanités mourut ke il prist dedens les flans à le virge Marie de qui il fist sa mère. » (Ms. A.) — Le texte du Mans est supérieur par sa concision.

[3] « Sains » au lieu de « entiers. »

[4] Le texte angl. donne aussi « ingaus. »

[5] Le texte angl. supprime : « Mais or i entend bien et jou le

« Ichil sains esperis ne fu onques fais ne criés ne engenrés par le père ne par le fil ne par autrui ; mais il est issus de l'un et de l'autre. Chil sains esperis est confortères, et conseillères et espurgemens des cuers et des pensers. Cil sains esperis faisoit as prophetes parler çou qu'il disent [1] de Diu ; et si ne savoient que il disoient, nient plus que li hom forsenés poroit faire estables [2] toutes les paroles qui li volent fors de la bouce, et toutes ces coses ouvroit li sains esperit en iaus. Et qui vrais créans est, il croit et aoure le saint esperit, et autresi comme le père et le fil. Li pères est parfais Dix, par soi, et si a parfaite déitet enterine et pardurable, sans fin et sans coumenchement [3]. Li fiex autresi est parfais Diex et pardurables, et si est paraus au père selonc la déités en toutes coses [4], mais selonc l'umanitet est-il plus bas que li pères. Car li pères est del tout en tout pardurables [5], mais li fiex selonc l'umanitet est mortex. Li sains esperis est parfais Dix entiers en soi meismes (selonc la déité) [6] selonc la déitet estoit [7] paraus au père et au fil. Issi est li pères Dius et li fix Dius et li sains esperis Dix. Et nepourqant il

te dirai, » et remplace par « che est li sains esperis » ; et en effet le texte du Mans met en suite « ichil sains esperis... »

[1] « Disrent » au lieu de « disent. » Ms. A.)

[2] « Estables » est aussi dans le texte angl.

[3] « Et de toutes choses est poissans. » (Mss. A. et F.)

[4] Le Ms. A. supprime : « selon la déités en toutes coses », à tort évidemment.

[5] Le Ms. A. supprime encore « car li pères est del tout en tout pardurables », et sans motif.

[6] « Et » (Ms. A.) Ce mot est nécessaire.

[7] « Est » et non estoit. (Ms. A.)

ne sunt mie .III. Diu, mais un seus Dix[1]; car pour çou que il sunt .III. coses en personnes, pour çou ne sunt-il mie .III. Diu, mais uns Diex. Car jàsoit çou que li pères et li fix et le sains esperis soient .III. personnes, nepourqant si ne sunt-il mie que une seule cose en nature et en déitet et en poissance[2], li pères com est li fix et li sains esperis; et autressi est li fix grans en deytet com est li pères et li sains esperis[3]. Issi vienent ces .III. personnes d'un seul Diu et à un seul Diu repairent ces .III. piersones. Et autretant puet l'une comme les .III. ne les .III. ne sunt naturelment autre cose que une. Les .III. personnes apielent li vrai créant trinitet et le seul Diu apiélent unitet. En une[4] aourent les .III. personnes com .I. seul Diu, et le seul Diu comme .III. personnes.

Les .III. furent moult bien amentéues[5] au commencement del monde. Qant li pères cria toutes coses, qant il dit : faisons houme à nostre semblance et à nostre ymagène. Ceste parole dist li pères à son chier fils, car il savoit bien, comme chil qui toutes coses a devant les ex, que li fix soustenroit encore angoisse

[1] Le Ms. A. supprime : « mais uns seus Dix », sans raison.

[2] Le Ms. A. voit là une ellipse trop forte et ajoute « car autresi poissans est li père comme... »

[3] « Et d'autretel grandeche est li sains esperis com est li père et li fiex. » (Mss. A. et F.)

[4] Le Ms. A. dit : « Et si aourent les trois persones, » sans mettre « en une, » ni « com .I. seul Diu, » ni « et seul Diu com .III. personnes. » C'est en effet un peu confus.

[5] « Ramenteus » au lieu d' « amenteues. » (Ms. A.)

de mort, pour houme racater del grans dolours ù il carroit par son meffait. Pour çou, apiela li pères le personne del fil à faire si haute cose, com hom deveroit estre, qui il ne voloit fourmer ne establir, que seulement restorer la disime légion d'angles, qui estoient cacier[1] del chiel par son orguel. Et qant li hom ot trepassé le commandement de son créatour, del fruit que il menga par l'enortement et par l'amounestement de la femme qui li déables déchut, si fu maintenant getés hors de paradis, et si fu dite à lui mout felenesse[2] parole ; car ses sires qui l'avoit fait à sa semblance li reprocha la grant aise que il avoit[3] éue et or l'avoit perdue par son meffait, et se li nouma le grant damage que il en auroit ; car il li dist[4] : « Pour çou que tu as plus obéit à ta femme que jou t'avoie dounée que à moi qui t'avoie fait, pour çou souferras-tu tousjors la paine, et toi et tes hoirs, car vous mangerés vostre pain en travail et en suour et en paine, dorenavant pour le trespassement del coumandement qui desfendus t'estoit, que tu as fait[5]. Et tu, » dit-il à la femme :

« Tu enfanteras ta porteure en tristrèce et en doleur. » Ceste proumesse a-il moult bien tenue et rendue à cascun et à cascune puis, et à tous cex et à

1 « Qui estoit chéu du chiel. » (Ms. A.)

2 « Felenesse » est aussi dans le Ms. A.

3 « Ke il avoit perdue par son mesfait. »

4 Le texte angl. est pareil, mais le Ms. F. met en assez mauvais français : « Por ce que tu ais plus obéit à ta femme qu'à moi que je t'avoie dounée et que l'avoie fait. »

5 Le Ms. A. supprime : « Dorenavant pour le trespassement del coumandement qui desfendus t'estoit, que tu as fait. »

toutes celes qui del home sunt descendu puis, car nus n'enterra jà en cest siècle tant soit de grand poissanche, qui jà soit delivrés de travail et de paine [1] dès icel eure qui il i entre, jusques à cel eure que il s'en ist; ne jà femme n'i enfantera à si petit de dolor que ele n'en soustiegne [2] plus que ses cuers n'en poroit penser ne sa langue dire. Et tant durement ont acaté le pechiet au premerain hom, si hoir qui delui sunt issut, que il n'i ot onques celui qui tant féist [3] bien en sa vie que l'ame de lui n'alast en infer, si tost come le departoit del cors ; tant que li fix Diu ne vaut plus souffrir ceste grant dolour. Si descendi en tière, pour çou que il voloit l'oume metre hors de la male aventure que il souffroit [4] pour son meffait, si vit que ore avoit-il assés comperé son outrage et que bien estoit tans et eure desoremais que il le rapielast en pitié et en miséricorde. Et qant il fu en tière descendus, il ne le vaut pas aler querre maintenant en infer, ne traire fors à force, sans raison moustrer, ansçois entra pour lui en une cartre [5], qui moult estoit escarse et estoit à herbergier si haut houme et si rice comme celui qui estoit sires de toutes les coses ; çou fu lui ventres à la virgène pucèle ù il se herberga.

« Après çou que il eut estet en cele cartre .IX. mois [6],

[1] Le Ms. A. supprime à tort, ce semble : « Dès icel eure qui il i entre jusque à tel... »

[2] « Plus qu'elle n'en poroit pourpenseir de son cuer ne de langhe dire. » (Ms. F.)

[3] « Fesist » au lieu de « féist. » (Ms. A.)

[4] « Soustenoit » au lieu de « souffroit. » (Ms. A.)

[5] « Chartre » au lieu de « cartre. » (Ms. A.)

[6] Le Ms. angl. ajoute « en prison » sans motif.

si s'en issi à droite eure de naistre issi comme li humanités le requeroit. Et nepourqant del tot en tout, ne fu-il mie concéus ne nés si comme humanités le requeroit; humanités requiert, sans faille, que hom naisse et que il soit concéus et en ceste manière acompli humanitet et d'estre concéus et de naistre; mais humanités requiert plus. Ele requiert que hom naisse de dolour et de tristrèce et que il soit concéus d'oume et de femme[1]; mais par l'aombrance del saint esperit qui descendi par l'orille de la pucèle, dedens le glorious vaissiel de son beneoit ventre, en cestui vaissiel que li sains esperit vint purefier, se heberga li fix Diu et ensi en nasqui si saintement[2] que onques li pucelages de la glorieuse mère n'en fu maumis, ne è l'entrer ne à l'issir; mais trestout autressi comme li rais du soleil luist parmi la clère aigue, si que il est véus jusques au fons, sans çou que il ne desoivre mie les ondes de l'aigue, ne departit, ansçois remainst autresi clère[3] com ele avoit devant estet. Tout autressi entra li fix Diu dedens le ventre de la pucèle sans son pucelage maumaître ne empirier[4] et sans concevement d'oume ne de femme. Car

[1] Le Ms. ang. ajoute ici cette phrase qui n'est ni dans le Ms. du Mans, ni dans le Ms. F.: « En chest manière n'acompli il mie humanité; car il ne fu mie conchéus par assemblement d'ome et de femme, mais par l'aumbrement... »

[2] Le Ms. A. remplace, on ne sait pourquoi, « saintement » par « sagement. »

[3] « Et autresi biéle. »

[4] Les Mss. A. et F. sont d'accord pour adopter une autre rédaction : « Maumetre ne empirier. Et en son conchevement si eut .III. manières qui onques mais oïes n'avoient esté en

il fut tous premièrement concéus sans péciet, çou est la premeraine manière. L'autre manière, si est de çou que il fu concéus sans carnel compagnie, ne çou n'avoit onques estet oït. La tierce fu de çou que sa mère, qui pucèle estoit, n'i perdi onques son pucelage, ne au concevoir ne au naistre ; ansçois le laissa chil qui l'eslut à estre sa mère, autressi sain et autressi haitiés et autressi entier com il l'avoit trouvé.

« A son naistre, fu dépéchié la maléiçons qui fu faite à la première femme, qant il i fu dit : « Tu enfanteras ta porteure en dolour. » Car il nasqui si sainement que onques ni ot ne dolor ne angoisse. Ices manières merveilleuses aporta le fix Diu et à son concevoir et à son naistre. Et qant il fu nés, pour chou n'ot-il mie racatet houme que il estoit venus querre ; ansçois demoura .XXXIII. ans[1] en tierre. Si rechut tout premièrement nostre sauvement, çou fu bautesme ; car il se fit bauptisier à un houme que il porta tiesmong, que il estoit li plus haus viers Diu qui onques nasquist de femme desflourée, çou fu saint Jehans Bauptistes. Et qant vint au tier an après son bauptisement, si souffri angoisse de mort. Car il voloit acomplir toutes les coses qui apartenoient à humanitet, fors seulement péchiet. Et qant il eut

conchevement d'omme et de femme, car il fu tout premièrement. » C'est là une de ces phrases sautées par le scribe, à raison de la répétition du mot « conchevement. »

[1] Le Ms. A. met « .XXXII. ans ; » — le Ms. 2455, « .XXXIII. ans en tière et i conversait en semblance d'oume avec les atres homes et kant vint à chief de .XXX. ans si reçut primiers nostre savement. » — Le Ms. A. indique aussi l'age de « .XXX. ans » pour le baptême de J.-C. »

souffert si grant angoisse comme de mort, pour l'amour de l'houme, si s'en ala en infier il meismes et si en traist trestous ceus et trestoutes celes qui ses œuvres avoient faites en lour vies. Si grant amour monstra Dix à houme, car il ne le vaut onques racater des dolours que il sousfroit, pour[1] autrui mort que por la soie meismes. Or pués avoit entendut coument il eut père sans carnel engenreure, et coument il nasqui de la pucèle, sans pucelage maumetre ne empirier. »

Lors parla Evalach se li dit : « Tu me fais entendant unes coses que tu ne nus ne porroit metre en voir, ni en nule manière ne samble raisons. Car tu dis que il ne fu pas engenrés en la femme dont il nasqui et qu'ele oitest pucele, ne onques ses pucelages n'empira. Après, me dist que li pères et li fiex et li sains esperis ne sunt que uns seus Diex, et si est cascuns d'eus trois Diex par soi. »

« Roys, dist Joseph, tu l'as bien recordé, ensi comme jou le t'ai dit ; et ensi le tiesmongne-jou bien encore. » « Par foi, dist li roys, tu tesmongnes chou que tu vix, mais tu ne me dis nule cose qui, par samblant, puist[2] estre voire. » A tant, fist li roys envoier querre tous ses clers de la citet, et qant il furent venut si coumencha Joseph à parler à aus ; et si traioit avant tous les fors poins de l'escriture[3], si

[1] « Par autrui mort. » (Ms. A.)

[2] « Puisse » au lieu de « puist. »

[3] « Tous les fors mos des escriptures » (Ms. A.) — « Trestous les fors mos de l'escripture. » (Ms. 2455.)

que tout chil qui là estoient venut, s'en esbahissoient, et disent en la fin [1] que il ne li responderoient mais. A lendemain départi l'assamblée et li roys apiela Joseph. Et li demanda coument il estoit apielés, et il dist que [2] il estoit apielés Josep d'Arimachie. Et li roys resgarda ses piés que il vit tous nus, si les vit moult biaus; si li sambla, à merveilles, bien hom qui éust estet à grant aise, et [3] si pensoit dedens son cuer que il fust de haute gent [4]; si l'emprist maintenant moult grans pitiés. Lors l'apiela et se li dist : « Josef, jou te ferai, anuit mais, herbergier et si aras pour toi aaisier tout ce que tu deviseras de ta bouce; et demain parleras à moi, car jou t'ai anuit, moult volentiers escoutet et plus volentiers t'escouterai-jou demain, kar jou serai de gregnour loisir que jou n'aie hui estet. » « Sire, dist Joseph, jou ne sui mie seus, en ceste vile; anschois ai en ma compaignie .LXXV. que houmes que femmes, et sachiés, de voir, que il n'i a un ne une qui, pour l'amour Jhésu-Christ, n'ait laissié les terriennes riqueches [5]. Si me vont sivant [6]

[1] « Ke ne li responderoient mais devant l'endemain. Ensi se départi l'asemblée. » (Ms. A.) — Le Ms. F. est identique... « Maix davant londemain... »

[2] « Et si li demanda comment il estoit apiélés Joseph de Arimathie. » (Ms. A.) — Ici, ce manuscrit, si correct ordinairement, a sauté aussi quelques mots; le texte du Mans est le texte correct; le Ms. 2455 est semblable à ce dernier, sauf l'orthographe « appeleïleis Joseph d'Abarimatie. »

[3] « Et soupechounoit dedens son cuer. » (Ms. A.)

[4] Le Ms. A. ajoute « nés. »

[5] « Richuoises. » (Ms. A.)

[6] « Siewant. » (Ms. A.)

sans or et sans argent, issi povrement comme vous poés véoir; mais nepourkant se il vont issi povrement, pour chou ne morront-il jà de faim; anschois sunt si asasé[1] de la riquèce au glorieus segnour en qui il croient, que leur cuer ne desirent nule terrienne viande dont il n'aient à leur volentet. » Dont, dist li roys que il les voloit véoir; et Joseph les apela de hors là ù il estoient assamblet, et arestet. Si les fist venir devant le roy, et qant li roys les vit[2] tous nus piés, et si povrement viestus, si en ot moult grant pitiet, selonc sa créance. Si les apela, et leur demanda pourquoi il souffroient si grant pénitanche d'aler nus piés, et d'iestre si povrement viestus et si vilment. Lors respondi li fiex Joseph qui estoit apelés Josephe et se li dist :

« Roys! nous soufrons ceste pénitanche pour l'amour del glorieus fil Dieu, qui si grande et si angoisseuse le souffri pour nous, que il en eut tresperchié le cors et les menbres si vilment, et si à grant honte[3], comme chil qui fu desrakiés et mesaamés et crucefiés en milieu de deux larons et tout chou souffri-il pour nous, de son gret et de sa

[1] « Assasé. » (Ms. A.)

[2] « Si vilment et si povrement vestus com il estoient si lor demandait que ce signifioit; lors li respondit li fis Joseph qui estoit appelleis Josaphes et dist : « Rois! nous faisons cette pénitence petite par l'amor... » (Ms. 2455.)

Ici, ce Ms. semble être en défaut, car le mot « pénitence » aurait dû se trouver dans la bouche du roi, ainsi que le porte le Ms. du Mans et le Ms. A.

[3] « Comme chil qui fu destrachiés et mesamés » (Ms. A.) — « Comme cil qui fut déserechiés et mesaimés. » (Ms. 2455.)

volontet. Et quex serviches li porions nous douner[1]? Se nous souffrons à crucefier si comme il fist soi, ne ne li aurions-nous pas assés guerredounet; car il coumencha la bontet[2]. Et chil qui la bontet coumenche del plus haut au plus bas, çou est de Diu à houme, il est bien drois que il soit guerredounet. Chiertes mout seroit de mout boine eure nés qui cent fois porroit morir, et cent fois, morroit par couvent que sa mours[3] fust au plaisir et à la volontet au glorieus segnour, et que il tenist sa bontet à bien guerredounée; et[4] il est bien drois que il li soit guerredounet au double.

Quant li roys oï cheluy si bien parler, si demanda à Joseph, qui il estoit, et comment il avoit non. Et Joseph li dist[5]: « Sire, il est mes fiex, et si est

[1] Il y a peut-être ici une lacune corrigée aussi par le M. A.: « En quel serviche li porriens-nous mieus *rendre qui péust che serviche guerredouner?* se nous nous souffriemes à crucefier. »

[2] Le Ms. A. supprime « la bontet » et n'adopte pas la rédaction de celui du Mans qui semble cependant plus logique. Voici sa phrase qui est remarquable: « Car il commencha. La bontés commenche du plus haut au plus bas, ch'est de Dieu à home. Il est bien drois k'ele li soit guerredonée à double. » — Le Ms. 2455 continue ainsi: « A double; ensi nous convendroit morir .II. fois por nous meymes, sî nous le voliens sa bonteit guerredonneir. »

[3] « Par convent ke sa mors fust au plaisir... » (Ms. A.) — « Par covent que sa mort fuist à plaisir... » (Ms. 2455.)

[4] Phrase supprimée par les Mss. A. et F. puisque l'un et l'autre la placent plus haut. (Voir 5 de la page...)

[5] Le Ms. 2455, que nous appelons aussi F., commet ici une bévue, malgré sa logique ordinaire: « Sire il est mes fis et si

apielés par son non Josephes. » Et dist que il savoit tant que nus clers de son eage pooit savoir plus, et si parloit si bien et si biel comme il avoit oï. Lors apiela li roys un sien siergant, et se li coumanda que il hierbiergast Joseph[1] et sa compagnie à un moult riche ostel, et moult aaisiet. Si orent cheli nuit à moult grand plentet de moult boines viandes. Et si eurent moult bons lis que il avoient moult desiriers. Kar il n'i avoient géut onques puisque il avoient esté méut de leur osteus.

Ichi vous lairai de Joseph et de sa compagnie. Si vous dirons du roy Evalach, qui se gist en sa chambre moult pensis[2]. Et moult estoit entrepris de deux pensers ; li premiers estoit de sa tière desfendre viers les Egyptiens qui mout durement li avoient gastée et lui meismes desconfit et cachié de place. De chestui penser estoit si entrepris que en nule manière il ne savoit que faire. Anschois avoit moult grant paour que il ne perdist sa tière, et tout s'ounor terrienne, pour chou que si baron li estoient tout failli. D'autre part, estoit si pensis de çou que Joseph li avoit dit, que il

est apelleis Josaphes ; » et il li demandait se il savoit de lettres et Josaphes li respondit qu'il en savoit tant comme nulz cleres plus de son caige en pooit savoir. » — Ce n'est pas Josephes mais son père qui doit faire cette réponse ; le Ms. du Mans semble préférable ; il est confirmé par le Ms. A.

[1] « ... Que il herbergast Joseph el plus aaisié ostel de la vile et si gardast ke il ne li fausist nule riens, ni à lui ni à sa compaignie. » (Ms. A.) — « Ensi départirent celui jor et cil menait Joseph et sa compagnie en .I. moult riche hosteil et moult eaisiet, si horent. » (Ms. F.)

[2] « Moult pensieus. » (Ms. A.) « Moult cusencenous. » (Ms. F.)

le feroit venir, al deseure de tous ses anemis, et que il le feroit gaagnier la grant joie qui jà ne prendra fin, se il voloit son conseil croire; mais nule riens, tant i pensast, ne li pooit faire entendre [1] ne counoistre ne apierchevoir; primes à l'un et puis à l'autre pensoit. Se li avint une avision que il véoit en [2] miliu de sa maison, la couce d'un grant arbre, mais il ne pooit apierchevoir ques arbres chou estoit, ne de quel nature; de chele cose naissoient trois gyeton mout grant et moult haut et mout droit et si estoient tout trois d'un gros et d'un grant et d'une manière, mais que tant seulement que li moiens estoit couviers d'une laide escorche oscure. Et li autre doi l'avoient autressi clère comme cristaus.

Desous le premier giston à diestre si avoit gens de toutes manières, et de ches gens s'en partoient doi de lor compaignie, si s'en aloient jusques à une fosse [3], si saloient ens. Et cle estoit si laide et si noire

[1] Il paraît y avoir là une lacune dans le Ms. du Mans. — Voici la version du Ms. A : « Mais nule riens, tant i pensast durement, ne li pooit faire entendre comment li pères et li fiex et li sains esperis estoient trois persones et si n'estoit c'une seule cose. Et si ne pooit croire ke la virge éust conchéu et enfanté sans son pucelage maumetre. Iches deus sueles choses ne li pooit nus faire entendre ne connoistre. En dementières ke il pensoit à ches deus choses connoistre et aperchevoir primes, etc. » — Le M. F. est conforme ou à peu près au Ms. A.

[2] « En milieu de sa maison la choke d'un grant arbre. » (Ms. A.) — « La coisse d'un grant arbe. » (Ms. F.)

[3] « Qui estoit un peu loing. Et quant il venoient à la fosse, si saloient dedens. » (Ms. A.)

que nus n'en poroit tant dire que il n'en i éust encore plus. Qant chil doi estoient dedens, si couvenoit à fine force, que tout li autre alaissent après, et il y aloient tout et saloient ens li uns apriès l'autre, sans çou que nus n'en reparoit. Et qant il en iot tant sailli que la menre partie fu remese, si vinrent li un d'iaus qui remes furent, si coururent à l'arbre qui avoit la laide escorche, si le coumenchièrent à décoper tot environ. Et qant il eurent chou fait si ne s'en vaurent pas à tant souffrir. Anscois le dépéchièrent à tarères [1] ès quatre branches qui i estoient; et qant il eurent issi méhagnié que des plaies que il eurent faites environ que des pertruis que il i eurent fais as tarères, si s'en issi uns grans ruissiaus de sanc, si qui tout chil qui i estoient i péussent bagnier; tant que il pêchoia. Et qant il fu kéus, si ne remest onques riens de lui en la place, fors que seulement l'escorce dehors qui remest illuec, tout en un mouchel; mais li fons [2] dedens qui estoit plus biaus, et plus gens et plus clers que jou ne porroie dire ne sauroie penser, fist si grant saut au caoir, que il se lancha jusques dedens la fosse ù les gens qui i estoient kéu sunt. Et qant li roys le regarda, si vit l'arbre lanchiet fors de la fosse, si en trayoit [3] à lui moult grant partie de la gent qui dedens la fosse estoient et se tenoient as branches environ.

Après çou, revenoit li arbres en son liu et se reviestoit del escorce que il avoit devant éue. Mais elle

[1] « A tareles en .IIII. brankes. » (M. A.)

[2] « Li fruis dedens. » (Ms. A.)

[3] « Entrainnoit après lui. » (Ms. A.)

muoit[1] toute et devenoit si clère et si resplendissans, que nus hom qui devant l'eust esgardée, ne péust quidier ne croire que ce fuit ele. Après esgarda li roys que une partie des gens qui estoient remés de saillir en la fosse prendoient le sanc qui estoit à tière coulés, si en lavoient leur cors. Et maintenant que il estoient lavet, si cangoient tous jours leur samblances et leur figures. En une autre partie[2] prendoient les rains del arbre et les fuelles, si en dépéçoient une partie, et une autre partie en ardoient. Ceste merveille esgarda li roys moult longement et de grant merveille que il en ot, fu si esbahis, que il quidoit tout vraiement dormir, et que çou fust songes ke il véoit. Et qant il eut moult longement estet en cel quidier, si se tourna et retourna et apierchut vraiement que il veilloit et que il ne songoit mie et lors fu jà assé plus esbahis que il n'avoit devant estet, plus s'esmerveilla assés ques merveilles çou pooit iestre. Et qant il éut grant pièce penset, si esveilla un sien cambrelant[3] qui se gisoit devant lui ; en qui il se fioit moult, si se pensa que à cesti suel mousterra ceste cose et que jà autres ne li sauroit là ù il péust. Et qant il eut esweilliet moult coiement par çou que li autre ne l'oïssent, qui gisoient en tour, si le traist à une part[4] si le mena jusques près de la cambre, et qant cil le vit, si fu

[1] « Vivoit toute » (Ms. A.) N'y a-t-il pas une erreur de lecture et la version du Mans n'est-elle pas aussi celle du Ms. A. ?

[2] « Et l'autre partie prenoient les rains. » (M. A.)

[3] « Camberlenc. » (Ms. A.)

[4] « Si le mena jusques près des arbres. » (Mss. A. et F.)

si durement esbahis que il ne pot onques parler d'une moult grant pièce.

Quant li roys Evalach le vit si durement esbahit, si le prist par la main et si le coumencha à conforter et li dist que il n'éust mie paour, car de çou ne li pooit nus max venir ; lors se traist il meismes viers la couce, si prist deux cierges qui ardoient devant son lit, et si le porta très devant les trois arbres pour esgarder et pour connoistre de quel manière il pooient estre. Lors counurent bien que il estoient trois et que li moiens qui avoit eue la laide escorce naissoit del premier arbres, et li tiers si issoit de l'un et de l'autre. Et li roys esgarda en haut; si vit que cascune des brances avoit letres escrites les unes d'or et les autres d'asur. Et si disent les letres del premier arbre : « Chis fourme[1] ; » et li autres[2] secons avoient (les autres qui disoient) letres qui disoient[3] : « Chis sauve. » Et les autres del tier arbre disoient : « Cis purefie. » Et qant li roys le regarda, si vit que tout li trois arbre, venoient au une tive[4] et que ele estoit si soutix que nus ne péust deviser le commencement tant durement le regardast[5], et si estoit la tive si haute que nus hom, tant éust clère esgardeure, n'en péust mie la fin véoir, pour nule paine que il i mésist; mais tant estoit soutix li enlacemens des trois arbres que qant il estoit au roy avis

[1] « Chist forme. » (Ms. A.)

[2] « Li autres, » mauvaise transcription pour « li arbres » ? (Voir Ms. A.)

[3] « Avoit letres qui disoient. » (Ms. A.)

[4] « Venoient à une tige. »

[5] « I'avisast. » (Ms. A.)

que il les éust devisés tous trois vraiement l'un de l'autre et connéu, après li estoit avis que il ne véoit que une seule manière de fuelles et de fust et de fruit et que li trois arbres que il avoit devant devisés en trois coses n'estoient que une seule cose orendroit. Issi desdisoit içou que il avoit devant jugiet, et si estoit si esbahis que il ne savoit à quoi tenir [1] : ù del tout en tout à un arbre, ù del tot à trois, tant forment estoit esbahis et esmaiés.

En dementiers que il pensoit à ceste cose que il ne pooit connoistre del tout en tout, si regarda viers .I. mur d'une soie [2] cambre, dont li huis estoit de marbre séelés dedens le mur si soutivment que à paines péust iestre connéus ne apiercéus que il i eust wis ne feniestre, tant il éust [3] esgarder ententivement; ne il meismes ne quidoit mie que nus de sa maison le séust fors que il seulement. Et qant il regarda l'uis, si vit que uns petis enfés entroit dedens, qui moult estoit biaus et blons et si entroit en tel manière ke il n'ouvroit ne clooit tant ne kant; ansçois remanoit autressi clos com estoit devant chou que il i entrast. Et qant il eut .I. poi demouret, si revint huers isnielement, tout autressi com il estoit entrés sans l'uis ouvrir. Ne onques en nule manière

[1] Le Ms. A. ne donne pas la phrase suivante : « U del tout en tout..., etc. »

[2] « Vers un mur d'une siewe cambre dont li huis estoit de marbre, seelés... » (M. A.) — « D'une soie chambre dont li ux estoit de marbre, saieleis... » (Ms. F.)

[3] « Tant i seust-on esgarder ententieument. » (Ms. A.) — « Ke li huis n'ouvroit ne tant ne quant... »

ne parut que il i fust entrés ne issus. Et qant li roys vit ceste cose, si fu assés plus esbahis de ceste merveille que il n'avoit de toutes les autres. Car il quidoit que Dix ne autres ne péust dedens si fort huis entrer ne parmi si fort mur que en auqune manière n'i parćust. Lors coumença moult durement à penser li roys et ses cambrelens qui estoit avoec lui, fu si esbahis et si peureus que il n'osoit mot dire de la bouche ; ansçois gisoit tous esbahis à tière, autressi comme mors. Et li roys vint à lui, si l'enleva par la main destre, en haut, et se li dist se il avoit toutes ces merveilles véues et que il l'en estoit avis. Et chil regarda le roy si com il pot et qant il eut le pooir de parler se li dist :

« Ha! sire, mierchit, ne me metés plus en parole de nule cose, mais menés moi en tel liu que je ne voie autres merveilles com jou ai véues, car jou ne porroie vivre en nule manière pour ke jou lé véisse. » A tant le prist li roys, si l'enmenoit en une cambre pour coucier. Et toutes voies aloit pensant à la mierveille ke il avoit véue del enfant qui issi estoit entrés et issus de la cambre parmi le mur. Issi qu'il aloit pensant et esmerveillant dedens son cuer, coument çou pooit i estre avenut, si oï une vois qui li dist : « Evalach, de koi t'esmerveilles-tu ? autressi com li enfés est entrés dedens la cambre, voiant tes ex, et com il en est issus arrière sans l'uis ouvrir ne dépéchier, autressi entra li Sauvères du mont dedens le ventre à la virgène Marie, sans son pucelage maumetre ne empirier, et autressi s'en issi. »

Qant li cambrelens oï la vois parler, lors si par éut si grant paour que il ne se pot onques soustenir.

Ansçois cai tous pasmés à tière, et quida bien de voir que tous li palais caist sour lui, si grant escrois fist la vois kant ele parla. Et li roys meismes en avoit si grant paour que on n'en poroit dire la manière. Ne onques en tout le palais n'ot houme, ne chevalier, ne siergant qu'il ne s'esmierveillast [1], tel noi et tel escrois avoit [2] par le palais. Et qant il éurent demandét au roy que il ne trouvèrent [3] levet, ques cose çou pooit estre, si respondi li roys que çou avoit estet uns escrois de tounoire; et çou dist-il, pour çou que il ne voloit mie que nus d'iaus séust s'avision, se chil non qui il l'avoit moustrée. A tant s'en rala couchier li roys, et tout li autre se recouchièrent, mais li roys ne dormi onques de l'uel; ansçois li tardoit moult que li jours fust venus; car il parlast moult volentiers à Joseph [4] de cele avision qui li estoit aparue.

Or lairons à tant ester del roy, si dirons de Joseph qui se gist en son lit mout pensis et moult angoisseus del roy Evalach coument il le puist tourner à la créanche Jhésu-Crist; car il se pense que se il n'est ore mis el point de croire, il n'i sera jamais mis; car il a orendroit trop grant mestier de l'aide Jhésu-Crist [5] et del conseil as sages gens, pour çou que (*tout li mix de ses barons*) [6] il ne gardoit [7] l'eure que il éust

[1] « Qui ne s'en esvillast. » (M. A.)

[2] « Tel noise et tel effrois oïrent por le palais. » (Ms. A.)

[3] « Qui il trouvèrent levé. » (Ms. A.)

[4] « Privéement. » (Ms. A.)

[5] « Do l'aie de Dieu » (Ms. A.) « De l'ayde de Dieu. » (Ms. F.)

[6] Répétition. Voir trois lignes plus loin.

[7] « Ou la millour partie de sa terre ou toute. » (Mss. A. et F.

perdue le meillour partie de sa tière ù toute, pour chose que tout li mix de ses barons li estoient faillit à son grant besong [1]. De ceste cose estoit Joseph en moult grant pensée [2], tant que il ne povoit dormir de l'uel, ne ne faisoit se penser non. Et qant il éut grant pièce géu en tel manière que il n'éut dormi ne reposé, si sailli sus de son lit. Et si se coucha à la tière à nus genous [3], et li coumencha moult piteusement à souspirer del cuer, et à plourer des ex, et coumencha en ses plours, et en ses soupirs, une orison [4] (en tel manière que il n'éut dormi ne reposé, si sailli sus de son lit, et si se coucha a la tiere è nus genous), issi comme vous porés oïr.

« Biaus sire Diex, pères tous poissans, fontaine de confort, habondance de miséricorde qui désis au pule Israel, par la bouce Moyset ton saint menistre [5], ceste parole : « Israel [6] se tu vix faire çou que jou te « demanderai, tou n'establiras mie Diu nouviel, ne « aouerras mie Diu estrange, car jou sui li tiens « Dix que tu dois aourer, qui te geta de la segnourie « Pharaon, qui tenoit en siervage toi. »

« Biaus sire Dix issi comme çou est voirs que il n'est autres Dix que tu, et que on ne doit autrui aourer,

[1] « Par che que tous li mieus de son barnage li est failli à son grand besoing. » (Mss. A. et F.)

[2] « Estoit Joseph en si grant quisençon » (M. A.) — « Cusençon. » (Ms. F.)

[3] « A nus keustes et à nus genous. » (Ms. A.)

[4] Répétition.

[5] « Moysi son saint ministre. » (Ms. A.) — « Par la bouche Moysel ton saint prophète ministre. » (Ms. F.)

[6] « Ysaihel. » (Ms. A.)

issi voirement démonstre-tu ta grant poissance et ta grant miséricorde sour cest roy pécéour, et sour les autres de ceste citet, qui sont si desvoiet de véritet que il ne counoissent lour créatour, ansçois aourent les hymagènes de pière et de fust qui ne leur puent aidier, et il i ont mises lour créances que eles le desfendent de mal, et eles les mainent à la pardurable mort d'infer [1], qui tousjours lour duerra, s'il ne retournent à droite voie et à droite créance et reviegnent à vostre mierchit.

« Biaus sire, glorieus roys de totes coses, qui, pour sauver le monde qui périssoit, dégnas anggoisse de mort souffrir, en la crois ù jou te vi clousier [2]; sire, qui, par ta poissanche grant, me gietas sain et sauf de la prison ù jou demourai .XLII. ans, que onques n'i goustai de nule terrienne viande; glorieus sire, plains de toute pitet qui sauvas le roy Davit, ton siergant, contre Goulias le jaiant qui tant mal avoit fait à ton pule; sire Dix pardurables et sans coumenchement et sans fin, qui garesis [3] Daniel ton prophète en la fosse, ù il fu mis entre les lyons, qui, à la glorieuse Marie Madalaine, pardouna ses péchiés, en la maison Symon le liépreus qui [4], Susenain et Joachin garandis del faus tesmong que li doi varlet [5] portèrent contre lui; sire glorieus, pères esperiteus qui gietas les fix Israel de servage Pharaon,

[1] « D'infer qui tousjours, etc. » Cette fin de phrase n'est ni dans le Ms. A. ni dans le Ms. F.

[2] « Claufichié » (Ms. A.) — « Clofichieir. » (Ms. F.)

[3] « Garandis. » (Ms. A.)

[4] « Suzanne la femme Joachim. » (Mss. A. et F.)

[5] « Li doi viellart. » (Ms. A.)

et les passastes outre la mer Rouge à sec et qui tu les menas el desert, ù tu fesis plus pour iaus que il ne déservirent viers toi[1], ansçois te courouchoient pluisours fois et tu toutes voies les délivras de toutes tribulations et mésis lour anemis desous lor piés :

« Sire ! plains de miséricorde, issi vraiement que nous créons que tu ices coses fesis et que il n'est autres Dix que tu seus, si voirement envoies-tu hastiu[2] conseil au roy Evalach qui tant est desconseilliés péchières que il ne puet estre ramenés à la voie de véritet, se tu par ta grant poissance ne l'en envoies le corage et la volentet, par le raemplissement de ton saint esperit qui est consaus et confors as desconseilliés. Sire que désis tu à moi, qui sui tes siergans, quant jou issi de ma naitet[3] par ton coumandement que tu ne m'escondiroies de riens que jou te requesisse de bon cuer et de bone volentet pour cech que jou vausisse de cuer faire ton coumandement bien et loyaument. Or entent donques la proière que tes siergans, qui chi est, requiert à toi et si i met conseil selonc ta miséricorde et selonc ta haute poissance. Ne pour moi, biaus sire Dix, ne le faites mie; mais pour ton non essauchier et eslever ; et pour moustrer as gens que seus ies li tres haus

[1] « Car tu le raemplisoies de toutes iche chose que lor cuer desiroient et il ne se gardoient mie de toutes les doloiautés faire voiant toi, anchois te courchièrent.» (Ms. A.) — Le Ms. F. est à peu près semblable ; cette phrase manque tout à fait au Ms. du Mans.

[2] « Hastieu conseil » (Ms. A.) « Hastif conseil. » (Ms. F.)

[3] « Ma naété. » (M. A.)

Diex qui as pooir et segnourie sour toutes les créatures. Glorieus sires Diex, or est-il drois que tu rendes à sainte églyze chou que tu li as promuis. Car tu le dois essauchier et acroistre par tout le monde. Et il est orendroit bien tans et lieus que ele soit essaucié[1] et acréue et tes sains nons soit alevés en ceste biele citet desconseillié qui grant mestier a de conseil et d'aide. »

Ensi fu Joseph grant pièche de la nuit en plours et en orisons, et en proières et en lermes à genous tous nus[2]. Et qant il eut sa proière finie si oï une vois qui dist : « Joseph liève sus, car tes paroles sont oïes et recéues de ton créatour. Et bien saces de voir que li roys Evalac recevra ma créanche prochainement[3]. Car il a anuit véues une parties de mes démonstrances et de merveilleuses[4] et il t'envoiera le matin querre pour espiaurre[5] et pour deviser çou que il a anuit véu et oït. Et tu viens le matin tantost comme li aube aparra, et tu et ta compagnie, si m'en rendés proïères et orisons cascun endroit soi ; et si verrés un nouvel establissement que jou ne vous ai pas encore dounet. Car jou sakerrai[6] ton fil Josephe et le ferai si haut menistre comme pourvoire. Car jou li baillerai ma car et mon sanc en garde, et si en baillerai autretant

[1] « Soit aourés. » (Ms. A.)

[2] « Et en larmes et en orisons et en proières à keuste nus et à genous. » (Ms. A.) — « Enz cotes et enz genillons nus. » (Ms. F.)

[3] « Ke li rois mandra toi prochainement. » (Ms. A.)

[4] « Et de mes merveilles. » (M. A.)

[5] « Pour espondre » (Ms. A.) — « Pour despondre. » (Ms. F.)

[6] « Car je sacrerai. » (Ms. A.)

comme tu en despendis de la crois, qant tu m'enportas el sepulcre entre tes bras, qant tu m'éus osté del despit ù on m'ot mis [1].

« Ceste segnourie donrai-jou à ton fil Josephe. Et tout cil qui autretel ordre averont d'or-en-avant, le recevront de lui par toutes les tières ù jou menrai et toi et ta semence. » A tant laissa la vois à parler et si se téut. Et Joseph remest moult liés et moult joians de çou que il eut oï. Si s'en r'ala couchier, qant vint au chief de pièce, avoec sa femme Hélyab, mais il ne gisoient mie ensamble à guize de gens luxurieus; mais comme gens plaine de relegion ; car il ne jurent onques tant ensamble entr'iaus deus, puis cele eure qu'il issirent de leur païs, par le coumandement de Jhésu-Crist, que onques tele fragilités, dont tous li humains linages estoit concéus, ne les escofa tant que [2] ele, nule fois, les péust à çou mener que il soufrissent les caïtivetés del cors à avoir carnel compaignie ensamble issi comme nature le requiert ; d'icele manière n'estoient pas; ansçois estoient ansduis espris de la souvraine amour au Sauveour [3] (*lacune*, voir la note) Galaad lor daarain enfant par le coumandement

[1] Les Mss. A. et F. suppriment : « Qant tu m'eus osté del despit ùon m'ot mis. »

[2] « Les escaufast tant ke. » (Ms. A.)

[3] Il y a là une lacune dans le Ms. du Mans. Il faut rétablir le texte ainsi, d'après le Ms. A : « Anchois estoient ambedoi si espris de la souveraine amour au Sauvéour ke de chele partie ne lor pooit corage venir. Ne lors n'en orent-il mie corage quant ils engenrèrent Galaad lor darrain enfant. » — Le Ms. F. est à peu près pareil, cependant il porte : « Ne lors n'en horent miex coraige qant il engendroit Galaad lor dairien... »

de Diu nostre Segnor, qui lor coumanda que il apareillassent, de lour semence, un nouviau fruit de coi il aempliroit en avant la tière là ù il les vauroit mener.

Par celui coumandement, fu engenrés Galaad, et qant il fu engenrés, n'assamblèrent-il mie par convoitise que il éussent de nule luxure; mais pour acomplir le coumandement de nostre Segneur qui semence avoit coumandée à Joseph. De cestui Galaad, issi la sainte lignie dont li pluisour furent saint homme et religieus en lour vies, et essaucièrent le non nostre Segneur Jhésu-Crist à lour pooir et si hounourèrent[1] la tere de la bloie Bretagne, qui or est apielée Bretagne et Engletierre et les autres contrées environ, de lour pressieus cors qui i reposèrent, issi comme ceste estore le contera ès paroles qui chi après vienent. Or parlerons de Joseph : si lairons atant de ses hoirs ester jusques à tant que il soit lius et tans que on doive conter d'iaus.

Si dist li contes que, au matin, si tost comme Joseph vit l'aube aparoir si vinrent tot ourer devant l'arce[2]. Qant il furent levet et apareilliet, et qant il furent tout venut devant, si oïrent un grant escrois qui vint d'en haut ; et qant il oïrent l'escrois, si sentirent la tière trambler desous iaus moult durement. Ichil lius ù il estoient herbergié et il ouroient, si estoit uns

[1] Le Ms. A. met aussi « hounerèrent »; mais le Ms. F. dit : « ensi en horent la tière de la boie, etc. », évidemment à tort, car le sens veut le verbe *honorer*.

[2] « Si vinrent tout orer devant l'arche. » (Ms. A.) — « Aoreir. » (Ms. F.)

palais, qui estoit apielés li palais espériteus. Et cestui non li avoit mis Danoiaus le prophète, qant il repairoit de la bataille Nabugordenosor le roi [1], qui l'avoit pris entre les autres juis, qant il l'enmena [2] en Babiloine. En cel repaire, passa Daniaus par cele citet, et qant il vint el palais, si vit escrit en la porte letres de carbon en ébriu [3]; et disoient que cil palais ert espériteus [4]. Chil nons fu acoustumés à dire si c'onques ne kai et tant com li palais sera en estant sera-il apielés espéritues. Mais devant chou que Joseph fu herbergiés, n'avoient-il encore oït chil de la vile onques ne seu pour koi estoit apiélés issi et lors le seurent-il coument et par quel raison chou fu [5].

Quant la tière eut crollé de desous les crestiens qui el palais estoient en orisons, issi comme vous avés oït, si descendi li sains esperis tantost laiens, et vint en samblance d'esperit [6] uns rais de fu par devant cascun d'iaus. Et li uns regardoit l'autre à grans merveilles; si véoit li uns que li rais del fu entroit à l'autre parmi la bouce; ne ne disoit nul mot nus d'iaus; ansçois

[1] « Et cheste non li avoit mis Danyel li prophète quant il repairoit de la baillie Nabugodonosor le roi. »

[2] « En Babyloine. »

[3] « Si escrit en la porte lettres de carbon en ebrieu. » (Mss. A. et F.)

[4] « Ke chil palais seroit apiélés li palais esperiteus. » (Mss. A. et F.)

[5] « Et lors le sorent-il, si ores comment. »

[6] « En semblance d'espart. » (Ms. A.) — « En semblant d'un rais de feu, enci com un sosflemans de vent doulz et sueif. » (Ms. F.)

quidoient estre tout enfantosmé pour le fu que il véoient qui lor entroit el cors. Ensi furent grant pièce que nus d'iaus ne dist mot de la bouce, tant durement estoient esbahit. Tant que il virent par laiens[1] autressi com uns soufflement douc et souef qui rendoit si grant oudour que il lour fu avis que il fuissent en toutes les boines (espices) del monde.

Après la venue d'icel boin vent, si oïrent une vois qui palla en haut à aus, issi comme vous porrés oïr, et leur dist : « Escoutés moi, mi nouvel fil, jou sui nostres et vostres pères esperitues[2] qui vous ai kalengiés et gaaigniés encontre tout le monde par ma char que jou souffri à desrompre et à dépéchier pour vous racater et mon sanc que jou i voel espandre. Et pour çou que je vous ai si grant amour moustrée, que je vous racatai de ma char et de mon sanc, çou que nul pières teriens ne fesist jà son fil, pour ce, me devés vous bien samblant que vous m'amés de gregnour amour que nus fiex terriens n'aimne son père. Or, escoutés dont que Diex vostres sires et vostres pères vous dira.

« Entent chou, crestiens, tu qui es nouviaus pules[3] au vrai crucefi, jou t'ai tant amet et tenu chier que jou ai mis en toi mon saint esperit que jou ai envoié en tière pour l'amour de toi, de lassus ù il estoit en la haute gloire de mon chier père, qui jà ne faurra. Jou

[1] « Tant qu'il vint par laiens... » (M. A.)

[2] « Je sui Diex nostres sires, vostre pères esperiteuls... » (Ms. A.) — « Je nostres Deus et vostres sires... » (Ms. F.)

[3] Ce passage est obscur dans les Mss. A. et F. : « Enten cha crestientés, tu qui es nouviaus pules... » (Ms. A.) — « Entant ta cristienteit, tu que vues estre novialz puples. » (Ms. F.)

t'ai mis en gregnor hounour et en gregnour segnourie, que te anciseur ne furent ès desers ù jou lour dounai, .XL. ans, tout çou que lour cuer desiroient ; mais encore ai-jou plus aaisiet toi que il n'estoient [1]. Car jou t'ai dounet mon saint esperit dont je ne lor fis onques don ne baillie. Or garde donques que tu ne traiesà lour félonnies, car jou lour fis tous les biens et il me fisent tous les maus. Car pour ce, se il me faisoient hounour de la bouce, il ne m'amèrent onques de cuer et si le me moustrèrent bien en la fin. Car jou les veñoie semonre et apieler à ma grant fieste et à ma grant joie de mes noeces que jou volois faire de moi et de sainte glyse et il n'i daignièrent venir, ne onques ne me vaurent counoistre, qui tous les biens lour avoies fais. Et pour chou que jou vint pourement entr'iaus, si disent que lour Dix n'estoie-je mie. Et si ourent si grant despit de çou que jou osai dire que jou estoie lour Dix, que il me prisent maintenant comme larron en repost et si desrompirent ma char [2], et si desrompirent mes menbres et mon cors. Pour les grans hounours que jou lour avoies faites me rendirent-il guerredon d'escopir et de busfier [3], et pour les doul boires que jou lour avoies dounés ès désers, me dounent à la crois [4], le plus vil boire et le plus angoisseus que il péurent trouver.

[1] « Mais encore te tien-jou à plus aaise ke il n'estoient. » (Ms. A.)

[2] « Si me desrompirent ma char et perchièrent mes membrens et mon cors. » (Ms. A.)

[3] « Guerredon d'escopir et de bufoier. Et pour les doux boire. » (Ms. A.) — « Et pour les doulx boivres. » (Ms. F.)

[4] « Me donèrent-il en la croix. » (Ms. A.)

« Après tout çou, me dounèrent la mort et jou lour avoie dounet la terrienne vie et la pardurable lour proumetoie ; issi trouvai chiaus, del tout en tout, fillastres felons et crueus, à qui jou avoie esté tousjours dous pères ; mais gardés-vous bien que vous ne soiés samblant à la felenesse lignié[1]. Car bien devés avoir cangié la manière de chiaus de qui vous avés cangiet la vie. Se vous vous contenés[2] comme loyal pères et débonaires et si ferai plus pour vous que jou ne fai pour mes prophètes, qui si m'ont siervi, cha en arière, de bon cuer et de boine volentet. Car s'il éurent mon saint esperit avec iaus, ausi l'averés-vous. Et si autres encor autre cose[3], car vous m'aurés cascun jour[4] en vostre compagnie corporelment[5] en tière[6] avecques mes apostres qui moult m'aimèrent. Mais or soiés fermement créant, car jou vous garderai et conduirai par tout ù que vous ailliés ; mais

[1] « Semblans az fellenesses ligniées. » (Ms. F.)

[2] Le Ms. du Mans offre encore ici une lacune préjudiciable au sens ; il faut rétablir celui-ci d'après le Ms. A. : « Se vous vous contenés vers moi comme mi loial fil, je me conterrai vers vous comme vostres débonaires pères. » — Le Ms. F. modifie légèrement : « Je ne m'entenrai vers vous comme loialz pères. »

[3] « Et si aurez encore autre chose. » (Mss. A. et F.)

[4] La version du Maus est préférable à celle du Ms. A. qui porte : « Car je morrai corporelment chascun jour en vostre compaignie. »

[5] Mais après les mots « vostre compagnie, » il y a encore une lacune fâcheuse ; ajoutez « tout autresi com jou estoie corporelment en tière. » (Mss. A. et F.)

[6] Les Ms. A. et F. ne contiennent pas ce qui suit jusqu'à : « Mais tant i aura de diférence... »

tant i aura de diférence que jou estoie véus en tière; mais or ne me verres-vous mie en tel samblance. »

C'est ci si comme nostre sires ordena Josephe à eveske (en rubrique).

« Or vien avant, Josephe, li miens siergans; car tu es dignes d'iestre ministres, et de si haute cose avoir en ta baillie comme est li cars, et li sanc de ton Sauveor. Car jou t'ai esprouvé et counéu plus net et plus mondet que tous naturex péchiés, que nule mortex cars ne poroit penser, et pour çou que jou te counois et sai que tu ies miex que tu ne fais meismes, car jou te sai vuit et mondé d'envie et quite d'orguel et net de toute felonnie et sanz[1] partie de toute luxure et plains de tote castée, pour çou, voel-jou que tu recoives, de ma main, le plus grant hautece[2] que nus hom mortex péust avoir, ne nus de tous les autres ne les recevra de ma main le plus grant haltece que nus hom péust avoir, ne nus de tous les autres[3] fors que toi seulement; ansçois l'auront de toi, cil qui désormais l'auront. » A tant se traist Josephe avant moult tramblant et moult peureus, et coumencha à trambler et à plourer moult durement et à rendre grasses à son créateur, qui l'apiela à si grant honor recevoir, de coi nus hom morteus ne pooit estre dignes par sa désierte que il onques éust faite, selonc son avis, se Dix seulement, par la soie grasse, ne li otroioit. Et qant il fu venus

[1] « Et sans partie de toute luxure. » (Ms. A.) — « Et senz partie. » (Ms. F.)

[2] « Hauthoche. » (Ms. A.)

[3] Lacune. « Ne l'avera de ma main. » (Ms. A.)

jusques à l'arce, si dist nostres sires : « Oevre l'uis[1] et si ne soies mie esbahis de çou que tu verras. »

Lors ouvri Josephe l'uis de l'arche à mout grant dotance et à moult grant paor ; et qant il l'éut ouvert, si vit .I. houme viestu dune reube plus rouge et plus hideuse à cent doubles que n'est foudres ardans[2], et li piet estoient tout autretel et ses mains et ses visages[3]. Et entour cel houme estoient cinq angle tout viestu d'autretiex reubes et d'autretix samblans ; et si avoit cascuns d'iaus six eles qui sambloient que ele fuissent de fu ardant. Et cascuns d'iaus tenoit[4] en sa diestre main trois claus sanglens, si que il estoit avis que li sanc dégoutast encore tous viermaus, et li tiers angles tenoit, en sa main destre, une lance dont li fiers et li hanste étoit toute sanglente, autresi jusques par là ù li angles le tenoit enpungnié ; et li quars angles tenoit tres devant le viaire à l'oume rouge, une esponge toute droite qui estoit autressi tainte de sanc de l'un chief jusques à l'autre,

[1] Dans le texte anglais, Dieu ne dit pas « uvre l'uis, » mais seulement : « Si ne soies mie esbahis de chou ke tu verras. »

[2] « Que n'est feus ardens. » (Ms. F.)

[3] « Et ses viaires. » (Ms. A.)

[4] Le Ms. du Mans offre encore ici des lacunes regrettables. Il faut rétablir le texte d'après le Ms. A. : « Et chascuns d'aus tenoit en la senestre main une espée toute sanglente. Et li premiers tenoit en la main destre une grant crois tout sanglente. Mais que chose fust à counoistre de quel fust la croix estoit. Et li angeles secons tenoit en sa main destre trois claus... » — Le Ms. F. est semblable ou à peu près... « Mais griés chose fuist à cognoistre de keil fuist la crois estoit. »

et li quins angle tenoit en sa main une manière de corgies toutes sanglantes, qui sambloient iestre faites de verghes torses loiés ensamble. Et cascuns de ces angles tenoit en sa main (une manière de corgies et[1]) un rolle ù il avoit letres escrites qui disoient :

« Çou sunt les ames[2] par coi li gugières, qui chi est, vainqui la mort et destruist. » Et chil hom entour qui li angle estoient, s'avoient escrit[3] enmi le front, hebriu letres blances, qui disoient : « En ceste samblance venrai-jou toutes coses jugier au felon jour espoentable. » Issi disoient les letres. Et si estoit avis que des piés et des mains couroit sanglente rousée tout contreval juskes à la tière, et sambloit que ele estoit toute vermeille. Et li sambloit à Josephe et estoit avis que l'arce fust bien à quatre doubles plus lée que ele ne sambloit estre. Car li hom que il véoit estoit dedens[4] et li cinq angle. Si en fu si esbahis de la merveille que il véoit que il ne savoit que dire. Ansçois s'entorna[5] viers tière, si coumencha moult durement à penser. Ensi com il pensoit tos enclins, la vois l'apiela et il esgarda ; si vit cel home crucefiet en la crois que li angles tenoit et les claus que il avoit véut tenir à l'autre (tenir), vit es piés del

[1] Ce qui est entre parenthèses est un lapsus du scribe.

[2] « Che sont les armes par quoi li jugières .. » (Ms. A.)

[3] Pour « Si avoit escrit en mi le front en hebrieu de lettres blanches... »

[4] Le Ms. A. est semblable au Ms. du Mans, mais le Ms. F. complète l'idée : « Car li hons qu'il véoit dedens estoit toz fornis com altres. »

[5] « S'inclina. « (Ms. A.)

home et ès mains, et si vit que li esponge[1] li estoit apoié au menton et il sambloit moult bien hom qui à cel eure fust en angoisse de mort.

Après esgarda Josephe, si vit que la lance que il avoit véue en la main au tier angle estoit fichié très parmi le costet d'icel houme crucefiet, si en degoutoit tout contreval la hanste que il avoit véue, uns ruisseles, qui n'estoit ne tous sans ne tous aigue et nepourqant il sambloit iestre de sanc[2]. Et desous les piés au crucefi vit icele esquiele que Josephe ses pères avoit fait aporter en l'arce, se li estoit avis que li sanc des piés au crucefi dégoutoit en cele esquiele, et que ele estoit jà priès que plaine. Si sambloit à Josephe quéle vaussit vierser et que li sanc en déust espandre. Après, li estoit avis que li hom vausist quéoir à tière et que li doi brach li estoient jà escapé des claus, si que li cors s'envenoit à tierre le tieste desous[3]. Qant il vit çou, si vaut courre avant pour lui redrechier. Et qant il dut metre le piet dedens l'arce si vit les cinq angles à tout lour espées à l'entrée de lour huis. Si tendoient li trois, encontre lui, les pointes des épées et li autre doi levoient les lour en haut et faisoient samblant de lui férir. Et il ne laissa onques pour çou que il ne vausist, outrepasser tant desirroit, à redrechier celui que il créoit que il estoit ses Dix et ses sauvères. Et qant il vaut metre l'autre piet dedens si ne pot ; ansçois l'en couvenoit

1 Le Ms. F. adopte ici une singulière version : « Et si vit que li poitrine li estoit apoiée à menton. » — Le Ms. A. met le mot « esponge » comme le Ms. du Mans, et avec *raison*.

2 Le Ms. A. ajoute « et d'iaue » ; — le Ms. F. « et de awe. »

3 A tière les piés desus et la teste desous. »

arester. Car on le tenoit si fort derière par les deux bras que il n'avoit nul pooir d'aler en avant. Et il se resgarda, si vit que doi angle le tenoient cascuns à une main et à l'autre main tenoit cascuns une ampole. Et en l'autre un censier et une boiste. Et Joseph ses pères qant il le vit esgarder arière, si s'esmerveilla moult de çou qu'il éut tant estet à l'uis de l'arce sans plus faire ne dire, et quel cose il pooit avoir tant esgardée. Et lors se leva Josephs de là ù il estoit en orisons, si ala viers son fil. Et qant Josephe le vit près de lui, si tendi sa main encontre et coumencha à crier.

« Ha ! biaus pères Josephs, n'atouce pas à moi que tu ne me toillis la grant gloire ù jou sui. Car jou sui si enluminés des esperitueus démoustranches, que jou ne sui mais en tière. » Qant Josephs oï ceste parole, si fu si angoisseus et si espris d'icele merveille véoir, que il n'i esgarda onques desfense, ansçois se laissa devant l'uis de l'arce quéoir à genous, et il esgarda. Si vit dedens l'arce, un petit autel couviert de blans dras, et pardesus tous les blans dras, si avoit un moult rice drap vermeil et moult biel autel comme samis. Desous cel drap vermeil, esgarda Joseph et vit qu'il i avoit trois claus tous dégoutans de sanc et une lanche de fier toute sanglante à l'un des chiés de l'autel ; et à lautre chiés, estoit li esquiele que i avoit aportée et en miliu de l'autel, si avoit un moult rice vaissiel d'or, en samblance de hanap et un couvercle deseure qui estoit d'or autressi; ne le couvercle ne pooit-il mie légièrement véoir à delivre, ne çou que il avoit desous. Car il estoit couviers desus d'un blanc drap si que on nel pooit véoir, ke par devant. Et tout outre l'autel vit une main molt biele qui tenoit une crois toute vermeille. Mais celui dont li mains estoit ne vit-il mie. Et si vit devant l'autel deux mains qui tenoient deux chierges, mais il ne vit mie le cors dont les mains estoient.

En dementiers que il esgardoit issi laiens. Si escoute, si oï l'uis d'une cambre moult durement flatir. Et il tourne ses ex viers la cambre, si en vit issir deux angles, dont li uns tenoit un orcuel[1] tout plain d'aigue, et li autres tenoit un giéteoir[2] en sa main diestre. Et apres ches .II. venoient .II. autres qui portoient en lour mains deus grans vaissiaus d'or autreteus comme deux bachins. Et à lour caus[3] avoient deux touailles qui estoient de si grant bontet comme cheles que onques hom mortex n'avoit bailliés. Et qant li doi furent fors issut de la cambre, si en issirent troi autre après qui portoient .III. encensiers d'or enluminés de rices pières pressieuses, si que il sambloit, pour voir, que il fuissent tout espris de fu ardant. En l'autre main, tenoit cascuns d'iaus une boiste plainne d'encens et de mirre et de maintes autres pressieus espesses, qui rendoient laiens si douce odour que il estoit avis que la maisons[4] estoit trèstoute plaine de la plus douce odour que nus hom éust onques sentie.

Après, en vit issir un autre qui avoit letres en son

[1] « Orchuel. » (Ms. A.)

[2] « Jetoir. » (Ms. A.)

[3] Le Ms. A. met aussi « caus » ; mais le Ms. F. dit « et à lor colz. »

[4] Il y a là une répétition ; le Ms. A. dit seulement : « Ke la maisons en fust toute plaine. »

front escriptes, et si disoient : « Jou sui apielés force del très haust segnour. » Ichil portoit sour ses mains un drap autressi verdoiant com esmeraude. Et sous cel drap estoit mise la sainte esquiele. Et en costé d'icelui angle viers destre[1] en avoit un teuste c'onques si rices ne si biaus ne fu véus par ieus de nul homme tierrien, se chil meismes ne fu. Et deviers seniestre en avoit un qui portoit une espée dont li poins estoit d'or et d'argent[2] et toute l'alemele[3] estoit autressi vermeille com est uns rais de fu embrasés. Et qant chil troi estoient issut hors, si venoient devant iax, trois autres qui portoient trois cierges ardans et si estoient li trois cierge de toutes les coulours que mortex langue porroit noumer. Après esgarda Josephs, si véoit issir huers Jhésu-Crist en autretel samblant com il li aparut en la cartre ù il estoit emprison, qant il fu issus del sépulcre et en cors et en esperit au jour de la résurection.

En ceste samblance le vit Joseph venir fors, mais que di tant seulement que il avoit ore viestus tous les viestemens que priestres doit viestir qant il veut faire le sacrement nostre Segneur. Et li angles premiers qui portoit le giéteor puissoit en l'aigue[4] et

[1] « Vers senestre en avoit .I. qui portoit un texte que onques. » (Ms. F.) — Le Ms. A. maintient : « destre et teste » du Ms. du Mans ; mais rétablit aussi : « .I. qui portoit », mots nécessaires.

[2] « Dont li poins estoit d'or et li hendure d'argent. » (Ms. A.) — Le Ms. F. donne : « Dont li pons estoit d'or et l enhoudeure d'argent. »

[3] « Toute l'alumele. » (Ms. A.) — « Toute li alemelle. » (M. F.)

[4] « Puchoit en l'iaue. » (Ms. A.) — « En l'awe. » (Ms. F.)

si alloit gietant par desus les crestiens qui estoient laiens, mais nus d'iaus tous ne véoit celui qui l'aigue dégotoit, ne mais que Josephs seulement et Josephe ses fix. Ichil doi le véoient tout apertement. lors prist Josephs son fil par la main et se li dist : « Biaus fiex, counois-tu encore ne apierchois que chis hom est, qui si biele maisnie maine en sa compagnie, et va si hounouréement? » Et Josephe li dist : « Biaus pères, jou sai de voir que çou est chil de qui David dist el sautier, en un vier [1], que Dix a coumandet à ses angles que il le gargent par tout les lix ù il ira, ne nus hom ne porroit tant siervis ne si hounourés par angles, coument il estoit seulement.

A tant passa toute la compagnie par devant iaus ; si alèrent environnant tout le palais dedens, et par tout là ù il aloient gietoient li angle l'aighe au giéteour. Et qant il venoient devant l'arce se n'i avoit nul d'iaus [2] qui n'enclinast à Jhésu-Crist avant et puis l'autre après. Et qant il orent environnée toute la maison par dedens [3] l'arce, lors apiela nostre sires Josephe. Et Josephe li respondi : « Sire veeschi vostre siergant tout apareilliet de faire vostre volentet. » Et nostres sires li dist : « Ses-tu que ceste aighe sénefie que tu as véue espandre par chaiens [4] ? Naitoiemens des lieus ù li mauvais esperis a converseit ; car ceste maisons a esté tousjors habitacles au diable. Si doit

[1] En un vers. (Ms. A.) — « Estre » omis. (Mss. A. et F.)

[2] Ici le Ms. F. omet : « Et qant il renoient devant l'arce se n'i avoit nul d'iaus. » — Le Ms. A. est pareil au Ms. du Mans.

[3] Le Ms. du Mans omet en cet endroit les trois mots : « Si revinrent tout devant. »

[4] « Che est. » (Ms. A.) — « Ceu est. » (Ms. F.)

avant estre mondée et netoié que mes siervices i soit fais. » (Et Josephe li dist : « Sire en quel manière puet li aighe espurgier[1].) Et nepourqant el est toute mondée et espurgié dès que li sains esperis y descendi que jou t'envoiai. Mais jou l'ai arousée de ceste aighe pour çou que jou voel que tu faces autressi par tous les lius ù mes nons devra estre apielés, et mes siervices fais. » Et Josephe li dist : « Sire en quel manière puet li aigue espurgier si ele n'est avant espurgié? » « Tout autreteil bénéichon, dist nostres sires, feras en l'aighe del purcfiement u en l'aighue del bautisement; car tu i feras le signe de la grant raençon, chou est li signes de la vraie crois, et si diras que ce soit el non del père et del fil et del saint esperit. Et qui aura créance en la force de ceste bénéichon, jà mauvais esperis n'abitera en liu ù ceste aigue soit espandue Car toutes les paours al dyable si est, en oïr, le conjurement de la sainte trinitet, et en véoir, le signe de la croix. Pourquoi sa piestés[2] fu destruite et pour çou le t'enseigne-jou et di que tu le faces ensement. »

« Desormais, dist nostres sires à Josephe, voel jou que tu recoives la hautèçe[3] que jou t'ai promise à avoir, çou est li sacremens de ma char et de mon sanc ; si le vesra tous mes pules apiertement. Car jou voel que il te soit tiesmoing devant roys et devant

[1] Il faut ici supprimer la phrase : « Et Josephe li dist : « Sire en quel manière puet li aighe espurgier » qui se retrouve plus tard à sa place.

[2] « Sa poëstés. » (Ms. A.) — « Sa poësteit. » (Ms. F.) — Le Ms. A. ne donne pas la fin de la phrase : « Et pour çou le t'ensegne-jou... »

[3] « La flor de la haltesse. » (Ms. F.)

contes que il ont véue la sainte anontion[1] et que jou ai mis sour toi le serviche pour toi establir souvrain pastour, apriès moi, de mes nouvieles brebis garder; çou est souvrains envesques de ma nouvieles loy garder, çou est de crestienté. Et tout ensi comme Moyses mes nouviaus[2] siergans menistres et conduisierres des fiex Israel par le poësté que jou li avoie donée, tout autressi seras-tu garde de cest pule; car il aprendront de la toie bouce coument il me devront siervir, et coument il maintenront la nouviele loy et garderont ma créance. » Lors prist nostres sires Josephe par la main diestre, si le traist près de lui, si que tous li pueples des crestiens qui laiens estoient, vinrent apertement la samblance de lui, et les angles qui estoient environ lui[3]. A tant ès-vous que uns hom vint devant l'arce, tous chenus; si aportoit sor son col, les plus rices viestemens que nus hom tierriens éust onques viestus, et après celui issoit uns autres qui estoit biaus à mierveilles et de moult biel aage; si portoit en son poing une crois[4] et en l'autre main une mitre toute blance et la crois estoit toute blanche autressi et la hanste toute vermeille. Qant chil doi furent venut fors, si viestirent

[1] « Qu'il ont véue la sainte ennonction. » (Ms. F.) — « Enunction. » (Ms. A.)

[2] « Mes loiaus sergans menères et... » (Ms. A.)

[3] Les Mss. A. et F. suppriment : « Et les angles qui estoient environ lui, » mais ajoutent : « Et si véoient tout comment Josephes estoit en estant devant lui et comment il faisoit le signe, sour lui, de la crois. Et quant il éut esté une pièche devant lui, à tant ès-vous... »

[4] « Une croche. » (Ms. A.) — « Une crosse. » (M. F.)

Josephe tous les viestemens : les cendales premièrement, et puis les autres coses que il convient à envesque. Et qant il fu viestus, si l'asissent en une caïère qui estoit illuec toute appareillié par la volontet nostre segnor, qui de toutes les coses le voloit esfalchier[1].

Ceste caïère estoit de si grant hautèce[2] que onques nus hom qui le véist ne séut à dire chertainement de coi ele porroit estre. Et tout chil qui faisoient orieures[3] dont il le vinrent puis véoir maint, qui disoient que entour le monde n'avoit manière de rices pières dont il n'éust en la caïère ; et çou dient encore chil qui le voient, car ele ne fu onques puis giétée fors de la chité. Anscois fu puis tenue par saintuaires[4] tousjours, puisque Josephe s'en fu partis, ne onques puis hom ne s'i assist, ki n'en fust levés tos mors, u ke il ne mahagnast del cors, anscois ke il en fust levés. Et puis, en avint-il si biaus miracles kant la chités fu prise par un roy de Sarrasins ki guerrioit la tère. Et qant il éut trouvée la kaïère et il le vit si rice, si dist que il le prisoit plus ke toute la chitet, et dist que il l'emporteroit en Égypte dont il est roys, si[5]

[1] « Qui de toute chose le voloit aaisier. » (Ms. A.) — « Aaisir. » (Ms. F.)

[2] « De si grant rikeche. » (Ms. A.)

[3] Le mot « orieures » pour « œuvres d'orfévrerie » est assez curieux. — Le Ms. A. met « les riches œures. » — « Les riches endores. » (Ms. F.)

[4] « Saintewaire. » (Ms. A.)

[5] « Et si sairait dedens toz les jors. (M. F.)

seroit ens tous les jors que il porterait couronne. Et qant il l'en quida porter, si ne pot [1], car il ne le pot onques movoir, ne il, ne nus hom ne le pot ains remuer de son liu u ele estoit; et il dist ke, toutes voies, seroit-il [2] dedens puisque il emporter nel pooit. Et maintenant que il i fu assis, si emprist nostres sires si grant venjance ke ambedoi li oel li volèrent de la tieste. Ensi demoustra nostre sires que çou n'estoit pas caïère ne sièges à houme mortel, se à celui non [3], qui il avoit appareillé. Et maintes autres vertus i demoustra-il, dont li contes ne parole mie chi endroit, mais lors qant liex en sera et tans, chà avant [4]. Et kant Josephes fu assis en la caière si vinrent tout li angle devant lui. Et nostres sires l'enoinst et sacra en tel manière con doit envesque sacrer et enoindre, si que tous li pueples le vit apiertement. Et cele enonsions dont il fu oins si fu prise en la lampe que li angle portoit qui le prist et traist par les espaulles, qant il vaut entrer dedens l'arce, si comme vous avez oït chà en arière. Et de cele onction meisme furent enoint tout li roy dès que la crestientés vint en Engletere juskes au tems Pandragon [5] qui fu pères le roy Artu, de qui chi qui content les aventures ne

[1] Phrase embarrassée; le Ms. A. simplifie : « Si ne le peut onques nus hom remuer de son lieu où ele estoit. »

[2] « Serroit-il » — « Sairoit-il. » (Mss. A. et F.)

[3] « Pour qui. » (Ms. A.) Le Ms. du Mans supprime volontiers les prépositions; les Ms. A. et F. plus récents, croyons-nous, les rétablissent.

[4] « Qant li leus vendrait et le tempz; ains retornerons à nostre primière mathière. » (Ms. F.)

[5] « Jusqu'à Uter Pandragon. » (Mss. A. et F.)

sevent mie très bien par coi il fu apielés Pandragons en sornon. Car çou set-on bien que il eut à non Uter en bautesme, mais l'estoire de cest livre le dira chà avant tout esclariement pour qoi il fu ainsi apielés, et coument ichele onctions fu pardue qant il dut estre premièrement coronés.

Qant Josephes fu enoins et sacrés, issi comme vos avés oït, se li mist nostres sires la croce en la main et la mitre en la tieste. Et se li mist[1] el doit un aniel ke nus hom mortex ne porroit contrefaire, ne la force de la pierre deviser. Et qant il éut de toutes coses issi atourné, comme vous avés oï, si l'apiela et se li dist : « Josephe, jou t'ai sacré et enoint à envesque, si hautement comme tu as véut et mes autres pules ki est chi. Or te dirai que chist viestement sénéfient ke tu as viestus, car nus n'es doit porter, se il ne fait chou ke la sénéfiance requiert : cil sauller ke tu as cauchiés sénéfient que tu ne dois faire nul pas en vain[2], anscois dois tes piés tenir si que il ne voisent en nule ordure de malisse[3], mais en orisons et en préechemens et en conseil douner as desconseilliés. En tel manière dois tu travcillier tes piés. Kar jou voel ke tu aies part en l'escripture ki dist li hom est bonséurés, ki ne veult estre consenterres del conseil as felons et qui ne veult

[1] « Si li mist el doit un anel dont nus hom morteus ne porroit l'euvre contrefaire. » (Ms. A.) — « Dont nulz hons morteilz ne poroit contrefaire l'endore. » (Ms. F.)

[2] Le Ms. A. supprime : « Que tu ne dois faire nul pas en vain. »

[3] « Tenir tes piés si nés ke il ne voisent en nule œuvre de malice. » (Ms. A.)

porter ses piés par là ù li desloyal et li peceor aloient et qui ne sist mie en la caïère de destruiement[1]; mais il mist se volentet et sa force toute en parfaire le coumandement de la loy nostre segnour ; et en cheste cose furent tout si penser par jour et par nuit : en tel manière doivent aler ti piet, kar il ne doivent faire jà nul pas sans porfit ; après te dirai des autres vestemens. Chil ki tu as viestu desus ta cote sénéfie caasté. Car chou est une virtus par koi l'ame, kant ele se partist[2] del cors, s'en va blanche et nete et si s'acorde à tous les biens de l'ame, çou est à toutes les virtus qui i sunt.

« Ensi dois-tu premièrement caasté avoir dedens toi, pour faire de li le fondement as autres virtus édifier; l'autre viestimens desus celui, est autresi blans et sénéfie viginitet. Et tout autressi comme virginités ne puet estre en nul lieu, ke castées ne soit en sa compagnie, tout autressi nus prestres ne doit viestir celui desus, ke il n'ait avant viestu celui desous. Cil autres viestimens dont li chiés est couvers, sénéfie humilitet, ki est contraire à orguel, car orguex siuent aler tous jours fièrement tieste levée, mais humilités va doucement et souef, le chief enclin. Non pas autressi comme fist li phariseus, el temple, qant il oroit qui dist : « Biaus sire Dix, jou te rens grasse et mierchi de çou que jou ne sui mie autressi desloiaus comme sunt mi autre voisin, » mais autressi comme

[1] « Et qui ne sest mie en la chaière de destenement, non autrement atreci doit aleir li prestres en grant humiliteit, le chief enclin. » (Ms. F.) — Le Ms. A. ne donne pas cette fin de phrase.

[2] « Quant ele départ del cors. » (Ms. A.)

li popelicans qui n'osoit mie resgarder neis[1] tel paour avoit de çou que Dix ne se courechast de çou qu'il estoit si pechières anscois estoit[2] là aval lonc de l'autel et batoit son pis de son pong et disoit : « Diex, sires, aies merchit de chest pcceor. » En tel manière se doit maintenir qui veult accomplir les œures d'umilitet. Or te dirai que chil apriès sénéfie, ki est viers et si isnel doit nus prestres viestir ne cel autre desus se il n'est enveskes. Chil qui est vers sénéfie souffrance, ki jà ne sera vaincue ; ains est tous dis verdoians. Et tousjours est en une force, ne nus ne va encontre li ke ele n'enporte la victoire et l'onnour, kar nus ne puet si bien vaincre son anemi comme par soufrir[3]. Chis autres vestimens desus cestui ki est si blans sénéfie droiture. Kar tout chil ki voelent sainte glyze garder loiaument et maintenir[4] droiture.

« Droiture est une virtus de si grant hautèce, ke par li sunt toutes les coses tenues en lour droit point. Ne jà nule fois ne cangera, et cascuns[5] rendra chou qu'il aura desiervi ; droiture ne doune à nului pour amor, ne ne taut à nului pour haine. Ensi se doit mener ky veut maintenir droiture. Chil liens ki te pent il bras séniestre, sénéfie abstinenche[6], autressi

[1] « Neis vers le chiel. » (Ms. A.)

[2] « Estoit repuns loing de l'autel. » (Ms. A.)

[3] « Vaincre son anemin com par souffrance ; atreci doit estre li cors lieiz par abstinence et sache que ceu est. » (Ms. F.)

[4] « Maintiennent. » (Mss. F. et A.)

[5] « Et à chascun. » (Ms. A.) — Ici encore la préposition est supprimée dans le Ms. du Maus.

[6] « Car li cors doit est loiiés à abstinenche, autreci com li bras est de chel loiien... » (Ms. A.)

comme li bras est loiés d'icel lien. Et chou est une des grans virtus d'iestre abstinens en grant plenté de bien. Et ceste virtus si est uns des membres de droiture. Et se tu viex savoir pour koi chil liens est plus el brach seniestre que el bras destre, jou le te dirai, pour chou ke la diestre ne doit siervir se d'espendre non [1].

« Or t'ai dit del lien del brach ; après te dirai di celui entour le col. Chil ki est entour le col sénéfie obédienche qui autressi comme li bues porte le jour [2] au gaagnour, si doit-il être obédiens [3]. Chil daarrains viestimens ki est desus tous les autres sénefie karitet. Kar ele est toute vermeille et ki a karitet en soi il est caus et viermaus, autressi comme li carbons ardans, et si est volenteis et curieus de tenir chier chou ke il doit : ce est d'amer Diu son segnour de tout son cuer et tout son penser [4], et après, amer son proïsme à estroit conseil, meismement carités met toutes coses à un pris, et aime toutes coses houniement [5] ; nule

[1] « Ne la sénestre se de retenir non. » (Ms. A.) — Le Ms. F. n'admet pas ces deux missions des mains ; et dit simplement : « porce que li senestre ne doit servir si de desprendre non ; » ce qui paraît incorrect.

[2] « Le gieu au gaignour. » (Ms. A.) — « Le jou. » (Ms. F.)

[3] « Autresi devés-vous porter le gieu de nostre Signour dame Dieu et devez être obéissant à son commandement, autresi com li bues obëist au gaaignour par la forche du gieu. » (Ms. A.) — Le Ms. F. donne aussi cette paraphrase assez inutile, ce qui manque à notre Ms.

[4] « Et après d'amer son proïsme atresi com soi-même. — Atreci comme son corps meysme. » (Mss. A. et F.)

[5] « Aime toutes choses uniement. » (Ms. F.)

cose ne tient à estrange, autant aimme la cose à son voisin comme la soie. Ensi vit, ki garder viut karitet. Chil bastons que tu tiens en ta main sénéfie trois coses[1] : venjanche, et miséricorde. Venjanche, pour chou qu'il est pongnans par desous[2], miséricorde, pour chou que il est courbés par deseure. Car li chiés deseure doit premièrement apieler le pécheor à semonre[3] de confession et mener tant par ses paroles que il li fache les pechiés regehir à l'ounour de Diu et à la honte del dyable. Qant il l'a oint de ses paroles, tant que il l'a menet à miséricorde, lors si le doit poindre del chief del baston desous, chou est a dire que kant li prestres a tant adouchié le peceour ke il li a fait recounoistre son créator et renoier le dyable, lors si le doit poindre : car il li doit escargier le fais de la grant pénitanche pour koi il soit poins et aguilliés[4] pour espanir en tristrèce, chou que il aura fait en joie[5]. Ensi siert li chiés deseure d'apieler à miséricorde, et chil desous siert de prendre venjanche. Or te dirai que sénéfie li aniaus ke tu as en ton doit. Il sénéfie mariage. Car qant li envesques est sacrés, si est joins à sainte églyze par mariage, et dèslors en avant, le doit-il garder saine et emferme comme sa loyal espeuse[6].

[1] « .II. choses. » (Ms. A.) — Et en effet le mot trois est un lapsus.

[2] « Por ceu qu'il est à pointe desous. » (Ms. F.)

[3] « Che est à dire ke li eveskes doit tout avant apieler le péchéoir et semónre. » (Ms. A.)

[4] « Aguillounés. — Aguilloneiz. » (Mss. A. et F.)

[5] « Fourfait en joie. » (Ms. A.)

[6] « Espouse. » (Ms. A.)

« Et là ù il rechoit le mariage, puis ne le doit il guerpir ne emprospérités ne en adviersités, chou est à dire ne en bien ne en mal, et se sainte églyze suesfre tribulations ne meskaanches, il en doit être parchouniers, car li ewangilles dit : chil sunt boin éuré qui sostienent les paines et les anuis pour maintenir droiture. En tel manière se doit contenir ki véult estre loyaus espeus à la sainte glyse. Et ki autrement se contient il n'est mie loyaus espeus mais aoutres [1], car il fausse son mariage que il déust loyaument garder. Apriès doit savoir que chix capiaus sénéfie ki est cornus qui est en ton chiés. Il sénéfie confession, pour chou est-il blanc; car confession est la plus blance cose [2] ki soit, comme chele ki plus est nete. Car ja nus hom n'iert si *hors* [3] de péchiés ne si envenimés, se il à vraie confession vilt retourner, que ele ne le face tout blanc et tout net. Et sés-tu pour koi il i a deux cornes? Pour chou que il i a deux menbres en confession.

« Li premiers membres de che, est repentanche, et li autre : satisfassions. Repentance est qant uns hom vient à prouvoire, et il regehist son péchiet, et il le guerpist partot tout, si que il ni repaire plus [4]. Ichil vient à repentanche mais, pour chou, n'est il mie vrais

[1] « Avoutres. » (Mss. A. et F.)

[2] « Car coufession est la plus blance cose. » (Mss. A. et F.) — Dans cette phrase et la suivante nous avons substitué dans notre texte le mot « car » aux mots « qui et que » qui obscurcissent le sens.

[3] « Ors. » (Mss. A. et F.)

[4] « Et s'il vient à repentance enci, por cou, n'est-il mies vrais confés. » (Ms. F.)

confés ; anschois li couvient avant faire satisfassion. Satisfassions est qant un péchières a son peciet recounéut, de faire la pénitance, icele comme li prestres li encarge et de souffrir la paine de bon cuer et de boine volentet. Ichi poës entendre que nus ne puet estre confés, se il n'a de confession le cief et deux menbres : li chiés est de son péchiet regehir, li uns des menbres est de tenir soi de péchier ; li autres de mener à chief le penitanche encargié. Ne jà nus hom n'estera vrai confés, pour que il défaille auquel que soit de ces trois, et pour chou que confessions est la plus haute cose qui soit comme chele ki rechoit à un cop [1] tos les damages et toutes les piertes ; et pour chou, est sénéfié [2], par cest capiel, ki est li plus haus de tous les viestimens.

« Or ies-tu enoins et sacrés et jou t'ai dounée l'ordre et le hautece d'envesque à mon peule enseignier et confremer et ma nouviele loy [3] essauchier ; et jou voel que tu soies garde des ames d'iaus, et kanques jou i perderai par defaute de toi, jou li te demanderai et à toi m'en prenderai au grant jour espoentable, kant jou venrai prendre venjance et justiche de tous les mesfais que toutes les repentailles [4] des

[1] « Qui restore à un coup. » (Ms. A.) — « Qui restoret. » (Ms. F.) — Le mot « rechoit » du texte du Mans, ne semble donc pas correct. Cependant en latin *recipere* signifie recevoir et récupérer ; et ce dernier sens conviendrait à la phrase ; mais il est probable qu'il avait vieilli à la fin du XIIIe siècle.

[2] Pour plus de clarté, le Ms. A. met « est-elle sénéfié... »

[3] « Et confermer en ma noviele loy. » (Ms. A.)

[4] « Qant toutes les respoistailes des cuers seront descouvertes. » (Ms. A.) — « Toutes les répostelles des cueurs. » (Ms F.)

cuers seront aouviertes. Et se je te truis loyal siergant de cest petit peule nouviel, dont jou te coumant les ames, jou te donrai à cent doubles meillour baillie, issi comme li ewangilles promet pour l'amour de moi [1]. Et pour ce te coumant-jou les ames et si t'en faich pastor, ke jou voel ke tu en soies esperitues garde [2]. Et jou doins à Josephe le baillie des cors que jou voel que il en soit pourveerres et despensiers d'iceles coses qui as cors besongneront. Or vien avant, si feras le sacrement de ma char et de mon sanc, si que tous mes peules le verra apiertement. Atant enmena nostres sires Josephe jusques à l'arche, si que tos li peules le vit entrer dedens. Et si virent tout que ele crut tant et eslargi, que il estoient tout largement dedens. Et véoient les angles venir et aler par devant l'uis. Laiens fist Josephe le premier sacrement qui onques fust fais à celui peule, mais il eut moult tost acompli, kar il ne dist que celes paroles seulement, qant Jhésu-Cris dist à ses dessiples à la chaîne: « Venés, si mangiés et chou est li miens cors qui pour vous et pour maintes autres gens sera livrés à martire et à torment. » Et autressi leur dist del vin : « Tenés et si bevés tout [3]. Car chou est li sanc de ma nouviele loy, li miens

[1] « Enci com le ewangile le promet à chiaus ki laissent lor propriété pour amour de moi. » (Ms. A.) — « Lor prosperités pour l'amor de moi. » (Ms. F.)

[2] Le Ms. A. ne donne pas « ke jou voel ke tu en soies esperitues garde et jou doins à Josephe, le baillie des cors que...» Il est probable qu'il y a une lacune dans ce Ms.

[3] « Venés et si bevés tout. » (Ms. F.) Le Ms. A. met « tenés » comme le Ms. du Mans.

meismes, ki, pour vous, sera espandus en rémision des péchiés. » Ceste parole dist Josephe, sour le pain que il trouva appareilliet sous la planète[1] del kalisse[2] : si devint tantost li pains, chars, et li vins, sans. Et lors vit Josephe tot apiertement ke il tenoit entre ses deux mains un cors autressi comme d'un enfant[3]. Et kant il le vit ainsi, si en fu moult durement esbahis, si que il ne savoit, sos chiel, que il péust faire, anscois s'estut tous cois[4], et coumencha moult angoisseusement à souspirer et à plourer pour la grant paour que il avoit. Lors li dist nostres sires : « Il te couvient desmenbrer ce que tu tiens, si que il i ait trois pièches. » Josephes li respondi et dist : « Ha ! sire, aies merchit de vostre sierf, quar[5] mes cuers ne pourroit souffrir que jou dépiéchaise si biele figure. » Et nostres sires li dist : « Se tu ne fais mes coumandemens tu n'auras point de part en mon hyretage. » Lors prist Josephe le cors ; si mist la tieste à une part et desevra del bu autressi légièrement comme si la cars del enfant fust toute quite en tel maniere que on quite char, qant on l'oublie sour

[1] « Sour la platine du calice. » (Mss. A et F.)

[2] Il y a ici une lacune que le Ms. A. remplit ainsi : « ensi com li contes a dit là ù il parla del autel qui estoit en l'arche. Et quant il les eut dites sour le pain et sous le vin qui el calise estoit, si devint... » Le Ms. F. est conforme au Ms. A. et le sens veut évidemment cette correction.

[3] « Et lors vit Josephes tout apiertement ke il tenoit un enfant et li sanloit ke chil sans qui venoit el calisce fust chéus del cors à l'enfant. » (Ms. A.) — Le Ms. F. est semblable.

[4] « Tout cois. » (Mss. A. et F.)

[5] « Quar » au lieu de « qui » ; le « qui » est ici pour « de qui. »

le fu; après fist deux parties del remanant à moult grant paour[1].

Ensi com il coumencha à faire les parties, si caïrent tout li angle, qui laiens estoient devant l'autel, à tière; si furent tout à genous, tant que notres sires parla, et dist à Josephe : « Quel cose atens-tu? Rechois chou qui est devant toi, et si l'use; car chou est tes sauvemens. » Et qant Josephe l'oï si se mist à genoullons et bati son pis et cria mierchit, em plourant de tous ses péchiés. Et qant il fut redréchiés, si ne vit devant lui sous la platine que une pièche en samblanche de pain. Et il le prist, si le leva en haut, et qant il éut rendut grasses à son créatour, si ouvri la bouce, et vaut metre dedens. Et il resgarda, si vit que chou restoit uns cors trestous entiers; si ne pot; ains sentoit que si on li mentoit dedens la bouche, anschois que il le péust clorre. Et qant il l'éut usé, se li fu avis que toutes les doucors et toutes les souatumes que on péust noumer de langhe, li fuissent dedens le cors entrée. Après rechut une partie del saint boire sacré qui estoient el calisse, et qant il éut chou fait, si vit que uns angles prist la platine et le kalisse; si les mist aus deux en la sainte esquièle, l'un sour l'autre, et sour chele platine si vit pluisors pièces en la semblance de pain. Et qant li angles éut prise l'esquièle, si vint uns autres, si leva la platine en haut, et chou qui estoit sus avoec; si l'emportoit entre ses deux mains, hors de l'arche. Et li tiers angles prist le galisse, si l'emporta en tel manière après chelui, et chil qui portoit la sainte esquièle fu tous daarains, et

[1] Comme chil qui moult durement souspiroit et plouroit. (Ms. A.)

qant ils furent fors de l'arche, tout trois, si que tous li pules les vit, si parla une vois et dist :

« Des petis pules nouvelement renés de l'espérituel naissanche et de corporel mort[1]. Or garde dont que tu aies vraie créanche à si haute cose recevoir et user. Car se tu crois parfitement que çou soit tes sauvères, lors recevras-tu haut[2] pardurable sauvement de l'ame. Et se tu ne le crois entérinement, tu le recevras à pardurable dampnement de l'âme et del cors ; et qui usera mon cors et bovera mon sanc et n'en sera dignes, il mangera et buvera son destruiement ne nus n'en puet estre dignes, se il n'est vrais créans. Or gardes dont que tu le croies. » Lors vint li angles qui portait la platine devant Josef, et Joseph s'agenouilla, si rechut, à jointes mains, son sauveour visaument[3] et cascuns des autres autressi, car il estoit[4] cascuns avis, qant on li metoit en la bouce la pièce ensamblance de pain, que il véist entrer en la bouce un enfant tout fourmé. Et qant ils éurent tout[5] de la créance, ensi s'entournèrent li doi angle[6] en l'arche et misent sour l'autel le vaissiel que il portoient.

Lors apiela nostres sires Josefe et se li dist : « Josephe

[1] Ce passage, très-mutilé, doit être rétabli ainsi d'après les Mss. A. et F. : « Mes petis pules nouvelement renés de l'esperituel naissance, je t'envoie ton sauvement che est mes cors qui pour toi souffri corporel naissance et corporel mort. »

[2] « Haut » pour « au » ; « lors recevras-tu au pardurable sauvement de l'âme. »

[3] « Tout isnelement. » (Ms. A.)

[4] A (Mss. A. et F.) « à chascun ».

[5] « Eu del sacrement. » (Ms. A.)

[6] « Li troi angèle. — Li .III. aingles. » (Mss. A. et F.)

issi me serviras cascun jour dès or en avant et tu et tout chil qui tu establiras à ordre de prouvoire et d'envesque; et se tu ordenes prestre, tu li metras ta main sour le chief et si feras le signe de la crois el non de la trinité; mais à envesque sacrer, couvient-il faire tout chou que jou ai fait sour toi. Car évesques doit estre sus prouvoire. Et tout chil qui a ceste hounour seront establi auront autressi grant pooir de lier et de deslier com mi apostre [1] eurent en tière. Desormais establiras un envesque en cascune cité ù mes nons sera rechéus par ta parole et si sera enoins de ceste sainte onction, et tout li roy qui par toi venront à ma créance. Or aproce li termes et li eure que li roys Evalach cangera le desvoiement des ydoles et se tournera à la créance de la gloriouse trinitet. Car li chevalier sunt près qui vienent querre Joseph pour lui certefier d'une grant mierveille que jou li ai anuit moustrée en avision. Or oste tes viestimens, si iras à lui entre toi et Joseph et vous le ferés certain de toutes les coses que il demandera à vous et si ne soies pas esmaiés, se vous véés venir encontre vos tous les bons clercs de lour loy, que [2] tu les vaincras tous, si que jà à tes paroles ne porront contrester; et si t'en donrai si biele grasse, que tu li diras une partie de chou qui est à avenir, par la force de mon esprit. Et tout chil qui mon esperit ont recéu ù quil le recevront, auront pooir de cachier fors les mauvais esperis, par tous les lieus ù il venront [3]. »

A tant s'ala Josephe desviestir; si laissa tous les

1 « Mi apostle. » (Ms. A.)

2 « Que » pour « car ».

3 « Auront pooir de chascier les malz esperis par toz les leus où il vendront en quel tière que ce soit. » (Ms. F.)

viestimens en l'arce sour l'autel; après apiela un sien cousin giermain qui estoit en cele compagnie, si estoit apielés Lucans. Celui establi Josephe à garder l'arce et de jours et de nuis ; et encore est à no tans ceste coustume maintenue ès hautes églyzes. Car li uns a engarde tout le trésor de l'églyze si est apielés trésoriers, ne onques à cel tans n'avoit esté fait ; mais lors establi Josephe ensi comme vous l'avés oï de celui[1] ; ne mie pour chou que il fust ses cousins, mais pour chou que il le savoit plus reglegieus que nul des autres.

Atant vint li messages le roy qui dist à Joseph que li roys le mandoit que il alast à lui parler ; lors s'en alèrent devant lui entre Joseph et son fil et qant il issirent del palais hors, il fisent le signe de la crois sour iaus et commandèrent as autres que il fuissent en orisons et em proières pour le roy Evalach que Dix, qui estoit avoiemens des desvoiés, li dounast venir à la voie de véritet. Et qant il furent venut devant le roy, si les coumanda li roys à séoir. Et si dist à Josephe que il li prouvast ce que il li éut dit del père et del fil et del saint esperit, coument il porroient iestre trois piersounes et une seule deytés. Et coument la pucele avoit enfantet sans son pucelage maumetre, et coument li fix pooit estre concéus sans carnel compagnie d'oume et de feme[2].

[1] « Chelui Leucam. » (Ms. A.)

[2] « Sans carnal couvine d'ome et de feme. » (Ms. A.) — « Sans charnel covine d'homme et de femme. » (Ms. F.)

Qant li roys eut chou dit si se drecha Joseph et dist iches meismes paroles que il avoit dit à l'autre fois, et en cele meismes (li prouva) manière li prouva. Et qant il éut çou dit, si se drecha uns clers [1] qui qui estoit tenus au plus sage et au plus fondé de lour loy. Chil parla contre Joseph et dist que il ne disoit riens. Car se li pères et li fix et li sains esperis n'avoient que une seule déytet, donques n'estoit mie cascuns d'aus trois, entiers Dius ne parfais, dont ni prendront noient [2] la piersonne del fil ne del saint esperit ; et s'eles avoient ambesdéus la déyté entérine, dont seroient-chou trois déytés, ne chou ne porroit nus contredire raisnablement. Car nus hom qui chou contredist, ne porroit raisnablement prouver ne metre en voir que l'une des trois personnes éust entière déyté en lui, ù nule des autres fust amentéue. Car là ù on dist li sains esperis est parfis Dix entiers, ne li troi n'ont que une seule déyté, par chou monstron [3] que li uns vaut autretant comme li troi. Dont est-il voirs [4] que li doi ne sunt noient en liu [5] ù li tiers est

[1] « Uns clercs. » (Ms. A.)

[2] « Dont n'i prendroit noient. » (Ms. A.) — « Dont n'i penroit. » (Ms. F.)

[3] « Moutron », pour « montre-on. » Ce passage est un peu obscur, le Ms. A. le donne ainsi : « car là où on dit ke li sains esperis est parfais Dies et entiers, ne (que) li troi n'ont qu'une déité en lui ou nule des autres, par chou montre-on que li uns vaut autrestant comme li troi. »

[4] Le Ms. A. répète sans grand besoin : « et se ch'est voirs ke li uns vaille autrestant comme li troi, dont est-il voirs que li troi... »

[5] « Lieu. » (Ms. A.) — « Leu. » (Ms. F.)

amentéus, et pour chou que les deux personnes perdent ensi lour fource par le tiere, dont puet tous li mons véoir et counoistre apiertement que cascune des trois n'a mie parfaite déyté entérine. Qant chil éut si durement parlé encontre le déytet et encontre [1] le trinitet, si fu Joseph moult esbahis del desfendre et del prouver encontre ce que chil avoit dit. Si ne séut mie maintenant respondre à fausser çou que chil avoit dit. Car à nostre seigneur ne plaisoit.

Lors se drecha Josephes maintenant, et si parla en haut si que de tous fu derenement oïs et dist au roy : « Roys escoute chou que jou te dirai. Ce te mande li Diex disrael li crières de toute cose. Et si dist à toi pour çou que tu as amenés tes faus plaidéours encontre ma créance, pour jou ai-jou establi à prendre si grant venjance de ton cors que tu karras, anschois ke li tiers jours soit passés, en une si grant mésaventure que tu ne quideras que nule riens vivans te puisse garandir de pierdre toute terrienne hautèce premièrement et ton cors apriès ; si prendra Dius ceste justice de toi pour chou que tu ne vals recevoir la créance de son glorieus non, anscois as despité et mise arière [2] la moustranche que il te fist anuit de ses secrés et de ses miracles que il te descouvri en avision ; pour chou te mande li Dix des crestiens par la bouce de ton siergant qui parole à toi, que il donra à

[1] Les Mss. A. et F. suppriment « le déytét et encontre. » De plus ces Mss. substituent au passage suivant : « Si fu Joseph moult esbahis del defendre et del prouver encontre ce qu'il avoit dit, » les mots ci-après : « Si fu Joseph moult esbahis de fauses proëves ke chil li a avant traités. »

[2] « Avers. » (Ms. A.)

ton anemi mortel gloire et hounour et essauchement sour toi trois jours et trois nuis. Kar ta force ne porra contrester, ne tes cors n'osera atendre celui qui onques force ne pot mais avoir encontre toi, ne mais que ceste fois que il t'a desconfit par la traïson de tes conseilliers qui [1] sunt à lui tourné par ses grans dons.

« Ensi te moustra [2] li Diex des crestiens que nule créature ne puet durer qui n'est apparellié à son coumandement, ne jà ne recouverras la grant hautèce que tu coumences à pierdre, se par l'aide de lui le recuevres. Et se tu de ceste cose me tiens à menchongnier [3], tu orras, par tans, teus nouveles, par coi tu poras savoir que nostres sires m'a demoustret aucunes coses de tes aventures. Et saches bien que Tholomer li fuitis [4] qui est roys de Babyloine a tout son effort appareilliet et vient sour toi moult iréement [5]. Et si dist li Diex des crestiens : « En la main au felon egyptien, liverrai-jou le roy Mescounéut pour chou que il me fist [6] et mescounoist. Et chil qui tousjours a esté fuitis, encacera celui qui tousjours l'a cachié, et si le menra jusques à la paour de la mort. Car jou lui voel faire esprouver que jou séus [7] sui li roys des roys et la fourteresce de tous les peules. »

[1] « Se » (Mss. A. et F.)

[2] « Ensi te monsterra. » (Ms. A.)

[3] « A mençoingeur. » (Ms. A.)

[4] Le Ms. F. donne ici une singulière extension au mot « fuitis. » « Et saches bien de voir que Tholomeis li fils Utis, qui est rois de Babilone. » — Le Ms. A., qui n'innove jamais, met régulièrement « Tholomes li fuitis. »

[5] « Moult airéement. » (Ms. F.)

[6] « Fist » pour « fuit ». (Mss. A. et F.) — [7] « Sui. » (Ms. A.)

Après, se tourna Josephes viers celui qui avoit si durement parlé contre la trinitet et se li dist : « Escoutc-tu qui as estet et parlé encontre la trinitet et la sainte créance au Dieu des crestiens : or entent que il te mande par ton [1] sierf qui à toi parole: tu, fait il, qui es ma créance [2] et qui en tous liex déusses obeir à mes coumandemens ; tu as ma créance moult blasmée et mon non deshounouret, et pour ce que [3] je voi que tu as parlé contre celui qui a pooir et sour toi et sour toutes coses, pour chou te ferai-jou sentir un de mes bautisements [4] et de ma justice terrienne, si que tu le souferras. Et li autre s'en castieront apriès toi. Car tu as éues toujours les terriennes siences ne onques les esperitéus ne vausis counoistre, ne goute ne pues véoir. Et se tu en vausisses onques parler tu n'en séusses dire voir [5], et pour chou que tu as estet mus et [6] avules en l'esperitel sience à qui tu déusses tenir toute ta parole, et cler véoir [7], pour chou te moustrerai-jou que la terrienne sience ne puet nient contre l'espérituel. Car jou vaurrai [8], voiant

[1] Le Ms. A. met aussi « ton », mais M. Furnivall a cru devoir corriger et mettre « son ».

[2] Le mot « créance » doit être évidemment remplacé par « créature » selon les Mss. A. et F.

[3] Ces deux Mss. corrigent ici le texte du Mans : « Et pour chou ke je voel ke tu saches ke tu as parlé... »

[4] « Uns desbatemens de ma justice terrienne... » (Ms. A.) — « Un de mes baitemens... » Ms. F.

[5] « Le voir » (Ms. F.)

[6] Le Ms. F. supprime « mus et ».

[7] Les Mss. A. et F. suppriment « et cler véoir ».

[8] « Toldrai. » (Ms. F.) — « Taurai. » (Ms. A.)

tous chiaus qui sont chaiens, la terrienne parole, et la véue fausser[1]. Car mes espris est d'itel force que il fera les biens emparler et[2] à muir; et les clervoians, avuler; et si fera les muls bien parler et les avules fera cler véoir. »

TANTOST comme Josephes eut chou dit, si pierdi ichil la parole. Et qant il vaut parler, si senti dedens sa bouce, une main qui li tenoie[3] la langue, mais il ne le pooit véoir, et si se drecha en estant pour plus esforthier de parler, mais sitost comme il fu levés, si ne vit nule gote[4] des iex, et qant il senti chou, si coumencha si durement à muire[5] que on l'oist tant clérement d'aussi long comme on porroit traire d'une saiète; et si estoit avis à tous chiaus qui l'ooient que çou fust uns touriaus. Et qant li autre virent ceste merveille, si en furent moult courechiet. Et coururent tout sus à Josephes[6] à lour pooir, mais li roys Evalach sailli empiés et prist une espée toute nue, si jura la poissance juise[7] que il feroit tos chiaus destruire, et livrer à mort qui à lui metroient main[8].

[1] Le Ms. A. supprime « fausser », le Ms. du Mans omet sans doute *tollir* puisque fausser est à l'infinitif.

[2] Le mot « et » est de trop.

[3] « Lioit. » (Ms. A. et F.)

[4] « Goute — goutte. » (Mss. A. et F.)

[5] « Muléir. » (Ms. F.)

[6] « Si l'eussent tout dépéchié. »

[7] « La poissance Jovis. » (Mss. A. et F.)

[8] « La main. » (Ms. A.)

Car dont l'auroient il traï se il l'avoient mordri [1] en sen conduit, si nel garandissoit issi contr'iaus.

Ensi leva la tumulte laiens tout aval la sale. Et li roys apiela Josephe. Et li demanda qui il estoit ; et Josephe se traist avant, se li dist que il estoit fiex Joseph, et li roys dist, que moult parloit bien et que moult estoit voirdisans de maintes coses; après li demanda coument il avoit tolue la parole et la véue à celui qui avoit parlé encontre lui. Et Josephe li respondi que il ne li avoit mie tolue la parole, mais li Diex des crestiens contre qui il avoit parlet. Ichil li avoit tolue la parole, et la véue. Car çou est li Dius de qui la parole n'estera ja faussée pour [2] nului. Ensi que il [3] couvenoit toutes coses à estre.

« Coument, dist Evalach, est-il dont voirs que Tholomers li fuitis me menra jusques à la paor de mort, et aura sour moi pooir et force trois jors et trois nuis. » « Chiertes, dist Josephe, il est voirs, ne il n'est nus hom vivans par qui il poroit estre faussé [4]. » Et li roys li demanda coument il pooit chou savoir. « Dont n'as-tu oï, dist Josephe, coument li esperis au Diu des crestiens est de si grant force que il fait les mus parler, et les avulcs véoir cler. Chou est à dire que chil qui n'ont rien séu de clergie, counistront tote la force des escriptures par le grasse del saint esperit. »

[1] Le Ms. A. met « se il l'avoit mandé en sa maison et il ne le garandissoit ». Les deux sens sont admissibles.

[2] Le Ms. F. met « par nului ».

[3] « Ensi que il commandoit, convenoit... » (Mss. A. et F.)

[4] « Fausés — Falseiz. » (Mss. A. et F.)

« Par foi, dist li roys, se il avient issi comme tu as ichi contet, jou vaurroie miex estre mors que vis, mais il n'est riens qui jou en péusse croire ; ne pourqant se jou ai véu unes de tes paroles ù venir, jou te kerrai miex. » « Roys, dist Josephe, qant tu verras que il ce te sera avenut, dont me croi [1]. » « Et porrai-jou escaper ? » dist li roys. « Chiertes, dist Josephe, oïl, par une seule cose. » « Et quex sera ele ? » dist le roys. « Jou le te dirai, dist Josephe, se tu rechois la créanche Jhésu-Crist, et que tu le croies parfitement de quel eure ke tu le rechoives [2] et tu auras secors et délivrance ; mais bien saches de voir que jà, pour choze que la bouce die, se li cuers ni est, ne seras délivrés, kar Diex n'est pas hom que on puist engignier, ne decevoir par samblant, anschois est de si profonde sapience que il counoist tous les pensers des gens et voit parmi les cuers toutes les repentailles [3] qui i sunt. » Et lors li demanda li rois coument il estoit apiélés, et il dist que il estoit apiélés Josephes, et li roys li redist : « Or me di, Josephe, d'icelui qui a perdue la parole et la véue, se il le recouverra jamais. » « Roys, dist Joseph, or le fai porter devant les diex qui tu croys, et si orras que il te respondront et de la garison et de la bataille [4]. » Lors le fist le roys porter el temple ; se i ala il meismes, et Josephes et ses pères ; et qant li prouvoire de la loy l'éurent offiert à l'autel Apolin que il apiéloient à

[1] « Dont me croira. » (Mss. A. et F.)

[2] « Réclame. » (Ms. F.)

[3] « Repostailles. — Repostelles. » (Mss. A. et F.)

[4] « Et de sa garison et de ta bataille. » (Ms. A.) — « Ta baitelle. » (Ms. F.)

diu [1] de sapience, si demandèrent à l'ymagène qui estoit desus l'autel coument chil gariroit de s'enfremetet [2], u se il gariroit jamais; mais onques tant ne séurent demander à cele ymagène que il onques en péussent parole traire, et li roys vint avant se li demande à quel fin il venroit d'iceste guerre; mais il n'en pot onques avoir raison ne respont, ne que li autre, et li diables qui estoit en l'ymagène Martirs [3] que il clamoient le dieu de la bataille, coumencha à crier: « Foles gens que alés-vous entendant [4] ? Il a en vostre compagnie un crestien qui a si loiet [5] Apolin par le coumandement [6] Jhésu-Crist son Diu, que il n'a nul pooir de vous respondre ne jà nus diex en liu ù il soit, n'osera douner respons ne ne porra, puis que il l'aura conjuret. » Et maintenant que li dyables ot çou dit, si coumencha si durement à crier qu'il fu avis à tous chiaus que il fust en un fu ardant. Et si disoit à Josephe: « Evesques Jhésu-Crist, laisse ester çou que tu dis, car tu me fais ardoir et je m'en fuirai de chi là ù tu coumanderas. » Issi crioit li dyables ki estoit en l'ymagène Martirs [7] par le conjurement que Josephe li avoit fait, car il le destragnoit tant durement et tant le justicha ke il issi hors de l'hymagène, voiant tous chiaus qui estoient el

[1] « Le Dieu. » (Ms. A.)

[2] Le Ms. A. supprime: « gariroit de s'enfremetet ù se il. »

[3] « Et uns dyables qui estoit en l'ymage Martis. » (Mss. A. et F.)

[4] « Que alès-vous atendant? » (Ms. A.)

[5] « Loiet » c'est-à-dire « lié. »

[6] « Par le conjurement. » (Mss. A. et F.)

[7] « Martis. » (Mss. A. et F.)

temple ; et coumencha à abatre les ymagènes [1] à tiere et si les brisa toutes [2] par menues pièches, et qant il éut çou fait, si prist un aigle d'or moult grant qui estoit sur l'autel au soleil [3], si en féri si durement l'ymagène Apolin enmi le vis ke il li péchoia le nés [4] et le bras diestre.

Après s'en ala par toutes les ymagènes del temple ; se n'i remest onques hymagène que il ne férist de cel aigle tant que il li pécéoit auqun menbre. De ceste cose furent les gens moult espoentet. Car il véoient les merveilles que cele aigle faisoit, mais il ne pooient véoir celui qui le tenoit ; et çou estoit la cose dont il estoient plus espoentet et plus esbahi. Lors apiéla li roys Josephe et li demanda que chou pooit estre, qui issi dépéchoit les ymagènes. Et Josephe respondi que il l'alaissent [5] demander à l'autel Martirs [6]. Et li roys i ala ; si vaut [7] sacrefier ; mais Josephe ne li laissa, ains li dist (tel sacrefice) quel il se faisoit tel sacrifice, que il morroit de mort soubite [8]. Et qant li roys ot demandé respons à l'autel, si dist li dyables que il n'osoit à lui parler pour Josephe. Et li roys li demanda s'il avoit si grant pooir sour les dix ; et li diables dist que nus d'iaus [9]

[1] « L'ymage » au singulier. (Ms. A.)

[2] « La brisa toute » aussi au singulier. (Ms. A.)

[3] Le Ms. A. met, on ne sait pourquoi : « sur l'autel *au Consel,* » il faut évidemment « *au Soleil.* »

[4] Au lieu de « nés » le Ms. F. met « vis » sans motif.

[5] « Alaist — Alest. » (Mss. A. et F.)

[6] « Martis » (Mss. A. et F.)

[7] « Volt. » (Ms. F.)

[8] « Que s'il faisoit tel sacrifisse, il morroit de mort soubite. »

[9] « Nus diex. » (Ms. A.)

ne pooit parler devant lui, se il ne l'en dounoit congiet. Et li roys proia Josephe que il li dounast congiet de parler, et Josephe li douna. Et li dyables dist au roy : « Roys! vieus-tu savoir pour coi il a si grant pooir, il a deux angles avoec lui qui le conduisent et gardent par tout les lix ù il va, si tient li uns une espée tote nue, et li autres une crois. Cil doi m'ont tenut en tel destroit, par son coumandement, que il m'ont faites dépéchier ces ymagènes issi comme tu vois ; ne jamais nus d'iaus [1] n'aura pooir de douner respons en liu ù il soit [2], tel poësté li a douné Dix Gésu-Cris ses Dieus. » Après li demande li roys, se chil qui avoit pierdut les ex et la parole recevroit jamais sancté. Et il diables li dist : « Roys, se il garist, çou ne sera pas par nostre virtu, car nous n'en i poons point avoir [3] : anscois couvenra que chil le garissé par qui coumandement il a eu le mal, u se che non, il ne garira jamais. » Lors li redemanda li roys à quel fin il venroit, se il se combatait as Égyptiens, et li dyables li dist que il n'avoit nul pooir del dire tant com li hom Diu i seroit [4]. Et Josephe sailli avant, et se li dist : « Je te conjur par la force de la sainte trinitet que tu en dies le voir. » Et li diables respondi que il ne li savoit riens dire de chou qui li estoit à avenir.

A chés paroles, vint laiens uns messages moult grant aloure, si s'ageneilla devant le roy, et se li dist :

[1] « Nus diex. » (Ms. A.)

[2] « Cil hons. » (Mss. A. et F.)

[3] « Poons povoir avoir. » (Ms. F.)

[4] « Et li diables dit et li respondit que cil ne savoit riens de ceu que li estoit à venir ; ne nulz ne le pooit savoir se Jhésu-Christ non. » (Ms. F.)

« Roys Evalach ! jou t'aport nouvieles moult males et moult anieuses et périlleuses forment moult ; car Tholomiers li fuitis [1] est entrés dedens ta tière à tout son effort, et si a jà pris, par force, Onage [2] ta riche chitet, et toute la terre environ jusques au castel d'Elavachin [3] que il a assis de trente mille homes chevauchans, et de soixante-dix mille [4] homes à piet ; et s'il puet celui avoir, il ne remanra en toute la tière castiaus ne chités qui puisse tenir contre lui, car chou est la plus fors desfense que tu aies, et si a fait un sairement, voiant toute sa gent et son barnage, que il n'enterra jamais en sa tière devant che que il ait portée couroune dedens la chitet de Sarras. » Qant li roys oï la parole, si en fu moult espoentés et plus pour chę que Josephe li avoit dit que il seroit trois jours et trois nuis en la baillie de son anemi que il seroit mis [5] jusc'à la paour de mort ; mais il avoit estet de si grant prouèce que il n'osoit faire samblant de paour, anscois jura que se il le pooit trouver au siége, il vaurroit mix morir en la bataille, que il ne l'en féist vilainement partir. Maintenant fist li roys semonre [6] tout son pooir, et manda tous chiaus qui riens tenoient de lui, que si chier com il avoient s'ounour et lour cors [7], que il fuissent au sesime jour [8]

[1] « Car li rois Tholomeis li filz Utis est entreiz... » (Ms. F.)

[2] « Onagre. » (Ms. F.)

[3] « D'Evalachin. » (Ms. F.)

[4] « LXm. » (Ms. F.)

[5] « Meneiz. » (Ms. F.)

[6] « Semondre. » (Ms. F.)

[7] « Son cors. » (Ms. F.)

[8] « Au septisme jour. » (Ms. F.)

tout appareilliet d'armes à Tarrabiel, un castiel ki estoit à neuf liues de Sarras et à six liues d'Evalachin ù Tolomers séoit à siége, et si manda, par son saïel, que il n'i remansist nus qui fust poissans de soi desfendre, et qui remanroit, qui seroit chevaliers, il ne tenroit jamais tière de lui et se il estoit vilains, il le feroit, voiant tout son barnage[1] trainer à kéues[2] de cheval. Et qant çou vint à lendemain, si vaut li roys mouvoir, et Josephe vint à lui, se li dist : « Roys, tu t'en vas et si ne sés coument, car tu n'ies mie séurs du repairier jamais, ne[3] que tu ies du morir là.

« Or te dirai dont que tu feras, çou te mande li Dix des crestiens : que tu soies ramanbrans qui tu ies et coument tu venis à si grant hautèche coument[4] tu as éue jusques à hui. Si quides que nus ne sache que tu es, ne de quel lingnage ; mais jou le sai moult bien, par la grasse et par la virtu del grant seigneur à qui nule repustaille[5] ne puet estre celée. Tu fus nés si comme li sains esperis m'a demoustré en une moult anchienne chitet de France qui est apiélée Miax[6], et

[1] « Lignaige. » (Ms. F.)
[2] « A cowe de cheval. » (Ms. F.)
[3] « Nez. » (Ms. F.)
[4] « Comme. » (Ms. F.)
[5] « Repostelle. »
[6] Miax, Meaux, ville voisine des possessions de l'illustre famille des Barres et de celle de Borron, près Fontainebleau, qui en était issue. Si l'on admet que Robert de Borron appartienne à ces familles, il n'y a plus rien d'étonnant à ce que le romancier Gauthier Map, qui empruntait à Robert de Borron son canevas, ait songé à faire sortir Tholomée de Meaux, et à évoquer la personnalité du duc Sévin, apocryphe assurément,

si fux fix à un povre houme afaitéour de viés saulsers, issi comme tu meismes le sés de voir.

« Qant Augustus César éut tenue l'empire de Roume vingt-sept ans, si sourdi une parole que il naistroit uns hom qui tout le mont metroit desous lui et il dist voir; car Jhésu-Cris li Diex des Dix et li roys des roys fu nés en cel an, et qant Augustus César oï la parole, si comme li sage chevaliers[1] l'avoient espondue, et si ne savoient à dire qui chou seroit, si douta que les tières[2] qui estoient desous la segnourie de Roume, se vausissent descorder et gieter[3] de l'empire de Roume, que cascune tieste d'oume et de feme rendist un denier de connaissanche que il estoient sougit à l'empire de Roume, et pour che que Franche estoit plus de fière gent[4] que les autres tières, si

mais dont le nom était commun au XIIe siècle, dans cette partie de la France. La mention de la ville de Meaux qui semblait inexplicable dans l'hypothèse où Robert de Borron eût tiré son origine de l'obscur village de Boron, près du Suntgaw allemand, devient aujourd'hui très-naturelle si l'on admet que Robert soit issu de la famille des Borron du Gâtinais, province voisine de Meaux. (Voir 1er volume, pages 34 et suivantes.)

[1] « Li sage cler. » (Ms. F.)

[2] « Et li prince. » (Ms. F.)

[3] « Et gieter lui de l'empire por la fiance de cest novelle; si maudeit par totes les tières qui estoient desous Rome que cascune... » (Ms. F.)

[4] « De fière gent. » (Ms. F.). — Cette prééminence accordée à la France sur l'Angleterre, par Gauthier Map, est encore une preuve de la grande influence exercée sur la rédaction du *Saint-Graal*, par le Français Robert de Borron.

manda que on li envoiast de toute la tière cent cevaliers en treu et cent puceles (toutes filles de chevaliers) [1] et cent petis enfans tous malles, qui fuissent en l'age de .V. ans u de mains. Qant li coumandemens vint en Franche, si eslurent de cascune chitet, selonc chou que il estoit. Et chele élection fu faite par sort. Si avint cose que la chités de Miax, y alèrent deux pucèles qui estoient aus deux filles au conte Sevain [2]. Ichil Sevains estoit quens de Miaus et des contrées environ. Et dès que li sors cai sor eles, si couvint à force que il fust tenut, et sour toi cai li sors, qui estoies de priès de cinq ans d'aage. Et ces deux puceles te menèrent avoec eles, et si te tenoient moult chier. Et qant tu fus à Roume, si te regardèrent à moult grant mierveilles et li un et li autre, car il quidoient bien que tu fuisses de plus grant lignage que tout li autre enfant, tant par estoient biaus [3].

« Quant tu fus en l'éage de vingt ans, si furent les deux puceles mortes, car l'une ne vesqui après l'autre que deux moys, et lors te retint Tyberius César qui après Augustus César, fu emperères de Roume : si te mist[4] au conte Felix qu'il fist conte de Surie. Cil Felix s'en vint pour Surie garder, si t'en amena ensamble o lui et moult te tint chier et ama tant que il [5] avint cose un jour que entre toi et un sien fil vous

[1] Le Ms. F. supprime ici « toutes filles de chevaliers », mais après les mots « en l'âge de .V. ans u de mains », il ajoute : « esceles pucelles fuissent toutes filles de chivaliers. »

[2] « Au conte Senain ; ichil Senains. » (Ms. F.)

[3] « Tant par estoies. » (Ms. F.)

[4] « Si te delivrait et te mist. » (Ms. F.)

[5] « Avint cose. » (Ms. F.)

courechastes et tu l'océsis; si t'en fuis à Tholomer Cerastre [1] qui lors estoit roys de Babyloinc [2]. Et chil Tholomers avoit guerre contre Oloferne qui, à celui jour estoit roys de chest royaume que tu tiens. Et qant tu venis à lui, si désis que tu estoies chevaliers et il t'ama moult et crut; et si grant grasse trouvas en lui, que il se mist, del tout en tout, sour toi de sa guerre pour la grant prouèce que il vit en toi; et tu le fésis bien, que tu conquésis toute la tere et son anemi meisme li rendis pris et l'ocis et te douna tote la tière; et tu en devenis ses hom. Or pués entendre se jou sai riens de ton iestre. Et pour çou que tu sés bien que tu es venus de si grant pouretet à si grant hautèce, et de si grant viuté à si grant hounour, pour çou te mande par moi, li Dix des crestiens, que tu soies ramenbrans de toi-meismes, que tu aies tousjours empensé de toi, qui de noient ies venus à auques. Et pour chou se tu vois que tu aies si grant plentet de tières et de gent en ta baillie, ne te dois-tu pas enorgueillir. Car ele n'est mie [3] toi lige, ni tu n'en ies mais que garde; uns de ces jours le te convenra laissier. Car tu n'ies que uns seul hom, car par aventure ausi tost morras-tu comme li plus poures hom de ton règne, et pour chou dois-tu estre humles et pitex et reconnoistre ton créatour, sans qui coumandement tu

[1] « Tholomé Seraste. » (Ms. F.) Voir la note très-judicieuse de M. Paulin Paris, qui voit dans le mot Seraste les vestiges du nom grec *Sebastos*. (*Les Romans de la Table ronde*, 1er vol., p. 190.) Tholomé étant évidemment mis pour Ptolémée.

[2] Ajoutons que dans les écrivains du moyen âge Babilone désigne le Caire ou Alexandrie.

[3] A toi lige. — Le Ms. F. dit : « pais tote lige loie. »

ne pues vivre[1], et si ne te dois mie tenir à tousjours les règnes que tu tiens, anscois le guerpiras plus prochainement que tu ne quides, mais chil doit roys estre apielés, qui tousjors tenra son règne sans pardurable fin. Car jà ne prendra fin en nul tans, ains ert roys adiès parmanablement[2]. Çou est Jhésu-Cris li fix de la vierge Marie. Ichil te mande par moi pour chou que il (te vit et)[3] veult que tu saches que il counoist tous les pensers et toutes les repentailles[4] des cuers, que il te metra entre les mains de ton anemit mortel, et le counistras, et sauras que il n'est nus Diex que on doive croire ne aourer que lui seulement. Et si te tourmentera[5] en ceste manière pour chou que tu as refusée sa loy et sa créance, et despité sa vision que il te moustra. » Et qant li roys l'ot moult debonairement escoutet se li dist :

« Maistres, or me dites quele avisions fu, et que ele sénéfie. » « Chiertes, dist Josephe, tu ne le sauras devant là que tu aies dépéchiés les ymagènes que tu aoures, et qant tu seras venus à la créanche del très halt segneur par qui[6] coumandement toutes les coses qui vivent sont establies. » « Par foi, dist li roys, je dout moult ceste bataille et vous me proumetés et vostres pères ausi, que vous me donriés tel conseil, se jou le voloie croire, parquoi jou auroie la victoire

[1] « Et si ne te dois nes tenir por roi, car tu n'ais mies à toz jors li règne que tu tiens. » (Ms. F.)

[2] Les mots entre parenthèses ne sont pas dans le Ms. F.

[3] « Te vit et » n'est pas dans le Ms. F.

[4] « Repostelles. » (Ms. F.)

[5] « Metrait en torment » au lieu de « tourmentera ». (Ms. F.)

[6] « Par cui » au lieu de « par qui. » (Ms. F.),

de mes anemis, et la grant gloire [1] que jà ne prendra fin. »

« Par foi, dist Josephes, celui conseil te donroie-jou [2] se tu voloies et tu me créoies et metre à œvre chou que je te diroie. Mais si tu ne le viex recevoir comme vrais créans, et loyaus ouvriers, garde que ke tu nel proumetes mie. Car tu en seroies destruis [3] et en cors et en âme, de chelui qui, de toutes et de tous, sera jugières. » « Par foi, dist li roys, jou vos créans bien que se vous me dounés conseil par si que [4] jou voie ke jou aie la victoire, jou ne me tenrai plus en cheste créanche que jou tieng, ansçois recevrai [5] maintenant la vostre. »

« Roys, dist Josephes, or entendés dont que vous ferés [6] : faites-moi aporter [7] vostre escu. » Et il li fait aporter [8]. Et qant il fu aportés, si demanda Josephe une pièche de drap viermeil moult rice de drap [9] de soie, et Josephe prist le drap, si en trencha et en fist une crois qui bien eut un piet de lonc et demi piet de let, si le traist [10] desus les enarmes en l'escu, et l'atacha moult bien à claus menus. Et qant il l'éut

1 « Joie. » (Ms. F.)

2 « Se tu voloies croire le halt signour et mettre en œuvre ses coumandemens. » (Ms. F.)

3 « Car tu en seroies honis et destruis. » (Ms. F.)

4 « Par quoi » au lieu de « par si que. » (Ms. F.)

5 « Tout maintenant. » (Ms. F.)

6 « Dont que je vous ferai. » (Ms. F.)

7 « Apporter ici. » (Ms. F.)

8 « Lors commandait li rois son escu aporteir. » (Ms. F.)

9 Le Ms. F. supprime « moult rice de drap. »

10 « Le mist. » (Ms. F.)

moult bien atacié, si dist au roys : « Roys Evalach, vois-tu cest signe? » « Oïl », dist li roys. « Chiertes, dist Josephe, qui bien parfitement kerroit cest signe, il nest nus terriens perius dont il n'escapast, pour tant que il le reclamast de bon cuer [1], celui pour qui nous le tenons chier, et hounourons. Et toutes les fois que tu descouverras le signe Dieu, si diras : Diex qui en chest signe aparant [2] ochésis la mort, maine-moi sainc et à hounour à ta créanche [3] recevoir; et saches bien vraiment, se tu le claimes de buen cuer, tu ni morras mie, ançois auras victoire [4] et hounour. Et si te dirai coument tu poras savoir et counoistre se chis signes t'aura garanti de mort et de prison, et se il t'aura victoire donée.

« Il est voirs prouvés [5] et si ne puet estre destourné par nul homme, que tes anemis chou est Tholomiers li fuitis [6] aura pooir sour toi trois jours et trois nuis; car chil le te mande par moi qui onques ne menti ne jà ne mentira. Or garde dont bien que tu ne voies le signe devant là [7] que tu aies paour de mort [8], si grant

[1] « Et sceis-tu que tu ferais; tu le coverrais de toile blanche et qant tu vendrais à grant besong, que tu aurais paour de mort, si le descuevre et si réclame de boin cueur celui pour qui... » (Ms. F.)

[2] Le Ms. F. supprime « aparant. »

[3] « Sain et sauf à ta créanche. » (Ms. F.)

[4] « I conquerrais victoire... » (Ms. F.)

[5] « Proïmes. » (Ms. F.)

[6] Le Ms. F. met toujours « le filz Utis » au lieu de « li fuitis, » à tort évidemment.

[7] « Devant celle hore qui. » (Ms. F.)

[8] « De mort et que tu ne... » (Ms. F.)

ke tu ne quideras jamais escaper, et se tu le desquevres en cel point [1] tu en escaperas. Lors porras-tu bien savoir que chou sera par le signe, et saces bien de voir, se tu as bone créanche, tu ne dessirras riens que tu ne conquières par le signe (*et saces bien devoir se tu as bone créance tu ne desierras riens que tu ne conquières par le signe* [2]) car chou est li sauvemens des créans et li destruimens au dyable (et à tous les maus créans) [3]. » Lors dist li roys à Josephe : « Proie ton Dieu que il li menbre de moi. Car se il me fait chou ke tu m'as promis, jou te créans loyaument ke jou recevrai ta créanche de ta main tout maintenant [4] que jou serai revenus. » Lors apiela (un sien siergant) [5] celui ù il plus se fioit de tous ses baillex et se li coumanda que li chrestien fuissent tenu à hounour, et qu'il eussent kanques Joseph coumanderoit. A tant s'en parti li roys entre lui et grant compagnie de chevaliers et de siergans. Si esrèrent tant que il vinrent à Tarrabiel. Iluec atendi li roys ses os tant que il vinrent au quinsisme jour. Si éut si grant plentet de gent que il n'en avoit onques tant véut ensamble, et se ni vint onques nus de ses haus barons, car il li estoient failli, issi com li livres a conté chà en arrière.

Al witisme jour, mut li roys de Tarrabiel, mout matin à toutes ses os. Et chevauchièrent, grant aleure, à Evalachin, tout droit ù Tolomers séoit. Chiel castiel

1 « Com je le te devise. » (Ms. F.)

2 Ce qui est en italique est répété à tort dans le Ms. du Mans.

3 Ce qui est entre parenthèses n'est pas dans le Ms. F.

4 « L'andemain » au lieu de « de ta main tout maintenant. » (Ms. F.)

5 Ms. F. supprime la parenthèse.

qui avoit non Evalachin avoit Evalach fondé à son tans. Et si séoit en la plus fort pièche de tière que nus hom éust onques d'ix véue; car il ne pooit estre pris en nule manière qui à force tenist, se par afamer non. Et si avoit une porte dont nule os ne pooit tour[1] l'entrée, ne l'issue à chiaus dedens. Kar ele plus halte que la seke tière[2], et si couroit par desous une ewe moult roide et brulans[3] qui avoit bien de let tant que uns ars porroit gieter une saiète. Cele porte[4] ne pooit estre fondue par chiaus de fors, se il ne desfendissent avant la ville par navie. Et por çou ne pooit estre deffendue, kar nule n'en i pooit durer de priès ki fust encontre chiaus dedens.

En tel manière séoit tous li castiaus que il n'i avoit se roche non bien d'en gié d'une pierre[5] de haut, ne mais que une des portes seulement. A cele porte avoit bien tant de plaine tière comme l'entrée de deux karetes[6] puent tenir et li plains ne tenoit mie plus de .XXX. piés[7] de lonc; si ne puet nus hom ne[8] nus

[1] « Tolir » au lieu de « tour. » (Ms. F.)

[2] « Kar ele est plus halte que la plinne tière. » (Ms. F.)

[3] « Bruant » au lieu de « brulans » — « Arsons » au lieu de « ars. »

[4] Ce passage est assez obscur. Le Ms. F. l'éclaire à sa manière : « Cele porte ne pooit estre *deffendue* por chiaus de fors, se il ne desfendissent avant li awe par navie ; et pour çou ne pooit estre desfendue, car nule *neif* n'i pooit durer de priés ki fust *neusable* encontre chiaus dedens. »

[5] « Bien le get d'une menue pière. »

[6] « Comme li encontre de deux karètes. » (Ms. F.)

[7] « Pais » pour « pas » au lieu de « pies » (Ms. F.)

[8] Le Ms. F. supprime « nus hom ne ».

siéges durer iloc. Car trop estoit priès de la porte, et trop petite place i avoit. Et li castiaus en haut n'estoit mie foibles ne desclos, anchois estoit tous avironnés de moult rice mur, tout quarré [1] de marbre viert, bis et blanch, et se li mur séoient bien en haut encor estoit la tour plus haut asise à quatre doubles et si séoit sour une roche tele que si bien séans ne si desfenseble ne fu véue.

Desus chele roche séoit la tours marbrine si haute [2] que on en véoit blanchoier les murs de Caudas [3] et ondoier l'aighe de Nil ki est en Égypte. D'itele forche estoit li castiaus et d'itel byauté, ne jà si grant caut ne fesist en nul estet, que chil del castel n'éussent aighe [4] douce et froide d'une fontaine dont li ruissiaus couroit en un plain moult biel qui estoit entre les murs del castiel et la tour. Si kaoit en chel plain parmi un tuiel de coivre que tenoit a une quve [5] de marbre, en quoi chil del castel prendoient aighe à lour besongne. Chil plains en quoi l'aighe quéoit par le tuiel, si estoit li abevréours des cevax del chastel, si estoit tous pavés de marbre et clos environ bien le haut de deux toises et demie deseur tout le pavement [6]. Ainsi estoit li castiaus aaisiés ricement et

[1] Au lieu de « tout quarré. » — Le Ms. F. met « tuit li quarrel estoient de marbre viert et vermeil et bis et blanche. »

[2] « Si très-durement haute. » (Ms. F.)

[3] De Badas.

[4] « Douce et froide qui sordoit à piet de la tour moult belle et moult délectable ; de cette fontaine corroit li ruissialz. » (Ms. F.)

[5] « Qui entroit en un cuve. » (Ms. F.)

[6] « Et estoit clos environ bien demi de .II. cotés et demi de sor tout l'altre pavement. » (Ms. F.)

fremés tant que il ne doutoit nul houme vivant par force d'assaut et pour chou l'avoit fremé li roy Evalach que il n'avoit onques si forte piéche de tière véue. Et pour chou li avoit-il mis non Evalachin, que il voloit que tout chil qui jamais le noumeroient, ramentéussent le non de lui en la ramenbranche de chou que il avoit fait. Qant li roys fu à une lieue priès del chastiel, si entra en une moult biele foriest que il avoit illuec, et coumanda totes les gens à armer., Ensi com il s'armoient à tant, ès-vous une soie espie que il avoit au matin envoiié en l'ost, se li conta que il estoient en l'ost aséoit au disner et si estoit-il moult priès de nonne. Tout maintenant que il furent armé si murent. Et qant il issirent de la forest si entrèrent en un grant val. Et qant il éurent montet le tiertre, apriès si virent toute l'ost à delivre et le castiel. Et qant chil de l'ost les virent si coumenchièrent à crier: traï, traï, et courrurent as armes chil ki desarmé estoient; mais poi en iavoit qui ne fuissent garni de leur arme, car il pensoient bien que Evalach ne sousferroient mie longement le siége entour le castiel; si tenoient, pour chou, lour armes plus priès d'aus. Car il quidoient être souspris. Et les gens Evalach lour laissièrent courre [1] sour les cors, les frains tous abandounés, de si grant aléure comme li ceval les péurent porter, tant que nule gens plus desréement [2] ne vinrent onques. Et chil les quellirent au plus durement que il onques péurent, si lor ochirent chil à piet, moult de lour chevaus, si com il venoient

[1] « Corre. » (Ms. F.)

[2] « Plus desvéement. » (Ms. F.)

tout desréé. Et les gens Evalach les férirent moult durement si lour ochisent moult grant partie de lor gens à piet dont il trouvèrent les pluisours desarmés. Là ot moult grant damages d'oumes et de cevax tant que il en iot bien d'ochis ke d'une part que d'autre quinze milliers. Illuec pierdi li roys Evalach grant partie de sa gent tant que il ne pot plus souffrir la bataille, ansçois torna le dos, si s'en ala fuiant viers un sien chastiel qui avoit non la Coisnes [1] qui estoit à mains de deux liues priès d'iluec. Et qant Tholomers l'en vit fuir, si en fu moult liés; si l'en caucha moult angoisseusement [2]; mais la nuis l'os departi. Si lour corut seure [3]; si pierdi Tholomers moult de ses chevaliers en la cache, car chil qui fuioient savoient bien les destrois [4] des païs et les maus pas, si s'en fuioient là ù il véoient [5] lour garnison et chil caçoient à folie.

Ensi départi Tholomers par la nuit; si s'en tourna as herberges là ù il avoit laissié son harnois [6], qant la cace coumencha. Et chil dedens Evalachin furent issus fors, si s'estoient combatut à chiaus ki gardoient leur harnois, si les avoient tous desconfis et le hernois tout gaagnié. Qant Tholomers fu revenus devant le chastiel, si trouva son tref tout dépéchiet et les paveillons tout décopés et abatus. Si

[1] « La Cones. » (Ms. F.)

[2] « Moult vigorousement. » (Ms. F.)

[3] « Départi que lor corrut sore. » (Ms. F.)

[4] « Les destors. » (Ms. F.)

[5] « Savoient lour garison et chil chassoient à la folie. »

[6] « Mais il avint que quant li chasse commensait, cil de dedens Evalachin fuirent tot issus hors, et si s'estoient. » (Ms. F.)

fu si dolans que par un poi que il n'esragoit. Lors jura son sairement que il n'en iroit jamais de devant le castiel, que il ne laissast le moitié de sa gent, jusques à tant que il les auroit afamés. Ensi remest ichiele nuit, et qant chou vint au chief de pièche, si vint à lui un espie et li dist : « Sire onques mais n'avint si bien à houme comme il vous est avenut se par péchiet ne le pierdés [1]. » « Coument ? » dist Tholomers. « Par foi dist l'espie, li roys Evalach est entrés en la Choine à tant de gens [2] com il pot traire de la bataille et illuec le poés prendre à moult petit d'esfort. Lors si aurés vostre guerre afinée [3]. »

« Coument ses-tu devoir ceste cose? » fait Tholomers. « Jou le sai, dist l'espie, comme chil ki le vit entrer el castel. Et se vous l'eussiés encauchié [4] jusques là, vous l'éussiés pris, car il demoura à la porte bien l'esrure dune grant liewe [5], ansçois que chil dedens li laissassent entrer. » « Garde, dist Tholomers, si cier comme tu as ton cors, que tu me dies véritet. » « Sire, fait chil, se il n'est ainsi comme je vous ai fait entendant, si me pendés. » Maintenant apiéla Tholomers ses chevaliers, si lour aiant descouviert chou que li messages li avoit dit ; et dist que il voloit aler aséoir le castiel [6] à tout le moitiet de sa gent, et tout l'autre moitiet lairoit à Evalachin, que nus ne s'en issist fors pour destourner chou que il avoient pris del sien.

1 « Si par peresse ne le perdeis. » (Ms. F.)
2 « A tant poc de gens. » (Ms. F.)
3 « Vostre guerre affinée. » (Ms. F.)
4 « Enchassiet. » (Ms. F.)
5 « Bien l'erreure d'une grant lieue. » (Ms. F.)
6 « Le castiel Evalach. » (Ms. F.)

Ensi le loèrent tout li chevalier; et il apiéla son sénescal qui avoit à non Naburs, se li coumanda à remanoir devant le castiel et retenist le moitiet de ses chevaliers et de ses siergans, et de chiaus à piet et de cex à cheval. Li sénescaus le fist issi comme Tholomers l'avoit coumandet et si retint la moitiet de toutes ses gens. Et Tholomers mut [1] à tout l'autre moitiet grant pièche, ansçois que il fist jours, pour chou que il voloit estre devant le castel de la Choine à l'ajourner [2]. Or vous lairons de Tholomer et si vous conterons del roy Evalach.

Or, dist li contes, que qant il fu entrés en la Choiné pour soi garandir [3], si apiela un sien siergant et se li coumanda issir fors del castiel, et encerchast se Tholomers estoit priès d'iluec, u se il estoit retournés à Evalachin. Et [4] il éut tant pourséu l'ost, ke il l'ot véu descendre. Si le revint conter à Evalach, se li dist le grant gaaing et que chil de Evalachin avoient fait sour chiaus ki garandient le hernois Tholomer. Et qant Evalach oï cheste nouvele, si en fu moult liés et jura son sairement [5] se il devoit estre tous décopés en la bataille, si se combattroit-il à lui; ne jà ne pora sa gent rasambler com il l'ira si durement lever del siége que onques nus hom si durement n'en fu levés. A tant s'en est issus del chastiel et si enmena jusques à .IIII. mille et .VII. C. entre les chevaliers et siergans, et bien .XIX. cens de gent à piet. Si ont

1 « S'esmut. » (Ms. F.)

2 « A l'enjournée. » (Ms. F.)

3 Le Ms. F. omet « pour soi garandir. »

4 « Et cil l'ot tant poursuit ke. » (Ms. F.)

5 « Son sairement que si. » (Ms. F.)

eslongié le castiel, bien cinq liues, ains que il fust jors. Et qant il fu ajourné et la route aloit son chemin, à tant ès-vous un message sour un grant rouchin courant[1], si grant aléure, comme li cevax le pooit plustost porter, et là ù il vit le roy[2] si le salue et li dist : « Sire, madame la royne vous salue et si vous envoie ces letres. » Et il les prent (esraument)[3] si les lut, car il savoit letres assés; si vit que la royne sa femme le saluoit et se li mandoit par la foi que il li devoit que il issist tost de la Choine, car Tholomers l'aloit aséoir. Qant il éut chou véut ès letres, si fu moult esbahis et apiela le message, se li dist : « Diva! coument sot madame que jou fuisse el Choine? » « Sire, dist li vallés, ele en oï hier soir nouvieles. « Et sés-tu, dist Evalach, qui les nouveles li dist? » « Par foi, dist-il, jou nel sai mie ciertainement, mais jou le vi conseillier à un houme que on claime le maistre des crestiens. Et qant il ot assés conseilliet, si ke ele ploroit moult tenrement, lors m'apiela, si me coumanda ses letres à aportier si tost com chis chevax porroit aler. »

Lors apiéla li roys ses chevaliers si lor conta la mierveille de Josephe ki avoit contet à la royne la desconfiture si tost com ele avoit estet, et coument il s'en estoit fuis en la Choine[4] et que Tholomers le venoit asséoir. Issi com il disoit çou à tant ès-vous, un siergant chevauchant après la royne[5], un arc en

[1] « Sur un grand destrier poingnant. »

[2] « Evalach, si le salue. » (Ms. F.)

[3] Le Ms. F. supprime « esraument. »

[4] « Il s'en estoit fois en la Cone. »

[5] « Route » au lieu de « royne. » (Ms. F.)

sa main et si aloit trestost comme li chevax li pooit rendre. Et qant il vint au roy, se li dist : « Sire, vostre castelains de la Choine vous salue, et si vous mande que vous pensés de l'esploitier, coument vous soiés vengiés, kar Tholomers est venus asséoir la Choine et si vous quide prendre dedens, et si n'a amenet que la moitiet de sa gent, et l'autre est remese devant Evalachin. » Et qant li roys oï chou, si apiela ses chevaliers si leur dist : « Segnor chevaliers ! avez-vous oït del crestiens, com il est voir-disans en toutes choses que encor ne l'ai-jou trouvé menchongnier de nule parole que il m'ait faite entendant. Or poés bien oïr que Tholomers est au siége issi com il dist [1] à madame la royne. »

A tant s'entorna li roys [2] tot son droit chemin viers Sarras. Et qant la route (eut trouvet et) esret [3] entour deux petites lieus, si gardent chil de la coue [4] de l'ost, si voient venir d'une forest espesse, une grant compagnie de gent à ceval et à piet, qui tout estoient armé et se pouvent bien avoir quatre mille houmes et plus. Et qant il les virent, si les moustrèrent au roy. Et li roys coumanda tantost toutes les gens à armer. Si comme il s'armoient à tant ès-vous que uns se départoit [5] d'iaus de chiaus de là. Et si vint pongnant moult grant aléure viers chiaus de l'ost, si éut le hyaume en la tieste et l'escut au col. Et tint le glaive enpongnié par milieu. Et kant li roys le vit

[1] « Com il dit à madame la royne. » (Ms. F.)

[2] « Evalach tot droit. » (Ms. F.)

[3] Le Ms. F. supprime « eut trouvet et » et met « ot esret. »

[4] « Chil de la coë de l'ost. » (Ms. F.)

[5] Le Ms. F. supprime « d'iaus. »

venir qui jà estoit armés, car il n'osoit chevauchier sans ses armes, se li ala il meismes à l'encontre. Et qant il furent entr'aprocié, si vint chil de là, si oste son hyaume, et dist au roy ke bien fust-il venus. Et li roys esgarde, si vit que chou estoit uns siens serourges, uns des houmes del monde que il quidoit qui plus le haïst. Et chil li dist : « Sire, jou avoie oï dire que vous estiés desconfis et que Tholomers vous avoit assis en la Choine [1], si me manda la royne ma suer à nuit, à mie nuit, que se jou l'avoie onques amée, et que se jou ne voloie que ele fust livrée à honte, que jou vous secourusse à tout mon pooir. Et jou vous venoie secorre au plus efforchiement que jou pooie com en si grant haste ; mais il m'est avis que il est moult miex que ele ne m'ait mandé. » Et li roys li rendi moult grans mierchis [2], et se li dist : « Biaus dous serourges, dès que vous avés l'afaire ensi empris, il convient que vous me faites aide jusques au chief ; kar on ne puet très-bien connoistre son amit devant (lors) que li besoins en soit venus. Kar l'angoisse del grant besong desquevre la grant [3] amistiet, et le fait counoistre. Et por chou que mes besoins est si grans et si angoissex, comme de chelui ki pert sa tière, et qui, deux fois, a jà estés caciés de place, pour chou vous proi-jou et requier que vous me soiés aidans à desfendre la tière vostre seror et ma honte à vengier. Et jou vous créans comme roys, que vous aurés si

[1] « La Cone » pour « la Choine. » Nous ne relèverons plus ces différences.

[2] « De cel servise. » (Ms. F.)

[3] « La vraie amistiet. » (Ms. F.)

honourée amende[1] de moi, de la haine que jou ai ewe à vous, que jou vous irai droit faire à genous, dedens les wuit jors ke jou cre[2] revenus à Sarras, se jou repuis repairier à hounour; et si sera en vostre maison, voiant[3] vostre barnage. » « Sire, fait chil, grans mierchis, et jou vous dirai que nous ferons : nous irons tout à vostre chitet d'Orcaus. Car chou est la plus plentuieuse[4] chités qui soit en vostre tière. Et si atendrons illuec vos gens, que[5] nous ferons semonres. Et si orrons plustost nouvièles del roy[6] Tholomer que nous ne ferions à Sarras. »

Ly Roys se tient à chest conseil ; si s'entornent[7] droit à Orcaus et i menèrent toutes leur gens et kant il vinrent là, si fu jà nonne passée. Et[8] li roys envoie ses messages par enki entor, et ki jamais vauroit tenir tière de lui, ne honor, ke il le secourust à cest besong. Et li message esploitièrent si bien, ke anschois que il fust prime lendemain, ot li roys à la chité d'Orcaus .XVII. *mil* houmes ke à piet ke à cheval, et estre

1 Si honorable amende de la haine que jou ai éue envers vous.

2 « Ke jou serai. » (Ms. F.)

3 « Tout vostre barnage. » (Ms. F.)

4 « Planterouse. » (Ms. F.)

5 « Que vous fereis semondre. » (Ms. F.) — Dans toute cette phrase, le Ms. F. emploie la deuxième personne du pluriel au lieu de la première.

6 « De ost Tholomer. » (Ms. F.)

7 « Tout droit. » (Ms. F.)

8 « Et li roys Evalac envoie tout maintenant ses message par iqui entor, et mandoit partout que ki. » (Ms. F.)

chiaus ke entor lui, et Séraphe sen serorge avoient amenés. Tantost, com il fu aviespri, se mut li roys de la chité et chevaucha entre lui et sa gent[1] tout droit viers la Choine. Et si chevaliers li disent que il feroit folie de saillir à Tholomer, à si poi de gent comme il avoit, mais atendist encore ses gens ki venroient jusques à .III. jours ù jusque à quatre, « lors si porés plus légièrement[2] combatre dèsque vous aurés tout vostre pooir[3]. »

Par le conseil et par le los de ses barons[4] retourna li roys en la chité. Et qant vint à l'ajournée[5] si coumenchièrent à crier : « Traï, traï[6] or as armes. » Et li roys saut. Et li chevalier montèrent sour les murs de la tour. Et voient toute l'ost Tholomer qui venoit à desroy tout contreval les cans[7]. Et jà achagnoit la chitet[8] de totes part. Et qant li roys vit chou, si fu moult iriés. Et non mie tant pour le siége comme pour sa gent ; car il savoit bien que jà tant n'en y venroit que il ne fuissent tout pris par chiaus de fors. Lors manda li rois toute sa gent à armer isnelement, et qant il furent tot armé, si coumandèrent[9] que il isissent fors si durement que oncques nule gent n'isist si durement d'un chastiel,

[1] « Com il porent. » (Ms. F.)

[2] « Si poroit plus séurement. » (Ms. F.)

[3] « Dès que il auroit tout son pooir. » (Ms. F.)

[4] « De sa gent. » (Ms. F.)

[5] « A l'anjornée. » (Ms. F.)

[6] « Parmi la ville : traï, traï. » (Ms. F.)

[7] « Les chans. » (Ms. F.)

[8] « Et jà assejoit la chitet. » (Ms. F.)

[9] « Si commandait li roys. »

ne de fors d'une chitet. (Et il si firent qant il furent appareilliet [1].)

Après manda celui qui la citet gardoit; se li coumanda si chier com il amoit son cors, que la chités fust si fremée tantot com il fuissent issut fors, que nus hom n'i mésist le piet (jà puis) [2] se il meismes ne le coumandoit de sa bouce. A tant issirent fors, si ala avant Séraphes li serourges li roy, ki éut la première bataille. Et qant il fu assamblés, onques puis ni ot resne [3] tenue, ansçois laissa courre cascuns li roys et tout li autre ensamble, les escus joins devant les pis, les lances roydes sour les aisieles. Et les gens Tholomer qant il les virent si durement venir, si en furent tout esbahi de çou que tant en y avoit (point) [4]. Car il ne quidoit mie que il éust en la chitet le quarte part de gent que il en virent issir; mais nepourqant il les requièrent bien [5], car li estoient moult plus seur de chou que il avoient le roy desconfit et deux fois encachié [6].

A chele première assamblée, i perdirent moult la gent Tholomer. Kar il avoit toute nuit chevauchié sans dormir et sans reposer, si en estoient plus grevet. Et la gens Esvalach [7] avoient reposé et dormi toute la nuit, si en estoit plus fort et plus légier; moult le

[1] Le Ms. F. supprime la parenthèse.

[2] Même observation.

[3] « Rengne. » (Ms. F.)

[4] Le Ms. F. supprime « point ».

[5] « Recoillirent bien. » (Ms. F.)

[6] « De plaice. » (Ms. F.)

[7] « Et cil devers Ewalach. » (Ms. F.) — On voit ici et ailleurs que le Ms. F. corrige les répétitions de mots trop voisins.

fisent bien les gens Ewalac, mais [1] il le faisoit si bien que nus hom de son eage ne déust enprendre che que il faisoit. Et Séraphes ses serorges le refaisoit si durement, que, pour son bien faire, aquelli si grant los et si grant hounour que il en fu parlet puis à tous les jors de sa vie, et maint jour après sa mort. Et nepourqant moult souffrirent les gens Tholomer comme gent qui venoient tout desrouté tant que il ne porent mais souffrir, ansçois tournèrent en fuics. Et li roys Evalach et ses gens les encauchièrent moult durement, tant que il vinrent au destroit d'une moult haute roche qui estoit li plus perilliex passages de la tière : cele roce estoit si haut com on porrois gieter [2] une pierre pongnal, et si duroit à diestre partie jusques à une aighe qui couroit à Orcaus, qui estoit apielée Cordaniste. Et à la seniestre partie, duroit jusques au lit de Babiel [3]. En toute chele roche, n'avoit passage que un suel qui si estoit estrois que il n'i entrassent mie de front .X. homes en nule manière del monde. Jusques à cel passage, passèrent les gens Evalach et les gens Tholomer. Iluec éut si grant ochision et tant iot sanc d'oumes espandut que encor en piert la coulours en la roche et parra jusques à la fin del monde.

A cel passage, se diffendirent tant com il porent en tel manière que une partie d'iaus maintenoient l'estor.

[1] « Mais il le faisoit si bien endroit de lui que nus hom de son eage n'osast ne ne déust entreprendre che que il entreprenoit. » (Ms. F.)

[2] « Com on porroit gieter une roche poignal à .I. enging et si duroit. » (Ms. F.)

[3] « Jusques au désert de Babel ; et sachiés que. » (Ms. F.)

Et li autre passoient toutes voies, tant que li plus d'iaus passoient outre [1], mais moult iot mors et ochis et des uns et des autres, si en fu puis apiélée la roche *la roche del sanc* [2] pour le sanc ki espandus i fu. Et qant il furent tout cachié [3] jusques outre le pas, et il furent bien fui en tour demie liue [4], et les gens Evalach les éurent tot adiès encauchiés, si esgardèrent chil et virent lour segnour [5] Tholomer qui venoit en la cowe de l'ost, que [6] il n'estoit pas encor venus au siége, ansçois avoit la gent envoié avant, car il ne quidoit mie que li roys Ewalac éut si grant gent à Orcaus com il avoit. Et qant il vit de lonc, chiaus qui fuioient arière, si coumanda que chil de sa compagnie, qui n'estoient armé, présissent leur armes et il meismes vint, tous premiers, contre sa gent qui fuioient; si lor demanda que il avoient éut. Et il respondirent que il avoient trouvé à Orcaus li roy Ewalach à tout son pooir, si avoit tant ochis d'iaus à un mal pas, que nus n'en poroit dire le conte.

« Coument, dist Tholomers, est-il dont issus de la citet? » « Par foi, font-il, vous le porrés par tans véoir, kar il vient après vous [7] tant comme li chevaus li puet rendre et amaine grant chevalerie et biele. » Qant Tholomers oï cheste parole si fist ses gens res-

[1] « D'iaus fuit outre. » (Ms. F.)

[2] « Pour la grant mervelle de sanc ki espandus i fu. » (Ms. F.)

[3] « Chassiet. » (Ms. F.)

[4] « Et il horent bien fait jusqu'a .I. demie liue. »

[5] « L'ensangne lour segnour. »

[6] « Car » au lieu de « que. » — Cet éclaircissement est fréquent.

[7] « Après *nous* qant qu'il puet et qantque ses chivalz li puet. » (Ms. F.)

traindre [1] et coumanda à abaissier l'ensegne [2] et dist à tous ses chevaliers que issi chier com il avoient lour cors et lour hounours, et la soie, que jà nus d'iaus ne se desroutast [3], jusques à tant que il véissent [4] le sien cors mouvoir avant; et il estoit endroit soi, auques bons chevaliers, et si savoit moult de guerre comme jouenes bachelers que il estoit. Car il n'avoit encore mie plus de .XXVII. ans [5]. Qant Ewalach le vit arester, si se pourpensa, si comme chiex ki mains iteus afaires avoit véus, que la place ù cheles gens avoient arestet, n'estoit pas sans grant effort [6]. Lors apiela ses chevaliers et si lour dist ke il alaissent séurement [7], car il apiercevoit bien que Tholomers n'estoit mie lonc. Et cil si là restèrent [8] et alèrent maintenant le pas, tant que il furent à mains de deux archies priès de lor anemis. Lors devisa Ewalach de sa gent quatre batailles, si douna li première Séraphe son serourge qui si bien le fist en la bataille [9] qui moult estoit hardis et preus ; et uns siens niés qui avoit à non Archimades (et) éut la tierce, et il l'ot la quarte [10] qui moult

[1] « Ses gens estrandre. » (Ms. F.) — [2] « Six ansangnes. »

[3] « Se desroiest » (Ms. F.)

[4] « Il vairoient. » (Ms. F.)

[5] Le Ms. F. met : « .XXXVI. ans. »

[6] « Arestet ; ne pooit pais être sans grant effort. » (Ms. F.)

[7] « Que il allexèrent saigement. » (Ms. F.)

[8] « Et cil si là se serrent. » (Ms. F.)

[9] Il y a là une lacune : « En la bataille com vous oreis sai avant ; et ses séneschalz ot la seconde baitelle, qui moult estoit hardis... » (Ms. F.)

[10] Le Ms. F. supprime à tort « et il ot la quart » puisqu'on vient de dire qu'Evalach divisa son armée en quatre *batailles*.

bien le savoit conduire. Et qant il les ot issi dévisées, si apiela un sien chevalier moult preu et moult loyal, qui estoit apielés Jecoines des désers [1]. A celui coumanda Ewalach que il retournast por garder le passage de la roche, si que la gent Tholomer ne péussent passer s'il i aloient à garant. Et si li commanda qu'il éust en sa bataille [2] tous chiaus qui estoient remés en la citet, ne mais que .C. en (i) laissast sans plus, pour la vile desfendre, se auquns agais i sourvenoit par aventure. A tant s'en ala Jechoines, et le fist issi com ses sires li avoit coumandet. Et qant Tolomers vit que Ewalach avoit ses batailles devisées, si redevisa les soies.

QANT il les eut dévisées, si en i éut jusques à wuit; et si disent [3] que les deux premiers assambleroient à la bataille [4] au séneschal et les deux après coumanda que eles assamblassent au neveu Ewalach qui avoit non Archimades. Car chou estoit chil qui avoit la tierce bataille [5] et il assambleroit à Ewalach, et li wuitisme bataille seroit l'arière garde. Si venroient sour iaus, qant il venroient [6] grant piece souffert l'estour; si lor courroit si durement seure que il s'en iroient tout acou-

[1] « Jecones des désers. » (Ms. F.)

[2] « En sa compaignie. » (Ms. F.)

[3] « Et si dist (sous entendu Tholomer). » (Ms. F.)

[4] Il y a ici une lacune. Il faut dire : « A la bataille Séraphe les deux après à la bataille au séneschal et... » (Ms. F.)

[5] « Et il dist qu'il seroit en la septisme et si assembleroit à Evalach. »

[6] « Venroient » pour « auroient. »

vetet. Issi resgarda que toutes ses batailles assambleroient, deux et deux, car il avoit bien la moitiet plus de gent que n'éust Ewalach.

Ensi furent les batailles ordounées, d'une part et d'autre, si éut bien en cascunes des batailles Ewalach .X. mil hommes [1] et .III. cens, ke à piet quc à cheval. Et en cascune des Tolomer, en avoit .V. mil u plus [2] et si avoit moult de sa gent perdue au trespas de la roche dont li contes a parlet issi comme vous avés oït. Lors apiela Ewalach ses chevaliers et si lour dist : « Segnor chevaliers, vous véés bien com grant mestier vous avés wui en chest jour, d'icstre prodoume [3]; car à cascun que nous sommes, sunt-il de là deux u trois, mais tant i a que chou nous doit moult conforter et douner grant hardement que nous sommes en nos lix [4], et que chil sunt venut sour nous, si à si grant tourment comme vous savés tout. Et sachiés, de voir, que se vous volés, wui en chest jour [5], estre tout preudomme et vighereus, vous emporterés l'ounor et la victoire de la bataille, ne jamais [6] li

[1] « .VIIII.m houmes. » (Ms. F.)

[2] « .XX.m ou plus. » — Le Ms. F. semble, *à priori*, plus rationnel; cependant comme Evalach a deux fois moins de monde que Tholomée et qu'il n'a que quatre batailles, chacune de celles-ci devrait se composer, de l'un et l'autre côté, d'un nombre égal de combattants.

[3] « Prodomme. »

[4] « En nos choses. » (Ms. F.)

[5] L'expression « wui en chest jour » du Ms. du Mans, est remplacée dans le Ms. F. par le simple mot « hui. »

[6] « Si que jamais... » De plus le Ms. F. supprime « en bataille ne. »

Egyptien ne nous atendent (en bataille ne) en place. Et savés-vous que vos ferés ? Jou vous proi et requier que vous souffrés moult au coumenchement, et se nous les poons souffrir deux cols u trois ; sachiés bien tout vraiement que jà si tost ne lor courrés sus, que vous les verrés tout d'autre manière que il n'auront estet au coumencement, et se nous les poiens desconfire, orgardons [1] com grant hounour nous i arons. Car chou véons-nous bien et savons de voir que il a [2] bien deux tans de gent ke nous n'avons ; jou ne sai que jou die (plus) ; mais nous devons bien savoir tout que est hounours et que est hontes. Si gardons que nous ne fachons tel cose pour paour de mort u de prison dont nous soions hounist à tousjours mais ; ne que il soit reprouvet à nos enfans apriès nos mors. » Et qant il éut chou dit, si [3] se regarda et vit venir deux batailles delà, toutes appareilliés, com pour assambler. Et qant Séraphes ses serourges ki éut la première bataille les éut wéues movoir, si chevaucha en contre autressi [4] par samblant, com se il les déust trouver tous desarmés. Et qant il furent aprochiet li uns des autres, tant que on trairoit d'un arc [5], si s'entrelaissièrent courre tout ensamble dessi grant aléure comme le cheval les porent porter. Et qant li

[1] « Esgardeiz. » — Partout le Ms. F. met la deuxième personne du pluriel au lieu de la première.

[2] « Que il a bien de lai .II. pars de gent ke nous n'avons de sai que jou vous die ; mais vous deveis bien savoir tout queilz est hounours et kex est hontes, si gardez, etc. » (M. F.)

[3] « Si esgardait et vit venir. » (Ms. F.)

[4] « Seurement par semblant. » (Ms. F.)

[5] « D'un arc. » (Ms. F.)

roys Ewalac qui fu [1] avoec aus remés, resgarda Séraphe qui [2] il avoit si grans outrages fais par maintes fois, et viers qui il avoit éut si grant haine à son tort, si vit que il aloit si vighereusement contre ses anemis [3] et pour ses anemis se metoit empéril de mort u de prison mortel avoir (s'il estoit pris) [4], si en éut si grant pitiet que il coumencha à sospirer del cuer del ventre [5] et à plourer des ex del chief, moult tenrement. Et là ù il l'en vit aler le hyaume enclin et la grosse hanste del glaive sous l'aissiele, et l'escut serret au brach sor le fort destrier [6], isnel tout aponesté comme de bien faire. « Ha ! las ! caitis ! com m'a mort [7] et (traï) ki tel amit m'a tousjours tolut, » et après dist : « Biaus dos amis Séraphes ! jè ne puist morir [8] mes cors, jusques à tant que il vous sait moult durement guerredounet chou que vous faites plus pour moi que vous ne déussiés faire ; car chiertes jou ne l'ai mie déservi enviers vous, mais toutes voies, il est voirs que frans cuers ne se démentira jà.

« Or, en alés en l'angarde (et en la baillie) [9] à chelui qui signe jou porch [10] que, se il est vrais Diex ainsi

[1] « Qui fu tuit arrière remés. » (Ms. F.)

[2] « Cui » pour « à qui. » (Ms. F.)

[3] « Et que pour s'amor se metoit. » (Ms. F.)

[4] Le Ms. F. supprime la parenthèse.

[5] « Del parfond dou cuer. » (Ms. F.)

[6] « Sor le col del destrier. »

[7] « Ha ! las ! chetis com m'a mort et mal bailli, ki tel amit. » (Ms. F.) — Le mot « mal baillet » remplace « traï. »

[8] « Jà ne puist morir de mort mes cors. » (Ms. F.)

[9] Le Ms. F. supprime « et en la baillie. »

[10] « Chelui cui signe je porte. » (M. F.) — « Cui » est ici pour « dont, *cujus*. »

com on le tiesmongne, si gart-il anuit vostre cors de honte et de péril et vos envoist si grant hounour comme vous pués gregnour avoir. Or esgardés coument nostres sires est débonaires et piteus qui daigne[1] oïr les pécéours tant que il otroies lor proières et lour requestes qant il li requièrent de bon cuer. » Car tot maintenant que Ewalac eut proïet nostre segnour issi comme vos avée oït, maintenant li fu otroiet; car Séraphes ne cai onques[2] ès liens à ses anemis, ne onques plaie mortel n'i rechut onques, ansçois i conquist tant de la terene hounour[3], que trestout chil qui le jour les gardèrent en la bataille, (le) disoient vraiement que se il, tous seus, ne fust, Ewalach éust le jour perdut son cors et sa tière à tousjours, sans recouvrer ; mais or verrons[4] à la droite voie del conte qui dist que qant Séraphes fu assamblés as deux batailles, si fu si grans li froisseis des lanches, d'une part et d'autre, que il n'est nus hom, s'il le véist[5], qui ne quidast vraiement que chou fust grans plentés de bos qui caïst. Et qant les lanches furent péchoiés et li coutel et li faussart et les grans haches trenchans d'achier furent[6] traites, si fu illuec si grans li capleil, et la meslée fu si mortex, que des espées que des haches et d'autres fièremens dont il féroient sour les hanches, et sous les hiaumes, et sour les escus et sour les haubiers, que chou estoit avis que chou

[1] « Doingnet. » (Ms. F.)
[2] « Le jor ès liens. » (Ms. F.)
[3] « Ansçois resut tant de la terrienne honour. » (Ms. F.)
[4] « Retournons à la droite voie. » (Ms. F.)
[5] « Se il l'oïst sens véoir. » (Ms. F.)
[6] « Furent maintenant traites. » (Ms. F.)

estoit une grande merveille de forgéours. Là ot [1] tant membre trenchiés, que il n'est, en chest siècle, nule langhe qui la veritet en péust dire, se chil seulement non, qui tout set et tout counoist [2], ne l'en faisoit sage et chiertain par son esperit. (Désoremais orrés coument il avint d'ichele assamblée [3].)

« Mout le fisent bien les gens Séraphe au coumenchement, mais (onques) prouèche que nus hom i fesit (ne) ne se pot (prendre ne) [4] appareillier as prouèces que il faisoit de sa main. Car il tenoit une hache as deux mains fort et bien (et) trenchant à merveilles. Et il estoit grans et gros et corsus et larges par ses espaulles et si éut les bras gros et furnis par le tour des os et si éut les poins (gros et furnis et) et maigres et quarrés [5] et si avoit grant enfourchéure. Si séoit moult [6] bien à cheval et là ù il se tournoit à toute la hache comme cil qui avoit son escut jetet en la presse [7] et les regnes sur les bras, si estoit si durement férus que il atagnoit (à cop que il n'i avoit nul recouvrier) [8] et si geta le jour maint cop dont onques

[1] « Ot tant corps persiés. »

[2] « Ne les faisoit sage et chiertain par le saint esperit. » (Ms. F.)

[3] Le Ms. F. supprime la parenthèse : « désormais orrés. »

[4] Suppression des trois parenthèses dans le Ms. F.

[5] Évidemment la parenthèse « poins (gros et furnis) » est à supprimer ; ces épithètes s'appliquent plus haut aux bras ; le Ms. F. met « et les poins maigres et serreiz. »

[6] « Moult à grant merveille. » (Ms. F.)

[7] « Et les rainnes del frain mizent sor les bras. »

[8] Le Ms. F. supprime la parenthèse « à cop que il n'i avoit nul recouvrier. »

nus ne failli que il ne copast u bras u pong [1] u teste u cors que d'oume que de ceval, il ne faisoit se merveille non. Et si n'avoit onques mais esté grant parole de sa prouèce, si s'esmerveilloient moult tout chil qui les esgardoient et il meismes ne s'en esmerveilloit mie mains des autres, mais plus encore; car il ne li estoit pas avis que si merveille u se proueche péust issir d'itel cors comme li siens estoit, ne il ne se pensoit mie que il l'éust par celui qui li éust dounée pour la proière le roi Ewalach qui moult en estoit liés [2]. Et il moustroit à ses chevaliers les merveilles que Séraphes faisoit et disoit que c'estoit li chevaliers de tout le monde la qui proéce [3] il vaurroit mix avoir.

Qant Tholomers vit ses gens (qui faisoient place à Seraphe [4] et) pierdoient [5] tière plus et plus, si en éut moult grant duel et moult grant honte, et si lour envoia les autres deux batailles. Et qant Séraphes les vit venir toutes abriéviés, si coumanda à ses chevaliers qu'il se tenissent tout serret et rengiet et

[1] « U pong » remplacé par « u cuisses » par le Ms. F. fidèle à son système de recherche littéraire; le poing faisant partie du bras dont on vient de parler.

[2] « Ansoit la cudoit avoir par la force de ses deux qui aidier ne le pooient. Moult le fist bien Séraphes il et ses gens tant qu'ils menèrent arrier les .II. baitelles jusques ens en la plaice où Tholomeis estoit qui si grant duel menoit de ceu qu'il véoit les siens reculleir, que pour .I. petit qu'il n'en issit del sent. Et li rois Evalach, qui moult estoit liés, moustroit... »

[3] « La qui proëce » pour « dont la prouesse. »

[4] Le Ms. F. supprime la parenthèse « qui faisoient place à Séraphe. »

[5] « Qui perdoient place si en éut moult. » (Ms. F.)

que il souffrissent une grant pièce le desroy. Et chil vinrent à desroi, sitost comme li ceval leur péurent plus tost aler[1] et tant par estoit angoisséus et volentéis de l'assambler[2] que onques en conroy ne se péurent tenir, ne daignièrent. Et les gens Séraphe ne se murent onques ansçois les requellirent tout qoi, et souffrirent que chil pécoièrent leur lanches[3] seur iaus, et que il lor detrenchoient lour escus et lour hyaumes. Et il se reposoient desous lour cols, et cil toutes voies se lassoient; mais trop grant fais de gent i avoit entre les deux batailles qui avoient estet desconfites, et les deux ki leur estoient venues. Si en furent moult cargiés et les gens Séraphe, et lour coumenchièrent à tolir tierre. Et qant Séraphes vit que[4] (ses gens coumenchièrent à pierdre tierre et que il s'en aloient si vilainement), si s'escrie et lors laisse courre la hache enpongnié, tout afichiés ès estriers, si lour coumenche à détrenchier et à coper escus et hiaumes et haubiers si durement que nule arméure ne lor pooit avoir durée[5], qui de la hache fust bien conséus[6]. Et qant li sénescaus Ewalach qui avoit la tierche bataille le vit si durement recouvrer que il estoit avis que il fust venus tous frés (et tous

[1] « Si tost com li ceval les porent plustot porter. » (Ms. F.)

[2] « Que onques ne se doingnèrent tenir en convoi » (Ms. F.)

[3] « Leur glaives. » (Ms. F.)

[4] En place de la parenthèse : « ses gens coumenchièrent, etc. » qui n'existe pas dans le Ms. F., ce Ms. met « qu'icelle gent noient les siens si vilainnemant. »

[5] Au lieu de « nule armeure ne lor pooit avoir durée, » le Ms. F. met : « nule armeure ne pooit à lui avoir durée. »

[6] « Fust bien aconséue. » (Ms. F.)

nouviaus)[1], si en fu tous esbahis, car il n'atendi se tant non que il le véist lasser, pour chou que il le voloit secourre[2], et de la grant merveille que il en ot, dist-il. « Par foi chil hom ne seroit jà las, se tous li mons venoit[3] sor son cors et se jou atendoie tant que il recréust de combatre, jou n'iroie férir jà cop, et jou aie dehet se jou plus j'atens[4]. » A cest cop[5] laist courre li sénescaus, et si compaignon tout droit as turs as deux batailles[6] ki i estoient assamblées au neveu Ewalach. Et qant cil les virent venir, si lour coururent sus tout à desroi tout autressi comme les deux batailles avoient fait as gens Séraphe, et il[7] apiéla ses chevaliers et si lour dist que il se tenissent tout serré, « kar se nous poïens, dist-il, pierchier iaus[8], jou ne finerai jamais devant chou que jou aie alet férir Tholomer entre sa gent, se il en (i)[9] avoit

[1] Le Ms. F. supprime « tous nouviaus. »

[2] Le Ms. F. dispose autrement la phrase. « Si en fu toz esbahis et de la grant merveille que il en ot, dit-il : je n'atendoie que tant seulement que je l'en véisse lasseir, por ceu que je le voloie secorre et puis redist... » — Il est remarquable que les paroles prononcées par les personnages de l'action sont toujours bien plus difficiles à comprendre que le récit.

[3] « Li corroit sor. » (Ms. F.)

[4] « Il recréut de baitelle, je n'i fierroie jà cop et jou aie dehait, se jou plus j'atens. » (Ms. F.)

[5] « Cop » remplacé avec raison par « mot » dans le Ms. F.

[6] « Tout droit as altres .II. baitelles. » (Ms. F.)

[7] « Et li séneschalz apiela ses chevaliers. » (Ms. F.)

[8] Vieille locution ; le Ms. F. met aussi « les poïens, dist-il, perchier. »

[9] Le Ms. F. supprime « i. »

encor autres tant com il en i a. Chil se tinrent tout ainsi com il ot coumandet, et chil de là vinrent tout desréet ; si les férirent moult durement, car il avoient assés gregnour forche de gent que chil de chà n'avoient, mais onques si durement ne péurent venir c'onques chil de là les péussent réuser tant de tière comme la hanste d'une glaive tient (de lonc) [1] ; anschois piercha li sénescaus tout outre et se lancha parmi aus tous, si ala assambler à tous .III. cens chevaliers sans plus, à la bataille Tholomer, ù il pooit bien avoir .V. M. houmes que à piet que à cheval. Et qant il vint à iaus, si se féri entr'iaus il et si compagnons, et furent autressi pierdut comme se il fuissent [2] en mer. Et li sénescaus, parmi toute la bataille, ala férir Tholomer si durement que il porta lui et le cheval à terre tout en un mont. Et qant il [3] se quida tenir sor lui à force, à tant ès-vous que un chevaliers le féri par derière d'une glaive entre les deux espaulles si com il estoit abaissiés [4] sour Tholomer por férir de l'espée, si le féri si durement ke il le porta sour Tholomer tout estendut à tierre. Et les gens le séneschal assamblèrent sour iaus pour Tholomer retenir u ochirre, et les soies gens laissent courre pour soi [5] délivier. Et qant li roys Ewalac vit la meslée en trois liex de la gent Séraphe encontre les .IIII. premières batailles Tholomer et des gens le

[1] Le Ms. F. supprime « de lonc ».

[2] « Ils fussent chéut en mer. » (Ms. F.)

[3] « Et quant il se cudait arresteit sor lui et retenir à force, ès-vous. » (Ms. F.)

[4] « Abassiez. » (Ms. F.)

[5] « Pour lou délivrier. » (Ms. F.)

séneschal contre les autres deux batailles (et del cors au séneschal contre la bataille Tholomer)[1] si fu moult angoisseus et coumanda à son neveu que il secourust les gens au séneschal et il iroit secourre son cors.

Achest mot, laissent courre ambesdeux les batailles à lors anemis, et tantost com Archimades assambla as deux batailles qui estoient mellées as gens au séneschal, si ne pourent plus souffrir chil de là; anchois s'entournèrent fuiant tot droit à Tholomer, et li roys Ewalac qui fu assamblés à Tholomer esgarde et voit que on enmenoit son séneschal esrant batant de grans maques de fier cornues[2] et si avoit trois plaies el cors[3] de saiètes que chil à piet li avoient faites. Et qant li roys[4] le vit si laidement mener et ses compagnons détrenchier et ochire, si en fu moult dolans, tant que par un poi[5] que il n'issoit du sens (si com)[6]; il laisse courre si tost comme li chevaus le pot porter et tout li chevalier

[1] En place de la parenthèse « et del cors au séneschal... » le Ms. F. met : « Et il vit ancor que li séneschalz meysmes s'estoit melliez contre la baitelle Tholomer. »

[2] « Que on enmenoit son séneschal esrant batant de grosses messes de fer cornues. » (Ms. F.)

[3] « Trois plaies el dos de saiètes. » (Ms. F.)

[4] « Li rois Evalach. »

[5] « Tant que pour .I. petit il n'issoit del sens. »

[6] Le Ms. F. supprime avec raison « si com ».

après [1] et les vient atagnant [2] au pendant d'un tertre et si trouve que il (la) l'avoient jà abatut contre tière, et que il li deslachoient son hiaume et ke Tholomers tenoit l'espée nue [3] pour lui coper la tieste. Car chou estoit li chevaliers del monde cui il plus haoit. Et qant il vit Ewalach venir si bruiant, si se pensa que il n'el poroit mie tenir longement, car il li seroit rescous ; si traist un fausart, si le fiert dedans le cors par desous, après sailli Ewalach [4], si laist courre. Et Tholomers qant il le vit venir laissa aler le cheval contre lui une glaive en sa main. Et Ewalach s'adreche viers lui, si s'entrefièrent si durement que les pièches volent d'ambespars qu'il tenoient.

Les batailles se meslent les unes parmi les autres [5] et qant les lanches péchoient, si furent sachiés les espées; là éut moult grant estour et moult angoissex et moult grant abatéis d'oumes et de cevaus. Et li roys Ewalach s'esforchoit moult coument il péust reculer jusques là ù li sénescaus gisoit. Et chil se desfendiroient moult durement, si que il ne pooient pierchier outre ne iaus tolir tière; tant que les deux batailles à qui Archimades éut assamblet [6], furent desconfites, ensi comme vous avés oï; si s'en vinrent fuiant jusques à la bataille Tholomer, et les Ewalac qui estoient

[1] Au lieu de « et tout li chevalier après, » le Ms. F. met : « et tout sui compaignon. »

[2] « Ataignant. » (Ms. F.)

[3] « S'espée tot nue. » (Ms. F.)

[4] « Après sailli en .I. cheval contre Ewalach une glaive en sa main et Ewalach, etc. » (Ms. F.)

[5] « Et se lièrent parmi la presse melle à melle. » (Ms. F.)

[6] « Se fut assamblet. » (Ms. F.)

férut tout melle et melle; et qant Tholomers les vit venir fuiant et chiaus apriès qui les cachoient, si escrie : « S'ensegne » et laisse courre as gens Ewalac moult durement [1]. Et qant chil ki fuioient l'oïrent [2] si (se) retournèrent les chiés des chevaus encontre lour anemis et chil à piet traioient grant plenté de saiètes envenimées, si ochirent moult grant partie d'yaus [3].

Moult fu grans la meslée et fors li capleis et moult iot gens perdues d'une part et d'autre ; mais les gens Ewalach i firent trop grant pierte à chele fois. Et qant Tholomers vit que or en estoit li miudres siens, si prent un message et si l'envoie à chelui qui gardoit l'uitisme de ses batailles ; se li coumanda si chier com il avoit son cors que il n'assamblast pour nul besong, que il venist devant chou que il li éust mandet [4]. Mais or lairomes à tant de lui, si que plus n'en parlerons ore, et si dirons des gens Séraphe qui encore sunt en la place ù ele se combat.

CHI dist li contes que là ù les gens Séraphes se combatoient as .IIII. batailles, ensi com vous avés oït, que à meirveilles se continrent (merveilleusement se continrent), et moult se desfendirent vighereusement, ne onques mais nules gens ne se continrent plus à durcement encontre si grande sourvenue. Moult

[1] « Moult iréement. » (Ms. F.)

[2] « Et qant cil qui sivoient oïrent l'ansigne escrier. » (Ms. F.)

[3] « Si occistrent moult grant partie de lor chivalz et navrèrent moult grant partie d'ealz. »

[4] « Que il n'assemblast pour nul besong que il véist davant chou que il éust mandet. »

le font bien chil à cheval et chil à piet, mais pour nule pouretet [1] ne pour nul bien faire, ne se fuissent-il retenut [2] se ne fust li biens fais Séraphe [3]. Mais chil fait à mierveilles de proueches, chil fait à ramentevoir de toutes choses; il ne treuve si hardit chevalier, nul se il le voloit viers lui tourner, qui moult volentiers ne li guerpesist plache se il empéust avoir loisir.

Il fait les rens aclaroier [4] là ù il péut venir la hache en la main, il cope les fors escus, il détrenche les espés, hyaumes [5], il pourfent haubiers [6] et ventailles, il trenche piés et jambes et bras et piés et tiestes et costes et quisses; il bagne sa hace jusques espoins en sanc d'oumes et de chevaus, il séus soustient si toute sa gent et encombre tous chiaus qui sunt en-contre lui [7] que toute lour criesme [8] est en lui et en lour pooirs, il ne sent nule fois sa virtu afebloier. Anschois se tient toute jour en une virtu et en une forche, si que il méismes s'en esmerveille tous; ne jamais, à nul jour, ne quide estre lassés de porter armes, et là ù il voit (la gregnour presse et [9]) le gregnour fais de la bataille, là s'élanche si tost, et si

[1] « Pour nule pouesse. » (Ms. F.)

[2] « Jai tant tenus. » (Ms. F.)

[3] « Li bien faire Séraphe. »

[4] « Les rens esclaroier. »

[5] « Habers » au lieu de « hyaumes. »

[6] Naturellement le Ms. F. remplace « haubiers » par « hyames. »

[7] Le Ms. F. dit autrement : « il seul sostient toute la gen qui est encontre lui. »

[8] « Car toute leur criemme est en lui. »

[9] Le Ms. F. supprime : « la gregnour presse et. »

volentiers que à nule autre riens ne bee. Et se il voit ses compagnons reculer et guerpir plache, il les encarge tous seul, et receuvre autresi vighereusement com se il avoit en ses menbres totes les forches et tous les pooirs que il ont entr'aus tous. Et se li biens faires de lui seul ne fust, ses gens ne péussent durer en nule manière à la grant mierveille de gent qui encontr'iaus estoit. Anschois s'en fuissent alet tout desconfit et tout desbaretel. Ensi dura ses biens faires toute jour, tant qu'il fut bien noune passée. Et lors vint uns messages à Tholomer là ù il se combatoit, et se li dist : « Sire, par fois, il a chà aval [1] un chevalier qui fait mierveilles qui il a, hui toute jour, tenue la meslée et le caplé encontre quatre de nos batailles, et se il tous séus ne fust, ses gens fuissent desconfites pièchà [2] car à cascun des lor chevaliers soumes-nous deux u plus, et chil séus les soustient, si tous que tous li vostres fuient avant lui [3]. »

Qant Tholomer oï cheste nouviele, si s'esmerveilla moult que chil chevaliers pooit iestre : « Or va, dist-il, au message (avant) à Manatur [4] mon frère, qui garde chele bataille là et si li pués dire que jou li mans que il aut [5] assambler à ciax si durement que jamais hom ne remaigne en la plache. » Chil fist son coumandement, et Manaturs en fu moult liés, qui moult grant talent avoit d'assambler. Si lait courre

[1] « Il ait lai un chevalier. » (Ms. F.)

[2] « Ses gens fuissent totes desconfites, grant pièce ait. » (Ms. F.)

[3] « Si toz que tut li nostre fuient davant lui lai où il lou voient venir. »

[4] « A Manaturée mon frère. » (Ms. F.)

[5] « Aillet assembler. »

tout maintenant et il et ses gens tout à desroi, si se fièrent en iaus, si durement que il les font flatir arrière le lonc d'une arbalesfrée. En qui éut moult angoisséus mescief. Car les gens Séraphe n'estoient mie plus de .XX. mil, et li autre estoient plus de .XXX. mil, car en la daaraine bataille avoit bien .XV. M. houmes et plus. Et tant que il porent plus souffrir, kar nus biens faire n'i pooit avoir mestier, à tourner, lour couvint, lour dos. Et Séraphe kant il vit que à desconfiture estoit tournés, si éut tel duel que pour un poi que il n'esragoit.

Lors coumencha moult durement à penser et puis à plourer des ex del chief[1] et dist : « Ha! las! quel dolour qant jou m'en part haitiés et sains et vaincus. Riens nule ne m'ochist fors la mours qui tant demeure. » A cest mot rempungne la hace et rescrie « S'ensegne » pour sa gent ralyer; mais il estoient si rentré en la fuite que nus amounestemens que il lour fesist, ne les pot onques faire retourner (ne recouvrer)[2]. Si tourne le col del cheval et laisse courre et chil ki sont desconfit, si s'envont tout droit, fuiant, enviers la roche qui Jechoine des desiiers gardoit. Et qant Séraphes vit que il s'en aloient ainsi, sans recouvrer, si tourne le col del ceval et laisse courre là ù il vit la gregnour presse entre lui et onze de ses chevaliers sans plus. Si avint chose que il encontra en mie sa voie Manatur, qui la grant bataille conduisoit, si fiert lui de la hache as deux puins si durement que il le pourfent tout jusques ès espaulles; li cors kiet à

[1] « A plourer des ex del chief. »

[2] Le Ms. F. supprime « ne recouvrer. »

terre et il s'en passe outre si fièrement[1] que il n'encontre nului en sa voie que il n'ocie u abate navret.

Manaturs gist mors à la terre, et si chevalier, qui furent au kaoir, coumenchièrent à faire si grant duel que la noise de lour bras et de lour cris estoit plus clerement oïe (en la bataille et)[2] en la place ù Evalac se combatoit (que c'estoit merveille à oïr)[3]. Mais Séraphes ne savoit mie que chou fust-il qu'il avoit mort, car il ne le counissoit mie, et qant il vit si grant duel amasser sour le cors, si retourne arière et se fiert moult durement entr'iaus si qu'il n'en iot onques un seul qui ne fust moult esbahis. A force lor fist la place guerpir, à si poi de gent comme il avoit et qant il virent que il ne furent que douze, si furent moult honteus de chou que il avoient fui pour iaus, si lou retournèrent moult airéement[4].

A chele[5] empainte i fist Séraphes moult grant perte, car il ochisent[6] son ceval desous lui, et .VII. de ses chevaliers sans plus[7]. En qui fist Séraphes[8]

[1] « Si esfréhéement. » (Ms. F.)

[2] Le Ms. F. supprime « en la bataille et »

[3] « Que c'estoit merveille à oïr. » Supprimé dans le Ms. F.

[4] « Moult iriéement. » (Ms. F.)

[5] « A chile fois i fist. » (Ms. F.)

[6] « Car il occistrent chival desous. » (Ms. F.)

[7] « Sans plus » est supprimé et remplacé par la phrase suivante : « or est Séraphes à piet en la plaice soi cinquime sans plus de chevaliers : Et cil li viennent sor li cors qui bien estoient .II. milliers largement et plus. Iqui fist Séraphes. » (Ms. F.)

[8] « Iqui fist Seraphes merveilles prouèces ; il occioit chevaliers : il occioit chivalz. » (Ms. F.)

merveilleuses prouèces : il ochioit et abatoit chevaus, il détrenchoit escus et hiaumes, il maintint[1] tant le caple que on li ochist[2] (et detrencha) ses .IIII. compagnons[3] devant lui, voiant ses ex. Et il avoit tout abatut houmes et chevaus, que li monchiaus en estoit si grans entour lui que nus ne touchoit (que) mais à lui se en lanchant non[4]. Et qant il vit ses compagnons mors[5] si joinst maintenant l'espés et tressaut l'abatéus, qui estoit entour lui[6], si laist courre à toute la hache à un chevalier[7] qui moult l'avoit lanchiés faussars et haces et coutiaus[8]. Et qant chil le vit venir, si vaut guenchir et au guenchir que il fist, là ù li seniestres bras joinst au cors, si le fiert si durement que li bras li est volés à tière à tout l'escut, et li col deschent[9] sour le costet ; se li trenche les costes et les hankes tot outre contreval jusques sour le braier[10].

[1] « Tant le chaple que on l'en li ochist. » (Ms. F.)

[2] Suppression des mots : « et détrencha. » (Ms. F.)

[3] « Davant ses oilz. » (Ms. F.)

[4] « Et il avoit tant abatut houmes et chivalz, que li moncelz en estoit si grans antor lui que nulz ne tocboit mais à lui se en lansant. » (Ms. F.)

[5] « Si joinst maintenant les piés et tressalt l'abatéis qui estoit ator lui. » (Ms. F.)

[6] « Et puis se lancet en la presse et lait descorre la hache et en fiert .I. chevalier. » (Ms. F.)

[7] « Qui moult li avoit lanchiés faussars et lances. » (Ms. F.)

[8] « Et qant chil le vit venir, si volt guenchir altre part et Séraphes l'ataint de la haiche, à guenchir qu'il fist là ù li séniestres brais joinst au cors, si le fiert si très durement. » (Ms. F.)

[9] Sor le costeit, se li tranchit les costes et les hainches. (Ms. F.)

[10] « Séraphes resaichet la haiche à soi et cil chiet mors à terre. » (Ms. F.)

Et chil kiet mors à la tière. Et qant li autre virent chil cop, si en furent si espoentet que il n'i eut onques si hardi[1] que ne li guerpesist plache, et il gete la main au cheval, li saut en la siele, autressi légièrement comme s'il fust tous désarmés, venus tous frès[2], et il lour guenchist son cheval et met (son cors) à abandon, si se fiert tous seul, si les akéut et à diestre et à seniestre[3] si vistement que nus ne le voit demourer en nul liu, anchois est avis à cascun que il est partout.

A tant[4] retournèrent et li autre qui éurent cachié jusques au destroit, si en éurent tant pris com il vaurent, et tant ochis[5]. Et kant il virent chiaus qui furent arestet, si quidièrent que li chevaliers i éust assés des Ewalach, et il laissent courre tout abrievet si durement, que il menèrent la meslée plus du giet d'une pierre lonc, par la force de lor venir; ensi fu Séraphes abatus à tierre[6] et ses chevaux ochis desous lui; et anchois quil relevast, li alèrent[7] plus de deux

1 « Que il ne féist plaice et il joctet la main à cheval, si saut en la selle, autressi legièrement comme s'il fust toz desarmés, etc. » (Ms. F.)

2 « Et il lour guenchist son chival et met à abandon, si se fiert toz soulz entr'ous. » (Ms. F.)

3 « Si videment. » (Ms. F.)

4 A tant retournèrent et li altre qui horent chassiét les altres, si en horent tant pris com il volstrent et tant occis. (Ms. F.)

5 « Et qant il virent cealz qui estoient iqui arresteiz, si cudièrent que li chevalier i éust asseis des Ewalach et il laissent celle part tut corre à .I. bruit si durement. » (Ms. F.)

6 « Et ses chivalz occis. » (Ms. F.)

7 « Plus de deux cents chivalz desore le cors, si en i éut en

cents ceval par desus le cors; si en fut en pamisons plus longement que on ne metroit à aler demie liue de tière, et lors quidièrent bien que il fust mors. Si en furent moult dolant li bon chevalier qui le jor li avoient véut faire [1] tant de merveilles. Car il amassent moult que il l'éussent retenut vif s'il pust estre.

Ensi [2] fut Séraphes (moult longement) en pamisons [3]; et qant il fu revenus si saut sus, et prent la hache arière ki si estoit kéue ; si encontre enmi sa voie un chevalier et le fiert si de la hache que il tient as deux mains [4] que il li trenche la diestre quisse tot outre et l'archon de la siele devant jusques [5] as aves. Chil kiet et il aert le ceval par le frain, et met le piet en l'estrier, si est maintenant saillis sus. Si lour laisse courre [6] si defoulés et si batus com il estoit. Qant li chevalier [7] qui or le virent (qui estoient en lor compaignie) le virent montet, si le commenchièrent à moustrer li uns as autres [8], car il ne quidoient mie

pasmexons plus longement que l'en ne metroit à aler une archie de tière et lors cudèrent. » (Ms. F.)

[1] « Les grans merveilles. Car il amassent moult que il l'éussent pris vif, se il péust estre. » (Ms. F.)

[2] « Asi ci jéut Séraphes en pasmisons. » (Ms. F.) — On a supprimé « moult longement. » (Ms. F.)

[3] « Et qant il fu de pasmeson revenus, si salt sus, et prent la haiche arière ki si estoit chaïe. » (Ms. F.)

[4] Que il li trenchet la diestre quisse d'outre en oultre. (Ms. F.)

[5] « Jusques a chival. Chil chiet et il airt lou ceval. » (Ms. F.)

[6] « Si desfollés et si debatus. » (Ms. F.)

[7] « Qui or le plaignoient, le virent. » (Ms. F.) — On a supprimé : « qui estoient en lor compaignie. »

[8] « Li uns à l'altre. » (Ms. F.)

quil se levast jamais de la place ù il gisoit, et il s'adrece viers[1] (le plus maistre renc) et le plus espés qu'il pot véoir, la hache enpungnié, et en l'adrecement que il fist, si fu férus d'une saiète parmi la seniestre espaulle si durement, que li fiers parut bien outre la moitiet. Et qant il senti que il fu bléchiés, se li courut séure, autressi[2] vistement com il avait fait au coumenchement, et il li coumenchent à lanchier dars et saiètes et à traire tant que il le navrèrent en plusieurs liex et lui et son ceval. Et qant il vit que il ne poroit mie durer à lor lanchier, et il sentit que il n'estoit pas encor[3] navrés à mort, si se lancha fors de la presse sour le ceval qui moult estoit[4] fors et légiers, si s'entourna tout droit à la meslée ù Ewalach estoit[5]; car moult songnoit de lui plus que de nule riens vivant. Et qant chil le virent aler, si hurtèrent après des esperons, et il ne fina onques[6] tant que il se feri en la presse ù il connut l'ensegne Ewalach[7]; si vit sa gent qui moult durement s'esmaioit, et tournoient auques à desconfiture[8], pour lour segnour dont il ne véoient point. Et il rescrie l'ensegne royal, si ralie sa gent et rasamble et laisse courre as gens Tholomer

[1] « Viers le plus espés, sans qu'il pot véoir, la hache enpungnié et en les drescier que. » (Ms. F.)

[2] « Autressi videment. » (Ms. F.)

[3] « Navreiz à mort. » (Ms. F.)

[4] « Estoit remuans et légiers. » (Ms. F.)

[5] « Que moult sovent se demantoit de lui plus que de nulle riens vivant. » (Ms. F.)

[6] « Tant qu'il les regardest; ains le fiert en la presse. » (Ms. F.)

[7] « Qant il vint entrealz, si vit la gent Evalach. » (Ms. F.)

[8] « Auques à desconfiture pour Evalach lour segnour. » (Ms. F.)

et coumenche à faire d'armes si grans merveilles, que tout chil deviers lui en prendoient cuer et hardement; et pour chou, n'estoient-il pas si tournet à desconfiture que il ne fuissent en la place plus de lour gent que de la [1] Tholomer; mais il avoient perdut Ewalach, si que il ne savoient de lui ensegnes (ne nouviele) [2]. Et Tholomers le tenoit en un caple lonc de sa gent bien demie archié. Et Séraphes qui en oï la noise, si hurte chele part des esperons, si le treuve à tière l'espée en la main, car ses chevaus estoit ochis [3]. Si vit que il se desfendoit à tant onze chevaliers sans plus, encontre plus de cinq cents, et il lour escrie; si se fiert entr'aus à toute la bataille qui le sivoit d'une part et d'autre, si l'avoit moult vigereusement rescous et pris et monté sour un cheval. Et qant chil ki l'avoient cachié [4] i sourvinrent, et (il le virent montet si en furent moult dolant) [5], qant il les vit venir, si en fu moult iriés et moult caus. Si laisse Ewalach et prent le hache as deux mains, si lour court sous, si detrenche et ochist tous chyaus que il encontre enmi sa voie. Et qant il requida retourner à Ewalach, si li éurent jà fourclos [6] si que il éut bien entr'aus deux plus de mile homes, si que il ne pot de lui savoir nule nouviele. Et qant il vit que

[1] « Que dela des Tholomer. » (Ms. F.)

[2] « Ansangnes. » (Ms. F.) — Le Ms. F. supprime « ne nouviele. »

[3] « Et qant Séraphes vit que. » (Ms. F.)

[4] « Chassiet. »

[5] Le Ms. F. supprime la parenthèse et lie la phrase ainsi : « et Séraphes les vit venir. »

[6] « Si l'orent jai si fort outrez. »

(il vit que) il ne le trouveroit, si jura que il voloit miex morir en la bataille que il le pierdist en tel manière : si se fiert en la presse [1] à tant de gent com il éut, si le quida pierchier à forche, mais chou ne pot estre, que trop i avoit (grant forche et) grant fais de gent. Enki fu li caples si grans et la mellée si crueus, que merveilles estoit à véoir.

Si com Séraphes entendoit à la presse desrompre et perchier, et chil entendoient au detenir, et Ewalach estoit d'autre part navrés de .III. glaives parmi le cors, si l'avoit pris Tholomers par le frain, si l'enmenoit entre lui et cent chevaliers batant. *(C'est ci si comme Tholomers li rois enmena Ewalac qant il l'éut pris viers la forest).* Et si [2] menoient avec lui quinze de ses chevaliers tout montés qui estoient si las que il ne se pooient mais desfendre. Ensi enmenoient Ewalach, si l'avoient jà tant batut que li sans en saloit parmi la bouche et parmi le nés; si avoit jà tant pierdut del sanc des plaies que il avoit que il ne véoit mais nul conroy de sa vie. Et il l'avoient jà eslongiet de la bataille bien demie liue; car il l'enmenoient à un bos qui estoit prés d'iluec, pour désarmer lui et sa compaignie, car il estoient encor armé de toutes lour armes. Et qant il se vit eslongiet de la bataille, se

[1] « Si se refiert Séraphe en la presse. » (Ms. F.)

[2] Ici est une vignette représentant Tholomer emmenant par la bride le cheval d'Evalac reconnaissable à la croix de son écu. Tholomer porte une couronne sur son haubert de mailles. Les armes sont : fascé d'argent en champ de gueules, à la bande d'or.

pense que or n'i avoit-il mais [1] (nul conroy ne) nul recouvrier et que il estoit alés se il, en chel bos, le pooient metre. Lors esracha la touaille desus le signe de la crois [2] qui estoit en son escut, si regarda, si vit l'imagène d'un houme qui estoit crucefiés dedans le signe, et sambloit que les mains et li piet li dégoutassent de cler sanc. Et qant il le vit [3] (en tel manière) se li atenri li cuers (moult durement) et il coumencha (tout esraument) à plourer moult tenrement et dist entre ses dens : « Ha biaus sire Diex ! de la qui mort jou porch le signe, ramenés moi sain et sauf à vostre créanche recevoir, pour moustrer as autres, par moi, que vous estes vrais Dix et poissans de toutes coses. » (*C'est chi si comme nostre sires envoia li blanc chevalier ki rescoust Evalach qant Tholomers l'enmenoit pris* [4].)

Sitost com il éut chés paroles dites, si regarde devant lui, si voit un chevalier issir de la forest tout armé, le hyaume en la tieste et si éut à son col un escut blanc à une vermeille crois et ses chevaus estoit autressi blanc qu'une flours. Chil chevaliers vint moult grant aléure viers iaus. Et qant il les éut aprochiés, si gete les puins et prent Tholomer [5] et s'en retourne tout aval la chitet [6]. Et qant il vinrent viers la bataille, si oï Tholomers les cols [7] tout autressi

[1] Le Ms. F. supprime « nul conroy ne. »

[2] « Desor le signe de la sainte crois. » (Ms. F.)

[3] Le Ms. F. supprime les trois parenthèses qui suivent.

[4] Vignette représentant la scène.

[5] « Par le frain. » (Ms. F.)

[6] « Et s'en tornet arrière à tout vers la chitet tout droit. » Ms. F.

[7] « Les cols férir tout autressi. » (Ms. F.)

clèrement comme chil ki estoit plus près que il ne quidoit. Et Séraphes se combatoit si durement, que tout chil qui estoient contre lui s'en esmerveilloient plus assés que devant. Car il lour estoit avis que il ne faisoit se empirier[1] non. Lors escria : « L'ensegne Ewalach » si hautement que Ewalach l'oï[2]. Et Tholomers dist lors : « Or, pensons del entrer l'ost, car jou quit que il nous ont aperchéus ; si ont la cache coumenchié. Lors hurtent tout ensamble des esperons et li blans chevaliers menoit totes eures Tholomer par le frain, et il li estoit avis que il véoit tousjours la forest devant lui.

TANT esrèrent que il vinrent au destroit de la roche, ne nus hom ne véoit onques le blanc chevalier fors que li roys Ewalach sans plus. Et qant il vinrent là, si lor fu li passages délivrés. Dès que chil qui le gardoient virent Ewalach, chil passèrent outre si que onques ne virent nul de chiaus qui gardoient le pas. Et qant il furent tout outre[3] si laisse li blans chevaliers Tholomer et les laisse enmi le camp et coumenche à crier : « Férés ! férés ! » Kant Tholomers et li sien l'oïrent si en furent tout esbahis et chil laisse courre tout droit à Tholomer, le glaive sour l'aissiele, si le fiert si durement en l'escut que il le porte à tière tout estendut. Et qant ce vit Ewalach, si traist l'espée se li court sus. Et chil ki le pas

[1] « Se enforcier non. » (Ms. F.)

[2] « Que Ewalach l'oït. » (Ms. F.)

[3] « Tout passiez. » (Ms. F.)

gardoient[1] virent lour segnour courre sus à chiaus, si s'eslanchent après, les lanches baissiés ; si les portent au premier poindre tous à tière fors que douze. Et qant il virent que il furent ensi souspris, si ne séurent que faire ; et nepourqant il se desfendirent tant com il péurent, mais desfense n'i éut mestier ; kar à nostre segnour plaisoit que il fuissent pris. Et li roys Evalach se fu arestés sour Tholomer là ù li blans chevaliers l'avoit abatut, si l'avoient jà ses gens moult navret et qant il vit Evalach, se li rendi l'espée et Evalach le prist et puis le fist prison fianchier.

Qant il éut prison fianchié, si apiéla Evalach Janchoine[2] des désers chelui qui la roche gardoit, se li coumanda à mener en la chitet, et que il fust hounourablement gardés comme roys. Et lors prist Janchoines, si l'enmena en la chitet soi centisme[3]. Ensi com il les prendoit, si les envoioit en la chitet l'un apriès l'autre. Et qant il les éut tous pris, si s'entorna[4] à la bataille, droit ù Séraphes estoit[5], si enmena tous chyaus ki le pas gardoient fors seulement cent. Et qant il furent huers, si regardèrent devant iaus[6], si virent le blanc chevalier, en sa main portant une banière de ses armes. Et qant Evalach le vit si hurta après lui des esperons, tant que il vint à la bataille ù Séraphes faisoit les gregnours merveilles (del monde

[1] « Qant il virent. » (Ms. F.)

[2] « Jecoine des désers. » (Ms. F.)

[3] « Soi septisme. » (Ms. F.)

[4] « Tout droit à la bataille. »

[5] « Droit où Séraphes se combaitait. » (Ms. F.)

[6] « Huers del pas, si esgardet Evalach davant soi, si voit le blanc chevalier. » (Ms. F.)

les graindres)[1] ki onques fuissent faites par le cors[2] d'un chevalier.

A tant fiert li blanc chevaliers en la presse, si troèvent Séraphe qui sept chevaliers tenoient li doi par le frain et li doi par le hiaume, tout embronchié, et li doi le férirent contre le cuer et parmi les bras de grosses machues de fer, si que li ont rompue la char parmi le haubiert[3]. Et qant il vit chou[4], si lour laist courre, et fiert le premier si durement que il li met le glaive parmi le cors à toute la banière que il portoit; après mist la main à l'espée moult vistement, si fiert un autre, si en fait voler la tieste enmi le camp, puis laist courre as deux ki tenoient le frain; si fiert si le premier que il a ataint si durement, que il li fait le pung voler enmi le camp, et li autres le guerpist, si tourne en fuies. Et qant li doi qui le tenoient par le hiaume virent les merveilles que chil faisoit, si le laissent et li uns d'iaus traist un coutel, si le quide férir enmi le vis par l'ouvreture del hyaume; mais il estoit si estourdis (del hiaume et) del sanc ke il avoit pierdut, et des cols que chil li avoient dounés, que il ne se pooit soustenir, que[5] il estoit jà pasmés; si kai outre par desus la crupe del ceval tantost com chil l'éurent laissiet.

Ensi sailli chil ki le voloit férir; si se féri et li uns et li autres en la presse. Qant Evalach qui après venoit

[1] Le Ms. F. supprime la parenthèse.

[2] « Par le cors d'un seul homme. »

[3] « Si que li avoient jai, enz mains leus, rompue la chair parmi le haberch. » (Ms. F.)

[4] « Et qant li blans chevalier vit ceu. » (Ms. F.)

[5] « Que » mis pour « quar. »

pongnant, (vit la presse, et il) vit Séraphe quéoir, si quida (vraiement) que il fust mors, et il s'escrie : « Halas ! tout ai perdut, » et qant il éut chou dit, si se pasma ; lors li courut li blans chevaliers, si le soustinst que il ne caist à tière. Et qant il fu revenus de pasmisons, si vit Séraphe qui jà estoit relevés, mais il estoit si estordis encore que il ne savoit ù il estoit ; ansçois quidoit, pour voir, que si anemi l'éussent pris et retenu. Et qant Evalach le voit dréchié, si laist courre en la presse, et fiert si un chevalier sous la gorge, que il le porte à tière, et il gete la main au cheval maintenant, si l'amenet à Séraphe (son serourge erraument)[1] se li dist :

« Tenés, li miens amis, cest present ; onques mais n'éustes don qui si chièrement fust acatés, » et qant Séraphes le vit, si éut tel joie que il oublia toutes ses dolors, si saut (esrant) el cheval et dist apriès : « Chiertes se jou éusse hache jou ne trouvaisse jamais houme qui me péust contretenir ». Et qant il éut chou dit, se vit le blanc cevalier (qui dist) qui li aportoit : « Tien, Séraphe, chou t'envoie li vrais crucefis, » et qant il l'éut prise, si senti que ele estoit plus légière de celi que il avoit toute jour portée ; par çou séut-il bien que chou n'estoit pas la soie. A tant se fiert[2] en la priesse et tout li autre apriès, et Evalach séoit el cheval ù Tholomers séoit, qant il abati li chevalier[3]. Et qant Tholomers et si houme le véoient, si furent tout esbahi de chou que il voient que il siet en son

[1] Le Ms. F. supprime les passages entre parenthèses.

[2] « Se refiert Séraphes en la presse. » (Ms. F.)

[3] « Qant li blans chevalier l'abatit. » (Ms. F.)

cheval, et Naburs li sénescaus Tholomers prist un cors, si le souna pour sa gent raloier et metre ensamble. Et qant Evalach les vit si esrer (et restraindre) si rescrie : « S'ensegne » (moult cler) et se traist à une part entre lui et ses gens. Et qant il les éut rassamblés, si les départi ens deux batailles, si commanda à Séraphe que qant il vesroit que il seroit à iaus meslés à toute la première bataille que il menoit.

A tans hurte [1] le cheval des esperons, si laisse courre et en quelconques liu que il alast [2] si aloit tousjours li blans chevaliers avant, la banière en sa main et l'espée [3] sachié au besong. Et Evalach lor (lour) escrie : « Chiertes tout iestes pris, jà nus escaperés ; car Tholomers a viers vous perdut. » Et qant chil l'oïrent (ainsi parler) si ne séurent que faire et lor sambla bien iestre voirs par le ceval Tolomer que Evalach chevauchoit ; si n'avoient mie tant seulement paour de la prison Tholomier (que Ewalach) [4], mais de sa mort. Les gens Evalach se férirent entr'aus moult durement. Et chil ki furent moult esmaiet les requellirent comme gens esbahie. Et qant Séraphes les vit durement mellés, si lour laisse courre entre lui et l'autre bataille, si lour vient à la fourclose, par derrière, si furent moult durement (et moult vighereusement) escriés et moult vistement [5] férut.

[1] « A tant hurte Evalach le cheval des esperons. » (Ms. F.)

[2] « Et en quelqeu liu que il alexent si sailloit tozjors avant li blans chevaliers. » (Ms. F.)

[3] « Et la hache sachié au besong. » (Ms. F.)

[4] Le Ms. F. supprime cette parenthèse et les deux précédentes.

[5] Le Ms. F. supprime « moult vigheureusement » et remplace « vistement » par « vigorousement. »

En ki[1] éut moult fort estour, et moult grant angousse i souffrirent les gens Tholomer, qu'il estoient sans segnour et en estrange tière dont il ne savoient les chemins ne les trespas se à fuire tournast[2]; et se il bien vausissent fuir, il ne péussent mie, car lour anemis lour estoient et devant et derière; et bien i parut que li menbre faillent puis que li chiés faut[3]. Car onques mais nules gens qui si biel coumencement éussent com il éurent, ne vinrent à si mauvaise fin ne à si laide, kar il avoient plus de gent que chil de là bien la quarte partie. Ne onques puis ne se tinrent ni prisent conroy d'iaus desfendre, se ensi non comme chil qui fuir ne pooient.

Enki faisoit Séraphes merveilles, et li roys Evalach si se recombatoit (si vighereusement)[4] que onques nus hom de son eage nel fist miex. Et li blans chevaliers faisoit chou que nus ne porroit croire d'un seul houme, il portoit escus de cors, il batoit chevaliers et chevaus, il faisoit testes voler à tout les hiaumes, il copoit bus et jambes et bras, que vous iroie-jou devisant toutes les chevaleries et les proueches (que il faisoit). Tant jiousta[5] Evalach et les soies gens que il les missent entr'aus et la roche, et

[1] « En qui ot merveillouse angoisse car cil estoient sens seignour. » (Ms. F.)

[2] « Ne les trespais, si à foir venist. » (Ms. F.)

[3] « Et bien i parut a donc que li menbre faillent tuit, puis que li chiés salt. » (Ms. F.)

[4] Le Ms. F. supprime « si vigheureusement. »

[5] « Tant les justissait Evalach. » — Le Ms. F. supprime la parenthèse qui précède.

qant il les i éurent mis, si lour coururent durement sus; et chil tournèrent en fuies toute la (diestre)[1] voie au destroit, car il se pensoient se il pooient le pas gaagnier, que jamais Evalac n'i passeroit; ansçois poroient par chou prendre la chitet à forche, que[2] cent houme péussent la roce tenir, contre tout le monde, car il ne pooient entrer que seulement dix houmes de front chou dist li contes. Et il quidoient bien que Evalac n'i éust nule garde mise. Ensi s'en aloient à la roche à garant et il prisoit[3] jà (moult durement). Si lour estoit moult biel; car moult estoient las et traveilliet, si quidoient bien iluec avoir séjour et repos; mais il n'ala pas ainsi com il quidoient, car si com il venoient tout abriévé[4] et li cent qui le pas gardoient les escrient moult durement, car il lour fu bien avis que il fuissent plus de mil. Et qant il les oïrent, si en éurent tel paour que il se férirent tot arière, et chil qui les cachoient lor vinrent sour les cors, si en prendoient et ochoient tant comme iaus plaisoit. Et chil qui gardoient li pas traioient grant plentet de saiètes, si lour ochioient lour chevaus et d'iaus meismes moult grant partie; en qui éut une si grant dolour, que onques, en si poi de terre, si grant dolour ne fu véue.

Tant[5] en ochient que (il n'i paroit se sans non; et

[1] Le Ms. F. supprime « la destre. »

[2] « Que » mis pour « car. »

[3] « Et il avesprisoit jà » ; de plus, le Ms. F. supprime « moult durement. »

[4] « Tout abrieveit à la roche. » (Ms. F.)

[5] « Tant en occistrent que on n'i pooit cognostre ne diviseir çou. » (Ms. F.)

si grant ochision i éut que) on n'i pooit counoistre ne deviser le taint des escus ni des armes, tant estoient de sanc couvertes. En qui fu abatus Naburs li sénescaus Tholomers, et li roi Evalach s'aresta sor li, et chil li rendi s'espée; se li dist que il se rendoit à lui sauve se vie et ses menbres. Et qant Evalach vaut s'espée recevoir, se li menbra de son sénescal ki estoit mors en la bataille ; si jura que jà sa vie n'i seroit sauve. Et chil li kai al piet, se li cria merchit, et il dist que jà autre escange n'en prenderoit que sénescal pour sénescal. Lors le prist à force et le fist désarmer illuec et li copast il meismes la tieste, qant Séraphes se féri entr'iaus deux [1]. « Ha sire que est chou que vous volés faire, se vous avés perdut vostre sénescal, Tholomers i a perdut son frère que il n'amoit mie mainc que il faisoit votre séneschal [2]. » Ensi apaie Séraphes le roy ; si garandist au sénescal la vie.

Moult fu grans la desconfiture au trépasser la roche et moult i éut houmes mors et moult en i éut de pris; maïs la nuis sourvint qui moult fu nuisans as gens Evalach, et nepourqant il en prisent tant et ochisent qu'il n'en escapa mie deux mile entre navrés et sains et si estoient bien soixante mile au coumenchement de la bataille.

Ensi furent li Egyptien desconfit par la virtu de Jhésu-Crist. Si s'entorna Ewalach en Orcaus entre lui et sa gent, qui tant avoient gaagnié que il n'i avoit si caitif ne si foible, qui ne quidast à tousjours estre riches et asasés de son gaaing. Et qant il vint en la

[1] « Et se li dist : « ha! sire ! » (Ms. F.)

[2] « Que vous faisiez vostre séneschal. » (Ms. F.)

chitet, si le trova si plaine de prisons loiés et de ciaus qui le gardoient, que nus n'i pooit son piet tourner. Et il revint huers, si fist tendre les trés et les pavillons parmi les praaerie qui moult estoient biele de fors la citet. Illuec se héberga il et ses gens; mais or vous lairions à tant del roy Evalach et de ses prisons ; si parlerons des crestiens qui en la citet de Sarras estoient[1].

Li contes dist que la feme Evalach estoit une dame moult biele et moult sage et moult hounourable et si estoit apiélée Sarrasinte[2]. Et qant Evalach s'en fu alés en l'ost, si éut la dame moult grant paor de lui, comme de la riens el monde que ele plus amoit. Si manda Josephe devant lui pour çou que il avoit dit à Evalac que il seroit trois jours et trois nuis en la baillie[3] Tholomer, ne que il ne duerroit jà à lui, tant que li trois jours et les trois nuis duerroient ; et que Tholomers le menroit jusques à la paour de mort. Et pour ceste cose l'envoia la dame querre ; et il vint entre lui et Joseph son père. Et qant il fu devant lui, se li[4] proia moult que il li desit voir, coument se sires le feroit en la bataille. « Sarrasinte chou te mande li Diex des crestiens, li coumenchemens et la fins de toutes coses, li jugieres et li salveres de tous et de toutes : pour chou que li tierrien roy ne me daignièrent counoistre ne reçoivre, pour çou donrai-jou lour cors en baillie de lor anemis, et si

1 « Remistrent » au lieu de « estoient. »

2 « Sarracinte. » (Ms. F.)

3 « En la signorie Tholomer. » (Ms. F.)

4 « Se li demandait la dame que il li diest comment ses sires le feroit en celle bataille et Josephes li respondit. » (Ms. F.)

départirai les tères ès mains as estranges pules. Car jou voel que il counoissent que jou sui li souvrains roys et li vrais Diex contre qui nus roiaumes ne puet estre tenus ; car jou ochis les félons et les envieus [1], pour l'esperit de ma bouce. Et pour chou osterai-jou les fors et les poissans des grans hautèces et des grans segnouries ; et les foibles et les despis eslevesrai et monterai en haut. Les cars des roys seront dounées à dévourer les oisiaus qui vivent de proies et de ravines, et li cors des foibles et des nons poissans seront enseveli hounourablement, pour chou que il counoissent les droites voies, et rechoivent les coumandemens del très haut seigneur, à simple cuer et à bone créance [2]. »

PANT Josephes eut chou di, si s'assist. Et la dame fu mout espoentée ; si coumencha moult tenrement à plourer, et dist à Josephe que se il prioit tant son Diu que Evalach retournast à hounour, ele le kerroit, et si feroit tant que ele meteroit Evalach en la créanche. Et Josephe li demanda coument il en seroit seurs ; et ele dist que ele l'en feroit sairement et fianche [3]. Et Josephe li respondi que il n'avoit cure de sairement de ses hymagènes, que eles ne li puent ne nuire ne aidier, ne de sa foi n'avoit-il cure, car ele n'en avoit point, dès que ele ne créoit en la foi, chou est en Jhésu-Crist

[1] Le Ms. F. remplace assez justement « envieux » par « orgueilleux. »

[2] Le Ms. F. remplace « créance » par « dévocion. »

[3] Le Ms. F. met « créance » au lieu de « fianche. »

qui est toute foi et toute créanche. Et il li coumencha maintenant à dire les poins (de la créanche et)[1] de la Trinité. Et ele le regarda, se li demanda coument il avoit non et il dit qu'il estoit apiélés (par son non en bautesme)[2] Josephe. (« Chiertes dist ele, Josephe ! de çou n'est-il nus hom qui m'en puist entreprendre. » Lors coumanda que tout se traisissent arière[3] ; (ele coumencha tout maintenant à demander à Josephe se il veut que on emparaut. Et il dist que oïl volentiers, et) ele coumencha tout maintenant à deviser tous les poins de la foi et de la Trinité, autressi clèrement comme fesist li plus sages clers del monde[4], tant que Josephe (ses compains)[5] s'en coumencha moult à esmerveiller et li demanda ù ele avoit çou pris[6] et ele li dist : « Chiertes Josephe ! ma mère fu bien (créans)[7] dix ans en ceste créance, et si fu crestienne sans çou que mes pères n'en savoit riens, ne nus de son lingnage fors moi et si t'en dirai coument il avint.

[1] Le Ms. F. supprime « de la créanche et. »

[2] Le Ms. F. supprime « par son non en bautesmes » et ensuite « chiertes dist-elle » jusqu'à « entreprendre. »

[3] « Et il ce firent. » (Ms. F.) — Le Ms. F. supprime la parenthèse « ele coumencha tout maintenant, » jusqu'à « volentiers et. »

[4] Le Ms. F. remplace assez singulièrement « le plus sages clers del monde » par « le mieuldres chevaliers del monde. » — Ce n'est pas la première fois que le mot « clerc » est remplacé inopportunément par le mot « chevalier. » Ceci donnerait à penser que le Ms. 2455 a été rédigé par un vieux chevalier, qui serait alors l'auteur de *Grimaud*, épisode qui est comme un code de chevalerie, un véritable enseignement chevaleresque.

[5] Le Ms. F. supprime « ses compains. »

[6] « Ceu apris. » (Ms. F.)

[7] Le Ms. F. supprime « créans. »

« Sa mère[1] fu ducesse D'Orbérique et fu moult bone dame et molt hounerable, et mes pères si fu moult fiers et moult cruex. Or avint cose bien a vingt-sept ans, que en nostre païs, avoit un buen houme en un hermitage moult saintisme et moult relegieus pour qui Diex faisoit maint biel miracle et mainte biele virtu. Chis bons hom avoit à non Salustes[2] et ma mère avoit une enfremetet que nus ne suesfre se femme non; si a non chele enfermetes perfons[3]. Chil maus l'avoit bien tenue dix-neuf mois, tant que ele avoit tout perdu le sanc et le coulour et la forche de tous les menbres. Et qant ele oï parler des miracles que nostres sires faisoit par la main d'icel saint home[4], si se pensoit que ele iroit à lui paller, savoir s'ele i porroit trouver nul conseil de s'enfremetet qui si estoit grans, que ele en quidoit miex morir que escaper, et qant ele vint devant le preudoume, si li cai as piès, et li proia merchi, en plourant, que il éust pitiet de la grant angoisse que ele sousfroit[5]. Et chil le regarda et se li dist : « Feme (feme)[6] que me demandes-tu de t'enfremeteit? Chiertes se tu es mortex femme et pécheresse et jou sui uns hom mortex et péchieres, ne jou n'ai pooir de douner santet à houme ne à feme, mais Jhésu-Crist li vrais Dix le doune à chiex qui li plaist. » Et ele li dist, emplourant : « Biaus

[1] « Ma mère. » (Ms. F.)

[2] « Chis bons hom estoit apelleis Salustres. » (Ms. F.)

[3] « Si a non chele enfermiteit porfuus. » (Ms. F.)

[4] « Des miracles que nostres sires faisoit en plusors leus par la prieire et par la sainteit del boin home. » (Ms. F.)

[5] « De la grant angoisse que ele sostenoit. » (Ms. F.)

[6] Le Ms. F. évite la répétition du mot « feme. »

dous sire, proiés à vostre segnour que il me regart em pitiet, et jou sai devoir que il nel vous escondira mie, » et li bons hom li dist :

« Dame ! on ne doit mie venir au mire à wide main qant on demande garison. » Et ele li dist : « Sire jou ne sui mie venue à wide main ; car jou aporc, avoec moi, grant trésor que jou laisserai à vostre Dieu, se il me garist. » Et il li respondi : « De ton trésor n'a Diex que faire, se il n'a le cuer ensamble, car nul sacrefices ne li plaist autretant comme fait (vrais) repentemens. » Et ele li dist : « Sergans damediu, il n'est nule riens en cest monde, se vous le me coumandés, que jou ne face, par convent que jou garisse de ceste grant dolour. » Et il li respondi : « Se tu voloies croire en Jhésu-Crist le vrai Diu, jou te proumeteroit que il te donroit garison, anschois que tu remuaisses (d'iqui)[1]. » Et ele li courut (esroment) au piet ; se li baisa et se li dist : « Sire ! se il santé m'envoioit, jou le querroie à tous les jours mais que jou vivroie. » Et li bons hom li dist : « Parfoi se tu crois vraiement que il soit vrais Diex, tu gariras orendroit ; car nule cose n'est greveuse à cex qui le croient bien. » « Sire, fait ele, jou le croi, comme vrai Diu, ki est poissans de moi gieter fors d'iceste enfremetet. » Et li bons homs prist un livre, si lut (si com il nous conta[2] puis) un évangille ; (si gari maintenant ma mère)[3]. Enki endroit, ù Jhésu-Crist gari ma mère ki... vingt-huit ans avoit estet malade d'icele enfremetet

[1] Le Ms. F. supprime « d'iqui. »

[2] Le Ms. F. supprime « si com il nous conta. »

[3] Le Ms. F. supprime : « si garit maintenant ma mère. »

meismeit. Et maintenant que il l'éut léu, et il dist : « Liève sus, el non del père et del fil et del saint esperit, » si senti maintenant (ma dame)[1] que ele estoit autressi saine com ele avoit onques plus estet et si éut (tantost) recouvrée la forche del cors et de tous les menbres. Et qant ele senti ensi garie, se li dist : « Ha sire ! or voi-jou bien que on ne doit nului croire, se cestui Diu non qui m'a garie de ma grant angoisse ; car jou ai dounet as mires plus de .X. M. besans puis que chil maus me prist, ne onques nus d'iaus ne me pot garison douner. Cestui croi-jou et tous les jours de ma vie le kerrai. »

« Lors li dist li bons hom que il couvenoit que ele recevist bautesme ; et ele li demanda que baptesmes estoit. Et il li dist que çou estoit li sauvemens de crestiens, et ele li dist que dont le recevroit-ele (moult) volentiers. Et li bons hom le bauptisa el non del père et del fil et del saint esperit. Et qant il l'éut bauptisié, si me revint ma mère defors la maisounete là ù jou l'atendoie[2]. Et chil qui avoec lui estoient si me prisent par la main, si me menèrent devant l'ermite, et qant jou fui devant lui, si me dist madame : « Biele douce fille ! jou sui toute garie[3], et jou voel que vous fachiés chou que jou vous coumanderai. » Et jou respondi tout en tramblant que jou feroie tout son plaisir, si m'esmerveillai moult que ele voloit faire de moi et ele dist :

[1] Le Ms. F. supprime : « ma dame » et « tantôt. »

[2] « Si me revint madame querre dehors la maisonnete, » etc. (Ms. F.)

[3] « Je suis tote garie de l'enfermeteit que je avoie et que si lonc tempz m'ait tenue si angoisseusement, » etc.

« Bielle fille ! jou voel que tu croies celui qui m'a garie. » Et jou estoie fole et enfes; si quidai que ele déist del bon home [1]; si dis à madame que jou n'oseroie. Et ele me demanda pourquoi, et jou li dis [2] pour chou que il avoit trop grant barbe. Et li bons hom coumencha à rire de chou que jou avoie dit de lui, et il me dist : « Biele fille, chou ne sui-jou mie, anchois est uns autres qui est plains de toute biauté et de toutes joies. » Et jou demandai ù il estoit et que il le me moustrast, et se il estoit plus biaus de mon frère, jou le querroie. Ichil miens frères dont je li dis, si estoit tant biaus que nule figure péust estre faite (à men quidier) [3]. Et tantost comme jou oi chou dit, si me respondi li hermites : « Biele fille [4], par tans verras celui dont jou t'ai dit qui tant est biaus u ton frère et lequel que tu voies avant, jà puis l'autre ne verras. » Et tantost com il eut chou dit, si vit une moult grant clartet hors de la capiele et si très kière [5] et avoec une figure d'oume si très biele et si très clère que il ne sunt en chest

[1] « Et je qui encore estoie folle et enfes, si cudai que ele déist del boin home et qu'elle me vocist douneir à lui et en lui croire. » (Ms. F.)

[2] « Et jou li dis : meire ! porce qu'il ait trop grant barbe. »

[3] Le Ms. F. supprime « à men quidier » et remplace par « tant biaus que je ne cuidoie pais que nule si belle figure poist estre faite. »

[4] Cette phrase n'est pas plus claire dans la version du Ms. 2455, mais la suite explique cette espèce de prédiction.

[5] « Issi fuit avis à cealz qui là estoient que toutes les boines odors que l'on poroit nommer de boche fuissent espandues par céans. Après vint hors de la chapelle une figure d'oume. » (Ms. F.)

monde nul oel si agu [1] si parfitement le péussent esgarder. Cix hom tenoit en sa main destre une cose que li hermites apieloit crois. (La crois) [2] si estoit toute vermeille et si doi oel getoient deux rais autresi vermaus comme est uns carbons embrasés. Et qant il fu venus fors si s'arestut, et jou fui si esbahie de la grant merveille, que jou ne poi plus esgarder vers lui. Anchois m'enclinai viers tierre, autresi comme pasmée. Et qant jou oi une [3] pièche ainsi estet, (si me) prist li hermites par le menton et me leva en haut, et jou regardai (maintenant) [4] si ne vich nule cose fors que lui et ma dame, et li boins hom me dist : « Biele fille que vous en samble ? » Et jou respondi tantost par le volentet de Diu que de cestui recevroie-jou volentiers la créance, et il me bauptisa maintenant el non de sainte Trinitet. Après nous ensegna la créanche, coument Jhésu-Crist avoit estet concéus et nés de la virgène, sans son pucelage maumetre, et coument il avoit souffert la mort pour le monde racater des pardurables dolours et coument il resuscita au tier jour et gieta ses amis d'infier, et coument il monta el chiel, au chief de quarante jours apriès, et coument il envoia à l'onsisme jour après, son esperit à ses dessiples en Jhérusalem, et coument il enseigna (à aus) son cors à sacrer là ù il mengoit avoec iaus, le jour devant chou que il fust crucefiés. Et qant il nous éut toutes ches coses ensegniés, si fist devant nous ichel saint sacrement, et si en douna à ma mère et puis à

[1] « Nul oel si agui. »

[2] Le Ms. F. supprime les mots « la crois. »

[3] « Une grant pièche. » (Ms. F.)

[4] Le Ms. F. supprime « maintenant. »

moi, et qant il me mist en ma bouce, il me dist jou créusse que chou fut chil cors qui en la virgène (Marie) avoit estés herbergiés; si en fui en doutanche si tardai au respondre; et tantost me fu avis que çou estoit ichele figure qui jou avoie véue issir fors de la capiele; se li dis tantost que jou le créoie bien, si comme chele ki tout apartement le véoit.

« A tant nous en partismes, si nous castoia moult que nous ne retournissiens mie à la créanche de nos hymagènes, car il n'i avoit se destruiement non, et si nous dist que bien séussiemes nons; que Diex ne nous oublieroit mie, anchois nous envoieroit confort prochainement, et si envoieroit la haute renomée de son non par les lointaines tières dont il vaurroit le pule atraire à la sainte créanche.

« Ensi nous ensegna la loy Jhésu-Crist à tenir; si présismes congiet de lui, et qant nous fumes venus à Orberique si oïsmes moult grans cris, et moult grans hus d'une bieste sauvage qui estoit el païs, que les gens avoient coumenchié à cachier [1]. Chele bieste estoit tant diverse qne nus hom tant l'avisast, ne séust à dire de quele manière ele estoit, mais tant estoit fière et crueus [2] que ele dégastoit tout le païs. Ele dépechoit le blet en l'erbe, elle ochioit les houmes et les chevaus, ele dépechoit les maisons, ele traioit les petis enfants des biers, ele esfondroit les bier femes enchaintes [3] quant eles les trouvoit seules. Ichil jour que nous repairiemes del preudoume avint

1 « Avoient acoillie à chascier. » (Ms. F.)

2 « Et aveuze. » (Ms. F.)

3 « Les femmes encintes. » (Ms. F.)

chose que les gens l'aquellirent, et mes frères ki tant estoit biaus et hardis le cachoit [1] tous premiers sour un grant cheval, et si estoit armés de toutes armes comme chil qui nouvelement estoit devenus cevaliers, ne nus hom qui armés ne fust ne déust pas la bieste envaïr [2], car ele avoit enmi le front trois cornes si ague et si trenchans que nule arméure qui bien en fut conséue, ne péust encontre durer. Ensi le cachoit mes frères devant tous les autres; se li avoit jà trois chevaus ochis desous lui, ensi come ele guenchissoit à la foie [3].

Tant li guenchi ainsi com on me conta, car jou ne le vich mie, que ele n'i pot plus demorer (ne n'osa); anchois s'entourna fuiant tout droit à une foriest qui estoit illuec près. Et mes frères hurta après des esperons, si tost que li chevaus li pot aler, si se féri en la foriest apriès la bieste, ne onques puis ne le véismes ne ne séumes chiertainetet [4] de sa vie ne de sa mort. Ensi apercéumes entre moi et ma mère que li hermites estoit sains hom et privés de Jhésu-Crist, qant il nous avoit fait sage et chiertain des coses qui estoient à avenir, pour chou que il m'avoit dit que si jou véoie avant celui qu'il m'avoit promis, jou ne verroie jà puis mon frère, et il dist voir (car onques, puis que il m'ot cheste parole dit, ne vic mon frère) [5].

[1] « Le chassoit. » (Ms. F.)

[2] « N'osait pais ne ne déust la bieste envaïr. » (Ms. F.)

[3] « Si l'avoit jai en .II. leus navrée d'un espiet qu'il tenoit. » (Ms. F.)

[4] « Ne onques pour que il ot mis dedens la forest le piet, ne fuit hom ne femme qui de lui ne scéust dire enseignes. »

[5] Le Ms. F. supprime la parenthèse « car onques etc. » et

« En ceste créanche demoura madame ma mère tant com ele fu en vie, ne onques puis, la grasse Diu, ne repaira à la loy mescréant[1]. Et se li douna li glorieus fiex Dieu si biele grasse que onques n'en fu aperchéue, et qant chou vint à mor[2] que ele dut départir de cest siècle, si coumanda[3] l'uis à fremer ; et qant jou fui revenue devant lui, si me dist : « Biele fille, jou sai devoir que jou départirai encor anuit de cest siècle. Or alés (biele) douce fille à mon estiu là ù mes pières précieuses sunt et mi aniel et mi autre joiel, et si m'aportés une blance boiste que vous i trouverés. Jou fis issi com ele mi coumanda, et qant jou li euch portée (la boiste) devant son lit, si se drecha encontre, tant com ele pot, tant que ele fu en son lit à genous, et lors si coumencha moult durement à souspirer del cuer et à plourer des ex de la tieste et batoit son pis de son pong moult angoisseusement. Et qant ele éut estet bien longement en ceste créanche, si me coumanda la boiste à metre jus, et dist que jou li aportaisse de l'eve pour ses mains laver, et qant ele éut ses mains lavées, si prist la boiste et si l'ouvri, et si

remplace par ces mots : « et tant nous avoit espireiz l'amour et les dons de Jhésu-Crist entre moi et ma meire, tant comme elle fuit en vie, que nous ne féimes onques duel de lui, tant aviés (sans doute pour « aviens ») grant joie ce que nous aviez recéut la sainte créance. »

[1] « Ne repairait az mescréanz ne à lor loy. » (Ms. F.)

[2] Le Ms. F. remplace assez justement « à mor » par « à jor. »

[3] « Si commandoit que tut cil qui estoient en la chambre où elle se gisoit s'en issisent hors et toutes celles qui i estoient fors moi seulement. Qant tut et totes furent fors issue si me commandait ma dame. »

en traist fors, nostre saint sauveor en samblance de pain et si le rechut à grant compaignie de soupirs et de lermes. Et qant ele éut rechu, se dist que or estoit ele toute séure, ne ne doutoit le dyable ne tant ne qant, puisque ele avoit rechéu la santé de tous les malages, et la deffension de tous les agais, et de tous les assaus des anemis.

« Après me dist : « Biele fille, jou vous lais, ne jou ne sai en laquel garde jou vous puisse metre, se jou ne vous mech en la garde de celui (de cui)[1] nus ne puet i estre déguerpis qui à lui se voeille tenir. Biele fille, chou est chil de qui vous avés piéca (tenue et)[2] recéue la sainte loy. Or si gardés que vous le maintenés, ensi com ele vous fu encargié et gardés bien que vous ne repairiés à l'anchienne desloyauté. Aourés un seul Diu en trois piersounes et les trois piersounes à un suel Dieu; gardés vous en toutes les manières dont nature se péut soufrir et conjurer de dame Diu couroucier; soiés appareillié et abandounée à ses coumandemens acomplir.

« Tousjours aiés en vostre ramenbranche coument il dagna estre nés de femme et conviersser entre l'ordure del desloyal siècle pécéour, et coument il vaut esprouver et soustenir totes icheles coses ki à humaine nature apiertenoient, fors que péchier tant seulement, dont il fu tousjours quites et nés; et ichil grans débonairetés, vous doit iestre, toutes eures devant les ex, que il fist (pour nous)[3], qant il souffri la

[1] Le Ms. F. ajoute avec raison ces mots : « de cui. »

[2] Le Ms. F. supprime « tenue et. »

[3] Le Ms. F. supprime « pour nous. »

grant angoisseuse merveille des mains et des piés que il éut trespierchiés, par sa propre volontet, pour aquitier et pour garandir des paines d'infier chiaus et celes qui a la sainte partie[1] de lui se vauront tenir. Toutes iceles coses devés amener à memoire par devant vostre cuer, biele très douce fille, car là ù si haute ramenbranche vous venra, là pierdrés-vous toute volentet et tout corage de péchié faire.

« Désormais voel-jou et si li vous coumanch que vous soiés toutes eures garnie de votre sauvéor, et que vous l'aiés tousjours en vostre compaignie autresi comme jou l'ai aut avoec moi puis icele eure que jou rechui la sainte créance. Car onques puisque entre moi et vous recéumes bautesme de Jhésu-Crist par la main del saint houme, ne fu eure que jou n'éusse le cors de celui en ma compaignie qui pour moi et pour vos degna le sien cors livrer à torment, et celui cors tien-jou et ai-jou toutes voies de là en chà éut et gardé[2] ne onques puis, Dieu merchit, ne fu uns jours que jou ne le véisse, jà soit chou que jou n'en soie digne ; et nepourqant, biele fille, vous ne séustes onques mais que jou le gardaisse, kar jou ne le vous voloie moustrer por chou que trop i avoit grant péciet de moi (qui le gardoie et)[3] qui le véoie ; et si le gardoie pour chou que se vous trespassisiés de cest siècle anchois que jou le vous baillaisse à user, et se jou trespassaisse anchois que vous jou le rechéusse ensi que vous avés véut que jou ai fait.

[1] « Qui à la *soie* partie de lui. » (Ms. F.)

[2] Le Ms. F. supprime « tien-jou » et met « et icelui cors ai-je eu tozjors et totes hores des lai en en sai. »

[3] Le Ms. F. supprime « qui le gardoie, »

« Biele fille (i chière) je vous laisse or, si vous proi (et requier)[1] et coumant que vous alés maintenant que jou serai morte, au saint houme de qui nous recéumes la sainte créanche et se li dites que il soit tous pourpensés de ramentevoir en ses proières l'ame d'iceste péceresse et se li requérés pour la beneoite amour del segnor en qui siervice il est, que il l'acompagne d'icelui segnor, vous vaut[2] que vous ne trespassés de ceste dolante vie, sans recevoir vostre pardurable sauvement. Jou sai bien qu'il le vous baillera volontiers, et vous gardés bien si chier comme vous avés vostre vie, que vous ne le métés en liu, u nule riens tierrienne ait conversé; mais ceste blance boiste prendrés, car il meismes le me douna, et si metrés dedens, ce que li bons hom vous baillera, et si le véés cascun jour, et se li prouvés à souspirs et à lermes que il, par la soie pitet, vous desfende que corages ne vous viegne d'autrui croire ne aourer, car il n'est nus autres à qui on doive metre sa créance ne son penser. »

« En ceste manière me castioit ma mère et me douctrinoit de toutes iceles coses faire que ele savoit qui pourfitables m'estoient à l'ame, et de toutes icheles coses esquier[3] qui nuisables me poroient i estre. Et qant ele éut sa parole finée, si me coumanda l'uis de la cambre à ouvrir et qant jou l'oi ouviert, si vinrent avant les dames et les puceles dont il i avoit grant plentet. Et qant eles furent avant venues, si m'apiéla et si me dist en l'orille se jou véoie nului

[1] Le Ms. F. supprime les deux parenthèses.

[2] « Vous baillet » au lieu de « vous vaut. » (Ms. F.)

[3] « Eschuir » pour « esquier. » (Ms. F.)

entour son lit, et jou me regardai maintenant, si vic un houme qui li tendoit sa main et si estoit tous autretex comme estoit ciex qui jou vit en la capiele que li hermites me démoustra, et qant jou le vic si en oi tel merveille que jou en fui toute espoentée [1]. Et ele me demanda que jou véoie, et jou respondi que chou estoit nostre sauveres ; et ele me respondi que aourés et grassiés en fust-il de çou que il se dégnoit démoustrer à moi, kar or savoit-ele bien que il li voloit démoustrer auqune cose.

« Apriès me dist : « Biele douce fille, jou vous coumanc à Dieu, or me baisiés, car chil sires m'en veut mener (en la pardurable) [2] maison et en la plus délitable qui onques fust, et si le voi à mes ex. » Çou fu la daaraine parole que ma dame me dist, et tout maintenant que ele l'éut dite, si se parti esraument li ame del cors ; et jou, Diex merchi, les fis tout ensi com ele le me coumanda. Et jou alai au saint houme, et il me carga le glorieus cors nostre sauvéour Jhésu-Crist ; et qant il éut assés parlet à moi des fragilités et des périeus qui en cest caitif siècle avienent, et il m'éut amounestée des œvres et des coumandemens nostre segnour (si me coumanda en la garde del père et del fil et del saint esperit), [3] et si me coumanda à repairier, car il ne pooit gaires à moi parler, car il estoit moult durement cargiés del mal qui moult le destraignoit. Et tantost que jou oi à lui pris congiet et que jou fui issue fors de sa pourprise, la boiste en

[1] « Espendue » au lieu « d'espoentée. » (Ms. F.)

[2] Le Ms. F. supprime « en la pardurable » et met seulement « en la plus délectable maison. »

[3] Le Ms. F. supprime la parenthèse « si me coumanda. »

ma main en qoi mes sauveres estoit, si oï les gregnours cans [1] et les plus dous qui onques mais fuissent oït, au men quidier, et chil cans s'en aloit très pardesus la capule tout droit viers les nues. Et qant nous éumes eslongié la maison à l'ermite tant com il puet avoir en demie liue de tière, si encontrai enmi ma voie un houme qui tous estoit viestus de reube noire: si estoit moult maigres et pales et si avoit les quevex [2] lons et quenus et barbe tout autretele.

« En tel abyt estoit li hom et si se hastoit si durement d'aler que il dégoutoit tous de suour, et si disoit, toutes voies, jou ne sai quoi entre ses dens. Et tantost com il me vit, si coumencha moult durement à plourer, et si me dist : « Ha ! crestienne, tu es trop durement hastée de repairier, qant tu n'as tant estet ensamble nostre frère Salustre, que li esperis s'en fust partis de son beneoit cors. » Qant jou oï que il m'apiéla crestienne, si sailli jus tantost de mon palefroit et se li demandai (moult doucement) [3] quex hom il estoit. Et il me respondi tout en plourant que il estoit siergans Jhésu-Crist, et que il desirroit moult moi à véoir, et si estoit mus de moult lons par l'amounestement del saint esperit, pour entièrer cel boin houme qui estoit trespassés. Et jou li dis : « Sire jou sui orendroit départie de lui, si l'ai encore laissiet tout vif, mais chiertes il est moult durement cargiés de grant mal. »

« Coument dist (li preudons) [4] biele fille, n'as tu oïs

[1] « Si oï les gregnours chant. » (Ms. F.)

[2] « Si avoit les chavoux lons et chenuz. »

[3] Le Ms. F. supprime « moult doucement. »

[4] Le Ms. F. supprime « li preudons. »

les angles nostre segnour, qui orendroit enportent l'ame de son glorieus cors, devant la fache nostre segnour Jhésu-Crist. Et qant jou oï chou, si fui toute espierdue, si coumenchai moult tenrement à plourer, et apiélai deux miens siergans [1] qui estoient venut ensamble à moi, en qui jou me fioie moult, car je les avoie acatés petis enfans [2], et noris les avoie-jou, tant que il estoient grant et sage et bien couvegnable à siervir en une boine maison [3]. Chil doi estoient en ma compagnie, et une moie cousine sans plus qui estoit pucele et est encore, car ele ne vaut onques segnour avoir ; ains dist que ele n'auroit ja carnel compagnie (de houme) [4], et encore est ore chaiens [5].

« Ensi nous en retournâmes tout quatre avoec le buen home, et qant nous venimes à l'eirmitage, si trouvâmes que li sains hermites estoit trespassés. Et qant li bons hom oït chou, si se laissa quéoir de si haut com il il estoit sour le mort, et le coumencha moult durement à plaindre et à regreter ; et qant il éut assés plaint et plouret, si se drecha et si s'en ala tout droit derière l'autel, et qant il vint arière si vit itex ostex que il couvenoit à un cors enterer [6]. Lors

[1] Le Ms F. remplace « siergans » par « sers. »

[2] « Car je les avoit *acheteis* petis enfans, et norris, » etc. — On voit dès lors pourquoi le Ms. F. a mis expressément le mot « sers » à la place du mot « siergans. »

[3] « En une moult halte maison. » (Ms. F.)

[4] Le Ms. F. supprime « de houme. »

[5] « Et ancor est-elle céans. » (Ms. F.)

[6] « Si vit que il aportoit iteils osteilz que il covenoit à un cor entereir. » (Ms. F.)

ala il meismes, si cava[1] la tiere très devant l'autel, tant que il éut fait tel fosse ù li cors d'un home pooit bien gésir. Et qant il l'éut fait, si leva sa main et fist segnacle de la sainte crois sour le cors[2]. Et qant il l'éut pris par le chief pour metre en la fosse, si me fist traire avant et me coumanda que jou le présisse par les piés et jou li dis : « Ha coument[3] oserai-jou touchier, qui une femme péceresse sui, il n'est mie raisons que jou touce à si sainte cose, chou m'est avis. » Et il me dist tantost : « Trai toi séurement avant, car plus sainte cose et plus haute portes-tu que ceste n'est. » Et lors soi-jou bien que il estoit buens hom, qant il disoit ainsi les coses couvertes ; car il disoit dou saint cors Jhésu-Crist que jou enportai en la boiste. Lors alai avant, si pris le cors par les piés, si le meismes, entre nous deux, en la fosse, que il ne vaut onques que autres i touchast. Et qant il fu tous couvers de la tere et li buens hom éut tout dit chou que il devoit dire, si coumencha à parler à mi de nostre segnour, après coumencha à regarder mes deux (enfans)[4] siergans et ma cousine, et si lor dist :

« (Diva)[5] et qu'alés vous quérant par les sains liex qui n'iestes dignes (neis) de sa maison véoir, et vous estes si hardis que vous entrés dedens, qui estes en l'ordure et el péchiet del dyable qui vous aourés et siervés de jours et de nuis. » Tant lor parla de nostre

[1] « Si chavait la tière très davant l'ateis. » (Ms. F.)

[2] « Et fist sor le cors le signe de la sainte crois. » (Ms. F.)

[3] « Ha, sire, comment. » (Ms. F.)

[4] Le Ms. F. supprime « enfans. »

[5] Le Ms. F. supprime « diva » et met : « et vous qu'alés vous quérant. »

segnor et de ses œvres, que il li caïrent as piès tout trois et li requisent que il les bautisast tout maintenant, car il ne demouroient jamais en la mauvaise créanche ù il avoient tant estet. Kant il les oï ensi parler (ensi) si éut moult grant joie[1], si courut-il meismes en la maisonnete et prist un pot, si le pucha tout plain (d'ewe)[2], en une chisterne que li sains hom qui trespassé estoit, avoit faite[3]. Lors vint arière, si les bautissa tous trois el non de sainte trinitet et si lour proia moult et enorta de garder la sainte créanche Jhésu-Crist, et del eschiver[4] les hymagènes qui ne poient aidier, ançois nuisoient. Après, lor moustra les poins de la créance, et si me proia pour Diu que jou lour apréisse tant de bien comme jou porroie.

« A tant nous coumanda à Diu, si nous en partesimes et cil remest laiens[5]; et si dist que il (ne s'en iroit jamais)[6], ne jamais ne se mouvroit (d'iluec) tant com il vivroit que il n'avoit gaires despassé de traveiller sour tière. Ensi remest ; si fist puis Jhésu-Crist, par ses mains, maintes bièles virtus, et (maint grant miracle), mais il ne vesqui puis se moult poi non. (Ichil fu apiélés par son non Jermones li hermites)[7]; et si me douna Diu si biel don, la soie grasse, que jou fui à son entirement, autressi comme jou avoie

1 « Si en ot moult grant joie. » (Ms. F.)

2 Le Ms. F. supprime « d'ewe. »

3 « Que li sains hom avoit faite qui trespasseis estoit. » (Ms. F.

4 « Et del deschirier. » (Ms. F.)

5 « Et il se remest léans. » (Ms. F.)

6 Le Ms. F. supprime les deux parenthèses.

7 Le Ms. F. supprime les deux parenthèses.

esté à l'autre. Et dès lors en enchà [1] ai-jou tenue la crestienne créance, si que onques, pour la Diu merchi, ne repairai à la desloiauté d'aourer les fiex ne les pières [2]. »

Qant Josephe éut escoutée sa parole de chief en chief, si dist : « Dame, coument, puisque vous avez rechéue la créanche Jhésu-Crist, porcoi ne vous contenés dont comme sa loiaus camberière, pour quoi n'avés-vous piechié le roy vostre segnour getés de ceste grant ordure ù il a tant géut. » « Chiertes, dist la dame, jou atendoie tant que Jhésu-Crist, par sa pitié, m'envoiast le point convegnable de lui metre à raison, mais jou n'en fui onques encor en point, car me sires est uns hom moult cruéus, si m'éust laissié moult tost, u guerpie, u il m'éust destruite, se jou le mesisse en parole de cose qui ne li pléust et par aventure m'en éust tousjours mais soupeconneuse [3]. Or a nostres sires, par son plaisir, amenet le point qu'il pora iestre destournés de mauvaises voies et ramenés à la droite voie, qui maine quiconques vuelt croire, à la pardurable vie, chou est à Jhésu-Crist. Et jou te prie, glorieus siergans nostre segnour, que tu requières le verai crucefis pour lui, que il, par la soie très grant misericorde, le desfende de mortel péril et le ramaint sain et à grant hounour à la droite créance de son saint non [4]. Car s'il pooit estre amenés, moult i auroit loial siergant et

[1] « En en sai » au lieu de « en en chà. » (Ms. F.)

[2] « D'aourer les fust ne les pières. » (Ms. F.)

[3] « Soupetenouse. » (Ms. F.)

[4] « A la sainte créance de son droit non. » (Ms. F.)

vigherex [1]. Car il auroit gaagnié lui premièrement et puis toute sa tière après; et se jou le voioie croire, jou seroie lié tant que il ne seroit riens nule, en cest monde, qui me péust courouchier [2]; ne jà puis ne me cauroit [3] de quel eure que jou moruisse. Mais chou m'a moult espoentée que vous li desistes que il seroit trois jours et trois nuis en la baillie de son anemi mortel. » Et Josephe li respondi que il estoit voirs, et que par nul home vivant ne pooit estre destourné. Et la dame li dist : « Josephe tant seulement me poés-vous bien dire se vostres sires le vous a demostré savoir mon se il de ceste bataille escapera [4]. » Tant li enquist et demanda, et une fois et autre, que il li disoit toutes les coses si com eles avenoient de jour en jor. Et la dame le retenoit moult chier et moult li faisoit grant honor et moult volentiers l'escoutoit à parler et à dire les bons mos que il traioit avant des escritures.

Ensi est Josephe en la cité de Sarras entre lui et les autres crestiens moult hounourés et siervis de la royne Sarrasinte et de chiaus de sa maison. Et si dist li contes dou roy Evalach q'il est à Orcaus moult liés et moult joians, et si fait demander et enquerre [5] dou blanc chevalier que il puet estre devenus et qui il est, ni de quel tière [6]; mais il n'est nus hom à qui il

[1] « Moult i auroit Jhésu-Crist recovré i loial siergant et vigorous. » (Ms. F.)

[2] « Qui me poist correcier. » (Ms. F.)

[3] « Ne me chadroit. » (Ms. F.)

[4] « Car je sauroie moult volantiers se il de ceste bataille escapera. » (Ms. F.)

[5] « Et enquerre novelles dou blanc chevalier. » (Ms. F.)

[6] « Ne de quel tière il est. » (Ms. F.)

em paraut qui li en sace ensegnes dire. Moult le fist querre li roys, et demander, et la nuit qu'il vinrent de la bataille et l'endemain. Et qant il vit que il ne seroit trouvés, si fu moult dolans et (moult coureciés)[1] et moult durement s'esmerveilla de chou que il n'en pooit oïr nule nouviele. (Ensi tinrent, toute cele nuit la parole de lui)[2], ne onques ichele nuit ne menja li roys, anchois ne cessoient entre lui (et sa feme)[3] et Séraphe son serourge de parler del blanc chevalier, et dist que jamais, à nul jour, ne cesseroit, ne se seroit liés (ne aise) devant chou que il en sauroient vraies nouvieles[4].

Ensi tinrent, toute ichele nuit, la parole de lui, et dist li roys que moult les devoier amer, car or savoit-il bien que, par lui, avoit-il hounour recouvrée. Ensi[5] tint li roys paroles, cele nuit, del blanc cevalier, et ses prouèces estoient moult ramentéues, et tant que il s'ala couchier, et Séraphes et li autres; car il estoient le jour assés travcillet[6] et débatut; et pour chou, si avoient moult grant mestier dou reposer. Et qant çou vint au matin et li roys fu levés si ala véoir Tholomer. Et qant chil le vit venir, se li cai au piet, et li cria merchit comme chil qui avoit moult grant paour que il ne l'océsist. Et li roys le prist par la main, si le leva en

[1] Le Ms. F. supprime « moult coureciés. »

[2] Le Ms. F. supprime la parenthèse.

[3] Le Ms. F. supprime avec raison « et sa feme. »

[4] « Ne ne seroit liés davant lors que il en sauroit vraies ansignes. » (Ms. F.)

[5] Le Ms. F. remplace « ensi » par « moult. »

[6] « Li estoient forment laiz et debatuz. » (Ms. F.)

haut, pour chou que roys estoit ; si ne voloit mie[1] que il géust longement devant lui à tière. Après apiéla Tholomers des barons Evalach, et si lour proia que il parlaissent de la pais à lor segnour[2]. Et qant il vinrent à Evalach et il lui proièrent, si respondi que il ne n'escouteroit jà parole d'oume qui l'enproiast devant chou quil seroit revenus à Sarras. A tant remest la parole, si s'en ala li roys à Sarras et si enmena o lui son serourge Séraphe moult durement navret. Et Séraphes dist que il iroit plus volentiers en sa tière, car il seroit plus à aise que il ne seroit aillours (se au roy ne devoit anuier)[3]. Et li roys respondi que il voloit que il s'envenist à Sarras, car il li mousterroit les plus grans merveilles[4] que nus hom ne péust quider ne croire d'un houme qui li avoit dit, à son mouvoir, toutes les coses qui li estoient avenues en la bataille. Et Séraphes dist que celui vesroit-il[5] moult volontiers.

Ensi s'entournoient[6] tout droit à Sarras et li autre s'en départirent et s'en alèrent cascuns en son païs, dès que li roys leur éut dounet congiet. Et qant Evalach vint à Sarras, si fu la joie moult grans, que la royne fist de lui et de Séraphe son frère, qant ele les vit cevauchier[7] ensamble, et toutes les autres gens en éurent moult grant joie, car nus ne quidoit

[1] « Si ne voloit pais sosfrir que il géust. » (Ms. F.)

[2] « Que il parlexent de la pais vers los segnour. » (Ms. F.)

[3] Le Ms. F. supprime « se au roy ne devoit anuier. »

[4] « Les plus grignours merveilles. » (Ms. F.)

[5] « Celui vairait-il. » (Ms. F.)

[6] « Enri s'entournèrent tout droit. » (Ms. F.)

[7] « Chivachier » au lieu de « cevauchier. (Ms. F.)

mie que il éust jamais pais ni acorde [1], car trop s'estoient longement entrehaï. Et tout maintenant que li roys fu descendus, si demanda (nouveles) [2] des crestiens ke il faisoient, et la royne lour demande que il lor estoit avis de lor parole, se il i avoit point de véritet ne de créanche. Et li roys li dist que toutes les paroles que Josephe li avoit dite, n'i avoit-il onques nès une trouvée se vraies non.

De ceste cose, fu la royne moult lié : si envoia tout maintenant querre Josephe et il vint tantost. Et qant li roys le vit (venir), si se drecha encontre lui, et li dist que bien fust-il venus comme li plus voirs-disans de tous les autres prophètes. Lors le fist aséoir jouste lui, et si dist à Séraphe qui se gisoit en une couche comme chil qui navrés estoit et débrisiés : « Séraphes, biaus dous sérourges, tant voel-jou bien que tous mes pules sache que par la proière de cest houme [3] et de son conseil et par le vasselage de vostre cors, ai-jou ma tière recouvrée et toute hounour tierrienne et victoire gaagnié. » Lors respondi Josephe : « Roys ! la proière de moi ne li vasselages Séraphe ne t'a rescous de ta tière pierdre, ne victoire ne te douna, mais li haus sires de qui tu portoies le signe et qui [4] tu apiélas, de buen corage, au grant besong (t'en a delivré et rendue tière et hounor). » Lors

[1] « Car nulz ne cudoit mie que il déust entrelz .II. jamais pais estre acordée. » (Ms. F.)

[2] Le Ms. F. supprime « nouveles. »

[3] « De cest saint houme. » (Ms. F.)

[4] Le Ms. F. remplace « qui » par « cui » dans les deux phrases, et supprime assez heureusement « t'en a délivré et rendue tière et hounor. »

li demanda Séraphes qui chil sires estoit, qui tant avoit grant pooir et de qui il parloit si séurement. Et Josephe li dist : « Séraphe, or escoute et jou te dirai quil est ensi com il meismes te mande par moi, chou est li Diex des crestiens. « Jou sui li vrais crucefis, te mande Josephe et coumande que tu dies à Séraphe, qant il enquerra de moi, qui jou sui. »

« Li coumenchemens sui [1] et li fins de toutes coses (chou li diras-tu) [2], jou sui chil qui te rescoust des sept chevaliers qant tu estoies si courées que li sans te saloit parmi les oreilles et parmi les ex [3]. Iluec te rescous-jou de la mort, et si tu quides avoir fait par ta seule poissanche les merveilles que tu fesis en la bataille, tu quides mauvaisement et si en sera tiesmong [4] la proueche que tu faisoies, ne ne quides pas [5], ne raisons ne te sambloit, que nus hom péust avoir la forche de si grandes proueches [6], çou saches-tu vraiement ; mais tantost comme tu te méus pour férir en la bataille au commencement, si dist Evalach, li roys qui chi est, qant il te vit mouvoir.

« Ha ! Seraphes, biaus dous amis, or en alés en la garde à celui segnour qui signe jou porch, que il seil est vrais Diex ensi com on le m'a tiesmongniet [7],

[1] « Ce lui dirais-tu que je sui li coumancemens. » (Ms. F.)

[2] Le Ms. F. supprime « chou li diras tu. »

[3] « Que li sans te sailloit parmi le neis et par la boche et parmi les ielz. » (Ms. F.)

[4] Le Ms. F. modifie : « si en sera amaindie la proueche que tu avoies davant cop. »

[5] « Ne ne cuidoies pas. » (Ms. F.)

[6] « La forche de ci estrainges proueches faire. » (Ms. F.)

[7] « Com on l'en m'ait tesmoingnet. » (Ms. F.)

si gart-il, anqui, vostre cors de honte et de péril et si vous envoist si grant hounour comme vous poés gregnor avoir. Jou te gardé de péril [1] par la proière d'icelui qui de buen cuer apiéloit (mon non) et réclamoit (et ramenbroit de moi) [2], et de la tierrienne hounour te dounai-jou moult grant partie ; car onques ne fu autant parlet de (nule) prouèce que nus hom i fesist comme des toies, et se il remaint en toi, encor te donrai-jou gregnour moult (et assés) [3], car tu auras le grant hounour dou chiel, et la joie qui jà fui, ne puet avoir; (mais or gardes que tu soies sages dou conquerre) [4]. » Qant Josephes eut issi parlet, si fu Séraphes si esbahis de chou que il disoit les coses que il quidoit que nus hom ne péust savoir. Et li roys Evalach dist voirement qu'il dist voir [5] ; et que il estoit menés jusc'à la paour de mort, qant il descouvri le signe, et qant il réclama le segnour qui en cel signe avoir estet mis, ensi comme Josephe li avoit ensegnié. Lors demanda Josephes l'escut à véoir (ù li signes estoit pourtrais) [6]; et li roys fist aporter son escut. Et qant il fu descouviers, si virent apiertement une crois viermeille, et dedens un crucefis de qui il estoit avis que il fust nouvielement crucefiés. Ainsi com il l'éurent descouviert, et il le regardoient si avint chose que uns hom entra laiens, qui avoit tantost le pong encopé (en une mellée) [7]. Et qant Séraphes les vit portant son poing

[1] « Là te gardai-je de péril. » (Ms. F.)

[2] Le Ms. F. supprime les deux parenthèses.

[3] Autres parenthèses supprimées dans le Ms. F.

[4] Autre supprimée.

[5] « Et li roys Evalach dit que voirement disoit-il voir. » (Ms. F.)

[6-7] Le Ms. F. supprime les parenthèses.

séniestre tout copet en la diestre main, si apiéla Josephe, et li dist : (*C'est chi si com uns hom ki avoit le puing colpé wari dou puing, qant il le toucha al blanc escut à le crois vermelle par la grase Nostre Seignour*)[1].

« Josephe se tes dieus a si grant pooir comme tu le tiesmongnes, donques orendroit, le demoustre et se il rent à chest houm son pong qui trenchiés est, si que il ait autressi l'un comme l'autre, lors dirai-jou, pour voir, que il est vrais diex, et si te créant que jou le querai [2] sans plus d'amounestement. » « Certes, dist Josephes, encor te dirai-jou plus, pour chou que jou voel que tu ne quides que jou i face encantement, ne caraudes [3] ; fai venir l'oume à chest signe qui est en chest escut, et se li fai toucier son brach et se il n'est garis maintenant si me fai destruire sans demeure. » Lors vint avant li navrés et toucha son brach à la crois, et tantost comme il li éut touchié si éut le bras autresi sain et entier (l'un) [4] comme l'autre, et li avint un autre cose que la crois si comme ele estoit en l'escut ne parut point [5].

[1] Une vignette représente Josephe montrant l'écu au crucifix et bénissant de la droite en regardant le ciel ; deux hommes identiques sont devant, l'un a le point droit coupé et l'autre touche de la main droite, rétablie à sa place, le bouclier divin.

[2] « Si te créant que jou le croirai sans plus d'amonestement. » (Ms. F.)

[3] « Que jou i face encantement ne chairaies. » « Caraudes et caraie » sont bien français et signifient : *sortilége* ou *amusement*.

[4] Le Ms. F. supprime « l'un. »

[5] « Et li avint une autre cose que la croix, ensi comme ele estoit, se prist à bras, ne onques puis en l'escut ne parut point. » (Ms. F.)

De cheste cose furent trop durement esbahi tout chil qui el palais estoient plus assés que del brach qui estoit (garis et) [1] sanés. Et qant Séraphes vit ceste cose si dist que il n'atendroit jà plus ; anschois seroit orendroit crestiens, car celui devoit-on bien croire qui le pooir avoit de si merveilleuses virtus faire tout apiertement. Lors se drecha si malades et si navrés comme il estoit, se vint à Josephe et li cai au piet et li dist que il le fesist crestien isnielement (*C'est chi si comme Josephe baptissa Séraphe ki ot non Naschiens et Evalach ki ot non li rois Mordrains*) [2].

[1] Le Ms. F. supprime « garis et. »

[2] Vignette du Saint Graal du Mans. Evalach et Séraphe qui s'appeleront à l'avenir Mordrains et Nasciens, sont plongés dans une cuve et reçoivent le baptême de Josephe. Evalach porte la couronne ; tous deux sont nus et croisent les mains.

Lors le bautisa Josephes, el non del père et del fil et del saint esperit, et si fu apielés en bautesme Naschiens. Et tout maintenant que il fu bauptisiés, si descendi sor lui une si grans clartés que il estoit avis à tous chiaus ki laiens estoient, que toute sa viestéure fust esprise de fu ardant, et se virent apertement un brandon de fu (ardant) [1] et si virent apiertement qui li entra parmi la bouce. Après oïrent une vois qui dist moult haut et moult espoentablement : « Li daarain ont tolue as premerains, l'ounour del cors par l'isnièletet [2] de la créanche. » Tantost comme la vois éut parlet, si senti Nasciens que il estoit garis et sanés de toutes les plaies et de toutes ses blécéures ; et tantost fu ses cors raemplis del saint esperit et coumencha assés à dire coses (qui estoient) [3] à avenir, et traioit avant les fors mos des escriptures tout autressi bien et miex comme fesist li plus sages clers del monde [4] et disoit au roy Evalach : « Ha ! roys ! que atens-tu que tu ne requiers le bautesme, li sains esperis nostre segnour me demoustre toutes les oscures coses, et si dist li sains esperis : que alés-vous atendant [5] que vous ne lavés vos mains, les tables

[1] Le Ms. F. supprime « ardant » et la répétition des mots « si virent apiertement... »

[2] « L'isneleteit de la créanche. » (Ms. F.)

[3] Le Ms. F. supprime « qui estoient. »

[4] « Com féist li plus soverains clers del monde. » — Il est remarquable qu'ici le Ms. F. substitue « clers » à « chevaliers ; » il avait fait le contraire un peu plus haut ; l'antithèse est plus forte.

[5] « Vous qui véeiz les tables mizes que vous ne laviés vos mains, et aliés asseoir au mengier. » (Ms. F.)

sunt mises, alés vous aséoir au mengier. Chou vous mande (li vrais sires)[1] li vrais crucefis, par la moie bouche, que li pérecheus ouvriers pérecheusement recevra son loier, et pour chou sache bien li roys Evalach qu'il ne me tiegne pour fol ne pour dierves[2], car Tholomiers li fuitis est orendroit fenis et trespassés de chest siècle, et si le m'a demoustré (orendroit)[3] li sains esperis. »

TANTOST parla Nasciens de Diu et si lour dist tant que li roys Evalach se courut bautisier, et chil qui par le signe de la crois, avoit son brach (et son cors)[4] garit. Et si comme cascuns estoit bauptisiés, si trouva son non (tantost)[5] escrit enmi son front, tout itel com il le devoit avoir par bauptesme, et li nons que li roys Evalach aporta si fu apielés Mordrains (en créanche)[6] et li nons de celui qui avoit la crois el brach qui fu apielés Climachides, çou fu autretant à dire comme *Gonfanonniers* au glorieus segneur. Après apiela li rains Sarrasinte, se li coumanda que ele s'alast bauptisier, et ele respondi que il ne li laisseroit mie que ele recéust bautesme deux fois. Et li roys li demanda coument : et ele dist que ele estoit crestienne, et avoit

[1] Le Ms. F. supprime « li vrais sires. »

[2] « Pour fol ne por desvei. » (Ms. F.)

[3] Le Ms. F. supprime « orendroit. »

[4] Le Ms. F. supprime « et son cors. »

[5] Le Ms. F. supprime « tantost. »

[6] « Mogdanis, ce est une parole en Caldeu qui valt à tant à dire com fait an franceois : tardis en créance. » (Ms. F.)

esté bien vingt-sept ans [1], et se li conta coument chou li estoit avenut tout com ele avoit contet à Josephe. Et li dist que li bons hom qui le bauptisa ne li vaut onques son non cangier, ains dist que bien li avenoit, car çou estoit autretant à dire comme *plaine de foit*. Et qant chil furent ensi bauptisier, si venoient li autre si espresséement que il n'alaissent mie si tost par samblant à un grant monchiel de deniers conquellir [2], se il fuissent espandut ; ne il ne voloient souffrir que nus les bauptisast, se Josephe non, kar il ne quidassent mie estre bien bauptisier par la main d'un autre houme. Et Josephe tenoit un grant bachin d'argent, si viersoit à cascun sour la tieste, el non de la sainte Trinitet ; et tant fist-il celui jour que il en iot de bauptisiés bien largement cinq milliers et trois cents et cinquante-neuf.

A lendemain se parti Nasciens del roy et de sa serour, si enmena ensamble o lui Joseph, pour bauptisier le pule par la terre et pour ensegnier la loi à tenir et la créance à garder ; mais Josephe remest en Sarras et fist les hymagènes abatre et dépéchier les idoles et refist autex nouviaus et purefia les temples ensement comme Jhésu-Crist li avoit ensegniet à faire de l'ève beneoite. Et qant il éut tot le peule de Sarras rechéu et (convierti) [3] en créanche, si s'en ala par toute la tière d'environ, si comme li royaumes estendoit, et si i fist aler tous les crestiens qui avoec lui aloient qui estoient venut de Jhérusalem, fors seule-

[1] « .XXXII. ans. » (Ms. F.)

[2] « Monchiel de deniers recoillir. » (Ms. F.)

[3] Le Ms. F. supprime « convierti. »

ment trois qui remesent pour garder l'arce ù la sainte esquiele estoit. De ces trois fu li uns apiélés Anascor[1] et li autres Manathes, et li tiers Lucans. Ce fut chil de qui Josephe avoit fait son maistre garde de l'arce, si comme li contes aconta chà avant, qant il parla de son sacre[2].

Ensi remésent tout trois et les femmes toutes et tout li autre s'en alèrent par le pays bauptisant le pule et préecent le non au vrai crucefi ; mais il n'i avoit nul d'iaus en qui li sains esperit ne fust si apiertement que il parloient tous les langages et prophétisoient tout ; et li nombre d'iaus, si estoit jusques à quarante-neuf sans Josephe et sans son père. Et qant Josephes vint à Orcaus, si vint[3] tout premièrement el temple, et qant il fu dedens, si coumencha moult durement à penser. Et qant il éut grant pièce penset, si se deschainst, lors si courut tantost droit viers l'un des autres sa chainture en sa main, si coumence à conjurer et à faire le signe de la crois sour une hymagène del maistre autel[4], tant que uns dyables en issi fors si lais et si hisdeus que nule plus laide cose ne pooit estre trouvée. Et Joseph le geta entour le col sa chainture[5], si le traina fors del temple voiant le roy, et voiant tout le pule qui le sivoit, que moult l'ooit-on clérement par toute la chitet[6], si que moult grans

[1] « Anacor. » (Ms. F.)

[2] « Si comme il l'ait conteit sà arrière, qant il parlait de son sacre. » (Ms. F.)

[3] « Si entrait tout premièrement. » (Ms. F.)

[4] « Sur une ymage qui estoit desus le maitre alteit. » (Ms. F.)

[5] « Sa sinture. » (Ms. F.)

[6] « Qui moult l'oiet tout clèrement par toute la citeit. » (Ms. F.)

partie de la gent i couru[1]. Lors. li demanda li roys pour coi il le justichoit si, et que il li avoit fourfait. Et Josephe li respondi que chou porroit-il par tans oïr. Et il li coumencha à demander[2] pourquoi il avoit fait Tolomer caoir des feniestres[3] à tere, et il li dist : « Josephe ! tu iés siergans nostre segnour Jésus-Christ, or m'alasque un petit[4] et jou le te dirai. » Et Josephe li osta toute sa chainture et si le prist par les chaviaus[5]. Lors li coumencha à dire isnielment que il li desist chou que il li avoit demandet. Et li diables li dist : « Josephe jou véoie les merveilles que Diex faisoit pour toi (et pour ton père)[6] qant tu fesis garir à Sarras l'oume qui avoit le puing copé, par toucier au signe de la croix, si vic que tu fesis bauptisier Séraphe et le roy Evalach, si doutoie que tu ne fesisse autre dolour de Tholomer et pour chou li aportai-jou nouvieles en samblanche d'un houme. Si li dis que Evalach avoit coumandet que il fust à lendemain trainés à keues de chevaus[7] et apriès fut pendus. Et qant jou li oi çou dit, si fu moult esbahis que il poroit faire. Et jou li dis que se il estoit de grant guerredon viers moi, jou le gieteroie (fors) de la prison, car jou savoie plus d'encantement que tout li homme del monde. Et il me respondi que il ne me prometoit mie

[1] « Et il muilloit ci très durement lai où Josephes le traynoit. » (Ms. F.)

[2] « A demander à dyable. » (Ms. F.)

[3] « Chéoir des feniestres de la tor à terre. » (Ms. F.)

[4] « Or me laisse un petit. » (Ms. F.)

[5] « Par les chavolz. » (Ms. F.)

[6] Le Ms. F. supprime « et pour son père. »

[7] « Traineiz a coies du chivalz. » (Ms. F.)

son avoir seulement, mais il devenoit mes hom à tous les jours del monde, ne jamais ne feroit chose qui me (grevast ne)[1], pesast se de laiens le pooie gieter. Lors me muai devant lui en fourme de griphon[2], si le fis monter sour moi et qant jou l'oy en haut (montet et mont)[3] eslevet, si le laissai caoir si que il éut le col brisiet et un des bras (del cor)[4]. »

Lors le prist Josephe autrefois, se li remist sa chainture entour le col et l'enmenoit par toutes les voies si apiertement que toutes les gens le véoient et disoit au pule : « Caitives gens de fole entension et wide de sens et de créance, véés chi la figure des diex que vous avés tosjours créus[5] et par qui vous quidiés vivre sour terre. » Après demanda au dyable coument il estoit apielés, et li dyables li dist que il avoit à non Selaphas[6] et si dist que il avait baillie d'espandre la paour ès gens par les males nouvieles que il lour aportoit[7]. Qant les gens oïrent ces paroles, si s'en courut moult grant partie bauptisier. Et Josephe entra el palais le roy (par la chitet)[8] si les bauptisa esrant[9]. Qant il les éut purefiés de èwe beneoite, après laissa le dyable aler, et si le conuira que il

[1] Le Ms. F. supprime « grevast ne. »

[2] « Grisson » au lieu « de griphon. » (Ms. F.)

[3] Le Ms. F. supprime « monteit et mont » et met « en hault leveit. »

[4] Le Ms. F. supprime « del cors. »

[5] « Que vous aveiz tozjors acreiz. » (Ms. F.)

[6] Le Ms. F. remplace « Selaphas » par « Asthaphath. »

[7] « De salfeteit. » (Ms. F.)

[8] Le Ms. F. supprime « par la chitet. »

[9] « Si les baptoiait illuec et le roy atreci. » (Ms. F.)

jamais, nului qui éut le signe de la créance recéu, n'éust par li encombrement. Lors fu criés li bautisemens le roy [1] par la citet que il n'i remansist nus ne nule qui ne venist el palais (pour) oïr son coumandement. Et qant il furent venut el palais et en la pourprise, si monta Josephe as feniestres, et lour anoncha la parole de Jhésu-Crist. Et qant il lour éut moult longement préechiet, si lour fit coumandement par la bouche le roy que il s'alaissent tout [2] et toutes bauptisier, qui bauptisier ne se vaurroit, li roy lour dounoit bon congiet que il s'en alast hors de la tière sans revenir [3].

A cheste parole coururent au bauptisement moult grans partie des gens et assés ieut de chiaus, si com il oïrent chil coumandement, qui disent que miex amoie à widier la tière que cangier tel foit et tel créanche que il avoient tousjours tenue. Moult i eut grant nombre de chiaus et de cheles qui rechiurent chelui jour la loy Jhésu-Crist ; et qant il se partirent del païs chil qui recevoir ne le voloient, ausitost com il avoient passée la daaraine porte, si quaoient mort (de mort subite) [4] ; de teus i avoit (et de teus i avoit) qui issoient dou sens, et de teus i avoit qui estoient férut parmi le cors, si que on véoit

[1] « Fu crieiz li baunissemaus le roy. » (Ms. F.)

[2] « Quo il fallexent tut. » (Ms. F.)

[3] « A nul jor mais. » (Ms. F.)

[4] Le Ms. F. supprime la parenthèse.

jà plaie, et si ne véoit-on mie chelui qui le faisoit; et autre partie que teus maus n'avoient, estoient mahagniet [1], u di menbre, u de quisse, u de col péchoiet [2]; ne jà li bauptisiet n'éussent mie de mal (tant en i éuist de mors) [3] si en i éut tant de mors et de mahagniés que la noviele en vint à Josephe là ù il bauptisoit le pule. Et qant il oï chou, si courut, cele part, tous esfréés. Et qant il aprocha (priès) de la porte, si regarda devant lui, si vit le dyable que il avoit orains laissiet aler qui tenoit en sa main une épée toute sanglente, et de si lonc com il vit Josephe, se li coumencha à huchier :

« Or esgarde, Josephe, coument jou preuve la venjanche des anemis à ton Diu [4]. » Et Josephe li demanda pourqoi il faisoit chele mierveille, et qui li avoit coumandet. Et li diables li respondi que il le faisoit par le coumandement Jhésu-Crist. « Chiertes, dist Josephe, quivers [5]! chou ne vous avoie-je pas coumandet. » Et lors si courut vers lui pour chou que il le voloit loiyer [6]. En cel courre que il fist, si garde [7] devant lui, si voit un angle qui avoit tout le viaire

[1] « Et aultre partie qui teil mal n'avoient pas, ci estoient cil de cette partie mahaigniet u de brais. » (Ms. F.)

[2] « Pessoient. » (Ms. F.)

[3] Le Ms. F. remplace la parenthèse par « nul qu'il k'il fuist tant ne qant. »

[4] « Or esgarde, Josephe, coument jou prang la venjance des anemis à ton Diu. » (Ms. F.)

[5] « Chiertes, dist Josephe, cuivers! ceu ne vous avoie-je pas coumandet. » (Ms. F.)

[6] « Que il voloit lieir. » (Ms. F.)

[7] « Si regardet devant lui. » (Ms. F.)

autressi vermeill comme foudres (tous) ardans, et si piet estoient autretel et ses mains et ses viestéures estoit autressi noire comme pois[1]. Et qant Josephe le vit en tel habit, si fu moult esbahis et moult s'esmerveilla que ciex angles pooit sénefier.

En dementiers que il s'esmerveilloit ensi, li angles s'aproche de lui, et laist aléir une lanche que il tenoit, si l'en fiert parmi la diestre quisse, si durement que li fiers hurta à l'os ; et tout maintenant que il l'ot férut, si laissa la lanche kéoir (sans traire fors)[2], et se li dist : « Chou est li tesmoin de mon peule que tu as laisslet à bauptisier pour rescourre les despriséours de ma loy[3]. Chil reproches te duerra à tous les jours de ton éage, et se tu le compères aillours, si ne t'en esmerveilles mie. » A tant s'en retourna li angles et Josephe traist tout légièrement[4] ; ne onques, à son avis, (ne li fist) point de mal ; au traire fors, si[5] vit que li fiers estoit demourés en la plaie ; mais il n'en senti onques mal[6], noient plus que se çou éust estet en sonjant. Mais de tant s'apierchut-il bien que li angles li avoit dit voir del reproéce[7] ; car il ne fu onques puis jours, tant com il vesqui, que il ne

[1] « Noire comme poix. »

[2] Le Ms. F. supprime « sans traire fors. »

[3] « Pour rescourre les despriséors de ma loy. » (Ms. F.)

[4] « Et Josephe traist horssa lance, tout légièrement. » (Ms. F.)

[5] « Ne onques, à son avis, point de mal ne li fist à traire ; et qant il l'ot traite hors, si vit que li fers. » (Ms. F.)

[6] « Il n'en senti onques mal, ne dolor ni éut plus que si ce éut esté. » (Ms. F.)

[7] « Mais dedens lou tempz qu'il fuit à la porte, qant li aingles lou férit, s'aperçuit-il bien. » (Ms. F.)

clochast[1] ù la lance l'avoit ferut ; ne onques ne pot estanchier la plaie de sainier tant comme li fiers fu dedens, et encor le comparra plus en autre liu[2] si comme li angles li avoit dit que il ne s'esmerveillast mie ; et chou contera (li contes) chà avant qant dou conter sera et tans et liex[3]. Mais chi se taist ore li contes et de la plaie et de la lance, fors que tant que il dist que la lance enporta Josephes el palais et si fu de maintes gens esgardée. Ne onques hom qui le véist ne sot à dire de quel fust ele pooit estre.

ENSI s'entourna Josephes el palais moult esbahis et moult espoentés, ne mie de sa plaie mais de chou que il doutoit ke nostres sires ne fust courouciés à lui. Et qant il éut sa plaie bendée, si ne valut noiant. Car pour chou ne laissa ele onques à sainier. Si s'esmierveilla moult li roys et les autres gens et moult en furent esbahit que chou avoit-il éut, pour chou que il voloit le pule mescréant rescourre des mains au diable qui il estoit.

Qant les gens oïrent ceste nouviele, si furent moult liet chil qui estoient bauptisier et chil qui encor n'avoient le bautesme recéut coururent maintenant à Josephe et se li requisent bauptesme pour la paour del dyable, qui si malement avoit les autres courées[4]. Ensi recevoient espessement la créance Jhésu-Crist.

[1] « Que il ne clochaist de cette cuisse ù la lance l'avoit férut. » (Ms. F.)

[2] « Et encor le comparrait-il pues en aultre liu. » (Ms. F.)

[3] « Et ceu conterait-il sà en avant li contes, qant del conter sera et leus et tempz. » (Ms. F.)

[4] « Coureciez. » (Ms. F.)

Si fu Josephes en la chitet d'Orcax trois jors à tout le peule [1] qu'entre lui et Joseph son père avoient amenet de Jhérusalem. Si fist tant nostres sires par lour mains que il éurent, dedens le tier jour, bauptisiet tous ceux et toutes cheles qui en la chitet estoient, ne onques n'i remest petis ne grans que il ne traisissent à la loy Jhésu-Crist, par les vraies paroles que il lour disoient, et par les grans virtus que Dix faisoit pour ex. Et li autre qui alèrent par le païs environ esploitièrent tant que toute sa tière, si com li règnes contenoit, fu amenée à la sainte beneoite loy (qui nouvelement estoit coumenchié) [2]. Et furent arses et dépéchiés les ymagènes par tous les temples et par tos les lieus ù eles pooient estre trouvées. Et Josephe refist tant ansçois que il repairast, que il converti à la crestienne créanche toute la tière Nascien. Après s'en revint à Sarras moult liés de chou que il li sambloit que bien avoit faite (la créanche, et) [3] la besongne nostre segnour. Et si vint Nasciens ensamble à lui, et qant il furent venut et Josephe en oï les nouvieles, si en éut moult grant joie, et si eslut une partie de ses compagnons ; si lour douna l'ordre et le hautèce de prouvoire ; après en establi une partie à envoier en la tière Nascien, et l'autre remanra en la tière le roy Mordrain, si que il en auroit en cascune chitet [4].

Ensi l'esliut [5] Josephe et departi, tant que il n'en

[1] Le Ms. F. remplace « à tout le peule » par « soi quart de compaignons. » (Ms. F.)

[2] « A la nouvelle loy. » — Le Ms. F. supprime la parenthèse.

[3] Le Ms. F. supprime « la créance et. »

[4] « Si que il en auroit .I. en cascune citeit. » (Ms. F.)

[5] « Ensi les esliut Josephe. » (Ms. F.)

remest, en la compaignie, que seulement seize ; et trente-trois en envoia par les deux tières. Mais anchois que il se départesissent de lui, lour douna le don d'envesque si comme nostres sires lour avoit dounet, si que il furent trente-trois envesques et li seize qui (ensamble lui)[1] remesent, rechiurent tout ordre de prouvoire. Et qant la tière fut toute ramenée à la sainte créanche et li pastour furent (tot) establi par cascune chitet, si se pensa Josephes qu'il ne lairoit mie la rice chitet de Sarras sans cor saint. Lors se muit, par le conseil de la bone royne Sarrasinte, pour aler querre les cors des deux sains hiermites là ù ele li dist que il gisoient. Et qant il vint là entre lui et sa compaignie, si proia nostre segnour, par sa douce misericorde, que il li degnast démoustrer les nons d'iaus et les mérites.

Qant il éut faite i cheste orison, les desfoui[2], et si trouva en cascune fosse un livret ù la vie dou preudoume estoit escrite, et li nons de lui el coumenchement, et si disoit li premiers livres : « Chi gist Salustres li loyax siergans Jhésu-Crist, » et sa vie disoit que il avoit estet trente-six ans en li ermitage, ne n'avoit gouté de nule tierriene viande[3] qui par mains de nul mortel hom ne de nule mortel femme qui éust estet aportée. En l'autre

[1] Le Ms. F. remplace « ensemble lui » par « o lui. »

[2] « Qant il ot faite s'orison, si les deffoit. » (Ms. F.)

[3] « Et sa vie devisoit que il avoit estét .XXXVII. ans hermites et que il n'avoit en toz les .XXXVI. ans gosteit de nule terriene viande. » (Ms. F.)

livre avoit escrit : « Chi gist Hermoines [1] » et si disoit sa vie que il avoit estet vingt-neuf ans et six mois en li ermitage que onques ne fu ne descauchiés ne desvestus [2] ; ne puisque li premier sauller li falirent, ne caucha d'autres, ne il ne viesti puis de robes que la soie première li fu usée, se ensi non que nostres sires li envoioit ; et si disoit encore sa vie que il estoit de Tarse nés et Salustres estoit de la chitet de Biauliant [3].

Ensi connu Josephes la vie (des .II. preudoumes hermites) et les nons de (ches) beneois cor sains [4], et si les emporta en Sarras [5]. Si len fist Nasciens porter à Orbérique; et qant il fu là, si fist metre le cors en moult riche vaissiel et se li fonda riche églyse et hounourable ; et à saint Saluste fu une églyze establie autressi de moult grant biauté en la chitet de Sarras [6]. Et si furent establies en cascune de ces deux églyses douze pourvoire pour faire le service et pour conseillier le peuple desous l'envesque, car li envesques ne pooit mie (soufire) [7] à si grant peule conseillier tous seus, car les gens estoient encore trop nouvieles

[1] « Chi gist Hermoines. » (Ms. F.)

[2] « Que onques ne fu ne deschains ne despoilliés. » (Ms. F.)

[3] Le Ms. F. remplace « Biauliant » par « Bethléem. »

[4] « Ensi cognuit Josephes la vie et les noms des beneois cors sains. » (Ms. F.)

[5] « Si remest saint Salustez à Sarras et Naciens si priait à Josephes qu'il li otroiest saint Hermoine; et il lors le otroiait. » (Ms. F.)

[6] « De moult grant richesse et de trop grant biauteit en la citeit de Sarras. » (Ms. F.)

[7] Le Ms. F. supprime « soufire.

(conviertíes à la foi)[1] et li eveskes ki fu establis en Sarras si fu apielés Anathites, et chil d'Orbérique estoit apielés Joveniax[2]. Ensi hounoura Josephes les bons éurés (hiermites)[3], les deux chités des deux buens éurés cors sains (qui tant estoient haut et saintisme). Car li glorieus fiex Dieu i fait et fera deskes en la fin del monde (des) grans vertus et (des) grans miracles (et hautes) pour l'amour d'iaus.

En tel manière comme vous avés oït, fu li resnes de Sarras conquis et gaagniés au sierviche des glorieus cors Jhésu-Crist[4].

Après dist li roys à Josephe entre lui et Nascien, que il voloient véoir quex saintuaires il portoient, et en quel liu il faisoient leur orisons. Et Josephe les mena à l'arche, si moustra à iaus et à la royne sans plus, chou que dedens estoit; et qant il virent les viestimens en quoi Jhésu-Crist avoit Josephe sacré, si les proisièrent moult et plus assés la kaière en koi il avoit sis, et disent que chou estoit li plus biaus sièges et li plus riches donques il éust onques mais parler[5]. Mais qant il virent la sainte esquiele, si dist Naschiéris que tout chou qu'il avoient véut estoit noiens à véoir encontre cel saint vaissiel. Et qant il l'éut moult bien esgardée par defors, comme chil de gregnour cuer i gardoit et de plus parfonde entension que li autre,

[1] Le Ms. F. supprime « converties à la foi. »

[2] « Si fu apelleiz Anathiestes et chil d'Orberique estoit apelleis Juvenaus. » (Ms. F.)

[3] Le Ms. F. supprime les quatre parenthèses suivantes.

[4] « Fu li regnes de Sarras conquis et gaaingniest et essaciés au sierviche des glorious non Jhésu-Crist. » (Ms. F.)

[5] « Dont il éussent onques mais parleir. »

si l'apiéla par son nom qui onques puis ne li kai [1], et si dist au roy et à Josephe que il n'avoit onques mais véut en sa vie nule riens tierrienne qui en auqune manière, ne li desgréast; mais or voit-il chou que il avoit tousjours desiré, car chou que il véoit li plaisoit et agréoit sor toutes les choses que il avoit onques (mais) véues. Or voi-jou bien, dist-il, que tout mi penser sunt acomplit, car jou chevauchoie qant jou fui [2] escuiers, parmi une grant forest, si avint que jou oï (parlés) pierdus tous mes compaignons et (tous) mes chiens après (qui alèrent après) un moult grant chierf que jou cachoie, et qant jou oi pierdut d'iaus l'oïr et le véoir, si avint chose que jou entrai en un moult grant penser (dont jou ne m'ostai mie tost; anschois i demourai moult longement, si comme chieus qui moult i avoit le cuer).

« En dementiers que jou pensoie si durement, si oï-jou ne sai qui parler ; mais jou ne vic onques nului, et nepourqant tant entendi-jou bien que chele vois me dist : « Sérasphe ! que vas-tu (quérant et) pensant; pour noient i penses, car jamais, à nul tans, cel penser, en qui tu es entrés, n'acompliras devant cel eure que les merveilles dou Graal te seront descouviertes ; et pour chou, sai bien que chou est Graaus, car tout mi pensez sunt acomplit dès que je voi chou qui, en toutes coses, m'agrée et plaist. » Et qant il éut ainsit parlet, si ne li fu pas assés chou que il avoit véut ; anschois se traist avant et sousleva une platine dont li glorieus vaissiaus estoit couviers ; et qant

[1] « Qui onques pués ne li chait. » (Ms. F.)

[2] « Jou estoie. » (Ms. F.) — Le Ms. F. supprime les diverses parenthèses qui précèdent.

il éut esgardé dedens, si se traist arrière et coumencha moult à trambler, comme s'il fu tous pourpris de fièvre par tout le cors. Si s'assit et qant il se fu assis, si senti que il ne véoit goute et lors si fu moult durement esbahis, et qant li roys le vit asséoir et trambler, si s'esmerveilla moult et li demanda quex hom[1] chou pooit iestre que il avoient véue. Lors respondi Nasciens :

« Chiertes, sire, tant vous en puis-jou bien dire que chil est moult chaitis, et faus (qui) encierque les privautés de son segnour[2], que il en conquiert son courouc et sa haine. » « Coument, dist li roys, quel cose avés-vous dont véue de quoi vous cremés à véoir et à avoir la haine nostre segnour ?[3] » « Par foi, dist Nasciens, je sai de voir que il s'est à moi courechiés pour chou que jou ai véut, par mon outrage, chou que nus hom mortex ne déust (véoir ne)[4] esgarder. » Qant li roy oï chou, si fu moult esbahis et demanda à Joseph que che pooit iestre, et lors dist Nasciens : « Qui est-çou, Josephe, veus i tu esgarder ; tant te di-jou bien que si tu i gardes (que) tu ne gariras jamais del fier de la lance qui te remest en la quisse à Orcaus, là ù li angles te féri. Et par le grant outrage que jou ai fait, ai-jou la clartet des ex perdue, ne jamais n'el recouverrai, jusques à dont que li fers

[1] « Et li demanda quel chose ce pooit iestre. » (Ms. F.)

[2] « Et folz qui tant encerchet les privsteis de son seignour. » (Ms. F.) — « Privsteis » pour « privesteis » *les secrets.*

[3] « Comment, dist li rois, por queil chose aveis-vous ceu dit, aveis-vous chose véue de quoi vous deveiz avoir conquise la haine nostre seignour ? » (Ms. F.)

[4] Le Ms. F. supprime « véoir ne. »

te sera ostés de la cuis (fors) par celui méismes qui li embati [1]. »

Lors se téut Josephes tous cois [2], et li roys li coumença moult à encerkier (et li demanda) que se il pooit dire nule chose de chou que il li avoit véut que il li desist. Et Nasciens dist que il l'en descouverroit tant comme nule mortieus langue em porroit descouvrir, ne deveroit [3]. « Je ai, dist-il, véut [4] la coumenchaille dou grant hardiment, l'ocoison des grans savoirs, le fondement des grans religions, le dessevrement des grans félonnies, la démoustranche des grans mierveilles, la fin des bontés et des gentillèces vraies. »

Après cest mot, furent tout esbahit de ches merveilles que il éust ainsi devisées, et li rois li demanda se il disoit voir que il éust la clartet des ex pierdue, et Nasciiens dist que il ne vauroit mie que il ne l'éust pierdue par couvent [5] que il n'éust véue cele grant mierveille et esgardée. Lors li coumencha li roys moult durement à enquerre de reqief [6] quex chele

[1] « Que li fers te sera issus hors de la cuisse par celui meismes qui li embaitit. » (Ms. F.)

[2] « Lors se tint Josephes tout cois. » (Ms. F.)

[3] Cette fin de phrase est difficile à comprendre ; « ne deveroit » est remplacé dans le Ms. F. par « ne dovoit ».

[4] Le Ms. F. donne ainsi la nomenclature des merveilles entrevues par Nasciens : « la commensaile des grant herdemans; l'oqoison des grans prouesses, l'enquèremens du grans savoirs, le descouvremens des grans félonnies... » Enfin ce qui n'est pas dans le Ms. du Mans « la mervelle de totes les altrez mervelles. »

[5] « Par tel covant que il n'éust véue. » (Ms. F.)

[6] « A enquerre de rechief. »

mervielle pooit iestre, et[1] que en auqune manière n'en pooit-il savoir autre certainité, fors tant seulement que il avoit véut chou qui par nule langue ne porroit estre esclairié.

De cheste cose s'esmierveillièrent moult chil qui l'oïrent. Et Josephes s'estut devant l'arche tos pensis, sans dire mot, et pensa moult longement. En dementiers que il pensoit ensi, à tant ès-vous que une vois s'escria dedens l'arce moult hautement, et si dist oïant tous : « Apriès ma grant venjanche, ma grant médechine, et après ma foursenerie mon paiement[2]. » Et tantost comme cele vois éut ensi parlet, si vint un angles de fors l'arce (moult hautement et si dist oïant tous : « Après ma grant venjance, ma grant médechine et après ma foursenerie mon paiement, » et tantost comme chele vois éut ainsi parlet)[3], si vint uns angles de huers l'arce, et fu tous viestus de blance reube, et si tint, en la séniestre main, une blance boiste ; et qant il fu huers de l'arce, si prist en sa main diestre la lanche dont Josephes avoit estet férus en la quisse, que Josefes méismes avoit aportée d'Orcaus (qant il s'en parti, et il li ot laissié les prouvoires que il avoit fais ensi comme vous avés oit) et si avoit (la lance) apoié au mur dalès l'arce[4].

[1] « Et il respondit que por niant l'enquerroit ci ; quar en nule guise ne poroit-il savoir altre certaineté. »

[2] « Apriès ma grant vengence, ma grant médecine et après ma foursenerie, mon apaiement. » (Ms. F.)

[3] La parenthèse est évidemment une répétition qui n'est pas dans le Ms. F.

[4] « Que Josefes méysmes avoit aportée d'Orcaus et si l'avoit apoié au mur qui estoit davant l'arche. » (Ms. F.)

Chele lance[1] desférée mist en icel liu là ù il l'avoit férut à l'autre fois qant li fers i remest, et qant il éut tràite la lance à lui, si virent tout que le fiers s'en estoit fors (issus et)[2] venus avoec la lance. Et li angles prist la boiste à la séniestre main, si le mist arière et[3] mist desus le fier de la lance. Si coumenchièrent à quéoir grosses goutes de sanc moult et si requéoient[4] en la boiste qui estoit desus, tant que ele en fu toute plaine. Ceste mierveille virent tout apiertement chil qui laiens estoient; si furent moult esbahi del sanc qui courut jus del fier à grosses gotes; et li angles prist la boiste en sa main, et vint à Josephe, se li lava et oinst toute la plaie del sanc qui en la boiste estoit coulés dou fier de la lanche.

Après vint à Nascien et se li lava les ex d'icelui sanc meismes, et sitost comme il li éut lavés, si vit autresi cler que il avoit onques plus cler véut. Et li angles redist à Josephe : « Regarde, » et Josephe regarda ; si vit que sa plaie estoit toute garie, si que il n'i paroit fors seulement li lix ù il estet avoit [5]. Lors ala li angles avant, si prist la lance et si dist : « Sés-tu que ceste lance sénefie? » Et Josephe respondi :

[1] Il y a là une lacune; le Ms. F. la comble ainsi : « celle lance prist li anges si que li rois le vit apertement et li royne et tut cil qui léenz estoient; et qant il l'ot prise, si virent tut que il vint tout droit à Josephe et qu'il le férit de la lance desférée, en icelui leu meysmes ou il l'avoit férut à l'autre... » (Ms. F.)

[2] Le Ms. F. supprime « issus et. »

[3] « Et il angles prist la boiste qu'il portoit en la séniestre main, si la mist à tière. » (Ms. F.)

[4] « Et ci recoloient en la boiste. » (Ms. F.)

[5] « Fors seulement le leus ù elle avoit esteit. » (Ms. F.)

« Naie, sire [1]. » « Chou est, dist-il, li coumencemens des merveilleuses aventures qui avenront en la tière ù Diex a pourposé que il te menra [2]. Illue avenront les grans merveilles ; et les grans prouèches i seront démostrées. Et lors seront les vraies cevaleries (tierrienes) démoustrées et descouviertes. Lors se départirent li fol de la compaignie as vrais. Car les cevaleries tierriennes devenront celestieus [3]. Ne nus ne sera jà assenés de ces aventures, ne ciertains dou tierme ù eles avenront, devant à chelui tierme que eles devront avenir, mais au tans que eles devront coumenchier, avenra que cheste lanche rendra sanc tout autressi comme tu as (orendroit) [4] véut que ele a maintenant rendu, ne jamais dès orendroit en avant, nès une goute de sanc ne kierra, devant à cel eure que les aventures devront avenir, ensi comme tu as oït. Et lors commenceront à avenir les merveilles par toutes les tières ù ceste lance sera, et seront si grans et si espoentables que toutes gens en seront esbahies, et toutes ches merveilles si n'avenront que seulement pour la counissance del saint Graal et de cheste lance qui [5] li desirriers sera si grans entre les bons qui à celui tans seront, que il enprendront à soustenir les angoisseus fais des terriennes cevaleries, pour counoistre les merveilles dou saint Graal et de la lance et lors seront ses merveilles aventurables à qui li vrai

[1] « Et li anges li dist : ce est li coumansemans, » etc. (Ms. F.)

[2] « Que il te moinrait. » (Ms. F.)

[3] Le Ms. F. emploie les formes « falz » « celestialz. »

[4] Le Ms. F. supprime « orendroit. »

[5] « Qui » pour « de qui. »

hardi abandonneront lor cors[1]; et par chou seront chil ki les prouèces auront en iaus (connéut)[2], ne jamais chou saches-tu (vraiement) les mierveilles dedens le Graal ne seront véues par nul mortel houme que un tout seul et chil sera (plus) plains de toutes icheles bontés que cors et cuers d'oume peut avoir, ne doit; kar il sera bons à Diu et très boins au siècle.

« Au siècle sera-il très bons comme chil ki sera (plains)[3] de toutes prouèces, et de toutes biautés plains et de tous hardemens et après sera buens à Diu, kar il sera plains de karitet et de grant relégion et si sera souvraine clés de toute caastet[4]. Et de ceste lance dont tu as estés ferus, ne sera jamais férus[5] que uns seus hom, et chil sera roys et descendra de ton lignage, si sera li daarains des buens; chil sera férus parmi les quisses ambes deux ne jà n'en garra[6], jusques à tant que les merveilles del saint Graal seront descouviertes à celui qui sera plains de toutes bontés. Et chil qui ces merveilles verra, si sera li daarrains hom dou lignage Nascien[7] et tout autressi comme Nasciens a estet li premiers hom qui les

[1] « Et lors seront establies les merveillouses avantures à quoi li vrai herdi. » (Ms. F.)

[2] « Et par ce seront cognéut chil ki les prouesses avenront en elz. » — Le Ms. F. supprime de plus les deux parenthèses.

[3] Le Ms. F. supprime « plains. »

[4] « Et si sera soverenne cleis de toute chaisteit. »

[5] « Ne serait jamais tochiés que .I. soul honz. »

[6] « N'en garrirait. » (Ms. F.)

[7] « Plens de toutes bonteis que tu m'ais oï nommeir; et chil qui de toutes ces bonteis serait plains et qui ceste merveille vairait, si sera li dairiens... » (Ms. F.)

mierveilles dou Graal ait véues, autressi sera chil daarains hom qui les verra ; car che dist li vrais crucefis au premier houme del pressieus lingnage, et au daarrain aage devise à démoustrer mes merveilles, et si dist encor après sour le premier, et sour le daarrain de mes menistres nouviaus qui sunt enoint et sacré à mon plaisir : « espandrai-jou la venjance de ma lance aventureuse, por çou que jou voel que il doi me soient loyal tiesmong, que par l'étrois de ma lance [1] fu, en la crois, ma mors encargié et esprouvée des félons juis, si sace bien Joseph que autretant jours que tu as portet le fer de la lance en ta quisse, autretant ans duerront les mierveillouses aventures en la tere ù Dis te veut mener [2]. »

« Désormais est-il bien tans que tu t'en ailles, car tu as fait grant [3] partie de le besongne et de la volentet ton créatour. » A tant s'entourna li angles, et chil qui sa parole avoient escoutée furent moult esbahi des mierveilles que il avoit dites, et de Nascien fu si grans joie [4], qui avoit recouvrée sa veue, car il avoient moult grant paour éut. Et Josephes coumencha (maintenant) à conter combien il avoit portet le fer de la lance en sa quisse, si trouva par droit conte que il l'avoit porté vingt-deux jours entiers. A tant se départirent de laiens, si enmena li rois tous les

[1] « Que par le cop de ma lance. » (Ms. F.)

[2] « Les merveilles des aventures en la tère où Deus te doit meneir et conduire por ton lignaige remanoir. » (Ms. F.)

[3] « Quar tu as tant demoreit en cest paiis que tu i ais fait grant partie de la besongne. » (Ms. F.)

[4] « Et de Nacieus fu grans la joie, qui... » (Ms. F.)

crestiens [1], fors seulement trois qui remesent pour garder l'arche; et qant il furent en son palais (la nuit devant) [2] si apiéla Josephe, se li dist que il certefiast lui et Nascyen de la vision que il avoit véue en son palais la nuit devant chou que il méust en l'ost. « Et nepourqant, dist-il, jou sai bien que une partie en sénefie, mais jou voel (dist-il) que Nascien le sache par le vostre bouce méismes. » Lors coumencha Josephe à parler et si dist (oïant tous chiaus qui la estoient) :

« Roys ! tu véis en ton palais trois arbres et si fu en ceste plache chi endroit. Chil troi arbe estoient d'un gros et d'une hautèche et d'une samblance, fors que tant seulement que chil d'en miliu [3] estoit couviers d'une moult laide escorce et moult noire. Chil, à la noire escorce, estoit sénefiance dou fil Diu, chou est de Jhésu-Crist qui se couvri en tière de laide car mortel, et li autre doi sénefient le père (et le fil) et le saint esperit; et les manières des gens qui estoient desous le père sénefient le coumencement del monde. Car à cel tans n'estoit (encore) pas la trinités counéue. Li doi qui se départirent de la compaignie des autres (sénefient) et saillirent en la fosse, chou fu li premiers hom et la première femme qui alèrent en infier tantost com il furent mort et li autre le suirent tout [4] car il ne fu onques puis nul, tant éust bien fait en

[1] « Toz les hébreus en son palais fors seulement. III. » (Ms. F.)

[2] Le Ms. F. supprime la parenthèse.

[3] « Fors itant seulement que cil d'em miliu estoit couviers. » (Ms. F.)

[4] Le Ms. F. supprime les trois parenthèses et dit : « et li aultre le xivèrent tuit. »

sa vie, qui n'en alast en infier, tantost comme li ame li partoit dou cors; et tant que çou vint à cel éure que li fiex Diu souffri mort, et les gens [1] qui remèsent et qui dépiécchièrent l'arbre, et qui péchoièrent les quatre branches et en la tige sénefièrent les juis qui au fil Diu péchoièrent les piés et les mains des claus, et les costes d'une lance, parquoi sa mors fu apiercéue si comme li angles me disoit (orendroit) [2] devant vous.

« Après vint li arbres, si cai; si que toute li escorche remest illuec en un monchiel et (chou dedens) se lancha jusques dedens la fosse, ù toutes les gens estoient saillies devant. Et qant il i éut un poi estet, si se lancha hucrs et si en traist les gens qui estoient dedens; après revint en son liu et reviesti la laide escorce que il avoit (devant) laissiet; mais qant il l'éut viestue ele ne fu mie autretel comme ele avoit devant estet, ansçois mua toute et fu à cent doubles plus biele et plus clère que n'est cristaus (en tel manière estoit mués) [3].

« De ceste cose vous dirai-jou bien la sénefiance. Qant li fieus Diu éut rendue l'âme en la crois, fu li cors mis el sepulcre comme cose qui estoit mortex, et de ceste cose si puet bien mes pères estre loyaus tesmoins [4], kar il le coucha el sépulcre à ses deux

[1] « Et les gens qui remestrent et qui despiécèrent l'arbre et persoient en .IIII. leus les branches et en trou desous, ce sénefièrent les juis. » (Ms. F.) — « Percèrent » au lieu de « péchoièrent. » — « Cloz » au lieu de « claus. »

[2] Le Ms. F. supprime « orendroit. »

[3] Le Ms. F. supprime les trois parenthèses qui précèdent.

[4] « Et de ceste chose si puest bien porter mes peires loial tesmoing. » (Ms. F.)

mains. Et kant li cors fu ensevelis et li esperis en ala maintenant en infier, et si en traist tous cex et toutes celes qui avoient son siervice en tière puis le coumencement del monde. Qant il fu revenus d'infier, il reprist son cors; mais il en canja, car il laissa toute mortalitet, si devint célestiaus.

« Chou que vous véistes que les gens prendoient les rains des arbres et les fuelles, si en copoient une partie[1] et une partie en ardoient, chou sénefie les membres Jhésu-Crist; chou sunt li loyal menistre dont li un sunt ochis, li autre ars en fu, li autre tué de pières pour le non de lui essauchier et pour acroistre sa créanche. Ensi poés entendre par les trois arbres la trinitet; les trois piersounes à une deitet, et la soie deytet en trois piersounes d'un grant et d'une poissance, ne l'une menour, ne l'autre gregnour. » « Par foi, dist li roys, tout chou ai-jou moult bien entendut; mais des letres me faites chiertain que les unes disoient « ceste fourme » et li autres disoient « ceste sauve » et la tierce disait « ceste purefie. » « Çou, fait Josephe, est assés entendable cose, chil qui fourme, est li pères, car chou dist l'escripture que li pères fourme toutes coses (de noient); car el coumenchement del monde, n'estoit pas la counissanche dou fil venue devant, ne li premiers pueles n'en sot riens, et pour çou apartient la fourmance de toutes créatures à la piersoune del pière. Et pour chou que la piersoune dou fil vint en tiere racater son houme, pour chou apartient li sauvemens de l'houme à la persone del fil. Et pour chou que li sains esperis vint en tière

[1] « Ci en descopoient une partie. » (Ms. F.)

au jour de la Pentecouste pour monder et (pour puréfier)[1] et pour espurgier les cors des desciples, et non mie tant seulement icelui jour, mais à mains autres jours et en mains autres nuis, et pour chou apartient li puréfiemens des cors et dou corage à la piersonne dou saint esperit. Or avés oïes les propriétés[2] des trois piersonnes qui n'ont que une seule poissance et une seule déitet. » « Moult nous avés bien fait chiertains de toutes ces coses, fait li roys, si tant aviés fait que nous séussons la véritet del enfant que jou vic entrer en ma cambre que jou ne quidoie mie que nule riens vivans péust savoir l'entrée. » « Encore, fait Josephe, voi-jou bien que vous n'iestes mie parfais en créance. Car çou est une cose que vous déussies counoistre tout par vos et entendre et jou le vous dirai.

« Chil enfés qui entra en vostre cambre, et issit fors, sans wis ouvrir ne maumetre, sénefie le fil Dieu qui ou cors de la virge entra et issi sans le pucelage maumetre. » « Or me dites dont, fait li roys, qui li enfés fu, kar la sénefiance ai-jou bien entendut, et cele parole méisme me dist une vois apriès chou que jou l'oi véut. »

A ceste cose méisme respondre coumencha Josephes à penser, et qant il éut penset un poi, si respondi au roy (esraument)[3] : « Roys! or entent qui fu chil qui en samblance d'enfant entra en la cambre et issi, chou fu li (sains) esperis nostre segnour de la qui

[1] Le Ms. F. supprime la parenthèse.

[2] Le Ms. F. remplace assez improprement « les propriétés des trois piersonnes » par « les prophéties des trois piersonnes. »

[3] Le Ms. F. supprime « esraument » et remplace par « et dist. »

bouce[1], ceste parole issi : « ne nule cose, n'est repuste[2] qui ne soit séue, ne nule cose n'est couvierte qui ne soit descouvierte. » Et pour ce que vous tenés ceste mençogne[3], pour çou vous mande-il par moi que vous alés oster la desloyal samblance que vous avés toujours gardée el sousterin de ceste cambre méisme ; et se vos ne l'ostés et ardés voiant tous et toutes, li esperis de nostre segnor me coumande que jou descuevre li grant merveille pour coi vous li avés tenue et lors si porrés apiercevoir que nule riens n'est si repuste que ele ne soit séue. »

(A ceste ymagène et)[4] à ceste samblance[5] si estoit une ymagène de fust amierveilles de grant biautet en guise d'une femme, et si estoit viestus d'une riche reube (les plus riches) que li roys pooit trouver[6] et les plus pressieuses. A ceste hymagène gisoit li roys carnelment et de si grant amour l'avoit amée bien quinze ans que nus hom ne péust avoir gregnour amour à nule femme mortel, ne nus hom, tant fust privés de lui, n'en avoit onques séu ceste conseil. Anscois i avoit li roys un huis fait faire de fier, si soutil que il ne quidoit mie que nus mortex le péust apiercevoir tant i péust esgarder. Et qant Josephes ot

1 « Chou fu li esperis nostre segnour de la *cui* boche. » (Ms. F.)

2 « N'est repouste. » (Ms. F.)

3 « Et pour ce que vous tigniés ceste chose à mençogne, pour çou vous mandait-il et il me coumandait que tost vous aliés osteir. » (Ms. F.)

4 Le Ms. F. supprime « à ceste ymagène. »

5 « A ceste semblance, ce sachiés. » (Ms. F.)

6 « Et si estoit viestus d'une ci riche reube, comme li roys ne pooit trouveir plus riches ni plus pressieuses. » (Ms. F.)

ensi parlet à lui, si en fu li roys tous esbahis et dist que voirement ne pooit nule riens estre couvierte ne celée encontre dame Dieu.

Tout maintenant apiela Nasciens son serorge et la royne, et si lour dist que il lour moustreroit la desloyauté que il avoit si longement menée. Lors coumanda à faire un grant fu enmi liu dou palais, et qant il fu bien espris, si coumanda à toute se maisnie[1] que il ne remest en sa compaignie que Josephe et Joseph et la royne; lors les mena li roys à l'uis qui estoit scelés de pierre marberine et tous li murs estoit des diverses coulours (pains et moult bien tains)[2]. Chil huis estoit si soutilement fais et séelés que si tost comme il clooit, si caoit par dedens uns engiens de fer en guise de barre et pour quoi li huis estoit si fermement apoiés que tousjours i péust-on bouter[3] jà ne se méust, ançois le couvenit dépechier[4] que on i entrast. Et qant li roys le voloit ouvrir, si avoit une claciele[5] de fier à miervcilles tenue et sitost comme il boutoit par les jointures des coulours par quoi l'entrée de la claciele estoit plus désapiercéue, et tantost caoit uns engiens de quevre[6] en samblance d'un mail sour la première bare el chief derière, et tantost souslevoit li chiés devant et saloit hors dou croqet ù la barre tenoit, et en ceste manière entroit

[1] « Si commanda à toute sa maisnie que il alessent tut hors et il ce firent, ci que il ne remest. » (Ms. F.)

[2] Le Ms. F. supprime « pains et moult bien tains. »

[3] « Si fermement apoiez que tozjors i poist-on l'en bouteir. »

[4] « Ançois le couvenist à pessoier que on i entrast. »

[5] « Si avoist une claviele de fer. » (Ms. F.)

[6] « Et tantôst chéoit .I. enginz de covre. »

ens li roys qant il voloit aler à l'ymagène pour faire son péchiet et sa desloyalité. Qant il lour ot moustrée la soutilletet des huis, si les mena en la cambre, et qant il vint el sousterin, si prist il meismes l'ymagène et si la porta el fu ardant voiant aus tous. Et qant ele fu toute arse et la robe que ele avoit viestue et li fus dedens, si dist li roys que Dix nostres sires estoit de moult grant pooir qui cest corage li avoit envoiet. Car il ne quidoit mie que ses cuers en péust estre (jamais) ostés par nule paine (qui avenist) [1].

Apriès çou, counut-il méismes son péchiet, si que tout l'oïrent, si s'en esmierveillièrent moult durement, car il n'avoient onques mais d'itele cose oï parler. Ensi destourna Josephes, par le plaisir nostre segnour, le roy et sa tière de sa mescréance (et de la grant mesqéance qui avenir li devoit, et la) [2] mena à la loy (nostre segnour) Jhésu-Crist. Et qant (çou) vint le jor apriès çou que il éut fait (chou et) il éut fait l'ymagène ardoir, si s'en parti de Sarras et prist congiet au roy et à Nascien et à la royne. Et il convoièrent moult longhement et lui et sa compaignie. Et qant il se départirent, si éut [3] entr'iaus moult grant pitiet, et disent que se Josephes les voloit acompaignier, il ne partiroient jamais de lui. Et il les retint tant tous que

[1] Le Ms. F. supprime les deux parenthèses.

[2] Le Ms. F. supprime « et de la grant mesquéance qui avenir li devoit et la » et remplace par « et amenoit à la sainte loy Jhésu-Christ. »

[3] « Si ot entre ealz moult grant angoisse et sospirs et moult grans espandement de larmes; et qant les gens sorent qu'il s'en aloient, si s'en alèrent après moult grant partie et distrent que. » (Ms. F.)

i furent par conte deux cents et sept. Si prisent congiet dou roy et de sa compaignie et si lour proia moult (Josephes) de sainte églyse essaucier à lour pooirs et de bien tenir la sainte loy Jhésu-Crist. A tant se départi d'iaus, et chil retournèrent moult pensis et moult ploureus comme chil qui il sambloit que tout (aussi) éussent tout pierdut ; (et) puis que Josephe s'en aloit (et si orrés coument il fu par le coumandement de Diu)[1].

Or s'en vait Josephes et sa compaignie par le plaisir et par le coumandement de nostre segnour, mais de toutes leur journées, ne de toutes lour aventures, ne de cascun liu ù il hierbiergièrent, ne parole mie li contes ichi endroit, ansçois retourne la droite voie del estoire sour le roy Mourdrains[2] et sour sa compaignie qui sunt remés en (la chitet de) Sarras. Chi endroit nous dist li contes que la nuit qant li roys fu couchiés en son lit, si cai en un moult grant penser dont il fu (tant mus et tant abosmés)[3] que il ne fus nus qui de lui péust parole traire. En cel penser demoura moult longement et en tel manière comme vous avés oït, et si plouroit si tenrement des ex et souspiroit del cuer que la royne qui, d'alès lui, gyssoit en estoit toute esbahie ; mais ele ne l'em pooit tant enquerre que il l'en vausist nule riens ensegner, ne ele ne l'osoit esforchier contre sa volentet, car il

[1] « Que tuit éussent tous pierdut pour que Joseph s'en aloit et s'éloignait d'ealz. » — Le Ms. F. supprime ensuite la parenthèse.

[2] « Mordrains » ou « Mourdrains » est toujours interprété par « Mogdains » dans le Ms. F.

[3] Le Ms. F. remplace la parenthèse par le seul mot « cusensenous. »

li avoit estet moult fiers et moult crueus, si doutoit moult son mautalent et son courouch.

Ensi fu li roys en dolour et en mésaise de penser tant que bien pot estre mie nuis. Et lors si avint choze que il s'endormi pour la lassetet del penser qui si l'avoit grevet. Ensi comme il fu endormis, si entra en un moult périlleus songe, kar il li estoit avis en son dormant que il tenoit en la chitet de Sarras une court moult riche et moult hounourée. A chele court venirent tout li chevalier (dou païs) et toutes les dames de la contrée. Et qant il estoit issus d'un moult rice moustier que il n'avoit onques mais véut, si entroit en son palais et assóoit au mengier (si bien et) si ricement comme il drois et costume de roy (estoit)[1]. Ensi com il estoit assis à son mengier, et il prendoit le premier morcel pour metre en sa bouce, si descendi uns esfoudres del chiel et se li fist son morsel voler fors de sa main et sa couronne kaïr huers de son chief à tière. Et qant il voloit relever sa couronne qui gisoit à tière et il le quidoit metre sor son chief, si le prendoit uns grans estourbeillons de vent et si l'emportoit en un estrange lieu moult loins. En cel liu demoroit moult longement, chou li estoit avis, et si venoit à lui uns lyons et uns léus. Li lions li aportoit toutes les buenes viandes et toutes les riquèces dou monde, et li léus l'en toloit tant que il ne l'en remanoit fors seulement sa soustenance à moult grant povreté[2]. En la fin, qant il véoit que chil léus le roboit en tel manière, si se pensa que il ne li sou-

[1] Le Ms. F. supprime les trois parenthèses qui précèdent.

[2] « A moult grant pourreteit. » (Ms. F.)

ferroit plus, anchois se combatroit à lui un jour et tant que il le vainqui à moult grant paine [1]. Ensi s'enfui li lex que onques puis de sa viande ne li toli point. Apriès li estoit avis que il retrouvoit sa couronne, et qant il le voloit metre en son chief si le trouvoit toute cangié, car ele estoit de la plus clère pière et de la plus bièle que nus hom, à son quidier, éust onques véue. Et qant il l'avoit mis en sa tieste arière, si véoit un sien neveut qui estoit fiex Nascien son serourge, que uns grans oisiaus en semblance d'(un) aigle prendoit, et si l'emportoit outre la mer voiant ses ex, en une moult estrange tière, et en qui le metoit li aigles jus. Et qant il estoit à tière, si venoient toutes les gens dou pais et si l'enclinoient et venoient tout et toutes à li, et qant il l'avoient tout enclinet et grant joie faite, se véoit que uns grans las li saloit fors del ventre et del lac si naissoient neuf fluns moult bel et moult grant, et dont li huit estoient auques d'un grant et d'une profondèce, mais chil qui estoit (rois) tous daarrains estoit delet et de profont plus grant que tout li autre en samblance, et si estoit si roys et si bruians que il n'estoit nule riens qui le péust souffrir [2].

Chil fluns estoit si troublés el coumencement et si espés comme boe, et el mi liu estoit si clers et si nés comme pierre présieuse, et si rois et si bruians comme vous avés oït, et encor estoit-il, en la fin, d'autre manière, car il estoit à cent doubles plus clers et

[1] « Anchois se combatroit à lui; tout fist que il si combaitet .I. jor et que il lou. » (Ms. F.)

[2] « Et si estoit tant roides et tant bruians. » (Ms. F.)

plus biaus que il n'estoit en miliu, et si estoit si dous à boire que nus ne s'en péut saouler, et encore avoec tout chou, estoit si soés courans [1] que nule noise n'en issoit ne nus escrois, ançois estoit si soués li siens cours [2] et si paisibles que à cascun qui le véist, samblast bien que il ne se méust. Après, esgardoit, si véoit un houme venir viers le chiel qui portoit le tesmong dou vrai crouchefis. Et qant il estoit venus au lac, si lavoit [3] ses piés dedens et ses main en cascun des huit fluns autressi. (Et qant il estoit venus au nuevisme si entra tous dedens et si lavoit ses piés et ses mains et tout son cors moult bien) [4]. Icest songe et cheste avision vit li rois en son dormant et tant longement li dura que il fu moult près dou jour. A tant s'esveilla li roys moult esbahis et moult très pensés de le mierveille que il avoit véue, pensis et courouchiés toute nuit [5]. Si fu moult espoentés et ne séut coument il péust esploitier. (Et la royne Sarrasinte sa feme si fu moult espoentée et ne séut coument ele péust esploitier viers lui tant que ele séust son penser). Et tot maintenant que ele péut le jour apiercevoir, si se leva et qant ele fu viestue et

[1] « Si sueis courrans. » (Ms. F.)

[2] « Ançois estoit si soueiz ses cors. » (Ms. F.)

[3] « Et qant il estoit venus à nuevisme si entrait tuz dedens et si lavoit. » (Ms. F.)

[4] Le Ms. F. supprime la parenthèse.

[5] « Et la roy qui bien l'avoit véut pensis et correiut toute nuit, ci fu moult espoentés et ne séut coumant elle séeut son penceit. » (Ms. F.) — Le même Ms. supprime naturellement la phrase contenue dans la parenthèse qui suit, répétition de la précédente.

apareillié, si ala tantost au lit Nascien son frère moult souspirant et (molt) durement plourant. Et qant Nascien le vit plourer, si fu moult esbahis, car il l'amoit moult corporelment [1]; si le prist entre ses bras et se li demanda moult hastivement pourquoi ele ploroit si; et la royne s'asist jouste lui et li conta l'aventure de son segnor et des soupirs et des lermes dont il avoit la nuit (tant) jetés.

« Biaus dous frères, dist-ele, por chou criem-jou que il soit kaus en mauvaise pensée, et jou vous proi et requier pour l'amor del haut segnor à la qui créance vous iêtes dounés, que vous alés à lui (et li dounés) [2], et se li demandés un don. Et qant il vous aura acréantet, sour sa créance, à douner le don, se li demandés que il vous die à qui il a anuit penser si longement, que çou est la riens el monde que jou plus volentiers sauroie. » Lors se leva Nasciens, si s'en ala tout droit au roy, et qant il vint là, si estoit li roys levés, si le salua et si li demanda et requit que il li dounast un don. Et li roys respondi que bien séust-il que nus si grans dons n'estoit el monde, pour que il pooir en éust, que il ne li donast sans escondire et sans délaier. Et qant Nasciens l'éut tant menet que il en éut juret sa créance, se li dist que il li demandoit pour son don de quel cose il avoit estet tote nuit si pensis, que il li désist.

Qant li roys oï chou, si sot bien tantost que li roine

[1] « Moult corelment. » Ce mot vaut infiniment mieux que « corporellement. » Il est bien français; au moins trouve-t-on parfois « coréument » qui est le même mot.

[2] Le Ms. F. supprime la parenthèse.

li avoit descouviert et encusé ; et si dist tantost [1] à Nascien toute sa vision (et recounut) si com il l'avoit véue de lui et de son neveut. « Mais encore ne vous ai-jou mie (dit dist-il) [2] dite l'ocoison de çou que jou ai estet si pensis, et çou est li dons que vous me demandaites ; si feroie que desloyaus, se je ne vous en disoie le voir puisque je le vous ai créantet. Il est voir que je me gisoie lès la roine, si coumenchai à pourpenser en mon cuer que jou avoie chà en arrière assés péchiet, et bien devoit à tant soufir ; et ma consience me reprendoit que jou gisoie encore en une desloyautet ; mais je ne me pooie en nule manière apiercevoir quex ele pooit iestre ; moult revierchai [3] et enquis de mon cuer meismes pour savoir se jou m'en apiercevroie. Ne onques ne poi trouver que jou fuisse desloyax enviers nului que seulement enviers vous, et chou est la riens el monde dont jou suis plus dolans. Car vous estes li hom vivans viers qui jou devroie mains mesprendre et si vous dirai que ceste desloyautés est.

« Il est voirs que qant jou fui desconfis à Tarrabiel [4] et vous me venistes secourre qant jou m'en venoie de la Choine [5] que nous entrepardounâmes, en la place, tous courous et tous mautalens, et jou, qui assés vous avoie fais outrages, vous créantai comme

[1] « Et si dist tantost et recognéut. » (Ms. F.) — Le Ms. F. supprime naturellement la parenthèse qui suit.

[2] Le Ms. F. supprime encore cette parenthèse très-inutile.

[3] « Moult renverchei, et enquis dedens mon cuer meismes. » (Ms. F.)

[4] « A Tarabel. » (Ms. F.)

[5] « De Laucoine. » (Ms. F.)

roys, sans chou que vous ne demandés riens, que jou dedens les quinze jours[1] que je revenus seroie, vous iroie faire droit à vostre maison, voiant mon barnage et voiant le vostre; de ceste cose que jou vous créantai, vous ai-jou mauvaisement tenu, ne la honte ne repaire mie sour vous ne sour autrui (fors) que sour moi seulement. Et par l'angoisse de cest penser, kai-jou[2] sans faille en la vision que jou vous ai contée, dont jou sui moult liés en une partie et moult esbahis en un autre[3]. Ne jou ne sai en nule manière coument jou puisse counoistre la sénefiance de cet songe, dès que Josephe s'en est alés, car se il fust encore chi, il m'en éust moult tost la véritet descouverte. »

Ensi com il éut chou dit, si coumencha moult durement à penser, et Nasciens li dist : « Sire, de ceste cose laissiés ester le penser. Car nous soumes entré en une segnourie ù nous n'estions mie à celui jour que vous me fesistes iceste couvenence et autresi comme nous avons cangiet la vie que nous tenions lors, autresi doivent li talent estre cangiet et les mauvaises volentés doit cascuns cangier et guerpir. Car autretant seriemmes-nous contraire au commandement de celui en qui garde et en qui segnourie nous avons mis les cors de nous et les âmes; mais del songe que vous m'avés contet vauroie-jou moult volentiers savoir que il ne sénefie, que[4] selonc m'entension n'i doit-il avoir, çou me samble, nule espé-

[1] « Que jou dedens les .VIII. jors. » (Ms. F.)

[2] « Chai-je sans faille. » (Ms. F.)

[3] « Dont jou sui moult liés en une partie et en une partie moult esbahis et sui ancore. » (Ms. F.)

[4] « Que » mis pour « quar » du Ms. F.

rance de mal [1]; et nepourqant jou vous loe que vous en demandés conseil as pastours de sainte glise que Josephes a laissiés en son liu pour les âmes de nous garder et conseillier. Car [2] vous savés bien que à tous besoins, nous dist-il, fust pour le cors fust pour l'âme, tousjours alissiens au conseil de sainte glyze. Et qant il eut chou dit, si s'en issirent ambedoi dou palais, et s'en alèrent en la maison esperitel qui estoit establie à faire le mestier et le siervice de sainte glyse. Et qant il furent là, si oïrent tout premièrement le glorieus siervice et après oïrent [3] del saint sacrement si comme Josephes lour establi par le commandement de nostre segnour qu'il s'acommeniassent cascun jour [4].

Qant il eurent commeniet (et oï le siervice) [5] si apiéla li roys tous les prouvoires del églyze et si lour dist son songe tout ensi com il avoit songiet, mais il n'i éut onques nul d'iaus qui de çou li séust dire nule certainetet; ançois li respondirent tant que de cex coses n'estoit-il nus hom mortex qui véritet en séust dire, se Diex proprement, par la soie grasse, ne li mostroit. A tant s'en partirent li roys et Nasciens, si ne furent mie mains esbahit ne mains pensif comme il avoit devant estet, et dist li rois que jamais ne seroit à

1 « Nule espense de mal. » (Ms. F.)

2 « Car vous saveis bien qu'il nous commandait que à tous besoin... tozjors alexiens au conseil de sainte Eglise... » (Ms. F.)

3 « Après se communièrent del saint sacrement. » (Ms. F.)

4 « Qu'il se communièxent cascun jor. » (Ms. F.)

5 Le Ms. F. supprime « et oï le siervice. »

aise, nul jour, devant là que il séust de ceste avision se ele portoit nulc cose de véritet, et se ele, de par Diu, lour estoit apiercéue[1].

Ensi revinrent arière el palais pensant, et qant il furent andoi assis en une couce, sans plus de compaignie, si sentirent que li palais trambloit dès le fondement jusc'as maistres voutes[2]. Apriès coumencha si duremeut à espartir que il lour fu bien avis que li ciex[3] fust pourpris de toutes pars de brandons embrasés. Après coumenchièrent à quéoir si grant escrois et si espoentable, que il quidoient bien ambedoi que la fins de toutes coses fust venue; et avoec tout chou ventoit uns vens si angoisseus et si fors que toutes les feniestres (qui estoient) el palais pécoièrent[4] et toutes les fremeures dou palais et des wis et li palais meismes en croissoit si durement que il estoit bien avis que il déust tout craventer[5] et fondre jusques en abisme. Et parmi toutes ces coses vint laiens si grant oscurtés que nus qui le véist ne quidast mie que il déust[6] jamais véoir une eure de clartet. Ne nus hom de toute la citet ne véoit ces merveilles fors chil seulement qui estoient dedens le palais; mais chil n'ooïent nule riens del monde que seulement l'escrois del tounoile[7] qui venoit deviers le chiel, et si ne

[1] « Se ele, de par Deu, lour estoit apparue. » (Ms. F.)

[2] « Jusqu'às soverennes voutes. » (Ms. F.)

[3] « Que li leus fust pourpris. » (Ms. F.)

[4] « Que totes les feniestres del palais en pessoièrent. » (Ms. F.)

[5] « Fermeures des huis. » — Le Ms. F. supprime « dou palais et » « meismes » et remplace « craventer » par « cravanteir. »

[6] « Que il poist jamais véoir une hore de clarteit. » (Ms. F.)

[7] « L'escroiz de tenoire. » (Ms. F.)

véoient nule cose que seulement les espars de la clartet qui se féroit à la fois laiens par l'esviertures des huis [1] et des feniestres; et se il s'en vausissent de laiens issir, il ne péussent, car il ne se véissent conduire, et se il bien véissent, ne se méussent-il, tant estoient-il esbahit [2] des grans mierveilles que il véoient.

En ceste (manière et en ceste) [3] dolour et en ceste angoisse furent, une grant pièce; tant que il oïrent autresi com une buisine [4] corner et si rendoit si grant son que entre le roi et Nascien quidoient bien, et (bien) lor estoit avis que ele estoit autresi clerement oïe par tout le monde comme el palais. Et qant la buisine éut parlet [5], si parla une vois qui dist: « Chi coumenchent les paours. » Et qant il oïrent ainsi la vois parler, si caïrent tout pasmé de paour et jurent iluec tout estourdit autressi comme mort. Et lors fu acomplie la parole que li prophètes dist: « I seront doi en un lit, li uns en sera levés et li autres laissiés » car sitost comme la vois éut dit: « Chi coumencent les paours, » tout maintenant fu li roys levés del lit, et si l'emporta li esperis nostre segnour lonc de sa tière [6] l'esreure bien de dix-sept journées et il estoit bien tierce de jours à l'eure que il fu pris el palais et levés del lit. Et qant li sains esperis l'éut

[1] « Par l'overture des huis. » (Ms. F.)

[2] « Tant estoient esperdut et esbahit des grans. » (Ms. F.)

[3] Le Ms. F. supprime « manière et en cete. »

[4] « Une busine corneir. » (Ms. F.)

[5] « Et qant la busine ot corneit. » (Ms. F.)

[6] « Loing de sa tière l'ore et le nombre de .XXVII. jornées. »

mis jus, si pot bien estre nonne, mais de lui ne parole (ore) plus li contes[1], ansçois s'en taist à tant, et li parole de Nascien et de la roine qui estoient remés en Sarras.

Chi endroit dist li conte et devise que qant li rois fu levés dou lit par d'alés Nascien[2], que Nasciens remest tous pasmés autressi comme mors; et chele grans pestilence, qui el palais avint, ne fu onques oïe ne véue huers del palais, fors que tant seulement que par la chitet oï-on bien l'escois dou tounoile[3] et le son de la buisine, mais les autres aventures ne furent onques (oïes ne)[4] véues. Et lors avint cose que la royne venoit d'une églyse vèoir, que ele avoit coumenchié el non de la virgène Marie. Et qant ele vint en son palais, si trouva tous les siergans (de laiens)[5] qui gisoient tot pasmet à (la) tere, et ele quida que il dormissent, si passa outre, tant (seulement) que ele trouva une grant compaignie des chevaliers le roy, qui estoient autressi conréé[6] comme li autre siergant estoient. Et lors s'enmerveilla moult qui chou pooit estre. Si les fist apiéler; mais il avoient si pierdut l'oïr et le véoir que il n'avoient sens ne mémoire de nule cose, anschois estoient si pale et si descoulouré que il estoit avis que il fuissent relevet de mal. Et qant la roine les vit iteus, si fu moult esbahie, si que par un poi, que ele ne cai à tière[7] toute pasmée. Et

[1] « Mais de lui ne parolet plus li contes. » (Ms. F.)

[2] « Fu leveis del lit de deleis Nacien. » (Ms. F.)

[3] Que par la chiteit oït l'en bien l'escrois del tenoire. (Ms. F.)

[4–5] Le Ms. F. supprime les parenthèses.

[6] « Atreci conréeit. » (Ms. F.)

[7] « Que ele ne chait à tière. » (Ms. F.

qant ele vit que de ceus ne poroit-on traire parole, si s'entourna le grant cours droit vers la maistre porte royal [1]. Et qant ele vint à l'uis, si esgarda dedens, si vit Nascien son frère qui séoit en la couce dont li roys avoit estet levés, et Nasciens si plouroit moult durement tant comme il plus pooit, et tenchoit [2] à un houme qui li sambloit estre devant lui, as paroles que on ooït que il s'entredisoient, mais autrement n'en pooit-on nient savoir de véritet [3]. Or on n'entendoit que (seulement) la vois, ne on ne véoit de celui dont la vois issoit que seulement Nascien qui parloit à lui; et la roine, qant ele oï la vois, et ele ne vit nului, si fu moult espoentée, que ele cremoit que aucuns mauvais esperis l'éust asailli, qui le vausist geter huers de la sainte créance, et ele entra (esraument) ens, si courut à son frère, si l'embrache et li demande pourquoi il ploroit, si tenrement. Et qant il le vit, si commencha à plourer de rechief et à crier moult durement (plus) que il n'avoit devant fait [4].

[1] « Si s'entornet le grant cors vers la mestre chambre qui estoit apellée la chambre roial. » (Ms. F.)

[2] « Et tensoit à un houme. » (Ms. F.)

[3] « Mais aultrement n'en pooit l'en véritcit savoir; quar on n'antandoit que la vois. » (Ms. F.)

[4] « Et qant la Royne vit ceu, si getait .I. moult grant cri, et qant elle ot crieit, si chait à la tierre jus pasmée et Naciens la prist entre ses brais, si la redressait contrement et la coumansait à baisier el à boche et l'apelloit sa douce suer; et qant elle fuit revenue de pasmeson, si ovrit les oilz et Naciens fuit davant li en genouz. Si la coumensait à apelleir. Et elle getoit .I. sospir moult grant; et puis après si demandait le roi. Et qant Naciens l'antendit, si ne pout respondre; ansois

Et qant la royne le vit ainsi plourer se li demanda que il avoit fait dou li roy, si éut moult grant paour ; et ele se repasme de rechief tout maintenant. Et lors éurent tout et toutes moult grant paour de li que ele ne caïst en pierte (de cors et d'ame et)[1] de sens et de mémoire pour l'angoisse de la pamison. Et qant ele fu revenue, si coumence (à plourer et) à crier à hautes vois : « Biaus frère Nasciien! » Lors vint Nasciens (par) devant lui et ele li cria à guise de femme foursenée que il li désist pourquoi[2] il avoit si laide chière faite, et il l'en dist la véritet tantost, et que par si faite aventure avoit li rois estet levés de d'alés lui et portés ne savoit en quel liu (et pour çou demenoit si grant duel com ele pooit véoir)[3].

A cest mot fu (moult) grans la noise en la sale[4], la roine se pasme souvent et menut, et les gens le roy si comme li chevalier et li sergant coumenchièrent à crier (à hautes vois)[5]. Li diels[6] coumenche à esforchier ; la royne fait tel duel, et si souvent se pasme que ele ne puet à nule riens entendre que seulement à son duel faire; mais Nasciens le prent entre ses bras, qui moult se paine de li conforter et apaier, et si dist

li corroit li awe des ealz, altreci espessement comme si l'en la versest à hapelées sor son chief. » (Cette grande tirade a pu paraître nécessaire au scribe du Ms. F., mais réellement le passage du Ms. du Mans suffit.)

[1] Le Ms. F. supprime les trois parenthèses suivantes.

[2] « Que il li déist vériteit et pourquoi. » (Ms. F.)

[3] Le Ms. F. supprime la parenthèse.

[4] « La noise el palais. » (Ms. F.)

[5] Le Ms. F. supprime « à hautes vois. »

[6] « Li duelz coumanset par le palais. » (Ms. F.)

que bien sache ele de voir, que li roys est tous sains et saus là ù il est. Car chil à qui il tenchoit[1] qant ele vint en la cambre, l'en (avoit) dit vraies nouvieles. Et ele li demandoit qui chil estoit qui parloit à lui, et il dist que il estoit mesages (à nostre segnor) Jhésu-Crist[2].

Moult fist la royne grant duel, ne onques par nul houme mortel ne post estre esléechié[3] de sa dolor. La nouvele fu espandue par le païs dou roy qui estoit ainsi pierdus que nus ne savoit de lui ensegnes, li baron s'aunèrent et demandèrent conseil li uns à l'autre que chou pooit estre, et quel fin li roys pooit avoir faite. A cest conseil fu uns chevalier qui lonc-tans avoit esté de la maison le roy; si estoit apiélés Calafre[4]; si estoit moult fel et traitres outre çou que mortex cuers pooit penser. Cil se traist avant et si dist, oïant tos les autres, que il avoit (tant) encerkiet et après dou roy que Nasciens l'avoit mort en traïson, pour chou que il voloit avoir le royaume. Car chou estoit vérités prouvée que el liu u il fu pierdus n'avoit que lui et Nascien sans plus. Ne Nasciens meismes ne savoit à dire que il estoit devenus. A chou respondirent tout, se chou estoit voirs[5], que Nasciens fust el liu à li roys fust pierdus, et il n'en savoit plus à dire, il sambleroit bien que il i eust félonnie. Et se il de chou estoit chiertains, et il en fust atains, il seroit (bien) drois que il fust gardés une

1 « Car chil à cui il tensoit. » (Ms. F.)

2 « Mais il dist que il estoit messaiges Jhésus-Crist. » (Ms. F.)

3 « Aléechié. » (Ms. F.)

4 « Si estoit apielés Calafer. » (Ms. F.)

5 « A ceu respondirent tut que ce il estoit voirs. » (Ms. F.)

pièche tant que on oïst que se nule nouviele seroit oïë de la mort le roy ne de sa vie. A cest conseil se tinrent tout et jurèrent sour sains que il n'i aroit jà celui qui ne mésist main à Nascien prendre, si tost com il oroient que il les semonroit [1].

A tant s'en alèrent à la cort et trouvèrent Nascien et la royne qui si faisoit grant duel que nus hom vivans ne le pooit apaisier et chou fu au tier jour que que li roys avoit estet pierdus. Et qant il vinrent à la royne, si enquisent la véritet de l'aventure ensi com ele avoit esté avenue. Et Nasciens lour conta tout, de chief en chief, ensi com il en avoit une partie et véut et oït [2]. Après lour conta le songe que li roys avoit songiet la nuit devant çou que çou li fust avenut. Moult l'enchierquièrent de toutes choses [3] et il de tout lour respondoit la véritet, tant que il lour counut (toute la véritet) [4] que il n'avoit en la cambre que iaus deux qant il fu pierdus. A cest mot, le saisirent tout de totes pars, et il demandoient pour coi il le prendoient [5] et il li respondirent pour chou que il l'avoient souspechon de la mort le roy ne (on) n'en mescréoit se lui non. Moult s'escusa (Nasciens) [6] durement comme chil qui coupes n'i avoit, et lour offroit à faire tous les meschies se nus venoit avant

[1] « Ci tost com il oroient que om l'en semondroit. » (Ms. F.)

[2] « Enci com il en avoit une partie véut et une partie oït. » (Ms. F.)

[3] « Et moult l'encerchèrent de totes choses. » (Ms. F.)

[4] Le Ms. F. supprime « toute la véritet. »

[5] « Pour coi il le prenoient. » (Ms. F.)

[6] Le Ms. F. supprime « Nasciens, » et dit : « moult s'en escusait durement. » (Ms. F.)

qui de la mort le roy le vausist apiéler ; (mais ainc)[1] tout chou ne li pot avoir mestier ; em prison fu mis ; sa tière lour offri à baillier en ostages que il querroit le roy tant que il le renderoit se il estoit vis en tière ù pueples mortex habitast. Chil prisent la tière en ostages et qant il le vaurent metre huers de prison si s'en ala encontre Galafre qui le conseil avoit dounet de lui prendre.

CIL Galafres faisoit samblant di estre crestiens, mais n'el estoit mie, car qant li autres peules rechut bautesme par la tère, il ne le vaut onques recevoir. Ançois se repust et si haoit les crestiens sour toute créature. Chil vint as barons qui avoient Nascien et si lour dist que bien séussent-il de véritet, que se il l'en laissoient aler, que jamais, à nul jour, guerre ne lor faurroit, et bien sachiès, dist-il, segnour ! que il ne finera jamais de pourcachier[2] tant que il r'aroit tout la tière arière ; et lors si seront à destrusion livré tout chil qui de ceste cose aront estet encontre lui.

Par le conseil d'icelui fu (detenus) Nasciens (et)[3] mis en prison si que il furent saisi del cors de celui et de sa tière. Qant Sarrasinte la royne vit que ele avoit son segnour pierdut et que ses frères estoit emprisounés, ce ne fait pas à demander se ele avoit

[1] Le Ms. F. supprime « mais ainc. »

[2] « Que il ne finerait jamais de porchassier chivalerie que il r'arait. » (Ms. F.) — Le mot « chivalerie » semble bien inutile.

[3] Le Ms. F. supprime les deux parenthèses.

(grant paour et)[1] grant dolour à son cuer. Car chou estoit la riens[2] que ele avoit plus qière après le roy. Moult en fist grant duel par maintes fois et moult volentiers le délivrast de la prison se ele en éust le pooir, mais ele estoit une dame seule; si ne pooit mie esforchier encontre sa baronnie. Ensi fu Nasciens en prison, ne onques pour mal ne pour dolour que il (sentist ne)[3] soufrist, li diables ne le pot tant mener que il le mésist en courouch viers Diu ne en desespéranche, et tousjours crioit à nostre segnour mierchit de ses péchiés et disoit : « Biaus sire Diex, de cest anui (en qui jou sui ne)[4] que jou suesfre ne me plaing-jou mie ; car jou l'ai moult bien desiervi, qant jou fui si faus[5] que jou osai véoir la grant merveille de vos secrés que jou ne autres hom concéus (ne engenrés)[6] d'umaine fragilitet, ne porroit dignement véoir ne esgarders, vostre grasse seulement ne le faisoit avant net et mondé.

En ceste entension[7] sousfri Nasciens en la prison grant anui et par nuit et par jour, ne onques de cest corage ne pot estre méus[8]. Mais à tant se taist ore[9]

[1] Le Ms. F. supprime « grant paour et, » mais ajoute après « dolour » et « grant angoisse. »

[2] « Quar ce estoit la riens vivans cui elle. » (Ms. F.)

[3-4] Le Ms. F. supprime « sentist ne » et « en qui jou sui ne. »

[5] « Qant je fui si folz. » (Ms. F.)

[6] Le Ms. F. supprime « ne engenrés. »

[7] « En ceste antancion. » (Ms. F.)

[8] « Ne onques de ceste volanteit ne de cest coraige. » (Ms. F.)

[9] « Mais à tant se taist orendroit ci l'ystoire de lui et de ses oivres et si tornet li contes sour le roi Mogdains que l'en cudoit qu'il fust perdus. » — Puis le Ms. F. supprime la parenthèse.

li contes sour le roi Mordrain que on quidoit qu'il fust perdus (pour çou que on n'en pooit oïr nule nouviele, si em parole en tele manière).

Li contes dist chi endroit que li roys Mordrains fu portés lonc de son resne [1] dix-sept jornées, et qant chou vint en droit l'eure de nonne que li roys eut véue desous lui toute la riquèce des tières, si comme li sains esperis li moustra, si fu mis à tière en icele eure. Et qant il fu à tière, si coumencha à regarder entour lui, comme chil qui assés estoit esbahis et trèspensés, car il se véoit seul en tierre (et en) estrange (liu) [2] dont il ne quidoit jamais escapier à nul jour. Et pour chou n'estoit chou [3] mie mierveille se il estoit esbahis ; car il n'estoit encore mie bien (afremés ne) [4] asseurés des grans mierveilles qui li estoient avenues en son palais ; ne il ne li estoit mie avis que jamais ces merveilles li fausissent, par la grant angoisse que il avoit souffierte. Et avoec tout chou, ne savoit-il pas coument il estoit venus en cel liu ù il se trouvoit, ne ques coses li pooit avoir aportet. Qant il éut assés esgardet entour lui, si fu assés plus esbahis (que devant) [5], car il ne vit onques se les nues non, desous soi, et environ soi, ne vit se la mer non, fors que tant

[1] « De son resgne. » (Ms. F.)

[2] Le Ms. F. supprime les deux parenthèses.

[3] Le Ms. F. évite la répétition de ces deux « chou. » — « Et pour ceu n'estoit-il mie merveille se il estoit esbahit. » (Ms. F.)

[4] Le Ms. F. supprime « afremés ne ».

[5] Le Ms. F. supprime « que devant » et dit « si fut ancore plus esbahis, quar. »

seulement l'espasse com une partie de la roce tenoit, çou fu li lius ù il estoit [1].

Cele roche si ert assise en mer océane, en ichele partie ù li drois trespas est à aler de la mer en Babiloine, en la tere d'Escosce et d'Irlande [2] et en autres parties d'occidant, dusques à ices lius ù tierre pot estre trouvée, et d'autre part à diestre si comme deviers galerne en pot-on véoir la tière de Cordes et toute la fin d'Espagne. La roce ert d'itele hautèce comme vous avés oït, et si est el plus sauvage liu et ù on mains hanté qui soit el liu de mer hantaules [3]. Chil liex est si gastés et si desplaisans que il n'i a, ne tant ne qant, de nule tierrienne sustance [4], ne il n'i a de tière muable tant com uns puins porroit enclorre; ançois est toute fine roce naive, jusques ès ondes de mer, et pour chou que la roce sist en si sauvage liu et ensi périlliex, par çou est-ele apiélée des païsans, la roce del port péri [5]; et si éut jadis une maison fremée de

[1] « Fors que tant soulement d'espaice com une partie de la petite roce en tenoit; ce fu le leus ù il estoit. » (Ms. F.)

[2] « U li drois trespais est à aleir de la terre de Babiloine en la terre d'Escosse et d'Irlande, et ens aultres parties d'occidant. En celui trespais est celle roche et si est de ci très grant haltesse que l'en en peut sorvéoir tote la mer d'occidant jusqu'à cel leus où terre peut estre trovée. » — On sait que par « Babiloine » il faut entendre Alexandrie ou Le Caire.

[3] « Et si est en tout el plus savage leu et el moins hansteit qui soit en nul leu de meir habitable. » (Ms. F.)

[4] « De nuile terrienne sostenance. » (Ms. F.)

[5] « La roce del port péril. » (Ms. F.)

moult grant orguel, et si le frema uns lères de mer qui estoit apiélés Foucaires [1].

Chil leres estoit de (moult) grant cors à desmesure et de si grant force que nus hom ne pooit souffrir la virtut de ses membres. En chele roche fu li leres (et i fist) [2] son habitacle de la roce meismes que il crousa tant que il éut bien maison à vingt homes osteler. En cel ostel repairoit entre lui et ses compaignons dont il avoit à grant plentet; mais il ne pooient pas gésir dedens la roce, car il estoient bien nonnante, et à la fois (estoient-il bien) cent u plus [3]; si gisoient fors de la roce à lour galies qui lor estoient, toutes eures, ensi apareilliés. Et la nuit qant il faisoit bien oscur, si metoient en la roce grans brandons de fu ardant, et chil qui là venoient, maintes fois, ensi com marcéant u autres gent trespassant, si n'en escapoient mie sans péril, car maintes fois avenoit que les nés i hurtoient toutes, et chil estoient appareilliet qui lour couroient sus à lour galies.

Ensi comme chil doi peril lour venoient, si noioient d'une part (et d'autre) et d'autre part estoient ochis [4], là ù il quidoient estre venut à garant. Longement tout en itel manière, mena li lères sa dolerouse vie, tant que il avint que li grans Pompées qui adont

[1] « Et si l'en fremait uns leires de mer qui estoit apelleis Focaires. »

[2] « En chele roche fist le leires son habitache » et supprime « et i fist. »

[3] « Et à la fie plus de cent u plus. » — Le Ms. F. supprime « estoient il bien. »

[4] « Ensi chéoient cil en .II. périlz, quar il s'i nooient d'une part et si les occioit l'en d'altre part, là ù. » (Ms. F.)

estoit emperères des Romains s'en passa outre la mer de Gresse et vint en la tière de Surie. Et qant il éut alet par toutes les tères d'oriant et prises la garnison des forteresces jusques en Babilone, si oï la nouvele de ces larons qui ainsi ochioient tous les autres passans [1], et lors dist-il que tout chou que il avoit fait estoit noiens se il de cestui laron ne sevroit la tière. Tout maintenant fist atourner la plus rice nef que il pot trouver et si le fist garnir de buenes viandes et de hardis chevaliers et de riches arméures.

Qant il éut son oirre apresté [2], si entra en mer, si éut establis quarante des plus fors homes de sa nef à vingt grans cros de fer pour les galies retenir, tantost com eles ferroient à lor nes (en la mer) [3]. Tant esrèrent (par la mer) que il virent la roce [4] si halte et si merveilleuse com ele estoit et lors si gietèrent lour ancres pour atendre la nuit. Et qant il fu grant pièce de nuit alès, si murent [5] et alèrent tant que il vinrent près de la roche, tant comme on porroit gieter une pierre à la main. Et qant li larron les oïrent venir, si entrèrent en lour galies et s'aparcillèrent comme pour iaus asaillir; et chil qui conduisoient la nef Pompée savoient bien le destroit (de la roce) [6] si ne vaurent

[1] « Si oï la nouvele de cels larrons qui enci occioit totes les gens trespaissans. »

[2] « Qant il ot son oire tout aparilliet. » (Ms. F.)

[3] « Tantos que eles ferrirent en la ncif. » — Le Ms. F. supprime « en la mer » et plus loin « par la mer. »

[4] « Que il vindrent près de la roce. Tant qu'il la virent ci halte. » (Ms. F.)

[5] « Si s'esmuirent. » (Ms. F.)

[6] Le Ms. F. supprime « de la roce. »

pas, de droit cours, aler là ù il véoient le fu, anchois alèrent d'en costé, si que il i entreprisent une galie entr'aus et la roce, si le fisent si durement hurter à la roce que ele dépécha tote et vola em pièches. Lors coumenchièrent à crier chil qui estoient dedens, et chil des autres galies quidièrent que la grans nés fust dépéchiée, si lour laissièrent courre tantost et les assalirent à .V. galies et sitost comme il vinrent tout abrievet pour férir et chil dedens la grant nef lour giétèrent lor cros, si les tinrent moult vigheruesement tant que li autre furent (tout) ens, saillit les espées [1] et les coutiaus, et li notounier et li siergant alumoient les grans brandons (de fu) [2] dont en la nef avoit à grant plentet.

Qant chil virent qu'il ne (jà) poroient garir, si se traient petit et petit (arière) viers la roce et se fièrent dedens chil qui porent. Et qant Pompée les vit courre à garant, si escria ses chevaliers et jura que mar en escaperoit (nés) uns [3]. Lors se férirent apriès bien trente des meillours chevaliers et li larron orent jà pourpris le haut de la roce si durement [4], que il ne péurent avoir baillie d'iaus; et si estoient chil de huers trente et chil dedens n'estoient que dix-neuf que tout li autre estoient que ochis que jetet en mer et moult se desfendoient li larron longement. Et qant il coumenchièrent à lasser, si laissièrent caoir un grant fust qui estoit d'en costé une nef qui avoit esté

[1] « Les espées traites. » (Ms. F.)

[2] Le Ms. F. supprime « de fu. » — « Dont en la grant neif avoit à grant planteit. » (Ms. F.)

[3] Le Ms. F. supprime « jà » « arière » et « nés. »

[4] « Si se deffendirent ci durement. » (Ms. F.)

péçoié [1] à la roche. Et qant chil fus escapa d'en haut si s'en vint par chiaus qui asaloient et il fu grans et pesans, si tua [2] tout qanques il ataint devant lui et fist quéoir en la mer.

A cest cop, i perdi Pompée onze de ses chevaliers, si en éut tel duel que par un poi que il ne s'esragoit tous vis [3]. Lors sailli il meismes après cex qui asailloient et jura que il vauroit miex morir à l'assaut que il ne venjast ses chevaliers que il avoit pierdus. Et qant uns siens chevaliers vit que il le prendoit si achiertes, si se pensa que il se metoit en moult grant péril. Car nus assaus de gent n'i pooit avoir mestier, et se il i estoit ocis en tel manière, li empires [4] i avoit (moult) grant deshounour de ce que li laron auroient mort l'emperaour. Lors apiéla Pompée, et se li dist : « Sire, si vous (me) voliés croire [5], jou vous ensegneroie bien coument vous prenderiés tous cex de laiens, et si ne seroit pas vostre hounours em péril, ne n'i perderiés (mie) vos chevaliers. » Et Pompée qui moult estoit angoissex, li demanda coument : « Sire, dist le chevalier, faites huimais demourer l'assalt et demain (qant) il sera clers jours, si verrés miex de quel part vous les porrés assaillir, et plus durement méhégnier [6]. »

1 « Si laissièrent chéoir .I. grant fuist qui estoit del costeit d'une neif qui avoit estoit pessoiée. » (Ms. F.)

2 « Sustot si tuic tit quan que il atant. » (Ms. F.) — On ne comprend pas trop cette correction. Le texte du Mans semble préférable.

3 « Que par un poi que il n'esrajoit toz vis. » (Ms. F.)

4 « Li empires de Rome y auroit grant deshounour. » (Ms. F.)

5 « Si vous voliez croire mon conseil. » (Ms. F.)

6 « Faites huimais remanoir l'assalt et demain qu'il serait

Tant li loa et chil et li autre, que Pompée fist remanoir l'assalt ; mais moult le fist courechous et dolans pour les chevaliers que il avoit pierdus, et pour chou que il tournoit à grant honte chou que il séjournoit enki pour prendre une tropelée de larons [1]. Ensi remest li assaus jusque à lendemain, que il fu grans jours et clers : et lors vit Pompée que la roce estoit si fors que ele ne pooit douter assaut de nul houme vivant. Anchois dist que encor estoit (chou moult) grant mierveille que tout si chevalier n'avoient estet mort à l'assaillir. Lors apiéla tous ses chevaliers et si lour demanda conseil coument il porroit la roche prendre plus isnielement sans séjourner, et il n'i ot onques nus d'iaus qui de chou le séust conseiller, que il ne quidoient pas que ele déust estre prise sans afamer [2]. Et qant il vit que il ne l'en sauroient nul (buen) conseil douner, si pensi un poi. Et qant il éut penset, si dist que il en quidoit bien venir à cief. « Car jou me sui, dist-il, pourpensés que jou les estainderai par angoisse de fu, que jou leur ferai faire au pied de la roche, si que li flambe lancera en l'entrée de le cave et lors si couvenra que il meurent [3]. Car il ne poront le fu estaindre que nous lour desfendrons de chi aval as

cleirs jors, si vairois muelz pour quel leu vous les porois plus légièrement assaillir et plus durement mahignier. » (Ms. F.)

[1] Le Ms. F. remplace mal à propos « une tropelée de larons » par « .I. tropial de larronz. » — Troupelet, petite troupe, est bien français.

[2] « Sans affamer. » (Ms. F.)

[3] « Si que li flemme ferrait en l'entrée de la caive et lors si covendrait que il muirent. » (Ms. F.)

saiètes et as pieres grosses et chil qui lassus seront, le desfendront as glaives et as espées et se nous ensi ne les poons prendre, jou ne voi mie par quel manière il soient pris sans afamer.

A cest conseil se tienent tot et il envoie avant quarante chevaliers, si leur fait alumer le fu de pièces des nés qui avoient esté dépéciés à la roce [1], dont il i avoit moult grant plentet [2] et qant li fus fu bien espris, si féroit li flambe jusques à l'entrée de la cave ù chil estoient et la fumée entroit dedens moult grant partie. Et qant li larron virent chou, si prisent aigue douce dont il avoient assés, et issirent huers, si versèrent l'aigue dedens le fu et lors fu li fus si plains de fumée que par un poi que il n'estaignoient. Et chil d'aval lour traient saiètes à (grande) [3] plentet et giètèrent pières, si que il en navrèrent quatre ; et qant li laron virent que chil les méhagnoient si, si se férirent arière en la cave, mais là furent-il plus à malaise que de huers ; car la fumée estoit si espandue par toute la cave que il n'i pooient véoir neis une (seule) [4] goute. Et qant il virent que il n'i poroient durer, si se misent tuit huers et se misent (tout à) abandon pour le fu estaindre [5], et li chevalier leur laissent courre, si se combatent trop hardiment à iaus [6], et chil se desfendoient moult durement comme

[1] « Le fu de pièces des neis qui avoient esteit debrisiée à la roce. »

[2] « A grant planteit, et moult plus que nulz ne cudist. »

[3-4] Le Ms. F. supprime « grande » et « seule. »

[5] « Et se mistrent abandon tut pour le fu aleir esteindre... » (Ms. F.)

[6] « Si se combaitoient moult durement à elz. » (Ms. F.)

chil ki avoient esté (moult) grevet (et tout traveillié et tout) mahagnié (durement de tex i avoit) [1].

Grant pièce dura li mellée, si furent (tout moult) bléchiet et d'une part et d'autre [2]. Et qant Pompée vit que il se tenoient tant, si en éut (moult) grant doel [3] et il saut maintenant au fu ù li larron estoient jà tot descendut (pour estaindre le fu) [4] si les encaucha si durement par son cors, que il ne l'osèrent plus atendre; anchois s'enfuirent arière en la cave, et Pompée se féri après iaus, tout un estroit sentier, qui estoit en la roce trenchiés par là ù il aloit en la cave; car par autre voie ni pooit-on aler; car la cave estoit en si roste liu [5] que nus n'i pooit monter, se li sentiers ne fust, qui estoit trenchiés en la roce meismes; ne la cave n'estoit mie el plus haut liu) que nus n'i pooit monter (se li sentiers ne fust qui estoit trenciés en la roce meismes) [6]; ne la cave n'estoit mie el plus haut liu de la roce, ains estoit à l'un des costés. D'icele part, ù ele estoit plus lée et si estoit l'entrée si basse et si estroite que il n'i pooit entrer que uns seus hom [7] ensamble, et si couvenoit (encore) que il i entrast d'en costé.

[1] Le Ms. F. supprime les trois parenthèses.

[2] « Furent bien blesciet et d'une part et d'autre. » (Ms. F.)

[3] « Que il s'entretenoient tant, si en ot grant doel et grant honte. » (Ms. F.)

[4] Le Ms. F. supprime « pour estaindre le fu » et continue ainsi « si les en chaussait ci durement par son cors soul, que. »

[5] « Enci voste liu. » (Ms. F.)

[6] Le Ms. F. supprime les deux parenthèses qui sont des répétitions et ajoute : « et ancor i avoit-il degreis de la roche meysme. »

[7] « Que .I. seulz homs sans plus. » (Ms. F.)

Ensi se mist Pompée après iaus tout le sentier et tint as deux poins une hace dont il douna moult grant caus à ciax qui il aloit ataignant et chil toutes voies s'en aloient fuiant droit à la cave. Si en iot assés de navrés en la fuie des saiètes que chil d'aval lour traioient et des pières que il lour giétoient, si que Pompée i fu navrés meismes en trois liex. Et qant li larron vinrent fuiant à la cave, si ne trouvèrent mie l'entrée preste à lour volentet, ne n'i pooient pas entrer délivrement, et chil d'aval les empiroient moult de saiètes et de pières que il lor lançoient, et la fumée lour avoit auques empirié la véue ; si ne pooient pas sitost [1] entré en la cave, que Pompée n'en éust anchois copées [2] les tiestes et d'iaus abatus en la mer, par les cols que il lour dounoit de la hace.

Ensi en ochist Pompée .V. à icele (envaïe à la hache) [3], si ne furent mais que quatorze et de cex estoient li six [4] navret, si que petit s'en pooit mais aider. Et qant li chevalier virent Pompée en tel hardement entrer, si s'aroutent après lui [5], tout le sentier contremont ; et Pompée estoit jà à l'entrée de la cave après les larons qui tout s'estoient jà mis ens, fors (seulement que deux et) [6] li maistres d'iaus. Et qant chil vit que Pompée estoit tous seus, et que cil si

[1] Si ne poroient pas estre sitost entré en la caive. (Ms. F.)

[2] « Que Pompée n'en éust anchois à .III. copiés les testes et .II. abatus en la mer par les colz. » (Ms. F.) — Cette correction ne semble pas heureuse.

[3] « A celle chace, si ne furent mais. » (Ms. F.)

[4] « Et de celz estoient li .VII. navret. » (Ms. F.)

[5] « Si s'arrotèrent après lui. » (Ms. F.)

[6] Le Ms. F. supprime « seulement que deux et. »

vilainement estoient tourné à la fuite par un seul homme, si le tint à (moult) grant honte et à grant despit; et qant il fu tous apareilliés d'entrer en la cave, après les autres, si ne vaut, ansçois s'en retourna arière et Pompée haucha la hace[1], si quida férir as deux poins parmi la tieste, mais Foucaires guenchi au cop, et la hace féri el costal de la roce si durement que toute l'alemele en fu esmié[2], et que la hanste vola em pièces.

A cest cop, geta Foucaires les puins, si prist Pompée par les espaulles et le vaut lancier el fu qui estoit desour iaus; mais li chevalier Pompée furent jà si aprochiet que li premiers féri Foucaire de la glaive que il tenoit parmi le cors[3], si durement que il le fist tout canceler, là ù il s'en venoient entre lui[4] et Pompée as bras. Au canceler que il fist, se li escapèrent andoi li piet fors dou sentier, et il estoit grans et gros et pesans. Si féri Pompée del pis et de la tieste au caoir si durement, que il li fist guerpir la roce et que il caïrent andoi, ensi com il s'entretenoient, el fu qui desous estoit. Li chevalier Pompée lièvent le cri et chil des nès si vinrent hors et coururent au fu, pongnant moult tost, et trouvè-

[1] « Et Pompée haulsait la haiche, si le cudait férir. » (Ms. F.)

[2] « De la roce si très durement que toute la lemelle en fu asmiée et que toute lai hanste volait en pièces. » (Ms. F.)

[3] « Que li premiers férit Foucaire d'un glaive que il tenoit en mi le piz. » (Ms. F.)

[4] « Là ù il s'entretenoient entre lui et Pompée. »

rent lour segnour qui gisoit dedens tous pasmés, autressi comme se il fust mors, ne ne traioit à lui (jambe) ne piet ne main. Lors éurent moult grant paour de lui, si le misent en son escut et l'emportèrent en la nef pour couchier[1]; et li autre eurent pris Foucaire et si trouvèrent que il avoit le bras diestre brisiet au caoir que il fist desous Pompée et si estoit auques bléchiés et maumis dou fu ù il estoit kéus. Si le prisent, car il le trouvèrent (gisant)[2] tout pasmet. Lors le prisent et si le loièrent moult fort, tant que Pompée en commandast sa volentet.

Après fu li fus ralumés de rechief, et si i éut moult grant plentet de buisce molue ; si en issoit si grans fumée et si merveilleuse[3] que par un poi que chil de la cave n'estagnoient. Ne onques pour dolour ne por destrece qu'il souffrissent, ne vaurent issir huers si que cil de fors se mierveilloient trop coument il pooient tant avoir soufiert. Entre ces coses revint Pompée de pamison; si ouvri les ex, et vit que il estoit en son lit couchiés, si s'esmerveilla moult coument il i estoit venus[4]. Lors sailli sus et demanda sa hache, et qant si houme le virent, si en éurent moult grant joie et disent que ele estoit toute depéchié, et il li contèrent coument il li rendirent Foucaire. Et il

[1] « Et il l'entrastrent moult tost, se li ostèrent son helme et li abatirent sa ventaille; et qant il li horent le viaire descovert, si le virent atreci pail com se il fuist mors. » (Ms. F.)

[2] Le Ms. F. supprime « gisant » et met « si le pristrent légièrement car il le trouvirent tout pasmet. »

[3] Le Ms. F. remplace « merveilleuse » par « angoissouse. »

[4] « Coument il estoit iqui venus qui orendroit estoit à l'assalt. »

lour demanda coument il avoit esté pris, et il li moustrèrent le bras diestre coument il l'avoit pécoié qant il caï, et ensi [1] comme li fus li avoit tot brullé le vis et le cors. Lors coumanda que il fust (moult) bien gardés, et il courut (maintenant) [2] à un espiel et issi fors de la nef et demanda à chiaus qui gardoient le fu ù li autre larron estoient; et il li contèrent la grant angoisse que il avoit soufferte et que onques puis ne s'estoit nus d'iaus moustrés.

Lors coumanda Pompée que li fus fust tous dépéchiés [3]; si monta Pompée en halt, et si vint à l'entrée de la cave l'espée [4] en la main, et qant si home le virent aler cele part, si coururent apriès. Car il avoient moult grant paour de lui et il vint à l'entrée de la cave tot droit, si escoute: et qant il eut assés escoutet à l'uis, si oï que il ne disoient mot, et lors fist un grant hardement, car il se mist dedens la cave et féri le premier des larons del espée parmi le cors. Et qant il l'éut féru, si vit que li autre ne disoient mot, ne ne se mouvoient. Si s'esmerveilla trop que ce pooit iestre. Lors se traist avant tant que il vit bien et apierçut que il estoient tout mort; et il les prendoit,

[1] « Et il li monstrèrent le bras diestre qu'il pécoié qant il choit, et ensi com li feus li avoit brullé y tot le vis et tout le cors. » (Ms. F.)

[2] Le Ms. F. supprime les deux parenthèses.

[3] « Lors commanda Pompées que le fus fuist despéciez toz; et qant il fult dépéciés si monta. » (Ms. F.)

[4] « L'espiet » et non « l'espée. » (Ms. F.); même correction à faire plus loin.

si les giétoit tout huers un et un, voiant ses cevaliers qui a moult grant folie le tenoient, et il n'avoient mie tort[1] que ce fu li plus grans hardemens et la graindre folie que il éust onques faite, si en avoit-il assés (faite) de grans. Et qant il fu descendus de la roce, si fist tos les cors (des larrons) giéter en la mer. Apriès fist à Foucaire brisier[2] le brach séniestre et ses deux quisses et puis le fist gieter en la mer avoec ses compaignons. Ensi delivra Pompée le païs des larrons[3], et chou fu uns des plus hounourables fais que il onques fait éust; mais de toutes les proeches et de tous les hardemens que il onques fésist fu chou li mains amentéus et si vous dirai pour koi.

Il avint cose que qant il repairoit à Roume et il vint en Jhérusalem, si mist ses cevax gésir el temple nostre segnor et qant il éurent chou fait si en éurent li juis moult grant duel, et il avoit en la chitet un moult preudoume de grant eage et moult relegieus. Chil fu pères saint Symon, à celui qui Jhésu-Crist présenta el temple entre ses bras au jour de la Purification de la boene eurée virge Marie. Et qant il séut la grant desloyautet que Pompée avoit faite de ses chevaus, que il avoit establis en la sainte (beneoite)[4] mason nostre segnor, si dist que or avoit-il trop vescut, qant il véoient que li fil estoient boutet hors et li chien manjoient as tables ; et coument ses cuers

[1] « Et il n'avoient mie tort, quar sachiés que ce fuit li plus grans hardemans et la graindre estoutie. » (Ms. F.)

[2] « Fist à Foucaire péçoier le bras séniestre. » (Ms. F.)

[3] « De celz larrons et sachiés que ce fuit li plus hounorable. » (Ms. F.)

[4] Le Ms. F. supprime « beneoite. »

pooit esgarder et souffrir que li ort (kien)[1] faisoient cambres privées des glorieus liex que nostres sires avoit saintefiés à son siervice. Lors s'en ala tout droit à Pompée et qant il fu devant lui si coumencha à braire et à crier autresi comme se il fust tout forsenés.

Après dist : « Ha Pompée ! bien i pert que tu t'ies combatus à Foucaire, que tu as tant retenues de ses coustumes que tu as laissiet à estre Pompée; si es Foucaires devenus, et nous quidions que Pompée éust ochis Foucaires[2]; mais se Foucaires éust mis ceste chitet en sa segnourie autressi com ele estoit en la toie, il n'éust mie fait gregnour desloiautet comme tu as, qui ces cevaus as establis en la plus haute maison, et en la plus hounourée qui onques fust. Et sés-tu qui tu as deshounouret? chelui qui te désounéera, chou est li tous poissans sires qui tout fist[3] qui tu as sa maison cunchié[4]. » Ensi parla li preudons à Pompée, mais il tint tout à dierverie et à rage, et nepourqant chil ne dist cose qui puis n'avenist. Car[5] il avoit tousjours estet li plus renoumés cevaliers qui onques fust (à son tans)[6] et li plus caans[7]. Ne onques puis n'entra em place ù il se combatist[8]

[1] « Li ort porcel » et le Ms. F. supprime « kien. »

[2] « Mais Focaires ait occis Pompée. » (Ms. F.)

[3] « Qui te fist et fist toutes altres choses de niant. » (Ms. F.)

[4] « Et honnie. » (Ms. F.)

[5] « Car Pompée avoit tozjors. » (Ms. F.)

[6] Le Ms. F. supprime « à son tans. »

[7] « Et li plus chéans et onques puis ne fuit se meschéanz non. » (Ms. F.)

[8] « Qu'il ne s'enpartist hontousement. » (Ms. F.)

vilainement et honteusement. Et qant il se fu partis de Jhérusalem, si desfendi à toute se maisnie que jamais ne parlaissent de Foucaire [1], car il ne voloit mie que on li reprochast çou que il avoit tout son pooir et sa force mis à un laron asaillir et prendre.

Ensi fu téue cele proèce que ele ne fu mie mise en escripture entre ses autres fais. Car la celée de lui et de sa maisnie en abati le renom et si en fu chou li graindres biens que il onques éust fait et de coi il éust [2] esté plus amentéus ; mais à tant se taist ore li contes de Pompée et retourne au roy qui est en la roce [3].

Or dist [4] li contes que moult fu li roys Mordrains (esbahis et trespensés de ce que il ne savoit ù il estoit, ne en quel manière il estoit là venus). Il resgarda entour lui, mais il n'i vit nule riens fors mer et chiel dont nule garisons li péust venir, ne nule soustenance : la roce fu haute et en sauvage liu et tant d'abitacle comme il li avoit, si estoit lais et hidex et oscurs. Et il ala entour le siège de la roce tant comme il pot trouver voie, et tant que il entra el cemin colpé [5] qui le mena à la cave. Et qant il vint à l'entrée, si le trouva si laide et si noire que il n'entrast

[1] « Que jamais ne parlexent de Focaires. »

[2] « De coi il déust plus estre amantéus. »

[3] « Au roy Mogdains qui est en la rocé tot esbahis et moult trespenseiz de ceu qu'il ne savoit où il estoit, ne en queil manière il i estoit venus. » (Ms. F.)

[4] « Or dist li contes que qant li roys Mogdains se trovait sor la roche. » — Le Ms. F. supprime de plus la parenthèse.

[5] « Et tant que il entrait el sentier copéi qui menait à la caive. »

ens pour nule cose. Et qant il vit que il ni trouveroit (nule cose ne) [1] nul confort, si s'asist et coumencha à plourer des ex [2] et à soupirer del cuer et coumencha à penser en son cuer que or avoit-il tout pierdu, se nostres sires l'avoit mis en oublianche et en non caloir [3].

En ceste dolour et en cheste angoisse que il soustenoit et ensi comme il plouroit et pensoit en tel manière, si entroi les ondes de mer souner [4], et il liève la tieste et regarde devant lui, et vit une nef venir que uns hom amenoit qui moult estoit de grant biautet. En cele nef fu li biaus hom tous seus et si séoit el chief devant, et toutes voies tourna deviers la roce [5]. Chele nef estoit (moult) petite toute d'argent et si estoit li mas [6] d'or et la voile autressi blanchoians comme nois négie, et si avoit el mi liu une grant crois qui estoit tote vermeille. Et qant ele fu arrivée à la roce, si fu avis au roy que [7] toutes les buennes odours que on poroit deviser en hierbes, en arbres (et en toutes autres coses), fuissent en la nef amassées. Et qant il vit, en la voile, li signe de la sainte

1 Le Ms. F. supprime « nule cose ne. »

2 « A plourer des eulz de la teste moult durement et à souspirer. » (Ms. F.)

3 « En obliance et en non chaloir. » (Ms. F.)

4 « Si entroit les ondes de la mer souneir. » (Ms. F.)

5 « Et si séoit el chief davant le viaire et toutes voies torneit devers la roce. » (Ms. F.)

6 « Li mailz d'or. » (Ms. F.)

7 « Que totes les bonnes odors que l'on poroit devizier ne savoir. » (Ms. F.) — Le Ms. F. supprime ensuite : « et en toutes autres coses. »

crois (qui estoit toute vermeille et qant [1]) si fu auques asseurés, car il pensoit bien dedens son cuer qu'en la compaignie de crois ne pooit mie cose venir dont maus li péust avenir.

Lors issi li biaus hom de la nef, et li rois, qant il le vit venir, si se drecha encontre lui et dist que bien fust-il venus, si l'enclina. Et li biaus hom li prist à demander qui il estoit; et il respondi que il estoit crestiens. Et il li commencha à enquerre coument il estoit iluec venus, et il dist pour voir que il ne savoit coument, ne mais que en tel manière si estoit trouvés. Lors li demanda li roys qui il estoit, et que se à lui plaisoit, (que il) [2] l'en desist la vérité. Et li biaus hom respondi que il estoit ménestreus [3], et de tel mestier que il ne fu onques mais autex oïs ; et si ne pooit nus hom riens savoir ne ouvrer se par lui non. Lors li demanda li rois ques mestiers chou estoit. Et il dit que il pooit (et il dist que il pooit) [4] bien un lait home et une laide femme cangier en biautet, quant lui plaisoit, et si savoit autressi bien faire dou fol, sage et de povre, rice et de bas, haut, qant il li venoit à volentet.

« Chiertes, dist li roys, chis mestiers [5] a (tous) passés chiaus que nus hom mortex poroit savoir par soi et se il vous plaist, or me dites coument vous i-estes apiélés ; » et il li dist que il avoit non : Tout en

[1] Le Ms. F. suprime « qui estoit toute vermeille et qant. »

[2] Le Ms. F. supprime « que il. »

[3] « Ménestrelz. » (Ms. F.)

[4] Le Ms. F. supprime la parenthèse.

[5] « Cist meistiers ait passeit toz celz que nulz homs morteulz poroit faire. » (Ms. F.)

tout. Et li roys dist que moult avoit biau non et biau mestier [1], et se li dist : « Sire, il m'est avis à cel signe (de la crois) [2] que vous avés en vostre compaignie, que vous iestes en la créance Jhésu-Crist. Et cil dist : pour çou port-jou [3] cel signe avoec moi, que sans lui ne peut-on faire parfitement nule oevre boine ; et tant comme tu auras cest signe en ta compagnie, tant poras tu estre séurs et chiertains que nule riens ne te seras nuisans pour tant que tu i aies parfitement créance ; ne jà nul homme qui cest signe ne port, garde que tu ne tiegnes compaignie, car cil n'est mie de par Diu qui avoec lui ne le porte. »

Moult parla li hom de la nef au roy longhement et tant li dist paroles et soulas et de confort, que il li fist toutes ses dolours oublier, ne de nule tierrienne viande ne li prendoit fains. Et li roys li demanda consel coument il le feroit se il remanroit encor iluec, u se il li looit que il s'en alast. « Coument, dist li hom [4], dont ne dis-tu que tu as toute ta créance en Jhésu-Crist? » Et li roys respondi que voirement créoit-il, de tout en tout, en Jhésu-Crist ; et li hom de la nef li dist :

Or saches dont de voir que il ne t'a (mie dont) [5] mis en oubli, car il n'oubliera jà nului qui à lui s'atent, ne qui l'ait en ramenbrance toutes voies ; et là ù li hom s'esmaie de nule cose qui li aviegne, là di-jou,

[1] « Que moult avoit et halt non et halt mestier. » (Ms. F.)

[2] Le Ms. F. supprime « de la croix » mais ajoute : « que vous aviez de la crois en vostre compagnie. »

[3] « Et il li dist : maintenant, diva, pour ce port-je cest signe avuec moi. » (Ms. F.)

[4] « De la neif. » (Ms. F.)

[5] Le Ms. F. supprime « mie dont. »

par vérité [1], que il est huers de créance. Car puisque il a mis le cors et le cuer en la créance dame Diu, dont est-il bien drois que il s'atende à lui de toutes les coses dont il est besongneus, car teus est la coustume Notre Segneur, que il aime plus houme et en gregnour ciertet le tient, que ne fait li hom meismes; dont il est bien (drois et) [2] raisons que li hom ne prenge sour soi nule cure de çou que il li couvenra, mais à celui en laist couvenir, qui plus l'aime que il meismes ne se poroit amer ne tenir chier, et là ù li hom s'entremetra sour Diu (ne de soi [3] ne) de sa besongne, là kiet-il en désespérance tout autressi comme se il disoit à celui qui l'en blasmeroit [4] : « Biaus sire, volés-vous dont que jou m'atende à Dieu de toutes les coses que il me couvient; quidiés-vous que il ait toute sa pensée à mi, il a assés aillours à penser; » iluec chiet chil (de Deus) en espérance, et chou vaut autretant comme s'il disoit, se Dix voloit penser à moi et à toutes les autres gens, et il voloit de tot chou venir à chief, il couvenroit que toutes ses pensées venissent à noient : car il ne poroit mie de tout venir à chief. Chou poés savoir et counoistre, que

[1] « Par vérité » est mis pour « apert verité. »

[2] Le Ms. F. supprime « drois et. »

[3] Le Ms. F. supprime « ne de soi ne. »

[4] « Tout altreu com se il disoit à celui qui l'en blasmeroit : « Biaux sire, voleis-vous que je m'atande à Diu de toutes les choses qui moi covendront, cudiés-vous que il ait toute sa pensée à moi, il ait aisseis à penseir aillors. Illuec chiet-il en désespérence où il dit et pencet ceste desloialteit, car il tient la déiteit pour morteis, lai où il dit kil ait asseiz à penceir aillors. » (Ms. F.)

chil qui est en tel pensée n'a créance tant ne qant[1], ançois est pires que uns poblichans[2]; mais savoirs chou est Salemons qui éut sapience outre chou que autre[3] n'en puet douner à nul houme carnel; chil en dist à son fil[4].

« Biaus fix, (chou) dist Salemons, se tu vix conseil pourfitable, jou le te donrai et tu n'el gietes mie fuer; ansçois le tien toutes eures enclos et enséelé dedens ton cuer; gardes bien que tu laisses dame Dui couvenir de toutes tes coses, ne jà autrement ne t'en entremet. » En dementiers que li hom de la nef li disoit ces paroles, si furent au roy si durement plaisans que il s'en troublia de l'escouter, ne il ne pensoit ne tant ne qant à soi, ne de nule riens, ne li souvenoit (fors) que de (tout) seulement que il oï, tant li plaisoit çou que il escoutoit que il fu une (grant)[5] pièce autressi comme chil qui une avisions apiert de nuis, qui ne set ciertainement se il l'a véue en dormant, u en veillant, et si quide à la fois que il dorme et à la fois quide que il veille.

Tout en tel manière estoit li roys[6] que il ne savoit se il estoit u se il n'estoit mie, et qant il escapa de ceste penser et il fu revenus en sa mémoire si comme il fu devant, si coumencha à regarder environ

[1] « N'ait de créance ne tant ne quant. » (Ms. F.)

[2] « Ançois est pires que uns publicans. » (Ms. F.)

[3] « Outre ceu que nature n'en peut douneir. » (Ms. F.)

[4] « Lai où il l'entroduisoit. » (Sans doute pour « l'instruisait. ») (Ms. F.)

[5] Le Ms. F. supprime « fors » « tout » et « grant. »

[6] « Tout en ceste manière estoit li roys qu'il ne savoit nulle certenneteit de lui. » (Ms. F.)

lui, mais il n'i vit onques ne la nef, ne celui qui dedens estoit venus. Et il se drecha en estant, si coumencha à regarder de toutes pars la mer. Et qant il vit qu'il ne le povoit en nul sens voir ne coisir [1], si se rasist; lors coumencha moult durement à penser tout de rechief et moult s'esmerveilloit en son cuer que chil pooit estre qui tant avoit à lui parlet, car moult li avoit douné grant confort. Et tant s'apierçut bien que li hom ne pooit iestre se de par Diu non, à qui il avoit parlet, si en éut moult grant joie [2]. Car se il fust contraires à la créance dame Diu, ne il ne portast le signe de la crois [3] en sa compaignie, ne il ne parlast si volentiers de Diu ne de ses coumandemens [4], et se il fust hom mortex, si ne s'en poist pas estre si tost alés, que il ne l'éust véu en aucune manière.

Moult demoura li roys longement en cel penser, et tant que il esgarda à séniestre partie deviers galerne, si vit une nef moult ricement encourtinée. La nef fu de moult rice atour [5] et de moult biel et fu toute couvierte d'un (moult) [6] riche drap de soie tout noir, et

[1] « Et quant il vit qu'il ne poroit rien chosir en nul sent de la mer, si se rassist. » (Ms. F.)

[2] « Et tant s'apiercevoit-il bien, si en avoit moult grant joie, que li hom ne poioit iestre si de part Diu non, à cui il avoit parlet. » (Ms. F.)

[3] « Le signe de la sainte crois. » (Ms. F.)

[4] « Et se il fuist homs morteils, il ne s'en poist pais estre ci tost aleiz, que il ne l'éust véu en aucune manière, ou entroit. » (Ms. F.)

[5] « De moult grant atour. » (Ms. F.)

[6] Le Ms. F. supprime « moult. » On voit que ce manuscrit évite avec soin les répétitions.

li voiles fu tous autretex et li mas ausi, et la nes estoit autressi couverte [1] et dedens et dehuers jusques es bors ù les ondes estoient [2]. Ensi ricement venoit la nes comme vous oï, et se n'i paroit ne hom ne femme qui les conduisist. En tel manière, vint tout droit à la roche, et qant li roys les vit ainsi arivées, si se coumencha moult durement à mierveillier, que chou pooit (iestre ne) [3] sénefiet et ques cose chele nes estoit venue querre. Lors se drecha et coumencha cele nes à regarder d'une part et d'autre, et qant il se resgarda si vit huers issir une des plus bieles femmes que il éust onques (mais) véues et des plus avenans. Et qant il le vit, si fu moult esbahis et nepourqant il li dist que bien [4] fust ele venue sans faille, puisque ele a trouvée l'oume dou monde qui ele desirroit plus à véoir.

« Roys Ewalach, dist ele, jou ai tous les jours de ma vie eu couvoitise de parler à toi, ne onques mais n'en pot avoir ne liu ne ore, mais puisque tu ies chi venus, or aurai-jou bien loisir de parler à toi, et se en toi ne remaint, jou t'enmenrai en la plus délitable maison ù tu onques entraisses. » Et li roys respont : « Chiertes, dame, jou sui chi venus (et si) ne sait coument. Car jou ne vic onques celui qui m'i aporta, mais issi me trouvai en cheste roche, ne jamais à nul jour n'en quier issir, se chil ne m'en giete par qui coumandement jou i fui aportés. »

[1] « Et li malz estoit toz covers d'altreteil tint. » (Ms. F.)

[2] « Où les ondes hurtoient. » (Ms. F.)

[3] Le Ms. F. supprime « iestre ne »

[4] « Que bien fust-ele venue, et la dame respondit qu'elle estoit bien venue sans faille puisque. » (Ms. F.) Lacune corrigée.

« Par le coumandement [1] de che qui chi t'aporta, dist-ele, t'en istras-tu, car jou ti aportai par mon sens et par chou qui jou vouloie avoir liu et tans d'iestre en ta compaignie que jou ai tousjours tant desirée, et se tu ne vex refuser si bièle compaignie com est la moie, jou te menrai avoc moi et te ferai segnour de toute ma tere dont jou ai moult grant plentet. » « Coument, dist-il, dame, iestes-vous de si grant poissance, que vous poés porter ensi chiaus que vous volés par tous liex ? » « Par foi, dist-ele, de si grant pooir et de si grant sens sui-jou, que jou puis prendre tous chiex que jou voel et porter là ù il me plaist. » « Dame (dist-il), de grant pooir iestes-vous (dont) et de grant sens, ne jou ne quidoie mie que en tous les houmes ne en toutes les femmes qui soient (el monde) [2], éust autretant de sens comme jou ai oï dire à un houme et à vous; mais encor a chix hom gregnour pooir que vous n'avés. Car il puet faire des lais houmes biaus et des povres rices et des faus sages [3]; mais il me dist que nus ne peut faire œvre parfaite ne durable se il n'avoit en sa compaignie le signe de la saintisme crois [4]. »

« Ha, roys Evalach, dist li dame, tu es décéus, car jou te dirai coument tu as déguerpie la créance par coi tu a tousjors estet à hounour, ne jamais tant que tu tiegnes cette loy et cheste créance que tu as rechéue n'auras un jour d'hounour ne de pais, et le coumencement en vois-tu jà (bien). Car onques puisque

[1] « Par foi, dit-elle, par le coumandemant de celui qui t'i aportait, t'en istrais-tu. » (Ms. F.)

[2] Le Ms. F. supprime « el monde. »

[3] « Et des folz saiges. »

[4] « Le signe de la sainte crois. »

tu le recéus, n'eus (se maus et) dolour non; si comme des merveilles (que tu as éues et)[1] qui t'avinrent en ton païs[2], dont Séraphes tes serourges est remés si mal atournés que il n'en puet escaper se par le mort non. » « Ha! dame, dist li roys, pour Diu coument savés-vous çou que il est si malades comme vous avés dit? » « Certes, fait-ele, jou le sai si vraiement, comme chièle qui l'a véu as ex, puis que tu fus del lit levés ù entre vous deus estiés assis. » Lors fu li roys moult esbahis et créoit bien que cele disoit voir de son serourge que il se morust, pour les autres ensegnes que ele li disoit vraies, et que il bien counissoit. Par ceste nouvièle, si fu si troublés[3] en son corage que par un poi que il ne kaoit en désespérances et quidoit bien que nostres sires l'éust oubliet et mis en non caloir[4].

« Roys[5] Evalach? se tu me voloies croire et faire ma volentet, jou feroie encore tant que recouverroiet toute ta tière, et si saces de voir que tu ne le pues jamais délivrer par houme ne par femme qui vive, se par moi non[6]. Ne de chi ù tu ies orendroit, n'istras-tu jamais, se jou ne t'en giet; ansçois ti couvenra si longement demourer que tu i moras de faim; car chou est li plus sauvages liex qui soit en nule partie de mer. Si verras souvent di tex merveilles à venir que

[1] Le Ms. F. supprime les trois parenthèses qui précèdent.

[2] Le Ms. F. remplace « païs » par « palais. »

[3] Par ceste nouvelle fu li rois ci durement troblées. (Ms. F.)

[4] « Et mis à non chaloir. » (Ms. F.)

[5] « Et li dame li redist : Rois Evalach! » (Ms. F.)

[6] « Et si saches de voir que tu ne le pues jamais recovreir par houme qui vive ne par femme, se par moi non. » (Ms. F.)

tu ne porras longement demourer en ton sens que tu n'el pierdes. Et sés-tu que chil est, qui set faire des houmes lais biaus et des povres rices, chou est uns encantères [1] et si saces de voir que il n'aime mie moult, à grans tans ; mais jou ne vaut onques nului amer [2]. Et se tu chi demeures longement, il fera tant que il t'ochira [3] por chou que il apiercevra bien que jou t'aim ; si n'ai cure de lui amer ; or sai lequel que (tu vauras et que) [4] tu miex ameras. Si tu remains chi, tu morras et se tu t'en viens avoec moi, jou te ferai plus riche que tu ne fus onques pour (tant) que tu faces mon plaisir [5]. »

A cest mot, coumencha moult li rois à penser que il poroit faire, u se il iroit avoec cele dame qui li faisoit entendant que ele tant l'amoit, et qui de si grant sapience estoit plaine que ele li disoit coument il li estoit avenut [6], et que lui estoit encore à avenir. Et qant il eut longement penset, si rapiela la femme et se li dist : « Dame, car me faites sage, en quel liu jou sui et com(bien) d'espasse il puet avoir jusques à ma tière [7]. » Et ele li respondi : « Çou te dirai-jou bien. Or saces tout premièrement que tu ies en une roce

[1] « Ce est uns anchantières. » (Ms. F.)

[2] Phrase obscure même dans le Ms. F. où « vaut » est remplacé par « vou. » (Je ne veux).

[3] « Qu'il t'occirrait. » (Ms. F.)

[4] Le Ms. F. supprime « tu sauras et que. »

[5] « Pour que tu faices mon plaisir. » (Ms. F.)

[6] « Ele li disoit ceu que avenue li estoit avenut et ceu que il i devoit ancore avenir. » (Ms. F.)

[7] « Et com d'espaice il puet avoir d'ici jusqu'en ma terre. » (Ms. F.)

de Port péril [1] pour çou que çou est li liex en mer ù on a plus faites de traisons et de félonnies (a ele ainsi a non) [2]; et se tu vieus savoir combien tu es loins de ta tière, ce saces-tu que il a de chi ù tu ies, jusc'au coumencement de ta tière dix sept journées grans [3]. Car nule n'est, tant éust buen vent aquelli, ne poroit huers iestre de la mer, se ele mouvoit de chi [4], en mains de huit jours, et de l'issue de la mer jusques au coumencement de ton règne n'i poroit nus aler que il ni mesist neuf jornées au moins [5]. Ensi pués (tu bien) véoir que entre chi et ta tière a (bien) [6] l'esreure de dix sept journées, ne tu n'i pués jamais aler à ton vivant, se par moi n'i es remenés et conduis [7]. » Et qant li roys oï que il estoit tant eslongiés de son règne, si fu assés plus esbahis que il n'avoit estet devant, et lors recoumencha moult angoisseusement à penser; et li dame li dist : « Roys ! que penses-tu tant, se tu viex estre menés à sauveté, si t'en vien avoec moi, jou t'enmenrai ou plus délitable lieu dou monde et en celui ù tu ies plus desirés, et si tu n'i viex venir je

[1] « Que tu ies en une roche qui est appellée la roche de *Port péril.* »

[2] Le Ms. F. supprime « a ele ainsi à non. »

[3] « Jusc'au coumansement de ton règne dix-sept journées grans. » (Ms. F.)

[4] « Quar nul i n'est, tant éust buen vent, qui poist estre hors de la mer, s'il se mouvoit de chi, en moins de .VIII. jours. »

[5] « Jusques au commancement de ton roiame, n'i poroit nulz aleir, qui n'i mist .VIII. jornées. (Ms. F.) Ce Ms. supprime « au moins. »

[6] Le Ms. F supprime les deux mots « tu bien » et « bien, » inutiles et qui forment des répétitions désagréables.

[7] Le Ms. F. rétablit : « ni escondus et menciz. »

m'en vois; et bien saces de voir que tu verras tant d'encombriers et tant d'anuis qui t'avenront, que il n'est nus liex en cest monde tant povres ne tant mendis, ù tu ne vausisses estre mis alés que chi remés[1]. »

Li roys fu tant esbahis de penser et si soupris que il ne pot onques respondre à chou que ele li avoit dit, ansçois en fu si trespensés que il en fu tous (esbahis et)[2] amuis. Et qant ele vit que il ne responderoit mie, si s'entourne; et qant ele éut sa nef desrivée et mise à la voie, si dist tout souef[3] que à paines le pot li roys entendre. « Ha, dist-elle, (merveilles est)[4] que nus arbres n'iert jà plus plentiveus de celui qui en sa viellece coumence à porter[5] » Ceste parole tres oï li roys, et lors si leva la tieste et vit que ele estoit empainte jà grant pièce dedens la mer et que une si grant tempieste le sivoit que il estoit avis que toute la mer déust issir de son canel (huers)[6]. Et la nef s'en aloit par le plus espés de la tormente si tost et si bruiant que nus sousflemens de vent, par samblant, n'alast plus tost que ele couroit. Et li roys fu sour la roce en estant, si resgarda cele tempieste moult longuement et si s'esmerveilla assés qui cele femme pooit iestre qui si grans mierveilles et si laides aloient sivant. »

Moult pensa li roys à cele femme et moult fu dolans

[1] « U tu ne voleisse muelz estre aleis que ci remeis. » (Ms. F.)

[2] Le Ms. F. supprime « esbahis et. »

[3] « Si dist tout soueif, li baisset, que à poines la put li roys antandre. » (Ms. F.)

[4] Le Ms. F. supprime « merveilles est. »

[5] « Que nulz arbres n'i ert jà plus planteurous de celui qui en sa villèce ancoumancet à porter. » (Ms. F.)

[6] « Déust issir de son augel. » (Ms. F.)

de çou que il ne li avoit plus enquis de li qui ele estoit et coument ele estoit apielée et de quel tière ele estoit dame; moult li vausist volentiers avoir enquis tant qu'il en séust la véritet. Mais çou ne pot estre si l'empesa moult [1], car il ne le quida jamais véoir, et de chou que ele li avoit dit que il n'auroit jamais ne joie ne pais tant comme il querroit ceste créance, de çou fu-il si trespensés que il ne savoit que faire. Et lors li coumencha à ramembrer de la grant riquèce que il avoit éue lontans [2], et que il avoit esté tant doutés et (tant cremus et) [3] tant proisiés [4].

Toutes ces coses amenoit à mémoire, après racontoit [5] à son cuer les paines que il avoit soufiertes puisque il avoit recéu le bautesme Jhésu-Crist, si en estoit si durement troublés en son corage que par un poi que il ne cai tous en désespérance [6]. En cel tourment de cuer demoura jusques à la nuit et lors si coumencha à pourpenser coument il porra esploitier de lui meismes; il vit la roce gasté et

[1] « Mais çou ne puet estre, si l'empoiset moult durement. » (Ms. F.)

[2] « De la grant riquèce que il avoit lonc tempz éue, et de la grant aise où il avoit tozjors esteit et des grans honeurs qui l'on li avoit portée, et pour ceu. » (Ms. F.)

[3] Le Ms. F. supprime « tant cremus et. »

[4] « Preïsiez » au lieu de « proisiés. »

[5] « Après recourdoit en son cuer les paours et les anuis que il avoit souffert. » (Ms. F.)

[6] « Que il ne chaoit toz en désespérence. » (Ms. F.)

hideuse comme cele qui en trop sauvage lieu estoit, et destournée de tous trespassans, se ensi non com aventure y amenoit aucune nef.

Lors monta li roys les degrés et monta en la cave, (et vint à l'entrée)[1], si le trouva (moult) noire et (moult) oscure. Car mains jours estoit passés puisque nus hom vivans n'i avoit estet ne géu. Et comme il est grans pièce estet à l'uis, si dist à soi-meismes que dehors ne girroit-il[2] mie à descouviert, lors se hasta pour entrer ens et qant il vaut (metre) dedens le premier piet, si cai ariere (tres)tous pasmés. Car il sentoit que on le tenoit (à deux mains)[3] par ses caviaux[4] et se li estoit avis que deux mains avoit[5]. En ceste manière se pasma, et qant il fu revenus de pamisons si fu tos estourdis, et vit que li huis de la cave fu tous estoupés; et il escoute, si oï que une si grans tempieste venoit de la mer viers la roce, que il li estoit avis que les ondes déussent monter jusques au chiel et abatre toute la tière et le firmament; après çou vint une si grans oscurtés que il ne pooit nule riens veir des ex, nient plus que se il fust descendus en abisme. Et qant il vit que il eut pierdu le véoir de toutes coses, si par fu tant espoentés que nus n'en poroit

[1] Le Ms. F. supprime les trois parenthèses dont deux offrent des répétitions.

[2] « Que dehors ne geiroit-il mie à descouviert. » (Ms. F.)

[3] Le Ms. F. supprime les deux parenthèses et met : « lors se baissait pour entreir et quant il vaut dedens entreir le premier piet... » (Ms. F.)

[4] « Par les chavoux. » (Ms. F.)

[5] « Que .II. mainz i avoit. » (Ms. F.)

dire le conte [1] de la grant paour que il ot, se cil non seulement qui après le grant paour (que il ot) [2] li dona le grant confort. Et qant il éut longement esté en ces ténièbres, si éut si pierdu le sens et le mémore par la grant paour que il avoit éue, que il ne savoit ù il estoit, ne de toutes ces coses qui li estoient avenues ne li souvenoit.

En tel manière demoura li roys [3] toute la nuit que il ne li menbroit ne de soi ne d'autre; ains estoit autressi comme chil qui estoit en pamison [4] qui a pierdu le sentir, et l'oïr et le véoir. Et qant nostre Segnour vint à plaisir, si que il espandi la clartet de son jour (par le païs et) [5] par les tières, et li rais dou soleil gieta le calour par tout (le mont) [6], li roys qui encore se gisoit sur les degrés devant l'uis de la cave, ensi comme vous avés oït, senti l'ardour dou soleil, dont li rai le féroient sour la face, et lors ouvri les ex tout autressi comme cil qui s'esveille, si coumence à regarder tout entour lui, et qant il vit la mer, et la roce sour quoi il gisoit, si leva maintenant sa diestre main en haut, et fist sor lui le signe de la sainte crois, et tantost recouvra tout son sens et (tout) sa mémoire, si comme il avoit devant eu, si se mist à coutes et à

1 « Que nulz n'en poroit dire le conte ne ne poroit penseir. » (Ms. F.)

2 Le Ms. F. supprime « que il ot. »

3 « Demoura li roys en la roche. » (Ms. F.)

4 « Comme chil qui gist en pasmeision. » (Ms. F.)

5 Le Ms. F. supprime « par le pays et. »

6 « Et li rais dou soleil jectèrent le chalor partout. » (Ms. F.) Ce Ms. supprime « le mont. »

(nus)[1] genous, et coumencha sa proière viers Jhésu-Crist en tel manière[2] :

« Biaus sire Diex, qui es vrais conseillières[3] et vrais confors as périllans, qui de buen cuer et de simple vous reclaiment[4] et vostre saint glorieus non, toi aour-jou[5] et rens grasses et merchis de çou dont tu m'as garanti et delivret des grans mésaventures et des grans hontes que il me couvenist à sousfrir, se ta seule débonairetés ne fust. Sire jou sui ta créature qui tu as moustret (si grant débonairetet et) si grant miséricorde, et si grant mestier m'as éut en mes besoins, que l'âme (de moi)[6] aproçoit à aler en infer, et qant tu, par ta grant douçour et par ta grant pitiet, le ravrusis[7] arrière et le rapielas à la droite voie de toi cremir à connoistre et à aourer.

« Glorieus sires pères ! coument que jou soie chi venus, aourés soies-tu, et à la moie volentet i seroie-jou venus par ta grasse et par ton coumandement; car plus légièrement en souferroie le paine et (le tourment et)[8] le travail. Sire, vées-moi chi appareilliet à vostre coumandement et à vostre plaisir (sousfrir) mais de tant me deffende ta douce pités, que jou ne

[1] Le Ms. F. supprime « nus. »

[2] « En teilz parolles. » (Ms. F.)

[3] « Qui es verais conseillières az desconsilliés. » (Ms. F.)

[4] « Reclaiment ton saint glorieus non. » (Ms. F.)

[5] « Toi aor-je » (Ms. F.)

[6] Le Ms. F. supprime les deux parenthèses précédentes.

[7] « Et par ta grant pitiet l'a retrassis arrière et le rappiellas à la droite voie de toi cognostre et criembre et aourer. » (Ms. F.)

[8] Le Ms. F. supprime « le tourment et » et « sousfrir. »

soie déchéus, par le temptasion dou dyable, de qui jou ai guerpi et les soies œvres et les consaus. » Atant se drece li roys qant il éut finie sa proière et qant il se fu redrechiés, si regarda en la mer encontre oriant [1] et si revit la biele nef (d'argent) que il avoit véue le jour devant ù li biaus hom estoit venus qui tant avoit à lui parlet. Et qant il le counut, si fu mout durement aséurés por les buenes paroles que il li avoit dites qui toutes ses dolours li avoient fait oublier. Lors se coumença moult durement à reprendre [2] del corage que il avoit er soir éut et en crioit à Diu merchit. Et qant il vit la nef aprochier, si descendi d'en haut, et si vint au piet de la roce aval et esgarda : si vit dedens la nef tote la plentet et toute la riquèce que on poroit deviser, de toutes icheles viandes qui a cors d'ome sunt couvegnables. Et qant il vit le segnour de la nef celui à qui il avoit tant parlet à l'autre fois, si le salua et li dist que bien fust-il venus. Lors vint li sires huers, et demanda au roy [3] coument il s'estoit contenus, puisque il s'estoit de lui (dé)partis ; et li rois li dist : « Ciertes jou n'oi onques puis se dolour non et pesance qui vous fustes de moi tournés. » Et lors li conta toute s'aventure ensi comme ele li estoit avenue et de la femme qui vint

[1] « Et quant il se fu dresciez si esgardait moult loing en la mer encontre Orient et si revit venir la biele nef que il avoit véue. » (Ms. F.)

[2] « Lors se coumansait moult à repartir en son cuer, à reprendre del corage que il avoit hier soir éut, et en crioit à Diu merchit moult durement. » (Ms. F.)

[3] « Lors vint li sires de la neif huers sor la roche et demandait. » (Ms. F.)

en la nef et des autres mierveilles que il avoit toute la nuit (véues et)[1] soufiertes. Et li sires de la nef li respondi en riant : « Ha ! diva ! hom de povre créance, pechiés et convoitise et enlacemens de désespérance t'a liet ; tu ne déusses de nule mésaise estre dolans ne repentans de sousfrir, puisque tu le soufrisses pour l'amour de ton créator[2]. Car çou est chil qui n'oublie nului qui à son siervice entende et çou dist David li vrais prophètes là ù il parole de la grant debuenaireté au créatour. »

« Nostres sires, fait-il, est tousjours appareilliés à secourre tous ciex qui l'apielent de buen cuer en vé-ritet, et en çou dois-tu avoir ta fiance. Car se tu parfitement le crois, tu auras tout kanques tes cuers demandera sans faille, et se tu ies loiés et emprisounés, de çou ne te dois-tu pas esmaier ; car se tu remés dou tout en sa manaie, et soies (dou tout) abandonés à sa volentet (faire), t'auras de lui plus biel secours et plus rice, que tes cuers n'oseroit penser. Car çou dist David en cele psaume ù il semonst lui meismes de Diu loer. »

« Nostres sires, fait-il, desloie les prisounés ; nostres sires rent la véue del cuer as avulés par les tierriennes fragilités, nostres sires garist les bleciés et les maumis (redrece)[3] ; nostres sires aimme et tient chier ciex qui sunt droiturier ; nostres sires garde et maintient les estrangés ; il soustient et gouvierne les orphenins et

[1] Suppression dans le Ms. F. de la parenthèse qui est une répétition.

[2] Le Ms. F. substitue « salveor » à « creatour. »

[3] « Nostres sire garist et redresset les blesciés et les maulmis. » (Ms. F.)

les veves [1]. » « Or pues-tu bien entendre que qui a pierdue la véue dou cuer, ce est à dire la counissance de son créatour [2] (que il le ravoie, qui à lui se tient dou tout). Cex est la véue dou cuer et cele des ex est autre. Car il ne sunt abandounet à nule cose esperitel counoistre, mais es terriennes coses est toute lour counissance. Ensi pués-tu savoir que li oel ont la véue dou cuer (pierdue) [3] et nepourqant il avient auqunes fois que li cuers pece et pour çou ne dois-tu pas quidier que çou soit de la nature de lui ; mais s'il li avint par la grant fragilitet de la char, dont est-il cargiés, kar la chars est mortex, si ne puet naturelment à nule cose penser, qui mortex ne soit, mais li cuers est espéritex, si doit as espériteus coses entendre. Mais or dois-tu dont savoir qui est li cuers, pour çou que jou ne fac entendant que il est esperitués. Li cuers n'est autre cose que la counisanche dou bien et dou mal, et pour chou que il est counissans et de l'un et de l'autre, pour chou doit-il estre apielés la véue de l'âme. Ensi rent li très haus

[1] « Les orphenis et les veuves. » (Ms. F.)

[2] Phrase claire dans le Ms. F. qui met : « or poiés antandre que qui ait pierdut la véue del ceur, ce est à dire la cognissance de son créatour » et supprime la parenthèse qui suit, puis reprend : « Il n'ait pais, pour ceu, son créator perdut, car citost com il voldrait repairier à sa droite cognissance, cil qui nelui ne refuiset, ne n'escondit, est toz apareiliés de lui recevoir ; et se li rent tantost la clarteit de ses coumandemans antandre, teilz est la véue del cuer... »

[3] Le Ms. F. supprime « pierdue » et dit : « Enci pués-tu savoir que li oeil ont la véue del cors et li cueurs ait la véue de l'esperit. »

sires la véue dou cuer à chiaus qui [1] les mortex coses ont anulés ; et qant ils voelent [2] croire sa médechine et son conseil et coument il desloie les prisounés dont David parole, si comme jou t'ai dit. »

« Il est voirs que tant com li hom est em péchiet, tant est il em prison ; car il est loiés des loiens au dyable, et tantost com il vient à la fontaine du conseil, çou est à la voie confesion, tantost piert li dyables çou qu'il y a éue, et lors est-il desloiés. Car puisque il guerpist et renoie çou que il a tenu dou dyable, dont est ses homages quites. Ne dès en qui en avant, ne puet riens en lui calengier [3], ne en ses loiens ne lavera-il jà puis, se il à ses ouvéures ne retourne. En tel manière desloie li sauvères chiaux qui sunt loiet des loiens d'infer, et coument redrece-il les debrisiés et les contrais. »

« Il sunt maint houme en cest siècle qui moult bien sunt fourmet de tous les membres dou cors, et si sunt si durement contrait que il ne puent aler ; jou ne sai noient plus contrait que chil est qui a pierdus les membres de l'âme. Chou fust les buenes riquèces dou cuer, si comme religions, pités, révérense, concorde, innocense, miséricorde ; ches virtus sunt li membre de l'âme, kar par eles est li ame menée à voie et soustenue [4], ce sunt les mains de l'âme et li pie et l'âme qui est sans ches virtus (bien) puet savoir que ele n'a nul menbre, dont est-il verités que

[1] « A celz *cui* les morteils coses ont aveuglées. »

[2] « Et quant il vuelent requerre sa médicine. » (Ms. F.)

[3] « Chalonger. » (Ms. F.)

[4] « Kar par eles est li ame perdue menée et avoiée et sostenue. » (Ms. F.)

ele est contraite [1], mais sitost com li âme puet ces virtus recouvrer, tantost est-ele redrechié, car bien est li cors soustenus là ù li membre sunt sain et entier. Et ausi redrece li tous poissans et garist chiaus qui pour l'ordure dou cors sunt contrait et mehaigniet en l'âme. »

Ciex paroles dist li sires de la nef et moult le conforta [2] par ses dis et par son conseil, et li roys li demanda se il counissoit celi dame qui estoit à lui venue et qui mener l'en voloit. Et chil li respondi : « Tu le véist moult biele et moult ricement viestue et atournée, et bien saces-tu devoir que ele éut, tèle éure fut jadis moult grant biautet et riquèce à cent doubles que ele n'a orendroit [3] ; et en cele grant biautet fu ele en ma maison si à aise et si dame que ele ne vausist riens qui ne li fust faite ; mais qant ele vit que jou l'oï tant essauchié et eslevée que jou oi toute ma maison mis à sa volentet, si s'enorguelli, et si se pensa que à tant ne s'en souferroit-ele mie, ançois feroit tant que ele seroit ausi dame comme je estoie (sires) [4], et que jou n'auroie nule poestet sour lui. Ensi pensa que ele le feroit, et sitost com ele l'éust

[1] « Puet savoir que ele n'ait nul membre parquoi elle soit sostenue et dès quelle n'ait nul membre, dont est il veriteiz. » (Ms. F.)

[2] « Teilz paroles et altres teilz biens dit li sires de la neif à roi et moult le confortait. »

[3] « Et bien saces-tu do voir que teile hore fuit qu'elle ot et biautet et richèce à cent doubles qu'ele n'a orendroit et en cele biautet fuit-ele en ma maison si à aise et ci dame qu'elle ne voloit nulle riens qui ne li fust faite. » (Ms. F.)

[4] Le Ms. F. supprime à tort « sires. »

pensé, jou le soi, car jou sui de tous pensers certains counisières [1]. Et qant jou vi que ele pensoit tel folie enviers moi [2], si ne vaut soufrir que ele fust plus en ma compaignie, ançois le gietai tantost [3] de ma maison, par itel couvent que ele n'éut onques si grant biautet ne si grant aaise, et dès lors en en chà ne fu onques plus nuis ke ele quidast que jou amais, que se ele ne mesist volentiers engien et painne, coument ele le péust courouchier [4] à moi, et tant qu'il me guerpesist et laissast. Et pour çou que jou sui venus visiter toi, et que ele voit que je ai pitiet de toi pour çou ensai ele [5] se ele te porroit tant esmouvoir que ele te tournast à sa volentet et que ele te départesist de ton créatour [6], si pense tant à lui que nule promesse d'aise ne de riquèce ne te puisse fléchir ne ploier que tu ne soies toutes éures abandounés à ses coumandemens acomplir. »

Ainsi parla li hom de la nef moult longement au roy et li dist toutes les manières des buenes paroles par quoi il pooit iestre tenus en fierme créance, et eslongiés des voies au dyable. Et li roys l'escouta moult volentiers et moult ententivement, et se li plaisoit moult çou que il disoit et mier-

[1] « De touz pensoirs certains cognoissières. » (Ms. F.)

[2] « Teil félonnie enviers moi. » (Ms. F.)

[3] « Tantost hors de ma compaignie et de ma maison. » (Ms. F.)

[4] « Coumant ele le poist à moi corocier. » (Ms. F.)

[5] « Pour ceu essaie-t-elle por savoir si elle te poroit tant amovoir qu'elle te tournast à sa volanteit. » (Ms. F.)

[6] « Et que ele te départéist de la compaignie à son créatour. » (Ms. F.)

veilles estoit à aise; lors vint avant li sires de la nef, si le prist par la diestre main, et si le nouma par son nom de bautesme, et se li demanda se il avoit faim, et li roys respondi que il n'estoit nule si grant mésaise que il n'oubliast se il pooit estre longhement en sa compaignie. Et il le prist, si l'enmena jusques à la nef et se li moustra la grant riquèce de toutes les viandes bièles dont il avoit grant plentet de toutes les manières, dont cuers poroit penser et langue parler (et dire)[1].

Apriès si dist : « Toutes iceles viandes que tu pues caiens véoir te mech-jou à bandon que tu en prengnes et de tex comme toi plaist (à mengier)[2]. Et tantost comme li roys eut véut cele grans miervcille, si fu saoulés seulement del véoir que il ne sentoit nule faim, nient plus que se il l'éust lors mengiet orendroit[3] et dist : « Sire, tant voel-jou bien que vous sachiés que jou sui orendroit si refais de vos buennes paroles et de véoir ces bièles viandes qui ci sunt, que se tousjours me tenoit chis corages, qui orendroit me tient, jamais à nul jour ne me prendroit talens[4] de mengier ne de boire; mais puisque tant m'avés confortet, si me conseilliés, se il vous plaist, que jou ferai. Kar puisque vous iestes vrais counissières de tous pensers, dont counissiés-vous le mien et si me devés bien con-

[1] Le Ms. F. supprime « et dire » et met « porpanser » au lieu de « penser. »

[2] « Après li dist : De toutes ces viandes et de toutes icelles dont tu pues céens véoir. » (Ms. F.) ; ce Ms. supprime « à mengier » et ajoute : « et tant com toi plairait. »

[3] « Et lors se li dist li roys : sire tant vuel. » (Ms. F.)

[4] Le Ms. F. remplace « talens » par « coraiges. »

seillier selonc çou que jou pens. » Et cil li respondi : « Jou sai bien, dist-il, ques tes pensers est. Tu penses à Nascien ton serourge de qui la femme te dist ier soir les nouvieles, mais de lui ne soies-tu jà esmaiés. Car chil n'el oubliera mie qui tu véis en ta vision descendre dou ciel et baignier tout son cors el nuevisme flun qui estoit graindres que tout li autre . VIII. » Qant li roys oi ceste parole, si fu moult esbahis et moult s'esmerveilla en son cuer que chil hom pooit iestre, car il ne quidoit mie que nus hom mortex péust savoir les coses que il disoit et pour chou si pensa assés en son cuer que çou n'estoit pas hom mortex, mais il n'estoit tant hardis que il enquesist plus et qant il éut grant pièce atendu, se li dist :

« Toutes voies, biaus sire, celes avisions (dont vous avés parlet)[1] me dites pour Diu se il vous plaist que ele puet sénefier, car jou en ai estés esbahis moult longement. » Et chil li respondi : « Çou ne trouveras-tu jà qui le te die, devant cele éure que tu auras véeut[2] et escachiet le leu qui ta buenne viande te vaurra tolir et lors sauras certainement qui cis liex est[3] et pourquoi il te vaura tolir ta viande. Après counistras que toute l'avisions sénefie de chief en chief, mais de tout te casti-jou bien[4] que jà de nule cose que tu voies, ne soies esmaiés ne espoentés. Car de grans mierveilles véoir, par tans, pues iestre tous chiertains et pour çou dist la vois en ton palais, qant entre toi et Nascien vous gisiés

[1] Le Ms. F. supprime « dont vous avés parlé. »

[2] « Que tu auras vaincut et chassiet de toi le lous. » (Ms. F.)

[3] « Qui cis lous est. » (Ms. F.)

[4] « Mais de tant te chasti-jou bien. »

el lit, là u vous caïstes en pamisons, à cele éure dist la vois : « Chi coumencent les paours. » Çou est à dire que après icest mot, mousterroit li vrais crucefis tiex coses à chiaus qui il li plairoit, qui paisseroient toutes les coses qui devant auroient estet de mierveilles espoentables, et se tu, en buenne créance, et en estable de cuer, te viex tenir encontre toutes les coses que tu verras, itant i auras gaagniet [1], que jà miervieilles que tu voies, ne t'aparistra pour ton damage, mais pour plus haïr le dyable et eslongier; et pour toi plus enfremer et enfichier en la sainte créance [2]. Et se il avient cose que auquns hom u aucune femme te vieut décevoir u par proumesses u par dons, por toi départir de la compaignie au créatour, si garde que tu aies tousjours en ramenbrance, ensi com Adans li premiers homs fu décéus, pour çou que il consenti à l'amounestement dou dyable par le conseil de la femme.

« De ceste cose soies tousjours en ramenbrance, par çou poras counoistre liquel conseil te seront dounet pour sauvement et liquel pour péril; et pour çou que tu (te) tiens del tot en tout à la volentet de ton segnour, pour çou ne dois-tu nul conseil croire [3] qui soit contre sa volentet. Et se on te promet grans dons et grans riquèces pour faire cose qui contre son plaisir soit, si soies d'itant concordans [4] que li terriendon

[1] « Itant i aurais guéaingniet. » (Ms. F.)

[2] « Et pour toi plus confermer et enforcer en la sainte créance. » (Ms. F.)

[3] « Nul conseil croire, qui soit en, et sont contraire à sa volanteit. »

[4] « Si soies d'itant recordans ke. » (Ms. F.)

ne se puent prendre as célestiaus [1]. Kar li terrien sunt fraille [2] mais li célestieus sunt enterin et pardurable ; et si tu sés ausi contreproisict les unes coses par les autres, que tu saces eslire et tourner deviers toi les (plus) [3] pourfitables et refuser les nuisans, par çou seront les mauvaises temptasions de l'anemit pardurable cachiés [4] d'ensus de toi et eslongiés et tu en seras aprociés de pardurable conseil. »

En ceste manière, parla li hom (au roy) moult longement et moult li pléurent [5] les paroles et tournèrent à grant confort et en la fin li demanda li rois : « Sire ! car me dites se jou demoerai bien longement en ceste roce; » et il li dist : « Tu i demouerras tant que li dyables t'en giétera à la seniestre main ; ne jà lors devant tu n'en isteras. » A tant se téult que plus ne parla. Et li roys fu moult esbahis et espoentés de ceste parole que il li ot dit, del dyable qui (par la main) [6] l'en giéteroit. Lors s'embroncha viers tière, si coumencha moult durement à penser. Et el penser ù il estoit entrés [7], si entra li sires en la nef arière et se mut [8] maintenant sans plus dire. Et qant li roys éut tant esté en son penser que il l'éut menet à fin, si cou-

[1] « Li terrein don ne se puent appareilleir as célestialz. » (Ms. F.)

[2] « Kar li terrien sunt failli et deschéant. »

[3] Le Ms. F. supprime « plus. »

[4] « Chaseiés. » (Ms. F.)

[5] « Et moult li plourent ses parolles. » (Ms. F.)

[6] Le Ms. F. supprime « par la main. »

[7] « Et en son pancer ù il estoit entreiz. » (Ms. F.)

[8] « Et se mist en la mer maintenant tout sens plus dire. » (Ms. F.)

mencha entour soi à regarder, mais il n'i vit onques nule riens, ne l'ome ne la nef, et il remonta arière tous les degrés (jusques à l'uis)[1] de la cave, et resgarda moult lons dedens la mer ; mais il ni pot onques point véoir et lors se ramenbra que en autretel manière s'en estoit-il alés autrefois[2]. Lors s'asist li roys et coumencha moult durement à penser que chil hom pooit iestre devenus qui si li devisoient les coses qui avenues li estoient et qui encor li devoient avenir ; moult durement blasmoit soi-meismes de çou qui ne li avoit assés plus enquis, et encerkié et que il ne li avoit demandet[3] se il estoit diex u non, et d'itant s'afiçoit-il[4] moult en son cuer que il[5] li demandroit tantost se il jamais pooit tant vivre que il le revéist.

Ensi parla li roys à lui-meismes, tant que il oï les ondes de la mer qui sonnoient et démenoient moult grant noise. Lors se drecha et esgarda viers occident, si vit venir (maintenant deviers occident)[6] icele nef en qui il avoit véue la dame à l'autre fois, et qant il vit la nef, si fu moult esfréés[7] ; car il doutoit moult que cele dame qui dedens venoit ne fust de mauvaise part, et que ele ne fust venue pour lui (sousprendre et)[8] souduire. Lors si coumencha moult à Diu (à

[1] Le Ms. F. supprime « jusques à l'uis. »

[2] « S'en estoit-il aleis l'altre fieie. » (Ms. F.)

[3] « Demandeit tout plennement se il estoit Deus. » (Ms. F.)

[4] « Et d'itant s'affichoit-il. » (Ms. F.)

[5] « Que son non li demandroit tantost. »

[6] Le Ms. F. supprime « maintenant deviers Occident » et ajoute « icele nef demeinement en qui. »

[7] « Si fu esfrahiés. » Le Ms. F. supprime « moult. »

[8] Le Ms. F. supprime « sousprendre et. »

proier)[1] que il fust garde de s'ame, coument qui li avenist dou cors et que la cars ne fesist œvre, por quoi li cors[2] fust desvoiés de son buen pourposement, itel comme il avoit empris.

Qant il éut sa proière finée, si se retourna viers oriant, s'enclina cele part de moult bon cuer el non de la glorieuse citet de Jhérusalem, en qui li beneois fiex Diu avoit estet crucefiés, pour ses amis gieter huers de la pardurable caitivetet. A tant vint la nef autresi bièle et autressi rice comme il l'avoit à l'autrefois véue, et qant ele fu arrivée, si vint la dame fors, et li roys ne le salua onques ne mot ne li dist et qant ele vit que il ne li disoit mot, si l'araisouna avant et après li demanda coument[3] il l'avoit puis fait. Et ele « pour il » respondi que ele n'en avoit à faire, il ne li devoit mie respondre, puisque ele n'estoit de la créance Jhésus-Crist autressi com il estoit. Qant ele l'oÿ (ensi parler)[4], si coumencha à rire altressi comme chil qui gabe à autrui et escarnist[5], et se li dit : « Roys Evalach, or voi-jou bien que tu as pierdut ton sens et ta mémoire, la gregnor partie. Car tu sés de voir que

[1] « Lors se coumandait moult à Deu » en supprimant « à proier. »

[2] Le Ms. F. remplace « li cors » par « il. »

[3] « Coumant il l'avoit fait puisqu'ele ne l'avoit mais véut et li rois respondit. » (Ms. F.)

[4] Le Ms. F. supprime « ensi parleir. »

[5] « Comme chil qui escharnist à autrui. » Le Ms. F. supprime « gabe » qui est cependant bien français mais a le même sens qu'*escarnist*, c'est-à-dire *s'amuser d'autrui*.

puis que tu recéus ceste créanche dont tu paroles ne t'avint biens ne hounours; anschois as puis éu toutes les dolours et tous les anuis (que hom puet avoir)[1]; et pour chou ne t'en casties-tu ne tant ne qant, ançois ies autressi fiers comme se toutes les honours del monde te fuissent par çou avenues et tout li bien. Or te dirai nouveles iteles comme jou le sai de voir, car jou ne te dirai la cose que jou n'ai véue à mes ex. Il est voirs prouvés que jou vinch orendroit de ton resne ; et si ai esté à Sarras puis que jou departi ier de toi ; et si saces de voir que Séraphes tes miudres amis[2] est mors, ne jamais à nul jour de tex ex ne le verras ne ta femme Sarracinte. »

Qant li roys l'oï ensi parler, s'en fui tous li sans, pour la grant angoisse que il en ot et nepourqant il ne créoit mie vraiement ces nouvieles; mais la grant chierté que il avoit viers son serourge et viers sa femme l'en faisoit estre en doutance et en souspeçon. Ensi le troubla la femme et couroucha par ches paroles et par autres que ele dit[3], dont ele li en dit assés qui totes estoient appareilliés à son coroc et à son damage et nepourqant ele ne pot onques tant faire ne dire que ele li fesist cangier[4] son corage d'aler en sa compaignie, ne de la roce guerpir. Et qant ele vit que d'iluec[5] giéter, se li dist que il venist véoir

[1] Le Ms. F. supprime « que hom puet avoir. »

[2] « Tes mueldrez amis est mors. » (Ms. F.)

[3] « Et par aultres parolles dont ele li en dit asseiz qui totes. » (Ms. F.)

[4] « Que ele le méist en son coraige d'aleir en sa compaignie. »

[5] « Et qant ele vit que d'iluec nel porait giéter. » (Ms. F.)

la riquèce et la biautet qui dedens la nef [1] estoit et li roys respondit que dans sa nef n'enterroit-il jà ; ne pour nule cose que il véist ne oits [2], la roce ne guerpiroit. Et la dame descouvri tantost la nef dou drap noir dont ele estoit encourtinée, si dist au roy :

« Or esgarde Evalach. » Et li rois esgarda dedens, si vit que ele estoit toute plaine de pières présieuses par samblant, et des plus rices dras que il onques mais eust véus, et ele li dist : « Roys, Evalach ! tu quides que jou ne soie mie de buenne part, pour çou que jou ne croi ta fole créance, est-il toi avis [3] que si grans riquèce et si présieus (avoirs) [4] viegne de mauvais liu. Toute ceste grans riquèce dont tu ne véis onques (mais) autretant, fust toie se tu te vausisses contenir à mon los [5] et à mon conseil. » Assés amounesta cele dame le roy par paroles et par proumesses, mais onques pour nule cose que ele li désist, à son voloir ne le pot mener; et nepourqant ele le trobla moult en son corage [6] et des nouveles de sa femme et de son serourge et d'autres paroles dont ele l'asaloit (moult durement et) [7] moult souvent ; mais ele le trouvoit si ferme et si estable ès coumandemens de son créatour que qant ele apiéloit Evalach, si disoit que à cel non

[1] « Qui dedens la neif estoit, et li roys respondist qu'en sa neif n'enterroit-il jà. » (Ms. F.)

[2] « Qu'il véist ne véoist. » (Ms. F.)

[3] « T'est-il avis. » (Ms. F.)

[4] Le Ms. F. supprime « avoirs. »

[5] « A mon loiz. » (Ms. F.)

[6] « Et corresait en son coraige. »

[7] « Dont ele l'assailloit » ; de plus le Ms. F. supprime « moult durement et. »

ne li respondroit-il jamais, car il l'avoit laissiet au dyable de qui il l'avoit tousjours tenut. Et cele rioit en escar [1] et disoit que en celui non d'Evalach avoit-il toutes les hounours conquises et les grans hautèces que il avoit éues, mais en celui non que il avoit oïe, n'avoit-il (onques) conquis se dolor non et pesance (puis que il l'ot recéu, ne jamais à nul jour tant que il le tenroit, ne seroit sans grant painne ne sans grant dolour) [2].

Moult durèrent les tençons d'iaus .II. longement [3], car ele li reprochoit les grans honors que il avoit tousjours éues et les grans aises, et il si regetoit encontre les grans hautèces présieuses de la sainte créance au vrai sauvéour que il avoit rechéue, si le prisoit assés puis, et miex le voloit soustenir en povreté tierrienne que avoir les grans riquèces que li dyables li soloit douner, par coi il alast en pardurable destruiement. Et qant ele vit que ele ne le poroit de son proposement ne mouvoir ne fléchir, si s'entourna tout ausi iréément comme ele avoit fait à l'autre fois et tantost resorti apriès lui une tempieste plus grans assés et plus espoentable que cele qui avoit esté devant. Et li rois fu remés tous pensis di cele femme qui ele pooit estre qui si grant riquèce li avoit mostrée [4] et qui en si poi d'eure estoit venue de son païs et si tesmongnoit que il estoit de dix sept journées lons de

[1] « Rioit en eschar (en se moquant). » (Ms. F.)

[2] Le Ms. F. supprime la parenthèse « puis que il l'ot reçue », etc.

[3] « Moult durèrent longuement les tensons entrealz .II. quar ele. » (Ms. F.)

[4] « Qui si grant riquèce li avoit mostrées et offertes. » (Ms. F.)

cele roce. Et qant il vit la tempieste si grant et si hideuse, si refu moult espoentés. Et coumencha à tonner et à espartir et li cix [1] s'en oscurci si durement et tous li airs que à paines véoit li roys goute pour la clarté que il véoit [2], que seulement de l'espart et dou tonoile et de la luor de la mer [3]. Et qant il éut grant pièce tounet et esparti, si cai d'en haut uns escrois et li rois fu si estourdis que il ne se péut sous-tenir, ne des menbres aidier, fors itant seulement que il s'aerst as .II. mains, si com il pout tant que il se tint as degrés de la roce toutes voies.

En dementiers que il se tenoit en tel manière, si descendi uns esfoudre et se feri si durement en la roce el plus haut, que ele le fendi toute jusques el fons de la mer; et si fu si à droit fendue par le miliu [4] et vit

[1] « Et li cielz s'en oscurci. »

[2] « Que à painès pooit li roys goute de clairteit véoir que soulement. » (Ms. F.)

[3] « Des tounoires et de la luor de la mer. » (Ms. F.)

[4] « Parmi le lou que li moitiers en remest toute en estant, atreci com elle avoit fait davant; et sor celei remest li rois et li altre moitiés de celi qu'esquartelait chait el fons de la meir, en teil manière que onques puis ne fuit véue par nul houme vivant. Et li roi chait tos pasmé altresi con se li fust toz mors sor l'altre moitiet, qui remeize estoit. Et fuit illuec en pasmeson moult longuemant. Et qant il revint de pasmeson par le plaisir nostre signor, si fuit tote la tempeste trespassée. Et il ouvrit los oilz, si vit la mer coie et paisible. Ne ne vit nulle riens, n'en oït, de tout ceu qu'il avoit davant oït et véut. Et qant il fuit bien désentordis, si se dressait et coumansait à regardeir tout antor lui. Si vit la roche qui estoit fendue dès lou soumet, de sor jusques à fons de la mer aval. Et lors fuit-il si très-durement esbahis que pour .I. poi, il ne chait en la

gésir desus un degrés un pain moult durement noir. Et qant il le vit, si en éut moult grant joie et il se leva maintenant pour l'aler prendre comme chil cui li fains si destraingnoit [1] à desmesure. Et qant il le tint, si ne vaut pas tant délaier que il l'éust piercéue [2] ansçois le mist tout entir à sa bouce pour mordre ens. Et tantost com il éut la bouce ouvierte et il vaut bouter les dens el pain, si oï un grant bruit venir deviers le chiel que il li fu avis que il éust les eles de tous les oisiaus de l'air tout entour lui; et pour la grant paour que il en ot leva-il la tieste en haut et esgarda. Si vit tout droit à lui descendre un oisiel moult grant et moult [3] mierveillous et si diver [4] que onques mais n'avoit autretel véut ne parlet ne avoit oï.

Chil oisiaus avoit autressi la tieste noire comme pois et les ex autressi rouges comme carbons em-

mer toz estordis de paor et de désespérence. Lors fist le signe de la sainte crois sor son chief et sur son cors, et priait le glorious salveor del monde que il, par la soie miséricorde, li dounest ci fer cuer et si anterin, qu'il péust estre séurs et vigourous entre ces mervelles et ces paours. A tant se rassist li rois; si prist si grant talent de somillier que parfont estevoir s'endormit à piet de la roche, sor tant pot d'espaice com il y avoit. Et quant il fuit resveilliés, si li prist une ci grans fains et si angoissouse qu'il cuidoit bien vraiement qu'il n'en eschapait jai se par la mort non. Et qant il se fuit moult longuement complainz et demanteiz de sa mésaise, si esgardait derrière lui et vit gésir. » (Ms. F.)

1 « Chil cui lui fains si destregnoit à desmesure. » (Ms. F.) (que la faim pressait à outrance.)

2 « Que il l'éust pécoiet. » (Ms. F.)

3 Le Ms. F. supprime les deux « moult. »

4 « Ci divers. » (Ms. F.)

brasés[1] et les dents tous autretex et la tieste estoit toute figurée en manière de serpent cornut et si avoit le cor tout autressi comme dragons et le pis autresi fait comme lyons et si piet estoient ambedoi tout autretel de façon[2] à la jointure del pis et des espaulles, si avoit unes eles autresi bruians comme foudres et si dures com n'est achiers[3] et autressi trençans par devant comme glaives est bien acérés; et derière parmi les rains, en avoit unes autres qui estoit autressi blances comme nois et autressi bruians comme tempieste de grésil[4] qant ele chiet par fort vent en grant espessece de brances; et li cies de la cove[5] estoit autressi agus comme un espée et autressi embrasés com est uns choins de foudre decendans (qant il chiet aval)[6].

De tel manière comme vous avés oït estoit li oisiaus; et si tesmongne la divine escriture[7] que il ne vole nule fois se pour espoenter non chiaus u cheles en qui li sauveres dou monde vieut sa criesme et sa

[1] « Comme feus embraziez. » (Ms. F.)

[2] « Et sui piet estoient atreteil de fasson com cel d'aigle sont à la jointure. » (Ms. F.)

[3] « Autreci bruians com fins achiers. »

[4] « Comme tempieste de gresle. »

[5] « Et li chies de la cowe estoit. » (Ms. F.)

[6] « Com est uns coins de fouldre descendans. » On pourrait lire dans le Ms. du Mans « de foudre de cendaus » en supposant le cendal nécessairement de couleur rouge comme l'oriflamme, mais le Ms. F. met « descendans » et supprime « qant il chiet aval. » — Ce qui tranche la difficulté.

[7] Le Ms. F. remplace « escriture » par « auctoriteiz. » sans motif apparent.

paour espandre [1] et tant est doutés de toute créature que jà, en son voler, ne se mousterra nus oisiaus ne nule bieste, ançois fuioient autresi devant lui comme les tenièbres font devant la clartet dou soleil. Et si est di tel manière [2] que il n'en puent iestre que trois ensamble, car çou dist la vérités de l'escripture que il naiscent de femiele sans acompagnement de malle. Et qant il sunt tout appareilliet à naistre et il doivent issir huers des oues, si sunt de si grant froidure plain, que nule riens ne les poroit soufrir [3]. Car qant ele l'a tant sousfiert que ele ne puet en avant, si laisse les oes et vole tant que ele trueve une manière de pière, si est tousjours en la valée que on apièle Ebron [4].

CELE pière si est de si caude nature que ele ne puet à nului [5] froier, si devient toute vermeille, comme sans, deviers la froiure, et lors esprent sans estaindre toute la cose à quoi ele a touchié, ne jà point de flame ni parra.

[1] « Cui li salveres del mont veult monstreir sa criesme et sa paour. » (Ms. F.)

[2] Le Ms. F. remplace « manière » par « nature. »

[3] « Fors que la meire solement; ne li meire meysmes ne la puet del tot en tot sosfrir. » (Ms. F.)

[4] « Que l'en apellet Hebron. « (Ms. F.)

[5] « Que ele ne puet à nulle chose froieir, que tantot n'esprin-gnet la chose à quoi elle froierait, mais toz jors la poroit l'en tenir en sa main, ansois que jai li mains en erchafest sans froier ; mais tantost com l'en la froiet à acune chose, si muet sa color de celle part où elle est froiée, quar elle est naturelle-ment tote blanche et tantôt com elle est froiée si devient tote vermeille. »

Et qant la mère as oisiaus a trovée cele pierre, se froie tant à lui et hurte de son biec que ele se sent escausfer et lors ne li est mie assés de cele calour. Car ele li samble bien estre petite pour la très grant froidure que ele a tant souferte, si froie plus et plus et tant que ele sent le grant calour ; et lors si prend sa volée, si s'en retourne as ses oës [1], et qant ele vient là, si là li fus si durement arse [2] par dedens le cors, que ele ne se puet plus aidier et por chou que ele sent le grant calor [3] que el a el cors, dont ele ne puet refroidier, si set bien que autresi arderoient li oef se ele se métoit sus.

Lors se trait en sus des oës un poi et la grans calors qui de li sourt, escausfe si les oës, que li oisel en escloent qui dedens (sunt qui) [4] morroient de froit, se çou n'estoit. Et qant la mère est toute arse et mise en cendre, si se metent li oisel entour et de cele piere [5] se soustienent, si en manjuent tant que il ont un poi de force el cors et ès menbres, et qant il ont mangié le pourre [6] qui est de la mère, jà puis d'autre viande ne gousteroit à nul jour, lors vienent li doi qui sunt malle qui sunt enorguelli et si fier que li uns ne pue l'autre soufrir. Et qant il i sunt venut en lor grant force, si sunt de si grant orguel que cascuns d'iaus .II.

[1] « Si retornet arrier à ses huez. » (Ms. F.)

[2] « Si l'ait li fus ci durement esprise et arse par dedens. » (Ms. F.)

[3] « Le grant ardure. » (Ms. F.)

[4] Le Ms. F. supprime « sunt qui. »

[5] Le Ms. F. remplace « piere » par « pouldre. »

[6] Ici le Ms. du Mans met « pourre », évidemment pour « pouldre. »

i veult avoir segnourie dou tiers oisel qui est femiele et pour çou monte entriaus .III. la grant haine et la grans mellée, tant que il s'entrecombatent[1] et s'entreochient li doi malle : si remaint que la femiele qui est apielée Serpilions et la piere de koi ele s'art, si est apielée Pirastite[2].

Tieus estoit li oisiaus qui au roi descendi sour la roce, et qant il éut mis à sa bouce le pain que il avoit trouvet sour le degret. Qant il l'oï venir si comme il descendi bruiant, si en éut moult grant paour et li oisiaus de si grant force comme il estoit descendus féri le pain que il tenoit si durement que il li fist huers des puins voler et kéoir en la mer. Et kant il éut chou fait, si monta en haut moult isnièlement et puis revint arière bruiant, si trouva le roy à tière gisant tout estendut ; et il laist aler la diestre ele devant, si le féri si que il l'em rompi tout le cring res à rés dou haterel[3] et se li trencha toute sa viesteure jusques à la char. Après s'emparti li oisiaus si durement bruiant que nus n'en poroit véritet dire se véut ne l'avoit. Et li roys jut pasmés à la tière moult longement; ne onques ne se leva (ne se mut)[4] ne ne revint de pamison devant chou que il fu près de nuit. Kar grans pièce de jours estoit jà passée à l'eure que il se

[1] « La si grant melée que il s'entrecombaitent tant que li uns ocit l'altre et enci s'entre ochient les .II. maille si ne remaint. » (Ms. F.)

[2] « Que la femiele qui est apielée serpeilions et la pierre de koi ele s'airt si est apielée Paraciste. »

[3] « Ci que il l'emrompi toute le crine reis à reis dou haterel. » (Ms. F.)

[4] Le Ms. F. supprime « ne se mut. »

pasma; si pooit bien iestre bas viespres. Et qant il fu revenus de pamisons, si fu vains et estourdis, si que il ne pooit [1] goute véoir et se il éut éu grant faim devant, onques ne senti riens ni éut plus [2] que s'il éut mangiet toutes les viandes que ses cuers désirast.

Ensi demoura cele nuit tant que il vint au matin que il vit ajourner. Et qant il vit le jour, si fu moult à aise, aviers çou que il avoit estet [3] toute la nuit, car il avoit esté en paour et en malaventure; et qant il ot amenée à mémoire çou que il éut en le grant faim et l'oisiel qui li avoit le pain tolut, si coumença moult parfondement à souspirer et à plourer et des ex moult tenrement et disoit [4] : « Biaus sires Dix, vrais racatères [5], qui de pardurable destruction m'avés racatet, jou nous aour et rens grasses de çou que jou ai véut qu'il vous a peset [6] de mon péchiet, que jou voloie faire, que vous m'aviés tant envoiet de paroles de soulas et de confort, que bien déusse le faim dou cors oublier, pour le faim de l'âme saouler. Or sai-jou bien que chil par qui chil pains m'avoit estet (envoiés et) [7] apparcilliés ne le faisoit mie pour mon preu, mais

[1] « Que il ne pooit à grant poinne véoir. »

[2] Le Ms. F. remplace « ne senti riens ni éut plus que s'il » par « ne s'en sentit nés que s'il eut mingiet. » (Ms. F.)

[3] « Toute la nuit en paour. » (Ms. F.)

[4] « Si commansait... à sospirer de ceuer et à ploureir des calz et disoit. » (Ms. F.)

[5] « Vrais rachateiros qui de pardurable destruction m'aveiz jeteit. » (Ms. F.)

[6] « Peset » sans doute pour « poiseit. » Le Ms. F. met « poseit. »

[7] Le Ms. F. supprime « envoiés et. »

pour tel damage comme pour moi mener à mort. Et pour çou que vous si apierte démostrance en avés faite, n'en goustera jamais ma bouce en cest péril ù je sui de nule viande, coument que li cors en soit angoisseus, se vous, par vostre débonairetet, ne le m'envoiés, ne huers di ceste roce jamais ne méterai le piet, se vous, par qui vólentet jou croi que jou i sui venus, ne m'en metés huers. »

En ceste manière demoura li roys en la roce, huit jours [1], et cascun jour venoit avant li hom de la nef et la dame apriès et se li disoit li hom (de la nef) toutes les (boines) paroles qui à lui conforter et soulagier pooient avoir mestier, et la femme li disoit toutes (iceles) paroles qui li pooient iestre nuisables à l'ame et au cors de lui. Et qant vint au nuevisme [2] jour, si revint à lui li hom de la nef et moult le conforta et se li dist que or aprocoit li tiermes de sa délivrance se il se savoit gaitier contre les agais au dyable et il li demanda comment; et chil li dist : « Si tu te pues hui toute jour garder de (courouchier) ton [3] segnour, tu seras tantost délivrés de toutes les paours, de tous maus tierriens qui avenut te sunt, se tu (ne l'a) couroucés, se tu te gardes de croire de conseil qui soit contre sa volentet, si coume d'issir huers di ceste roche, tu auras trespassées grans dolours et grans paours (moult) merveilleuses dont il t'avenra tant, se tu ne te daignes garder, que à grant paines t'en venras delivré. »

[1] « Demourait li roys en la roce .VI. jours. »

[2] Le Ms. F. supprime les deux parenthèses qui précèdent et met : « et qant vint au septisme jor. » (Ms. F.)

[3] « Commant il s'en poroit gaitier et chil li dist. » (Ms. F.)

A tant s'en parti chil et li rois remest moult liés et moult joyans, si s'afica moult [1] en son cuer que jà pour nule cose que il véist de la roce ne se mouvroit. Ensi demoura moult longement tant que bien peut estre noune passée et il resgarda moult lons en la mer et vit venir une nef moult grant (en la mer) [2] et moult rice, mais il n'i vit onques houme ne femme : la nef fut de moult grant biautet et garnie de moult rices estages et de moult biaus et qant ele éut alet moult longement parmi la mer et la nef se traist viers la roce plus et plus, tant que li orages coumencha moult [3] à esforcier et fu si grans et si hisdeus que il n'estoit nule riens vivans qui n'en éust paour se il le vist. Et tant ala cele nef aval le vent, une eure chà et autre là, que ele s'acosta de la roce et que li vens le tenoit si serrée à la roce, d'icele part dont il venoit, que ele ne s'en pooit desaerdre. Li tans fu moult angoissous et fors ; il plut et grésilla, il touna et esparti. Il estoit avis que tous li firmamens déust caoir par pièces, nus ne le véist qui ne quidast bien que la fins de toutes coses fust venue. Et li roys fu sour la roce, en séant ; la pluie le féri de toutes pars; il n'ot ù muchier en la roce, car cele partie ù la cave estoit, fu caoite en la mer, par le cop dou desfendre ki i avoit ferut [4], si comme li livres a deviset chà (en) arière. Si esgarda moult

[1] « Si s'afichait moult en son cuer. » (Ms. F.)

[2] Le Ms. F. supprime « en la mer. »

[3] « Parmi la mer gaverant si se vint atraiant vers la roche ; et maintenant coumansait à leveir uns grans oraiges parmi la mer et la nef. » (Ms. F.)

[4] « Par le cop de la foulдre qui i avoit férut. » (Ms. F.)

la nef (si grant et)[1] si haute et si rice et si bièle com ele estoit, il ne vit dedens nullui ne oï; li tans ne fist se esforchier non; toutes voies, il espartoit espessément; li esfoudres quéoit entour lui si menuement, que il n'en savoit le conte ne il ne baoit mie à escaper d'icel péril, tant le véoit grans et (perillex)[2]. Ançois avoit jus mise toute l'espérance, si que, jamais à nul jour, escaper n'en quidoit.

Ensi souffri li roys l'angoisse d'icel dolereus tans en cors et en cuers : kar il souffri la pluie et la graille et la force dou vent (qui moult grans estoit, çou fu en cors). Après souffri les espars et le tounoile et les assaus des foudres qui quéoient (ce fu li soufrirs dou cuer)[3]. Ne onques pour toutes ces mésaises, ne pot estre à çou menés que il entrast en la nef et guerpesist la roce. Et qant li orages éut moult durement duret, si coumencha li chiex à esclarcir et la clartés dou rai dou soleil si respandi partout. Li rois vit le tans cangiet, si en fu moult liés, la calors dou soleil se féri sour lui. Il coumencha sa viesteure à escourre[4] por l'ève qui estoit dedens resé; li[5] tans escaufa, (si fu) moult tost essuiée; après çou vint une si grans calours que il li estoit bien avis que toute la tere déust ardoir jusques en abisme et que li solaus

1 Le Ms. F. supprime « si grant et. »

2 Le Ms. F. remplace « périllex » par « mervillous. »

3 Le Ms. F. est plus simple; il met « et la greille et la force del vent, en cors... et les assalz des foudres qui chaioient, en cuer. »

4 « Il coumansait sa viesture à atordre por li awe. » (Ms. F.)

5 Le Ms. F. remplace « resé » par « remeise » et continue : « li tempz eschaufait, moult tost fuit sa robe essuée. » (Ms. F.)

descendist en tière pour tote cose metre en cendre ; li roys senti icele grant ardure et se il éut esté à malaise devant, or li escaufe[1] sa dolours et sa mésaise à cent doubles ; la calours l'angoussa (moult)[2]. Il vi devant lui la nef toute apareillié ù il se peust metre, se il n'ausist, et le soleil esquier[3] ; mais il doutoit le couroue de son segnour : car il estoit apareilliés à soufrir la mort, ansçois que il la roce deguerpesist.

Moult sousfri cele dolour de[4] caut longement et tant que la virtu du cuer li failli et fu si vains que il ne pot plus endurer, si se pasma et qant il fu si espamés, si cai as dens et ju moult grant pièce à terre, comme chil qui avoit pierdut l'oïr et le sentir et le véoir. Et qant il fu revenus de pasmisons, si dreca un poi la tieste pour savoir se li caus se tenoit encore en cele ardure comme il avoit véut devant et qant il vit le jour tempré et l'air douc et tiève, si comme il devoit estre entre nonne et viespres, que la calours estoit alée, si fu moult à aise ; lors essaia se il pooit drechier pour la vanité dou cief[5] ; et qant il se vaut lever, si senti que il n'avoit ne mal ne dolour en la tieste ne en nul des autres membres. A tant se leva en son estant, si se coumencha moult à merveillier des grans aventures qui li estoient avenues et que eles pooient sénefier. Car il avoit trop grans dolors soufiertes çou li estoit avis, et or ne sentoit (riens), si

[1] « Or li esforsait sa dolours. » (Ms. F.)

[2] « La calours l'engoissa trop durement. »

[3] « Toute apparillié à soloil eschuir se il se voleist mettre dedens. » (Ms. F.)

[4] « De chalt. » (Ms. F.)

[5] « Del chief. » (Ms. F.)

s'en esmerveilloit si durement que il quidoit à la foie que il éust songiet, et à la foie li ramenbroit de toutes les aventures qui li estoient avenues (ensi comme vous avés oït)[1].

Ensi pensoit en son cuer et devisoit et li jours passa totes voies tant que il coumencha à aviesprir et lors esgarda moult lonc en la mer, si vit venir une nef si bièle et si rice que onques mais (en sa vie)[2] nef de si rice atour (ne de si biel) n'avoit véue. La nef vint moult tost et moult bruiant; et qant ele fu onques aprochié de lui, si vit deux escus qui pendoient as deux feniestres d'un petit castiel trop biel qui estoit el chief, devant. De ces deux escus counut (bien) que li uns en estoit li siens et li autres estoit son sérourge Nascien; et qant il les counut; se li esfui tous li sans, tant durement fu esbahis; si coumença tant durement à penser que il s'en oublia trestous. En dementiers que il estoit en cel penser et la nef aprocha toutes voies et uns cevaus coumencha à henir en cele nef et à fronkier et à grater des piés (si durement) que il li estoit avis que il déust tote la nef dépéchier (et esfondrer)[3] et li rois escouta le ceval, si le counut bien au henir et séut de voir que estoit ses cevaus[4] ichil que il avoit conquis desous Tolomer en la bataille à Orcaus et à çou li estoit il avis que çou fust il; car

[1] Le Ms. F. supprime la parenthèse et met : « et à la foiee li remembroit bien de totes les avantures ci com eles li estoient avenues. » (Ms. F.)

[2] Le Ms. F. supprime « en sa vie » « ne de si biel » et met : « que onques mais neif de si rice affaire n'avoit véue. »

[3] Le Ms. F. supprime les deux parenthèses.

[4] « Que ce estoit ses chivalz cil meymes. » (Ms. F.)

il estoit divers viers tous autres cevaus[1] et au henir et as autres coses et pour ce le quidoit-il bien counoistre.

Moult s'esmerveilla dou ceval et des escus coument il estoit ensi en estrange liu venus, ne ques aventures les i pooit avoir amenés. Lors vint la nef jusques à la roce et li rois se drece pour véoir ciex dedens qiex gens çou pooient iestre et il esgarda : si vit que il avoit moult grant plentet de moult bièle gent et vit huers venir un houme qui moult bien resambloit iestre cevaliers et qant li rois le vit près de lui, si vit que il avoit le cors et la figure d'un sien chevalier qui estoit frères à son sénescal à celui qui avoit estet ochis en la bataille. Et qant li chevaliers le vit, si le salua moult, laide cière faisant, et li rois le courut moult tost acoler et li demanda l'ocoison de sa chière pour coi ele estoit si laide et si tristre et li chevalier li dist :

« Ha ! sire pour çou que je vous apert nouvièles moult laides et moult dolereuses dont vous aurés (moult) le cuer dolant (qant vous le sauré et je le vous arai dit et çou n'iert mie de mierveille se vous en estes dolans et courouchiés et sachiés ke nous avons éu moult de paines et de travaus de vos querre puis que nous méusmes de vostre tière)[2]. »

« Coument, dist li roys, que ai-jou dont pierdut ? » « Chiertes, sires, dist-il, vous avés pierdut le mellour de tous vos amis : chou est Nascien vostre sérourges

[1] « Que il estoit divers de toz autres chivalz et au henir et en aultres teches. » (Ms. F.)

[2] Le Ms. F. supprime « moult » et la longue parenthèse commençant par « qant vous le sauré... »

qui gist tous mors en cele nef. » Et qant li roys l'oï, si se pasma (tout) maintenant et chiet à tière tous estendus. Et qant il fu revenus [1], si li demanda à véoir et braioit si durement com uns hom foursenés fesist. Et lors le redrecha chil qui nouvièles li avoit dites et si le prist par le séniestre main et le mena en la nef si grant duel faisant, que, par un petit, que il ne s'ochioit.

Qant li roys fu en la nef entrés et il vit la bière, si courut cele part tout droit et si sousleva un moult rice drap de coi il estoit couviers et vit le vis et la samblance Nascien tout autresi apiertement que il l'avoit onques (miex) véu [2]. Si se repasma si durement [3] qui le véist il ne quidast mie que il escapast sans iestre ne mors ne mahagniés. Et qant il se fu relevés et il vaut demander au chevalier coument il li estoit avenut, et il resgarda arière viers la roce et vit que il en estoit si lonch que à grant paine le pooit-il mais véoir. Et qant il vit çou si éut si grand doel que il ne pooit onques mot dire, ançois recai [4] arière tous pasmés (très) devant la bière et qant il revint de pasmisons, si fist le signe de la crois sour lui et tantost com il l'ot faite, si ne vit, en toute la nef, ne home ne femme, ne la bière ne vit-il mie ; et lors coumencha moult durement à plourer des ex et disoit : « Ha! biaus sire diex, tant malement me sui waitiés [5] or puis-

[1] « Et quant il fu revenus de pasmeson. » (Ms. F.)

[2] « Si apiertement com il l'avait onques véue par semblant et tantost com il l'ot véut. » (Ms. F.)

[3] « Que qui le véist. » (Ms. F.)

[4] « Ansois rechait arière. » (Ms. F.)

[5] « Tant malement me gaitiéz. » (Ms. F.)

je bien véoir que vous iestes à moi courrouchiés et jou l'ai bien fourfait. » Et tantost com il éut çou dit, si vit el chief de la nef l'oume de la bièle nef qui les buenes paroles li avoit dites toute la semaine. Qant il le vit, si fu tous espierdus et dist : « Ha ! sire com m'a déçéu chil de qui vous me coumandastes à garder ; voirement me desistes-vous voir que li dyables me gieteroit de la roce par la séniestre main. » Et lors si coumencha à plourer et à faire moult grant doel et li hom li dist : « Ne pleure mie tant, tais-toi et si te garde de faire noaus[1] kar il t'est bien mestiers. » Et li roys li dist : « Ha ! biaus sire, vous qui toutes les coses savés, or me faites sage (pour Diu)[2] que jou porai faire et coument jou me porrai contenir ? » Et cil li dist : « Assés verras aventures moult espoentables ki t'avenront, ne jamais ne beveras ne ne mangeras devant çou que tu verras Nascien ton sérourge venir à toi comme (buen) crestiens vrai ; et tantost comme tu le verras ensi comme crestiens doit aler, si saces que ta délivrance est avenue, et li lieus que jou te dis hui matin que tu vaincroies, et que devant lors ne poroies véoir ta vision, de çou te dirai-jou le voir. »

« Cil qui te dist-je hui que Nasciens gisoit en la nef mors, çou fu li liex[3], car çou estoit li dyables qui tous jours est leus contre les brebis Jhésu-Crist, çou est contre son pule ; çou est li leus qui en ta vision te toloit toutes les buennes viandes que li[4] aigniaus t'aportoit et d'icel aignel sauras-tu bien encore que il

[1] « De faire maus et péchiés. »

[2] Le Ms. F. supprime « pour Diu. »

[3] Le Ms. F. remplace « le liex » par « le leus. »

[4] « Que li anges agnelz. »

sénefie, mais chou ne sera pas ore ains, iert une autre fois, et lors te sera [1] ta visions descouvierte quel cose ele peut sénefier. Et bien saces que li dyables qui par la main [2] (te bouta huers et) gieta de la roce çou fu la femme qui cascun jour venoit à toi et te disoit (les causes mauvaises et) les paroles qui (n'estoent mie pourfitables) [3]. Or t'en iras et si garde bien que tu ne gaites mie viers lui que tu n'as fait jusques chi, car tu verras souvent de cex coses qui moult tost t'auront amené à pardurable mort, si tu ne t'i gardes. »

Atant se téut que plus ne parla. Ançois s'esvanui tantost que onques ne le vit puis, ensi remest [4] tous seus en la nef et li vens se féri en la voile, si le mena auques long. Ançois que il onques trouvast nule tière, tout le jour esra en ceste manière et la nuit, toute nuit, tant que il vent à l'endemmain endroit noune. Lors se séoit li rois el maistre estage de la nef, si esgarda devant lui et vit moult lons en la mer un houme qui venoit par desus l'ewe autressi comme tout à piet. Et qant il fu près, si vit par desous ses deux piés deux oisiaus qui le soustenoient et le portoient si tost et si

[1] « Et lors te sera toute ta visions descouvierte et. » (Ms. F.)

[2] Le Ms. F. supprime « te bouta huers et » et met : « qui par la main te gietait horz de la roce. »

[3] Le Ms. supprime les deux parenthèses et met : « et te disoit les paroles mavaises et desconfortable. »

[4] « Enci remest li rois toz soulz en la neif. »

isnielement comme nul oisel péussent plustost voler. Et qant il vint à la nef, si s'aresta et coumencha à faire la signe de la vraie crois sour la mer; et prendoit l'aigue de la mer, s'en arousoit toute la nef par dedens sans dire mot. Et li rois s'en esmerveilloit moult et regardoit moult durement qui il pooit iestre[1] et pourquoi il faisoit cel arousement par le nef. Et qant li hom éut toute la nef arousée, si parla au roy et li dist: « Mordrains, » et li roys s'esmiervcilla moult qant il s'oï noumer par son nom de bautesme, si respondi : « Sire. » Et li buens hom li dist[2] : « Jou sui tes desfendères, tes garans après Jhésu-Crist; jou sui Salustes cil en qui non et en qui hounour tu as establie la rice églyse en la citet de Sarras, si te sui venus conseillier et conforter et si te mande li aigniaus par moi[3] qui

[1] « Et li rois l'esgardait si m'esmerveilloit moult durement que il pooit iestre. » (Ms. F.)

[2] « Sais-tu qui je suis? et il dist que nenil; et li boins hom li dist. » (Ms. F.)

[3] « Li aignelz par moi, cil qui en ta vision t'aportoit les bonnes viandes que li lous te tolloit, pour cou que il vuelt que tu le saches muelz que tu ais le louf vaincut; et ce fuit par le signe de la crois que tu féis sor toi, qant tu te véis si eslongniés de la roche. Lors te laissait li lous; ce fuit li diables, si s'enfoit qui davant t'avoit tollut totes les bonnes viandes que li agnelz t'aportoit, ceu estoient les bonnes parolles que li hom de la neif te disoit toute jor. Cil hom estoit li agnelz qui, en ta vision, t'aportoit les bonnes viandes. Et saches que ce est icil agnelz qui pour l'umain lignaige fuit sacrefiez; ce est Jhésu-Cris qui fut filz de la Vierge, icil qui chascun jor te venoit conforteir. Cil m'ait ci envoiet à toi pour descovrir sa vision ensi com il l'a te monstrait si que tu saces que ele sénefie. » (Ms. F.)

m'a chi envoiet pour toi conseillier et pour descouvrir ta vision ensi comme il le te monstra, si que tu saccs que ele sénefie. »

« Tu véis de ton neveu issir un grant lach et de celui lach issirent neuf flun ; si estoient li huit tout pareil d'un grant et d'une samblance[1]. Li lachs estoit moult clers et moult biaus et tu esgardas en halt, si véis un houme venir qui avoit la samblance du vrai crucefis. Et qant il fuit descendut à tière, si entra u lach nus piés et lava et ses piés et ses paumes el lach et ses jambes et en tous les huit fluns autressi. Et qant il éut ensi[2] en tous les huit fait ensi comme vous aves oït, si venoit au noevisme, si se despoulloit tous nus et se baignoit dedens trestos (ses membres)[3]. Chil lach qui de son neveut issoit, sénefie un fil qui de lui istra et en lui baignera Jhésu-Cris ses piés et ses mains[4]. Çou est à dire qu'il ert de si grant bontet de vie, que il sera vrais soustenemens et fine coulombe de la sainte créance au (vrai) salveour[5]. De celui istront li neuf flun ; çou sunt neuf piersounes d'oume qui de lui descendront[6] par droit engenreure li uns de l'autre, et tout li autre huit seront auques pareil de bontet de vie, mais li novismes sera assés de plus grant hautèce, de gregnour mérite et pour

[1] « Et li neuvisme, qui toz dairiens sordoit, estoit atreci grans et altreci biaus com tut li altre ansamble. »

[2] « Et qant il avoit entreiz en tous les huit. »

[3] « Le Ms. F. supprime « ses membres. »

[4] « Et ses jambes. » (Ms. F.)

[5] « Fine colonne de la sainte créance au Salveour. »

[6] « Et si ne seront pais tut .VIIII. sui fil ; ansois descondront tut .VIIII. par droite engenreure. » (Ms. F.)

çou que il vaincra les autres de toutes bontés, pour çou se baignera en lui Jhésu Cris trestous, si ne s'i baignera mie viestus, mais tous nus, car il se desvestira devant lui en tel manière que il li descouvera ses grans secres, chou que il n'aura onques descouviert à nul houme mortel. Chil sera plains de toutes iceles bontés que cors d'oume ne cuers (puent soustenir ne doivent)[1] et si en passera tous cex[2] qui après lui seront, qui de porter armes s'entremetent, çou sera chil de qui li angles parla à Sarras, qant il se féri Joseph de la lance vengeresse, qant chil dist ke jamais les merveilles dou Graal ne seroient descouviertes à houme mortel que à un tout seul, chil sera li neuvismes de huers (de chiaus)[3] qui descendront dou fil à ton neveut et si sera tieus comme tu as oï deviser ; mais li grans miracles et les grans virtus qui par lui avenront en la tière u ses cors girra ne seront pas séues que eles aviegnent par lui, car à cel tans sera moult de chiaus poi qui sacent vraiement ensegnes de sa sépulture.

« Or t'ai auques parlet de ta vision, or te parlerai de ceste nef pour quoi jou l'ai arousée issi comme tu as véut. La nef si fu au dyable qui[4] la sainte crois en gieta, qant tu i fesis le signe (de la sainte crois)[5] et pour çou que ele estoit soie, ne pooit-il estre que il n'i

[1] « Que cors d'oume ne cueurs doivent avoir. »

[2] « Touz celz qui davant lui auront esteit et toz celz qui de porter armes s'entremettent. »

[3] « Chil sera li noivisme de hoirs qui descendrait del fil à ton neveut. »

[4] « Si fu au dyable cui la sainte croix en chaissait. »

[5] « Le Ms. F. supprime « de la sainte crois. »

revenist auqune fois, se ele n'estoit mondée [1]. Mais or est-ele toute purefié des ordures et des malisses que i conversoient, par l'arousement de l'aige qui par le signe de la sainte crois (et le signe que on en fait, est purefié et) [2] saintefié et par li conjurement de la sainte Trinitet ; ne jamais nus mauvais esperis n'i enterra. Kar il ne doutent tant nule riens comme [3] la sainte crois et le signe que on en fait qui est saintefié et le conjurement de la sainte créance ; et se tu viex en liu qui soit doutables à entrer, si pren de l'aige et si le purefie tout avant par le signe de la sainte crois et en après par le conjurement dou père et dou fil et dou saint esperit et par ceste sainte bénéichon sera li aigue toute saintefié et nétie et mondée de toutes ordures, et en quel lieu que ele soit espandue par buenne créance, jà li dyables n'estera, tant osés que il aille, ançois fuira adiès le liu, ne jà jour que ele i soit espandue tu aprocera, ains l'eslongera [4]; et en ceste manière seule poras estre séurs, kar jà en lui u tu le faches, dyables n'aura pooir de faire nule cose à ton cors, par quoi l'âme de toi soit dampnée. » A tant se téut li sains hom, si s'en parti et li roys remest en la nef issi comme vous avés oï. Si se taist à tant li contes (ici endroit) [5] de lui et parole de Nascien.

[1] « Mondée et purifiée. » (Ms. F.)

[2] « Le Ms. F. supprime la parenthèse et met : « Qui par le signe de la sainte crois est saintefié. »

[3] « Comme il font le signe de la crois et le conjurement de la sainte Triuiteit et de la sainte créance. »

[4] « Le Ms. F. supprime la parenthèse et met avant : « ansçois fuira toz jors le leu et esloignerait. »

[5] « Le Ms. F. supprime « ici endroit. »

Chi endroit dist li contes que Nasciens fu mis en tel manière comme vous avés oït en prison et si le prist en garde chil chevalier mescréans qui estoit apielés Galafres qui tant estoit desloyaus et traitres [1]. Chil chevalier le prist en garde sour toute sa tière avant et sour le vie après, et qant il l'éut en sa baillie (et il l'éut mis en prison, si en fu moult liés et) [2] fu moult orgeillous viers lui et si fist moult dure prison et moult félenesse. Il fu mis el fons d'une cartre noire (et périlleuse et moult) [3] ténébrouse. Il fu destournés de toute la compaignie et del soulas des gens, il manja poi et poi but. Il ne se pout aidier de nul membre que il éust, car il avoit les mains autresi enkaanées comme les piés, et toutes eures est d'une seule contenance sans iestre desviestus et descauchiés. Ançois gisoit par jor et par nuit en sa robe et en sa caucéure, et qant il éut mise en si angoisseuse prison, encore ne li fu-il passés [4] de lui tourmenter, ançois fist tant que il éut un sien fil ensamble o lui qui moult estoit de jone age [5], car il n'avoit que sept ans et cinq mois.

Chil enfès estoit moult biaus et moult sambloit estre (de haut parage et) [6] de haut lingnage estrais, si

[1] « Calafers qui tant estoit desloialz et traistres com li contes l'ai devizeit sai arriers, et par le conseil de celui fuit-il pris plus que par toz les altres. » (Ms. F.)

[2] « Le Ms. F. supprime « et il l'éut mis en prison, si en fu moult liés et. »

[3] Le Ms. F. supprime « et périlleuse et moult. »

[4] « Ne li fu-il pais encore asseiz de lui tourmenteir. » (Ms. F.)

[5] « De jone eaige. » (Ms. F.)

[6] Le Ms. F. supprime « de haut parage et. »

estoit apiélés en bautesme Celidoines et chil nons fu moult bien couvegnables [1] selonc la vie que il mena puis. Car Celidoines vaut autretant dire et sénefiés est en latin, comme dounés au chiel [2] (et il fu moult bien dounés au chiel); car il éut toute sa vie son cuer et s'entente mise ès celestiaus œvres et séut d'astronomie [3] tant que nus hom en pot savoir en boine entention et en droite et à son naissement avint en la chitet d'Orbérique une moult grant mierveille qui n'estoit mie acoustumée à véoir. Car il nasqui en un jour d'estet et molt biel, endroit midi, et si fu el secont jour des kalendes de jungnet. Et qant il fu nés à cele eure comme vous avés oït, si avint [4] cose maintenant que li solaus que en sa grant clartet et en sa grant calour [4] devoit estre, à tiele eure, s'aparut tout autressi apiertement [5] com il faisoit au matin qant il liève et la lune fu autressi clèrement véue comme s'il fust nuis et les estoiles tout ensement et chou fu ciertaine sénefiance, que il seroit de toutes les (celestiaus) virtus curieus et enchierqières [6]. Par icele

[1] « Bien covenables à l'enfant selonc. » (Ms. F.)

[2] Le Ms. F. met « en latin comme douneiz en chiel » et supprime la parenthèse suivante.

[3] « Et sot d'estornomie tant com nulz en pot plus savoir » (Ms. F.)

[4] Le Ms. F. supprime la parenthèse et dit : « tout maintenant que li solaus qui en sa gregnour chalor devoit estre. » (Ms. F.)

[5] « Apiertement et en celui meysme point com il faisoit. » (Ms. F.)

[6] « De toutes les virtus eureus encerchières et vrais cognoscières. » (Ms. F.)

démoustrance fu la nativité à l'enfant sénefiée et il fu bien raisons : car sa vie fu puis tièle comme la sénefiance [1] monstra et sénefia et les paroles qui chi après venront en esclaieront les vérités. Celui enfant éut Galafres em prison avoec son père Nascien ; si demoura bien Nascien vingt sept jours en tièle prison comme vous avés oït, et tant que çou vint à la dixseptisme nuit qu'il estoit en son lït tout en séant, car il ne pooit gésir, si coumencha à soumeillier. (En dementiers que il soumeilloit) [2] si senti une main qui le tenoit tout empungnié par le brac et il fu si angoisseus de dormir que il le bouta arière autressi, et la mains le reprist à tierce fois et à la tierce fois le rebouta arière, et qant il se quida dormir comme chil qui moult en ert entalentés, si senti que la mains le reprendoit par les caviaus u il vosist u non et si le dreçoit contremont maugret sien. Et qant il senti çou, si vaut crier, mais il ne pot onques dire (nul mot) de la bouce, si s'esmierveilla moult que çou pooit estre et moult en fu esbahis. Et qant il se fu redréchiés, si senti ses mains totes loiées et ses piés, et qant il marcha le premier piet, si sentit que ses caines gisoient devant lui [3], lors fu-il moult liés et moult à aise ; et qant il fu au piet [4] de la cartre qui tant estoit noire et ténébrouse, si vit une clartet naistre tout autressi comme s'ele i fust issue del mur

[1] « Comme la démonstrance signifiait. » (Ms. F.)

[2] Le Ms. F. supprime « En dementiers que il soumeilloit » et met : « Et il estoit avis qu'il sentoit... »

[3] « Si senti que toutes ses chaaines estoient chéutes très davant lui à terre. »

[4] « Et qant il fu à chief de la cartre. »

et il esgarda en haut, si vit tout autressi comme une nue (toute) vermeille et huers d'icele nue se paroit la mains qui le tenoit toute blance comme nois et la mance dou brach parut toute (nue) jusques au keute, si estoit autressi viermeille comme fus embrasés [1].

Ensi paroit la mains toute apiertement qui par les crins [2] le tenoit et la mance comme vous aves oït, mais en avant ne pooit nient [3] véoir dou cors dont la mains mouvoit, ne mais que la samblance seulement qui estoit envelopée en la nue tout autressi comme (la samblance) d'un cors ensevelit (piert en suaire envolopés; et si n'est pas véus li cors apiertetement) [4] pour çou que il estoit couvers. Tout en tel manière véoit Nasciens le cors et la mains qui le tenoit, se leva en haut et il sentoit que li piét (le levoient de tière et) [5] eslongoient; et il avoit si grant paour de cele merveille que il n'osoit nul samblant faire de cose que il véist ne sentist. Ensi le portoit li mains (toute) contremont et il véoit apiertement ne il ne li grevoit (ne tant ne qant) [6] çou que la main le tenoit par les caviaus. Et qant il fu bien en haut

[1] « Et lai mainche del brach parut toute jusques à coute et si estoit toute atreci. » (Ms. F.)

[2] Le Ms. F. remplace « les crins » par « les chavolz. »

[3] « Ne pooit nulle riens véoir. » (Ms. F.)

[4] « Tout atreci comme d'un cors ensevelit; tout enci estoit-elle envolepée el suaire; car le cors n'estoit pas véus apertement ». Le Ms. F. supprime la parenthèse : « piert en suaire etc. »

[5] Le Ms. F. supprime « se levoient de tière et » et met « que li piet esloingnoient de tierre. » (Ms. F.)

[6] Le Ms. F. remplace « ne tant ne qant » par « riens. »

jusques au cief d'une vaute qui estoit couvierte de la cartre, si vit encontre lui ouvrir un huis de fier qui estoit en la vaulte par u on aloit en la cartre et avaloit chiaus que on i metoit. Et qant il éut cel huis passé si l'emmena toutes voies la main et il s'en aloit tout droit par devant le lit u Galafres gisoit, et qant il venoit as huis et as portes de la maison, si les véoit ouvrir [1] encontre lui et la nue passoit toudis avant et il apriès. Et sitost comme il fu huers de la maistre porte, si oï cachier autresi comme un home [2]; et tantost com il éurent la porte eslongié le giét d'une pière menue, si regarda Nasciens arière et vit que ele estoit toute esprise de feu et si ardoit.

Li feus fu grans et fist grant noise ; chil de la maison si s'en apierchurent, si coumenchièrent à crier durement[3]. Qant Galafres oï li crit, si sailli sus de son lit, sitost comme il vit les huis ouvers par u Nasciens s'en estoit issus, si courut tantost à l'uis de fier et qant il le vit desfremé et ouviert, si fu si esbahis que il ne savoit sous chiel que il péust faire ne dire. Lors fist tantost un siergeant avaler en la cartre [4] et chil quist par toute la cartre, si dist que de Nascien n'i avoit-il point. Et qant chil l'oï, par un poi que il

[1] « Si les véoit Naciens ouvrir. » (Ms. F.)

[2] « Si oït Naciens crechier ci comme un home doit faire. » (Ms. F.)

[3] « A crier moult durement : Nous ardons ! nous ardons ! » (Ms. F.)

[4] « Lor fist tantost à .I. garson grant aléure querre et cil lou quist par toute la cartre puis revint à son signor. » (Ms. F.)

n'issi fors de son sens, si coumencha tel duel à faire que jamais nus hom gregnor doel ne fera ; lors sailli en un sien ceval et prist une glaive si coumanda que tot si siergant alaissent après cascuns sa voie et il[1] s'en entra en un sentier qui s'adreçoit au grant cemin et la lune luisoit moult bièle et moult clère et la nuis estoit auques paisible et souès ; et qant il éut esret (par le cemin) bien demie liue, sitost comme li cevaus le puet porter, si esgarda devant lui et vit Nascien ; si le counut bien comme chil qui maintes fois l'avoit véut et chil hurté des esperons après et Nasciens qant il le vit venir, si éut moult grant paour et la mains le tenoit totes voies et lors s'espandi la nue toute sour lui, si que il vit tout apiertement le cors dont la main estoit ; se li ert avis que il ert si grans que nule langue ne péust la véritet dire (ne descouvrir) et si estoit de si mierveillouse clartet plains que li solaus, qant il est en gregnour (clartet et en gregnour) calour, et tans d'estet, n'a pas la centisme clartet que li cors avoit[2].

Pour la grant mierveille qu'il en éut, fu si esbahis qu'il en pierdi tout son sens, si que il ne séut ù il estéut et fu en tele manière en pasmisons que il ne véoit nule riens, ne ne sentoit. Et qant Galafres vint au liu u il l'avoit véut, si esgarda avant et arière et ne vit nule riens vivant fors que la nue qui tout le cemin (s'en) aloit[3], autresi comme une ondée de fu qui est empains par force de vent, mais (pour) ce

[1] « Et Calafers » (Ms. F.)

[2] Le Ms. F. supprime les trois parenthèses.

[3] « Fort que la lune qui tot le chamin aloit alumant. » (Ms. F.)

que il le véoit[1] viermeille et enflambée, l'espoenta si durement que il ne mansist ès arsons de la sele pour tout le mont. Ançois, cai jus à la tière tous pasmés et là ù il gisoit tous estendus à tière, si vint la nue par desus son cors, et chil qui dedens la nue est, mist la main sour sa diestre face et sour sa séniestre mist son piet (ensement).

Ensi jut Galafres en pamisons et ses cevaus s'en fu tournés fuiant, si tost com il pooit plus tost aler, à l'ostel tout droit dont il estoit venus et chil de la maison qui le virent venir sans lour segnour en furent moult esbahis et paour éurent moult grant pour lui[2]. Moult fisent grant duel la maisnie Galafres car il quidoit vraiement que il fust mors pour le ceval que il avoit véut venir sans lui. Qant vint à l'endemain qu'il fu ajournet, si murent pour lui querre; mais il n'en savoient ciertaine nouvièle[3], en quele voie il estoit entrés pour suivre Nascien. Tant le quisent amont et aval que il le trouvèrent enmi le cemin ù il gisoit encor autresi comme se il fust mors; et il le prisent, si le drecièrent (contremont)[4], mais il estoit tex conréés[5] que il ne se soustenist sour les piés qui li déust la teste coper. Et il regardèrent, si virent en la destre face le saing de la main qui à lui avoit touciet, et en la séniestre virent li sain dou piét.

[1] Le Ms. F. supprime « pour » et met « ceu que il véoit la nue qui aloit d'avant lui ondoiant ci viermeille et enflambée, l'espoentait ci durement. » (Ms. F.)

[2] « Et moult horent grant paor de lui. » (Ms. F.)

[3] « Il n'en savoient certenneteit nulle. »

[4] Le Ms. F. remplace « contremont » par « en estant. »

[5] « Estoit-il atorneiz. » (Ms. F.)

Si estoit li sains de la main autressi vremaus com est li fiers quant li fevres le traist hors de la fournaise et li sains dou piét tout autressi noirs comme pois, et estoit li noirs (tout) autressi frois comme (est) glace et li vremaus (tout) autressi caus comme fus (embrasés)[1]. Kar il meismes le conta qant il vint à l'ostel et qant chil qui l'ourent trouvet (le drechièrent; et il) le virent ainsi conret, si en éurent moult grant paour, car il n'avoit nul pooir de dire mot ne des ex ouvrir, si quidièrent tout pour voir que il fust mors.

En tel manière, l'enportèrent jusques en maison, que onques nul mot de la bouce ne parla ne onques les ex n'ouvri (si quidoient tout pour voir que il fust mors. Car onques)[2] piét ne main à lui ne traist, et qant il furent en la maison, si le coucièrent en un lit et sa femme (et si enfant) et l'autre maisnie fisent[3] entour lui si grant duel (comme trop). Et qant çou vint à eure de noune, si geta un haut cri et sa femme courut cele part toute esfrée, si senti que il puoit si durement que par un poi que ele ne se pasma de la très grant angoisse que ele en ot[4]; et il ouvri les ex; si regarda (tout) entour lui, et si dist que on li aportast de l'aigue à estaindre le fu dont il ardoit, et si siergant coururent à l'aigue pongnant. Et qant

[1] Le Ms. F. supprime les parenthèses.

[2] Le Ms. F. supprime « si quidoient tout pour voir que il fust mors ; car onques. »

[3] Le Ms. F. supprime « et si enfant » mais ajoute : « sa femme, sa maisniée et sui altre homme faisoient entour lui moult grant duel » et supprime encore « comme trop. »

[4] « Que il prioit ci très-durement que. » (Ms. F.)

il éurent l'aigue jetée sor le vis d'une part et d'autre, si virent que la diestre face estoit tote dénuée de char, si que li os de la joe paroit tous blans et la cars estoit tant (entour) autresi rouge comme fus; et il esgardièrent la séniestre face, si le virent toute plaine de viers et si puoit tant que apaines le pooit nus soufrir et tantost com il éurent de l'aigue jetée sus, si coumencha de rechief à crier (et se pasma) si durement que nus ne le véist [1] qui ne quidast que il fust mors sans recouvrer. Et qant il fust revenus de pamisons, si ouvri les ex et se commencha moult durement à plaindre et dist que il sentoit la mort moult prochaine ; lors se commença moult durement à courechier et à dire que moult avoit grant duel de çou que il mouroit en itel manière et que en tel mal estoit géus entour le meillour point que il onques éust éut à meillor [2], et del grant duel que il en avoit éut en maudissoit-il celui qui l'avoit fait naistre, qant il si tost et en tel point devoit morir.

Après demanda nouvieles de Nascien, mais cil de la maison respondirent que il n'en savoient à dire nès une ensegne [3]. Et qant il oï çou, si se pasma autrefois et tantost com il fu revenus de pamisons, si commanda que on li amenast le fil Nascien devant lui, et qant il i fu amenés devant, si dist que à cestui vengeroit-il son mautalent de son père qui fuis s'en estoit et de la mort que il avoit recéue pour

[1] « Que nulz ne l'oïl adonc qui ne cudaist. » (Ms. F.)

[2] « Et que en teil mal, estoit chéus en tour le meillor point que. » (Ms. F.)

[3] « Nulles ausangnes. » (Ms. F.)

lui cachier. Lors coumanda que il fust maintenant tués [1] et sa femme li kai maintenant as piés et se li proia que il ne le fesist (pas ainsi), mais se il le voloit faire morir, si le fesist tant jeunet que il morust [2] en la prison u d'autre mésaise; et chil qui plus avoit félonnie en son cuer que tygres ne lyons ne autre bieste sauvage respondi que il ne véut mis que il vesquist outre lui, anschois que il meismes as ses ex le véist morir. Lors apiela ses siergans devant lui et coumanda [3] que il présissent son cors et que il le portasent si malades comme il estoit as batailles de la tour en hault.

(Chil fisent son coumandement et qant il fu portés, si coumanda) que Celydoines li fiex Nascien fust aportès apriès. Qant li enfés fut amont si apiéla Galafres ses siergans et lour coumanda que il le gietassent voiant ses ex, des bailles [4] de la tour à la terre aval. Kar il meismes en voloit véoir faire la justice et lors ne li caloit de quel eure il morust. Et chil qui il le coumanda furent moult angoissous pour l'amour à l'enfant. Mais il n'osèrent refuser le coumandement lour segnour. Lors le prisent et le levèrent en haut par desus les creniaux de la tor et

1 « Lors coumandait Calafers que Celidoines fust maintenant tués. » (Ms. F.)

2 « Il mourut de faim. »

3 Le Ms. F. supprime les deux parenthèses qui suivent et lie ainsi le récit : « Et si lor coumandait que Celidones li fios Nacien fust aporteis davant lui amont en la tor. » (Ms. F.)

4 Le Ms. F. remplace « des bailles de la tour » par « des baitelles de la tor. » Le mot *Baille* signifie *barrière, barricade.*

kant Galafres le vit en halt, si coumanda que il le giétassent aval, et (chil) li tirans se fu fais drechier, kar il le voloit véoir morir, tant [1] estoit de grant cruauté ; et (cil ki le tenoient le laissièrent aler) [2]. Et kant li enfés vint enmi lieu de la tour, si regardêrent chil d'amont. Kar il quidièrent que il fut jà qéus à tière et que il fust tous dépéchiés ; mais sitost comme il éurent regardé, si virent que neuf mains le tenoient plus blanches par samblant que n'est nois [3], si le tenoient les deux par l'une main et les deux par l'un des piés et les deux par l'autre piét et les deux par l'autre main et la nuevisme si le tenoit par le menton.

En ceste manière, le portoient les neuf mains, sans tochier à tière, tant que eles l'orent portet grant pièce long. Et quant Galafres le vit porter en tel manière, si en éut tel duel en son cuer que il en cai arière pasmés. Et maintenant descendi (maintenant) sour la tour une si grans oscurtés que à grant paines pooit li uns d'iaus véoir l'autre. Après chele (grant) oscurtet, si parla une vois qui lour dist si hault que il l'oïrent tout : « Qui (chi) est amis au vrai crucefis [4] si s'en fuice tost, car la venjance de ses anemis aproce. » Et tantost comme ele éut chou dit, si coumencha à touner et à espartir si durement ke il estoit avis ke toutes coses déussent finir. Lors tournèrent tout li siergent Galafre enfuies huers de la tour et

[1] « Et cil lou laissièrent aval alleir tant tost. »

[2] Le M. F. supprime « cil ki le tenoient le laissièrent aler. »

[3] « Lou tenoient plus blanches que flors par semblant. »

[4] « Le Ms. F. supprimant « chi » met « qui n'est anemis au vrai crucefis, si s'en voisset tost. »

laissièrent lour segnour tout pasmé (gisant). Et si tost comme il s'en furent fuit, si descendi li fus dou chiel et féri en la séniestre partie de la tour si durement que il embati le moitiet des creniaus en hault jusques ens ou moien estage. En cele partie qui cai, gisoit Galafres, si fu mors si vilainement que il fu (tous) dépéchiés en menues pièces, ançois que il fust jusque à tière, ne onques toutes les aultres gens n'orent mie de mal fors seulement le paour. Kar nostre sires les i avoit mis, pour le véoir [1], comme cex qui il avoit eslóus à son serviche ; car il avoient tout la loy recéue et estoient bauptisier ou non de la Trinitet. Ensi sauva li vrais crucefis chiaus qui à sa créance estoient atournet et livra à mort chelui qui qui encontre (son glorieus non) [2] estoit revelés. Car çou est chil (encontre) [3] qui toutes les poissanches sunt mortex.

Ensi comme nous avés oït, trespassa Galafres de vie temporel à mort pardurable et la nouvele (de sa mort) fu tost espandue (par le règne et) [4] par toute la contrée et de Nascien qui escapés estoit, et son fil qui en itel manière (en) avoit esté portés. Et la roine Sarrachinte kant ele en séut la nouvele, si en fu moult lié et moult s'en reconforta, kar ele créoit vraiement que la virtus Jhésu-Crist les avoit desloïés et que par lui estoient-il en quelconkes (liu) que il fuissent. Et li baron del roiaume par qui conseil Nasciens avoit esté pris qant il séurent la véritet de

[1] Le Ms. F. remplace « pour le véoir » par proprement. »

[2-3] Le Ms. F. remplace « son glorieux nom » par « sa créance » et « encontre qui » par « an cui. »

[4] Le Ms. F. supprime les deux parenthèses et met « par toute la contrée et coument que Naciens estoit eschapeiz. »

sa délivrance et de la mort Galafre, si en furent en moult grant doutance pour la venjance que Diex avoit prise (de celui qui çou avoit fait faire) que pour la prouèce que il savoient en Nascien (en estoient moult dolant); si vausissent tout li plus hardi que il ne l'éussent onques penset[1].

Lors vinrent (tout) à la roine se li crièrent (tout) mierchit de çou que il avoient consentit l'outrage de son frère que on li avoit fait si grant, kar bien séust-ele (de voir) ke tout çou avoit esté fait[2] par l'amounestement Galafre et Diex si en avoit si grant venjance prise, comme il avoit désiervi. Et pour çou que il véoient bien que il en avoit fait vraie démonstrance et que il, coupes n'i avoit, pour chou l'en venoient-il crier mierchit[3]. « Dame, disent il, envoiés querre vostre frère et si le faites tant cerkier que il soit trouvés et nous metrons en sa mierchit nos cors et nos tières pour faire chou que lui plaira et que buen li ert. » Kant la royne Sarrasinte les oï ainsi parler, si en éut moult grant joie et prist maintenant de ses messages jusques à cinq et lour bailla moult grant avoir et moult rices cevaus et[4] si lour coumanda, si chier com il avoient lou cors, qne il ne finaissent jamais de querre Nascien par toutes tières tant que li avoirs et li cheval poroient durer et pour çou que il ne mescréust de riens çou qui li feroient entendant, lor

[1] « Le Ms. F. supprime les deux parenthèses et met « si volcissent tut li plus hardi. »

[2] Le Ms. F. supprime les trois parenthèses.

[3] « Et pour ce li dissent : »

[4] « Moult riche chivalerie et si lor coumansait à dire et à conjureir, si leur coumandait que... » (Ms. F.)

bailla letres séclées de son saïel, et avoc çou fist-ele metre [1] les ensegnes de çou que ele li avoit dit, l'angoisse et le tourment que se sires li roys avoit soufert toute nuit devant çou que il fust pierdus. Ensi lour encarga la roine son message et chil vinrent si com ele lour coumanda, tant que il akievèrent de lour queste, ensi comme li contes dira chà avant. A tant se taist ore (li contes) [2] de la royne et des cinq messages et si parole d'une autre queste, dont il traira avant à chief de cesti.

Or dist li contes que qant Nasciens fu mis en prison Galafre et que ses fiex fu en prison ensamble o lui et toute sa tière saisie et sa femme qui estoit jone dame et si haute femme comme chele qui estoit fille au roy des Mèdiens fu mise huers de sa tière : la dame estoit de si grant biautet plaine que tout chil qui le voient le tenoient à souvraine de toutes les biéautés qui en cors ne en vis (de toutes femmes) [3] péussent estre trouvées. Et avoec la biauté que ele avoit en li, estoit-ele si bien entéchié ; car ele estoit large enviers Diex et débonaire au siècle et prívé et viers son segnour loyaus et caste et si l'amoit de si grant amour que nule riens ne pooit metre le sien cuer en joie (ne en léece, ne en aise) [4] se ele ne se vit avant le cuer de son segnour à aise.

[1] « Fist ele metre teilz ansangnes ci com de çou que ele lci avoit dit. »

[2] Le Ms. F. supprimant « li contes » remplace par « se taist-il ores de la royne. »

[3] Le Ms. F. supprime la parenthèse « de toutes femmes. »

[4] Le Ms. F. supprimant la parenthèse « ne en léece, ne en aise » remplace par « le sien cuer à aise ne en joie. »

D'itele manière estoit li dame comme vous avés oït et si estoit apielée par son non Flégétine. Qant la dame séut que se sires estoit em prison, sachiés que ele éut assés duel et anui, et en sa gregnor dolour que ele démenoit, le mandèrent li baron dou royaume pour dessaisir de toute sa tière[1] et ele estoit à Orbérique, à celui jour, qui estoit li maistres siéges de la ducée; et ele s'en dessaisi moult volentiers pour çou que son segnor en quidoit ravoir de la prison, mais li consaus Galaffre ne laissa mie que il s'en issist, ensi comme li contes a racontet chà arière. Et qant ele vit que à tant estoit montée la cose que de son segnour ne de sa tière n'auroit-ele mie, si en fu assés plus dolante que devant.

Lors vint la dame chiés un vavassour, viel homme plain de grant loyauté, et chil avoit tosjours esté maistres à son fil et la dame l'avoit tousjours amet (de bone amour sans vilonnie)[2], se li avoit assés dounet par maintes fois et à lui et à sa femme; se li fu avis que, en cel lui, trouveroit-ele gregnour amour (ke en nul autre)[3] pour çou que ele l'avoit de grant povretet mis en grand riquèce: (et pour chou s'i fia plus)[4]. Chiés celui vavassour s'en ala li ducesse Flégétine molt dolante et molt esgarée et chil qui ele avoit les grans dons dounés et faites les hautes hounours le reschut à moult grant hounour et moult

[1] « Le vindrent li baron del païs dessaisir de toute sa tière. »

[2] Le Ms. F. supprime la parenthèse « de bone amour sans vilonnie. »

[3] Le Ms. F. supprime « ke en nul autre » et remplace par « et plus de foit pour ce que ele. »

[4] Le Ms. F. supprime la parenthèse « et pour chou si fia plus. »

grant joie li fist, se çou péust i estre que ele éust joie et que joie péust avoir entre gens qui tant avoient d'anui et de courouc.

Moul fu li vavassours liés et joians de la venue sa dame, en tant que ses cuers li pot gregnor samblant moustrer, mais ele n'i ot gaires esté, qant on revint prendre son fil pour metre en prison avoec son père et lors fu la dame de si grant angoisses plaine que tout estoit noiens quanques ele avoit senti de dolor à son cuer, viers çou que ele sentoit ore ; ele fist un duel si grant que nus qui le véist ne quidast en nule manière que ele se péust vive escaper ; car il n'estoit nule riens vivans ne hom ne femme par qui ele péust prendre confort de sa pesance.

La royne Sarrasinte sa sérorge qui moult l'avoit cierre pour l'amour de son frère et pour les grans biens que ele savoit en li, oï dire ceste nouvièle de la grant dolour que ele avoit et qu'ele démenoït par jour et par nuit ; se li demanda que ele s'en venist à li, si donroit li une confort à l'autre, mais Flégétine ne vaut onques aler, ançois dist que ele ne quéroit compaignie nule à son duel, ainsi voloit toute seule avoir le mal, puisque toute seule en avoit eu le bien. Et qant la roine vit que ele n'i voloit aller ne venir pour message que ele i envoiast, si l'ala querre ele meisme et si tost com ele se porent entrevéoir, si fu toute jour lour dolour renouvelée, ne nus hom ne vit onques si grant dolour faire à deux houmes[1] que chist ne

[1] Le Ms. F. met « .II. femmes » au lieu de « deux houmes. » Il est vrai que le mot « houmes » a été surchargé dans le Ms., peut-être par le copiste lui-même qui en a fait « feumes. »

fust graindres que la royne et la ducoise faisoient. Moult dura li plours et li cris de lour duel et de lour angoisse, mais la royne qui moult estoit buenne dame et sage apiéla premièrement la ducoise (et ele coumença à reconforter)[1] et moult se pena de lui apaier ; et qant ele li eut assés paroles dites et puisours coses moustrées, se li proia en la fin que ele s'en alast avoec lui, mais la ducoise n'en vaut onques parole metre à œvre que ele l'en desist, ançois li dist :

« Dame, chiertes jou sui venue en la compaignie à l'oume dou monde, en qui jou ai gregnour loyauté trouvée, chou est uns miens vavassours et bien sachiés que ses cuers seroit molt à malaise se jou guerpessoie en cest point, sa compaignie ; jou ne le guerpiroie mie, dame, kar puisque il m'a acompaigniet au coumencement de mon essil, jou le devrai bien acompaignier, kant Dieus me donra venir à restorement de joie et de ma hautèce et moins de paine et de dolour souferrai-je chi, que jou ne sousferroie se jou estoie avoec vous, kar li une de nous ne verroit jà l'autre de cele eure que tantost sa dolour ne relevast[2]. »

Molt mist la royne grant paine coument ele em péust mener sa sérourge, mais ele ne vaut onques guerpir le vavassour pour proière que ele li péust faire ; ensi s'entourna la royne moult dolante et moult courouchié et cele remest qui de son grant duel démenet point ne se faint, ne ne recroit ; ansçois renforcièrent cascun jour si plour et ses dolours. Ceste vie mena

[1] Le Ms. F. remplace « et le coumença à reconforter » par « à confort. »

[2] « Que totes nos dolors ne soient renovelées. »

la dame moult grant pièce que onques ne hom ne femme ne le pout conforter et tant que il avint un jour que Nasciens si sires fu escapés et ses fieus ausi et qant ele en éut oï vraies nouvièles, si s'en coumencha un poi à conforter et fist plus biel samblant que devant ne soloit faire. Et tant que çou vint à la sietisme jour [1] après çou que Nasciens fu escapés de prison, ichele nuit avint que ele se gisoit en son lit si soumelloit comme chele qui de grand tans n'avoit dormi, si coumenchoit lors à reposer.

Ensi com ele soumeilloit, se li avint lors une avisions ke Nasciens venoit devant li et se li disoit : « Biéle douce suer, sivés-moi, kar jou m'en vois en la douce tière d'occident [2] qui Diex a pourvéu à counoistre et à hounouret de ma semenche et de la vostre. » Et qant ele s'esveilla au matin, se li menbra de cest songe et moult s'esmerveilla que chou pooit iestre et sénefier et se li sambloit qui n'i pooit avoir nule cose de véritet. Au matin, ala tout premiers à la sainte glyze aourer [3] ; et seinte eglyse estoit encore au jour de lors moult tenre et moult jone comme cele qui lors primes coumenchoit en cel païs, si tost com ele ot escouté le siervice, si régehist au prouvoire la vision, et le proia moult, pour sainte karitet, que il proiast nostre segnour

1 Le Ms. F. remplace « le sietisme jour » par « la septisme nuit. »

2 « Quar jou m'en vois en la préciose tière d'occidant que Deus ait pourvéue à crestre et à horeir de ma semenche. » (Ms. F.)

3 Le Ms. F. remplace « á la sainte glyse aourer » par « tout premièrement horeir à mostier. »

Jhésu-Crist que il l'en dounast prochaine avoiement. A tant s'entourna la dame à l'ostel au vavassour ki en toutes les manières que il pooit et savoit se penoit de li conforter et soulagier. Et la dame l'apiela à une part à son conseil et se li regehi toute la véritet de son conseil et de sa vision, si comme ele li estoit avenu et li vavassour li dist : « Dame, ceste avisions ne sénefie, se Diex plaist, si bien non, et nepourqant que en avés-vous à faire, quel cose que voelliés en prendre, véés-moi appareilliet dou faire toutes icheles coses que vous m'oserés coumander. » Et qant la dame l'oÿ si durement pour offrir à toute sa volentet faire, si coumencha moult durement à crier et dist que il convenoit que il s'en alast avoec li, là ù ele avoit talent d'aler.

« Dame, dist li vavassours, jou ne sai que vous volés faire, mais toutes les evres que vous volés mouvoir coumandés loi. Kar vostres oirres est tous appareilliés et de cevaucéure et de compaignie et d'avoir. » « Par foi, dist la dame, compaignie ni voel-jou nule avoir fors seulement la vostre. Car jou m'en vaurai si celéement aler, ke jà nule riens vivant n'en sace mot, que jou et vous tout seulement. » « Dame, dist-il, tout à vostre coumandement soit; mais se il vous plaist, et il vous samble que jou bien die, nous enmenrons avoec nous mon fil le gregnour, car jou ne vit onques mais nul varlet qui gregnor paine péust sousfrir com il fait, si nous aura moult grant mestier, se vostre volentés est que il viegne; et bien sachiés vraiement que por çou ne le di-jou mie que jou ne soie près et volentiés de sousfrir toutes les paines que nus hom, qui de mon eâge soit, poroit soufrir, mais nule dame.

de vostre hautèce ne doit aler si escariement que ele soit atendans au siervice d'un suel houme. Kar se nous en aliens entre moi et vous sans plus, et il mésavenoit de moi, vous seriés tote esgarée comme chiele ki vit en estrange tière sans counissanche de nului; et se mes fieus vient avoec nous, pour çou ne serai-je mie comme chevalier, anschois voel estre comme siergans. Kar nule paine que je pour vous sousfrisse ne me poroit iestre aniouse ne [1] carchable. Or en dites votre volentet et qant vous vaurés mouvoir, et se la compaignie vous plaist ensi comme je vous ai dit, de çou me dites vo plaisir. Kar l'okoison di cest voiage ne vous ose-jou enquerre et si estçou une cose que jou moult volentiers séusse. » « Lors dist la dame que puisque il le looit, ele voloit bien que ses fiex i alast et « l'ocoison dist-ele voi-jou bien (de la voie) [2] que vos sachiés. »

« Il est voirs que ma volentés est cele que jamais ne serai à aise devant çou que jou [3] mon segnour et chou est li voiages ù jou voel aler, mais jou (ne sai ne) ne voel que nule riens vivans le sache, pour chou que cex gens voroient [4] avoec moi (venir) dont je n'ameroie pas la compaignie. » « Dame, dist li vavassours, chou est la voie ou monde ù jou plus volentiers irai et

[1] Le Ms. F. supprime « aniouse et » et remplace « carchable » par « chargable. »

[2] Le Ms. F. supprime « de la voie » et met « et l'ocasion, dist-ele, vuel-je bien que vos sachiez. »

[3] « Devant ce que jou *vairai* mon segnour. »

[4] Le Ms. F. supprime la parenthèse et met : « pour ceu que teilz gens viendroient », puis supprime naturellement « venir » et remplace « dont » par « de cui. »

bien sachiés que sitost comme jou soi que il fu escapés, le vous éusse-jou dounet en conseil, se pour (çou) non que jou dotoie que vous ne me vausissies mie avoec vous mener[1], mais puis que vous l'avés ensi empris, il n'i a que del mouvoir le matin sans plus de demourance. » A tant departi li consaus et li vavassour apareilla or et argent dont il avoit assés, kar Nasciens et la ducoise l'avoient moult enrichi pour l'amour de lou fil que il nourissoit; et qant ço vint à l'endemain, la ducoise leva moult matin et ala à la sainte iglyse, ensi com ele avoit acostumé pour ourer[2]. Et li vavassours éut dit à sa femme que la dame voloit aler[3] sa serourge la royne, si éut jà fait metre les sieles et toute apareillier si comme pour mouvoir. Et sitost comme la dame repaira del églyse, si monta la dame ele et li vavassors et ses fiés li annés, qui estoit apielés Elicanors[4], çou dist li contes et ses pères avoit non Corsapins. A tant prist la ducoise congiet à la femme au vavassors et se sires autressi et ses fix, mais se sires ne lit fist onques semblant que il déust aler plus lonc que jusques à la royne, car il ne le vaut metre en piercevance de nule cose pour çou que sa dame li avoit desfendut.

Ensi s'entournèrent tout trois : si enmenèrent quatre cevaus dont li trois furent à lour cevauchier et li quars fu uns somiers qui tous estoit cargiés de deniers

[1] Le Ms. F. change un peu le sens : « Que jou doutoie que vous n'osissiés avoc nous venir. »

[2] « Pour oreir. »

[3] « Que la dame la duchoise voloit alleir véoir lor dame la royne, la sérorge à la duchoise. »

[4] « Ses fielz li ansneiz, qui estoit apiélés Elicoras. » (Ms. F.)

mounées[1] d'or et d'argent em plates et de (vaisscllement ce moult) rice et moult biéle. Et qant ils furent huers de la vile, si tournèrent le droit cemin à aler à la chité de Sarras et çou fist li vavassours pour çou que on quidast que il alaissent à la royne tout droit. Celui cemin tinrent tant que il orent esret plus d'une liue. Et lors apiéla li vavassours sa dame se li dist : « Dame, or dites quel part vous loés que vous querés[2] monsegnor ; kar jou ne quit pas que vous le sachiés vraiement en quel tière il est, et pour chou que nous n'en savons nule certainité, nous couvenrail en aler en aventure là ù nous irrons. » « Par foi, dist la dame, il est voirs que jou n'en sai nule véritet[3], mais pour çou que mesire me disoit en ma vision que il s'en voloit aler en la terre d'occidant, pour çou me trait plus li cuers là que en nule autre tère et jou lo que nous aillons cele part la plus droite voie (que nous porons)[4]. » Lors s'entournèrent tout un cemin à diestre, et passèrent une aigue qui couroit à Orbérike qui estoit apiélée Arécuse. Et qant il éurent l'aighe passée, si esrèrent isnièlement tant que il vinrent à l'aviesprir, à la fin de la tière Nascien. Si prisent ostel de moult haute eure et jurent en un castiel qui marchissoit à la ducée[5], si estoit apeilés Hemelians[6]. L'endemain levèrent moult matin ; la

[1] « Qui touz estait chargées de deniers menoiez et d'or et d'argent onz placez et de vassilement. » (Ms. F.)

[2] « Vous loiez que nous quérons. » (Ms. F.)

[3] « Nulle certenneteit. » (Ms. F.)

[4] Le Ms. F. supprime « que nous porons. »

[5] Le Ms. F. remplace à tort « la ducée » par « la duchoise. »

[6] « Heimilians. »

dame ne voloit pas être apiercéue en la ville pour çou que ele aloit trop povrement [1] et si avoit-il encor autre raison, car cil dou castel et de tout le pais environ estoient Sarrasins ; si haoient moult chiaus de Sarras et d'Orbérique par chou que il estoient crestien, et qant il éurent cel castel eslongiet l'esreure de .V. liues, si entrèrent ès vaus de la Calamine [2] en une tière qui moult est plentiveuse [3] de nart et de chimamoine et de basme [4].

TANT esrèrent que il vinrent au tierc jour en une chité moult rice qui avoit non Nuisance [5] si estoit maistres siéges le roy de Méochide [6]. Mais or se taist à tant li contes de la ducesse Flégétine [7] et de sa compaignie et retourne sour les messages dont jou vous avoie commenchiet à conter, qui estoient méut pour la royne Sarrasinte dour querre son frère Nascien ; et ne pourqant ançois que il die des messages, contera-il coument Nasciens vint ou lieu ù li message le trouvèrent et coument il trouva Célydone son fil que il avoit laissiet en la prison Galafre dont ses cuers estoit plus à malaise que de nule riens vivant [8].

[1] « Le Ms. F. remplace « trop provrement » par « si privéement. »
[2] « Ez valz dela Calaraigne. » (Ms. F.)
[3] « Planteurouse. » (Ms. F.)
[4] « De synamone et de balme. » (Ms. F.)
[5] « Luisance. » (Ms. F.)
[6] « Maistres siéges dou roiaume de Méothide. » (Ms. F.)
[7] « Flégétine. » (Ms. Fr.)
[8] « Nule riens del mons. » (Ms. F.)

Or dist li contes chi endroit que qant la mains[1] en éut portet Nasciens jusque là ù Galafres l'ot aconséu, ensi comme vous l'avés oï deviser chà en arière el conte, et que Galafres fu ceu pasmés pour la paour de la nue viermeille et que li cors qui dedens la nue estoit éut Galafre segnié ès deux ex dou saing mortel[2], après çou enporta la nue Nascien en un moult estrange lieu. Chil liex estoit en un ille en la mer d'occidant, qui estoit treize journées loing del lieu ù Nasciens avoit estet emprison, si est apielée de chiaus dou pais l'ille tournoians. Cele ille si est apiélée tournians par droite raison, car il est verités que ele tournoie, mais pour çou que la manière de son tournoiement ne est pas counéue de tous chiaus ne de toutes celes qui parlé en ont oï, et pour çou est-il raisons que cis contes en démonstre[3] la véritet; quar dont seroit-il uns enlacemens de paroles, se il de cascune doutance (dont il parleroit)[4] ne moustroit apiertement (raison et) counissance, autressi comme font une manière de gent qui dient maintes paroles et les vauroient affremer à voires, et si ne puent traire avant nul tesmong, fors que tant seulement que dire l'ont oï as autres; mais de ceste manière mauvaise se escuse chis contes, kar il ne traist auques parole nule avant, u il puisse apiercevoir doutance, que il ne

[1] « Quant li nue. » (Ms. F.)

[2] « Ot Galafer saingnet ez .II. joies de la saingnée morteil. » (Ms. F.)

[3] « En demoustret la raison et la véritet. »

[4] Le Ms. F. supprime « dont il parlerait » et élucide avant, en disant : car dont seroit *ceu* un enlacemens de paroles...; puis il supprime « raison et » et laisse « cognoiscence. »

le face de tout en tout en apert counoistre et pour çou est-il à droit apielés l'estoire des estoires.

Or repaire l'estoire à raconter la droite manière del ille ù Nasciens fu portés que li paisant si, comme je vous ai dit, apieler l'ille tournoiant. Il est vérités prouvée au coumencement de toutes coses, qant li establissières dou monde devisa et départi les quatre élémens, qui devoient [1] tot estre à un moncelement et en une manière [2] et il eut le chiel qui li escripture claime le feu, deseure les autres trois, qui [3] de toutes clartés est plains et de toutes netées, il'establi el plus haut liu, kar il le fist couvreture à tous les autres et closture; et pour çou que li chiex et li airs et la tière et li aigue avoient estet en une masse, jà soit çou que li un fuiscent contraire à l'autre, si ne pooit mie estre que li uns [4] fut envelopés de l'autre, et enloiés de diverses manières [5] qui estoient en cascun. Car li chiex estoit par nature caus et légiers et la tière estoit par nature froide et pesans et pour çou puent bien auqun counoistre que en auqune manière se sentoit li chieus de la froidour de la tière et de l'aighe autresi, et chil doi s'en resentoient en auqune [6] guise de la grant calor dou chiel.

[1] « Qui davant estoient tuit .I. moncelement. » (Ms. F.)

[2] Le Ms. F. remplace « manière » par « masce. »

[3] Le Ms. F. dit plus correctement « il l'establi au plus hault lieu. »

[4] Le M. F. élucide en disant « jasoit ceu que li uns soit contraire à l'aultre. »

[5] Le Ms. F. ajoute avec raison « ne. »

[6] Le Ms. F. change « manières » en « calors, » et remplace « enloiés » par « embloiez. »

Ensi poés entendre les contrariétés des uns et des autres qui s'entrenuisoient et ne pooient sousfrir de çou que la tière qui pesans est et froide et amassemens d'ordure touçoit[1] au ciel qui est legiers et caus et fontaine de toute netée. De çou avint que il enquelli ordure si com amassemens de terrienne ferrume[2] et de la rouele[3] de l'aigue, autresi; et qant li souvrains pières, qui est fontaine de toute sapience, éut l'un départi de l'autre et desjoinst[4] se mist le chiel en la droite hounour et le mena en sa droite pure nétée; kar il le fist cler et luisant et légier et de toute calour plain et la tière laisa froide et pesant et fist amassement de toutes pesans coses. Et quant il éut le chiel nétoié et mondet de la tierrienne ferrume et de la roele de l'aigue[5] de larson dou soleil et dou chiel, chele ferrume tierrienne et cele roele evage ne porent mie naturelment conjoindre à la tière et à l'ewe dont eles estoient issues ne cele celestiaus ardure; et chil brullemens qui de la tière et de l'aigue furent rescous ne péussent[6] mie hounicstement repairier à si haute cose, ni à si nete comme est li chiex. Kar il avoient auqune nétée conquellie de la tière et de l'aigue, qui sunt amassemens de toutes ordures, et li chiex, chou

[1] « En altre guise. » (Ms. F.)

[2] « Amassemenz d'ordure de grand manière tochoit au ciel. »

[3] Le Ms. F. change « ferrume » en « famine » et « rouele » en « reulle. »

[4] Le Ms. F. fait ici une singulière correction; il met : « et disoient li saige cist » au lieu de « et desjoinst se mist. »

[5] Après le mot « aigue » le Ms. F. ajoute : « et il et escoussé la terre et li ague » et continue « de l'arson... »

[6] Le Ms. F. change « rescous » en « issues. »

avés vous bien oït, est de toutes nétées plains. Et pour chou que, par droite raison, ne doit nus d'iaus repairier là dont il estoit issus, ne la tierrienne ferrume à la tière, ne la rouele d'ewe à l'ewe, par çou que auqune légiéretés et aucunes calours n'avoient concéues dou chiel et pour çou que li l'arsons[1] ne pot au chiel repairier comme cele qui estoit entéchiés de vilonnies de la tière et de l'aige, et pour çou convint-il que ces trois coses repairassent à une masse. Et pour çou que auquns ne desist ; autressi estoit li airs amoncelés comme chil trois (pour coi n'en parole dont chis contes. Il est voirs prouvés que avec ces trois)[2] esconcirrés, ot auqune cose de l'air et à çou s'acorde bien li contes, mais il dist que si petit en ot que jà pour cest mestier[3] n'en déust estre parole tenue.

Ensi comme vous avés oït, repairent les quatre parties à une masse (ne pot naturelment repairier)[4] à nul de ces quatre élémens par la raison que li contes l'a devisé, si couvint que ele fu en contenchon et si fu-ele sans faille, car tant comme il i avoit dou feu çou est del chiel fu légier et tendi amont en hault ; et tant com il avoit de la tière apesandi et de tant com

[1] Le Ms. F. ajoute « dou ciel. »

[2] Le Ms. F. supprime la parenthèse et remplace « esconcirrés » par « esconsuriez c. a. d. *avec ces trois résidus ramassés, il y avait quelque chose de l'air.*

[3] Le Ms. F. remplace « cist mestier » par « ci pot » : *pour si peu on* n'en dut *pas parler.*

[4] Le Ms. F. supprime la parenthèse et met « à une masse qui de cealz quatre élémens furent escoussés, par la raison... »

ele se sentoit de l'ewe, si fu moiste et crollans et pasteuse [1]; mais de l'air il éut si petit que ele n'en quelli nule forche et pour çou que toute la pesantume des quatre élémens est en la tière et en l'ewe que chil doi requellent totes les pesans coses, par çou, remest ele à ces deux, en tele manière comme vous orrés. Il fu verités provée que par le volentet et par le plaisir d'icelui à qui toutes coses sunt obéissans cai cele masse en la mer et pour çou que ele traioit, en une partie à legierte, selon çou que elle sentoit del chiel qui est très legiers, n'en ot pooir del aler au fons. En ceste manière, noa [2] moult grant pièce, par la mer que, onques en nule partie, ne pot prendre arestement, tant que elle vint en la mer d'occident entre l'ille Oragrine [3] et le port as tygres. En une partie d'icele mer qui est entre l'ille et cel port a moult grant partie d'aymant el fons aval; et vous avés bien oï chà en arière ke li contes dist que tant comme il éut de tière en la masse, fu tierrienne ferrume; et cele pierre qui a non aymans, si est d'itel manière que elle aime fer sour toute riens et volentiers le trait à lui. Et puisque li fiers lî est prochains et ele i puet sa force joindre; il n'en est mie légiers à départir, anschois tire la force de la pierre tant le fer à lui, que ele le fait à lui touchier se gregnor plentet n'i a de fier que de la pierre u autretiele par coi la force de l'aymant soit vencue [4].

[1] « Si fu muste et crolans et pantoisant. » (Ms. F.)

[2] « Nia » pour « naia »; le Ms. F. met « noait » pour « naiait. »

[3] Le Ms. F. met « Onagrine » au lieu de « Oragrine. »

[4] Le Ms. F. élucide en disant : « elle le fait à lui touchier,

Qant li masse dont je vous oi parlet vint flotant jusques au liu ù li aymans estoit, si s'arestut; car li force del aymant le retint par çou que ele estoit fierreuse, ensi comme vous avés oï; mais onques la force de l'aimant ne sot tant tirer que ele le péust à lui faire joindre, non mie par çou que ele i eust gregnor plenté de fier que d'aimant, mais tant com il i avoit de la célestienne calour, le tenoit plus légière et le faisoit par force tendre en haut. En ceste manière, remest ceste masse en cel lieu de mer et fu apielée puis par les paisans ille, pour çou que toutes les masses de tière qui pèrent [1] en mer et en autres ewes par ù que çou soit, sunt apielées par cest non. Et par çou que ele se senti grant partie de la nature dou chiel, pour çou avint-il que onques n'i crut point d'ierbes ne d'arbres, ne bieste n'i pooit durer, ne oisiaus. Et avec ceste manière, a-ele encore une autre que ele a dou chiel [2] tiele. Quar toutes les fois que li firmamens torne, li ille tourne tout autresi comme li firmamens, çou est li ciex. En tele manière (comme vous avés oït) tournoie l'ille [3] or, vous a li contes deviset, pour quel raison li paissant l'apielent l'ille tornoiant.

En cel ille fu Nasciens portés par la nue et là le mist la nue jus tout pasmé comme celui qui si avoit

se donc n'i ait tant de fer et ci grignour planteit en altre estaige par cui la force de la piere de l'aymant soit vaincue. »

[1] Le Ms. F. remplace « pèrent » par « peirent. »

[2] « Une aultre que ele tient de la nature qu'elle ait dou ciel tiele que... » (Ms. F.)

[3] Le Ms. F. supprime la parenthèse et met « car ce est li cielz » au lieu de « çou est li ciex. »

pierdu le sens par les mierveilles que il avoit véues, que il ne savoit se il estoit u s'il n'estoit mie. Et qant la nue l'éut mis jus, si s'emparti et Nasciens jut à la tière moult longement tout autresi comme se il fust mors. Et qant il revint de pasmisons en son sens et en son ensient et il ouvri les ex, çou ne fait pas à demander se il fu durement esbahis et se il ne fust, de si enterin cuer viers son sauveor, qui en mainte manière le voloit encore esprouver. Il ne fust pas remés en sa créance, car toutes les meschéances qui estoient avenues et toutes les dolours et toutes eslongiés, ne onques pour joie qui li eslongast, ne pour mesquéance qui li avenist ne li créust [1], ne desvoia de sa créance tant seulement que il pèust estre menés jusques au repentir. Mais tout autressi comme Job qui tantes bieles riquèces avoit éues en sa vie, souffri de buen gret et en buenne sapience toutes ses mesquéances jusques à son gésir, et à si lait comme en femier, ne onques sa bouce ne parla un seul vilain mot [2] en son créatour, tout autressi soufri Nasciens débonairement ses grans paines et ses grans mesquéances dont il li avint assés et se il le prist en buen gret sans courouchier ne à Diu ne à autrui (il en ot grant mérite) [3]. Et qant il se fu trovés en l'ille tournoiant en tel manière comme vous avés oï et il ne vit nului fors que chiel et ève seulement, si fu moult espierdus, car il ne séut coument il i estoit venus ; et il vit tout entour lui l'ille laide

[1] Le Ms. F. supprime « ne li créust » et « en sa vie. »

[2] Le Ms. F. remplace « en » par « vers. »

[3] Le Ms. F. remplace la parenthèse par « fors que à soi solement, et disoit que ceu avoit-il bien déservit. »

gasté et plaine de si très grant calour que moult estoit felenesse et grevaine à sousfrir; et il se vit seul et esgaret, ne il ne séut onques en quel partie de la mer il pooit iestre; il ne li menbra coument il estoit escapés, il ne séut que Célidoines ses fieus estoit devenus, çou estoit la riens en tière dont il estoit en gregnour souspechon. Il estoit las et débrisiés; les mains li doloient et li piet et li costet; il se coucha à la tière comme chil qui de dormir avoit mierveillous talent. Et qant il se fu couchiés (à la tière)[1] en l'une des parties de l'ille qui plus li sambloit estre froide; quar çou estoit en estet, au nuevisme jour des calendes de jungnet, si en estoit plus caude, l'ille, lors leva sa diestre main en haut, si fist sour lui le signe de la sainte crois que ele li fist escus et desfendemens encontre le pardurable décevéour, chou est encontre le diable, qui ne bée fors seulement à décevoir chiaus et celes qui de l'amour et de la créance Dame-dieu sunt espris et entalentet. A tant s'endormi Nasciens de (la) lasseté et dou travail (que il avoit)[2]. Et la lune luisoit moult clère, car il estoit nuis et il s'endormi moult longement et moult bien comme chil qui (moult) grant mestier en avoit.

Ensi dormi Nasciens jusques viers l'anjournée et lors vint une avisions (que li) que il estoit avis que il véoit une moult grant plaigne. Si avoit (en cele plaigne) moult grant plentet de (moult) biaus[3] oisiaus et il li estoit avis, qant il les regardoit, que il

[1] Le Ms. F. supprime « à la tière. »

[2] Le Ms. F. supprime « la » et « que il avoit. »

[3] Le Ms. F. supprime les trois parenthèses et remplace « biaus » par « blans. »

voloient moult en hault : d'iteus i avoit qui voloient (moult) bassement et une (autre) partie d'iaus ne pooient voler; ansçois se tenoient à tière. Lors venoit li plus biaus (d'iaus) et li plus grans [1], si le prendoit à ses deux piés et si l'emportoit en l'air lassus moult haut et lors li disoit : vole. Et qant Nasciens se regardoit maintenant, si vit que il avoit eles moult grans et moult légières et si estoient toutes blances; et il voloit tout autresi légièrement comme se il marchast de son piet. Après, venoit li grans oisiaus après lui, chil qui l'avoit apris à voler et se li demandoit que il avoit à mangier [2] : « jou te donrai chou que tu demanderas et que jou porai avoir ; » et li oisiaus li disoit : « Chiertes jou ne serai jamais saous [3] se tu ne me donnes ton cuer ; » et il le prendoit maintenant, se li bailloit ; et li oisiaus l'emportoit moult grant joie faisant et disoit en son langage : « Or sui-je tous saous puisque jou enporch çou que jou voloie avoir et çou que nus ne connoist ; chou est la petite soriete de coi li grans lyons escapera qui vainera (par force de cors et de membres) [4] toutes les tierriennes biestes et kant il les aura toutes vaincues et mises desour lui par hautèce de valour, et il aura

[1] Le Ms. F. supprime « moult » « autre » et « d'iaus » et ajoute « de toz. »

[2] Il y a ici une lacune causée par la répétition du mot « mangier. » Le Ms. F. rétablit ainsi le texte : « que il avoit à *maingier*, quar il morait trop durement de faim. Et Naciens li respondoit : « Que veuls-tu que je te doingue à *maingier ?* »

[3] Le Ms. F. remplace « saous » par « seolz. »

[4] Le Ms. F. supprime « par force de cors et de membres. »

toutes les tierriennes prouèces sourabatues[1]; si ne quidera avoir riens fait, se il ne véoit autressi çou que on fera ou chiel. Lors li venront unes[2] eles (si aprendra à voler en sa vielleche) et volera par desus la hautèce de toutes les montagnes et trespassera l'espessetć des nues et entera ou chiel par l'entrée de la maistre porte. » Ensi estoit avis à Nassien que li blans oisiaus li disoit. A tant feni ses songes et sa visions[3]; si s'esmerveilla moult que çou pooit iestre et moult en fu esbahis. Si drecha la tieste en haut et coumencha à regarder tout entour lui.

Ensi com il esgardoit et chà et là, si oï une bataille et une mellée el fons de la mer, si grant et si merveilleuse que il li estoit avis que toute l'ille déust fondre et descendre en abisme. Kar l'angoisse iestoit si angoisseuse[4] que nus hom mortex ne le péust véoir, qui grans paours n'en déust prendre. Kar en toute l'ille, de l'un chief jusques à l'autre, n'avoit liu qui n'en tramblast autresi durement comme fuelle tramble par la force dou vent et çou estoit par la bataille et par la mellée qui estoit ou fons de la mer par la forche de l'aymant encontre la tière qui fieureuse estoit[5], et il convenoit, par estouvoir, que

[1] « Sormontées » au lieu de « sourabatues. » (Ms. F.)

[2] « Nouvelles eles. » (Ms. F.) Ce Ms. supprime la parenthèse suivante.

[3] Omission réparée ainsi par le Ms. F. : « si s'esveilloit ; et en son esveillier qu'il fist, si sentit l'ile movoir et tournoier selonc le tor dou firmament. Lors. .. »

[4] Le Ms. F. remplace « si angoisseuse » par « si doulouréuse et si morteil. »

[5] « Encontre la force de la ferrouse. » (M. F.)

l'ille tournoiast au coumandement dou firmament de qui ele avoit la nature retenue en une partie, et li aymans par qui (forche) la tière fiereuse estoit retenue sierée[1], ne voloit sousfrir que ele se méust de sa tière[2]; mais si grant estoit la force de l'aymant enviers la forche qui, par le firmament i estoit, com est d'une petite fontaine enviers la mer, et par la force del aymant, chou poés vous bien savoir, ne péust mie avoir grant retenuė[3]; kar li firmamens avoit gregnour poissance et pour çou estoit li tournoiemens del ille maugret la forche del aymant et maugret la pezanche de la tière et maugret l'enlachement[4]. Pour çou estoit la mellée si grans entre la tière et l'aymant, si estoit tiele eure que l'ylle avaloit en la mer, tant que li ève venoit en haut jusques à la hautèce de la rive. Selonc çou que li avoit froidure gregnor habondanche, et selonc chou que la forche de la calour i abondoit, si couvenoit que l'ille se rehauchast et eslongast de l'aymant petit et petit, si que il estoit tel eure ke ele estoit presque toute sour l'ewe.

Qant Nasciens oï cheste tenchon, si fu moult espoentés, mais il ne se péust piercevoir, tant se séust pourpenser, par quel raison chou pooit avenir. Lors se drecha tous et senti l'ille trambler desous lui et esgarda et vit que li uns des chiés abassoit à la

[1] Le Ms. F. met « serrée » au lieu de « sierée » et supprime la parenthèse « la forche. »

[2] Le Ms. F. met « serre » au lieu de « tière. »

[3] « Chou poieiz-vous bien véoir, ne poist avoir encontre la terre grant retenue. » (Ms. F.)

[4] Le Ms. F. ajoute « de l'yague. »

fois et li autres levoit en haut. Et ne pourkant si n'estoit pas l'ille petite. Anschois avoit, chou tiesmongne la vérités [1], .CC. et quatre vins estas. Si est une espassie de tière qui tient la .XVI. isme partie d'une liue toute plaine de tière. Ensi poés aconter que en cel ille avoit quatre vins lieues tout réondement [2] que il ni faloit riens ; mais se plus i avoit, pour çou, n'en ment mie li contes. Kar il ne garandist ses paroles de nule plus, mais del mains tout ; kar chou tiesmongne li contes, si comme vous orrés deviser chà avant, que toutes les aventures dou Graal ne seroit jà séues par nul houme mortel ; assés en couvient trespasser ; mais en la sainte estoire qui fu envoié en tière par la bouce de la véritet, chou est de Jhésu-Crist, en celui ne trouvera-on jà un mot de faussetet, kar chil seroit de trop forsenet hardement plains, qui oseroit ajoindre menchongne en si haute estoire com est l'estoire que li vrais crucefis a escrist de la soie propre main ; et pour chou doit-ele estre tenue en gregnour (hounour), car nous ne trouvons lisant en nule divine escripture, que onques

[1] Le M. F. ajoute : « qui le trait avant .XII. C. et quatre .XX. estais de lonc et de léé .VIIII. C. et .XII. estais. » Notre manuscrit du Mans offre ici une lacune motivée par la répétition du mot « estas. » M. Paulin Paris a fait remarquer que le stade est, comme le dit romancier, le seizième de la lieue gauloise.

[2] « Et si avoit de ley jusques à .LVII. lues enci réondement que... » (Ms. F.) Le calcul donne bien 80 lieues de long sur 57 de large et non 87 comme il est échappé à notre cher maître. Mais il faut, ainsi que l'indique le Ms. F., 912 stades de largeur. »

Jhésu-Crist, li vrais fiex Dieu, escresist (li très dous sires)[1] de sa propre main fors que seulement en deux lieus.

Li premiers escris qu'il fist[2], si fu qant li juis li amenèrent la femme qui estoit prise en avoltire pour esprouver coument il le jugeroit, et il coumencha à escrire en la pourre[3] devant lui, et qand il l'éurent moult durement semons que il lour desist que il en voloit faire, si drecha la teste comme chil qui bien savoit que il ne le faisoient fors que pour lui ensaier[4] non et puis si lour dist : « Chil de vous qui est sans péciet aille gieter la première pierre sor li, » et çou, dist il, pour ce que li juis avoient tel establissement si comme Moÿses meismes l'avoit establi, que lour loys (lour) porta que si tost comme la femme mariée seroit prise en avoultire, ce est de gésir à autre homme que à son baron[5], que ele fust lapidée sans raençon, chou est à dire que ele fust

[1] Le Ms. F. remplace par « lettres » la phrase « li très dous sires. »

[2] Il y a ici une lacune importante dans le Ms. du Mans. Le Ms. F. la répare ainsi : « li premiers escris qu'il fist, ce fuit li orison bulte, cui li inscripture clamet l'orison Nostre Signour : Ceu est li *Pater nostre*. Celei escrist-il à son pous en la pière ; car il enségnait à ses disciples commant qu'ils devoient oreir, li altres escris qu'il fist ce fuit quand li juis... » Cette lacune est encore causée par la répétition du mot « escris. »

[3] « En la pouldre. » (Ms. F.)

[4] « Ensaier. » Le Ms. F. met « aprouver » pour « *éprouver*. »

[5] Le Ms. F. met « signor » au lieu de « baron. »

tuée de pières. Et por chou que Jhésu-Cris, qui toutes coses counissoit bien que chil ne le disoit se pour lui entreprendre non, se il péussent, et pour çou, lour respondi-il iceste parole et si coumencha-il tantost à escrire en la pourre, en son pauch [1], et si escrièrent [2] une parole pour reprueve de la grant vilitet et de la grant ordure dont tous li humains lingnages est fourmés. Car en cele parole avoit iteus mos : ha tière ! pour qoi ies tu si hardie que tu oses acuser la tière. Chou fu à dire : Diva ! hom qui es fais de si vil cose comme de boe, coument ies-tu si outrequidiés que tu oses autrui fourfait amentevoir et les toies mauvaises oevres [3] et coiles dont ies-tu si entéchiés et maumis.

En ces deux lieus que vous avés oï chi ramentevoir, trouvons-nous que Jhésu-Crist, li vrais fiex Diu, escrist devant çou que il soufrist la mort en la glorieuse crois ; mais coument que il esploitast en dementiers que il estoit envolepés en la mortel char, jà ne trouverés si hardi clerc qui die que il onques fesist escripture puis [4] la surrection, ne mais seulement le haute escripture dou Saint Graal ; et qui vauroit dire que, il, puis la surrection, éust (autre) escripture faite de sa propre main, il ne poroit avant traire nule divine auctorité. Et pour çou seroit-il tenus à mentéour : donques di-je bien que chil seroit de trop fol hardement espris qui menchongne i vaurroit ajouster à

[1] Le Ms. F. met « pousseit » au lieu de « pauch. »

[2] *Escrièren*, (lapsus pour « escrivoit. » Le Ms. F. met « escrivoit. »

[3] Le Ms. F. remplace et les « toies mauvaises oevres » par les « toies malvistiés cuevrés. »

[4] « Pour » au lieu de « puis » qui est un peu plus loin.

si très-haute estoire comme est ceste que li vrais Diex escrist de sa main propre, puis que il éut jus mis le mortel cors et reviesti la cellestienne maïstet. Mais or est drois que li contes soit ramenés à la droite estoire dont il est auques départis [1], pour parler di ces coses que il a ramentéues, qui si fièrent entre les paroles del estoire, et si n'en sunt mie; mais la droite voie repaire à l'ille dont li contes a devisé et le lonc et le let. Et si dist après chou que Nasciens estoit el daarain chief d'icel ille viers occidant et nepourqant il n'estoit mie si près del rivage que il n'i éust bien de erreure .VI. vins estages [2] qui bien montent sept lieus et demie. Et qant il vit au matin ajourner [3] si fu moult liés, car il desiroit moult à savoir en quel endroit de mer il pooit iestre et pour çou que plus estoit confortables li jours que la nuis. Car toutes voies avoit-il espérance que par le jour porroit-il auqune aventure trouver par qui soulas li venroit et compaignie.

A tant se mist Nasciens à genous et tourna son vis enviers oriant et proia notre segnour Jhésu-Crist que il, par la soie miséricorde, ausi vraiement que il créoit que il sex [4] estoit Diex et que autres Diex n'estoit en qui on déust croire, que il li envoiast prochain conseil par qui il fust conseilliés à l'ounour dou cors et au sauvement de l'âme. Et qant il éut ensi finée sa proière, si dreca et fist le signe de la

1 « Mais or est droit quo li istore soit remeneis à la droite voie dont li contes c'est aiques départis. » (Ms. F.)

2 « .VI. .XX. estas. » (Ms. F.)

3 « Et quand ce vint au matin à l'anjourner. » (Ms F.)

4 Le Ms. F. remplace « il sex » par « il soulz. »

crois devant son vis : si s'en tourna tout droit cele part ù il vit la mer plus proçaine[1]. Et qant il éut alet l'esreuse bien de demie liue, si esgarda moult loing en mer et vit venir une cose qui ne sambla pas estre plus grant d'un chisne[2] et venoit à l'ille tout droit à celui chief ù il estoit. Et qant il le vit si engranja[3] s'aleure si com il pot, mais çou n'estoit mie de moult, que li piet li doloient tant de buies[4] que il avoit portées en la prison, que mauvaisement pooit aler[5] délivrement; et çou estoit (pour çou que il nel avoit mie (souvent) acoustumet.

Tant esra que il vit apiertement chele chose que il avoit dès le matin véue en la mer, si apierchut et séut tout vraiement que chou estoit une nef moult biele et moult rice. Et qant il vit que çou estoit une nef, lors fu-il moult liés, si se par esforcha moult de tost aler, tant que il vint au rivage à quelque paine. Et si tost com il i fu venus, si trouva que il avoit les piés crevés et fendus de la calour de l'ille et dou travail de la voie, et il pooit jà bien iestre nonne

[1] Le Ms. F. met « prochienne » pour « proçaine. »

[2] « D'un signe » (Ms. F.)

[3] « Engranja » pour « engrangea » était bon ; ce mot signifie *augmenter*, *agrandir*; le Ms. F. met « angrossait son alleure plus que il pot. »

[4] « Du buéies » (Ms. F.), c.-à-d. des entraves, des fers.

[5] « Et avec tot ceu y avoit-il une altre essoigne pour coi il ne pooit mies alleir délivrement » (Ms. F.) Cette lacune est encore causée par la répétition des mots « pooit mie alleir. » Les deux parenthèses suivantes sont supprimées.

de jours et si estoit las (et géuns)[1] et vains et géuns. Lors si esgarda un poi lons de lui sour diestre, si coisi une nef arrivée et bien li estoit avis que çou estoit cele que il avoit toute véue et il tourna cele part. Si ala jusques devant la nef, si le vit moult biele et moult rice, si que à grant mierveille li tenoit, dont que si biele n'i pooit onques estre véue et il tourna chele part. Si ala jusques devant la nef et qant il l'eut assés regardée, si s'esmerveilla assés plus que il n'avoit devant fait. Car il n'i vit onques ne houme ne femme et il se pensa que çou seroit trop grant malvaistiet se il plus n'en véoit et lors se traist plus près un poi et vaut dedens entrer, pour savoir se il trouveroit nului et pour véoir se ele seroit autresi biele dedens comme de huers.

Ensi com il vaut entrer dedens, si esgarda ou cief de la nef, el front devant : si i conut lettres d'or en caldiu[2] escrites et disoient une moult espoentable parole et moult douteuse à tous chiaus qui dedens vausissent entrer. Chele parole estoit tiex : « Diva! qui dedens moi viex entrer[3], qui que tu soies, bien regardes que tu soies de foi plains, car jou sui tex cose que il n'a en moi se foi non ; pour çou te regardes bien anchois que tu i entres, que tu ne soies entéchiés, car fois est créance : et sitost comme tu guenchiras ta créance ne tant ne qant, jou te guenchirai en tel manière que tu n'auras de moi ne secours ne aide ; ansçois te faura del tout en tout, en quelconques liu

[1] Le Ms. F. remplace « et géuns » par « et travilliés. »

[2] « En caldeu. »

[3] « Diva! tu qui vuelz dedens moi entreir. » (M. F.)

que tu soies aconséues de mescréance de combien que çou soit. Lors s'arestut Nasciens : si coumencha moult durement à penser, à chou que les letres disoient; et qant il éut une pièce pensé, si dist à soi meismes que en la nef vauroit-il entrer; mais la parole faisoit à douter qui tant carchable estoit [1]; et qant il éut ce penset, si dist à soi meismes qu'il enterroit dedens la nef et puis repensa un autre cose et si dist :

« Biaus sire Diex, ces letres dient que en ceste nef n'a se foi non, et se les letres sunt véritables, dont sai-jou bien et tout sans doutance que la nef est chi venue pour vous [2]; et se ele, de par vous, iest venue, dont n'en puet nus maus venir ne nule riens qui contraire soit à vostre glorieus saint non et à qui vraiement vous croie ; mais jou vous croi et aour de de cuer entier, ensi comme je (vous) ai apris par la bouce de vos siergans que vous volet iestre créus et aourés et en la fiance de vostre haut non entierrai-jou dedens, quar la créance de vous sauve tous ciex qui à vous ont lour entente, en quelconques péril que lour cors soient. »

A tant leva Nasciens sa diestre main en haut et fist sour lui le signe de la sainte crois et puis entra dedens la nef. Et qant il fu dedens la nef entrés, si coumencha à regarder et d'une part et d'autre, et dist à soi-meismes que il ne quidoit mie [3] que en mer (ne en tière) péust-on trouver une nef (d'autre) [4] si grant

[1] « Qui moult estoit doutable. » (Ms. F.)

[2] « Que la neif est des part vous venue ci. » (Ms. F.)

[3] Le Ms. F. supprime les parenthèses.

[4] Le Ms. F. remplace « d'autre » par « de. »

biautet ne d'autressi grant riquèce comme ele estoit à son avis. Et qant il l'éut assés resgardée de tous sens et il eut cerkiés [1] tous les angles et desous et deseure, si s'en revint arière el cor [2] de la nef et (coumencha à regarder et d'une part et d'autre et) vit un drap tout blanc estendut en samblance de courtine par desus un grant lit ; il vint au drap, si le souleva et qant il l'éut souslevé, si resgarda desous et vit le plus biel lit dont il onques éust oï parler.

Li lis estoit moult grans et rices assés (et à grans miervieilles biaus) [3] et au cavech dou lit, si avoit une couronne d'or et as piés si avoit un espée qui moult estoit rice et biele. Si estoit estendue en travers le lit et si estoit traite huers (bien) [4] plaine paume. Cele espée estoit de moult diverse façon, car li puins estoit d'une pière qui avoit en soi toutes les coulours que en poroit trouver en tière. De tant (manières) de coulours estoit la pierre et si avoit autres diversetés. Car à cascune des coulours avoit une vertu qui li contes devisera bien, là ù il parlera de la force et de la virtu plus assés. (Car chi) [5] après dist li contes que l'enheudéure de l'espée estoit de deux costés et ches deus costés estoient de (deus) divierses biestes.

[1] « Cerkies » est remplacé dans le Ms. F. par « serchiée par. »

[2] Le Ms. F. remplace « el cor » par « à cornal » et supprime la parenthèse qui suit.

[3] Le Ms. F. supprime la parenthèse, et remplace « au cavech » par « à chavès. »

[4] Le Ms. F. supprime « bien » et met « traite huers demi piet et plaine palme. »

[5] Le Ms. F. supprime « car chi. »

La première estoit d'une manière de serpent qui conviersе en Calidoine [1] plus que en autres tière, si est apielée Papaguites ; d'icelui serpent est tex la force qui se nus hom tient nule de ses costes u aucuns de ses autres os, il n'a garde de sentir nule trop grant calour ne par force de soleil ne pour escaufement de travail ; ançois est toutes eures en mesureible calour tant com il le tient. D'itel manière et d'itel force est la première coste et l'autre si est un poisson qui n'est mie moult grans et si conviersе ens u flun d'Eufrate et non pas en autre ewe. Chil poissons [2] a non Cortenans, et ses costes sunt d'itel force que se uns hom en prent une, jà tant comme il le tenra ne li souvenra des joies ne des deus que il ait eu, fors seulement d'icelui cose pour quoi il l'aura prise [3]; et maintenant que il l'aura jus mise, si repensera autressi com il est acoustumet à manière de nature [4] houme. Tel force et tel virtu ont les deux costes dont l'enheudéure de l'espée estoit. Et si estoit couvierte d'un

[1] Le Ms. F. change « Calidoine » en « Gadines » et « Papaguites » en « Palagustes. »

[2] Le Ms. F. défigure le mot « poisson » et met d'abord « pesson » puis « pixons » et change « Eufrate » en « Oufraite. »

[3] Ce passage est un peu obscur ; le Ms. F. met « Jà tant comme il li tendrait, de joie ne de deul qu'il ait éue, ne li sovendrait ke solement pour celle chose qu'il l'aurait prise », c.-à-d. que celui qui la prend oublie à l'instant tous ses sujets de joie ou de tristesse pour être, en entier, à la pensée qui lui a fait saisir l'épée. »

[4] Le Ms. F. met « natureil houme, » mais ne vallait-il pas mieux mettre « de nature houmaine » ou « de nature d'houme ? »

viermeil drap moult rice tout plain de letres d'or qui disoient : « Jou sui mierveilleuse à véoir et graindre mierveille à counoistre. Kar onques ne me pot enpungnier tant éust la main grant, ne jamais nus ne m'enpungnera que uns tous seus [1] et si passera de son mestier tous chiaus qui devant lui auront estet et qui après lui venront. »

Ensi disoient les letres de l'enheudèure; et sitost comme Nasciens les oi léues, comme chil qui bien sot caldiu [2], si s'esmierviella moult que ce pooit iestre : après esgarda la lemicle de l'espée que il vit traite huers (dou fuerre), tant comme vous avés oï, si revist autres letres qui estoient autressi viermeilles comme sans; lors se traist un poi avant, si les coumencha à lire, si vit que eles disoient que jamés ne fust si hardis qui le traisist, se il mieus n'en devoit férir que nus autres et plus hardiement, et qui le trairont autrement, bien séust-il que çou seroit chil qui premiers en morroit et si estoit jà esprové.

QANT Nasciens éut les letres léues, si s'esmierveilla plus de nule autre cose [3] dont il avoit trop grant talent, de traire l'espée huers dou fuerre et de véoir que ele estoit. Car les mierveilles que les letres de huers en disoient, l'en faisoient plus entalentet. Lors coumencha Nasciens à regarder la fuerre, mais il n'el sot onques tant

[1] « Que uns toz soulz homs. » (Ms. F.)

[2] Le Ms. F. au lieu de « qui bien sot caldiu » met « qui bien i sot gardeir. »

[3] Le Ms. F. comble ici une légère lacune : « car ce estoit une chose dont... »

regarder ne amont ne aval, que il séust deviser en son cuer, ne à dire de sa bouce, de coi il pooit estre, mais il séut bien que il estoit autressi vermaus com est une fuelle de rose et si avoit deseure assés letres, qui estoient d'or les unes, et les autres d'asur; et se n'i avoit nule renge[1] qui avenissent à (si rice espée, ne à)[2] si rice fuerre com ele estoit. Car eles estoient de si vil matière et de si povres comme d'estoupes de kenvene[3] et si estoient si povres et si menues et si foibles par samblant, que il n'estoit mie avis que eles péussent l'espée soustenir, une seule eure, sans rompre. Et les letres del espée qui el fuerre estoient, si disoient teus paroles comme vous orrés : « Chil qui me portera sour lui doit estre plus preus (et plus hardis) que nus autres et plus séurs, se il me porte ainsi comme les letres del espée devisent. Kar li cors à qui costé jou ferai pendue, ne peut estre hounis en la place tant com il sera des renges çains[4], à quoi jou prendrai, ne jà nus ne soit si hardis qui les renges qui chi sunt, en ost; kar il en seroit si grans maufais et tantes grans mésaventures en avenroient, qu'il ne autres hom mortex ne le poroit mie amender; ne il n'est otroiet à nul houme qui ore soit ne qui avenir soit, ke il en soit osterés, ançois en doivent iestre ostées par main de femme, fille de roy et de royne et si metra tel escange pour celes qui i sunt, que eles en fera unes autres de la cose qui sous lui sera, que ele aura plus

[1] Le Ms. F. écrit « ranges » au lieu de « renge. »

[2] Le Ms. F. supprime la parenthèse.

[3] Le Ms F. change « kenvene » en « chainvinges. »

[4] Le Ms. F. remplace « çains » par « sins », *tant qu'il aura le corps ceint des renges.*

chière et si les metra el liu d'iceles [1]; et cele femme apiclera ceste espée par son droit non (et mousterra par la main) [2] ne jà devant lors ne sera qui par nos drois nons nous sache noumer ne apieler. »

Moult esgarda Nasciens le fuerre longement et qant il l'éut assés esgardet de l'une part, si pensa que cheste mauvaistié ne feroit-il jà que il ne le véist de l'autre part qex il estoit, comment qu'il l'en déust avenir. Lors le prist moult souavet et si le tourna de l'autre part, mais onques si souef ne le séut tourner que tous li lis ne tramblast de chief en chief. Et qant il l'eut tournée, si vit que ele estoit ausi viermeile comme sans d'icele part, et si i avoit letres autresi noires comme carbons et ces letres si dient : « Chil qui plus me prisera et plus i trouvera à blasmer au grant besong; et à celui à qui jou devroie estre plus débonaire, à celui serai-jou plus félenesse et çou n'avenra que une fois ; kar ainsi le couvient à estre sans faille [3]. »

Tiex paroles disoient les letres, qui d'icele part del espée estoient. Et il regarda le fuerre, si le vit d'icele part plus noir que nule pois par semblant et se il éut

[1] La fille de roi et de reine remplace ces *renges* par une chose (une étoffe) qu'elle portera sur elle et qu'elle aimera le plus.

[2] Cette parenthèse n'est pas comprise; il faut suivant le Ms. F. « et moi par le mien. »

[3] Ces légendes ne sont pas toujours faciles à comprendre; Le Ms. F. ajoute après « plus i trouvera » « qu'il y devrait. » Il faut comprendre : « Celui qui me prisera le plus aura à se plaindre de moi plus qu'il ne devrait, dans le moment le plus critique, et je serai la plus traîtresse à celui à qui je devrais être la plus débonnaire. Mais cela n'arrivera qu'une fois. »

esté durement esbahis, qant il éut premièrement esgardet de l'autre part, pour çou que il ne savoit ne penser ne dire de koi il pooit iestre, encor fu-il lors plus esbahis assés, quar il quidoit à l'autre fois et vérités si sambloit que il estoit d'acune manière de fust et l'autre fois (juroit) que il estoit de cuir, mais il ne pooit (noumer ne) connoistre de quel bieste il estoit[1], de fier u d'aucune manière de métal; et si le voloit prouver à soi meismes par çou qu'il n'avoit onques véu nule cose de son grant qui autretant péust peser.

Ensi estoit Nasciens en tençon pour le fuerre viers soi-meismes, si qu'il en affremoit à la fois une cose et à la fois le desdisoit, si que à nule certaine parole n'en pooit asséner, à quoi il se péust tenir; ne li contes ne le devise mie, chi endroit (ne de quel manière ele estoit)[2]. Car encor n'est mie venus ne liex ne li tans que il le doive deviser, ne l'espée coument ele fu forgié, ni en quel liu, ne de quoi fu li fueres, ne de quel lieu il fu aportés, là ù li espée fu premièrement (mise dedens lui)[3], ne la force del fuerre qui moult estoit grans ne devise-il mie chi endroit, ni de quel manière il estoit, ne les grans mierveilles qui puis en avinrent ou royaume de Logres et en mains autres lieus de la Grand-Bretagne.

[1] « Et à l'altre foiée disoit qu'il estoit de fier » (Ms. F.) Ce Ms. trouve ici une lacune à combler bien qu'à la rigueur il n'y en ait pas.

[2] Le Ms. F. supprime « ne en quelle manière ele estoit. »

[3] Le Ms. F. remplace « mise dedens lui » par « de .II. lius translatée » et en place de « de quelle manière il estoit » le Ms. F. met : « de quelle manière li espée estoit. »

Toutes ces coses ne descuevre mie li contes en ceste partie, mais qant chou venra à l'essaucement de l'espée, que ele sera connéue et que on l'apielera par par son droit non, ensi comme les letres dou fuerre (et de l'espée)[1] li dient, lors sera venus et li lieus et li tans que les manières du fuerre et des renges[2] et les virtus seront demoustrées apiertement ; mais à tant se taist li contes en cestui lieu et dou fuerre et de l'espée et si parole d'une autre cose.

Or dist li contes chi endroit que el miliu dou lit, tout à droiture, avoit fichiet un fuisiel par devant qui tous estoit drois; li lis, çou devés savoir tout avant, si estoit de fus ne mie couché[3], ains estoit fichiés parmi le fust qui ert dou long dou lit, par devant, si que il estoit contremont tout droit ; et d'autre part derière en cele partie qui a non esponde[4] en avoit un autre fichiet qui tous estoi drois autressi, et si estoit en droit cel liu devant. De l'un di ces deux fusiaus jusques à l'autre, si avoit tant d'espasse, comme li leu del let duroit, et sour iaus deux, si ravoit

[1] Le Ms. F. supprime « et de l'espée. »

[2] Le Ms. F. supprime « du fuerre et des renges » et met : « que la manière et les virtus del fuerre et de l'espée seront démonstrées. »

[3] Le M. F. relève ici une lacune, et met » et cil fuisialz que je vous dis estoit fichiés. »

[4] Roquefort dit, au mot « esponde » qu'il n'a jamais signifié *ruelle*. En effet, au moyen âge, les lits n'avaient pas de ruelle, mais on voit clairement ici que l'*esponde* était le côté opposé au-devant du lit. Boudot n'était donc pas tant à blâmer. »

un autre fuisel menut quarret qui estoit fichiés et en l'un et en l'autre. Entre ces trois fuisiaus auroit asès à conter, qui toutes les manières en diroit, mais tant en dist li contes que li premiers chil qui estoit devant tout droit, chil estoit autresi blancs comme nois négie, et chil derière[1] estoit autresi verdoians com esmeraude et chil qui aloit par desus ces deux en traviers estoit autressi vremaus comme une gote de naturel sanc.

De ciex trois coulours estoient li troi fuisiel desour le lit, et sachiés vraiement que çou estoient naturaus coulours, sains painture. Car eles n'i avoient esté mises par nul houme mortel, ne de nule femme; et pour chou que en doutance en seroient tiex gens, le poroient oïr conter et s'en tenroient pour engigniet, se il n'en savoient plus, pour chou s'en destorne à tant li contes de la droite voie de sa matière; que il en descuevre la véritet pour abatre la doutance. Et chou est une cose qui ne fait mie à trespasser; ançois est moult délitable à escouter et à oïr; car en la counissance des trois fuisiaus peut toute la counissance de la nef.

Il avint cose que qant Eve la pécéresse, qui la première femme fu, eut pris conseil au mortel anemi pardurable, chou est au dyable qui dès lors coumencha à engignier l'umain lingnage pour décevoir, et il l'éut tant énortée[2] que il l'eut esprise de mortel péchiet par

[1] Le Ms. F. change la couleur des fuseaux et dit : « Chil derrière estoit altreci vermans comme une goute de sanc naturel et chil qui aloit par dossus ces .II. en traviers si estoit altreci verdoians com une esmerade. »

[2] « Alumée » au lieu de « énortrée » (Ms. F.)

coi il avoit esté huers boutés et caciés [1] et trebuchiés de la gloire du chiel, çou fu de couvoitise, il li fist son talent [2] desloyal mener à çou que il li fist quellir le fruit mortel de l'arbre, qui li avoit esté desfendus de la bouce à son créator. Et qant ele l'éut quelli, si dist la vraie estoire que ele quelli et esracha d'icel arbre meismes un rainsel [3] avoec le fruit, si com il avient maintes fois que li ramissiel s'en vienent avoec auqun fruit, qant on le keut. Et si tost com ele l'ot aportet à son espous Adam qui ele l'éut conseilliet et énorté à mengier, Adans le prist en tel manière que il l'esracha [4] dou rainsiel et si le manja à nostre grand painne et à la joie [5] et à son grant destruiement et au nostre. Et qant il l'éut esrachiet dou rainsel ainsi comme vous avés oï, si avint cose que li ramissiaus remest en la main à sa femme, si [6] que il avient assés souvent que on tient auqune cose en sa main et si ne quide-on riens tenir. Et sitost com il éurent mengiet le mortel fruit qui bien doit estre apiélés mortex, kar par lui vint la mors à iaus deux premièrement et puis à tous les hoirs [7], si

[1] Le M. F. supprime « et cachiés. »

[2] Le Ms. F. remplace « son talent desloyal mener à çou que » par « le talent de ci maleaise santeit à recevoir et li dist tant d'unes et d'altres qu'il... »

[3] Le Ms. F. met partout « rainmexel » au lieu de « rainsel. »

[4] Le Ms. F. au lieu « d'ou rainsel » met : « en teil manière de la main de son espousse, que le rainmexel demeurait en la main de Ewe. »

[5] « Et à la soie. » (Ms. F.)

[6] « Si comme vous aviez oït et si com il avient », etc. (M. F.)

[7] Au lieu de « à tous les hoirs », le Ms. F. met : « à touz les hommes et les femmes et à toz les hoirs. »

cangièrent toutes leur qualités que il avoient devant éues et lors si virent que il estoient carnel et nut, quar devant chou, n'estoient se coses esperitueus non, jasoit chou cose que il eussent cors. Et neporqant çou n'aflerme mie li contes que il si expresséement fuissent esperituel, car cose fourmée de si vil cose com est limons ne peut mie estre d'esperitel nétée, mais il estoient autressi comme esperitueus coses, qant à chou qu'il estoient fourmet pour tous jours vivre, se çou avenist qu'il se tenissent toutes eures de péchier. Et qant çou avint que il s'entregardèrent et il se virent nut[1] et il counurent les honteux menbres li un de l'autre, si furent vergondeus[2], de tant se sentoient-il jà de lour mesfais, lors couvri cascun d'iaus deux les plus laides parties qui[3] sour lui estoient ; mais Eve tint toutes voies le rainsel en sa main qui li estoit remés del fruit qui Adans avoit mengiet, nel onques puis cel rainsel nel laissa n'arier n'avant[4] ; et quant chil qui tous les pensers et tous les corages counoist sot que il éurent ainsint pechiet, il vint à aus et si apiela Adam premièrement et il estoit bien raisons que il en fust plus occoisounés que la femme. Kar la femme estoit de si poure complection et de si foible,

[1] Au lieu de « quant çou avint que il s'entregardèrent et se virent nut. » Le Ms. F. dit : « quand ils s'entrevirent nuit. »

[2] Au lieu de « vergondeus », le Ms. F. met : « vergoingneus.

[3] Au lieu de « qui sour lui estoient », le Ms. F. dit : « que il avoit sor lui de ses .II. mains. »

[4] Au lieu de « nel laissa n'arier n'avant », le Ms. F. met : « nel laissa ne avant ne après. »

comme cele qui estoit faite de la coste à l'oume, et si estois drois que ele fust obéyssans à l'oume, non mie li hom à lui ; pour chou apiela dieu Adam premièrement et quant il éut dite la felenesse parole :

« Tu mangeras, dist-il, ton pain en sur[1] ; » si ne vaut mie que la femme s'en escapast quite, que ele ne fust parconnière et compaignie de la paine; autressi com ele avoit esté compagne dou mesfait, si li dist : « en tristrece et en dolour enfanteras ta porteure. » Après les gieta de paradis ambesdeus que l'escripture apiele *paradis de délit*. Et quant il furent huers de laïens, si tint[2] Eve toustans le ramissiel biel et verdoiant comme celui qui tantost avoit esté quellis, si sot bien que li arbres dont li rains avoit esté quellis estoit ocoisons de son héritement et de sa mésaise. Lors dist en la ramenbrance de sa grant pierte qui par cel arbre li estoit avenue, garderoit-ele le rainsiel tant com ele poroit et si l'estoieroit[3] en tel liu que ele le verroit en ramenbrance de sa grant mésaventure. Et lors se pensa que ele n'avoit ne huce ne autre estoi en quoi ele péust estoier[4], car encor au tans

[1] Au lieu de « tu mangeras ton pain en sur », le Ms. F. dit : « tu mangeras ton pain en suor. »

[2] Au lieu de « si tint Eve, toustans le ramissiel biel et verdoyant », le Ms. F. met : « Si tint Eve totes hores le raimmexel en sa main qu'elle y avoit oblicit que onques ne le laissait ne por une chose ne pour altre et lors le regardait; si le vit si bel et ci verdoiant. »

[3] Au lieu de « si l'estoieroit », le Ms. F. met : « si le mettroit. »

[4] Au lieu de « que ele n'avoit ne huce ne autre estoi », le Ms. F. dit : « que elle n'avoit ne huge ne autre hustel. »

de lors n'estoit il nule tex cose. Si le prist esroment et le ficha dedens la tière, si que il se tint drois et dist que ensi le verroit-ele assés souvent.

Li ramissiaus fu en la tière fichiés par la volentet au créatour à qui toutes coses si sunt obéissans. Crut reprist et enrachina en la tière chil ramisiaus que Eve la première pécceresse porta huers de paradis, si fui plains de grand sénefianche, qui ainsi com ele le porta en sa main sénifia-il une grant léece [1], autressi com ele parlâst as ses oirs qui encore estoient à venir, quar encor estoit-ele pucele et tout ausi comme se ele lour désist : « Ne vous esmaiés mie se nous soumes huers getet de nostre [2] héritage, car nous ne l'avons pais perdut à tozjors ; véez enci les ansangnes que encor i entrerons-nous en acune saison. Et qui voldroit demander à comte pour queil raison li homs ne portait cel rainmexel hors de paradis muelz que li femme, car plus est homs halte cose que femme n'est, à ceu respont li contes que li porteirs del rainmexel n'apartenoit de noiant à l'oume, se à la femme non ; car lai où li femme le portoit, signifioit-il que par femme estoit li vie perdue et que par femme seroit restorée. Et ce fuit signifiance que par la virge Marie, seroit recovreiz li glorieus héritaiges qui perdus estoit. Mais or repairet li contes à rainmexel qui estoit repris

[1] « Une grant léece » est pour « une grande lièce » ; le Ms. F. met : « une grande liesse. »

[2] Il y a ici une lacune d'un feuillet qu'a perdu le Ms. du Mans. Nous rétablissons le contenu de ce feuillet d'après le Ms. 2455, dont on aura ainsi un passage considérable. La lacune commence au mot « héritage » et finit au mot « tesmoing » ; elle comprend la feuille 6e du 9e cahier, numérotée or.

et enracineiz en terre. Si dist qu'il crut et montepliait duurement, tant que il fuit grans arbres, en petit tempz. Et quant il fuit grans et umbrables, si fuit toz blans comme noif, en la tronce dedens et ès brainches et ès foilles, et en l'acorce. Et c'estoit signifiance de virginiteit; car virginiteis est une virtus par coi li cors est tenus nés et li âme blanche. Et ceu qu'il estoit blans en totes choses, si signifioit que celle qui l'avoit planteit, estoit tote virge à celle hore qu'elle le plantoit. Car à celle hore que Eve et Adans furent mis hors de paradis, estoient-ils encore ambesdui virge et net de tote vilonie de luxure. Et sachiés qu'entre pucelage et virginiteit ne sont mies une chose meysmes, ançois i ait grans déserance. Car pucelèges de trop ne se puet panre à virginiteit et si vous dirai pourquoi. Pucelège s'est une virtus qui tut cilz et totes celles ont, qui onques n'orent eut compaignie ne atouchemeut de charnel luxure. Mais virginiteis est trop plus halte chose et plus virtuouse. Car nulz ne la puet avoir, soit homs soit femme, pour qu'il ait eu talant ne convoityze de charnel assamblement, et teil virginiteit avoit ancor Eve à celle hore qu'elle fut getée de paradis; à celle hore qu'elle plantait le rainmexel n'avoit-elle pais ancor virginiteit perdue. Mais après coumandait Deus à Adam qu'il cognéust sa femme. Ce fut à dire qu'il géust à li charnelment, enci com drois et nature requiert que li homs géitet avec sa femme et li femme à son signour. Lors ot-elle virginiteit perdue et dès lors, en avant, horent ansamble charnel assamblemant.

A tant qu'il avint grant pièce ceu que Adans l'ot cognéue, enci comme vous l'aveis oït, qu'entre calz .II. se séoient desous cel arbre. Et Adans la coumançait à regardier et à plaindre sa dolor et son exil et lors coumansêrent ambesdui moult tendremant à plorer li uns pour l'altre, et lors dist Ève qu'il n'estoit mies mervelle se il avoient illuec remanbranse de dolor et de pesance, car li arbres l'avoit en soi et que nulz ne poroit desmoreir desous, tant fuist liés, qu'il ne s'en partist dolans; et à boin droit en seront dolant tut cilz qui jamais le vairont, quar ce estoit li arbes de la mort. Et ci tost com elle ot ceste parolle dite, si parloit une voix et lors dist à ambes .II. : « Chaitis! porquoi destineis-vous et jugiés enci la à mort l'un l'altre. Ne vous destruez pais, ne ne destineiz plus nulle chose par désespérence. Mais conforteiz li uns à l'altre; car plus y aurait de la vie que de la mort, de ceu ne soieis jai en dotance. »

Ensi parlait (la vois) li rois as .II. chaitis et lors furent ambesdui moult conforteit, si l'apellèrent, dès lors en avant, l'arbe de vie, par la bonne novelle qu'il avoient desous éue, et por la grant joie qu'il en horent, en plantèrent il moult d'altres qui tut descendirent de celui. Car sitost com il en ostoient .I. rainmexel et il le fichoient en terre, si reprenoit tantost et enracinoit de son greit; et tozjors retenoit la color de celui et la manière. Et cil, tote voies, crut et enracinoit moult, et si avint pues que, par maintes foiées, s'alèrent séoir desous et reposeir entre Adan et Ève. Et tant qu'il avint .I. jor, qu'il se séoient entrealz .II. illuec, si dist la vraie boche del grant mastre que ce fuit à jor del venredi. Et qant il horent longuemant sis ansamble, si oïrent parleir une voie qui lor coumandait qu'il assamblexent ansamble charnelment ; et il fuirent ambesdui de si grant vergoingne plens, que lor oil ne poussent mies sosfrir qu'il s'entrevéissent en iteil vilonnie faire ; car à ci grant honte en avoit le homs com li femme, ne il ne savoient coumant il osexent trespasseir le coumandemant à lor signor ; car li comparemans del premier trespas les chastioit ; si s'encoumansèrent à entreresgardeir moult hontousement.

Lors vit nostres sires lor très grant vergoingne, si en ot pitiet : et por ceu que sa volanteis ne puet estre déstornée, et sa volanteis si estoit teile que de ces .II. voloit-il establir l'umain lignaige, pour restoreir la disme légion des aingles qui del ciel avoient esteit hors getiet par lor orgoil, lor envoiait-il grant confort à lor vergoingne, car il les covrit en teil manière que li uns d'eus .II. ne pot véoir l'altre.

Lors furent ambesdui moult esbahit de celle oscurteit et coumant elle estoit entrealz descendue ci soudainnemant. Lors apellai li uns l'altre et s'entretastèrent sans véoir et pour coi qu'il covient que totes choses soient menées à la volanteit nostre signor, pour ceu covint-il que leur .II. cors assemblèxent charnelment enci com li soverens peires l'avoit coumandeit as uns, et as altres. Et qant il horent gout (géut) ansamble, si horent faite une novelle semance en quoi lor péchiés furent aiques alégis, quar Adans ot anjandret et sa femme ot conséut Abel le juste, celui qui son créator servit premièrement en greit de son dême (de sa disme) rendre loialment.

En teil manière fuit Abel li juste engendreis desous l'arbe de vie, et à jor del venredi, ceu aveis-vous bien oït. Et lors se virent atreci com il se soloient entrevéoir. Si faillit li obcurteis et lors s'apersurent andui que ceu avoit nostres sires fait, pour lor vergoigne covrir. Si en furent moult liés et tantost avint une moult grant mervelle. Quar li arbres qui avoit esteis atreci blans comme noif, enz totes choses, devint, en totes choses, aci verdoiant com herbe de preit et trestuit li altre qui de celui descendirent pour que cil assamblemans i fuit fais, devenoient en escorse et en fust et en foilles, verd.

Enci fuit li arbes chaingiés de blanche color, en verd ; mais cil qui de lui furent descenduit, ne chaingèrent onques la color première ; ne onques ne parut à nul d'ous, si à celui non soulement ; mais cil fuit toz vers amont et aval, et dès lors en avant, coumansait à florir et à porter fruit ; ne onques d'avant ceu, n'avoit florit ne fructifieit. En ceu qu'il perdit la blanche color et prist la verd, signifiait que li virginiteis de celui qui planteit l'avoit, estoit alée, et la verdor qu'il prist et la flor et le fruct signifiet la semence beneoite qui desous avoit été semée et qu'ele seroit toz dis vers en Damediu, ceu est à dire de bonne pensée et amerouse vers son créator ; et li flors signifiait que celle créature qui desous cel arbre avoit esteit anjandrée, seroit caïste et pure et nette de cors ; et li frus signifiait qu'ele se meteroit moult vigoreusement en bonnes œuvres et qu'elle monsteroit le samblant de religion et de bonteit en toutes choses.

Enci fuit cel arbes moult longuemant de verde color et trestuit cil qui de lui descendirent furent altresteil jusc'à celui tempz que Abelz fuit grands et qu'il fuit à de grant bonteit vers son créator; et tant l'amait qu'il li rendit ses dîmes et ses promesses des plus belles choses qu'il avoit; et les osfroit à son créator et de ceu avenoit sovent que dame Deus dounait ci belles graices à celui que les bonnes dismes et promesses li rendoit, que qant il estoit montées el tertre où il estoit acoustumeiz à ardoir ses offrandes, ci comme nostres sires li avoit jadis coumandeit, si s'en alloit li fumée tout droit au ciel. Mais Kaym ses frères ne le faisoit pais enci : ansois prenoit ses plus vilz choses et les plus despites qu'il avoit, si les offroit et li fumée n'aloit pais enci com li Abel faisoit. Ansois s'espandoit par toz les chapz et si estoit laide et noire et puant et celle qui issoit del sacrifice Abel estoit belle et clere et soueif flairant. Et qant Kayns vit que Abelz ses freires estoit plus bien éureiz en son sacrifice que il n'estoit et que plus le recevoit Deus en greit, que le sien, si l'en pesait moult et en acoillit grant hayne envers son freire, tant qu'il le héit oultre mesure. Lors coumansait à pourpenser, en son cuer, coumant il s'en poroit venger, tant qu'il dist à soi-meysme qu'il l'ociroit; quar altrement ne véoit-il pas qu'il en péust avoir vanjance.

Enci comportoit Cayns moult longuemant son mautalent dedenz son cuer qui onques chière ne semblant n'en monstrait par coi il s'en péust apercevoir, com cil qu'à nul mal ne pensoit. Et tant fuit celle hayne célée que Abelz fuit aleis .I. jor lonc de la maison son peire as chans. Car lors manoirs estoit aigues loing de cel arbre et davant cel arbe estoient ses brebis qu'il gardoit et li jors eschafait, quar li solous fuit levciz. Si ne pot la grant ardeur soffrir;

ansois s'en alait desous l'arbe séoir. Si li prist talent de dormir et se couchait desous l'arbe, si coumansait à sommillier. Et ses freires que la grant fellonnie avoit pourpansée, l'avoit longuement espieit. Si le suis tant qu'il le vit desous l'arbe acoter et il vint après. Si le cudait ci occire qu'il n'en fuist apercéus. Mais Abelz l'oït bien venir, si se ragardoit et qant il vit que ce fuit ses frères, si se dressait ancontre lui, car il l'amait moult en son cuer, si li dist : « bien vigniés, mes frères. » Cil li rendit son salut, si le fist rasseoir et en l'asseoir que cil fist, si li laissait Cayns alleir .I. coutel corbe qu'il tenoit. Si l'en férit par de soz la memelle premièrement.

Enci resut Abelz mort par la main de son desloial freire en cel leu meysmes où il avoit est conséus par loial assamblememt de peire et de meire. Et tout enci com il fuit concéus à .I. jor de venredi, ci com li veraie bouche le met en nom : altreci resut-il mort à jor del venredi par celui tesmoing[1] meismes.

La mors que Abel rechut par traïson, à cel tans que il n'estoient encor que trois houme en tière, sénefia la mort au vrai crucefis, et par Abiel fu-il sénefiés ; et par Cain fu sénefiés Judas par qui il rechut mort, tout autressi comme Cayns salua Abiel et puis l'ochist, tout autresi salua Judas son segnour, et si avoit sa mort pourcacié. Ensi s'assemblent bien ches deux mors ensamble, non mie de hautèche mais de sénefiance, kar[2] autresi comme Kaïns ochist Abiel au

[1] Fin du texte du Ms. 2455. Voir page 457.

[2] Au lieu de cette phrase elliptique « kar autresi comme Kaïns ochist, Judas, Nostre Seignor, au vendredi » ; le Ms. F. met : « kar enci comme Kains ochist Abel à vendredi, einsi

vendredi aussi ochist Judas nostre Segnor au venresdi, non mie par sa main, mais par sa langhe et moult sénefia bien Kaïn, de toutes coses Judas, kar il ne pooit avoir en Jhésu-Crist nule raison par coi Judas, qui ses dessiples estoit, le déust haïr; mais il i avoit ocoision sans droiture, en çou que il le haoït, car il ne le haoit pour nule mauvaistié que il onques éust en lui véue, mais pour tant seulement que il ne véoit, en lui, se bien non; kar il est coustume de tous les mauvais houmes, que il ont tousjours guerre et haine viers les bons, et se Judas qui tant estoit desloiaus et traitres véist autant de desloyautet et de félonnie en Jhésu-Crist, comme il en savoit en soi-meisme, il ne l'haïst mie, ançois fust la cose par coi il l'amast plus, dèsques il le véis autretel com il se sentist; et de cele traïson que Kaïns fist viers Abiel parole nostre sires ou sautier, par la bouce David le buen roy qui dist une moult félenesse parole, et si ne savoit pour coi elle estoit dite; car il le parole tout autressi comme se il le désist Kaïn :

« Tu pourpensoies et disoies viers ton frère félonnies et contre le fil de ta mière bastissoient tiex traïsons et tex agais, çou fesis-tu et jou me toi [1]; et pour çou as-tu quidiet que jou fuisse samblables à toi, pour çou que jou n'en parloie mie, mais jou n'oscrai; ançois te respondrai et castoierai moult durement et ceste manace avoit jà bien esprouvée,

occist Judas à vendredi, son signour. » Pour la compréhension nous avons un peu éclairci le texte du Mans; il est tel que la note le donne.

[1] Au lieu de « et je me toi », le Ms. F. met : « et je me taisoie. »

anchois que David l'éust devinée là ù nostres sires vint à Kaïn et se li dist[1] : « U est tes frères? » et chil li respondi comme chil qui se sentoit coupables de la traïson que il avoit faite et que il avoit son frère tout couvert des fuelles de l'arbre, pour chou que il ne fust trouvés, se li dist, qant nostres sires li éut demandet ù ses frères estoit : « Sire, dist Kains, jou ne sai ; sui-jou garde de mon frère ? » Et nostres sires li dist[2] : « Que es-ce que tu as fait? la vois dou sanc Abiel ton frère se plaint à moi de çou que tu l'as ochis de là ù tu l'as espendu à tière ; et pour çou que tu as çou fait, seras-tu malcois sour tière et la tière avoec sera maleoite[3] en toutes les œvres que tu i feras, pour çou que ele requelli le sanc de ton frèr que tes mains espandirent sour lui sans raison. »

Ensi maudist noštres sires la tière, mais il ne maudi pas les arbres[4] qui de celui descendirent, ne celui desous qui Abel avoit esté ochis, ne les autres arbres qui de celui descendirent, ne qui puis furent crié sour terre par la volentet de lui, mais d'icelui avint-il moult grant mierveille. Kar tantost comme

[1] Le Ms. F. ajoute ici « Cayn ! »

[2] Le Ms. F. détaille ainsi ce passage : « et nostre sire li dist : pran garde que tu as fait; lai voix dou sanc de ton frère que tu ais occis, se complaint à moi, de lai ou tu l'ais espandut à tière. »

[3] Le Ms. F. remanie encore assez intempestivement la phrase : « et la tière avoec sera malcoit en toutes les œvres que tu i feras » et dit : « et la tière ou tu serais, serait maleoite et toutes les œvres que tu ferais en terre seront perdues et ne fructifieront de rienz. »

[4] Le Ms. F. supprime « qui de celui descendirent. »

Abiaus[1] éut rechut mort de sour cel arbre, tantost pierdi la couleur vert et si devint dou tout en tout viermans et chou fu en ramenbrance dou saint sanc qui desous avoit esté espandus; ne onques puis de lui ne pot nus arbres à engignier. Ançois moroient toutes les branches et toutes les plantes que on en faisoit ne ne pooient à bien venir; mais chil crut et enbieli tant mierveilleusement que çou fu li plus biaus arbres que nus hom véist onques puis et le plus délitables à esgarder; moult dura longement chil arbres en tel couleur et en tel biautet, comme vous avés oït au conte deviser, ne onques n'envielli ne ne sécha, ne de nule riens n'empira fors de tant que il ne porta onques puis flour ne fruit, puis ichel eure que li sans Abiel fu desous espandus, mais li autre qui de lui estoient descendut flourissoient et portoient fruit ensi comme nature le rekiert, et tant demoura en tel manière que li siècles fut moult durement acréus et montepliés. Si le tenoient en moult grant révérence tout li hoir qui d'Adam et de Évain descendirent et moult l'ounourérent tôt et cantoient[2] li uns as autres d'oir en oir, comment la première mère l'avoit devant plantet et en quel manière; et disoient que çou estoit ausi comme tesmoins et preuve que il reveuroient encor en lor premier bon éureus hirétage dont lor première mère les avoit giétés[3] par son agait. Et pour l'espérance que il avoient de recouvrer chil

[1] Le Ms. F. remplace « Abiaus » du texte du Mans, par « Abel »

[2] « Contoient » au lieu de « cantoient » qui est peut être un lapsus.

[3] Le Ms. F. supprime « par son agait. »

beneoit liu, dont anemis les avoit giétés par son agait [1], revenoient-il à cel arbre, qant il estoient en auqune mésestance [2] et prendoient conseil de lour mésaise tout li plus sage et apielèrent puis l'arbre de vie et de confort [3].

De chil arbres crut et amanda, ausi fisent tout cil qui de lui estoient descendut, chil de coulour vert et chil de coulour blance, si enbiélirent tant sour tous autres que li peules les tint à moult grant miervielle et durèrent tant en cele biautet que nostres sires envoia en tière son délouve par koi li peules vieus et mauvais fu péris [4] si entérinement, que en tout li siècle ne remest hom ne femme, fors seulement et Noé et se maisnie que nostres sires avoit trouvées si couvegnables entre les autres, que il vaut que par

[1] Le Ms. F. remplace « son agait » par « son enging. »

[2] « Mescheance » remplace dans le Ms. F. « mésestance » du texte du Mans.

[3] Cette phrase est remplacée dans le Ms. F. par « dont il apielèrent puis cel, l'arbre d'aide et de confort. » Il semble qu'on a eu tort de supprimer le mot vie qui est caractéristique.

[4] Depuis, « chil de coulour », toute cette phrase est remaniée dans le Ms. F., ainsi : « Cil qui estoient blans ens toutes choses et cil altre qui vers estoient; ne nulz dou siècle n'estoit si herdis qu'il en osest osteir une branche, non pais une feuille et encor vit-on gregnor merveille avenir. Quar quant nostre sire ot anvoiet son diluve en terre parquoi li mondes, qui tant estoit vilains et malvais, fuit périlz et li frus de terre et les forets et li gaaingnors qui cher l'avoient compareit, qui pour ne porent rendre ci doulce savor ne ci

iaus fust restorée la tière [1] qui devant avoit estet faite. Et qant çou fu cose que les eves [2] qui devant avoient estet grans tans contre lour acoustumanche, revinrent en lour premier estat par la volentet des souvrains maistres, la tière fu si empirié que onques puis ne rendi fruit si buen ne si naturel ne si pourfitable as cors comme ele avoit fait devant ; ains furent adiès [3] adont toutes coses ki issirent, tournées ausi comme en amiertume, et li arbre meisme qui furent devant s'en sentirent si durement, que il en pierdirent la saveur de leur premier fruit, si que ils avoient tout apiertement le venim et l'amiertume dou délouve [4] qui le monde avoit couviert ; mais d'ices arbres, qui arbre de vie estoient apilet, et de chiaus qui de chelui estoient descendut, vit-on tiex [5] mierveilles que il ne furent cangiet ne en biautet ni en savour de fruit, ains remèsent en tel estat com il estoient, par coi [6] chil ki çou virent disent que voirement estoit chil

bonne com il faisoient d'avant, ains furent à donc totes choses dénaturées et anianties, si antérinement que... »

[1] « Restorée la tière » semble bon ; le Ms. F. met : « fut restorée li harde tière. »

[2] Le Ms. du Mans met avec raison « les eves », les eaux, puisqu'il est question du déluge ; le Ms. F. met donc à tort « les œuvres. »

[3] Le Ms. F. supprime « Adiès » pour « Adès. »

[4] « Dou celouve » pour « del diluve. » du Ms. F.

[5] Le Ms. F, met « vit-on teilz. »

[6] Toute cette phrase est remaniée dans le Ms. F. : « com ne pot onques véoir signe nul qu'ils fuissent empeiriés de riens de savor de fruct, ne chaingiés de colors, ne de tout ceu qu'ils soloient davant avoir. Ains remeissent en lor biateit et en teil estat com il avaient davant esteit.

arbres de vie et non de mort, kar là ù li arbre estoient près de péri et d'outret, n'avoient-il eu garde de mort [1].

Tant furent chil arbre en chele biautet que Salemons régna après le roy David son père, et à celui Salemon otroia Diex sens et discrétion outre ce que nature doune, ne s'estent à aprendre en sience. Chil fu si sage de toutes siences que à mierveilles le péust-on tenir, et nepourqant il counut toutes les virtus des pières présieuses et la forche des hierbes et le cours dou firmament et des étoiles, si que tieriens hom ne l'en pooit riens aprendre et nepourkant par biautet de femme fu-il si soupris et décéus, qu'il en fist tant de coses contre Diu que à honte li pot-on atourner.

Sa femme ki o lui estoit, si se penoit d'engignier lui et décevoir au plus que ele pooit et il l'amoit tant que il ne pooit nule riens tant amer. Il se gardoit au plus que il pooit; jà [2] si ne si séust garder, et chou ne doit-on pas tenir à mierveille, kar sans faille puis que femme velt metre son cuer et s'entension en engin, nus sens d'oume mortel ne s'i puet prendre, si ne coumenche pas à nous, mais à nostre première lingnié. Qant Salemons vit que il ne s'en pot garder contre l'engin de sa femme, si s'esmerveilla moult que çou

[1] Le Ms. F. supprime la phrase depuis « kar là ù li arbres... »

[2] Il y a encore dans notre Ms. une suppression fâcheuse causée par la répétion du mot « garder. » Le Ms. F. restitue ainsi « au plus qu'il pooit, qu'elle ne le déceust; mais sa garde ni ot mistier; ainsi li faisoit honte et vilonie totes les foies qu'iele pooit; jai si bien ne s'en scéust gardeir... »

pooit iestre, si fu assés courouciés; mais plus n'en osoit faire dont il dist en son livre que on apièle Paraboles : « Jou ai, fist il, avirounet le monde et alet en tel manière comme sens mortex le pooit encerkier, ne, en toute cele incerquité[1], ne poi trouver une boine femme. » Cheste parole dist-il par chou que il ne s'en pooit gaitier contre l'engin de sa feme, si s'esmierveilloit moult dont chou pooit et dont çou venoit que femme estoit si soutive et curieuse en malisse, tant que il coumencha moult à despire femme et dist que femme ne estoit mie esperitex cose; mais anemis drois. Une nuit gisoit en son lit moult pensis et disoit moult dolans :

« Hom caitis, plains de misère plains, viex piersoune[2] et soufraitouse dont puet chou venir[3]. » En dementiers que il estoit en tel esror, si oï une vois qui li dist : « Hom caitis, plains de misère, piersone viex et soufraitouse ne t'esmierveille pas se femme t'a mis en duel et en esrour. Kar nostre première femme, no mère, ne fina onques devant chou que ele fu gietée de paradis dou délit, si que ele de là ù ele estoit ne fina onques devant chou que ele fu de paradis

[1] Le Ms. F. modifie ainsi cette phrase : « et alleit *par mer* et *par terre* et tant com nulz hom mortex, ils le puet encerkier, ne en tote cele *circuité* que je ai faite... »

[2] Au lieu de « viex piersoune », le Ms. F. met : « piersoune vilz. »

[3] Le Ms. F. remplace « dont puet chose venir, etc. » par cette phrase : « coument est-ceu que femme te corrousset si volontiers ? à ceste parolle respondait-il d'altre part et discit : » Ici le sens est tout à fait changé. Salomon se parle à lui-même.

gietée huers et ù ele estoit en toute buenne éurté [1], se mist-ele huers et entra en toute maléurtet dont tout li hoir qui de lui descendirent se sentent encore si durement que il en manguent lour pain en dolour [2] et en chaitivetet moult grant. » Et encore li dist la vois [3] :

« Salemon ! n'aies pas femme en tel despit : kar se par femme vint à houme courous premièrement, en liu d'icele femme venra une autre qui aportera à houme joie gregnour que li courous n'ait estet et ensi amendera femme çou que femme mesfist et chele feme istra de ton lingnage. » Qant il oï ceste parole, si se tint à fol de çou que il avoit sa femme tant blasmée et lors coumencha à souteillier [4] par soi-meismes et à encherkier l'escripture et les devins secrés, selonc chou que il en pot savoir. Si enquist tant par le sienche de lui, que il séut et counut la venue de la buenne éureuse virgène Marie, qui le fil Dieu concéut en son buen éureus vaissiel.

Tant s'entremist d'enquerre la véritet de ceste cose que il séut tout vraiement que par cele virgène qui femme seroit apielée [5], venroit en tière autressi grans

[1] Le Ms. F. remplace « buenne éurté » par « bonteis. »

[2] Au lieu de « si durement que il en manguent lour pain en doulour et en chaitiveté. », le Ms. F. affaiblit l'image et met : « que il en moinnent leur vie en dolour... »

[3] Au lieu de « et encore li dist la vois » « en dementiers qu'il disoit à soi meysme teilz parolles li respondit une voix. »

[4] Au lieu de « coumencha à souteillier », le Ms. F. met : « coumencha à *sorcillier* » et supprime « par soy-meismes. »

[5] Au premier abord, le Ms. F. qui change la phrase en

buenne éurtés comme la maleurtés i seroit avenue par la première femme, dont il dist que l'une devoit-on apieler mère et l'autre marastre; et lors coumencha à penser, de jour en jour, à cele buenne éurée feme pour savoir se çou seroit mère et fins de son lingnage : kar bien vauroit, se il pooit iestre, que, en si buene éureuse cose, fist fichié la bousne[1] de ses anchiestres; et tant pensa à cheste cose par maintes fois que li devins respons vint à lui et se li dist une nuit que il se reposoit sex en sa cambre : « Salemons, la buenne éureuse virgène ne sera pas fins de ton lingnage, ains sera fins uns chevalier qui pasera de bontet et de cevalerie tous chiaus qui devant lui auront estet et qui à celui tans porteront armes et qui après lui venront, tauant com li solaus passe de clartet la lune et autant comme Yosués passe de prouèche tous chiaus qui ore sunt. » Et Josués estoit adont li mieudres chevaliers ki fust ou monde[2]. Et qant il oï que en tel homme

celle-ci : « que par cette femme qui virge iert apieléo » semble logique, mais en réfléchissant, on se convainc que le texte obscur du Mans vaut mieux, et qu'il faut maintenir le sens : « que par cette vierge qui femme *mère* serait appelée. »

[1] « La bousne, » peut-être pour la *bourne, la fin*. Le Ms. F. qui met le terme banal : « la boutois de ses anchiestres, » veut peut-être dire : « l'*abouteis, la fin* » quoique plus loin on retrouve dans le Ms. F. « la bontet »; mais « la bontet », est là pour « l'aboutet » sans nul doute.

[2] Il parait y avoir ici encore une lacune ; voici la phrase très-délayée du Ms. F. : « A tant passerait cilz chevalier de bonteit et de prouesse de chevalerie toz cealz qui a donc seront et qui d'avant lui averont esteit. Quant Salemons oït ceu, si demandait si cil seroit li fins de son lignage ; et li voix li dist : oil; et si seroit virges et homs de bonne vie et seroit altretant

feroit fichié la bontet de son lingnage, si en fu moult liés, si dist : « Ha Diex ! jou ne le verrai pas, kar trop a lontans de cest tans d'ore jusques au tans de lors. Chiertes se jou, en nule manière, pooie savoir, coument jou fesisse savoir coumant si grans tans devant sa naissance, ai séue véritet de lui,) jou li fesisse savoir coument si grant tans de lui)[1] mais jou ne voi mie coument çou puist iestre ; kar juskes à icelui tierme a .II. mil ans et et plus[2]. »

Longement pensa Salemons à ceste cose et tant que sa femme que il avoit s'apicrchut bien que il ert kéus en tel pensée dont il ne puet son cuer oster : si en fu moult à malaise kar ele éut maintenant paour que il n'éust talent de li mal faire. Si avint une nuit que il estoient ensamble que il fu un poi plus haitiés et plus envoisiés que il ne soloit iestre ; et qant ele vint en buen point, ele le conjura par la foi que il estoit entr'iaus deux que il li désist à quoi il avoit si longement penset. Et Salemons qui le savoit plus soutive en mal et en engien que nus hom ne poroit iestre, pensa que se cuers mortex pooit metre conseil à chou que il pensoit, ele en vienroit bien à chief : et pour

mueldres chevaliers de Josué son sérorge, comme celle virge seroit millor que ta femme n'est. Or t'ai certifieit ceu dont tu ais esteit se longuement en doutance. Quant Salemons oït ceste parolle, et que en teil houme seroit fichiée li... »

[1] « Double emploi; le Ms. F. modifie cette phrase « coumant jou li puisse faire savoir que je scéusse novelles de lui si lonc tems devant sa naissance, je li féisse à savoir, mais jou ne voi, etc... »

[2] On a gratté « .II. »; et en effet Salomon succéda à David, l'an 1001 avant J.-C.

chou pensa-il que il li diroit, car del dire seulement ne pooit-il veir que nus maus li péust venir. Et lors li descouvri-il outréement chou que il avoit si longement penset, et kant il li éut tout contet, ele respondi : « Chiertes, sire, de chieste cose ne vous sauroie-jou mie conseillier encore, mais dedens brief terme, au mien quidier, vous en conseillerai-jou bien. » « Or i parra » fait-il. A la tierce nuit après, avint que il estoient ensamble et li dist : « Sire, j'ai penset coument li chevalier qui sera fins de notre lingnage connistra coument vous avés séu la véritet[1] de sa naissance. » « Voire, dist-il, chou me plaist moult. Or le m'enségniés dont » fait-il. « Volontiers, » fait-ele, « mandés par vostre royaume tous les carpentiers que vous poés trouver, et kant il seront tout assemblet, coumandés lor que il vous fachent une nef de tel fust qui ne puist pourir ne por eve ne pour autre cose, jusques à .IIII. m. ans. En dementier que il apareilleront lor nef, jou apareillerai les autres afaires ensi comme vous verrés. » Et Salemons[2] crut moult bien çou que ele li dist.

A l'endemain, sitost comme li jours aparut, Salemons traist ses messages et lons et près, pour querre les carpentiers, si en i vint tant em poi[3] d'eure que çou fu mierveille. Et kant il furent tout assamblet par devant lui, il lour coumanda que il li fesissent une

[1] Au lieu de « la véritet de sa naissance voire » le Ms. F. met « la vériteit de lui. »

[2] Le Ms. F. ajoute « qui sages estoit », et à la fin de la phrase, « si se soffrist à tant cette nuit. »

[3] Au lieu de « poi d'eure », le Ms. F. met « poi de terme plusors » et supprime que « çou fu merveille. »

nef de fust si buenne et si serée que ele n'éust garde de pourir pour estre en ewe .IIII. m. ans. Et chil disent que il en feroient lor pooir. Si s'en penèrent tant et traveillièrent tant que la nef fut auques aprestée dedens brief termine[1]. Et sa femme qui l'avoit coumandet à faire dist Salemons : « Sire, puisque chil dont vous me desistes nouvieles sera tiex que il passera de bontet et de cevalerie tous chiaus qui devant lui aront estet et qui après lui venront, il me samble que il seroit bien raison que auqune ame[2] présieuse et cière éust que il portast en ramenbrance de vous ; et se li aparcilliés encontre sa venue et se fu cele arme mierveillouse sour toutes autres armes, autant com il sera meirveilleus sour tous autres chevaliers. » « Dites moi, » fait-il, « queles ames[3] ce poroient iestre, et se je voi que eles soient couvegnables et jou les ai, jou li apareillerait. » « Et jou vous dirai, » fait-ele, « queles armes li seroient soufisans. Ei temple que vous avés fait en l'ounour vostre segnor est l'espée le roy David votre père, la plus rice et la plus mierveilleuse qui onques fust forgié et la plus trenchans que on péust trouver ne qui ainc fust baillié par main de chevalier ; si l'en prendés et en

[1] Au lieu de « dedons brief termine », le Ms. F. dit : « dedens d'.I. an » et ajoute : « quant elle fuit aigues preste et appareillée. »

[2] « Au lieu de auqune ame présieuce », le Ms. F. met avec raison : « aucune arme préciose. »

[3] Le Ms. F. rétablit encore le mot « armes » au lieu de « ames » ; mais cette correction, utile pour nous, ne l'était pas au XIIIe siècle, et l'on dit au contraire les armes pour les âmes.

ostés le pong, l'enhéudéure [1]; et qant vous aurés la lemiele ostée et tournée à une part, vous qui counissiés la virtu des pières et la force des arbres et des hierbes et la matière de toutes coses tierriennes, faites un pong de pières précieuses si soutilment jointes que il n'ait après vous regart tierrien qui puist désevrer l'un des autres et que cascuns qui le verra quide que chou soit une meisme pière.

« Après, si faites une enhéudéure [2] si merveilleuse en son endroit comme l'espée sera u sien. Qant vous aurés tout chou fait, jou i metrai les renges teles comme moi plaira. Chil qui estoit plus sages que nus autres de counoistre virtus de pières et la force des hierbes osta dou temple l'espée son père que il tenoit ausi ricement com il fesist un saintuaire, puis en fist tout ce que ele li ot deviset fors que dou pong u il ne mist que une seule pière, mais chele fu de toutes les coulours que on poroit trouver ne deviser de bouche. Et puis mist s'entente et sa cure à faire le fuerre pour metre ens l'espée, mais de çou dont il le fist, ne devise ore mie li contes (ichi) endroit, pour çou que il n'en est ore mie grans mestiers [3]. (Après fist le pung si biel et si rice comme li contes a jà devisé et moult i mist grant entente.)

[1] Au lieu de « l'enhéudéure » qui est le terme propre, c'est-à-dire la poignée de l'épée, le Ms. F. met partout *l'ahoudure*, ce qui n'est pas correct.

[2] Ici le Ms. F. allonge et met : « l'ahoudéure si merveilleuse que nulle ne soit si virtuouse ne si riche. Après i faites .I. fuerre si merveilleux », etc.

[3] Ce qui suit est un double emploi que supprime le Ms. F. jusqu'au mot « entente. »

Qand il éut l'espée garnie dou pong et dou fuerre, ensi comme vous oës, il mist l'espée ens ou fuerre et commença à regarder le fuerre et l'espée et à paumoier ; si vit cel appareil si riche que il ne li estoit pas avis que pour un chevalier fust fais aparaus [1] si rices ne si viertueus com chil estoit. Si dist que il vauroit, se il pooit iestre, que jamais ne le traisist fors dou fuerre qui ne s'en repentist jusques à tant que li buens chevalier pour qui ele estoit appareillié i metroit la main. Et lors vint la vois qui autrefois avoit parlet à lui et li dist : « Salemon, nus ne le traira jamais qui ne s'en repente jusques à tant que chil le traira [2] qui tu l'as îssi appareilliet. » Qant Salemons oï ceste parole, si en fu mouli liés et maintenant escrist de sa main letres teles comme li contes a jà devisées. Et qant il éut çou fait, il vaut metre à l'espée renges teles à son ensient comme à l'espée couvenoit ; mais sa femme ne vaut : ains en i aporta unes si laides et si povres comme de kenvene [3] et si foibles par samblant que eles ne péussent pas l'espée soustenir [4]. « Que est-chou, fist Salemons ; i volés-vous çou metre ? » « Oil, fist ele, il n'i aura jà à no tans autres, mais encore se Dix plaist, venra une eure que une damoisiele les cangera et i metra, pour cestes, unes autres si bieles et si rices que çou

[1] Au lieu de « fust fais apparaus », le Ms. F. met « fust fais onques apareil. »

[2] Le Ms. F. complète le sens de la phrase en mettant « pour cui » au lieu de « qui. »

[3] Au lieu de « kenvene », le Ms. F. met « chanvile » ou « chaniule. »

[4] Le Ms. F. ajoute « une hore de jor. »

sera mierveilles à véoir. Si poës counoistre en ceste espée, la samblance de deux femmes dont je vous oi parler, kar tout ausi comme la virgène qui est à venir, si, comme vous désistes, doit amender ce que nostre première mère mesfist, tout autressi amendera cele pucèle, chou que jou mesfait à ceste espée ; kar ele i metra renges bieles et rices de la cose que amera miex sour soi. » Icheste parole tint Salemons à sout il et moult s'esmierveilla dont çou pooit avenir que ele disoit. Qant la nef fu faite et couvierte si ricement comme les contes l'a deviset[1] et mist l'espée as piés et au cavech dou lit mist sa couroune chele que le roys David ot portée maint jour et dist que il le laissoit au chevalier pour chou que il ne véoit mie que ele péust estre en nul autre lieu si bien emploié[2]. Et qant il éut tout chou fait, la femme dist que encor falloit-il à la nef. Lors prist carpentiers et les mena à l'arbre de vie desous qui Abiel avoit estet ochis, puis lour dist : « Segnor, il couvient que vous de cest arbre vermeil et de ces autres dont li un sunt blanc et li autre viert prendés trois fuisiaus, un viermel, un blanc et un viert, dont dont li lis sera environnés, ensi com vous dirai. Et chil disent que il doutoient moult à entamer l'arbre de vie pour ce que nus n'avoit estet tant hardis que

[1] Il y a ici un passage important omis : après le mot « deviset », le Ms. F. met : « Li dame i fist mettre .I. lit grant et merveillous tout de fust », puis le texte continue « et mist l'épée as piés... » puis au lieu de « au cavech », le Ms. F. met « à chavés. »

[2] Après le mot « employé », le Ms. F. dit « et la covrit d'un blanc draip de soie et mist l'épée as piés del lit. »

il l'empirast de riens; et ele lour respondi que ele les feroit tous hounir, se il ne faisoient dou tout son coumendement. Et chil férirent maintenant lour quigniés [1] dedens; mais au coumencement furent moult esbahit, car il virent apiertement que del arbre issirent goutes de sanc ausi espressement comme d'un houme à qui on éust les bras copés. Et il furent moult espoentet de ceste cose qant il le virent; et pour çou vaurent-il laissier chou que il éurent entrepris et coumenchiet à faire et moult se repentoient jà de ce que il avoient fait; mais chele ne le pot soufrir, ains les tint si cours [2] que il fisent dou tout son coumandement.

Qant chil éurent les trois fuisiaus aportés à la nef et dolés et atournés en tel manière comme ele lour devisa, il les misent ou costé dou lit l'un devant l'autre derière et le tier par desus, si que il estoient quevilliet [3] en ambesdeus; ne ceste cose ne fu pas faite sans grant sénéfianche, si comme li contes meismes le devisera chà avant, et qant il furent ainsi mis, ele dist à Salemon: « Vées-vous ces trois fuisiaus [4]? » « Oil, dist-il. » « Or sachiés vraiement, fist-ele, que jamais nus ne li verra à qui il ne doive souvenir de la mort Abiel. » En dementiers que il parloient ensi des trois

[1] Le Ms. F. remplace « quignées » par « cogniées. »

[2] Au lieu de « si cours » le Ms. F. met « si cois. »

[3] Au lieu de « quevilliet », le Ms. F. dit « chavilliés. »

[4] Le Ms. F. ajoute sans motifs, « .I. vermeis, .I. blanc et .I. vert, dont li lis seroit envirouneis, enci com je vous deviserai. »

fuisiaus, lor vinrent nouvieles que chil qui l'arbre de vie avoient entamet estoient avulet [1], si en pesa plus à Salemon que à sa femme. Lors fist Salemons un brief pour metre en la nef et il escrist el coumencement dou brief ausi comme se çou fust l'ente de sa raison [2]. « Os-tu [3], chevalier bons éureus qui seras fins de mon lingnage, se tu viex estre em pais et hom sages sour toutes choses, te garde d'engien de femme [4] et, se tu ne le crois, sens ne prouèce ne cevalerie [5] ne te garandira que tu ne soies en la fin hounis, et chou te mande Salemons pour chou que tu te gardes, en ramenbranche de lui. » Chou fu li coumenchemens del brief que Salemons fist pour le chevalier qui puis fist tante biele cevalerie el roiaume de Logres et mist à chief les aventures qui ou païs de la tière forainne [6] et en mains autres païs, avenoient par la virtu et par la force dou saint Graal, si comme li contes le devisera chà avant. Après, escrist la véritet [7] de la nef, si comme la femme le fist faire et la riquèce de la nef

[1] Au lieu de « avulet », le Ms. F. met « aveuglet. »

[2] Le mot « l'ente » est un lapsus, il faut « l'entente. » Le Ms. F. a mis « l'entante. »

[3] Erreur, il faut « Es-tu. »

[4] « Après le mot « femme » le Ms. F. ajoute avec raison, croyons-nous, « car n'est riens qui taut puisse grèver comme femme. »

[5] Le Ms. F. supprime « ne cevalerie. »

[6] Au lieu de « qui ou païs de la terre foraine et en mains autres païs », le Ms. F. met sans motif « qui el païs et en la tière fuirent et en mains leus avenoient. »

[7] Le Ms. F. remplace à tort, croyons-nous, « la véritet de la nef, par « la virtut de la nief. »

et dou lit et des fuisiaus coument li uns estoit blans et li autres vermaus et li tiers vers sans painture nule. Ains estoient de nature[1] coulour, si comme il avoit estet pris ès arbres. Et qant il éut le brief escrit, il le mist au cavech dou lit desous la couroune. Et qant il éut ainsi la nef apparcillié[2] il le fist metre en la nef droit à la rive et lors dist à sa femme : « Dame, la nef est faite et toute appareillié, ne encor ne puis-jou véoir coument li chevalier puist savoir coument jou aie[3] séu véritet de sa venue. » Et ele respondit : « Vos en serés assés séurs par tans ; mais or faites tendre deux paveillons desus cel rivage que entre moi et vous et une partie de nostre compaignie, puissons demourer jusques à tant que nous aions véut que il nous avenra d'iceste nef. » Et il coumanda esrant que on tendist tres et paveillons desous la rive[4], kar il velt iluecques séjourner jusques à tant que fortune en ait la nef menée. Et chil le fisent esraument à qui[5] il l'éurent coumandet. Si mangièrent celui jour devant le rivage à moult grant

[1] « De naturel color. » (Ms. F.)

[2] Après le mot « appareillié », le Ms. F. ajoute : « il la fist covrir d'un drap de soie qui n'avoit garde de porrir ne por eawe ne por altre chose, et puis la fist mettre dedens la mer, droit à la rive. »

[3] Au lieu de « je aie séu véritet » « je aie seéut la vériteit. » (Ms. F.)

[4] Au lieu de « kar il velt auques », le Ms. F. met « si que il ot sa femme et une partie de sa gent puisse demoreir tant que... »

[5] Au lieu de « fisent esraument à qui », le Ms. F. met « fisent cui. »

joie et se dormirent, jusques au jour, dedens les paveillons.

En tour mie nuit, avint ensi com il se dormirent que à Salemon avint, en son dormant, que il vit que deviers le chiel vint[1] uns hom à grant compaignie d'angles qui portoient divers estrumens[2] en lour mains, mais il ne savoit deviser quex et nepourqant il véoit chex que chil[3] à qui li angle faisoient compaignie descendoit en la nef et prendoit ewe et avironnoit la nef et arousoit partout[4] et disoit : « Ceste nef est fiance[5] de ma nouviele maison. » Après venoit au bort de la nef et fist à un de la compaignie letres écrire et qant eles estoient escrites si disoient en tel manière : « Moult sera faus[6] qui cest escrit trespassera. » Salemons véoit en son dormans celui que cest coumandement faisoit et estoit garnis de si très-grant biautet que cuers mortex n'el poroit deviser ne bouce dire. Si en avoit tel mierveille en son dormant que il s'en esveilla et ouvri les

[1] Cette dernière phrase a été remaniée dans le Ms. F. et a gagné en harmonie : « avint, enci com il se dormoient tuit, que Salemon vit en son dormant, que deviers le chiel venoit... »

[2] Au lieu de « divers estruments », le Ms. F. met sans raison « .II. teilz estrumens. »

[3] Le Ms. F. dit simplement : « il véoit celui à cui li aingle... » et met « qui » avant « descendoit. »

[4] Le Ms. F. supprime la phrase depuis « et prendoit eive » et la remplace par « et li altre environ lui de totes pars. »

[5] Le Ms. F. met « signifiance » au lieu de « fiance. »

[6] Au lieu de « moult sera faus », le Ms. F. met « moult sera folz » qui n'est pas le vrai sens.

ex et regarda enviers la nef et vit tout apertement la compaignie tele com il l'avoit véue en son dormant. Et qant il vaut parler et apieler chiaus qui devant lui estoient, si n'ot pooir de parler ne de mouvoir soi. Lors oï une voîs qui li dist :

« Salemon ! tes desiriers est acomplis. Kar li chevalier qui ert fins de ton lingnage, enterra en ceste nef et aura chele espée que tu li as apareillié et saura la véritet de toi, ne jamais nus n'i enterra se il n'est tex comme il doit estre. « Après cheste parole, se départi la compaignie de la nef en tel manière que Salemons ne sot que il devinrent. Et qant il éut pooir de se soi lever, si leva et apiela sa compaignie et vint à la nef et qant il vaut dedens entrer, la vois li dist : « Trai-toi arière, si tu entres dedens la nef, tu périras, mais laisse aler la nef là ù fortune le conduira et saches vraiement que ele sera encore véue en mains estraignes païs et près et long. » Et il se traist arière et resgarda les letres tel bort qui disoient : « Os-tu, hom qui dedens moi viex entrer, qui que tu soies, si gardes que tu n'i entres, si tu n'ies plains de foit : kar il n'a en moi se foi non et créanche, et pour chou saches-tu se tu guenchis à créance, ne tant ne qant, jou te guencirai en tel manière que tu n'auras de moi ne soustenance, ne aide en quel liu que tu seras atains à mescréance. » Et qant il vit cel brief, si se traist en sus de la nef, kar bien counissoit que il n'estoit mie disnes d'entrer ens. En dementiers que il estoit entre se maisnie, ausi comme tous esbahis, si se féri li vens dedens la nef qui l'eslonga de la rive em poi d'eure, et le porta en tel manière en la mer, que Salemons ne la femme qui compassée l'ot ne le virent onques puis [1]. Si s'en taist ore li contes atant ichi endroit. Kar bien a devisé coument la nef fu compassée et en quel manière et coument li fuisiel estoient de naturel coulour sans nule painture : si retourne à conter de Nascien dont il est grant pièche tens.

Or, dist li contes, que grant pièche resgarda Nasciens les trois fuisiax dont li lis estoit [2] et por savoir se il peust jà counoistre de quoi il estoient si couluret. Kar çou ne quidoit-il mie légièrement que il fuissent de naturel coulour, dont il dist lors à soi-meismes un mot dont il se repenti puis moult durement. « Par foi, dist-il, jou ne sai que dire de moi-meisme com les mierveilles de cest lit me déchoivent, car en si grant chose com chi a, ne quideroie-jou mie que il n'éust auqun rain de faussetet. » Maintenant que il éut cheste parole dite, il se regarda et vit que li nef s'aouvri en cel endroit là ù il estoit, si

[1] Le Ms. F. ajoute ici deux longues phrases que nous devons reproduire : « Et Salemons s'assit maintenant à la rive et commensait à penseir moult durement; et maintenant vint une voix qui li dist : Salemons ! li dairiens chevalier de ton lignaige se reposerait en celle lit que tu ais véu et saurait novelles de toi. »

« Salemons fuit moult liés de ceste chose, si esvillait maintenant sa femme et cealz qui avec lui estoient et lor contait l'aventure de la neif et dist et fist savoir à ses privées conseil coumant sa femme avait meneit à chief ceu où il ne savoit mettre conseil. Par ceste raison que li contes vous ait deviseit, vous ait-il dit la raison pourquoi la neif fuit faite et par quoi et coumant li fuisialz estoient de naturel color blanc, vert et vermeil. »

[2] Le Ms. F. ajoute « environneis et cloz. »

que il se vist en la mer ù il péut estre légièrement noiés, se nostres sires ne li aidast. Et qant il se vit en l'aigue et en péril de mort, se il n'en est ostés, si fu moult esbahis que il ne set se il se dort, u se il veille. Et nepourqant il n'est mie lens de soi aidier, ains coumencha maintenant à noer tant que il à la rive de l'aighe vint. Si saut à tière et regarde la nef et le brief et disoit que en la nef n'avoit se foi non. Et qant il apierchoit cheste cose, si counoist maintenant que il est décéus en piéchiet par mescréanche et lors se coumencha moult à blasmer et laidengier et à dire à soi meismes : « Ha ! hom de povre créance et de povre foi, desgarnis de sens, pour coi fus-tu plus légièrement couviertis à plus tost croire mençonge de cette nef que véritet. Ies-tu si tost mescréans, se nostres sires t'a moustrée partie de ses mierveilles, tant déusses-tu iestre plus fers en sa créanche. » Et quant il oï çou si ot moult grant paour, lors se coumencha à dolouser et à faire doël trop grant et trop mierveillous [1] ; si crie mierchit à nostre Segnour pour çou que il li pardoint ses mesfais dou péchiet de ceste nouviele mescréance. En tel paour et en tel angoise fu Naciens pour çou que nostre sires ne se fust courouchiés à lui. Ensi fu Nasciens sour la rive de la mer, tant comme li jours dura ; et la nuit comme li soirs ne fu espandus par le monde et li jours fu devenus oscurs et noirs, et il dist ses proières et ses orisons tieles com il les savoit. Et qant il les éut dites grant pièce de la nuit,

[1] Le Ms. F. supprime cette phrase depuis « tant déussestu iestre plus fers. »

par moult grant pièce, et par moult grant dévoction et de buen cuer, si comme chil qui moult estoit en grant fréor et en grant doutance [1]; puis se coucha à la tière nue, et s'endormi en tel manière que il ne s'esveilla juques à l'endemain.

Au matin, quant li rais dou jour et li rais dou soleil [2] se coumencha à espandre par les montaignes, là ù eles estoient plus hautes, lors s'esveilla Nasciens et ouvri les ex et regarda en la mer là ù il quidoit encore véoir la nef que il avoit véue le jour devant, mais il ne le vit ne lons ne près [3]. Car grant confort li fesist li regarders, se le véist devant lui; mais pour çou que il n'en véoit nul assénement s'en suesfre-il au miex que il puet et liève sa main et se signe et dist: « Vrais pères Jhésu-Cris qui par vo [4] pitié et par vo miséricorde m'avés gieté des mains Galafre mon anemi tierrien, Sire, par ta pitié ne suesfres, puisque je suis escapés des mains à celui anemi, que jou, el pooir de l'autre anemi n'eschaie [5]; mais se il est tex que il assaillir me viegne et que il me voelle décevoir par son mal agait, Sire, garis-moi encontre lui comme campions [6], si que jou puisse sauvement garder icelui trésor,

[1] Le Ms. F. supprime toute cette phrase, depuis « et quant il les éut dites. »

[2] Le Ms. F. évite cette répétition du mot « rais » et dit: « Quant li jors fuit éclairiés et li rais » etc...

[3] Après le mot « près », le Ms. F. met « quant il vit çou, si en fuit moult à mésaise. »

[4] Le Ms. F. remplace « vo » par « ta » dans les deux cas.

[5] Au lieu de « n'eschaie », le Ms. F. met « ne chiete » ou « n'échiete. »

[6] Au lieu de « comme campions », le Ms. F. dit: « comme boin champions », ce qui est bien plus compréhensible.

que tu à garder me baillas, çou est l'âme[1] de moi. Et se jou sui, biaus sire, si foibles paistres et de si mauvaise pourvéance que jou, la garde par moi suel, ne puisse furnir entérinement[2], Sire, vous me soiés paistres propres et vegniés garder l'âme de moi comme vostre oeille [3], si que li pardurables avresiers, li crueus[4] ne me truist huers de vostre garde, kar çou sai-jou bien que se il suel me treuvé eslongiet de votre mière que on apiele sainte Eglyze, asés pora cil anemis, qui tant est poissans, estrangler si povre oeille[5] et si foible com jou sui.

En dementiers que Nasciens faisoit sa proière en tel manière comme vous avés oït, il regarda contremont en la mer viers oriant, et vit venir une petite nachiele. Si éut ens un houme de grant éage, et vint droit à la nachiele viers Nacien et approcha de la rive ausi près comme le lonc de deux lances, mais plus ne vint pas près. La nachiele estoit de son grant rice tant que Nasciens ne quidast pas que en tot

[1] Au lieu de « l'âme de moi », le Ms. F. met : « l'arme de moi » ; mais il s'agit bien de l'âme.

[2] Le Ms. F. dit : « que je gardeir *pour* moi ne le poroie entérinement », ce qui ne vaut pas le texte du Mans.

[3] Au lieu de « comme vostre oeille », le Ms. F. met moins logiquement « comme vostre *oisel*. » Évidemment, « oeille » veut dire *ouaille* et c'est le mot propre.

[4] En place de cette phrase : « Li pardurable avresiers, li crueus », le Ms. F. met simplement : « li pardurables adversiers. »

[5] Le Ms. F. met encore ici « osillon » au lieu de « oeille » plus logique ; puis après le mot « sui » il ajoute : que je n'ai nul pooir senz vous. »

le mont, en mer ne en tière, péust-on si rice trouver. Kar ele estoit de huers[1] avirounée de pières présieus dont en i avoit si grant plentet que Nasciens dist à soi-meismes que li plus rice hom dou monde ne li plus rices princes, si com il quide, n'en péust mie la moitiet esligier. Et encore estoit la naciele aournée d'autre cose, dont Nasciens ne s'esmerveilla mie mains ; kar ou bort d'une part et d'autre avoit saiètes jusques à douze qui toutes estoient d'argent, ne meis les pointes qui estoient dou plus fin or que on péust trouver[2] et estoient par devant si agues et si tranchans que apaines en péust-on trouver nule si aiguisiés ne si pongnans com eles estoient : si s'en mierveilla Nasciens moult durement[3].

Qant Nasciens vit le prodoume priés de lui, si apierchut que li nachiele estoit arestée si que ele ne verra en avant, si com moi quide. Si se drecha en estant et salua le preudomme et li dist que bien fust-il venus. Et li preudons li rendi son salu et li demanda de son estre et coument il vint ou liu estrange et si eslongiés de toutes gens : « Ciertes, biaus sire, fait Nasciens, je ne sai mie moult bien qui m'i aporta. Kar aportés i fui par la volentet nostre Segnor, se m'i aime moult mieus que en la prison Galafre qui moult me fist mal et anui, tant com il me tint en sa prison. » « De Galafre, fait li preudons, n'as-tu mais garde, car il est trespassés dou siècle si maleureusement comme cres-

[1] Le Ms. F. remplace « de huers » par « ès bours. »

[2] Le Ms. F. remplace cette phrase par celle-ci : « les pointes qui estoient d'or del plus fin et des plus esmeroy que l'en poist trouver. »

[3] Le Ms. F. supprime ce qui suit le mot « aiguisiés. »

tiens renoiés doit iestre. » « Ha ! sire, dist Nasciens, coument le savez-vous ? » « Jou l'ai véu hui, cest jour, mort [1], » fait li preudons. « Sire, fait Nasciens, se çou est voirs que vous me dites et vous iestes hom mortex, il ne peut iestre que jou soe si lons de gent que vous me faites entendant. Kar pour ce que il est encore matins, puis-jou véoir apiertement que vous n'iestes pas venus de long, hui en cest jour, se vous n'alés plus tost que hom terriens. » « Jou te di, fait li preudons, que jou l'ai hui véu mort et si ies lons de ton païs, plus que tu ne quides et se tu denoient [2] ne me crois, tu t'en repentiras autant u plus que tu ne quides ; et autant u plus [3] comme tu fesis ier, qant tu désis la parole de la nef par quoi tu te trouvas maintenant en l'aigue. »

Qant Nasciens entent que chil li ramentoit la parole de la nef que il li avoit dite, que nus ne péust avoir dite ne entendue fors que Diex seulement, si se pensa que nostres sires l'avoit à cestui descouverte et que il li avoit cestui envoiet pour lui reconforter et pour lui faire compaingnie, et lors li respont : « Sire, jou vous croi de kanques vous dites, mais d'icele nef que vous me avés ramentéue me dites nouvieles, si vous savés que ele devint, ne se fortune li ramenra jamais en liu ù jou soie, que jou le véisse ausi à loisir comme jou la vich n'a pas encor gramment. » « Tu le

[1] Le Ms. F. met simplement : « Jou l'ai hui véu mort. »

[2] Le Ms. F. supprime « denoient » qui est de trop en effet. »

[3] Le Ms. F. supprime encore : « que tu ne quides, et autant ou plus. »

verras encor[1], fait li preudons, encore miex garnie que tu lors ne la véis. Kar ele croist et amende, cascun jour, et croistra tant comme li siècles duerra mais. » « Sire, faist Nasciens, çou que vous me dites que ele croist cascun jour, dont n'est-ele mie nés comme autre. » « Tu dis voir, fait li preudons, nés n'est-ele mie samblable as autres nés ; ains est une démoustrance au haut maistre qui chi t'aporta et sénefiance le doit-on miex apieler que nef. » « Chiertes, sire, fait Nasciens, je croi bien que vous dites voir et pour çou vous proi-jou, pour Diu, et pour reconforter moi, que vous me diés que ele sénéfie et jou le vous requier en non de karitet. » « Et jou le te dirai, fait li preudons. »

« La nef que tu véis si biele et si rice que tu avule vile[2] n'avoies onques mais véue si biele, ele sénéfie saint églyze, qui est la plus biele et la plus délitable qui soit el monde ; et tout ausi comme la nef n'avoit se foi non, si comme l'escripture dou bort le tiesmongne, tout autressi n'a-il en saint églyze se foi non et véritet. Car de ches deux coses fu-ele premièrement estraite et fondée. Li brief qui desfent que nus n'i entrast se il n'estoit, en toutes manières, plains de foit, sénefie sainte escripture qui desfent que nus n'entre en sainte églyze se il n'est avant nétoiés de ses péchiés par confiession de bouche et par repentance de cuer. Et coument que il soit plains de foi et de créance, ne soit muables, ausi comme li

[1] Le Ms. F. supprime le mot « encor » à cause de la répétition de ce même mot.

[2] Les mots « avule vile » sont un lapsus pour « atreteile » qui est dans le Ms. F.

pegnonchiaus [1] qui se tourne là ù li vens le baloie; li crestiens doit estres ausi comme li fors tors garnie de buen piet et de buen fondement, qui ne crient siége ne assaut de son voisin. Tout ausi fiermement des viertus desainte églyse redoit tenir li crestiens que se il avient par aventure, que li anemis qui gaite de jours et de nuis à gieter houme de buenne pensée et de buenne œvre, s'aproce de lui, qui le truist fort et fierre et bien fondet en la buenne pierre qui est apielée Jhésu-Crist [2]. Et tout aussi comme la nef fu premièrement faite et estorée pour ce que on péust passer parmi ewe et tout sans péril et venir de ewe à tière sauvement, tout autressi fu estorée sainte églyze pour soustenir les crestiens en cest siècle, si est saintefié [3] par ewe que il ne périllast, en dementiers que il alast waucrant [4] en ceste vie tierienne qui assés est povre et caitive et plaine de toute soufraité. En la nef, dois-tu entendre sainte églyze et en la mer, le monde; et tout ausi comme la nef porte en la mer l'oume sans péril et soustient sour l'ewe, ausi porte sainte églyze son siergant parmi l'ordure [5] dou monde

[1] Au lieu de « comme li pegnonchians », le Ms. F. met : « comme li pannoncelz est qui. »

[2] Ce passage est très-modifié dans le Ms. F. qui dit : « s'aproce de lui qui l'estraut fort et serret et l'a niantist de la buenne pierre qui vient de part Jhésus-Crist. »

[3] « Saintefié » est évidemment un lapsus et est remplacé dans le Ms. F. par « signifieiz. »

[4] « Waucraut » est remplacé dans le Ms. F. par « graverant », qui ne le vaut pas. *Waucrer* veut dire *errer çà et là*, « graverant » n'est pas français.

[5] Le Ms. F. remplace « son siergant parmi l'orduro dou

et parmi les péchiés que il n'i est cunchiés ne avilounis, ne ne prent tache de mortel péchiet. Sainte églyze, si fait son buen siergant, son buen menistre aparoir de seur tous péchiés, nés et espurgiés de toutes vilonnies, aussi comme li ors requis, par sept fois, apiert à estres esmerés[1] sour tous autres métaus, et ausi comme li solans apiert en resplendisseur par desus toutes les estoiles.

« Or t'ai devisé que la nef sénéfie et que tu i dois entendre. Or te dirai que li lis sénéfie qui enmi la nef estoit. Li lis qui tant estoit rices et bien acesmés et si bien aournés de toutes mierveilleuses coses et de tantes viertueuses sénéfie la sainte table ù li fiex Dieu est cascun jour sacrés, là ù li vins est mués en sanc[2] et li pains en kar vraie par les saintes paroles et les hautes qui amentéues i sunt par la bouche de la buenne éurée piersonne qui de çou s'entremet. Par le lit, dois-tu entendre la sainte crois ù li fieus Diu, par

monde » par « cealz sovant parmey l'orisson del monde », ce qui est un non sens, et ajoute après « parmey les péchiés » « et parmey les tribulacions » ; puis remplace la phrase suivante par : « ne j'ai sainte église n'en serait jai conchiéié, car elle ne soufrerait jai péchiet morteil, ne n'i prendrait taiche. »

[1] La phrase du Ms. du Mans était fort bonne, ainsi conçue : « com li ors, requis par sept fois, apiert à être esmérés ». *Esmerare* signifie « merum seu purum reddere. » DUCANGE. Le Ms. F. met moins heureusement « comme li ors reluist et est afinciz. »

[2] Le Ms. F. change à tort la phrase : « là ù li vins est mués en sans » en celle-ci : « là ù li sans est mueiz en vin », puisqu'après il laisse : « et li pains en kar vraie. »

sa débonairetet, se laissa traveillier pour ramener[1] de pardurable paine li umain lingnage qui, par péchier mortelment, de jour en jour, plus et plus, estoient trébuchiet dedens les ténèbres d'ynfer; par le lit dois-tu entendre signe de asouagement et de repos par quoi on doit le lit, assés ingaument[2], à la manière de la crois comparer, pour samblance cose. Car tout autressi com après la lassetet dou travail requiert cascuns hom tierriens le repos dou lit, et tout autresi dois-tu entendre que après la lassetet et le travail des grans paines et des grans angouses d'infer, prist li lingnages humains repos et asouagement en l'eslarguissement[3] que li fix Dieu fist de soi-meismes, en la vraie crois, à celui jour meismes que il sousfri mort pour pécéours oster de la dolerouse prison. Or t'ai devisée la sénéfiance de la nef et del lit que tu véis dedens. Or te dirai que li troi fiusel sénéfient. Car sans grant sénéfiance ne fu pas li lis avironnés des trois fuisiaus dont jou paroil, si comme tu meismes les véis, l'un blanc comme nois et l'autre vermeil comme goute de sanc et l'autre ausi vert com esmeraude: si te deviserai que çou puet sénéfier.

« Par le blanc fuissiel dont li lis estoit avironnés, dois-tu entendre que entérinement et vraiement devant et après fu gardée virginités, si entérinement que qant il s'aparut en la boine éurée virgène, ne à l'issir, ne à l'entrer, ne fu onques virginités corrom-

[1] Le Ms. F. change avec raison « ramener » en « raïmbre. »

[2] « Ingaument » est remplacé dans le Ms. F. par « ygalement. »

[3] Le Ms. F. remplace « en l'eslargissement» (*la largesse*) par « en ellargement », ce qui n'est pas heureux.

pue ne malmise. Ains i entra si entérinement com em porte close et s'en issi si saintement c'onques ni fu malmise ne empirée. Par le fuisiel qui viermaus estoit de naturel coulor, dois-tu entendre caritet qui si grans et si mierveilleuse fu ou fil Diu que il livra son cors à mort et à passion, pour houme raïembre de mortel servage, en cel haut don que il fist de soi-meismes ; qant il, qui estoit vie sans rachine et sans teke [1] de mort, livra sa car mortel à mort dont il estoit envolepés, pues-tu entendre que il avoit en lui herbregié la fontaine de karitet et de pitiet. Par le fuisel qui vers estoit en samblanche d'esmeraude, dois-tu entendre pascience. Pascience sénéfiée est par esmeraude qui verdoie en toutes saisons, ausi pués véoir de pascience, kar ele est adés en vierdour et en vive force si que ele ne puet estre remuée ne par aversitet ne par mesquéance, puis que ele est bien en cuer de crestien enrachinée, et ensement vient et aquiert victoire, à fine force, chil qui en lui l'a herbergiet. Kar çou ses-tu bien que on ne puet si bien vaincre son anemit comme par sosfrir. De ces trois coses dont li une est apielée virginités et l'autre carités et la tierce pascience, estoit li lis environnés et enclos à droit. Kar il le devoit bien estre puisque il estoit sénéfiance de cele vraie crois ù li fiex Diu fu férus à angoisse de mort, kar dont ne fu-il pas sans ces trois coses et bien i parut. Car, sans faille, si comme il est séu, et vérités le tesmongne [2], à cele angoisse que il sousfri, li fisent

[1] « Teke » mis pour « tache » qui est dans le Ms. F.

[2] Le Ms. F. ajoute ici « Jhésus-Crist » qui est en effet déjà loin pour rester le sujet de la phrase.

compaingnie les trois virtus : virginités, karités, pascience ; et ensi garnis de ces trois coses, venqui-il nostre mort et ramena vie au monde. »

En dementiers que li prodons contoit en tel manière la sénéfiance de la nef et des coses qui dedens estoient, avint que li oïrs et li conters[1] plot tant à Nascien et tant li furent les paroles douces que il s'endormi par desus la rive moult à aise en son cuer meismes. Ne la doçour de ces paroles, là ù il s'endormi en tel manière, li estoit avis que li preudons li contast toudis ce que il li avoit coumenchiet à dire. Et qant chil qui en la nacele estoit, vit que il s'endormi, si s'emparti d'iluec et s'en ala et ce fu em poi d'eure si eslongiés de la rive que on ne le pooit véoir ne lons ne près. Et qant li preudons se fu départis de la roce, Nasciens qui estoit endormis sour la rive se dormi toutes voies. En çou que il se dormoit, li fu avis que devant lui venoit un sierpens grans et mierveilleus qui l'asaloit et le manechoit[2] moult durement, et poi s'en faloit que il ne li failsoit plaie ou costet séniestre ; et il se desfendoit moult vighereusement, mais sa desfense n'i éust mestier au daarains, qant un viers petis et de povre pooir par samblant li venoit aidier. Et sitost comme li serpens véoit venir le petit vermellet en l'aide de Nascien, il ne l'osoit atendre, ains s'en fuioit lonc de lui. Ensi avint à Nascien en son dormant, dont il fu moult à malaise, si que il s'en esveilla et ouvri les ex, comme chil qui

[1] Le Ms. F. remplace le « li conters » par « li escoultiers. »

[2] Au lieu de « le manechoit », le Ms. F. dit : « le damajoit. »

bien quidoit que il se combatist encore au sierpent. Et qant il se fu esveillés et il li resouvint de çou que il s'estoit endormis, en dementiers que li preudons de la nacele li conta la parole, et lors fu-il autant dolans que il dist à soi meismes que voirement estoit-il hom caitis et povres de sens, que se il éut bien en lui, jà dormirs ne li éut tolut çou que li prodons li avoit coumenchiet. Et lors si laist à tant li contes ichi endroit à conter de lui et retorne à Chélidoyne son fil, pour dire ceste partie avant del estoire qui à cestui endroit apartient.

En ceste partie, dist li contes, que qant les neuf mains en éurent porté Célidoine fors de la poesté et de la baillie à Galafre, en petit d'eure, si com on le sot, puis maintenant fu si eslongiés fors del païs, tant comme l'espasse de deux journées d'esrcure puet durer [1], et fu laissiés si comme il plot au haut maistre, sour la rive de mer près de l'ille ù ses pères estoit, à six journées [2], fu portés proprement en cele partie; et qant il fu mis en tele manière iki, il estoit jones enfes en l'eage de dix ans [3] seulement, qant il se vit en si estrange liu, comme enclos d'une forest sauvage d'une part et d'autre part de roces hautes et merveilleuses que il n'ot pas pris [4] à véoir, se il n'estoit

[1] Le Ms. F. remplace « l'espasse de deux journées d'erreur poit durer », par « li venneit de .X. journées durent », ce qui n'est guère français.

[2] Au lieu de « six journées », le Ms. F. qui change tous les noms de nombres, met : « .V. jornées. »

[3] Au lieu de « jones enfès, en l'éage de dix ans », le Ms. F. dit « Jones hons en l'éage de .VII. ans et .II. mois. »

[4] Le Ms. F. met : « que il n'ot pas *apris* à véoir *ci faites*.

o grant compaingnie de gent, lors ne fu-il pas à aise, mais espoentés durement. Lors se prist moult à dementer à soi-meismes, ensi comme il savoit. Et en dementiers que il estoit iluec, li tans coumencha à cangier et à oscurir et à faire si desloial tans et si dolereus, que mierveille estoit à véoir. Si coumencha à plouvoir, et à venter et à touner [1] si durement comme se tous li mondes déust maintenant fenir. Li enfes qui vit l'orage si merveilleus et les ondes de mer si grandes et si espoentables que nus n'i fust qui ne déust avoir paour de la mort, si ot doute et paour que les ondes, tant les vit grans, ne venissent jusques à lui, et pourçou se trait-il en sus de la rive et vint viers une roce que il vit crevée; si entra dedens si espoentés que il ne sot que il déust faire; et esgardes totes voies en la mer, si lonc com il pot véoir, et tant attendi au regarder pour çou que il (ne) véoit auques près de lui deux nés que la tourmente et li orages aloient cachant aval la mer, et chil qui dedens estoient, crioient à hautes vois as maistres [2]: arrivés ù nous soumes tot mort, jà n'en escapera piès. »

En çou que il crioient en tel manière, il lour avint si bien que les deux nés arrivèrent sauvement illuec ù Celydoines estoit en la roce; qant il furent à tière

[1] Après « à touner », le Ms. F. met : « et à espartir et à faire ci doloreus tempz. »

[2] Au lieu de « as maistres : arrivés, » le Ms. F. met « Ha! maistres! arriveiz », puis supprime « jà n'en escapera pies ». *Célidoine était attentif à regarder, parce qu'il voyait deux nefs... etc.*, le Ms. F. dit : « et tant entendit au regardeir pour çou que il véoit près de lui... » Le sens du Ms. du Mans est obscurci par la négation « ne. »

venut, uns viex hom maronniers qui bien counissoit les divers païs et les estranges teres miex que tout li autre ne faisoient, si [1] lour dist tout em plourant : « Segnor ! mal nous est avenut ; se nous soumes escapé de péril de mort, nous soumes si dolereusement arivet, que chi, ù mesquéance nous a amenet, n'a riens née fors que lyons et sierpens et biestes sauvages, qui tost nous arons dévouret, si comme il nous verront. » « Biaus maistres, dist uns des autres à qui il éut çou dit, » de ce nous estuet-il moult petit esmaeir, quar vous véés bien que chi à tiex [2] ù ces chevaliers (qui) desfendroient une grant ost de toutes les bestes sauvages de ceste tière ; et pour çou n'averons nous garde, que se nous soumes assailli des estranges biestes sauvages, nos nous en desfendrons bien au mien ensiant : » En dementiers que il parloient ainsi, issi Célidoines de la roce u il estoit et vint vers chiaus qui à la rive estoient et pensa que il fuissent crestien ausi com il estoit ; mais non èrent [3]. Ains estoient païen et nés dou royaume de Pierse et aloient à ost en la tière de Sire [4] sour le roy Fanouyel [5], qui le frère le roy de

[1] Le Ms. F. supprime « miex que tout li autre ne faisoient si », à tort, croyons-nous.

[2] Le Ms. F. remplace « chi a tiex », par « chi ait teilz. » Le marinier veut dire, sans doute, qu'il y a là une position telle que *ces* chevaliers s'y défendraient contre toutes les bêtes sauvages de cette contrée.

[3] « Mais non eirent » (Ms. F.): *Mais ils n'étaient pas chrétiens.*

[4] « En la tière de Sire » est remplacée dans le Ms. F. par : « en la tière de Sur. »

[5] Au lieu de « Fanouyel », le Ms. F. met « Sabuel. »

Pierse avait ochis [1] pour çou que il l'avoit laidement trouvé avocc se feme; et illuec entr'iaus estoit li roys de Pierse que on apieloit Labiel, et iert jones hom et buens chevaliers, mais crueus estoit durement, ne nus hom ne haoit si mortelment crestiens comme il faisoit. Qant il furent arrivé, li roys Labiaus pour chou que il vit le tans enbielir et esclarchir contre le soir, il coumanda que on tendist, entre les roces, son paveillon, car il i voloit gésir. Et cil à qui il l'éut coumandet dist que il li en tederoit prochainement. Et en çou que il estoit [2] de la nef partis de lour hiernois, Célidoines, qui fu descendus de la roce, vint à aus et si le salua et lour demanda quex gens il estoient [3] de Pierse. Et il le prisent maintenant et l'enmenèrent devant le roy Labiel; et qant il le vit si très-biel enfant et si ricement viestut com il estoit, si pensa bien que il estoit gentiex hom et de haute gent venus; se li fist moult biele chiere et l'asist de jouste lui, pour enquerre de son iestre; car grant desirier avoit de lui counoistre. Se li coumencha à demander dont il estoit et de quel liu; et li enfés, qui plus savoit de son eage que nus des autres enfés, li recounut maintenant la véritet de son lignage (que nus des autres enfés) [4] et de quel gent il estoit nés et de quel tière il avoit à gouverner et li conta coument

[1] Le Ms. F. donne à ce frère du roi de Perse, le nom « Sabel » « que l'en appelloit Sabel. »

[2] « Estoit issit de la nef. » (Ms. F.)

[3] Il y a ici une lacune que le Ms. F. fait connaître : « Et cil qui trop se merveillèrent de lui et de quel leu il estoit issus, lui respondirent qu'il eirent de Perse. »

[4] Répétition évidente.

ses parentes avoient rechéu nouvielement la nouviele loy et toute la tière crestienne « dont jou meismes, sire, fist-il, sui crestiens et ai rechéu bautesme de la main meismes Josèphe le souvrain envesque de crestiens, celui que nostres sires Jhésu-Cris (sacra) de sa beneoite main. »

Qant Labiaus oï cheste nouviele, si fu tant dolans que nus plus, car le roy Évalac counissoit-il bien et counoistre le devoit-il bien, par droit, comme celui qui chevalier l'avoit fait de sa main. Si dist à Célidoine : « Enfés, jou counois bien ton père lontans a, pour que il me poise moult de ces nouveles, et coument que il soient tourné à la male loy [1] et à la male créanche et aient volentet de soufrir paine et caitivet- et en cest monde. Pour chou que tu ies si biaus enfés et poras encore venir à grant hounour, se mauvaistiet ne le te tolt, te retenrai-jou avoec moi et te castoierai, pour çou que tu m'apartiens d'auqune cose, si que jou t'osterai encore tout d'icele foi u tu ies entrés. Et dès or me di quiex aventures (t'aporta) en ceste roce, ensi sauvage liu qui tant est estranges et eslongiés de toutes gens que nus n'i repaire se che ne sunt li caitis que aventure laisse escaper des perius de mer. » Et Célydones li conta coument il avoit estet em prison entre lui et son père en la maison Galafre, et coument ses pères en fu issus par l'aide nostre segnor ; et après, qant Galafres vit que ses pères li estoit escapés, il le fist porter as créniaus de la tour pour geter d'amont, aval. « Si en

[1] Au lieu de la « male loy », le Ms. F. met de la « malle éurteit. »

fist si grant cruautet que jou, qui enfés estoit, sans mal et sans engien, fuisse mors au kaoir de la tour ; mais Jhésu-Cris qui ne laisse pas quéoir ses ministres, ains lour vient aidier qant mestiers lour est, il me vint secourre, si m'enporta de là chà en ceste roche ; jou ne sai se jou sui lons u près de nostre païs ; mais, la soie mercit, ainsi me secourut. » Tant li roys Labiaus entendi cheste parole, si sourist de mautalent et dist à chiaus qui avoec lui sunt : « Par foi, mierveille, set jà dementir chis enfés. » « Sire, fait uns chevalier qui devant lui estoit, tieus la coustume des crestiens, jamais ne trouverés si biaus menteurs comme il sunt et tous jours voelent lour menchonque atourner et affremer ausi comme se çou estoit fins voirs. » « Or ne vous caille, fait li roys, car cestui ferons-nos légièrement retourner de la folie il ù est entrés. » Cele nuit jut (Labiax) li roys entre lui et ses chevaliers el pavillon que il l'éut fait tendre sor la rive de la mer. Li autre partie jurent ès nés et li (autre) ramanant furent armé de glaives et d'espées et de haubiers pour gaitier le roy toute la nuit, que se il avenist cose que les biestes sauvages issisent dou bos et de la forest que eles ne péussent mal faire au roy ne à chiaus qui se dormoient ès paveillons. Et li roys fist hounerer et siervir Célydone et siervir de kanques il pot, et le fist la nuit couchier près de lui ausi ricement comme se il l'éust engenret. Et qant li enfés fu endormis, li roys ne se coucha pas maintenant ; ains demanda à ses houmes que il pora faire d'icel enfant. « Kar, je bée, fait-il, à çou que il renoit crestientet et reviegne à nostre loy et que jou li doinse à femme ma fille. Et savés-vous, fait-il, pour coi jou en sui si curieus ; jou sai bien que il est estrais de toutes pars de si buens chevaliers[1] et pour ce est espérance, s'il avenoit que il vesquist plus de moi et il avoit ma fille à femme, li lairoie-jou, après ma mort, toute ma tière et tout mon royaume[2]. »

Qant li roys fu couchiés et li esciergaite fu montée et livrée à chiaus qui s'en devoient entremetre, li roys s'endormi. Et maintenant li fu avis que il estoit en un pret et large, biel et verdoiant, et en cel pret avoit une ouchiele[3] de tière et estoit emplie de mote de tière et estoit li oucele toute nueve. Et cele oucele estoit par de fors toute environnée de flours qui de li naissoient, ausi comme d'un arbre naiscent (naturaus) brances et fuelles par nature. Et li roys regardoit l'ouciele dont il s'esmierveilloit moult qant il en véoit flours issir ; et après, véoit que d'alès l'ouchiele venoit uns grans sierpens, gietant fu et flambe, qui gastoit[4] tout maintenant l'ouciele et les flours et qanques dedens avoit, si que, en petit d'eure, repairoit toute à noient qanques li roys avoit véut.

Au matin, qant li roys s'esveilla, si vinrent à lui si

[1] Il paraît y avoir ici une lacune ; le Ms. F. dit : « de toutes pars de si boins qu'il ne poroit estre, se nature ne failloit en lui, qu'il ne fuit trop boins chevaliers. »

[2] Le Ms. F. reproduit la réponse des hommes de Labiel : « Sire, font sui homme, il en seroit tout ceu que vos voldreiz. »

[3] Le Ms. F. met partout « oisele » au lieu de « ouchièle » qui est le terme propre.

[4] Au lieu de « qui gastoit tout maintenant l'ouciéle », le Ms. F. met : « qui ardoit tout maintenant l'oicele. »

houme, chil qui gaitié avoient la nuit, si disent que il avoient à l'ajournée[1] pris un lyon, si l'enmenra et le fera par aventure mener à lui en la tière ù il bée à aler. Lors fait li roys esveiller Célydoine, qui encore se dormoit, car assés éut la nuit penset à son père en veillant. Et qant il se fu viestus et appareilliés, li roys le fit venir devant soi et l'assist à ses piés, lors coumanda li roys à venir tous les plus sages homes de sa compaignie. Et qant il furent assamblet en sa présence, si lor dist : « Segnor, anuit m'avint en mon dormant une avisions moult mierveilleuse, tant que jou ne porai jamais iestre à aise, devant çou que jou en sace la véritet, et à quel cose chou pora tourner ; et pour çou vous ai-jou devant moi mandet ; quar jou voel que vous m'en diés chou que vous en quidiés qui m'en puist avenir. » Si lour devisa son songe tout ensi com il l'éut véut en son dormant ; et après, lor prie que il li devisent à quel cose chou pora tourner ; « et pour çou vous ai-jou devant moi mandés. » Et chil coumencent à penser, et qant i éurent grant pièche penset, si respondent que il n'en séussent nule chiertaine chose. « Par foi, fait li roys, çou poise moi, kar jou sai bien que sans grant sénéfiance ne fu onques tiele avisions. »

« Par foi, font-il, nous ne vous en dirons plus, car nous ne volons à vous faire à croire chose que nous ne saçons vraiement. » Et il dist qu'il s'en taira à tant, puisque autre chose n'i puet prendre.

Qant li enfés qui as piés le roy entendi le songe

[1] « Le Ms. F. remplace « l'ajournée » par « l'anjournée » qui a le même sens : le point du jour.

que li roys avoit dit à ses conseilliers, il vit que nus ne l'en savoit dire nule chiertainitet, si s'est drechiés maintenant em piés et parole au roy, et dist si halt que tout l'entendent bien : « Roys Labiel, puisque ti houme ne t'en sevent conseillier de chou dont tu lour requiers conseil, jou te conseillerai ensi comme li grans maistres à qui jou sui sougis, le m'a ensegniet [1]. Tu véis en ton songe un pret biel et verdoiant, et en cel pret avoit une oucielc environnée de flours et emplie par dedens de mote de tière ; et apriés, véis un sierpent qui ardoit et l'ouchiele et les flours, et ganques dedens avoit. Or te dirai-jou que çou sénéfie, et si ne l'ai-jou pas séu par ocoison [2] que jou puisse faire de ma science, quar trop sui encore jones enfés et de petit aage à savoir si grant cose, mais sachiés bien que li sains esperis, ki à ses ministres et à ses siergans démoustre ses grans secrés et ses grans repostailles, le m'a, par sa douce pitiet, descouviert, et pour çou le te mousterrai-jou apiertement, se tu le viex escouter. Le prés que tu vis verdoians sénéfie le monde ù nous soumes. Çou est à dire qu'il plaist et atalente à tous chiaus qui i sunt et qui se délitent et aaisent, chou est as pécéors qui gisent ès grans péchiés mortex, qui font les grans vilonnies et les grans ordures ; à chiaus, se plaist tant li mondes que il ne lour est pas avis que il doivent jamais falir, ains lour samble que il doivent tousjours vivre et seront en vif pooir et en vive forche et aport adiès kanques li maleurex ventres desire ;

[1] Le Ms. F. met : « ensi comme li grans maistres cui sergens je suis le m'ait consilliet. »

[2] Le Ms. F. remplace « ocoison » par « avision. »

mais chil qui selonc la véritet garde, il puet véoir tout autrement apiertement samblable au prét qui, au matin, est verdoians et plains de flors et au soir qant la calours del soleil a un poi demouré, si le poet-on véoir flestré et morte et séqué. Tout autressi est li cors de l'houme, qant l'âme s'en est partie. Par ceste raison que jou t'ai mostrée pués-tu véoir que li prés sénéfie; et après chou, la sénéfiance de l'oucele qui est foible cose et mauvaise et de si povre sustance que ele puet maintenant estre brisée et çou que li portiers fist dou lymon de tière mauvaise, sénéfie hom qui tant est povre cose et estrais de si povre semence qui est ausi frailles et ausi chaitis comme est li pos qui de légier est brisiés; ausi frailles est li hom, kar (orendroit est) orendroit n'est mie pour chele l'ouchiele que tu véis en ton songe ies-tu sénéfiés roy Labiel, mais des flours qui l'environnoient pués-tu mierveilles entendre. Or regarde la véritet de la flour qui ne faillist et dont li biautés ne fust alée en petit de tant, fors seulement la flours qui est apielée virgène Marie. Mais li biautés d'icele flour ne fu onques maumise ne empirié : kar là ù toutes sunt par nature desflourées et violées, çou est el concevoir et en l'enfanter, illuec sauva cele buenne éureuse dame si hautement la flour, que onques la blançour de la virginité n'en fu empirié ne maumise, dont cele flours qui tousjors dure en sa verdour et en sa biautet ne véis-tu pas en la semblance de ton songe; car tu véoies flours qui li failloient par un petit de caut[1]. « Les flours ki

[1] Le Ms. F. remplace « un petit de caut » par « un petit de vent. »

faillent par un petit de kaut, as-tu encore entour toi et sés-tu comment eles sunt apielées : On apiele l'une biautet et l'autre prouèce et la tierce courtoisie ; et ches autres virtus dont tu as maintes fois oïes, qui font houmes aparoir plus grassieus et mieus entéchiés les uns que les autres, et tu, sans faille, en iés si garnis, com hom mescréans puet iestre, kar tu ies biaus[1] à l'anemit que tu as siervit tous les jours de ta vie, non mie à Diu : si ies assès preus et buens chevaleirs et courtois; et avoc chou, as-tu tant de virtus que tu ies li plus grassieus homs mescréans que jou sache. Or t'ai moustrée, fait li enfés, que la l'ouciele sénéfie[2]. La tière amonceléе dedens le pot sénéfie la grant dolour des péchiés mortex que li hom maleureus amoncele cascun jor dedens soi, plus et plus, par mésesrer contre son créatour, quant il ne se veut amender pour amounestement ne pour parole que on li die. Chest trésors et cest amoncelement as-tu conquis dès lors[3] que tu issis del ventre ta mère, kar onques puis que tu fu nés, ne fesis-tu riens ne en parole ne en œvre, qui ne fust contre la volentet ton créatour et dès puis que tu as tosjours péchiet et amoncelet dedens toi, mal sour mal, et péchiet sour péchiet, bien te dut aparoir en ton songe l'ouchiele plaine de tère : kar

[1] Après « biaus », le Ms. F. met : « Mais ce n'est pais à Diu, ains est », ce qui est indispensable à la compréhension.

[2] Le Ms. F. ajoute : « et les flors qui dediens estoient. Or te dirai que li moncelz de terre signifieit ; et. »

[3] Au lien de « conquis des lors », le Ms. F. qui n'a pas compris, dit : « aigues dès », mais « aigues » fait double emploi avec « dès lors. »

tu l'ies tot vraiement. Or t'ai devisé que la tière amoncelée sénéfie. Or te dirai que tu dois entendre par le sierpent. Li sierpens sénéfie la mort, qui est à l'âme si crueus compaignie et si félenesse que tout ausi tost com ele le vient véoir ele li tant kanque il a, et le délit dou monde [1], et se ele n'el trueve garnit de buennes virtus qui houme maine à la joie des chiex, en la joie ki jà ne faurra, il est trebuchiés en la ténébrouse maison qui est apiélé ynfers. Or poés véoir, par la sénefiance de ton songe que jou t'ai devisé, si comme li haus maistre le m'a enségniet, que tu ne fais à proisier en tel vilonnie, comme tu ies, nient plus comme fait l'ouchiele plaine de tière. Et pour çou que tu me croies encore miex de chou, (que) jou te dirai encor à nuit tel chose que tu fesis n'a pas lons tanc, quar tu quides que nus ne le sache, fors que toi seus ; mais si fait ; kar chiex li set qui on ne peut riens céler ne couvrir. Et si li m'a fait à savoir [2], chou saces vraiement. »

Qant li roys ot cheste parole, si fu tous esbahis et rougist de honte. « Diva, fait-il, que est-çou que jou fis que je quide que nus ne sace fors que jou seus ? » Lors li dist Célydoines : « Çou vous dirai-jou bien, mais il n'i aura fors moi et vous ; mais çou vous voel-jou dire, voiant vous barons et si le vous mande li haus maistres, chil qui toutes les coses ki sunt à avenir set, ke li sierpens que vous que vous véistes en vostre songe sénéfie le pooir de la mort qui en vous est venue. » « Morir ! fait li roys, morrai-jou dont ? »

[1] Le Ms. F. met : « et li tolt quant qu'elle ait et le délit et le déport dou monde. »

[2] Le Ms. F. supprime « chou saces vraiement. »

« Oïl voir, fait Célydoines, si prochainement que dès wi en quatre jours, serés-vous trespassés de cet siècle; mais or gardés quel conseil vous i méteres et prendrés de vous meismes, et si vous dirai buennes ensegnes par quoi vous me kerrés miex [1]. » Lors le traist à une part, auques lons de ses barons et se li dist : « Roys, çou te mande li haus maistres que tu te faces crestiener et que tu reçoives la nouviele loy, ai ces [2] ensegnes, que tu ochesis, le premier jour de may, ta sereur pour çou que ele ne vaut soufrir que tu géusses à li; et qant tu véis que ele ne vaut la volentet faire, tu li copas la tieste et gietas le cors en la mer et le chief après. Cheste murdre fesis-tu sans faille, si céléement, que nus ne le set fors que chil qui tout voit et à qui on ne puet nule riens céler, et ainsi le m'a fait savoir [3] et si le m'a descouvert, soie mierchit. » Qant li roys oï ceste nouvele, si respondi : « Enfès, merveilles m'as dit, tu n'ies pas hom tieriens, u tu iés plus sages que nus hom mortex ne poroit iestre, quar de mon songe ne sai-jou que nus m'en désist si apiertement comme tu as fait, ne chou que jou fis de ma sereur ne quidoie-jou que nus hom séust [4]. » Lors coumanda as sa maisnie que il facent son lit, si se coucera, kar il est un poi deshaitiés et chil le fisent

[1] « Kerrés miez » est remplacé dans le Ms. F. par « croireiz muelz. »

[2] Au lieu de « ai ces ensegnes », le Ms. F. met « à celles enseignes. »

[3] Le Ms. F. supprime « et ainsi le m'a fait savoir », le reste suffit en effet.

[4] Le Ms. F. supprime « ne quidoie-jou que nus hom séust. »

qui il l'ot coumandet; et il coumande à ses barons que il prengnent garde del enfant, et li quièrent tout kanques il coumandera. Et chil dient que si feront-il. Et li roys qui moult estoit angoissex et entrepris des nouveles que chil li a aportées, si se coucha en son lit et qant il fu couchiés, il coumanda à ses cambellens[1] que il ne laissassent huimais priés de lui venir nul houme tant soit ses amis ne ses acointes[2]. Et chil dient que nus n'i ira; si font widier le paveillon et le courirent estouper de toutes pars pour çou que la clartés ne face mal au roy.

Li roys se fu couchiés tos seus et quant il se dieut endormir, si coumencha à penser moult durement[3] et à faire trop grant duel, si que jamais gregnour ne verrés, et soi à clamer chaitif et esgaré, et povre de conseil et à dire de soi meismes : « Povres chaitis et[4] soufraitous, mauvaisement garnis de sens et desconseilliés de tos biens, or moras-tu, ausi comme li plus povres hom dou siècle ! Que devenras-tu qant l'âme te sera alée dou cors ? û iras-tu, emporteras-tu, avoec toi, ta couronne et ton ceptre ? auras-tu autretel segnourie là û tu iras, comme tu as en cheste siècle?

[1] Le Ms. F. remplace « cambellens » par « seneschalz. »

[2] Le Ms. F. supprime « tant soit ses amis et ses acointes. »

[3] Après « moult durement », le Ms. F. met : « à ceux que li enfes li ot dit, et en icel penseir commensait à ploreir moult durement. »

[4] Le Ms. F. supprime « povres chaitis », à raison, sans doute, de la répétition du mot « chaitis. »

Ha! roys caitis, povres et desconseilliés, or à primes pués-tu counoistre vraiement que tu ies povres et soufraitous. Ha! roys caitis et povres de toutes coses à cestui point que on apicle mort, ne te puet aidier ne amis ne parens, ne riens que tu counoisses; kar tu ne trueuves qui te sace ensegnier ù tu iras, qant tu partiras de cest siècle, ne se tu seras povres u rices u à aise u à malaise. Ha! roys soufraitous de conseil, qui or lairas ces grans giex et ces grans envoiséures que tu as éuues en cest siècle et iras là ù tu ne sés u en joie u en dolor. Or esgarde par toi meismes et selonc la raison, si tu le pués faire, lequel tu dois miex trouver en voie, u joie u duel, qant tu partiras di cest siècle, de la joie tele comme ele est que tu as tant éus, que nus hom de ton eâge n'en éut onques plus; mais pour ce que on dist, et li sage le tesmongnent par véritet, que la joie de cest siècle repaire à duel, et que il est, par fine force, que toute icele joie truist finement et que li définement et la boine joie en soit apielée deul et courous; et pour çou puis-jou véoir, par moi meismes, que ma joie repaire à dolour. »

« Ha! roys chaitis et povres ies en toi-meismes, qant tu trouveras dolour, qant tu partiras de cest siècle; mais tu ne sés mies ne ne pués véoir se plus sages de toi ne t'ensegne, si cele dolours aura fin u ele sera pardurable. Ha! roys qui es venus à la fin de ta vie et as trouvé le coumencement de ta dolor, sourpensse en nule manière retrouver celui qui tout (a) fait et à qui toutes coses sunt descouvertes, jà tant ne seront célées, et qui set tout çou qui est à avenir; chil te desist bien la véritet de ta dolour que tu trouveras[1] si ele te faurra u se elle te duerra tousjors. » En tex pensers et en tes paroles et en faisant le gregnor doel du monde s'endormi li roys, si plorant que il avoit tout le viaire des ex moulliet[2]. Et qant il se fu endormis en tel penser, se li fu avis que il entroit en un cemin grant et plenier et chil cemins si estoit grans et larges et lès et[3] débatus de itant de gent que çou estoit mierveilles; mais il estoit si dolereus et si abandounés que nus n'i entroit qui ne fust pris et ravis et mis em prison et ensi pierdoient tout chil qui i entroient et lor cors et lor avoir. Et qant il s'estoit mis ou cemin, il véoit, de jouste lui, un home de moult grant biautet qui li disoit que il li feroit compaignie tant que il auroit passé le cemin. Et ainsi s'en passoient ensamble[4], chil devant et li roys après. Si avoit li roys moult grant paour, tant comme il aloit la voie, kar il véoit de totes pars le cemin avirounet de robéours et de larons qui ne faisoient que gaitier por savoir se il le péussent tenir entre lour mains. Et qant il avoient grant pièce alée cele voie, et il resgardoit, si ne véoit mie celui qui l'avoit garanti de larons; et lors encontroit un petit sentier le plus biel et le plus délitable dou monde, plains d'arbrissiaus portant fruit et vierdoians de toutes pars, et qant il i estoit entrés, si ooït une vois qui li disoit : « Venés

[1] Le Ms. F. supprime « que tu trouveras. »

[2] Au lieu de « tout le viaire des ex moilliet », le Ms. F. met « tout le vis mouilliet de larmes. »

[3] Le Ms. F. supprime « grans et larges et liés et. »

[4] Au lieu de « et ainsi s'en passoient ensamble », le Ms. F. met « enci s'en alloient andui. »

mengier [1], gens de toutes loys, et alés mengier en la haute chitet; kar les tables sunt mises et les douces viandes appareilliés, çou vous mande chil qui tout set qui ceste cort tient. »

Li roys qui tant desiroit à counoistre celui qui tot savoit, pour demander lui se sa dolours prendroit jà fin, qant il oï parler que il devoit tenir court, si pensa que il iroit. Lors se mist au chemin, et erra tant que il vint en la plus halte montagne que il éust onques véues. Et en cele montaigne, si i avoit une fontaine la plus biele que il éust onques véue, u tout chil lavoient qui devoient mengier en la haute chitet. Li roys n'aloit mie à la fontaine, ne il ne se nétioit mie [2], ains se mouvoit à aler avoec les autres et aloit après iaus [3]. Et qant il venoit as portes de la haute chitet, tout li autre qui avoient lavet i entroient et venoient à la grant joie et as grans noëches que chil dedens faisoient. Li roys voloit entrer là dedens, autressi comme li autre, mais il n'en avoit mie congiet ne pooir. Ains li disoit chil qui la porte gardoit : « pour çou que tu ne te vausis pas laver à la fontaine, n'enterras tu pas chaïens. Kar nus n'i entre se il ne s'est avant nétoiés. Et li roys qui tant estoit dolans de ceste parole que nus hom plus [4], resgardoit laïens parmi l'ouvreture de la porte et i véoit sa suer que il avoit ochise, qui estoit à la grant

[1] Le Ms. F. remplace le premier « mangier » par « laver, » et laisse le second.

[2] Le Ms. F. supprime « ne il ne se nétioit mie. »

[3] Le Ms. F. retranche encore « et aloit après iaus. »

[4] Le Ms. F. met après plus « se taisoit et se traoit arrière si. »

table ù les autres gens séoient, et avoit en son chief un chapiel tout plain de flours. Si estoit tant biele et tant avenans que il sambloit au roy que il le regardoit, que ele fust, or à cent doubles plus biele que ele n'avoit devant esté. Et kant ele véoit que il le regardoit, ele li disoit : « Viaus de tière, plains de motes [1] va toi nétoier et laver. Si mangeras avoec nous en ceste grant joie ù tu nous vois. » Et qant li roy véoit que il n'i prendroit plus, si s'en partoit d'iluec et s'en tournoit à son cemin. Si n'avoit gaires alet, qant gent le prendoient si hideusement que il avoit grant paor de mort. Et il lour demandoit pourquoi il metoient main à lui ; « pour chou, faisoient-il, que tu ies nostres et te metrons là ù nous vaurons. » Lors l'enmenoient batant et trainant par les piés et par les caviaus [2], juskes à une maison qui estoit en une valée gasté [3] et laide. Ichele maisons estoit si hideuse et si espoentable à regarder, que il n'a ou monde si hardi, se il le véist, qui toute paour n'en éust. Ichele maisons estoit si noire et si hideuse et si plaine de plours et de lermes et [4] de cris, que li roys qui tiele le véoit en son songe en éut moult grant dolour et moult en avoit grant paour [5].

[1] Au lieu de « viaus de tière plains de motes », le Ms. F. met « vaisselz de tière pleinz de motez. »

[2] Au lieu de « par les piés et par les caviaus », le Ms. F. met seulement « par les chavous. »

[3] Le Ms. F. supprime « gasté » et ajoute « grans et large. »

[4] Le Ms. F. supprime avec raison « et de lermes, » mais ajoute « et estoit ci desmesurément doutouse et espoentable. »

[5] Le Ms. F. supprime « moult grand dolour », et dit « en estoit toz esbahis et en avoit grant paour. »

Tant çou fu chose que[1] cil qui l'avoient pris en son dormant[2], le vaurent geter dedens avoec les autres dont il i avoit moult grande plentet. Il éut si grant paour que il s'en esveilla tous et là ù il veilloit à chou que il ne fu pas gietés de la paour, il s'escria à hautes vois et dist : « Mors sui, » et le dist si haut que bien l'entendirent tot si baron qui u paveillon estoient; et il orent paour de lui qant il l'entendirent. Si entrèrent esroment el paveillon[3] et le trouvèrent en son lit si grant duel faisant, que jamais gregnor n'orés, dont il furent moult esbahi, car il l'avoit toudis apris à véoir plus liet et plus joiant que nul autre. Et chil d'iaus qui plus estoit privés de lui, vint à lui et li dist : « Séire que avés-vous ? » Chil apierchut maintenant que çou avoit estet songes, qui si l'avoit espoentés, si respondit à chiaus que il véoit entor lui. « Jou ai véu, dist-il, les gregnors mierveilles que roys mortex véist onques, mais au mien quidier[4], dont jou ne serai granment à aise devant jà que jou en saurai la véritet pure; mais or m'amenés Célydoine, qui de mon autre songe me dit la sénéfiance, et se il, de cestui me fait autressi chiertain comme de l'autre, il ne me coumandera jà puis cose que jou ne face. A tant vinrent chil à l'enfant qui se dormoit ou paveillon, ensi comme on se dort auqune fois ès grans jours d'estet, entour eure

[1] La locution « tant çou fu chose que » est remplacée dans le Ms. F. par le seul mot « qant. »

[2] Après « son dormant » le Ms. F. ajoute « et en son songe, ci com vos aveiz oït. »

[3] Au lieu de « esroment el paveillon » le Ms. F. met « enz. »

[4] Le Ms. F. remplace « au mien quidier » par « à mon esciant. »

de noune[1]. Si l'esveillent et li dient que il viegne tost au roy, qar il le mande. Et li enfés se dreche maintenant et vient devant le roy qui encore faisoit son duel assés grant ; mais si tost comme il vit l'enfant, si fu assez plus reconfortés que devant, si l'assiet devant lui et li dist : « Maistres sages et pourvéans, conseilliés-moi de çou que je vous dirai, conseille cest caitif roy, cheste povre piersonne et fai moi chiertain de çou que je te demanderai. »

« Roys ! fait Célydoines, de tant comme jou te dirai plus de bien et d'ensegnement[2] non mie par ma sience, mais parce que li haus maistres m'a descouviert par se débonairetet, se tu ne mes à oevre les paroles que il te mande par sa petite piersonne, de tant seras-tu plus hounis et confondus. Chil meismes prophètes et chil biaus sires qui tu véis jadis mener à sa mort si vilainement parmi la chitet de Jhérusalem ai cel eure que tu le véis mener, passet a lontans[3], que tu meismes désis que il n'avoit pas mort désiervie, et si le dist Pylates qui tes parens estoit ; cil dous sires, chil pitex qui on apiele Jhésu-Crist, qui tant m'a descouvert de ses secrés, soie mierchit, que jou sai tout apertement çou que tu as véus en ton dormant, çou te mande, par moi[4], que se tu viex entrer en la haute

[1] Le Ms. F. supprime « entour eure de noune. »

[2] Le Ms. F. remplace : « Rois, fait Célydoines, de tant comme jou te dirai plus de bien et d'ensegnement », par cette phrase : « Boin ansignement, fait li enfés, te donrai. »

[3] Le Ms. F. supprime « ai cil eure que tu le véis mener passet a lontans. »

[4] Le Ms. F. supprime « par moi que se tu viex entrer en la haute chitet que tu véis. »

chitet que tu véis en ton dormant, qui te couvient avant faire chou que je te conseillerai que je t'ensegnerai ; et se tu le refuses, il te promet à douner la maison périllouse et ténébrouse qui est plaine de lermes et de plours[1]. »

PANT li roys oi cheste parole, si se laissa caoir as genous devant l'enfant et li dist tout em plourant moult esmaiés : « Siergans buens et loyaus en ta nouviele loy, garnis mierveilleusement de flours[2] ; de fuelles et de fruits, jou counois iches paroles que tu me dis, quar tu ies si hautement garnis de la grasse Jhésu-Crist, que jou serai tous près de faire outréement kankes tu me coumanderas, mais que tu m'aies certefiet des mierveilles que jou ai véut en mon songe[3]. » « Et jou les te certefierai bien, fait li enfés, si que tu en verras apiertement la sénéfiance ; et te dirai tout ensi com il avint pour çou que tu m'en croie miex, si n'el te poroit or[4] nus hom certefier, si nostres sires ne li avoit descouviert, car ton songe n'as tu encor à nul houme fait savoir. Li grans cemins que tu véis en ton songe, ù tant de gent avoient alet, sénéfient la vielle loy ù si grans peules et si grans gens avoient alet, comme tu as oït dire à tous chiaus qui estoient ausi

[1] Après « de plours » le Ms. F. met « et ceu te mandet-il par mey. »

[2] Le Ms. F. supprime « de flours. »

[3] Au lieu de « des merviełles que jou ai véut en mon songe », le Ms. F. met simplement « de mon songe. »

[4] Le Ms. F. supprime « or » qui est sans doute pour « ore. »

comme maistre et pastour, ne n'en i avoit pas gramment qui très bien l'entendissent [1], si que il s'abandonnoient à tous péchiés mortex et à toutes iniquités, dont il lour avint que il kaïrent en si dolerous siervage et en si grand orfenitet que li anemis les emportoit tous vis, en car et en os, tout droit en infier, ausi le buen comme le mal (vais). Ichex anemis, dont jou paroil, qui jadis kaïrent des chix par lour orguel, qui devant la passion Jhésu-Crist avaient estet de tel poëstet que il prendoient el monde les buens et les mauvais, par commune sentense, et çou sénéfie les robéors et les larons qui, de jouste la voie, agaitoient pour prendre les trespassans, si comme tu véis en ton songe.

« En cele voie que tu véis, dois-tu entendre les anemis [2] qui tousjours agaitent houmes à sousprendre et à décevoir, et pour gieter del buen éureus hyretage dont il fu jadis giétés par son orgueil. Li hom qui tant estoit biaus et qui te faisoit compaignie et toi ostoit dou cemin espoentable, chou est Jhésu-Cris, pour çou que tu as éue auqune pitiet de lui, qant tu le véis en tel point et que tu ne savoies qui pitiés estoit [3], ainsi t'a-il rendut bonté pour

[1] Au lieu de « qui très-bien l'entendissent », ce qui est peu compréhensible, le Ms. F. met « qui bien l'antendissent à véoir la millor par. »

[2] Au lieu de « les anemis », le Ms. F. met en délayant « la viés loy et ez esgaitéors l'anemin. »

[3] Le Ms. F. remplace « tel point » jusqu'aux mots « pitiés estoit », par cette longue phrase qui ne parait guère nécessaire : « destrés, se ait-il, orent pitiet de toi, si qu'il t'ait gardeit en la voie dolorouse et de la mort pardurable si sain-

bontet, kar si tu en sa destrece éus pitiet de lui, il t'a puis resgardet toudis si piteusement que onques en ceste orde vie et en ceste mauvaise que tu as puis toujours menée, ne te laissa périr ne sourprendre del anemit, ains t'a garanti se tu viex et gietet del grant siergage d'infer.

« Or, t'ai moustrée que cil hom fu qui compaignie te porta en la grant voie qui estoit plaine de larons et de robéours, et encore y a-il un autre raison pour koi cele grans voie est apielée si grans et si large [1], si le te dirai : tu sés bien, puis que li hom est entrés en la nef ù il n'a maistre pour gouverner, ne aviron pour nagier ne pour gouverner le [2] mast, maintenant que il est eslongiés de la rive et il est boutés et empains des vens qui le quivroient [3] et ki en maintes coses li sunt contraires, puis que il est enmi la mer qui tant est léé et longue, il n'est nus qui de chel péril le puist oster ne gieter, se nostres sires meismes ne l'en giete, ausi dois-tu entendre de la voie de péchiet. Car sitost comme li crestiens s'est partis de la voie de son créatour, il a rompus ses loiens, il ne trueve adont qui li destourt à faire sa volentet et lors est escouméus et amounestés de péchier et en apiert et en repost, lors a-il congiet et license de faire sa volentet, lors

nemant, que li anemis n'ot pooïr de mettre main sor toi, pour ceu que tu éus acune foiée pitiet de lui, qant tu ne savoies que pitiet estoit.

[1] Le Ms. F. éclaircit ainsi cette phrase : « pour koi cele voie est apielée large, si le. »

[2] Le Ms. F. remplace « pour gouvrener le » par « ne gouvernal ne. »

[3] Le Ms. F. met au lieu de « quivroient » « guerroient. »

treuve-il sa voie large, si que il n'i a cose qui li destourt. Ains fait tout plenièrement tout kankes sa maleureuse chars desire et tout kanques li anemis li conseille. Est bien ceste voie large et abandounée [1]. En ceste voie, roys Labiel, as-tu moult grant pièce estet, çou sés-tu bien, mais or ies à chou venus que chil qui gieter t'en puet, ne nus autres ne le puet faire fors que chil, t'en gietera en cest point, se il te plaist. Or te dirai que l'autre voie sénéfie, chiele qui estoit vierdoians et plaine d'arbres. La voie vierdoians sénéfie la nouviele loy, qui, cascun jour, esforce et amende et avive et raverdist plus et plus ; et çou que ele estoit estroite, sénéfie que chil qui dedens se metent n'ont pas congiet d'aler à lour volentet. Ains se sentiront à chou que il n'issent fors dou coumandement de sainte églyse ; et savés-vous quel li coumandement sunt : il sunt tel que nus qui soit fiex de sainte églisc doit esrer contre son créatour, ne péchier mortelment, ne avoir convoitise, ne envie. Ains doit vivre selonc Dieu et selonc véritet et ne doit pas canceler em péchiet par dyverses pensées, mais aler droite voie et la droite sente qui maine houme en la compaignie des angles ; et se doit mener et conduire ausi comme la ligne de droiture qui ne se tourne pour nule riens qui aveigne, et vérités le coumande si faitement à faire à tous ciaus, qui buen voelent estre [2].

[1] Le Ms. F. supprime : « est bien ceste voie large et abandounée. »

[2] Le Ms. F. remplace toute la phrase depuis « comme la ligne » jusqu'à « voelent estre » par « si come li droite voie de véritet le coumandet. »

« Li arbre que cele voie avirounoient sénéfient les apostres et les prélas de sainte églyze qui vont, cascun jour, anonchant, par universitet, la vérité [1] de l'évangille ; la vois qui apieloit gens de toutes loys sénéfie la grande miséricorde de Jhésu-Crist, la grant douçour qui apiele o soi les pécéours et les justes et lour proumet à douner viandes douces et buennes. Par la fontaine que tu véis en la montaigne, dois-tu entendre Jhésu-Crist li haut maistre, le halt segnour qui par bontet de vie et par miracles apiertes viertus que il faisoit tant comme il fu en ceste siècle, entre nous, comme hom mortex, aparut desus tous autres, autant graindres, autant plus haus comme les grans montaignes apièrent plus hautes des moiennes tières ; par ceste raison donques que on apiele saint ée de baltesme [2] ne puet iestre sans Jhésu-Crist, ne Jhésu-Cris n'est mie sans lui. Tu véis, enmi la montaigne, la fontaine, çou est à dire que tu véis Jhésu-Crist enmi la sainte onde de bautesme. Par la haute chitet qui tant estoit biele et envoisié et plaine de fieste et de joie, dois-tu entendre Paradis, la haute citet de lassus [3] la buenne éurée ù li angle et li buen éuré siergant Jhésu-Crist mainent joie et fieste et envoiséure et

[1] Le Ms. F. remplace « anonchant par universitet la vérité » par « environant par universe monde la vérité » qui n'est pas compris.

[2] Le Ms. F. remplace « la saint ée de baltesme » par la sainte onde de baptesme » et en effet « saint ée » est pour « sainte ève » et ajoute : « Si le dois-tu antendre » ; mais il supprime toute la phrase qui commence à « ne peut iestre sans Jhésu-Crist » et finit à « le sainte onde de bautesme. »

[3] Le Ms. F. supprime « la haute citet de lassus. »

menront sans fin[1]. Chou ke on te dist que tu n'i enteroies mie, pour çou que tu n'avoies lavet à la fontaine, sénéfie que tu ne pués iestre siergans Jhésu-Crist, ne fiex de saint églyze, devant là que tu soies lavés et mondés en la sainte ewe de bautesme et auqune cose de çou meismes dont jou paroil véis-tu n'a pas lonc tans, en son songe. Et si te dirai quex li songes fu, pour çou que tu m'en croies miex. Il t'estoit avis que tu véoies en unes landes gastés et désiertes, un sierpent grant et mierveillous et ne véoit goute et nepourqant il voloit itant que il venoit à la rouge mer. Et qant il i parvenoit[2] il s'en arousoit, mais, au par issir[3], tu qui le regardoies, t'en esmierveilloies trop durement. Car tu véois tout apiertement que il estoit mués en blanc coulon[4].

Tout çou véis-tu en ton songe, roys Labiel, ne onques n'el descouvris à houme nul pour çou que tu ne quidoies pas que nus t'en desist la sénéfiance[5], mais si feras; jou le te dirai, et tout autressi comme

1 Le Ms. F. ajoute: « Si com il faisoient enci com tu véis en ton dormant. »

2 Le Ms. F. remplace « i parvenoit » par « venoit lai si. »

3 Le Ms. F. substitue à la phrase « au par issir » « qant il s'en issoit. »

4 Au lieu de « mués en blanc coulon »; le Ms. F. met « mueiz apertement en la semblace d'un blan colour. » Il n'est pas certain que le Ms. F. ait compris qu'il s'agit d'un blanc pigeon.

5 Au lieu de « nus t'en désist la sénefiance », le Ms. F. dit moins simplement « nulz homs à monde scéust à dire la sénefiance. »

li haus maistres le m'a descouviert. Par les landes gastés et désiertes, dois-tu entendre les males œvres et les grans desloyautés ù tu mansis dès lors premièrement que tu issus dou ventre ta mière. Par le sierpent dois-tu entendre toi-meismes; car sans faille tu ies drois sierpens et drois ennemis, car tu ne fesis onques cose se petit non qui à nostre segnor pléust. Et çou qui ne véoit goute sénéfie çou que tu ies avules, car se tu véisses vraiement, tu n'éusses pas tant demouret en péchiet comme tu as, et çou que li sierpens voloit jusques à la rouge mer, sénéfie toi qui voleras, chou est à dire que tu enteras en la sainte ewe et en la bone éurée que on apiele bauptesme et seras hoirs Jhésu-Crist et fieus [1] ausi comme li autre sunt, qui au saint bautesme sunt venut. Par le rouge mer que nostres sires a ouvri as fiex Israël, dois-tu entendre le bautesme, ù li siergant Jhésu-Crist sunt purefiet et sunt osté des mains as ennemis pardurables tout ausi com li fil Israël furent gietet des mains as Egyptiens par la rouge mer. Par le beneoit costé au prophète dont li beneois sans issi, dou costé à cel prophète beneoit dont jou paroil [2], et tout autressi comme li fil Israël furent péut et soustenut de la magne [3] que nostre sires envoia ès désers, jusques à tant que il vinrent en tière de promission, tout autressi sunt soustenut et rasasiet, de

[1] Après « fieus » le Ms. F. met « de Sainte-Eglise. »

[2] Le Ms. F. supprime toute la phrase après le mot « pardurable » « tout enci » jusqu'à « dont jou paroil. »

[3] Au lieu de « magne », le Ms. F. met « mangne », *la manne.*

jour en jour cheste vie, qui adont estoit apielée désiers [1], li fil Jhésu-Crist li siergant de sainte-églyse, de la grasse nostre segnor, de la sainte viande que il lour donra jusques à tant que il venront en tière de promission, çou est à dire que il venront en la joie des chiex qui jà ne faurra, et çou est la joie qui lour est promise. Çou que li sierpens estoit mués en samblance de coulon, sénefie la muance qui sera faite de toi, se tu viens à bautesme, kar en cel saint lavement, seras-tu mués d'anemit en amit Jhésu-Crist, de sierf en franc [2]. Car il loet [3] seras-tu desloiés dou siervage et des loiens del mortel agaitaour [4]. Or t'ai descouviert, roy Labiel, ton songe que tu onques ne descouvris à houme mortel. Or pués savoir que chil set auques de tes afaires, qui chou m'a moustré. Or te dirai que la maison ténébrose sénéfie, que tu as véut en ton autre songe [5]. Cele maisons ki si est plainc de plors et de lermes et qui si est oscure [6]

[1] Le Ms. F. supprime «cheste vie qui adont estoit apielée désiers.»

[2] Le Ms. F. met « de serf en franc » au lieu de « sierf en franc. »

[3] Le Ms. F. supprime « il loet » qui en effet est incompréhensible; il faudrait, car « de loet » et dit : « Car tu serais toz délivrés del siervage..... » manquant ici l'effet que veut sauvegarder le Ms. du M. Mans.

[4] Le Ms. F. remplace « mortel agaitaour » par « morteilz anemins. »

[5] Le Ms. F. remplace « en ton autre songe » par « en ton dormant. »

[6] Le Ms. F. supprime ici « qui si est oscure » pour le remettre après le mot « intier » sans grande utilité.

sénéfie infier, là ù li desloyal mescréant sunt et seront trébuchiet au jour dou[1] jugement et en cel ostel de qui paor et de qui hysdour tu t'esmierveilloies[2], seras-tu ostelés et mis en cel liu espoentable, se tu ne fais, en chest siècle, par quoi tu en doies iestre ostés[3] et mis en l'autre; sans recevoir bauptesme, n'i puet nus avenir[4].

« Hé ! fait li roys, ne puet nus avenir en cele haute chitet u jou vich demener chele grant joie, se il n'a recéut bauptesme avant[5] ? » « Chiertes, fait Chélidoines, nenil. » « Coument, fait li roys, fu-çou voirs que jou i vic ma sereur qui faisoit autresi grant joie comme li autre. » « Et çou vous dirai-jou bien, fait Célidoynes, sachiés vraiment que vostre suer morut crestienne et si rechut bauptesme de la main Séraphe meisme li ermite qui maint en une forest que on apiele Nauvé[6]; et cele forest sieut estre habitée mierveilleusement de sierpens, qui ochient les gens, mais puis .V. ans n'en i fu nus véus; et sés tu kant ele fu

[1] Le Ms. F. remplace « au jour dou jugement » par « à grant jugement » assez peu logiquement.

[2] Au lieu de « t'esmierveilloies », le Ms. F. met : « t'esvellais. »

[3] Au lieu de « tu en doies iestre ostés », le Ms. F. dit : « tu en soies délivrés. »

[4] Au lieu de « ni puet nus avenir », le Ms. F. donne cette longue phrase : « ne puet nulz homs parvenir à ceste halte citeit qui Paradis est apellée. Or me di, fait li rois, de celui leu où je vis en mon dormant alleir celle grant gent qui monnoient ci grant feste et ci grant joie, ne fuit-ce donc Paradis. »

[5] Toute cette phrase, à partir de « Ha ! fait le rois », est par conséquent supprimée dans le Ms. F.

[6] Le Ms. F. remplace « Nauvé » par « Nanbé. »

ondoié? chelui jour que tu te combatis au roy Galyen. Lors fu la forest par la viermine vuidié par le venue dou preudoume qui, à celui jour, vint hierberghier en la forest. »

« Chiertes, fait li roys, mierveilleusement, m'as espons[1] mon songe et moult mierveilleus est li sires qui çou vous a descourviert. Et chiertes se il ne fust plus poissans en pooir et en savoir que nus autres sires, icheste cose ne péust-il savoir, ne avoir descouvert ne à vous ne à autre[2]. Pour coi je m'otroi dou tout à son coumandement et sui prêt que jou, à vostre conseil, en face de toutes coses[3]. » « Roys, fait Célydoines, or te dirai donc ke tu feras. Çou m'a descourviert li haus maistres qui siergans jou sui, que près de chi, en cheste forest, maint un preudons hyermites et moult est de sainte vie, et est prestres. Alons à lui, si te feras bauptisier et laver en la sainte onde dont jou t'ai parlet, si que tu puisses entrer nés et espurgiés en la grant fieste[4] et es grans noëces et en la haute chitet ke on apiele Paradis, de quel eure ke li grans maistres te viegne semonre. » « Chiertes, fait li roys, de çou sui-jou

[1] De « espondre » interpréter.

[2] Au lieu de cette phrase, le Ms. F. met : « ne te péust-il altremeut avoir descouvert pour coi... »

[3] Le Ms. F. remplace ainsi cette phrase un peu embarrassée : » à son coumandement et à faire sa volanteit et suis appareillés orendoit de faire toute votre volanteit et vostre consoil en toutes choses. » Mais que de longueurs !

[4] Le mot « fieste » ne peut signifier que fête. Le Ms. F. y substitue heureusement le mot « feste » et ajoute « à la grant joie, » en supprimant « grans » devant « noëces ».

tous près[1]. » Lors demande li roys à chiaus, qui entour lui estoient. « Segnour, que vous samble, de çou que il m'a dit? Iestes vous conseilliet de faire autretel comme jou ferai; sachés que jou ne finerai jamais, ne ne serai à aise jusques à cel eure que jou serai bauptisiés. Et chil dient ke il ne s'en entremetront jà, ne ne départiront de lour loy, ne de lour créanche que lor pere tinrent. » « Segnor, fait Célydoines, or le laissiés donqnes ester; kar se vous le faisiés par forche, il ne vous vauroit mie granment. Vous remanrés comme siergant à l'ennemit, et comme gens plaine de povre sens et garnit de mal ensient. Et li roys s'en partira comme fiex et hoirs de Jhésu-Crist. Si vous puis vraiement dire que nostres sires, par sa grant miséricorde, a ostet l'aignel del leu, qui entr'iaus estoit[2], sans çou que il ne l'ont mie estranglé. » Et il li demandent maintenant, qui sunt li leu. « Vous iestes, fait li roys, li leus, et jou sui li aigniaus. » Lors fist Célydoines deviestir le roy Labyel et oster tous ses garnimens et li fist viestir robe povre, et mauvaise, et li dist que il ne voloit pas que il venist devant le preudoume en orguel, mais en signe d'umilitet et de pascience; et li roys le fist tout ensement que il li coumanda. Lors s'empartirent des paveillons et s'en alèrent en la forest et esrèrent tant ensamble que il lor anuita en une grant valée. Et nepourqant tant alèrent, ains que il fut anuitiet, que il vinrent par aventure, u par çou que nostres sires les

[1] Le Ms. F. remplace sans motif « le grant maistres » par « le halz sires. »

[2] Au lieu de cette phrase, le Ms. F. met : « que nostres sires ait osteit l'aigniel d'entre les lous. »

conduisoit, droit[1] à li ermitage ù li preudons estoit hierbergiés, lonc tant avoit passet[2]. Il apielèrent à l'uis et chil qui ne dormoit pas, lor ouvri et maintenant s'esmerveilla moult ques gens çou estoient et que il quéroient en cel lui si estranges[3] de toutes gens ; car il passoit, tel eure, li moys tous entirs et plus[4], que il ne véoit ne houme ne femme. Qant il furent venut laïens et li preudons oï parler Célydoines et il le counut à crestien, si ot tant de joie que à paines le vous porroit nus conter. Si l'acola et baisa maintes fois et li dist : « Biaus fiex encore seras pilers et vaissiaux de droite sience. Keus besoin t'a, ceste part, amenet ? » Et il li dist maintenant pourcoi il i vinrent. Et qant li preudons oï ceste cose si ot moult grant joie[5]. Cele nuit parlèrent de pluisours coses et moult entreduist[6] li preudons le roy Labiel de la crestienne loy et des coumandemens de sainte églyze et tant que li roys li dist : « Sire ! pour Dieu, d'une moie[7]

[1] Le Ms. F. modifie ainsi cette phrase : « tant alèrent, si comme Deus les conduisoit qu'il vinssent à li ermitaige.... »

[2] Le Ms. F. substitue « temps » à « tant », ce qui aide à la compréhension.

[3] Après « estranges », le Ms. F. supprime « de toutes gens. »

[4] Cette phrase est peu compréhensible, le Ms. F. supprime « estoit » « tous » et ajoute « asseis » devant plus ; on veut dire qu'il *s'écoulait souvent plus d'un mois sans que l'ermite vît homme ou femme.*

[5] Le Ms. F. ajoute peu heureusement : « et dist qu'il le ferait volantiers. »

[6] Le mot « entreduist qui veut dire *enseigner* est remplacé par « entroduist » dans Ms. F.

[7] Le Ms. F. supprime « moie »

avision qui m'avint n'a pas encor lonctans, me dites la véritet se vous en iestes chiertains. » « Dites, fait li preudons et je vous en dirai chou que nostres sires m'en a ensegniet. » « Sire, fait-il, il m'estoit avis que jou estoie semons à plait devant[1] un moult riche houme, viers qui jou estoie acusés, jou ne sais par quel gent. Et qant jou devoie aler au plait[2], jou semounoie tous mes amis et chiaus que jou avoie siervis, qu'il me venissent aidier, mais tout me faloient ne mais que .III.; et li uns de ces .III. me prestoit un mantiel à afubler, pour chou que toutes voies ne me counéust, et li secons me conduisoit jusques à une maison, tele ke jou n'avoie onques autre tele véue et me laissoit dedens; et li tiers venoit avoec moy devant le riche houme et moustroit un escrit et une chartre qui m'aquitoit de toutes les coses que li rices hom me demandoit, si que ma pais estoit faite à celui enviers qui jou estoie acusés[3]. Sire! tiex fu ma visions que jou vinc n'a pas lonctans; or si vous proi que vous m'en diés la sénéfianche se vous savés. » « Chiertes, fait le preudous, volentiers. »

« Chil mantiaus que on te prestoit, Roy Labiel, sénéfia la povre viesteure et le daarain garniment ke on doune à viestir à houme qant on le met en tere. Cel daarain mantel et celui garniment apielon suaire:

[1] Au lieu de « jou estoie semons à plait devant », le Ms. F. met « je eire davant à », et ajoute « semons » après « riche houme. »

[2] Au lieu de « aler au plait », le Ms. F. met « alleir à l'apel. »

[3] Le Ms. F. remplace « à celui enviers qui jou estoit acusés » par « vers lui. »

chelui dont-on apieler le mortel afublal[1]; et maintes fois est ichil garnimens dounés plus pour cex qui remainent comme pour ciaus que on met en tière. Ly secons amis qui te conduisoit juskes à la maison, que tu ne counissoies, sénéfie le parentet à celui qui est trespassés qui te conduisoit le cors de la mort juskes à la fosse. La fosse si doit bien estre apielée par raison, maison[2] dont on ne voit nule autretèle. Li tiers amis, roy Labiel, qui au par estroit te faisoit compaignie et moustroit pour toi une caritet qui t'aquitoit de toutes les coses que li rices hom te demandoit, sénéfie buenne œvre que li hom fait en cest siècle tierrien tant com il i demeure, li bien ke li home fait, tant com il est en vie, ausi comme li buens clers legistres qui hardiement desfent la cause son amit et maine à buenne fin, li fiex et la fille et li autre parent laissent en la fose celui ke il tenoient à amit et en avant d'iluec ne li font compaignie[3].

« Or le convient-il venir devant la face[4] au rice

[1] Le Ms. F. remplace cette phrase, depuis « cel daarain mantel » par « celui doit-om apelleir dairien vestement », rejetant absolument les termes, assez singuliers du reste « apieler le mortal afublal. »

[2] Le Ms. F. met « maison descognéue, maison dont on ne voit nule autretele. »

[3] Le Ms. F. supprime « d'iluec »; il semble qu'on compare la troisième personne au bon avocat qui prend hardiment la défense du mort que son fils, sa fille et ses autres parents abandonnent dans sa fosse, dès qu'il est en terre, sans plus s'en soucier, tandis que l'avocat fait triompher sa cause.

[4] « Après la face ». Le Ms. F. supprime « au rice houme devant la présence del », et continue « à hault jugeor ».

houme, devant la présence del haut jugeor ; que fera-il ? ki li portera compaiguie ? qui respondra pour lui de kankes il ot el siècle. De qanques il ot, de kanques il pot [1], il n'enportera jà riens devant cel rice houme, fors seulement une cartre ù il aura escrit kanques il fist onques de bien et de mal ; et s'il i a plus de bien que de mal, li biens alevera [2] pour lui et le déliverra de toutes les coses que on li demandera et s'il i a plus de mal que de bien, li maus [3] qui tosjours poise et avale a tière houme, le traira aval, si que chil trébucera en la ténébrouse maison d'infer [4]. Roy Labiel, or t'ai devisé de ton songe si com jou en croi la sénéfiance, or me dit se il te samble que jou t'en aie le voir dit. » « Chiertes, fait li roys, il n'a home, en cest siècle au mien ensiant, qui miex le m'éust devisé ; se cil meismes ne li ensegnast que on apicle Jhésu-Crist. Or, n'est-il riens en cest siècle, se il l'entendist ausi com jou l'entench tot, qui miex n'en déust valoir tous les jours de sa vie ; et s'il n'est-il dix, fors que chil que vous aourés. Car il sex [5] counoist la véritet de tout le monde, ne nus autres de lui, au mien quidier [6], n'en péust riens savoir se il ne li est descouvert par la

[1] Le Ms. F. supprime la répétition « de qanques il ot de kanques il pot. »

[2] Le Ms. F. met « éligerait » au lieu de « alevera. »

[3] Aprés « li maus », le Ms. F. supprime « qui tosjours poise et avale à tière houme. »

[4] Le Ms. F. supprime « en la ténébrouse maison d'infer », et met simplement « en enfer. »

[5] « Sex » pour « seul. »

[6] Le Ms. F. supprime « au mien quidier. »

virtu d'icel haut segnour. » « Chiertes, fait li preudons, ce est vérités[1]. »

Moult parlèrent cele nuit entriaus .III., des chose ki à la sainte créance apartiennent, ne onques, toute la nuit, ne fina li prodons de siermouner le roy, et li ramentevoit la vie des preudoumes qui, pour la mort de Jhésu-Crist avoient sousfert tant de paines et tant d'anuis que à paines em poroit nus hom mortex le nombre dire. Et li roys plouroit et toutes voies entroés que chil aloit siermounant[2], tant li plaisoient les douces paroles, que il li ramentevoit[3]. A l'endemain, si tost comme li preudon ot matines cantées, il fist appareillier une pière cavée[4] et nétoier et aporter en sa petite capiele et emplir d'ewe, puis fist despouillier le roy et entrer ens et le bauptisa et li fist toutes les droiture de sainte églyze, ensi com il afiert à crestien, mais onques ses nous ne li fu remués, pour chou que biaus li sambloit. Qant li roys fu bauptisiés, li preudons apiela les autres qui avoec lui estoient venut et lour demanda se il vauroient faire autretel comme li roys avoit fait, et il dirent que il ne kangeroient jà lour loy. Ains seroient tout autretel comme lour père avoient estet et jou m'en souferrai fait li preudons. Lors se viesti li roys d'une blance reube que li preudons li avoit apareillée, et qant il fu viestus, si dist à

[1] Après le mot « vérités » le Ms. F. ajoute « que vous dites. »

[2] Le Ms. F. remplace « entroes que chil » par « quant li preudons »

[3] Le Ms. F. substitue « disoit » à « ramentevoit, »

[4] Au lieu de « pière cavée », le Ms. F. met « une petite oisele. »

Célydoine : « Biax amis, qui de la mort dou cors m'avés manéchiet, or ne me kaut-il mais de quele cure jou muire, kar jou counois ore bien que jou me sui tant amendés [1] que hom mortex ne le sauroit dire. Kar il me samble que jou soie en cele chitet meismes ù jou vi cele fieste [2] faire et la grande joie dont l'entrée me fu véé pour çou que jou n'avoie lavé à la fontaine. » Et lors, dist-il, à chiaus qui avoec lui estoient venut « Segnour, vous qui compaignie m'avés faite en mauvaise vie, puisque vous en ceste ù jou sui orendroit, qui est plaine de bien et de vérité [3], ne me volés faire compaignie, jou nous lais dou tout en tel manière que jou ne vous tenrai désoremais à mes siergans mais à mes anemis; mais alés vous ent de chi, que jamais en lieu ù jou vous sace, n'enterrai. » Qant chil oïrent iceste parole, si furent tant dolant comme nus puet iestre et dient que il ont tout pierdut, qant lour sires est tournés à la crestienne loy. Si se partent de laïens et prendent conseil entr'aus que il poroient faire ; kar lour segnor ne lairoit-il pas en tel manière entre cex qui décéu l'ont [4].

« Pour coi, fait li uns d'iaus, le requerroit nus [5],

[1] Le Ms. F. modifie ainsi cette phrase : « Que jou me sui *tos* amandeiz », en supprimant : « que om mortex ne le sauroit dire. »

[2] Le Ms. F. change encore ici : « cele fieste » en « la grant joie » et « la grande joie » qui suit en « la grande feste. »

[3] Le Ms. F. dit « en ceste *vie* où jou suis entreiz », en supprimant « orendroit qui est plaine de bien et de vérité. »

[4] Le Ms. F. met « en teil manière avec ceals qui décéut l'avoient. »

[5] Au lieu de « le requerroit nus », le Ms. F. met « nous mel-

saciés tout vraiement que il ne lairoit pour cose que on fesist, que il, la loy ù il est entrés, ne tenist, mais à celui qui çou li a conseilliet devericnmes-nous moult chier vendre çou que il nous a tolut. » Lors retournoit à li ermitage et prendent Célidoyne u li roys vausis u non, et si lour desfendi-il assés selonc son pooir ; et plus en éust-il encore fait, mais Celidoines li dist :

« Roys Labiel ! ne te kaille de çou que il me font ; mais remain chi [1] avoec chest prodoume qui te donra conseil d'aler à ton créatour, et se ti siergant m'enmainent, jou n'en sui mie esmaiés, kar cil en qui siervice jou suis entrés, me garandira et desfendera de tous périus. » Et li rois remest en li ermitage par le conseil Célidoine et trespassa lendemain dou siècle par la volentet au souvrain maistre, et s'en alla à son créatour. Si fist puis nostre sire maint biele miracle por lui, dont li contes se taist, pour çou que cele matière n'apartient pas à ceste, del tout ; ains s'apartient à celui livre qui devise l'estoire del roi de Pierse.

Or dist li contes ici endroit del Saint-Graal et devise que qant li houme le roy Labiel éurent pris Célydoine, si l'enmenèrent entre les roches, en lour

leriens-nous de lui ne de sa loy » ; puis le Ms. F. supprime « tout vraiement » et remplace « cose » par « riens » et « fesist » par « li diest » ; les conversations sont en général plus difficiles à comprendre que les récits ; « sachez, que pour rien de tout ce qui nous lui dirions, il n'abandonnerait la nouvelle loi où il est entré ; mais nous devrions faire le payer cher à celui qui nous a enlevé notre seigneur. »

[1] Au lieu de « remain chi », le Ms. F. met « rameneis de lois. »

pavellons, et qant la nouvele fu espandue par l'ost que li roys avoit cangiet sa loy et ert devenus crestiens, lors véissiés et grant doel et grant plourcis faire as uns et as autres, ausi comme se cascuns véist tout son parenté devant lui mort. Et qant il virent que il n'en porent autre chose faire, si disent entr'aus ke puisque il avoient [1] celui en lour baillie qui cest duel lour avoit fait, il s'en prenderoient à lui et s'en vengeroient en autre manière. Et lors devisèrent entr'aus dyvers tormens et diverses mors par quoi il péussent faire morir l'enfant, ne à un ne s'en pooient tout acorder. Et tant que uns parens le roy Label se leva em piés et si [2] lour dist : « Jou vous ensegnerai coument nous en porons estre vengiet sans metre main à lui et assez gregnour hounour que se nous l'ochiens. Prendés une nachiele de quoi nous avons de pluisours après nos barges, si le metés dedens tout seul sans aviron et sans autre cose et si le faites empaindre en mer ; et se il, par ceste cose, n'est périlliés et mors ains le jour demain, jou ne kerrai jamais que hom terriens, ki crestiens soit [3], puisse morir. Et encore se vous le loés, fait uns

[1] Le Ms. F. met simplement « Celidone » au lieu de « celui en lour baillie » etc., jusqu'à « s'en prendroient à lui et », puis continue ainsi « qu'il s'en vengeroient, et de cealz y avoit qui dissent qu'il estoit ancor trop jones enfés, et qu'il s'en vengeroient bien en altre manière. »

[2] Le Ms. F. supprime après « uns » les mots « parens le roy Label se leva em piés et si », puis ajoute après « dist » « Biaus signors. »

[3] Après « jamais » le Ms. F. ajoute « à jor de ma vie nulz crestiens puisset », en supprimant « hom terriens », etc.

autres, le porés vous faire miex morir et si serons plus asseur de sa mort, metons avoec lui le lyon que nous présismes avant ier et qant il i seras mis jà sitost n'aura besongne de viande [1] quar li devouerra esraument et pour çou en serons-nous vengiet. » Et il s'acordent du tout à cest conseil.

Lors prisent maintenant Célydoines et le misent en la naciele et le lyon avec lui. Et qant Célydoines se vit metre avoec cele bieste qui tant estoit fière et espoentable, si fist metre enmi son vis [2] le signe de la sainte crois, et se coumanda à nostre segnour, puis se tourna viers chiaus qui ainsi l'avoient mis et dist à iaus : « Gens maléoite et anemit Jhésu-Crist me quidiés vous faire morir en tel manière ? Jou en escaperai se il plaist à mon sauvéour ; mais vous i périrés si tost comme vous i enterés, et si poés bien iestre aséur que jamais ne retournerés ou royaume de Perse, dont li roys vous giéta ; la mers où vous m'avés mis pour périr, vous soubitera, ainsi serés noiet et tormentet et enterés ès paines d'infer en la ténébrouse maison, ù toutes dolours et toutes mésaises habitent [3]. En cele maison m'enterra pas li

[1] Au lieu de « n'aura besogne de viande », le Ms. F. met : « n'aurait li lyons disete de viande » et change « devouerra » eu « devorrait » en ajoutant « si en seront plus à aise ; » au lieu de « esraument et pour çou en serons-nous vengiet. »

Nota. Il n'est pas certain qu'il faille lire « dévouerra »; peut-être doit-on lire « devoverra. »

[2] Au lieu de « si fist *metre* en mi son vis le signe de la saint crois », le Ms. F. dit : « si fist tantost em mei son front le signe de la sainte crois. »

[3] Le Ms. F. change à tort « habitent » ou « seront. »

roys Labiaus, kar il s'en est jà ostés, ains enterra en la souveraine maison et en la joie, que on apiele Paradis, et savés vous quant [1] çou sera, au jour de demain. Car sachiés-vous vraiement que il istra demain de cest siècle. » A tant se féri li vens en la nachiele, si fu em poi d'eure enpoins en mer, et tant eslongiés de la rive, que chil qui, en la nachiele l'avoient mis, furent si soubité que oncques puis ne ne le péurent véoir [2]. Si esra li enfés en tel manière .III. jours en la compaignie au lyon qui onques ne l'adesa [3], ne li fist mal, u pour çou que il se véoit esbahi comme bieste et que il se véoit em péril, u la miséricorde de nostre segnour i ouvra. Au quart jour, li avint ensi que il trouva enmi la mer la biele nef et la rice, ù li espée estoit, cele que Nasciens avoit tant esgardée. Si avint que la nachiele s'acosta au bort de la nef et qant li enfés qui bien savoit letres de pluisours manières, vit les letres ou bort et il séut bien que eles voloient dire, si entra maintenant en la nef et laissa le lyon en la nachiele et qant il fu dedens la nef, et il trouva le lit si biel et si riche et la couroune et les fuisiaus qui tant estoient merveilleus, si les regarda moult volentiers, car il n'avoit onques

[1] Il manque ici un ou deux mots « et savez vous quant *vous périreiz* » (Ms. F.)

[2] Le Ms. F. supprime dans cette phrase « car sachiés vous vraiement que il istra demain de cest siècle », puis remplace « em poi d'eure enpoins en mer et tant » par « en poi de tempz si », enfin supprime avec raison : « furent si soubité que onques puis. »

[3] Le Ms. F. remplace « l'adésa » par « le tochait », puis supprime « et que il se véoit em péril. »

mais véut nule cose qui tant [1] li pléust à regarder, si que il ne li menbra onques d'autre cose tant que la nuis vint. Et qant il vit que les oscurtés de la nuit s'espandirent par le monde [2], il revint au bort de la nef, mais il n'i vit ni la naciele ne le lyon que il avoit laissiet, si l'empesa moult quar grant confort li fesist la bieste mue [3] se il le péut véoir, mais il ne pot riens véoir de çou que il demande. Et qant il voit que il n'en verra plus [4] si revint enmi la nef et se coucha desus un fust comme chil qui n'ose ou lit entrer et s'endort maintenant de lassetet et de travail.

Toute la nuit, dormi li enfés en tel manière. A l'endemain, qant li jours aparut, il se leva et qant il fu esveilliés [5] et vint au bort de la nef et vit que il estoit arivés devant une ille, il regarda enmi l'ille et vit un houme dormant qui iluec se gisoit. Et qant il apierçut, que ce estoit hom [6] si descent de la nef et vint cele

[1] Le Ms. F. supprime « car il n'avoit onques mais véut nule cose qui tant. »

[2] Le Ms. F. supprime encore « et qant il vit que les oscurtés de la nuit s'espandirent par le monde, » et met simplement : « Lors il revint. »

[3] Après « la bieste mue », le Ms. F. ajoute « il regardet amont et aval. »

[4] Le Ms. F. supprime « mais il ne pot rien véoir, » jusqu'à « n'en verra plus », et reprend « Lors revint.... »

[5] Le Ms. F. supprime avec raison « et qant il fu esveilliés. »

[6] Le Ms. F. supprime « et qant il apierçut que ce estoit hom » et « et qant il vint d'alés lui et l'éut bien » en mettant simplement « lors ». On saisit bien ici le travail littéraire auquel s'est livré le rédacteur du Ms. 2455 que nous appelons le Ms. F. partout.

partet ; qant il vint d'alès lui et il l'éut bien regardet, si counut que çou estoit Nasciens ses pères dont il éut si grant joie que gregnour ne poroit nus conter. Si l'esveilla tout bielement et chil tressaut autressi comme tout esbahis et œvre les ex et qant il voit l'enfant si saut sus moult vistement et li gète les bras au col et le baise moult et acole [1] et pleure sour lui de joie et de pitiet et dist : « Biaus dous fiex, douce créature [2], qui t'amena en cest ille, qui tant est lons de gent et de crestiens habitement [3]. » Et li dist que il vint en cele nef, se li moustra la nef et qant il le voit, se li dist que la nef a-il autrefois véue. Grant joie fit li pères au fil et li fiex au père, si demanda li uns à l'autre de son iestre et tant que Nasciens demanda à l'enfant coument il escapa de la prison Galafre [4]. Et il li conte en quel manière et coument il fu laissiés entre les roces en mer, ù li roys Labiel ariva entre lui et sa gent, par le torment de la mer qui, cele part, les amena ; puis li devise le songe le roy Labiel et la sénéfiance et coument li roys Labiaus rechut créance

[1] Le Ms. F. supprime « et le baise moult et acole. »

[2] Le Ms. F. supprime « dous » et « douce créature » et dit simplement : « Biaus filz ! qui t'amenait. » L'expression du Ms. du Mans n'est pas satisfaisante à raison de la répétition du mot « doux », mais elle peint mieux l'attendrissement joyeux du père.

[3] Le Ms. F. supprime « et de crestiens habitement. »

[4] Le Ms. F., au lieu de « et li conte en quel manière », ce qui suffit : met, après Galafre, « Et il li contet coumant Calafer le fist porter as crenalz de sa tor et le fist laissier aval chéoir et coumant les .VIII. mains le recoillèrent et l'emportèrent et coumant il fu laissiés.... »

par la démoustrance que nostres sires li fist en son dormant. Après li devise toutes les aventures qui li avinrent puis que il ne le vit mais et qant il éut oïes ces nouveles, si en benéist son créatour et pleure de pitiet de çou que il a toutes les coses menées à perfection si buennement[1]. Lors se departirent de l'ille et vinrent en la mer et entrèrent en la nef et demourèrent laiens jusques à eure de la tierce. Et lors avint que li vens fu levés grans et meirveilleus et la tempieste et li maus tans coumencha parmi la mer à aler si grans et si oribles que nus ne le véist qui grant paour n'en éust. Et li vens[2] qui fu esforchiés fel et crueus se féri en la nef de plain front, si l'eslonja itant de l'ille empoi d'eure que Nasciens qui estoit au bort de la nef et esgardoit la mer qui si estoit comméue, ne vit tière ne prest ne long[3], si merchie Diu, et aoure de kanques il li envoie et dist ses proières et ses orisons teles com il les savoit.

[1] Le Ms. F. enlève à cette phrase son caractère en disant simplement « et qant Naciens oï ceu, si en merciet nostre signor » ; et supprime tout le reste jusqu'à « lors se départirent. »

[2] Le Ms. F. supprime « qui fu esforchiés, fel et crueus. »

[3] Le Ms. F. modifie cette phrase ainsi : « et esgardoit en la mer, ne vit riens de l'ile, ne ne vit point de la terre, si en merchie... »

FIN DU TOME DEUXIÈME.

ERRATA

Nous avons voulu, pour rendre notre texte tout à fait conforme à celui du Ms. du Mans, corriger, après l'impression, ce texte déjà si minutieusement revisé, et le faire, non au vu de notre copie, mais en suivant, lettre par lettre, le Ms. C'est ainsi que nous sommes arrivé à éditer ce volumineux *errata*, que les bibliophiles et les amants passionnés de notre vieille langue du XIIIe siècle, ne nous reprocheront pas. On se défie, et on a raison, des textes imprimés qui font parade d'une correction impossible en pareil cas.

Page 4, 3e ligne. — Au lieu de « par qui toutes les boines coses... » lisez « par qui les boines coses... »

— 18e ligne. — Au lieu de « si pouvre » lisez « si povre ».

Page 5, 1re ligne. — Au lieu de « écriviens » lisez « escrivens ».

Page 6, 3e ligne. — Au lieu de « lointains » lisez « lontains ».

— 12e ligne. — Au lieu de « joeldi » lisez « joesdi ».

Page 7, 1re ligne. — Au lieu de « naturellement » lisez « naturelment ».

— 22e ligne. — Enlever l' « l » devant le mot « toutes » et le placer devant « a force » de la ligne 23.

Page 8, 3e ligne. — Au lieu de « grand « lisez « grant ».

Page 10, 1re ligne. — Au lieu de « convent » peut-être faut-il lire « connéut » pour « comméut » comme dans les autres textes.

Page 11, 7e ligne. — Au lieu de « terre » lisez « tère ».

Page 12, 8e ligne. — Au lieu de « desirasasse » lisez » desiraisse ».

Page 18, 8e ligne. — Le Ms. du Mans met à la ligne après le mot « beneois » bien à tort, et il remplace « ce jour » par « le jour ». Nous avons cru devoir rétablir le sens réel et ancien, en suivant la phrase et mettant « ce » au lieu de « le » devant le mot « jour ».

Page 26, 22e ligne. — Au lieu de « povoie » lisez « poroie ».

Page 27, 5e ligne. — « Que » est omis avant « jou soi ».

Page 28, 7e ligne. — Au lieu de « dont » lisez « don », et au lieu « d'octroiâmes » lisez « otroiâmes ».

Page 29, 10e ligne. — Au lieu de « manjai » lisez « mangai ».

Page 33, 3e ligne. — Au lieu de « envoiait » lisez « envoioit ».

Page 36, 4e ligne. — Au lieu de « joeldi » lisez « joesdi ».

— 8e ligne. — Au lieu de « avoist » lisez « avoit ».

Page 37, 8e ligne. — L' « r » qui précède le mot « chil » a été déplacé mal à propos, il doit être rétabli après le mot « avoi ».

Page 39, 18e et 19e ligne. — Au lieu de « nosters » lisez « nostres ».

Page 41, 3e ligne. — Rétablissez « tourmentoient » en un seul mot.

Page 44, 1re ligne. — Au lieu de « meffais » lisez « mesfais ».

Page 47, 6e ligne. — Au lieu de « parole jà » lisez « parole la ».

Page 49, 3e ligne. — Au lieu de « Joseph » lisez « Josephe ». Cette correction est importante.

Page 55, 2e et 12e ligne. — Au lieu de « joeldi » lisez « joesdi ».

Page 56, 3e ligne. — Au lieu de « bovoit » lisez « bevoit ».

— 14e ligne. — Après « que » ajoutez « tout ».

Page 58, 5e ligne. — Au lieu de « et il l'enmenèrent » lisez « et si l'enmenèrent ».

Page 61, 8e ligne. — Au lieu de « buès fors » lisez « unes fors », ce qui est justifié par le Ms. C.

Page 65, 7e ligne. — Au lieu de « qui fus espandi » lisez « qui sus espandi ».

Page 68, 1re ligne. — Au lieu de « prenés » lisez « preudés ».

Page 69, 3e ligne. — Au lieu de « cet piler » lisez « cel piler ».

Page 70, 11e ligne. — Ajoutez « il » entre « vint » et « à lui ».

Page 71, 12e ligne. — Au lieu de « s'en istrit » lisez « s'en issist ».

— 17e ligne. — Au lieu de « la feme » lisez « sa feme. »

Page 72, 6e ligne. — Au lieu de « la sainte églyze » lisez « à sainte eglyse », comme le porte du reste le texte anglais.

Page 87, 11e ligne. — Au lieu de « ne ne dire » lisez « ne dire ».

Page 93, 12e ligne. — Au lieu de « pour coi » lisez « pour qoi ».

Page 94, 4e ligne. — Au lieu de « li vauch » lisez « le vauch ».

Page 95, 2e ligne. — Au lieu de « se il m'éut requis » lisez « se il le m'eust requis ».

— 3e ligne. — Au lieu de « si l'éust » lisez « si l'éut ».

Page 99, 1re ligne. — Au lieu de « répondirent » lisez « respondirent ».

— 9e ligne. — Au lieu de « liét » lisez « liet. »

— 14e ligne. — Au lieu de « chil hom » lisez « chis hom ».

Page 102, 6e ligne. — Au lieu de « et il s'asirent » lisez « et il s'asisent ».

— 11e ligne. — Le « nous » placé entre parenthèses n'existe pas dans le texte du Mans. Il y a là une erreur de notre copiste, ou plutôt de notre imprimeur ; ce « nous » appartient à la phrase suivante qui doit être rétablie ainsi : « que *nous* ne nos levissiens » au lieu de « que ne levissiens ».

Page 108, 9e ligne. — Au lieu de « et pourquoi » lisez « et pour coi ».

— 12e ligne. — Au lieu de « enquierre » lisez « enquerre » ; au lieu de « vérités » lisez « véritet » ; au lieu de « liés » lisez « liet » ; au lieu de « pour leur preu » lisez « pour lour preu ».

Page 109, 5e ligne. — Au lieu de « el li fist » lisez « il li fist ».

Page 111, 1re ligne. — Intercalez « en » entre « vous » et « atendistes ».

— 12e ligne. — Au lieu de « pour cose » lisez « pour çou ».

Page 112, 22e ligne. — Au lieu de « trovoit » lisez « trouvoit ».

— 24e ligne. — Au lieu de « desmembrer » lisez « desmenbrer ».

Page 113, 13e ligne. — Au lieu de « jeter » lisez « geter ».

— 20e ligne. — Au lieu de « ne quidoit pas » lisez « ne ne quidoit pas ».

— 21e ligne. — Au lieu de « canjiet » lisez « cangiet ».

Page 114, 5e ligne. — Coquille : au lieu de « uit qant estoit noire » lisez « qui tant estoit noire ».

Page 114, 18e ligne. — Au lieu de « ne la véist » lisez « ne le véist ».

Page 115, 8e ligne. — Au lieu de « demanda qu'il estoit » lisez « demanda qui il estoit ».

Page 116, 3e ligne. — Au lieu de « le prophète » lisez « la prophète ».

Page 117, 11e ligne. — Au lieu de « par avanture encore » lisez « par aventure encor ».

— 21e ligne. — Ajouter « de » entre « tort » et « la honte ».

— 25e ligne. — Au lieu de « si oi çou en couvent » lisez « si oi-jou en couvent ».

Page 118, 5e ligne. — Notre Ms. offre ici une répétition que nous n'avons pas reproduite. Au lieu de « la clamour » lisez « la clamours ».

Page 118, 8e ligne. — Au lieu de « dit par couvent » lisez « dist par couvent ».

Page 119, 9e ligne. — Au lieu de « avanture » lisez « avenrure ».

Page 121, 4e ligne. — Impardonnable coquille : au lieu de « ceu. Ecréta » lisez « créance. Et ». Il est probable que ces deux mots sont tombés pendant l'impression.

Page 122, 7e ligne. — Au lieu de « Agrippe » lisez « Agripe ».

Page 125, 3e ligne. — Au lieu de « laissiée » lisez « laissié ».

Page 127, 17e ligne. — Au lieu de « une petite ars » lisez « une petite arce ».

Page 128, 19e ligne. — Au lieu de « Isaac » lisez « Yzaac ».

Page 130, 3e ligne. — Au lieu de « ne n'oseras-tu rien » lisez « ne m'oseras-tu rien ».

— 10e ligne. — Au lieu de « et la compagnie » lisez « et sa compagnie ».

— 15e ligne. — Au lieu de « e » lisez « et ».

— 23e et 25e ligne. — Lisez « ices loges » et « en ces loges » au lieu de « icel loges » et « en cel loges ».

Page 131, 5e ligne. — Au lieu de « hi estoit apelés, Hevalach » lisez « ki estoit apelés Hevalach ».

— 6e ligne. — Lisez « nus » au lieu de « nul ».

— 15e ligne. — Au lieu de « isté » lisez « esté ».

— 16e ligne. — Au lieu de « si li avoit » lisez « se li avoient ».

— 18e ligne. — Lisez aussi « si l'avoient desconfit ».

Page 132, 16e ligne. — Au lieu de « ne soleroient-il jamais entremetre » lisez « ne s'oseroient-il jamais entremetre ».

— 21e ligne. — Au lieu de « si li dist » lisez « se li dist ».

Page 133, 5e ligne. — Au lieu de « Et Ewalach respondit » lisez « et Evalach respondi ».

Page 133, 8e ligne. — Le Ms. ne contient pas les mots répétés entre parenthèses « en retournera ». Il y a là une erreur du copiste.

Page 134, 6e ligne. — Au lieu de « poissant » lisez « poissans ».

— 15e ligne. — Au lieu de « il sauveres » lisez « li sauveres ».

— 16e ligne. — Peut-être faut-il « débonairement » le « b » est mal caractérisé.

Page 137, 20e ligne. — Au lieu de « qand » lisez « qant ».

Page 139, 4e ligne. — Au lieu de « de tous les enfremetés » lisez « de toutes les enfremetés ».

— 8e ligne. — Au lieu de » ouvré » lisez « ouvret ».

— 21e ligne. — Au lieu de « issut » lisez « issist ».

Page 140, 6e ligne. — Au lieu de « plusiours » lisez « pluisours ».

— 9e ligne. — Au lieu de « des dessiples » lisez « ses dessiples ».

Page 141, 15e ligne. — Au lieu de « qui li mauvais » lisez « que li mauvais ».

Page 144, 8e et 10e lignes. — Au lieu de « selont » lisez « selonc ».

— 23e ligne. — Au lieu de « mais or entent » lisez « mais or i entent ».

Page 145, 2e, 4e ligne et suivantes. — Au lieu de « personnes » lisez partout « persounes ».

Page 146, 17e ligne. — Au lieu de « commencement » lisez « coumencement ».

Page 147, 7e ligne. — Même critique.

Page 148, 10e ligne. — Au lieu de « come le departoit » lisez « com ele départoit ».

— 22e ligne. — Au lieu de « lui ventres » lisez « li ventres ».

Page 149, 15e ligne. — Au lieu de « ne è l'entrer » lisez « ne à l'entrer ».

Page 149, 18e ligne. — Au lieu de « ne departit « lisez « ne départist ».

— 21e ligne. — Au lieu de « maumaître » lisez « maumetre ».

Page 150, 8e ligne. — Il ne faut pas d' « s » à « haitié ».

— 18e ligne. — Au lieu de « que il porta » lisez « qui il porta ».

Page 151, 1re ligne. — Au lieu de « souffert » lisez « sousfert ».

— 9e ligne. — Au lieu de « sans pucelage » lisez « sans son pucelage ».

— 16e ligne. — Au lieu de « oitest » mot impossible et tombé à l'impression, lisez « estoit ».

Page 154, 2e ligne. — Lisez « sousfrons » au lieu de « souffront ». — Cette correction est à faire partout où l' « l » est doublé.

Page 157, 15e ligne. — Au lieu de « si qui tout chil » lisez « si que tout chil ».

Page 158, 18e ligne. — Mettez « et » avant « plus ».

— 20 et 21e ligne. — Au lieu de « Cambrilant » lisez « Cambrelant », et supprimez le point et virgule avant « en qui il se fioit ».

Page 160, 7e et 8e ligne. — Supprimez les accents de « u ».

— 15e ligne. — Au lieu de « tant il éust esgarder « lisez « tant i séust esgarder ».

Page 163, 5e ligne. — Au lieu de « de l'uel » lisez « de l'oel ».

— 8e ligne. — Au lieu de « li coumencha » lisez « si coumencha ».

Page 164, 1re ligne. — Au lieu de « démonstre-tu » lisez « démoustres-tu ».

Page 165, 1re ligne. — Au lieu de « ot qui tu les menas » lisez « et que tu les menas ».

Page 166, 11e ligne. — Au lieu de « finie » lisez « finée. »

Page 167, 20e ligne. — Au lieu de « anduis » lisez « ansdeus ».

Page 170, 7e ligne. — Le mot « espices » qui n'est pas dans le texte, nous a semblé devoir être ajouté ; mais nous l'avons mis entre parenthèses.

Page 171, 2e ligne. — Au lieu de « que te anciseur » lisez « que ti anciseur ».

— 12e ligne. — Au lieu de « volois » lisez « voloie. »

— 15e ligne. — Au lieu de « vint » lisez « vinc. »

— 23e ligne. — Au lieu de « doul boires » lisez « dous boires ».

— 24e ligne. — Ajoutez « -il » après « dounent ».

Page 172, 7e ligne. — Au lieu de « cangiè » lisez « cangiet ».

— 13e ligne. — Au lieu de « et si autres » lisez « et si aurés ».

— 15e ligne. — Au lieu de « avecques » lisez « avoeques. »

Page 173, 6e ligne. — Au lieu de « ministres » lisez « menistres ».

Page 176, 14e ligne. — Au lieu de « quéle vaussit » lisez « qu'ele vaussist ».

Page 177, 14e ligne. — Au lieu de « que tu ne me toillis » lisez « que tu ne me toilles ».

— 26e ligne. — L' « l » de « il » est tombé à la fin de la ligne : le restituer.

Page 181, 9e ligne. — Au lieu de « si » lisez « se ».

— 19e ligne. — Notre texte donne bien en réalité « poëstés » et non « piestés », il y a là une erreur de copiste.

Page 183, 12e ligne. — Au lieu de « entour le monde » lisez « en tout le monde ».

Page 186, 14e ligne. — Au lieu de « édifier » lisez « édéfier ».

— 21e ligne. — Au lieu de « siuent » lisez peut-être « suieut ».

Page 187, dernière ligne. — Au lieu de « il bras séniestre » lisez « el bras séniestre ».

Page 188, 10e ligne. — Au lieu de « qui autressi comme li bues » lisez « car autressi comme li bues ».

Page 190, 13e ligne. — Le texte porte « que confession en a la plus blance cose » ; nous avons substitué « est » à « en a » pour rendre le texte compréhensible.

Page 193, 1re ligne. — Au lieu de « remission » lisez « remesion ».

— Dernière ligne de notes. — Supprimez la glose. Le texte porte bien « quar », le reste est un lapsus.

Page 194, 6e ligne. — Nous avons mis « rechois » pour être intelligible ; en réalité, il y a « rechoif, » l' « f » très-caractérisé.

— 11e ligne. — Au lieu de « sous la platine » lisez « sour la platine ».

— 16e ligne. — Supprimer « si » devant « on li mentoit ».

— 21e ligne. — Au lieu de « boire sacré » lisez « boire secré ».

Page 195, 10e ligne. — Au lieu de « bovera » lisez « bevera ».

— 19e ligne. — Il manque ici le mot « éu » qui est après « créance » dans notre Ms. et est représenté à tort par « En » de « Ensi », il faut « éu, si ».

Page 199, 11e ligne. — Au lieu de « derenement » lisez « clèrement ».

Page 200, 21e ligne. — Au lieu de « paour de la mort » lisez « paour de mort ».

Page 202, 11e ligne. — Lisez « esforchier » au lieu de « esforthier ».

Page 204, 13e ligne. — Au lieu de « le cuers ni est » lisez « le cueur n'i est ».

Page 210, 8e ligne. — Tout examen fait, il y a bien dans notre Ms. « li sage clerc » ; l'abrévation ne peut donner que ce mot. Remplacez donc « chevalier » par « clerc ».

Page 215, 4e ligne. — Au lieu « il nest nu » lisez « il n'est nus ».

— 15e ligne. — Au lieu de « chrestien » lisez « crestien ».

Page 216, 21e ligne. — Au lieu de « et se ni vint » lisez « et se n'i vint ».

Page 217, 8e ligne. — Au lieu de « brulans » lisez « bruians ».

Page 218, 10e ligne. — Au lieu de « Caudas » lisez « Baudas ».

— 17e ligne. — Au lieu de « que tenoit » lisez « qui tenoit ».

Page 219, 12e ligne. — Au lieu de « aséoit » lisez « aséoir ».

— 20e ligne. — Au lieu de « leur arme » lisez « leur armes ».

Page 222, 22e ligne. — Au lieu de « si se combattroit-il » lisez « si se combatroit-il ».

Page 224, 8e ligne. — Mettez un double « v » à « Evalachin ».

— 9e ligne. — Supprimez l' « s » de « chevaliers ».

Page 227, 11e ligne. — Au lieu de « Et qant vint à l'ajournée » lisez « Et qant ce vint à l'ajournée ».

Page 228, 8e ligne. — Au lieu de « li roy » lisez « le roy ».

— 21e ligne. — Au lieu de « Kar il avoit » lisez « Kar il avoient ».

— 23e ligne. — Au lieu de « Esvalach » lisez « Ewalach ».

— 24e ligne. — Au lieu de « si en estoit » lisez « si en estoient ».

Page 229, 13e ligne. — Au lieu de « porrois » lisez « porroit ».

— 25e ligne. — Au lieu de « diffendirent » lisez « deffendirent ».

Page 230, 6e ligne. — Au lieu de « il furent bien fui » lisez « il éurent bien fui ».

— 10e ligne. — Au lieu de « la gent » lisez « sa gent ».

Page 231, 1re ligne. — Au lieu de « l'ensegne » lisez » s'ensegne ».

Page 233, 11e ligne. — Au lieu de « segnor chevaliers » lisez « segnor chevalier ».

Page 235, 15e ligne. — Au lieu de « il vous sait moult durement » lisez « il vous soit moult durement ».

Page 236, 23e ligne. — Au lieu de « capleil » lisez « capleis ».

— 25e ligne. — Au lieu de « sous les hiaumes » lisez « sour les hiaumes ».

Page 237, 8e ligne. — Au lieu de « i fesit » lisez « i ferist », sans doute pour « i fesist ».

— 19e ligne. — Au lieu de « que il atagnoit » lisez « qui il atagnoit ».

Page 238, 7e ligne. — Réunissez en un seul mot « merveille u se ».

— Avant dernière ligne, — Au lieu de « abriéviés » lisez « abriévées ».

Page 243, 2e ligne. — Au lieu de « et si trouve » lisez « et si treuve ».

— 20e ligne. — Au lieu de « si que il ne pooient » lisez « si que il n'es pooient ».

Page 245, 9e ligne. — Supprimez la virgule entre « espés » et « hyaumes ».

— 16e ligne. — Au lieu de « Il ne sent nule fois sa vertu afebloier » lisez « il ne fait nulefois, » etc.

Page 246, 5e ligne. — Au lieu de « entr'aus tous » lisez « entriaus tous ».

— Dernière ligne. — Au lieu de « lait courre » lisez « laist courre ».

Page 247, 3e ligne. — Au lieu de « arbalesfrée » lisez « arbalestrée ».

— Antépénultième ligne. — Au lieu de « en mie sa voie » lisez « en mi sa voie ».

Page 248, 16e ligne. — Au lieu de « si lou retournèrent » lisez « si lour retournèrent ».

Page 249, 4e ligne. — Au lieu de « et il avoit tout abatut » lisez « et il avait tant abatut ».

— 8e ligne. — Au lieu de « si joinst maintenant l'espés » lisez « si joinst maintenant les piés ».

Page 252, 9e ligne. — Au lieu de « plusieurs liex » lisez « pluisours liex ».

Page 253, 11e ligne. — Au lieu de « à tant onze chevaliers » lisez « à tout onze chevaliers ».

Page 254, 15e ligne. — Au lieu d' « avec lui » lisez « avoec lui ».

Page 254, 16e ligne. — Au lieu de « tout montés » lisez « tous montés ».

— Dans la note, la description des armes de Tholomer doit être rectifiée ainsi : *fascé d'argent et d'azur, à la bande de gueules.*

— Dernière ligne. — Au lieu de « se pense » lisez « si pense ».

Page 256, 7e ligne. — Au lieu de « entrer l'ost » lisez « entrer tost ».

Page 260, 13e ligne.— Au lieu de « jà nus escaperés » lisez « jà n'en escaperês ».

— 18e ligne. — Lisez « Tholomer » et non « Tholomier ».

— Dernière ligne. — Au lieu de « rescriés » lisez « escriet ».

Page 261, dernière ligne. — Au lieu de « missent » lisez « misent ».

Page 262, antépénultième ligne. — Au lieu de « torre » lisez « terme ».

Page 264, 1re ligne. — Au lieu de « et de ciaus » lisez « descaus » sans doute « déchaussés ».

— 4e ligne. — Au lieu de « estoient biele » lisez « estoit biele ».

— 6e ligne. — Au lieu de « vous lairions » lisez « vous lairons ».

Page 266, 1re ligne. — Au lieu de « toutefoi » lisez « toute fois ».

Page 272, 11e ligne. — Au lieu de « bien séussièmes-nous; que Diex » lisez « bien séussièmes-nous que Diex ».

— 24e ligne. — Au lieu de « elle ochioit » lisez « ele ochioit ».

Page 275, 3e ligne. — Au lieu de « et qant ele éut rechu, se » lisez « et qant ele éut rechéu, si ».

— 16e ligne. — Au lieu de « un seul Dieu » lisez « un suel Diu ».

— 18e ligne. — Au lieu de « se péut soufrir » lisez « se puet sousfrir ».

Page 275, antépenultième ligne. — Au lieu de « ichil grans » lisez « ichele grans ».

Page 279, 4e ligne. — Au lieu de « pardesus la capule » lisez « pardesus la capièle ».

Page 280, 6e ligne. — Au lieu de « venut ensemble à moi » lisez « venut ensemble o moi ».

Page 282, 9e ligne. — Au lieu de « si les bautissa » lisez « si les bautisa ».

Page 283, 2e ligne. — Au lieu de « pour la Diu merchi, » lisez « plus, la Diu merchi ».

— 2e ligne. — En réalité il y a : « qui maine qui onques i veut croire ».

Page 289, 10e ligne. — Au lieu de « qui jà fui, » lisez « qui jà fin ».

— 17e ligne. — Au lieu de « en cel signe avoir estet mis » lisez « en cet signe avoit estet mis ».

Page 290, 7e ligne. — Au lieu de « chest houm » lisez « chest houme ».

Page 294, 1re ligne. — Au lieu de « esté bien vingt sept ans » lisez « esté bien dix sept ans ».

— 6e ligne. — Au lieu de « bauptisier » lisez « bauptisiet ». — Même observation à la 11e ligne.

Page 295, 22e ligne. — Au lieu de « Joseph le geta entour le col » lisez « Josephe li geta entour le col ».

Page 296, 9e ligne. — Au lieu de « isnielment » lisez « isnielement ».

Page 297, 7e ligne. — Au lieu de « des bras del cor » lisez « des bras del cors ».

— Avant-dernière ligne. — Supprimez le point avant le mot « qant ».

— Dernière ligne. — Au lieu de « le conuira » lisez « le conjura ».

Page 300, 11e ligne. — Au lieu de « tesmoin » lisez « tesmoins ».

— 13e ligne. — Au lieu de « reprochcs » lisez « reproeches ».

Page 301, 21e ligne. — Au lieu de « bauptisier » lisez « bauptisiet ».

Page 302, 19e ligne. — Au lieu de « ensemble à lui » lisez « ensemble o lui ».

Page 303, 7e ligne. — Au lieu de « qant la tière tut toute ramenée » lisez « qant la tière fu toute ramenée ».

— 11e ligne. — Au lieu de « lors se muit » lisez « lors si mut ».

Page 304. — Le Ms. porte à tort « Ensi *comme* Josephe la vie des ·*VII*· preudoumes hermites ». On n'en cite que deux, et il faut évidemment « connu ».

Page 305, 1re ligne. — En réalité il n'y a que « liveskes » nous avons rétabli « li eveskes » pour être compréhensible.

— 7e ligne. — Au lieu de « vertus » lisez « virtus ».

— 21e ligne. — Au lieu de « si dist Naschiéris » lisez « si dist Naschiens ».

Page 313, 14e ligne. — Au lieu de « Dis » lisez « Diex ».

Page 316, 25e ligne. — Au lieu de « premiers pueles » lisez « premiers peules ».

Page 317, 18e ligne. — Au lieu de « sans wis ouvrir » lisez « sans l'uis ouvrir ».

Page 319, 11e ligne. — Au lieu de « scelés » lisez « séeles ».

— 19e ligne. — Au lieu de « tenue » le texte porte « tomene ».

— 20e ligne. — Au lieu de « comme il boutoit » lisez « comme il le boutoit ».

Page 320, 2e ligne. — Au lieu de « desloyalité » lisez « desloyalté ».

— 15e ligne. — Au lieu de « sa mes créance » lisez « la mescréance ».

Page 322, 10e ligne. — Au lieu de « venirent » lisez « venoient ».

— 16e ligne. — Au lieu de « morcel » lisez « morsel ».

Page 324, 12e ligne. — En réalité il y a « sa main ».

Page 325, 12e ligne. — Au lieu de « vous iêtes dounés » lisez « vous iestes dounés ».

Page 325, 18e ligne. — Ajoutez « jà » entre « estoit » et « li roys ».

Page 326, 10e ligne. — Entre « bien » et « devoit » il existe un mot non lisible.

— 19e ligne. — Au lieu de « que ceste » lisez « ques ceste ».

Page 327, avant-dernière ligne. — Supprimez « ne » avant « sénefie ».

Page 331, 2e ligne. — Au lieu de « li parole » lisez « si parole ».

Page 334, 18e ligne. — Au lieu de « et après dou roy » lisez « et apris dou roy ».

Page 335, 7e ligne. — Au lieu de « duel » lisez « doel ».

— 21e ligne. — Au lieu de « il l'avoient souspechon » lisez « il avoient souspechon ».

Page 337, 17e ligne. — Il y a là une lettre tombée et une autre mal placée ; il faut rétablir ainsi : « ne porroit dignement veoir ne esgarder, se vostre grasse, etc. ».

Page 341, 18e ligne. — Au lieu de « grant pièce de nuit alès, » lisez peut-être « grant pièce de nuit alée ».

Page 343, 2e ligne. — Après « grans » ajoutez « et gros ».

Page 344, 18e ligne. — Au lieu de « si pensi un poi » lisez « si pensa un poi ».

— Avant-dernière ligne. — Au lieu de « que il meurent » lisez « que il muirent ».

Page 351, 23e ligne. — Au lieu de « il avoit establis » lisez « il avoit establés ».

Page 352, 14e ligne. — Au lieu de « qui ces cevaus as establis » lisez « qui tes cevaus as establés ».

Page 358, 2e ligne. — En réalité il y a « polichans » dans notre Ms. Mais, nous avons rétabli « poblicans » qu'il était dans la pensée du scribe d'écrire ».

Page 359, 4e ligne. — Au lieu de « povoit » lisez « poroit ».

— 18e ligne. — Au lieu de « nef » lisez « nes ».

Page 360, 19e ligne. — Au lieu de « ne ore » lisez « ne aise ».

Page 362, 15e ligne. — Enlevez l' « s » du mot « désespérances ».

— 18e ligne. — Ajoutez « tu » devant le mot « recouverroiet ».

Page 363, 5e ligne. — Lisez peut-être « vauc » au lieu de « vaut ».

— 8e ligne. — Au lieu de « or sai lequel » lisez « or fai lequel ».

Page 369, 14e ligne. — Au lieu de « ravrusis » lisez peut-être « ravausis ».

Page 370, 3e ligne. — Au lieu de « finie » lisez « finée ».

— Antépénultième ligne. — Au lieu de « qui » lisez « que ».

Page 371, 7e ligne. — Lisez « Créatour » et non « Créator ».

Page 373, 6e ligne. — En réalité il y a dans le Ms. « car il est loiens des loiens au dyable » nous avons supprimé l'n et mis « loiés »; mais il faudrait « loiet ».

Page 375, 7e ligne. — Supprimer « se » et rétablissez « que ele ne mesist ».

Page 377, 20e ligne. — En réalité il y a dans le Ms. « escachiet le lieu que ta buenne viande » il faut évidemment, et nous l'avons mis pour la compréhension de la phrase « escachiet le leu qui ta buenne viande » mais on disait aussi « le lieu et le liex » pour le loup ».

Page 379, 10e ligne. — Au lieu de « li pléurent les paroles » lisez « li pléurent ses paroles ».

— 12e ligne. — Au lieu de « car me dites » il y a en réalité « cor me dites » mais nous croyons qu'on a voulu mettre « car... ».

— Avant-dernière ligne. — Au lieu de « se mut » lisez « se mist »; mais la phrase n'est pas finié. — Voyez la note.

Page 382, 8e ligne. — Au lieu de « ne te dirai la cose » lisez « ne te dirai jà cose ».

Page 383, 3e ligne. — Au lieu de « ne oïts » lisez « ne oïst ».

Page 384, 5e ligne. — Au lieu de « que il avoit oïe » lisez « que il avoit ore ».

— 12e ligne. — Au lieu de « et il si regetoit encontre » lisez et il li regetoit encontre ».

— Dernière ligne. — Nous avons ajouté le mot « de » avant « dix-sept journées ».

Page 385, 8e ligne. — Au lieu de « il ne se péut « lisez « il ne se pout ».

— Antépénultième ligne. — Ajoutez un « s » à la fin du mot « esfoudre ».

Page 386, 2e ligne. — En réalité il y a dans le Ms. « et il le salua maintenant » ; mais nous pensons qu'il faut, pour être compris, corriger en « et il se leva maintenant ».

Page 387, 3e ligne. — Le scribe avait d'abord mis « le cor » comme nous l'avons fait, mais plus tard on a surchargé un « l » sur l' « r », de sorte qu'on peut lire aujourd'hui « le col ».

— 7e ligne. — Nous avons mis « com n'est achiers », mais en réalité il y a « commest achiers ».

Page 389, 2e ligne. — Au lieu de « que ele se sent escausfer » le Ms. met « que ele le sent escausfer ».

Page 389, 8e ligne. — Enlevez l'accent grave de « là » et rétablissez « si l'a li fus si durement arse ».

Page 390, 7e ligne. — Nous avons mis « Tieus » bien qu'en réalité il y ait « Pieus », mais ce P majuscule, peint par le miniaturiste, est une erreur. Il y en a plusieurs de ce genre dans le cours du Ms.

Page 391, 4e ligne. — Au lieu de « riens ni éut plus » lisez « riens nient plus » ; au lieu de « eût mangiet » lisez « éust mangiet ».

— 10e ligne. — Au lieu de « il eut en le grand faim » lisez « il éut éu le grant faim ».

Page 394, 10e ligne. — Supprimez l' « s » de « cuers ».

Page 395, 4e ligne. — Ajoutez un « t » au mot « vi ».

— 6e ligne. — Au lieu de « n'ausist » lisez « vausist ».

— 14e ligne. — Au lieu de « pasmisons » lisez « pamisons ».

Page 396, 10e ligne. — Au lieu de « quant ele fu onques » lisez « quant ele fut auques ».

— Antépénultième ligne. — Ajoutez « ce » entre « que » et « estoit ».

Page 397, dernière ligne. — Supprimez l'« s » de « serourges ».

Page 399, 23e ligne. — Enlevez le trait d'union d'entre « dist » et « je » ; il y a « jehui » dans le Ms.

Page 400, 1re ligne. — Mettez la virgule non après, mais, avant « ains ».

— 6e ligne. — Au lieu de « causes » lisez « coses ».

— 9e ligne. — Au lieu de « cex » lisez « tex ».

Page 402, 15e ligne. — Au lieu de « qui de son neveut » lisez « qui de ton neveut ».

Page 403, 1re ligne. — Au lieu de « vaincra » le Ms. met en réalité « vaintera ».

Page 403, 10e ligne. — En réalité il y a dans le Ms. « parla de Sarras » mais la correction semble nécessaire. — De plus il faut supprimer « se » avant « féri ».

Page 404, 17e ligne. — Au lieu de « tu aprocera » lisez « n'i aprocera ».

— 18e ligne. — Le mot « seule » n'est pas dans le Ms.; il y a en réalité « en ceste manière fai si poras, » ce qui n'a pas de sens.

Page 405, 3e et 5e ligne. — Ajoutez un « s » à la fin du mot « chevalier ».

— 8e ligne. — Au lieu de « et si fist moult dure prison » lisez « et si fu moult dure prison ».

Page 406, 6e ligne. — Au lieu « d'astronomie » lisez « d'astrenomie ».

Page 407, 6e ligne. — Au lieu de « vingt sept jours » lisez « dix sept jours ».

— 13e ligne. — Au lieu de « à tierce fois » lisez « la tierce fois ».

Page 408, 19e ligne. — Au lieu de « et il véoit apiertement » lisez « et il le véoit apiertement ».

Page 408, avant-dernière ligne, — Ajoutez un « s » au mot « main ».

Page 409, 5e ligne. — Au lieu de « l'emmena » lisez « l'enmena ».

Page 411, 18e ligne. — Au lieu « suivre Nascien » lisez « suirre Nascien ».

Page 413, 4e ligne. — Au lieu de « tant entour » lisez « tout entour ».

— 17e ligne. — Supprimez « à » devant « meillor ».

Page 414, 4e ligne. — Au lieu de « tant jeunet » lisez « tant jeuner ».

— 7e ligne. — Au lieu de « il ne véut mis » lisez « il n'eust mie ».

— 11e ligne. — Au lieu de « portasent » lisez « portaissent ».

— Dernière ligne. — Remplacez l' « x » de « créniaux » par un « s ».

Page 416, 7e ligne. — Au lieu de « jusque à tière » lisez « quéus à tière »,

— 12e ligne. — Au lieu de « bauptisier » lisez « bauptisiet »

— Supprimez l'un des deux « qui » devant « encontre ».

— 20e ligne. — Ajoutez « de » avant « son fil ».

Page 417, 23e ligne. — Au lieu de « lou cors » lisez « lour cors ».

Page 418, 16e ligne. — Au lieu de « voient » lisez « veoient ».

— 17e ligne. — Au lieu de « biéautés « lisez « biautés ».

— 21e ligne. — Au lieu de « prîvé » lisez « privée ».

— Avant-dernière ligne. — Au lieu de « se ele ne se vit avant » lisez « si ele ne séust avant ».

Page 419, 15e ligne. — Au lieu de « vavassour » lisez « vavasour ».

Page 420, 22e ligne. — Au lieu de « duel » lisez « doël ».

— 4e ligne. — Au lieu de « et ele coumença à reconforter » lisez « et le coumença à reconforter ».

Page 421, 11e ligne. — Mettez un « t » à la fin de « loyauté ».
— 13e ligne. — Lisez « guerpissoie » au lieu de « guerpessoie ».
Page 422, 3e ligne. — Au lieu de « Nasciens si sires » lisez « Nasciens sesires ».
— 14e ligne. — Au lieu « d'occident » lisez « d'occidant »; — « pourvéue » au lieu de « pourvéu »; — « hounourer » au lieu de « hounouret ».
Page 423, 7e ligne. — Lisez « avenue » au lieu de « avenu ».
— 26e ligne. — Au lieu de « car jou ne vit » lisez « car jou ne vic ».
— Avant-dernière ligne. — Au lieu de « volentiés » lisez « volentéis ».
Page 424, 5e ligne. — Au lieu de « ki vit en estrange tière » lisez « qui ert en estrange tière ».
— 7e ligne. — Lisez « chevaliers » au lieu de « chevalier ».
— Antépénultième ligne. — Au lieu de « cex gens » lisez « tex gens ».
Page 425, 16e ligne. — Au lieu de « et ses fiés li annés » lisez « et ses fiex li ainnés ».
— 20e ligne. — Au lieu de « ne lit fist » lisez « ne li fist ».
Page 426, 11e ligne. — Séparer « il » de « couvenra » par un trait d'union.
Page 427, 4e ligne. — Otez l' « s » de « Sarrasins ».
— 17e ligne. — Au lieu de « dour querre » lisez « pour querre ».
Page 428, 4e ligne. — Au lieu de « Galafres fu céu pasmés » lisez « Galafres fu céus pasmés ».
Page 429, 6e ligne. — Rétablissez « que » entre « prouvée » et « au coumencement ».
— 16e ligne. — Au lieu de « envelopés » lisez « envolepés ».
Page 431, 5e ligne. — Enlevez la négation devant « avoient concéues ».
— Dernière ligne. — Au lieu de « com il avoit de la tière » lisez « com il i avoit de la tière ».

Page 433, 17e ligne. — Au lieu de « avec » lisez « avoec ».

— 11e et 22e ligne. — Le mot « paysans » est écrit successivement avec un « s » et avec deux « s ». On doit être habitué à ces variantes.

Page 434, 10e ligne. — En réalité il faut supprimer l' « h » de « meschéances ».

Page 435. — Le no du folio doit être rétabli 435 au lieu de 35.

— 24e ligne. — En réalité il n'y a que « l'ajournée », nous avons rétabli « l'anjournée ».

— 25e ligne. — Lisez « que il li estoit avis » au lieu « que il estoit avis ».

Page 438, 17e ligne. — Ajoutez « de » devant le mot « froidure ».

Page 439, antépénultième ligne. — Supprimez « a » devant le mot « escrist ».

Page 441, 6e ligne. — Au lieu de « vilitet » il y a peut-être dans le Ms. « viutet ».

Page 444, 7e ligne. — Au lieu de « si bièle n'i pooit » lisez « si bièle ne pooit ».

— 24e ligne. — En réalité il y a « que en soies entéchiés ».

— 25e ligne. — En réalité il y a « tu guenchiras à creance ».

— Dernière ligne. — Il y a « lieu » et non « liu ».

Page 447, 3e ligne. — Lisez « papagustes » au lieu de « papaguites ».

— 9e ligne. — Ajoutez « d' » devant « un poisson ».

Page 448, 9e ligne. — Au lieu de « les oi léues » lisez « les ot léues ».

— 15e ligne. — Au lieu de « que jamés ne fust » lisez « que jà nus ne fust ».

— 20e ligne. — Au lieu de « si s'esmierveilla plus » lisez « si s'en mierveilla plus ».

Page 449, 8e ligne. — Supprimez l' « s » de « povrés ».

— 18e ligne. — Au lieu de « à qoi jou prendrai » lisez « à qoi je pendrai ».

Page 452, 14e ligne. — Lisez « fust » au lieu de « fus ».

Page 452, 15e ligne. — Au lieu de « long » lisez « lonc ».

— 18e ligne. — Ajoutez un « t » à « estoi ».

— Dernière ligne. — Au lieu de « comme li leu del let duroit » lisez « comme li lis de let duroit ».

Page 455, 6e ligne. — Au lieu de « esperituel » lisez « esperitel ».

Page 457, 7e ligne. — Otez l' « i » de « fui » et remplacez le « d » de « grand » par un « t ».

— 9e ligne. — Au lieu de « senifia-il » lisez « senefia-il ».

Page 458, 2e ligne. — Au lieu de « duurement » lisez « duremant ».

— 10e ligne. — Au lieu de « plantoit » lisez « plantait ».

Page 459, 13e ligne. — L' « à » est mal placé ; il faut, comme on le voit clairement : « et jugies enci la mort l'un à l'autre » — et ajoutez un « i » à « destruez », *sic* « destrueiz ».

— 15e ligne. — Otez l' « à » « li uns » et « l'altre ».

Page 460, 21e ligne. — Au lieu de « sans véoir » lisez « sens véoir ».

Page 461, dernière ligne. — Supprimez l' « s » d' « altresteil ».

Page 462, 1re ligne. — Au lieu de « qu'il fuit à de grant bonteit » lisez « qu'il fuit ci de grant bonteit ».

— 8e ligne. — Au lieu de « jadis » lisez « jaidis ».

— 10e ligne. — Lisez « freires » au lieu de « frère ».

— 25e ligne. — Au lieu de « son mautalent » lisez « son maltalent ».

Page 463, 3e ligne. — « Somillier » n'a qu'un « m », enlevez le second de « sommillier ».

— 5e ligne. — Au lieu de « suis » lisez « suit ».

— 15e ligne. — Au lieu de « avoit est conséus » lisez « avoit esté conséus ».

— 19e ligne. — Enlevez l' « s » à la fin du mot « meismes ».

— 20e ligne. — Lisez « Abiel » au lieu d' « Abel ».

Page 464, 1re ligne. — Au lieu de « vendredi » lisez « venresdi ».

Page 465, 14e ligne. — Rétablissez le dernier « e » de « frère ».

Page 466, 3e ligne. — Lisez « viermaus » au lieu de « viermans ».

Page 468, 11e ligne. — On peut s'étonner de voir l'« s » de « ils avoient »; en réalité le Ms. met « il savoient »; il est probable que cet « s » est de trop : — nous n'avons cependant pas voulu le supprimer.

Page 472, 7e ligne. — Au lieu de « fist fichié » lisez « fust fichié ».

— 15e ligne. — Au lieu de « tauant » lisez « autant ».

Page 474, 10e ligne. — Mettez un « s » à « chevalier ».

Page 475, 17e ligne. — Otez le « t » de la fin du mot « apareillerait ».

Page 477, 9e ligne. — Mettez un « s » à « chevalier ».

Page 478, 9e ligne. — « Soutil » ne fait qu'un mot.

Page 481, 14e ligne. — Ajoutez « i » avant « puissons ».

Page 482, 3e ligne. — Au lieu de « dormirent » lisez « dormoient ».

Page 483, 7e ligne. — Mettez un « s » à « chevalier ».

— 15e ligne. — Au lieu de « si » lisez « se ».

Page 485, 23e ligne. — Au lieu de « angoise » lisez « angoisse ».

— 26e ligne. — Au lieu de « comme li soirs ne » lisez » qant li soirs se ».

Page 486, 14e ligne. — Au lieu de « se signe » lisez « se segne ».

Page 487, 16e ligne. — Au lieu de « Nacien » lisez » Nascien ».

Page 488, 2e ligne. — Au lieu de « présieus » lisez « présieuses ».

— 4e ligne. — Au lieu de « rice » lisez « rices ».

— 11e ligne. — Au lieu de « tranchans » lisez « trenchans ».

Page 489, 17e ligne. — Supprimez « li » entre « il » et « avoit ».

— 23e ligne. — Au lieu de « me avés » lisez « m'avés ».

Page 489, 24e ligne. — Au lieu de « li ramenra » lisez « le ramenra ».

Page 491, 8e ligne. — Au lieu de « fierre » lisez « sierré ».

Page 492, 7e ligne. — Au lieu de « li solans » lisez « li solaus ».

Page 493, 11e ligne. — Au lieu de « angouses » lisez « angousses ».

Page 494, 13e ligne. — Le second « pascience » doit avoir deux « s » au lieu de « sc ».

Page 496, 2e ligne. — Au lieu de « esveillés » lisez « esveilliés ».

— 6e et 7e ligne. — Au lieu de « éut bien » lisez « éust bien » et « éust tolut » au lieu de « éut tolut ».

Page 498, 12e ligne. — En réalité il y a « ù cens chevaliers » au lieu de « ù ces chevaliers » : peut-être faut-il « ces » comme nous l'avons mis.

Page 500, 14e ligne. — Le mot « caitivetet » a été mal coupé à l'extrémité de la ligne.

— 20e ligne. — Au lieu de « quéex » lisez « quex ».

— 23e ligne. — En réalité il y a « li caitif ».

Page 501, 17e ligne. — Il y a une inversion, lisez « ù il est entrés ».

Page 502, 10e ligne. — Ajoutez « grant » après « pret ».

Page 503, 3e ligne. — Au lieu de « à lui » lisez « o lui ».

— 21e ligne. — Au lieu de « i éurent » lisez « il éurent ».

Page 506, 9e ligne. — Au lieu de « chevaleirs » lisez « chevaliers ».

Page 507, 5e ligne. — Au lieu de « tant » lisez « taut » *enleve.*

— 18e ligne. — Au lieu de « si li m'a fait » lisez « si le m'a fait ».

Page 508, 11e ligne. — Au lieu de « la volentet » lisez « ta volentet ».

— 18e ligne. — Ajoutez « ù » entre « dit » et « tu ».

Page 510, 20e ligne. — Au lieu de « deul » lisez « eus .

— 25e ligne. — Supprimez l' « s » de « mies ».

Page 511, 19e ligne. — Ajoutez « fors » avant « que gaitier ».

Page 515, avant-dernière ligne. — Au lieu de « véus » lisez « véut ».

Page 516, 10e ligne. — Supprimez l' « s » de « fruits ».

— 18e ligne. — Au lieu de « que tu m'en croie » lisez « que tu m'en croies ».

Page 519, 18e ligne. — Ajoutez « ne » devant « doit ».

Page 521, 14e ligne. — Au lieu de « véois » lisez « véoies ».

Page 524, 17e ligne. — Il y a bien « naubé » et non « nauvé ».

Page 526, dernière ligne. — En réalité, il y a « por çou » et non « par çou ».

Page 528, 21e ligne. — Au lieu de « preudous » lisez « preudons ».

Page 530, 2e ligne. — Au lieu de « compaiguie » lisez « compaignie ».

Page 531, 16e ligne. — Mettez un « s » à la fin du mot « droiture ».

— 17e ligne. — Au lieu de « ses nous » lisez « ses nons ».

Page 535, 7e ligne. — « Celydoine » est régime ici et ne prend pas d' « s ».

— 8e ligne. — Au lieu de « avec » lisez « avoec ».

Page 536, 18e ligne. — En réalité il y a « et eles séut bien », mais c'est un lapsus du scribe.

Page 538, 1re ligne. — Au lieu de « partèt » lisez « part » et rétablissez « et » devant « qant » il faut : « part; et qant ».

FIN DE L'ERRATA DU MANUSCRIT DU MANS.

ERRATA

DES NOTES ET VARIANTES

Page 3, 2e ligne des notes. — Supprimez « de » et mettez « et la légende de Vespasien ».

— 7e ligne. — Ajoutez « et » devant « au plus péchéor ».

Page 9, avant-dernière ligne. — Ajoutez l' « i », qui est tombé après « qu ».

Page 11, 5e ligne. — Au lieu de « encor » lisez « enci ».

Page 23, 2e ligne. — Au lieu de « notre Sauveour » lisez « nostre Sauvéour ».

Page 24, 5e ligne. — Ajoutez un « i » entre l' « e » et l' « l » de « esmervelles-tu ».

Page 35, 5e ligne. — Au lieu de « communsai » lisez « commansai ».

Page 38, 2e ligne. — Mettez un « h » à « ermitage ».

— 5e ligne. — « Ascention » et non « Ascension ».

Page 46, 15e et 16e ligne. — Substituez « por » à « par » deux fois et lisez « ancor » au lieu de « encor ».

Page 47, 20e ligne. — Lisez « disons » et non « dison », l' « s » est tombé.

Page 48, 6e ligne. — Lisez « d'avant » et non « d'avent ».

Page 49, 17e ligne. — Substituez un « t » à l' « r » de la fin du mot « adversiter ».

Page 54, 5e ligne. — Enlevez l' « s » de « lors ».

Page 54, 7e ligne. — Lisez « il enfrenoit ».

Page 55, 5e ligne. — Lisez « à merveilles ».

Page 58, 18e ligne. — Au lieu de « lors dist-il » lisez « lor dist-il ».

— Avant-dernière ligne. — Rétablissez l' « s » à la fin du mot « aillor ».

Page 72, dernière ligne. — Au lieu de « différe aussi » lisez « diffère ainsi ».

Page 73, 10e et 11e ligne. — Au lieu de « fut » lisez « fu ».

Page 74, 22e ligne. — Au lieu de « mesiaul » lisez « meseaul ».

— 23e ligne. — Au lieu de « reçut » lisez « ressut ».

Page 75, 11e ligne. — Enlevez l' « s » de « resgna » pour le mettre dans le même mot une ligne plus bas avant « Claudiens ».

— 15e ligne. — Redoublez l' « l » de « décoleiz ».

Page 76, 26e ligne. — Au lieu de « crucifiment » lisez « crucefiement ».

Page 77, 8e ligne. — Au lieu de « fui Joseph » lisez « fu Joseph ».

Page 78, 19e ligne. — Au lieu de « est au tiers an » lisez « et au tiers an ».

Page 83, 17e ligne. — Au lieu de « signor » lisez « signour ».

Page 89, avant-dernière ligne. — Au lieu de « l'empereur » lisez « l'empereres ».

Page 91, avant-dernière ligne. — Même correction.

Page 96, 9e ligne. — Au lieu de « astouchié » lisez « atouchié ».

Page 118, 8e ligne. — Au lieu de « que li tigne covant » lisez « que je li tigne covant ».

Page 119, 7e ligne. — Au lieu de « par lui » lisez « por lui ».

— Avant-dernière ligne. — Au lieu de « Ms. A. » lisez « Ms. F. ».

Page 122, 4e ligne. — Au lieu de « destruete » lisez « destructe ».

Page 124, antépénultième ligne. — Lisez « liewe » au lieu de « leewe ».

Page 125, 7e ligne. — Au lieu de « se livrèrent » lisez « le « livrèrent ».

Page 132, dernière ligne. — Lisez « fauroit » et non « faurroit ».

Page 137, 3e ligne. — Lisez « synonymes ».

Page 139, 3e ligne. — Lettres tombées, lisez « de si vil enfermeté ».

Page 142, 1re ligne. — Au lieu de « hommes » lisez « houmes ».

Page 153, 5e ligne. — Au lieu de « par l'amor » lisez « por l'amor .»

— 6e ligne. — Supprimez la réflexion commençant par ces mots « Ici ce Ms. semble ».

Page 154, 1re ligne. — Au lieu de « corrigée aussi » lisez « corrigée ainsi ».

— 9e ligne. — Lisez « guerredounée » et non « guerredonée ».

Page 156, 4e ligne. — Lisez « persounes » au lieu de « per« sones ».

— 8e ligne. — « Lisez « Endementiers ».

Page 162, 2e ligne. — Au lieu de « por le palais » lisez « par le palais ».

Page 163, 7e ligne. — Au lieu de « son saint » lisez « ton saint ».

Page 165, 1re ligne. — Lisez « toutes ices choses ».

Page 166, 2e ligne. — Mettez un « s » à la fin de « keuste ».

Page 168, 2e ligne. — Au lieu de « de la boie » lisez « de la bloie ».

Page 180, 2e ligne. — Lisez « et qant il venoient ».

Page 190, 2e ligne. — Lisez « confession ».

Page 198, 4e ligne. — Lisez « montron ».

Page 206, dernière ligne, et 1re de 207. — Lisez évidemment « nus d'iex ».

Page 210, 9e et 10e ligne. — Lisez « Li sage » « Et li prince ».

— 12e ligne. — Lisez « si mandeit ».

Page 212, dernière ligne. — Au lieu de « tote lige loie » lisez « tote lige toie ».

Page 215. — Supprimez la note 5e.

Page 230, 4e ligne. — Au lieu de « bien fait » lisez « bien foit ».

Page 245, 8e ligne, — Rétablissez le « t » de « gent ».

Page 250, 1re ligne. — Au lieu de « que il ne féist plaice » lisez « que il ne li féist plaice ».

Page 260, 2e ligne. — Rétablissez « quelque liu ».

Page 262, avant-dernière ligne. — Rétablissez « deviseir ».

Page 266, 2e ligne. — Enlevez l' « s » final de « bautesmes ».

Page 268, dernière ligne. — Enlevez le « t » de « garit ».

Page 270, avant-derniere ligne. — Au lieu de « par céans » lisez « par léans ».

Page 281, 1re ligne. — Au lieu de « ateis » lisez « ateil ».

Page 286, 6e ligne. — Au lieu de « Enri » lisez « ensi ».

Page 298, 1re ligne. — Au lieu de « bannissemaus » lisez « bannissemans ».

Page 304, 4e ligne. — Au lieu de « noms » lisez « nons ».

Page 308, 6e ligne. — Redoublez l' « l » de « commensaille ».

Page 309, 3e ligne. — Au lieu de « médecine » lisez « médicine ».

Page 323, 1re ligne. — Rétablissez : « tant fist que il si combaitit ».

Page 349, 5e ligne. — Au lieu de « trouvirent » lisez » trouvèrent ».

Page 355, 5e ligne. — Au lieu de « morteulz » lisez « morteilz ».

Page 357, 4e ligne. — Au lieu de « altreu » lisez « altreci ».

— Avant-dernière ligne. — Au lieu de « morteis » lisez « morteil ».

Page 364, 9e ligne. — Au lieu de « .VIII. jornées » lisez « .VIIII. jornées ».

Page 365, 1re ligne. — Écrivez « remeiz » par un « z ».

Page 379, 3e ligne. — Au lieu de « failli » lisez « fraille ».

— 5e ligne. — Au lieu de « chaseiés » lisez « chasciés ».

Page 385, 9e ligne. — Au lieu de « pasmé » lisez « pasméis » ; « fuist » au lieu de « fust ».

Page 386, 13e ligne. — Au lieu de « lui fains » lisez « li fains ».

Page 388, 9e ligne. — Au lieu de « erchafest » lisez « eschafeit », et de « sans » lisez « sens ».

Page 402, 6e ligne. — Au lieu de « fine colonne » lisez « fine colome » par un « m ».

Page 405, 2e ligne. — Au lieu de « conseil » lisez « consoil ».

Page 406, 1re et 2e ligne. — Au lieu de « covenables » lisez « covenaubles » ; — au lieu de « chiel » lisez « chiel ».

— 7e ligne. — Au lieu de « grégnour » lisez « grignour ».

Page 410, 3e ligne. — Au lieu de « fort » lisez « fors ».

Page 416, 2e ligne. — Au lieu de « nom » lisez « non ».

— Dernière ligne. — Au lieu de « coument » lisez « coumant ».

Page 426, 1re ligne. — Au lieu de « chargées » lisez « chargiés ».

— 2e ligne. — Au lieu de « loiez » lisez « loieiz ».

Page 428, 4e ligne. — Au lieu de « véritet » lisez « vériteit ».

Page 429, 1re ligne. — Ajoutez « en » devant « .I. ».

Page 437, 4e ligne. — Au lieu de « esveilloit » lisez « esveillait ».

— 7e ligne. — Au lieu de « douloureuse » lisez « dolorouse ».

Page 440, 7e ligne. — Au lieu de « ensegnait » lisez « ensignait ».

Page 441, 2e ligne. — Rétablissez le « t » à la fin du mot « *escrièrent* » ; il est joint au mot « lapsus », par erreur.

Page 453, 2e ligne. — Au lieu de « vermans » lisez « vermaus ».

— Dernière ligne. — Au lieu de « énortrée » lisez « enortée ».

Page 454, 7e ligne. — Supprimez l'un des deux « s » de « espousse ».

Page 472, 4e ligne. — Mettez « *mère* » entre parenthèses, c'est un éclaircissement.

— 6e ligne. — Rétablissez « la bonteis ».

Page 475, 5e ligne. — Au lieu de « aucune » lisez « acune ».

Page 476, 4e ligne. — Au lieu de « l'ahoudéure » lisez « une houdéure ».

Page 478, 6e ligne. — Au lieu de « employé » lisez « emploié ».

Page 479, 4e ligne. — Au lieu de « vermeis » lisez « vermeil ».

Page 493, 2e ligne. — Au lieu de « ygalement » lisez « ygalment ».

Page 507, 1re ligne. — Remplacez « quant » par « qant ».

Page 509, 2e ligne. — Remplacez « et » par « ne ».

Page 531, 3e ligne. — Au lieu de « quant » lisez « qant ».

Page 535, 8e ligne. — Au lieu de « saint crois » lisez « sainte crois ».

FIN DE L'ERRATA DES NOTES ET VARIANTES DU IIe VOLUME.

ERRATA

DES NOTES DE NOTES

Page 50. — Supprimez les accents graves de « manjà ».

Page 79, antépénultième ligne. — Au lieu de « chivalier » lisez « chivalcr » ; — au lieu de « honeis » lisez « honeix ».

Page 82. — Les notes du Ms. 98 sont un peu altérées, lisez : « .I. chevalier de Capharnaon », « riche harnois », « vint à Phelix » « si songoit ».

Page 86, 6e ligne. — Rétablissez l' « f » qui précède « homme » devant « ait » à la ligne suivante.

FIN DE L'ERRATA DES NOTES DE NOTES DU IIe VOLUME.

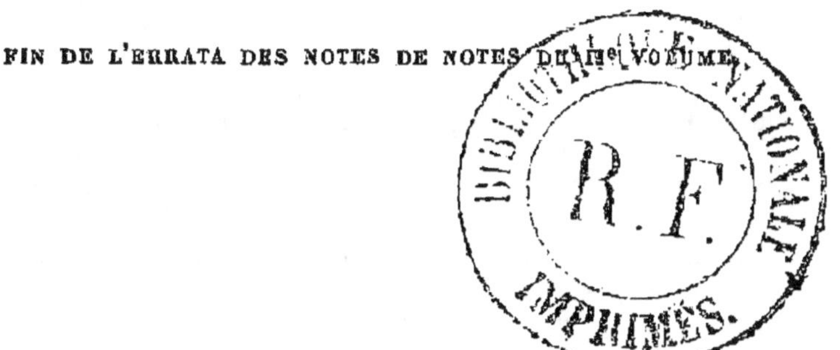

LE MANS. — TYPOGRAPHIE ED. MONNOYER. — 1877.

LIBRAIRIE ED. MONNOYER

LE SAINT GRAAL, première branche des *Romans de la Table ronde*, par E. Hucher. 3 volumes in-18, 1874-1877. Chez Ed. Monnoyer, imprimeur-libraire au Mans, place des Jacobins.

Le premier volume contient le *Petit Saint Graal* de Robert de Borron avec préface, glose sur l'origine du roman du *Saint Graal*, textes originaux du manuscrit Cangé, 4, de Paris, du manuscrit Ambroise Firmin-Didot, traduction littérale du manuscrit Cangé, *le Perceval* en prose et la fin de l'*Artus*, avec un examen détaillé et comparatif du *Perceval* en vers de Chrestien de Troyes. — Le tout inédit.

Le second volume qui vient de paraître, renferme : 1° une analyse, en langage moderne, de la partie du *Grand Saint Graal* qui est comprise dans ce volume. On ne trouve nulle part cette analyse qui suit page par page le romancier, sans omettre aucun fait intéressant. 2° Le texte du XIIIe siècle, très-pur et complètement inédit, du *Grand Saint Graal*, d'après le manuscrit de la Bibliothèque du Mans. Ce texte, *l'un des plus anciens qui existent*, est éclairé constamment par des variantes placées au bas des pages et puisées dans divers manuscrits.

Le troisième volume, qui va paraître, renferme, avec l'analyse de la dernière partie du *Grand Saint Graal*, la fin du texte du manuscrit de la Bibliothèque du Mans, et de plus une version inédite et très-différente de l'épisode d'Hypocras d'après le manuscrit 2455 ; enfin l'Histoire de Grimaud, d'après le même manuscrit ; véritable code chevaleresque qui n'a jamais été imprimé.

Le prix de ces trois volumes est de .... 22 fr. 50

Ils ne se vendent pas séparément.

OUVRAGES DU MÊME AUTEUR

LES VITRAUX DE LA CATHÉDRALE DU MANS. Un volume grand colombier, 100 planches coloriées avec le plus grand soin. Méd. à l'expos. de 1855. Prix .... 150 »

En noir, même format, 100 planches .... 150 »

Petite édition du même ouvrage, 20 planches coloriées .... 150 »

En noir .... 50 »

LE JUBÉ DU CARDINAL PHILIPPE DE LUXEMBOURG à la cathédrale du Mans, un volume relié, grand in-folio jésus, 8 planches sur Ingres. Première médaille au concours des Antiquités de la France, ouvert à l'Institut de France en 1876. Prix .... 40 »

L'ART GAULOIS, deux volumes in-4°, avec 840 types gaulois, reproduits agrandis, d'après les médailles. Le plus volumineux *corpus* d'antiquités gauloises qui existe. Prix de numism. de 1868 à l'Institut de France. Prix .... 60 »

TRISTAN et **ISEULT** représentés au moyen âge. Prix 2 50

SIGILLOGRAPHIE du Maine, par fascicules de 1 50

MONNAIES du Maine, in-4° .... 8 »

ÉTUDES sur l'histoire et les monuments du département de la Sarthe, avec nombreuses planches 7 50

HISTOIRE DU JETON AU MOYEN AGE, par Jules Rouyer et Eugène Hucher. Un volume in-8°, avec 17 planches gravées .... 8 »

LE MANS. — TYPOGRAPHIE ED. MONNOYER. — 1877.

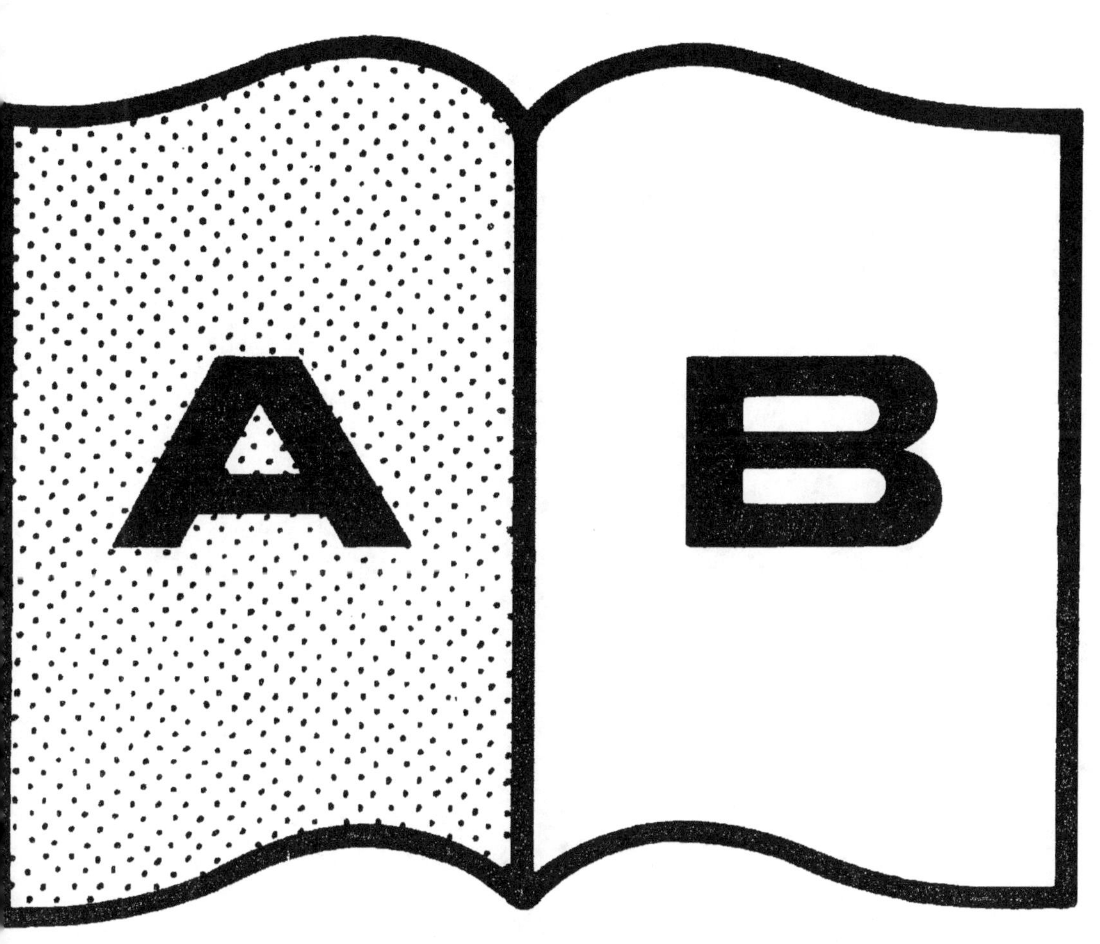

Contraste insuffisant

NF Z 43-120-14

www.ingramcontent.com/pod-product-compliance
Lightning Source LLC
LaVergne TN
LVHW010517100826
845148LV00001B/25
9782012689718